民 生 保 障 书 系

王杰秀 总主编

国外民生兜底保障实践及启示

王杰秀 郑秉文 主编

中国出版集团
研究出版社

图书在版编目 (CIP) 数据

国外民生兜底保障实践及启示 / 王杰秀，郑秉文主编．-- 北京：研究出版社，2022.3
ISBN 978-7-5199-1246-8

Ⅰ．①国… Ⅱ．①王… ②郑… Ⅲ．①社会保障－研究－世界 Ⅳ．① D57

中国版本图书馆 CIP 数据核字 (2022) 第 076882 号

出 品 人：赵卜慧
出版统筹：张高里　丁　波
责任编辑：张立明

国外民生兜底保障实践及启示
GUOWAI MINSHENG DOUDI BAOZHANG SHIJIAN JI QISHI
王杰秀　郑秉文　主编
研究出版社 出版发行
（100006　北京市东城区灯市口大街100号华腾商务楼）
北京云浩印刷有限责任公司　新华书店经销
2022年3月第1版　2022年3月第1次印刷
开本：710mm × 1000mm　1/16　印张：32.5
字数：615千字
ISBN 978-7-5199-1246-8　定价：108.00元
电话（010）64217619　64217612（发行部）

民生保障书系编委会

（按姓氏拼音排序）

《国外民生兜底保障实践及启示》

撰稿人员

（按照拼音顺序排列）

安　超　曹　钰　陈　星　段玉珊　冯善伟
樊贺丰　郝玉玲　华汎子　刘桂莲　刘　珍
马艺方　麻康佳　马　源　马荣潇　任振兴
孙永勇　沈　澈　唐　俊　王美桃　魏茂淼
徐　慧　于　环　袁亦子　周佳玲　张　静
张梦欣

目　录

导　论

民生兜底保障作为经济社会发展的重要标志和社会稳定的重要机制，备受各国政府的关注。世界上大多数国家都已建立了自己的民生兜底保障制度，发达国家更是形成了完善的民生兜底保障体系。改革开放以来，我国经济建设取得了举世瞩目的成就，民生兜底保障也在不断完善，但与人民群众的需求之间还存在较大差距，小康社会建成之后，进一步加强和完善民生兜底保障制度势在必行。对发达国家的民生兜底保障制度进行研究，总结其经验与教训，对深化我国民生兜底保障制度改革创新具有重要意义。

基于以上认识，我们组织力量撰写了《国外民生兜底保障制度研究》一书。本书分为上、下两篇，上篇主要研究贫困人口和残疾人兜底保障制度，下篇主要研究失能老年人兜底保障制度。具体篇目以问题为导向，突出发达国家近几十年来一些重要的理论与实践探索，同时也是我国民生兜底保障工作中亟待解决的突出问题。

上篇从社会救助的几个概念与基本问题、贫困救助的几个实践与理论探讨、关于慈善与福利的若干思考、残疾人的救助保障体系建设四个方面，分十三个章节探讨国外最低生活保障制度的情况以及对中国的借鉴意义。

社会救助的几个概念和基本问题包含三个章节的内容。第一章研究了发达国家贫困群体民生兜底保障的政府责任边界。在政府兜底保障对象的保障范围上，设置资格标准是目标定位必不可少的工具之一，在较为宽松的资格标准下，更多的人群被覆盖到制度之内，政府承担的责任较大，而严苛的资格标准下受益人群规模小，政府承担的责任相对有限。同时，在政府兜底保障项目的保障水平上，通常来讲，承担责任较大的政府，其制度的保障水平可能偏高，而保障水平较低通常意味着政府承担的责任相对有限。第七章介绍了发达国家救助申请家庭收入财产审查的经验做法。目前多数发达国家采取的是家计调查型的制度，即通过审核个人或家庭的收入财产是否低于规定的限额，确定申请人是否有资格获得福利，以及应当提供何种水平的福利待遇。这种确定救助资格待遇的方式能够瞄准救助对象、缩减救助范围、降低支付成本，实现更精准的再分配。第十三章对发达国家缓解福利依赖的做法进行了分析。福利依赖的表现形式有多种，包括福利领取时间过长、福利领取的代际传递、贫困陷阱和福利欺诈等，但无论是哪种表现形式，人们对福利依赖通常持有一种消极态度，从根本上源于福利依赖对就业的负面影响。不少发达国家在福利改革中提出“工作福利”“积极福利”等改革措施，以作为破解福利依赖的重要方法。

贫困救助的几个实践与理论探讨包含五个章节的内容。第三章展示了专业社会工作参与贫困群体救助帮扶的一些经验做法。发达国家专业社会工作参与贫困群体的救助帮扶的模式一般可分为政府直接管理模式、政府主导整合模式和非政府组织主导模式。专业社会工作者长期活跃在社会救助的“前线”，遵循专业实务要求和社会工作伦理，有针对性地开展个案、小组和社区服务，在实践中寻找造成贫困的制度性根源，改变贫困群体的精神面貌，从根本上消除文化性贫困。第四章介绍了主要发达国家应对“工作贫困”的一些经验。发达国家应对工作贫困的做法存在几类典型模式，第一大类是针对工作贫困群体的专门性政策，包括针对工作贫困群体的专项救助；第二大类是能够解决工作贫困问题的普适性政策，包括将工作贫困群体纳入最低生活保障体系。第五章对纳入“低保”人群比例及其确定办法进行了深入探讨。发达国家社会救助补贴对象的瞄准主要涉及两方面的问题：即设标问题和寻标的过程。对于最低生活保障制度而言，潜在最低生活保障人群的确定就是按照一国或地区相关制度规定的受益资格和受益标准找到符合资格受益对象，并实现差额救助的过程。这是最低收入保障制度执行的核心工作和关键问题。第六章着重介绍了发达国家应对“支出型贫困”的经验做法。发达国家解决支出型贫困问题是通过完善社会保障系统，化解国民在出现重大疾病、子女就学或突发事件时产生的生产生活风险，预防或减少支出型贫困问题的产生，其在贫困识别、医疗保障、社会救助等方面的经验为解决支出型贫困问题提供了思路。第二章分析了发达国家和国际组织关于贫困标准的制定。现行国际上常用的衡量贫困的标准主要有四类：绝对贫困标准、相对贫困标准、物质剥夺法和多维贫困指数。不同类型贫困标准各有其优缺点，在实践中，部分发达国家为了更真实地了解国内贫困状况，会采取两种或两种以上的方法测量贫困。

关于慈善与福利的若干思考包含三个章节的内容。第八章对慈善在社会救助中的作用进行了研究。在社会救助模式国家中，慈善事业发挥的作用相对较大：从贫困救助到医疗救助，从工作搜寻到能力培养等。在社会保险模式国家中，慈善事业的社会救助功能不突出，而是更加强调社会服务的提供，几乎形成社会保险制度与慈善事业的分工。在北欧福利国家，政府福利制度较为充分，民众对慈善事业的需求相对较低，由此导致慈善事业扶危济困的功能并不突出，慈善更多地参与其他领域，如体育、科学技术、国际交流等方面。第九章介绍了以家庭为基础的社会福利制度运行现状。西方主要发达国家以家庭为基础的社会福利制度大致可以被划分为两类：一类是比较纯粹的家庭福利项目，以家庭为单位发放这些福利，帮助家庭改进生活质量，主要考虑因素是生育及孩子的抚养、教育等情况，主要内容是儿童津贴、家庭津贴以及一些其他相关补贴等；另一类是其他一些单行项目，它们考虑的主要因素可能是养老、失业、伤残、贫困等其他特殊情况，但家庭元素也被纳入其中考虑，家庭成为这些福利制度的受益单元。第十章对贫困家庭儿童津贴制度进行了全面评介。发达国家以衡量家庭收入的多少、家庭结构的大小为基础，普遍建立了能够保障儿童健康成长的儿童福利制度，并考虑到儿童所面临的现实问题和实际情况，建立起针对特殊儿童的津贴制度。发达国家的儿童津贴通过向每个儿童定期支付现金福利使得大部分家庭能够得到切实性受益，在减少和消除儿童贫困方面起着重要作用，能将贫困家庭儿童全部都纳入保障范围，有效改善贫困家庭儿童的状况。

关于残疾人的救助保障体系建设包含两个章节的内容。第十一章对发达国家残疾人现金补贴制度的发展历程进行梳理。发达国家残疾人社会保障制度经历了从以社会救济为主、到社会保险建立直到福利国家全面推广的发展过程。即由将残疾人看成是道德模式下的慈善救济对象，发展到医疗模式下需要国家福利保护的医疗救助对象，再到残疾人享有社会平等权利，国家有责任保障他们正常生活的理念转变。发达国家残疾人现金补贴制度一直与残疾人社会服务并行发展，建立了完善的残疾人社会保障制度。同时介绍发达国家残疾人现金补贴制度的做法与经验。发达国家的现金补贴针对不同的残疾人群设置不同的补贴，主要包括社会保险补贴、社会救助和福利补贴等项目，现金补贴既有对残疾人本人的补贴，也有对家庭或照顾者的补贴。另一方面也积极推动残疾人就业，增加残疾人平等参与社会的机会，同时减轻残疾人福利依赖和国家财政负担。第十二章介绍发达国家残疾人社会服务内容。平等融合是发达国家残疾人服务的基本理念，无论是残疾儿童的早期干预、教育还是残疾人就业、生活服务，从发展历程来看，都经历了从隔离到融合、从特殊环境向自然环境的过渡。发达国家残疾儿童早期干预和教育的融合程度较高，相应地，服务取得的效果也较好，96.7%的0—2岁残疾儿童在自然环境中接受干预服务，早期干预成功率接近六分之一；95%的残疾儿童在普通学校读书，为残疾儿童融入社会、实现就业打下了良好的基础。残疾人就业服务也从大规模建设庇护工场、集中安置残疾人就业，向积极发展支持性就业、自主性就业等更高质量、更受残疾人欢迎的融合就业方向发展。残疾人生活服务则从大规模建设大型服务机构向机构小型化、社区化、居家服务方向转变。

贫困人口和残疾人是大部分国家兜底保障制度的对象。在人口老龄化时代，失能老年人的长期照护也被纳入了发达国家民生兜底保障制度体系之中。我国自2000年进入老龄化社会以来，老龄化速度不断加快，程度不断加深，到2019年末，我国65岁以上老年人口已达1.76亿，占总人口的12.6%。预计到21世纪中叶，这一数字将达到3.79亿人，占总人口的27.8%。同时，我国养老服务体系建设由于起步较晚，发展还不够成熟，在一些关键领域还需要进一步深入研究。在实践中还存在对非正式照护支持不足、医疗服务与养老服务难以融合发展、养老机构监管不到位等问题。发达国家由于更早进入老龄社会，在养老服务体系建设上也比我们积累了更多经验与教训。他们在失能老人长期照护的制度建设上，在家庭非正式照护、融合式养老、医养结合的探索、养老机构的运营与监管、养老服务人才培养等方面的经验对于解决我国养老服务体系建设中出现的问题具有启发和借鉴意义。因此本书下编聚焦失能老年人兜底保障制度进行研究，分八个章节探讨失能老年人的服务保障问题。

第十四章研究了主要发达国家在贫困失能老人长期照护方面的制度经验；第十五章对发达国家的家庭非正式照护进行了全面的总结。纵观各国经验，支持非正式照护已经成为发达国家应对老龄化问题的必然举措，这些措施既能缓解家庭的负担，又能减轻财政压力；第十六章探讨了发达国家“融合式养老”的典型模式及其经验。融合式养老基于“在地老化”原则，以“位置嵌入、功能相容、服务整合”为特色，打造居家、社区和机构养老有机融合的资源平台，形成个人、家庭、社区和机构等多元服务供给的有机联合，为周边社区的失能、半失能、失智等需要照护的老人提供照护服务；第十七章介绍了发达国家“医养结合”养老服务的有关经验做法。国际上人口老龄化程度较高的国家大都先后建立了类似于“医养结合”的养老服务体系和内容，在法律保障、制度保障、人才支撑、财政支持、多方参与等方面采取了特色举措以不断完善“医养结合”养老服务；第十八章展示了国外养老机构运营管理的经典做法。例如日本的机构养老和服务设施发达，成为全球养老护理机构的典范。美国以私营养老机构为主，建立了许多大型、超大型的养老社区，养老金融服务业发展迅速。英国的养老机构同样是以私营为主，政府对老年人入住费用进行补贴，监管服务到位；第十九章对发达国家在社区养老机构监管方面的经验做法进行了总结。由于监管缺位，发达国家的社区养老服务模式一度遭遇瓶颈。因此，发达国家政府开始重视政府监管的作用，不断完善对于社区养老的监管法律以及配套的监管方法，以规范社区养老的参与来保障社区养老顺利推行，具有较强的借鉴意义；第二十章全面探究了发达国家如何进行养老服务人才队伍建设。发达国家在完善养老服务过程中十分重视养老服务人才的建设，形成了多层次的养老服务人才队伍。同时，在政策保障、激励保障、监督保障等方面采取了特色举措以推进养老服务人才队伍的壮大、多元化和专业化；第二十一章对主要发达国家如何建设养老社区进行了深入分析，着重探讨美国、英国和澳大利亚等国持续照护养老社区建设的做法。

他山之石，可以攻玉。期待本书的出版能够为增进我们对国外民生兜底保障经验教训的了解，促进国外经验与中国实际的结合，从而为中国特色民生兜底保障制度的健全完善贡献一份力量。

第一章　贫困群体民生兜底保障的政府责任边界

民生兜底保障制度是伴随着社会经济、政治、文化等多个因素的发展而逐渐形成并发展起来的，是人类社会不断协调发展的重要体现。发达国家民生兜底保障制度的发展主要分为两大历史阶段：

一是《济贫法》颁布于20世纪70年代的石油危机爆发之前的发展阶段。早在17世纪初英国政府就颁布了《济贫法》以应对圈地运动背景下乞讨者、偷盗者等急剧增加的情况。19世纪80年代，德国所面临的最严重的社会经济问题就是劳资矛盾，在新历史学派的影响下德国开始实施社会保险，间接地改善了劳动者的福利。20世纪30年代的经济危机使得占统治地位的新古典经济学说衰落，凯恩斯理论应运而生。凯恩斯主义主张通过财政政策来提高社会福利水平以达到增加社会总需求、维持社会再生产的连续性的目的，其有限保障和有限再分配的思想深刻地影响了美国社会政策。[1]“二战”后经济的繁荣为福利国家的建立创造了良好的条件。1948年，英国宣布建成“福利国家”，实施全民化、高福利的保障，即贝弗里奇模式。随后，西方国家纷纷加入“福利国家”的行列。在这一历史阶段，不同的政治、经济背景推动世界各国逐步建立起不同福利模式的民生保障制度。

二是20世纪70年代石油危机爆发至今的改革阶段。20世纪70年代石油危机爆发后，西方福利国家不同程度地陷入财政危机之中。与此同时，新自由主义学派兴起。西方福利国家在经历此次危机后开始进行福利“瘦身运动”[2]，由以往对贫困群体慷慨逐渐转向吝惜的救济制度模式。

基于上述分析可知，不同的政治、经济背景催生了不同学派的思想，各学派的思想与不同国家的社会政策实践紧密相连，而这种关联在一定程度上也影响了这些国家在民生兜底保障方面的政策实践。因此，本书在这一章的分析中将把国家在民生兜底保障方面的政策实践与相应的学派理论背景相结合进行探讨，比较

〔1〕 李珍：《社会保障理论》，中国劳动与社会保障出版社2013年第3版。

〔2〕 郑秉文，孙婕：《社会保障制度改革的一个政策工具：“目标定位”》，载《中央财经大学学报》2004年第8期。

分析不同国家民生兜底保障的政府责任边界。

一、民生兜底保障与政府责任边界的界定

（一）国内外民生兜底保障

1. 民生兜底保障的概念与范围

民生兜底保障通常被视为社会保护的“安全网”或“最后一道防线”。国际劳工组织（International Labour Organization，ILO）将社会保护底线（Social protection floors，SPF）定义为基于人权的一系列基本社会权利，包括获得医疗、教育、住房等方面救助，以确保在整个生命周期中所有有需要的人都能获得充足的营养、基本的医疗保健和基本的收入保障。世界银行（World Bank）将社会安全网（Social Safety Nets）定义为旨在为贫困和弱势群体提供定期且可预测的支持的非缴费性措施，它们也被称为安全网或社会救助，是较大的社会保障体系的组成部分。综上可知，国外民生兜底保障的对象为社会贫困和弱势群体，保障的范围包括人们的医疗、住房、教育等基本生活需求，这与我国民生兜底保障的概念和范围大体相同。

2. 国外民生兜底保障项目的类型

国外的民生兜底保障也主要采取社会救助的形式来为居民建立起“社会安全网”。Gough 等将社会救助定义为根据对个人或家庭所拥有的资源进行测试，为有需要的人提供一系列福利和服务以保障其最低生活水平。在一些国家，比如欧洲高福利国家，社会安全网的一个关键部分来自非缴费性的公民福利或养老金（Non – contributory Citizens' Benefits or Pensions）。Gough 等将社会救助分为三大类：一般救助、分类救助和“捆绑式”救助（Tied Assistance）。其中一般救助主要指为低收入者提供现金福利，分类救助指为特定的群体提供救助，比如残疾人、儿童、贫困的患者等，“捆绑式”救助主要指为贫困者能够获取某些商品或服务（主要是住房）提供免费福利或者进行补贴。比如英国的社会救助项目包括收入补贴计划（一般救助），残疾人工作津贴和家庭津贴（分类救助）和住房福利（“捆绑式”救助）；美国的社会救助项目包括食品券计划（一般救助），补充收入保障计划（Supplemented Security Income，SSI）、医疗救助计划（Medicaid）和未成年子女家庭援助计划（Aid to Families with Dependent Children，AFDC）（分类救助），以及住房救助（“捆绑式”救助）等。[1]

根据上述概念和国外实践，可以总结得出国外民生兜底保障的两大核心内容：一是保障对象为贫困和弱势群体；二是保障的内容，主要以现金或实物形式

〔1〕 Gough, I., Bradshaw, J., Ditch, J., Eardley, T., & Whiteford, p. “Social Assistance in Oecd Countries” *Journal of European Social Policy*, Vol. 7, No. 1, 1997 (https://doi.org/10.1177/095892879700700102).

为公民提供收入保障、医疗保障、住房救助、儿童救助和残疾人救助等。下文具体分析政府责任边界的大小时，将以不同群体为划分标准分别从养老金救助、医疗救助、儿童救助、住房救助和残疾人救助这五大项目来讨论。

（二）政府责任边界

1. 不同理论学派下的政府责任边界

政府的责任边界归根到底就是政府应该干预多少的问题，关于社会保障中政府应该干预多少的问题，早在 19 世纪学者们就已经开始讨论，至今形成了七个学派：瑞典学派、新历史学派、福利经济学、凯恩斯主义、第三条道路、供给学派、新自由主义。以上学派关于政府干预的观点从左到右依次减少，市场作用逐渐得到更多的强调，并且福利水平逐渐降低（如表 1－1 所示）。

表 1－1　政府与社会保障理论进程

理论	瑞典学派	新历史学派	福利经济学	凯恩斯主义	第三条道路	供给学派	新自由主义
福利模式或社会政策实践	瑞典：社会民主主义的制度化再分配模式	德国：俾斯麦——收入关联型社会保险模式	英国：贝弗里奇模式	美国：罗斯福——剩余型社会保障模式	英国：布莱尔——适度限制国家干预	美国：里根——私有化的社会保障改革	英国：撒切尔——削减福利，有剩余化趋势
政府福利水平	（高）———————————————（低）						
政府干预程度	（大）———————————————（小）						

资料来源：杨燕绥、阎中兴等：《政府与社会保障——关于政府社会保障责任的思考》，中国劳动社会保障出版社 2007 年版，第 86 页

根据表 1－1 可知，这七个学派的思想与不同国家的社会政策实践紧密相连，而这种关联在一定程度上也影响了这些国家在民生兜底保障方面的政策实践，比如在养老救助方面，瑞典坚持普惠原则，在这一制度模式下政府“兜”住了全体国民的老年收入保障，这与瑞典学派以及社会民主主义的制度化再分配模式的思想一脉相承。而美国的老年救助则坚持选择型原则，采取严格的收入和资产调查，旨在“兜”住贫困的老年群体，这在一定程度上汲取了剩余型社会保障模式的思想。

2. 民生兜底保障下政府责任边界的内涵

政府的责任边界具体指政府应该管什么、不应该管什么、管到什么程度。在贫困群体民生兜底保障下，政府应该管什么也就是指保障对象的范围，即具体“兜”哪一部分群体，这涉及保障群体的目标定位。其中，给付原则（或资格标准）是目标定位的一种重要途径。不同的给付原则反映了制度覆盖群体范围的大小，在一定程度上反映出政府干预程度的高低，比如在养老保障方面，瑞典政府

坚持普遍性原则，以“兜”住全体国民的老年收入保障为目标，而美国则坚持选择性原则，目标定位于贫困的老年群体；管到什么程度指保障的水平，即“兜”到什么程度。不同待遇水平直接反映了政府保障力度的大小，例如英国国民健康服务体系（National Health Service，NHS）中的低收入计划（Low Income Scheme），对低收入群体的牙科费用、视力检测费用、配眼镜费用、看病路费等都进行兜底保障，而美国医疗救助则是在联邦强制要求的保障项目基础上允许各州选择性地增设牙科、配眼镜等保障项目。

根据上述分析，本书将从保障范围和保障水平两个角度来介绍美国、英国、德国、加拿大、澳大利亚等发达国家在不同贫困救助项目方面的政府责任。

二、政府兜底保障对象的保障范围

政府在实施贫困群体民生兜底保障的过程中，确认保障对象是首要任务。从覆盖人群范围的角度看，社会福利计划可以分为普惠型（Universal）和目标定位型（Targeted）两大类。在福利国家经济繁荣时期，覆盖全民的普惠型福利计划盛行，但20世纪70年代石油危机爆发后，西方福利国家出现财政危机，并且情况不断恶化。在西方国家进行福利制度改革时，目标定位机制逐渐兴起，并且被视为缩减福利支出的一个重要工具。目标定位旨在解决信息不对称问题，即甄别出“最需要的人”。而社会福利资源的稀缺性使得其需要考虑用目标定位方法识别出“最需要的人”以实现福利资源的有效利用。[1] 相对于普惠式的福利计划，目标定位型福利计划只对符合资格的人发放待遇，这在一定程度上能够有效控制福利支出，避免陷入财政危机。设置资格标准是目标定位必不可少的工具之一，在较为宽松的资格标准下，更多的人群被覆盖到制度之内，政府承担的责任较大，而严苛的资格标准下受益人群规模小，政府承担的责任相对有限。

（一）美国和加拿大养老金救助的保障范围

美国养老保障体系由养老保险制度和老年救助两部分组成。养老保险制度主要包含联邦政府的老年、遗属和残疾保险计划（Old - Age，Survivors，and Disability Insurance，OASDI）、企业提供的职业养老金计划和个人养老储蓄计划。对于没有资格参加联邦养老保险计划，或者参加了保险计划但领取的待遇水平仍不足以保障其最低生活水平的老年群体，美国联邦政府建立了SSI计划，为人们的收入保障建起最后一道安全网。SSI计划是最大的现金福利计划，主要分

---

〔1〕 郑秉文，孙婕：《社会保障制度改革的一个政策工具：“目标定位”》，载《中央财经大学学报》2004年第8期。

为老年人救助计划、盲人救助计划和残疾人救助计划，其中，老年救助计划的目标群体主要为全国范围内最需要帮助的65岁及以上的老年人。

在资格标准上，美国社会保障署（Social Security Administration）会对符合年龄要求的老年人进行严格的收入和资产状况审核。根据2019年发布的SSI年度报告，在收入方面，申请者的可计算收入[1]不能超过担保收入（Federal Benefit Rates）[2]，如表1－2所示，该收入标准约为美国居民人均收入的20%（个人）或15%（夫妻）；在资产方面，个人资产不可超过2000美元，夫妻资产不可超过3000美元，根据2019年的情况，该标准占居民人均收入的52.25%（个人）或39.18%（夫妻）。在受益人口方面，根据美国社会保障署发布的SSI年度统计数据报告，2017年SSI总受益人口占全国总人口比重基本保持在2.6%左右，而老年受益人口占SSI总受益人口的比重虽略微上升，但基本稳定在26%左右。换言之，美国老年救助计划的受益人口约占全国总人口的1%不到，目标群体实际覆盖范围较小。[3]

表1－2　美国SSI救助标准占居民人均收入的比例

年份	居民人均收入（美元/月）	收入标准（美元/月）		收入标准占居民人均收入的比例（%）		资产标准（美元/月）		资产标准占居民人均收入的比例（%）	
		个人	夫妻	个人	夫妻	个人	夫妻	个人	夫妻
2017	3624.93	735	1103	20.28	15.21	2000	3000	55.17	41.38
2018	3743.69	750	1125	20.03	15.03			53.42	40.07
2019	3828.04	771	1157	20.14	15.11			52.25	39.18

资料来源：Social Security Administration, Annual Report of the Supplemental Security Income Program, 2017－2019（https://www.ssa.gov/oact/ssir/）。此外，美国居民人均收入数据来源于CEIC DATA数据库，救助标准占收入比由笔者计算所得

在加拿大，养老保障制度主要分为养老保险和非缴费型养老金计划两部分。其中，非缴费型养老金计划为加拿大老年群体构建起一个“社会安全网”。加拿大非缴费型计划分为普惠的基本养老金计划（Old－age Security，OAS）、保证收

〔1〕可计算收入等于申请者所有收入减去抵免收入。以劳动收入为例，劳动收入的每月的第一个65美元可以抵免，65美元以上的收入抵免50%（孙守纪、齐传钧，2010）。

〔2〕担保收入（Federal Benefit Rates，FBR）：指用于计算联邦SSI支付金额的基本福利标准。以2019年为例，个人的担保收入为771美元/月，夫妻的担保收入为1157美元/月，担保收入每年根据生活成本调整。

〔3〕Social Security Administration: Annual Report of the Supplemental Security Income Program, 2019（https://www.ssa.gov/oact/ssir/SSI19/ssi2019.pdf）.

入补贴计划（Guaranteed Income Supplement，GIS）和低收入津贴计划（Low - income Allowance）三部分。

在资格条件方面，OAS 计划属于普惠型补贴，主要面向 65 岁及以上的老年群体。该计划在收入和财产方面没有严格的限制，仅要求个人年收入不超过 126058 美元，即月收入不超过 10504. 83 美元。根据 CEIC DATA 数据库可获取数据〔1〕，2019 年加拿大居民人均月收入为 3077. 50 美元。由此可知，该收入标准约为居民人均收入的 300%，远高于美国的 20%。GIS 计划属于目标定位型，主要针对 65 岁及以上的低收入退休人员。2019 年，GIS 计划在收入限制方面要求个人月收入不超过 1550 美元才有资格领取待遇〔2〕，该收入标准远高于美国 771 美元。从居民人均收入占比来看，GIS 计划收入标准约为加拿大居民人均收入的 50%，远高于美国的 20%。低收入津贴计划主要面向年龄在 60 岁至 64 岁之间的、GIS 计划参与者的伴侣，因此该补贴计划实质上是配偶补贴。该计划对收入的要求为个人月收入不超过 2088 美元，约为加拿大居民人均收入的 68%。与美国相比，加拿大老年群体“社会安全网”的实际覆盖范围更大。

救助标准的严苛程度与保障对象的覆盖范围紧密相关，宽松的标准使得更多人被覆盖到制度之内，政府需要保障的对象范围更大，进而承担的责任更大。而严苛的资格标准下受益人群规模小，政府承担的责任相对有限。在美国，个人收入需在美国居民人均收入的 20% 以下才符合养老金救助的领取资格，而在加拿大，收入为居民人均收入 3 倍的个人都可领取 OAS 补贴。此外，在普惠型的 OAS 计划的基础上，加拿大政府还针对低收入群体建立了 GIS 计划，为收入在美国居民人均收入的 50% 以下老年群体提供补贴，这相当于为加拿大老年群体建立起双重“安全网”。与美国严苛的资格标准相比，加拿大宽松的救助标准在一定程度上使得更多的老年人受益。2019 年，加拿大 OAS 计划受益人占全国人口的 16. 9%，GIS 计划受益人口占 5. 5%，而美国这一比重不到 1%。

美国与加拿大不同的制度模式与该国政治、经济、文化等因素紧密相连。如表 1 - 3 所示，加拿大的社会福利制度深受《贝弗里奇报告》中社会保障思想的影响，在养老金救助中通过实施较为宽松的救助标准将更多的老年群体纳入保障范围内。而美国在凯恩斯主义所主张的剩余型社会保障模式的影响下，更强调政府责任的“有限性”，在养老金救助中通过严苛的资格审核条件更准确地识别出

〔1〕 目前 CEIC DATA 数据库只包含 2019 年 1 月至 2019 年 9 月加拿大居民人均月收入数据，笔者根据这 9 个月的月收入计算得出 2019 年加拿大居民人均月收入。

〔2〕 Government of Canada，Quarterly report of Canada Pension Plan and Old Age Security monthly amounts and related figures - October to December 2019（https://www.canada.ca/en/employment - social - development/programs/pensions/pension/statistics/2019 - quarterly - october - december.html）.

“最需要救助的人”，即贫困的老年群体。

表 1－3 不同福利模式下养老金救助的保障范围比较

国家	加拿大	美国
养老金救助的福利模式	贝弗里奇模式	剩余型模式
理论学派	福利经济学	凯恩斯主义
救助标准的严苛程度	（宽松）——————（严格）	
覆盖范围	（大）——————（小）	

（二）美国、英国和澳大利亚医疗救助的保障范围

美国的医疗保障体系是以商业医疗保险为主，而商业医疗保险无法为社会贫困群体提供医疗保障。因此，美国建立了为低收入群体提供医疗保健服务资助的项目，即医疗救助计划（Medicaid），该计划覆盖群体的范围由联邦政府和州政府共同决定，联邦政府规定强制覆盖的人群，各州在此基础上可以适当调整目标群体的范围。联邦规定必须覆盖的贫困群体有以下几类：一是 SSI 的受益者和 AFDC[1]的受益者；二是家庭总收入不超过联邦贫困线 133% 的家庭；三是贫困的儿童和孕妇。在此基础上，各州政府可以根据当地具体情况选择覆盖其他群体，比如 19 岁至 64 岁间收入在贫困线的 133% 及以下的个人、有较大医疗开支或需要护理的老年人等。在资格标准方面，美国医疗救助计划主要从两大方面来认证：一是资产状况方面，收入标准为不超过联邦贫困线的 133%。此外，政府建立了一种确定医疗补助收入资格的新方法——修改的调整后总收入法（Modified Adjusted Gross Income，MAGI）。在检查收入是否符合要求时，主要采取 MAGI 法来计算；二是非资产限制，只要求医疗补助的受益人通常必须是该受益人所接受医疗补助的州的居民。[2]

英国是实行国民健康服务体系的典型代表。虽然全体国民享受低收费甚至免费的医疗服务，但个人仍需承担处方费、牙科费用等不在免费医疗服务范围之内的项目费用。因此，英国在 NHS 体系下建立了低收入计划，旨在解决低收入群体在免费医疗项目之外的看病费用。该计划目标对象包括儿童、老年人、过去 12 个

[1] 未成年子女家庭援助计划：这是一项根据《社会保障法》（SSA）制定并于 1935 年至 1996 年生效并由美国卫生与公共服务部管理的联邦援助计划，该计划向收入低或没有收入的家庭中的儿童提供经济援助。

[2] 美国医疗救助和医疗照顾服务中心，Medicaid（https://www.medicaid.gov/medicaid/index.html）。

月内怀孕或生过孩子的妇女、罹患某些疾病的人等。在资格标准方面，只要储蓄、投资未超过一定限额，则可申请低收入医疗补助。2019 年的资产限制为：个人（或夫妻）储蓄、投资或财产不超过 16000 英镑（不包括居住的地方）[1]。

澳大利亚采用国民健康保险制度，全体公民普遍享有基本医疗保障。但随着医疗费用上涨、个人自付额上升，低收入者看病负担不断加重。为了保障低收入者医疗服务的可及性，澳大利亚政府在医疗照顾制度（Medicare）和药物津贴计划（Prescription Benefit Scheme，PBS）的基础上，建立了医疗照顾安全网（Medicare Safety Net）和药品津贴计划安全网（Prescription Benefit Scheme Safety Net），以实现对贫困和弱势群体的医疗救助。澳大利亚医疗救助的目标群体主要是持有联邦政府福利机构 Centrelink 优惠卡的老年人、抚养儿童和低收入人群。在资格标准方面，低收入群体的收入标准与家庭构成相关，2015 年该标准为单人家庭 4216 澳元，双人家庭 7296 澳元，单亲家庭（1 个孩子）7296 澳元，每增加一个孩子提高 272 澳元，其中收入标准是以 8 周为一个周期。[2]

医疗救助制度模式与该国社会福利观念相关。如表 1-4 所示，社会福利模式可以分为机制型和补救型，美国医疗保障模式属于补救型，即政府尽量少地干预市场，只有当家庭和市场不能为低收入者提供医疗保障时才提供帮助，低收入群体医疗服务可及性低的问题只能由政府来解决。因此，在补救型福利观念下，政府医疗救助需要保障的人群较多，需要建立专门的医疗救助制度。英国和澳大利亚的医疗保障模式属于机制型，即强调国家干预，国家有责任去建立福利项目以解决个人的医疗问题，并将社会福利支出制度化。在机制型医疗保障制度模式下，不存在低收入者无法进入医疗保障体系的问题，全体国民都可享受基本医疗保障。自付费项目是影响低收入群体医疗服务可及性的主要障碍，但这一部分人群数量往往较少。因此，在机制型福利观念的影响下，政府往往在医保制度体系下建立面向低收入群体的子项目。[3]

---

〔1〕 NHS Business Services Authority, NHS Help with Health Costs (https://www.nhsbsa.nhs.uk/nhs-help-health-costs).

〔2〕 薛秋霁，孙菊，姚强：《全民医保下的医疗救助模式研究——英国、澳大利亚、德国的经验及启示》，载《卫生经济研究》2017 年第 2 期。

〔3〕 赵斌：《发达国家医疗救助制度模式及理论述评》，载《国外社会科学》2009 年第6 期。

表1-4 不同医疗保障模式下医疗救助的保障范围

国家	英国	美国
医疗保障制度	国家卫生服务	商业医疗保险
福利观念	机制型	补救型
医疗保障覆盖范围	（大）———————————————（小）	
医疗救助覆盖范围	（小）———————————————（大）	

（三）美国和英国残疾人救助的保障范围

根据美国的残疾人状况报告（Disability Status Report），2017年美国21岁至64岁间残疾人的贫困率为26.1%，而这一年龄段没有残疾的人的贫困率为10.4%，相差15.7%。[1]。基于此，美国SSI计划中专门针对残疾人设立了救助计划。在资格标准方面，个人经济状况需符合SSI计划收入和资产审核标准。在残障评估方面，申请者必须具有医学上可确定的身体或精神障碍，预期会持续至少12个月或直至死亡，并且对于年满18岁的申请者，无法进行任何实质性的有酬活动的；对于未满18岁的申请者，存在明显的严重功能限制的。[2]

英国针对残疾人制定了专门的残疾津贴制度，该制度规定，无论其工作与否、财产和收入状况如何，只要被鉴定为残疾人即可获取补贴。英国残疾人的补贴制度根据年龄划分为三大部分：一是针对年龄在16岁以下的残障儿童建立的残疾人生活补贴制度（Disability Living Allowance）；二是针对16岁至64岁患有长期健康问题或残疾人建立的个人补贴制度（Personal Independence Payment），根据领取标准，申请者必须存在从事日常活动困难三个月，并且预计持续至少九个月；三是针对65岁及以上的老年人建立的护理津贴制度（Attendance Allowance），申请者必须患有严重的残疾，并且需要高度护理。[3]

从资格标准来看，在美国和英国申请者都需要通过残障评估被确认为存在行动障碍才符合待遇领取资格，但美国还对申请者的经济状况设限，要求收入不超过美国居民人均收入的20%（个人）或15%（夫妻），个人资产不可超过2000美元，夫妻资产不可超过3000美元。而在英国，无论工作和经济状况如何，只要被鉴定为残疾人即可领取待遇。由此可见，美国的残疾人救助计划体现了美国一

[1] Cornell University, Disability Statistics(http://www.disabilitystatistics.org).

[2] Social Security Administration, Annual Report of the Supplemental Security Income Program, 2019(https://www.ssa.gov/oact/ssir/SSI19/ssi2019.pdf).

[3] Social Security Administration, Social Security Programs Throughout the World: Europe, 2018(https://www.ssa.gov/policy/docs/progdesc/ssptw/2018-2019/europe/ssptw18europe.pdf).

直贯彻的“补救型”福利观念，通过对个人及家庭资产设限以识别出“最需要救助的人”，即个人和家庭的资源都无法为其提供保障的残疾人。而英国更多的是将目标定位于全体残疾人群体而非低收入的残疾人群体，这体现了福利国家福利普遍性的理念。

（四）经济合作与发展组织国家住房救助的保障范围

美国联邦政府设立了低收入家庭的联邦住房救助计划（Federal Housing Assistance for Low - Income Households），该计划的首要资格标准为家庭收入不超过地区中等收入（Area Median Income，以下简称 AMI）[1] 的 50%，但符合标准的家庭不一定能够获取援助。通常家计调查式的社会救助计划旨在为所有符合一定收入或资产标准的个人提供援助，比如 SSI 计划。但是联邦住房援助计划只对四分之一符合资格的家庭进行援助，比如 2013 年大约 2000 万合格家庭，而最终接受到援助的家庭约为 480 万个。其中，接受到援助的家庭通常为家庭收入不超过 AMI 的 30% 的家庭。[2] 目前在经济合作与发展组织（Organization for Economic Cooperation and Development，以下简称 OECD）国家中只有三个国家（意大利、西班牙和土耳其）既没有住房援助的一般性计划，也没有支付住房费用的社会救助项目。实施一般住房福利计划的国家向所有低收入者和受援者开放，包括丹麦、法国、德国、瑞典和英国。比如在英国，房屋福利计划向所有收入支持计划（Income Support）的受助人提供全额租金资助，资格标准和收入调查方法与收入支持计划相挂钩。

绝大多数 OECD 国家和美国一样，都是将住房援助对象定位于低收入群体，但美国仅对四分之一的符合资格的家庭进行援助，而多数 OECD 国家会为所有符合资格标准的人提供援助。由此可见，美国住房救助计划的保障范围更加受限，政府承担的是有限责任，而多数 OECD 国家更强调承担所有低收入群体住房的责任。

（五）欧美国家儿童救助的保障范围

美国主要通过“贫困家庭临时救助计划”（Temporary Assistance for Needy

---

〔1〕 2017 年整个美国的年收入中位数为 60336 美元；50% 为 30168 美元，30% 为 18101 美元。

〔2〕 Congressional Budget Office, Federal Housing Assistance for Low - Income Households（https://www.cbo.gov/publication/50782）.

Families, TANF）来对儿童进行救助。该项目由 AFDC[1]计划发展而来，主要面向单亲或父母中有一人无劳动能力或长期失业的家庭。为了符合这一福利计划，申请人必须是孕妇或正照护 19 岁以下的孩子，此外，申请人满足收入低或非常低、未充分就业、失业或即将失业的条件，其中，TANF 项目具体的资格标准由各州决定。

在欧洲，儿童补贴是一种普遍的福利。比如在瑞典，政府支付儿童补贴至孩子 16 岁的季度末或孩子完成初等教育。在英国，政府也为儿童提供基于一定收入调查的普惠型福利，其资格标准为儿童必须未满 16 岁，申请者的家庭年收入不能超过 5 万英镑。这收入标准相当于 2018 年居民人均收入 24651.5 英镑的 2 倍，远低于美国要求的“经济状况非常差”的标准。此外，英国政府还建立了儿童税收抵免制度，旨在为有 16 岁以下儿童的低收入家庭提供救助。其收入标准为有一个孩子的家庭年收入不得超过 26200 英镑；有两个孩子的家庭不得超过 32900 英镑。[2]

上述保障范围的差距正是各国不同福利观念的体现，如表 1－5 所示，瑞典社会政策实践深受瑞典学派再分配思想的影响，强调国家责任。而美国则坚持补救型的福利理念，强调政府在福利保障方面的有限责任，仅对“最需要帮助的人”提供救助。

表 1－5　不同福利理念下儿童救助的保障范围比较

国家	瑞典	英国	美国
理论	瑞典学派	福利经济学	凯恩斯主义
福利模式	社会民主主义的制度化再分配模式	贝弗里奇模式	剩余型社会保障模式
标准的严苛程度	（低）———————————————————（高）		
保障范围	（大）———————————————————（小）		

三、政府兜底保障项目的保障水平

这一部分主要通过待遇水平、财政支出等来分析不同国家在贫困群体保障方面政府的责任边界。

---

〔1〕未成年子女家庭援助计划：1935 年《社会保障法》建立了该计划，为各州贫困儿童提供现金福利，这些贫困儿童主要为父亲或母亲不在家、丧失劳动能力、去世或失业的家庭中的孩子。1996 年，该计划被 TANF 所替代。

〔2〕Social Security Administration, Social Security Programs Throughout the World: Europe, 2018 (https://www.ssa.gov/policy/docs/progdesc/ssptw/2018－2019/europe/ssptw18europe.pdf).

（一）欧美国家养老金救助的保障水平

在待遇水平方面，如表1－6所示，美国补充收入保障计划（Supplemental Security Income，SSI）的担保收入会根据生活成本逐年调整，2018年补充收入保障计划对个人每月最高支付750美元，这相当于当年居民人均收入的20%左右。2018年，联邦SSI计划支出占国内生产总值（Gross Domestic Product，GDP）的0.27%。而且美国社会保障署计划进一步缩减SSI项目的支出，预计2019年支出将减少到GDP的0.26%，并且到2043年后继续下降到GDP的0.19%。[1]

表1－6　美国联邦SSI计划待遇水平

年份	社会保障金增幅	SSI待遇增幅	联邦SSI计划待遇水平（美元）	
			个人	夫妻
2000	3.5	2.5	513	769
2001	2.6	3.5	531	796
2002	1.4	2.6	545	817
2003	2.1	1.4	552	829
2004	2.7	2.1	564	846
2005	4.1	2.7	579	869
2006	3.3	4.1	603	904
2007	2.3	3.3	623	934
2008	5.8	2.3	637	956
2009	0.0	5.8	674	1011
2010	0.0	0.0	674	1011
2011	3.6	0.0	674	1011
2012	1.7	3.6	698	1048
2013	1.5	1.7	710	1066
2014	1.7	1.5	721	1082
2015	0.0	1.7	733	1100
2016	0.3	0.0	733	1100

〔1〕 Social Security Administration, Annual Report of the Supplemental Security Income Program, 2019 (https://www.ssa.gov/oact/ssir/SSI19/ssi2019.pdf).

续表

年份	社会保障金增幅	SSI 待遇增幅	联邦 SSI 计划待遇水平（美元）	
			个人	夫妻
2017	2. 0	0. 3	735	1103
2018	2. 8	2. 0	750	1125
2019	1. 8	2. 8	771	1157

资料来源：Social Security Administration, Annual Report of the Supplemental Security Income Program, 2019, p. 28。

在建立普惠型的养老金制度的国家，老年人可获取的最低收入补贴几乎都在每月 1000 美元左右。比如：在瑞典 80 岁以下的老年人每月皆可拿到 986 美元，80 岁以上的老年人可每月获得 1010 美元的补贴，约为居民人均月收入的 22%。[1] 在加拿大，保证收入补贴计划的待遇水平取决于普惠型基本养老金领取情况，个人每月领取的保证收入补贴与基本养老金之和的最高金额为 1125. 3 美元[2]，这相当于当年居民人均月收入的 37%[3]左右。2018 年政府在 OAS 计划上的支出为 34. 73 亿美元，政府在 GIS 计划上的支出为 95. 99 亿美元[4]，政府在两个计划上的支出约占当年 GDP 的 26%，而且加拿大政府预计将进一步扩大 OAS 支出。

从上述分析可知，在保障水平和财政支出力度方面，加拿大都高于美国。而且在接下来的保障计划中，美国计划进一步缩减支出，而加拿大政府选择增加支出。从保障水平的一高一低和财政支出的一增一减可以看出，在“补救型”福利观念下的美国政府致力于控制费用，而受到欧洲福利理念影响的加拿大则强调在老年兜底保障方面政府的责任，认为国家应该为老年贫困群体提供充足的保障。

（二）美国、英国和澳大利亚医疗救助的保障水平

在美国，各州建立和管理自己的医疗救助计划，并根据广泛的联邦准则确定服务的类型、数量、期限和范围。联邦规定必须提供的服务项目，并允许各州选

〔1〕 Social Security Administration, Social Security Programs Throughout the World: Europe, 2018 (https://www.ssa.gov/policy/docs/progdesc/ssptw/2018 – 2019/europe/ssptw18europe.pdf).

〔2〕 Social Security Administration, Social Security Programs Throughout the World: The Americas, 2017 (https://www.ssa.gov/policy/docs/progdesc/ssptw/2016 – 2017/americas/ssptw17 americas.pdf).

〔3〕 根据 CEIC DATA 数据库，2017 年加拿大居民人均月收入为 2007. 54 美元，该比率由笔者计算所得。

〔4〕 Government of Canada, Quarterly report of Canada Pension Plan and Old Age Security monthly amounts and related figures – October to December 2019 (https://www.canada.ca/en/employment – social – development/programs/pensions/pension/statistics/2019 – quarterly – october – december.html).

择涵盖其他可选的服务项目，具体如表 1－7 所示。

英国 NHS 低收入计划主要解决个人仍需承担的、不在 NHS 免费医疗服务范围之内的项目费用，比如处方费、牙科费用、视力检测费用、配眼镜费用、看病路费等都由政府免费提供。与英国类似，澳大利亚的医疗救助旨在资助贫困群体享受 Medicare 保障范围之外的项目（例如牙科、眼科、救护车等）以及患者购买药品时需要共付的部分。因此，在澳大利亚 Medicare 安全网和 PBS 安全网下，政府通过财政资助使得符合低收入标准的群体能够支付急救、牙科、眼科保健等项目的费用，并通过降低贫困群体进入 PBS 制度的门槛来实施救助。如表 1－8 所示，在澳大利亚只有达到标准线才可享受药品补贴，对于普通人标准线为 1550.7 美元，而对于低收入群体只需达到 390 美元，大大降低了低收入群体享受补贴的门槛。此外，在达到标准后个人自付费部分，对于普通人多数药物最高价格为 40.30 美元，但对于低收入群体最高价格仅为 6.50 美元，剩下的费用由澳大利亚政府支付。

表 1－7　美国医疗救助的强制性和可选医疗服务项目

联邦强制性项目		
住院医院服务	农村卫生诊所服务	护理服务
门诊医院服务	联邦合格的健康中心服务	认证的儿科和家庭护士执业者服务
家庭健康服务	实验室和 X 射线服务	EPSDT：早期和定期筛查，诊断和治疗服务
内科医生服务	护士助产士服务	
各州可选项目		
处方药	诊所服务	职业治疗
验光服务	呼吸保健服务	听力和语言障碍服务
假牙、假肢	个人护理	慢性病患者的疗养院
牙科服务	脊骨治疗服务	在中级护理机构中为智障人士提供的服务
眼镜	案例管理	为精神病机构（IMD）中 65 岁或 65 岁以上的个人提供的服务
临终关怀	结核病相关服务	

资料来源：美国医疗救助和医疗照顾服务中心，Medicaid，https://www.medicaid.gov/medicaid/benefits/list－of－benefits/index.html

上文提到医疗救助制度依附于医疗保障模式，美国的医疗保障模式以商业保险为主，这使得贫困群体无法得到医疗保障。在此情况下，美国政府需要建立专门的医疗救助制度来保障这部分群体，因此，政府的救助责任较大。而英国和澳大利亚的医疗保障模式属于国家责任型，全体国民都可享受基本医疗保障，在此模式下政府医疗救助项目主要是对贫困群体的医疗自付费项目进行减免。

表 1-8　澳大利亚药品补贴计划自付费标准（2019）

PBS	普通人（美元）	低收入保健卡持有者（美元）
标准线（家庭为单位）	1550.7	390.0
标准线以下部分	40.3	6.5
标准线以上部分	按优惠的共付比例	免费

资料来源：Australia Government Department of Health, The Pharmaceutical Benefits Scheme, www.pbs.gov.au

（三）美国和英国残疾人救助的保障水平

在美国，符合资格的残疾人每月最高可获得 735 美元的补助[1]，这相当于当年居民人均收入的 20% 左右[2]。英国针对不同年龄段人群建立了不同的残疾人补贴制度，补贴制度下的待遇水平也不同。针对 16 岁以下的残障儿童建立的残疾人生活补贴制度，其待遇水平津贴由护理部分和行动能力部分组成。在护理部分，政府每周给保障对象最高支付约 116 美元；在行动能力部分，政府每周最高支付约 81 美元[3]。因此，16 岁以下残障儿童每周最高可获得 197 美元，约占居民人均收入的 30.4%[4]。针对 16 岁至 65 岁间的残疾群体建立的个人独立金制度，其待遇水平是由日常生活支持部分和行动能力部分组成。与残障儿童救济金情况一样，这一年龄段的群体可获得的救济金也约占居民人均收入的 30.4%。针对 65 岁及以上的老年人建立的护理津贴制度，政府每周最高支付 116 美元[5]，约为居民人均收入的 18%[6]。根据上述数据可以得出，英国残疾人所领取的待

[1] Social Security Administration, Social Security Programs Throughout the World: The Americas, 2017 (https://www.ssa.gov/policy/docs/progdesc/ssptw/2016-2017/americas/ssptw17 americas.pdf).

[2] 根据 CEIC DATA 数据库，2017 年美国居民人均月收入为 3624.93 美元，该比率由笔者计算所得。

[3] Social Security Administration, Social Security Programs Throughout the World: Europe, 2018 (https://www.ssa.gov/policy/docs/progdesc/ssptw/2018-2019/europe/ssptw18europe.pdf).

[4] 根据 CEIC DATA 数据库，2018 年英国居民人均月收入为 2776.07 美元，该比率由笔者计算所得。

[5] Social Security Administration, Social Security Programs Throughout the World: Europe, 2018 (https://www.ssa.gov/policy/docs/progdesc/ssptw/2018-2019/europe/ssptw18europe.pdf).

[6] 根据 CEIC DATA 数据库，2018 年英国居民人均月收入为 2776.07 美元，该比率由笔者计算所得。

遇水平总体上高于美国残疾人待遇水平，美国有限的保障水平在一定程度上反映其有限政府的理念。

（四）欧美国家住房救助的保障水平

美国联邦住房救助计划包含三大项目：住房选择券计划（Housing Choice Vouchers，HCV），基于项目的租金援助计划（Project – Based Rental Assistance，PBRA）和公共住房计划（Public Housing）。其中规模最大的是 HCV，这是由当地公共住房机构（Public Housing Agencies，PHA）运行的一个代金券计划。[1] PHA 将代金券分发给租户，租户用代金券支付租金，代金券的价值是住户支付的租金与租金上限之间的差额。[2] PBRA 主要为居住在私人拥有的指定建筑里面的租客提供联邦合同和补贴租金，而公共住房计划主要是为居住在公有的建筑物里面的租户提供联邦补贴租金。因此，美国的住房救助计划主要采用补差价的方式来提高住房保障；而在瑞典，只要申请者符合资格标准，政府就会负担其全部费用；在英国，房屋福利计划向所有收入支持计划的受助人提供全额租金资助。

（五）欧美国家儿童救助的保障水平

美国 TANF 项目的待遇水平是由每个州和地区来决定的。总体来看，各州 TANF 项目的待遇水平普遍偏低。根据美国卫生和公共服务部（Department of Health and Human Services）2018 年贫困指南测算，每个州没有其他现金收入的三人家庭的 TANF 福利等于或低于贫困线的 60%，大多数州的福利低于贫困线的 30%（如下表 1 – 9 所示）。[3] 此外，TANF 项目还对受益者采取了严格的受助时间限制，并将重点放在督促和帮助失业者再就业方面，旨在通过提高受助人的工作愿望和增加他们的个人责任来减低他们对福利救助的依赖，使他们树立“以工作求自立”的理念。

---

〔1〕 Federal Safety Net，Housing Assistance（http://federalsafetynet.com/housing – assistance.html）.

〔2〕 Congressional Budget Office，Federal Housing Assistance for Low – Income Households（https://www.cbo.gov/publication/50782）.

〔3〕 Center on Budget and Policy Priorities：TANF Benefits Remain Low Despite Recent Increases in Some States（https://www.cbpp.org/research/family – income – support/tanf – benefits – remain – low – despite – recent – increases – in – some – states）.

表 1-9 美国部分州 2018 年 TANF 待遇水平占联邦贫困线的比例

地区	占比（%）
阿拉斯加州	42.6
加利福尼亚州	41.2
科罗拉多州	26.7
马里兰州	39.1
肯塔基州	15.1
缅因州	33.6
威斯康星州	37.7
华盛顿州	32.9
怀俄明州	39.0

资料来源：TANF Benefits Remain Low Despite Recent Increases in Some States, https://www.cbpp.org/research/family-income-support/tanf-benefits-remain-low-despite-recent-increases-in-some-states

在瑞典，政府会每月支付给每个符合年龄标准的儿童约 128 美元补贴，随着家中儿童数量的上升补贴会增加，上限约为 517 美元。英国政府会为符合标准的家庭中最年长的孩子每月提供约 120 美元的补贴，每多一个孩子多得到约 18.5 美元的补贴。此外，在英国儿童税收抵免制度中，福利水平取决于收入状况和家庭子女数。没有收入的家庭每年至少可以得到 4500 美元，约为居民人均收入的 14%[1]，有收入但年收入大约不超过 27027 美元的家庭每年至少可获得约 2338 美元的补助[2]。

四、启示和建议

（一）发挥社会救助在兜底保障中的基础性作用

正如前文所述，国外的民生兜底保障主要采取社会救助的形式为国民建立起“安全网”。在美国，联邦政府建立了 SSI、AFDC、TANF、Medicaid 等社会救助项目，从养老、医疗到住房对不同类型贫困群体实施救助，保障其最低生活需要。在欧洲高福利国家，政府通过实施非缴费型福利计划来“兜”住公民的基本生活

[1] 根据 CEIC DATA 数据库，2018 年英国居民人均月收入为 2776.07 美元，该比率由笔者计算所得。

[2] Social Security Administration, Social Security Programs Throughout the World: Europe, 2018 (https://www.ssa.gov/policy/docs/progdesc/ssptw/2018-2019/europe/ssptw18europe.pdf).

需要，比如在瑞典、丹麦、挪威等国家，政府主要通过建立普惠式的非缴费型养老金制度来保障低收入老年群体的生活。无论是美国选择型的制度还是欧洲高福利国家普惠式的制度，它们都为社会贫困群体建立起一个“安全网”，从各方面来“兜”其最低的生活需要。我国应充分发挥社会救助在民生兜底保障中的基础性作用，以实现幼有所育、学有所教、劳有所得、病有所医、老有所养、住有所居、弱有所扶。

（二）建立科学的目标定位机制和退出机制，准确定位贫困群体

目标定位机制（Targeting Mechanism）是国际减贫中用于识别社会贫困人口的一项基本工具，其理念是将有限的社会福利资源分配给最需要或最贫困的人。[1] 目标定位机制之所以能够成为社会福利制度的一个重要工具，主要基于以下两点原因：一是社会福利资源是一种稀缺资源，其稀缺性使得其需要考虑用目标定位方法识别出“最需要的人”以实现福利资源的有效利用；二是相对于普惠式的福利计划，目标定位型福利计划只对符合资格的人发放待遇，这在一定程度上能够有效控制福利支出，避免陷入财政危机。[2]

此外，国外大多数国家还建立了严格的退出机制，比如英国医疗救助有严格的审批机制和约束机制，一旦查出弄虚作假者，将处以费用5倍的罚款；对挪用、滥用救助专项资金的人员及组织予以严厉的惩罚。建立类似这样的监督管理机制在一定程度上可实现福利资源的有效利用，使得社会救助制度更加可持续发展。

（三）坚持适度原则，待遇水平与经济水平相适应

从欧洲高福利国家的社会保障实践中，我们吸取到的最大教训就是社会保障支出增长速度不能超越国民经济的增长。贫困群体的兜底保障项目是社会保障体系的一个分支，在制定待遇标准时也需坚持适度原则，否则高水平的救助金会导致贫困群体陷入“失业陷阱”，同时打击劳动者的工作积极性，不利于整个社会经济的可持续发展。此外，国外救助项目的形式呈现多样化特点，既包括资金层面的救助费用减免、补贴、补偿，还有实物层面的救助。

（四）社会救助制度与社会保险相结合，从制度上实现互补融合

国外社会救助内容大多基于保险体系进行扩展补充，特别是在医疗和养老方

---

〔1〕 房连泉：《国际扶贫中的目标定位机制：多维贫困测度方法在发展中国家的应用》，载《劳动经济研究》2018年第2期。

〔2〕 郑秉文，孙婕：《社会保障制度改革的一个政策工具：“目标定位”》，载《中央财经大学学报》2004年第8期。

面。医疗救助模式依附于医疗保障模式，在英国 NHS 制度下，虽然全体国民享受低收费甚至免费的医疗服务，但个人仍需承担处方费、牙科费用等不在免费医疗服务范围之内的项目费用。因此，英国在 NHS 体系下建立了低收入计划这一子项目，通过对需要付费的项目进行费用免除来解决低收入群体就医的负担。而在以商业保险为主的医疗保障模式下，美国政府需要建立专门的医疗救助制度来保障贫困群体。在养老方面，越来越多发达国家建立非缴费型制度以弥补缴费型制度覆盖面上的不足，有助于更有效实现对老年贫困人口的保障。

（五）注重社会参与，从主体上发挥救助的多元性

在一些国家，社会工作者和非政府组织（Non – Governmental Organizations, NGO）在评估和提供社会援助方面发挥重要作用。新加坡的医疗救助通过社会团体、志愿组织等第三部门来开展，日本设立民生委员会，即由热心救助人士自愿组织的团体，在协助政府救济项目实施、弥补政府救济项目不足、参与医疗救助及城乡居民卫生福利事宜等方面发挥重要的作用，而且非政府组织重要性在增加。[1]

参考文献

中文文献

李珍：《社会保障理论》，中国劳动与社会保障出版社 2013 年第 3 版。

郑秉文，孙婕：《社会保障制度改革的一个政策工具："目标定位"》，载《中央财经大学学报》2004 年第 8 期。

房连泉：《国际扶贫中的目标定位机制：多维贫困测度方法在发展中国家的应用》，载《劳动经济研究》2018 年第 2 期。

杨燕绥，阎中兴等：《政府与社会保障——关于政府社会保障责任的思考》，中国劳动社会保障出版社 2007 年版。

薛秋霁，孙菊，姚强：《全民医保下的医疗救助模式研究——英国、澳大利亚、德国的经验及启示》，载《卫生经济研究》2017 年第 2 期。

孙守纪，齐传钧：《美国补充收入保障计划及其启示》，载《美国研究》2010 年第 4 期。

周悦，崔炜：《国外医疗救助的实践与成功经验》，载《发展研究》2011 第 8 期。

杨娟：《非缴费型养老金制度研究述评》，载《中国软科学》2010 年第 4 期。

赵斌：《发达国家医疗救助制度模式及理论述评》，载《国外社会科学》2009 年第 6 期。

---

〔1〕 Gough, I., Bradshaw, J., Ditch, J., Eardley, T., & Whiteford, p. "Social Assistance in Oecd Countries" *Journal of European Social Policy*, Vol. 7, No. 1, 1997 (https://doi.org/10.1177/095892879700700102).

外文文献

Gough, I. , Bradshaw, J. , Ditch, J. , Eardley, T. , & Whiteford, p. "Social Assistance in Oecd Countries" *Journal of European Social Policy*, Vol. 7, No. 1, 1997 (https://doi. org/10. 1177/0958928797 00700102).

Social Security Administration, Annual Report of the Supplemental Security Income Program, 2019 (https://www. ssa. gov/oact/ssir/SSI19/ssi2019. pdf).

Social Security Administration, Social Security Programs Throughout the World: The Americas, 2017 (https://www. ssa. gov/policy/docs/progdesc/ssptw/2016 – 2017/americas/ssptw17americas. pdf).

Social Security Administration, Social Security Programs Throughout the World: Europe, 2018 (https://www. ssa. gov/policy/docs/progdesc/ssptw/2018 – 2019/europe/ssptw18europe. pdf).

The Centers for Medicare & Medicaid Services, Medicaid (https://www. medicaid. gov/medicaid/index. html).

NHS Business Services Authority, NHS Help with Health Costs (https://www. nhsbsa. nhs. uk/nhs – help – health – costs).

Cornell University, Disability Statistics (http://www. disabilitystatistics. org).

Congressional Budget Office, Federal Housing Assistance for Low – Income Households (https://www. cbo. gov/publication/50782).

Federal Safety Net, Housing Assistance (http://federalsafetynet. com/housing – assistance. html).

Center on Budget and Policy Priorities: TANF Benefits Remain Low Despite Recent Increases in Some States (https://www. cbpp. org/research/family – income – support/tanf – benefits – remain – low – despite – recent – increases – in – some – states).

Government of Canada, Quarterly report of Canada Pension Plan and Old Age Security monthly amounts and related figures – October to December 2019 (https://www. canada. ca/en/employment – social – development/programs/pensions/pension/statistics/2019 – quarterly – october – december. html).

第二章　发达国家和国际组织贫困标准的制定

消除贫困一直是全人类普遍关注的重要议题，建立客观、可度量的贫困标准是研究和解决贫困问题的基础。过去几十年里，基于收入的贫困衡量方法一直占据主导地位，伴随着贫困内涵和理论的不断深化，贫困衡量方法经历着从绝对贫困标准向相对贫困标准、从基于货币收入的单一维度向多维贫困测量的转变。

一、贫困及贫困标准概览

选取什么样的标准衡量贫困直接取决于贫困的定义及具体划分。不同国家、地区和不同群体对贫困概念的理解是不同的。贫困内涵的丰富性和相对性使得贫困研究具有复杂性。

（一）多角度理解贫困内涵

关于贫困的研究，学界从不同学科视角对贫困内涵展开探讨，目前通常采用三种宽泛的概念定义贫困，即经济匮乏、能力贫困和社会剥夺或排斥。具体而言，这三种定义的内涵分别为：一是经济收入的匮乏，对贫困最直接的定义是收入不足，即缺乏足够收入使其达到最起码的生活水平，单纯强调经济匮乏，通常使用收入或消费支出来度量，对应的概念为绝对贫困和相对贫困；二是能力贫困，阿玛蒂亚·森十分强调这一概念，强调可行能力的匮乏，注重考察导致个人无法实现适度社会参与的因素，比如教育或健康等因素的影响；三是社会剥夺或排斥，认为贫困是个人或群体遭受社会剥夺或社会排斥导致的结果，不仅仅是某一方面传统意义上的收入剥夺，还是对人类发展权利、社会参与、知识、尊严和体面生活水平多方面的剥夺，对应的概念为物质剥夺和多维贫困。不同的贫困内涵存在与之对应的贫困度量方法。通过对不同贫困定义的归纳总结，贫困程度的测量至少可从几个角度进行：（1）个人或家庭收入低于某一确定的绝对最小值；（2）个人或家庭收入低于社会中其他社会成员；（3）自我感觉生活需要的多方面被剥夺。其中第一个角度从绝对贫困概念出发确定具体度量标准，第二个角度从相对贫困角度确定测量标准，第三个角度更多从物质剥夺和多维贫困的角度展开度量。

（二）贫困标准的基本概况

随着贫困内涵和理论的不断深化，贫困衡量方法相应发生变化。各国通常会根据个人或家庭在一定时期内为取得社会认为体面的生活水平所必需的一定数额的收入或标准制定贫困线，其主要功能在于：一是统计功能，贫困线的制定作为识别和统计贫困人口规模的工具；二是评价功能，贫困线用于评价政府制定的社会政策对贫困的影响；三是动态反映不同时期贫困人口规模变化的情况。各国基于自身不同的经济发展阶段和反贫困目标，采用不同贫困线测量贫困程度。

1. 贫困标准的类型

现行国际上常用的衡量贫困的标准主要有四类：一是绝对贫困标准。绝对贫困标准基于收入维度，根据满足个人或家庭最低生活需要或营养需求所需的支出额确定贫困门槛；二是相对贫困标准。该标准是与一国或地区某一特定时点的生活水平相联系，客观反映个人或家庭缺少足够参与社会生活的资源，相对贫困标准一般根据家庭中位数收入的50%—60%设定，在欧盟国家或经济合作与发展组织（Organization for Economic Cooperation and Development，OECD）国家使用较为广泛，利于横向比较；三是物质剥夺法。该方法考虑了非货币收入的影响，从人们具体生活形态出发，列出一系列相关问题供被调查者回答，最终确定可反映贫困者生活形态独有的若干指标，主要用于反映因经济资源缺乏所导致的满足现代生活所需的商品和设施的缺少，比如住房、食物、车、家用电器等；四是多维贫困指数。多维贫困指数通过选取衡量贫困的不同维度构建指标体系，通过确定指标权重和临界值标准计算出相应未达标的指标分值，由此判定其贫困状况，该指数不仅可用于反映不同国家或地区、性别、群体的贫困程度，而且还可用于比较不同维度对贫困贡献的大小。实践中，部分发达国家为了更真实地了解国内贫困状况，会采取两种或两种以上的方法测量贫困。

2. 不同类型贫困标准的优缺点分析

（1）绝对贫困标准和相对贫困标准的优缺点分析。

绝对贫困标准和相对贫困标准是国际上常用的贫困衡量工具，两者主要以货币收入或消费支出为基础，实际运用中各有优缺点：绝对贫困标准反映个人或家庭基本生活的绝对剥夺，其优点在于简单、易于理解。其缺陷主要体现在：一是贫困线并不随着生活水平的提高而变化，只对因通货膨胀引起生活成本上升的部分进行调整，而且因各国对基本生活需要内涵的定义不同，难以对不同国家、地区和群体的贫困状况进行横向比较；二是反映人们基本生活必需品的清单是动态变化的；三是绝对贫困标准更多关注物质需求，忽略了社会参与等其他需求。相对贫困标准与一国或地区的社会平均水平联系密切，个人是否贫困不仅取决于自身或家庭的经济状况，还取决于所在国家其他社会成员的生活状况，能较好地反映贫困的时空变化，具有可比性。因相对贫困线更接近于衡量收入不平等和关注收入分配差距的指标，所以其应用于贫困测量遭到质疑。

（2）物质剥夺法的优缺点分析。

物质剥夺法是基于生活条件维度的贫困衡量工具，打破之前以货币收入作为唯一的衡量标准。引入非货币贫困指标可能存在两方面的原因：一是贫困的某些方面很难用货币收入来衡量；二是在不发达国家，部分消费品和服务无法通过市场价格进行量化。该方法旨在衡量个人或家庭在物质、文化和社会资源上的缺乏和剥夺，通过直接观察方式选出若干剥夺指标，具有一定的直观性，其缺陷是对于哪些商品和设施该纳入考虑争议较多。近些年，不同国际组织纷纷建立相应统计数据库，以便提供多方面的剥夺措施，这些措施在很大程度上取决于不同国家的经济发展水平。实际运行中，单纯使用物质剥夺法衡量贫困的国家较少，一般各国会在绝对或相对贫困标准的基础上辅之以物质剥夺指标，以期全面了解贫困状况。

（3）多维度贫困标准的优缺点分析。

多维贫困标准综合考虑了经济收入和非货币收入因素，比如健康、教育、住房、社会参与等指标均可考虑在内，其构建贫困指标体系的方法更加客观，通过选择多个维度衡量个人或家庭在多方面的具体剥夺情况，具有更强、更直接的政策指导意义，有助于提升政府公共政策的瞄准率。然而，在具体操作中，如何选择维度、设置指标并相应赋值形成评价指标体系仍存在较大争议。目前国际上常用的多维贫困指标体系是联合国开发计划署和牛津大学联合开发的全球多维贫困指数。

二、典型发达国家贫困标准制定的实践

本部分以典型发达国家贫困标准的运行实践为研究对象，具体分析各国贫困标准的设定和主要内容，有些国家采取比较纯粹的绝对贫困标准或相对贫困标准，有些发达国家则采取多种方法相结合的贫困测量方法。

（一）绝对贫困标准的具体实践：以美国为例

绝对贫困标准是传统衡量物质绝对剥夺的方法，具体方式主要有两种：一是调查被认为贫困者的实际支出；二是设定一个假设中的市场菜篮子，该篮子中的商品或服务能够保证基本生存或适当的生活水平。市场菜篮子法使用范围较广，其制定的基本思路为结合本国或地区的实际，确定个人或家庭维持最低生活标准所需的食物热量或商品服务，通过市场价格将其货币化。该方法的核心在于如何

确定“基本需求”以及这些需求如何转换为成本。因各国结合自身实际情况定义的市场菜篮子的商品和服务存在较大差异，因此各国贫困门槛不一。实践中贫困标准制定需要关注两个关键问题：一是贫困线如何设定，这是确定贫困状况的基础；二是贫困标准的调整办法和更新方式。本部分围绕着这两个问题，具体分析美国绝对贫困标准的运行实践。

1. 美国绝对贫困标准的具体实践

美国是少数发达国家中完全使用绝对贫困标准的国家之一，其现行识别和衡量贫困的标准包括官方贫困测量标准和补充贫困措施（Supplemental Poverty Measurement，SPM）。官方贫困标准由贫困门槛和贫困指导线构成，是美国衡量和监测贫困发展的主要指标，补充贫困措施于2011年由美国人口普查局和劳动统计局建立，是对官方贫困测量标准的补充和扩展。

（1）美国官方贫困测量标准。

美国官方贫困测量标准包括贫困门槛（Poverty Thresholds）和贫困指导线（Poverty Guidelines）。贫困门槛是美国人口普查局常用的官方贫困标准，用于统计美国贫困人口的数量，该标准的雏形是1963年根据贫困家庭最低食品计划成本的3倍设定，每年根据消费者价格指数进行调整，1981年这一内容被纳入《综合预算调和法案》，并沿用至今。当个人或家庭的税前现金收入低于贫困门槛时可视为贫困人口，如果个人或家庭收入低于贫困门槛的50%，则被认为陷入深度贫困。

美国贫困门槛以两个成人和两个未成年孩子的四口之家为参照基准，根据其在食物、住所和衣服等基本需求消费上的3年平均支出水平设定，美国人口普查局（US Census Bureau）根据家庭规模、未成年子女数量和户主年龄是否在65岁及以上对贫困阈值进行调整。一般而言，四口之家的贫困阈值大约是单身者家庭贫困门槛的2倍，七口之家贫困阈值大约是单身者贫困门槛的3倍。2016年美国单身家庭的贫困门槛为12228美元，两口之家的贫困门槛为15569美元，四口之家的贫困门槛为24563美元/年〔1〕（见表2－1）。数据显示，2017年美国贫困人口占总人口的比重为12.3%，约4000万人〔2〕。

---

〔1〕 US Census Bureau. Income, Poverty and Health Insurance Coverage in the United States: 2016, 2017, p. 17. (https://www.census.gov/).

〔2〕 US Census Bureau. Poverty Thresholds by Size of Family and Number of Children, 2017. (https://www.census.gov/).

表 2－1　2016 年美国不同家庭规模的贫困门槛 单位：美元/年

家庭规模	贫困门槛
3 人	19105
4 人	24563
5 人	29111
6 人	32928
7 人	37458
8 人	41781
9 人及以上	49721

资料来源：US Census Bureau. Income，Poverty and Health Insurance Coverage in the United States：2016，2017，p. 17

美国官方衡量贫困的另一个标准是由美国卫生与公共服务部制定的贫困指导线，其主要作为确定享受联邦政府部分公共项目资格条件的参考标准，帮助陷入贫困者获得必要的援助，每年 1 月底由美国卫生与公共服务部在联邦登记册上发布。2019 年美国贫困指导线根据 2017 年美国人口普查局公布的贫困门槛计算，同时根据 2017—2018 年度城镇居民消费者价格指数的变化进行调整。美国贫困指导线考虑了不同家庭规模的影响，2019 年美国一口之家的贫困指导线为 12490 美元（除阿拉斯加和夏威夷地区外的 48 个州），每多增加一名家庭成员，贫困指导线增加 4420 美元，详情见表 2－2。

表 2－2　2019 年美国各州的贫困指导线 单位：美元

家庭规模	贫困指导线 （48 个州和哥伦比亚特区）	阿拉斯加地区 贫困指导线	夏威夷地区 贫困指导线
1 人	12490	15600	14380
2 人	16910	21130	19460
3 人	21330	26660	24540
4 人	25750	32190	29620
5 人	30170	37720	34700
6 人	34590	43250	39780
7 人	39010	48780	44860
8 人	43430	54310	49940

注：1. 家庭规模为 8 人以上的，每多增加 1 人，贫困指导线增加 4420 美元。
2. 阿拉斯加和夏威夷地区单独设定贫困指导线。
3. 2019 年贫困指导线自 2019 年 11 月生效。

资料来源：Office of the Assistant Secretary for Planning and Evaluation，US Federal Poverty Guidelines Used to Determine Financial Eligibility for Certain Federal Programs：HHS Poverty Guidelines for 2019，2019－2－1（https://aspe. hhs. gov/poverty－guidelines）

美国贫困门槛的确定主要由家庭规模和家庭总收入这两个因素决定，贫困指导线的出台有助于指明公共政策走向。贫困门槛是美国统计贫困人口的基础工具，可帮助美国政府有效识别出最需要帮助的贫困群体，而贫困指导线在具体功能、目标定位和调整方法等方面与贫困门槛存在明显差别（见表2-3）。官方贫困测量标准的制定有利于追踪美国贫困率的变化，但其缺陷在于未考虑区域生活成本的巨大差异和公共政策变化对居民生活的影响。

表2-3　美国不同贫困标准的对比分析

名称	贫困门槛	贫困指导线
制定机构	人口普查局	卫生和公共服务部
功能	统计功能：统计贫困人口数量	管理功能：确定享受某些项目的收入资格条件
特征	1. 详细门槛线：根据家庭规模、孩子数量进行调整； 2. 加权平均贫困门槛线：因家庭规模（无论是否有老年人）而不同； 两类贫困门槛均没有地区差异，适用于美国50个州和华盛顿特区	贫困指导线因家庭规模而异，此外，具有地区差异
每年更新时间	美国人口普查局在日历年的第二年1月发布初步贫困线，9月发布最终贫困线。贫困门槛每年根据价格水平的变化进行调整，比如，2012日历年的贫困门槛是在2013年发布（1月初值，9月终值），用于衡量2012日历年的贫困状况	美国卫生与公共服务部每年1月底发布贫困指导线，一些项目自贫困指导线发布之日起生效，另一些则稍后生效，例如，2013年的贫困指导线于2013年1月发布，其根据2012年9月发布的2011日历年的贫困门槛终值计算得出
调整/计算方法	自1978年开始每年根据城市消费者的CPI调整	贫困指导线每年在最新发布的最终加权平均贫困门槛值上更新，根据城市消费者的CPI调整

资料来源：Office of the Assistant Secretary for Planning and Evaluation, What are the differences between the poverty guidelines and the poverty thresholds? 2017（https://aspe. hhs. gov/frequently - asked - questions - related - poverty - guidelines - and - poverty - thresholds）

（2）美国补充贫困措施。

美国官方贫困标准在实践中逐渐暴露出问题：一是收入计算时忽略了政府公共政策对家庭可用资源的影响，比如工薪税的缴纳会减少可支配收入，公共救助计划可帮助居民将资源用于非食品支出；二是官方贫困线没有根据生活成本的地区差异进行调整，不同地区基本商品或服务的成本存在较大差异，特别是住房成本的差别很大；三是官方贫困线也未考虑到医疗成本的巨大差异，医疗费用对不同人群的影响不同。

为了克服以上缺陷和更加客观地反映家庭贫困状况，美国国会于1995年要求国家科学院对官方贫困标准进行改进，经反复论证建议建立补充贫困措施。2010年初奥巴马政府采纳了国家科学院推荐的补充贫困措施，并于2011年正式发布补充贫困阈值，其设计的基本思路为：根据美国消费者支出调查数据，以两个成人和两个未成年孩子构成的四口之家的五年平均基本消费支出数据为基础确定阈值，根据家庭结构、住房状况和住房成本的地区差异进行调整，并将家庭资源与这一阈值进行比较确定目标群体。需要说明的是，基本消费支出是指满足个人在食物、衣服、住房、水电费和其他额外必需品和服务需求（包括家庭用品和个人护理等）的支出，家庭资源定义为所有来源（包括公共和私人部门）获得的现金收入加上可用于购买基本商品的实物福利价值（比如食品券、家庭能源补贴和住房补贴等）扣除必要费用〔1〕后的所得。

美国补充贫困措施是对官方贫困标准的重要补充，但与官方贫困标准存在明显区别（详见表2－4），具体体现在：第一，补充贫困阈值制定时包含的内容更广，包括食物、衣服、住房、水电费和其他基本必需的商品及服务，而官方贫困线最初根据1963年最低限度的食物预算成本确定，之后根据消费者价格指数的总体变化进行调整并沿用至今。第二，补充贫困阈值的设置较为灵活，不仅为不同住房类型和住房状况的人设定单独的贫困门槛，而且考虑了住房成本的地区差异，根据美国358个区域的住房成本差异分别设定贫困标准，而美国官方贫困线并未体现出高低生活成本的地区差异。第三，补充贫困阈值的设定突破了传统的家庭定义，将家庭内分享资源的同居者也纳入考虑。第四，补充贫困阈值还考虑了社会安全网项目对贫困的影响。由前文可知，补充贫困阈值设定时考虑了实物福利（食品或住房援助）或通过税收转移提供的福利待遇，还从资源中扣除了非可自由支配的开支（比如个人所得税、儿童护理和自费医疗费用等），能够更好地反映公共福利项目对家庭收支的影响。

表2－4 美国官方贫困措施和补充贫困措施的区别

内容	官方贫困措施	补充贫困措施
度量单位	以家庭为单位，包括因婚姻或收养而有关系的个人或无血缘关系的个人	以家庭资源为衡量单位，既包括官方家庭定义包含的家庭成员，还包括其他同居无血缘关系的子女、寄养子女、未婚伴侣及其亲属

〔1〕必要费用包括所得税、医疗费用、健康保险费、收入和社会保险工薪税、儿童抚养费、与工作相关的费用和儿童护理费等。

续表

内容	官方贫困措施	补充贫困措施
贫困标准	1963 年确定的最低食物成本的 3 倍	基于食物、衣服、住房和水电费支出计算
贫困阈值调整	根据家庭规模、家庭构成和户主年龄进行调整	根据家庭规模、家庭构成和住房成本的地区差异进行调整
贫困阈值更新	根据全部商品的居民消费者价格指数进行调整	根据食物、衣服、住房和水电费支出的五年移动平均值进行调整
资源	税前现金收入总额	所有来源（包括公共和私人部门）获得的现金收入和满足食物、衣服、住房和水电费支出需求的非现金福利价值总和扣除税收、工作费用、医疗费用和子女抚养费后的数额

资料来源：U. S. Census Bureau, The Supplemental Poverty Measure: 2017, Current Population Reports available at U. S. Department of Commerce Economics and Statistics Administration, 2018, p. 2

（二）相对贫困标准的具体实践：以澳大利亚和德国为例

相对贫困标准主要有两种形式：第一种是将居民按照收入由高到低分为几等分，将一定比例的最低收入人口定义为贫困人口，比如收入最低的 5% 或是 10% 人口；第二种是收入比例法，这是比较常见的设定相对贫困标准的方法，一般设定为家庭平均收入或中位数收入的一定比例。澳大利亚和德国是实行这一标准的典型国家。

1. 澳大利亚的贫困标准

过去 30 年，澳大利亚经济持续增长，是世界上最富裕的国家之一，但其贫困率仍然居高不下，2018 年，澳大利亚约有 305 万人生活在贫困线以下，其中包括 73.9 万儿童，大多数生活贫困者（53%）收入主要来源于社会保障[1]。目前澳大利亚国内广泛使用的是社会服务委员会（Australian Council of Social Service, ACOSS）制定的相对贫困标准——收入比例法。

2007 年澳大利亚社会服务委员会发布了国内第一份贫困报告，将澳大利亚贫困线设定为住房成本扣除前后家庭收入中位数的 50%，有时为便于与欧盟国家进行横向比较，澳大利亚也将贫困线设定为家庭收入中位数的 60%。澳大利亚贫困线的制定考虑了不同的家庭结构，通常分为四种：单身成年人、夫妇双方和两个

---

〔1〕 Davidson, P. , Saunders, P. , Bradbury, B. and Wong, M, Poverty in Australia 2018. ACOSS/UNSW Poverty and Inequality Partnership Report No. 2, Sydney: ACOSS, 2018, p. 12. (https://www.acoss.org.au/wp-content/uploads/2018/10/ACOSS_Poverty-in-Australia-Report_Web-Final.pdf).

孩子、有两个孩子的单亲家庭及夫妇双方两人。

社会服务委员会在衡量家庭收入时考虑了低收入者普遍需要支出的住房成本，即在计算中位数收入时，将住房成本从可支配收入中扣除，由此衍生出住房成本扣除前贫困线和住房成本扣除后贫困线，扣除住房成本后的贫困线是指住房成本支付完后购买其他生活必需品的支出，2015—2016 年度单身成年人家庭扣除住房成本前的贫困标准为 432.73 美元/周，而扣除完住房成本后的贫困标准为 353.29 美元/周，其他类型家庭的贫困门槛以单身家庭贫困标准为基准通过等量参数计算出来（如表 2-5）。研究发现，住房状况对澳大利亚贫困有重要影响，52% 的贫困人口租房，仅 15% 的贫困人口拥有自住房且没有抵押贷款[1]。

表 2-5　2015—2016 年澳大利亚不同家庭类型的贫困线

单位：美元/周

家庭类型	扣除住房成本前中位数收入的 50%	扣除住房成本后中位数收入的 50%
单身成年人	432.73	353.29
夫妇双方	649.10	529.93
单亲家庭和两个孩子	692.37	565.26
夫妇双方和两个孩子	908.74	741.90

资料来源：Davidson, P., Saunders, P., Bradbury, B. and Wong, Poverty in Australia 2018, ACOSS/UNSW Poverty and Inequality Partnership Report No. 2, Sydney: ACOSS. 2019, p. 9.（https://www.acoss.org.au/wp-content/uploads/2018/10/ACOSS_Poverty-in-Australia-Report_Web-Final.pdf）

2. 德国相对贫困标准

德国使用相对贫困标准衡量国内贫困，具体设定为加权家庭净收入[2]中位数的 60%。德国贫困标准考虑了家庭规模的影响，与澳大利亚一样采取了等量参数的调整办法，其基本依据为：虽然家庭规模越大，需要更多的生活空间、食物和衣服等，但生活中部分空间或某些方面是可以共享的，比如厨房和浴室的使用等。德国不同规模家庭贫困阈值在参照家庭贫困门槛的基础上，使用等价收入计算出来，所谓的等价收入是由所有家庭成员的收入之和除以经修正后的 OECD 等值量表计算得出，不同规模的家庭使用不同的权重系数，如果家庭仅有夫妻双方两人，赋予的权重系数为 1，即等价收入根据所有家庭成员的收入之和除以权重

〔1〕Davidson, P., Saunders, P., Bradbury, B. and Wong, M, Poverty in Australia 2018. ACOSS/UNSW Poverty and Inequality Partnership Report No. 2, Sydney: ACOSS, 2018, pp. 8-13.

〔2〕家庭净收入是家庭所有成员在扣除税收和社会保障缴费后的总收入，这些收入包括雇员津贴、企业和投资收入、政府转移支付和因自有房节省的租金。

系数 1 计算得出，如果是有一个 14 岁及以上孩子的三口之家，赋予的权重系数为 0.5，14 岁以下孩子的三口之家赋予的权重系数为 0.3，两个 14 岁以下孩子的四口之家则将家庭收入除以 2.1[1]。

近些年，德国单身家庭的贫困线不断上升，2005 年的贫困线为每月 736 欧元，到 2017 年，这一数字已经升到 999 欧元，这意味着单身家庭每月净收入低于 999 欧元被视为穷人。相应地，有两个孩子的家庭其贫困线也在不断上升。2005 年，由两个 14 岁以下儿童和两个成人组成的四口之家每月净收入低于 1545 欧元即可视为贫困家庭，2017 年该类型四口之家的贫困线已经上升到 2099 欧元[2]。

（三）综合贫困标准的具体实践

绝对贫困标准或相对贫困标准等单一贫困衡量方法各自存在一定的局限性。为了更好地反映经济发展水平变化带来的影响和比较不同时期、不同国家的贫困状况，部分发达国家在实践中采取两种或两种以上的贫困测量方法。

1. 绝对和相对贫困标准相结合的贫困标准运行实践：以英国、加拿大为例

英国和加拿大是比较典型的实行绝对贫困和相对贫困标准相结合的发达国家，但两国在具体标准设定、因素考虑上存在明显差异。

（1）英国综合贫困标准的制定。

英国贫困的衡量基于家庭可支配收入，采用绝对贫困和相对贫困标准相结合的方法，最常见的指标为：一是相对贫困标准，家庭可支配收入低于当期全国家庭收入中位数 60% 时被认为处于相对贫困状态，这一衡量标准本质上着眼于中低收入家庭之间的不平等；二是绝对贫困标准，又称之为绝对低收入贫困标准，如果家庭收入低于某一基准年份（通常以 2010/2011 年度为基期）收入中位数（经通胀因素调整后）的 60%，则可视为处于绝对贫困中，通常设定一个固定的收入门槛线，每年根据消费者价格指数进行调整。如果英国家庭净收入低于同期收入中位数的 40%—50% 视为严重贫困标准。

英国根据家庭收入计算方式的不同，每一类贫困标准又细分为两种：住房成本扣除之前贫困标准（Before Housing Costs，BHC）和住房成本扣除之后贫困标准（After Housing Costs，AHC）。通常扣除住房成本的贫困标准更高，因为较贫穷家庭倾向于将收入的较高比例用于住房。2017—2018 年度通过扣除完住房成本前后相对低收入贫困标准衡量的贫困人口占英国总人口的比重分别为 17%（1110

---

[1] WSI Mitteilungen, Poverty lines in East and West Germany: 2005 – 2017. (https://www.boeckler.de/cps/rde/xchg/hbs/hs.xsl/wsi_111002.htm).

[2] WSI Mitteilungen, Poverty lines in East and West Germany: 2005 – 2017. (https://www.boeckler.de/cps/rde/xchg/hbs/hs.xsl/wsi_111002.htm).

万人）和22%（1400万人），以扣除完住房成本前和扣除完住房成本后的绝对低收入贫困标准衡量的贫困人口占比分别为15%（950万人）和19%（1250万人）[1]。近些年，英国社会指标委员会（Social Metrics Commission，SMC）也提出一项新的衡量贫困的标准，该方法考虑了家庭之间的差异，将育儿和残疾成本、储蓄和资产获得性等均考虑在内。SMC贫困衡量标准与扣除住房成本后的相对贫困标准类似。

图2－1和图2－2分别反映出过去50多年英国相对贫困人口和绝对贫困人口的变化趋势，20世纪80年代，相对贫困人口比例增长很快，随后又逐渐下降。相应地，绝对贫困人口占比大幅下降，因为该时期家庭收入增长速度快于通货膨胀率。

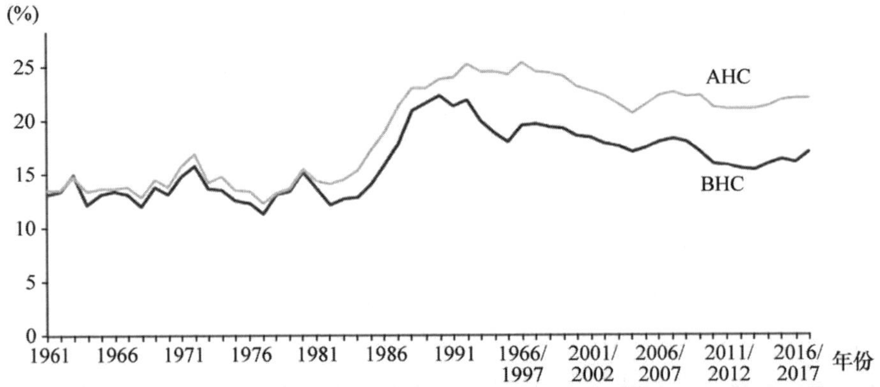

图2－1　1961年以来英国扣除住房成本前后相对贫困人口占比的变化趋势

注：AHC为扣除住房成本后的相对贫困标准；BHC为扣除住房成本前的相对贫困标准。

资料来源：Brigid Francis－Devine Lorna Booth Feargal McGuinness，Poverty in the UK：Statistics，House of Commons Library Briefing Paper No. 70096，July 2019，p. 18（http：//www.poverty.org.uk/）

〔1〕 Brigid Francis－Devine Lorna Booth Feargal McGuinness，Poverty in the UK：Statistics，House of Commons Library Briefing Paper No. 70096，July 2019，pp. 3－4.

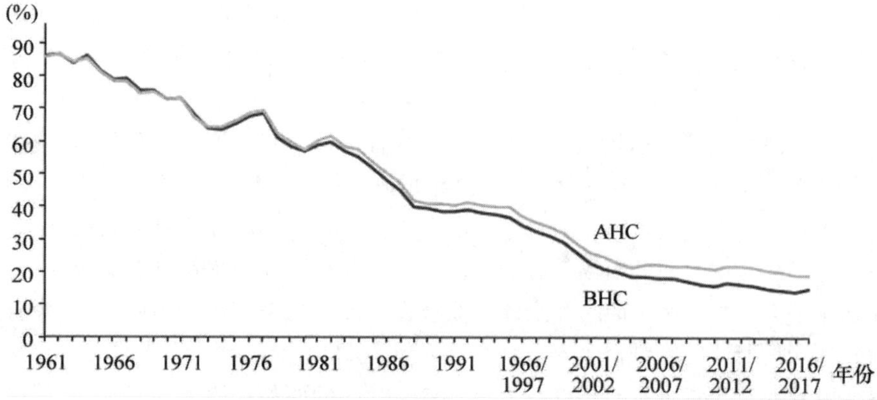

图 2－2　1961 年以来英国扣除住房成本前后绝对贫困人口占比的变化趋势

注：AHC 为扣除住房成本后的绝对贫困标准；BHC 为扣除住房成本前的绝对贫困标准。

资料来源：Brigid Francis – Devine Lorna Booth Feargal McGuinness, Poverty in the UK: Statistics, House of Commons Library Briefing Paper No. 70096, July 2019, 18 (http://www.poverty.org.uk/)

（2）加拿大综合贫困标准的制定。

加拿大虽然经济富裕，但国内贫困问题依旧突出。为了更好地了解加拿大贫困的具体情况，各政府部门或相关研究机构采用了不同的贫困测量方法。

第一，加拿大传统综合贫困标准。2018 年以前，加拿大政府并未制定官方统一的贫困衡量标准，经常使用衡量低收入的标准作为官方贫困线的替代，早期加拿大各政府部门使用绝对和相对贫困标准相结合的方法，一是市场菜篮子法（Market Basket Measure）。加拿大人力资源和技能发展部于 2003 年制定了衡量贫困的市场菜篮子法。该贫困线考虑了社区规模、地理位置、家庭规模和家庭构成，通过估计出满足基本生活需要的可支配收入作为衡量贫困的标准。加拿大 48 个社区采用该方法衡量贫困。2018 年 8 月，加拿大联邦政府宣布将市场菜篮子法作为官方贫困线。二是最低收入标准法（Low Income Cut – Off）。最低收入标准法根据每个家庭在衣食住行等生活必需品上的平均成本设置门槛，以生活必需品上花费的支出占社会平均收入的百分比作为衡量基准，加拿大通过 7 个家庭规模和 5 个社区规模划分的 35 个最低收入标准群体进行评估，目前最低收入标准的门槛设定为每个群体家庭平均收入的 63%，这主要源于 1992 年的家庭支出调查结果显示，平均每个家庭将其税后收入的 43% 用于食物、住房和服装支出，加拿大统计局在此基础上加上 20%。如果一个家庭在生活必需品上的支出达到这一收入门槛，意味着该家庭已经达到最低生活标准门槛。低收入门槛每年根据消费者价格指数进行调整，不同地区、大小不一的家庭所规定的低收入门槛也有差异。三是低收入标准法（Low Income Measure）。低收入标准设定为收入中位数的50%，并考虑不同家庭规模的影响，该方法是一种更加纯粹的相对收入衡量方法，可用于国际比较。

第二，加拿大官方贫困线。近些年，在联合国可持续发展目标和爱尔兰减贫策略的影响下，加拿大各省纷纷努力探索本地的减贫措施，最终于2018年加拿大政府正式提出首个官方减贫策略，同时提出设立统一的贫困标准作为官方贫困线。加拿大官方贫困线采用之前的市场菜篮子法，根据个人和家庭为满足基本需求并达到适当生活水平需要的一篮子商品和服务的综合成本计算而来。市场菜篮子的物品包括食物、适当住所、房屋维修、衣服、交通及其他可以参与社区活动的商品和服务，尤其是针对儿童、青少年、父母和老年人参与社区的商品和服务。篮子中每一物品的价格与加拿大各社区的物品价格直接挂钩。加拿大统计局将定期更新市场菜篮子的具体内容，以确保其持续反映加拿大满足其基本需求和实现适当生活水平的目标。加拿大官方贫困线反映了国内50个不同地区的贫困门槛，其中包括19个特定社区。不论个体或家庭生活在加拿大哪个地方，如果他们负担不起所在社区的一篮子商品和服务的成本，即可将他们视为生活贫困者。官方贫困线体现出地区差异，这对于幅员辽阔、经济多样化的加拿大尤为重要。

虽然市场菜篮子法是衡量贫困的官方标准，但加拿大政府继续使用低收入标准法衡量低收入群体的相对收入，因为低收入标准法可用于追踪加拿大居民可支配收入（税后收入和转移性收入）中位数低于50%的人口占比。此外，加拿大还对低收入标准法持续改进，使其对加拿大地区差异更加敏感。现在各省正探索开发一种新的衡量工具——剥夺指数，用于跟踪减贫效果。

（3）加拿大减贫策略分析。

2018年8月，加拿大家庭、儿童和社会发展部正式启动“人人有机会：加拿大首个减贫战略”。减贫策略的第一步是明确提出五个具体的减贫目标：①实现到2020年贫困率在2015年的基础上减少20%；②2030年贫困率在2015年的基础上减少50%；③无家可归人口下降50%；④2021年3月以前解决所有公共系统的饮用水问题；⑤为53万家庭解决住房问题[1]。2015年八分之一加拿大人（约12.5%）生活在贫困中，实现这些目标将大大降低加拿大的贫困率，2020年加拿大贫困人口减少到10%，2030年减少到6%左右[2]。

---

〔1〕 Employment and Social Development Canada, Government of Canada introduces legislation to take concrete action to reduce poverty in Canada, November 2018.

〔2〕 Employment and Social Development Canada, Opportunity for All: Canada's First Poverty Reduction Strategy, 2018: p. 6. Website: http://www.canada.ca/publicentre - ESDC.

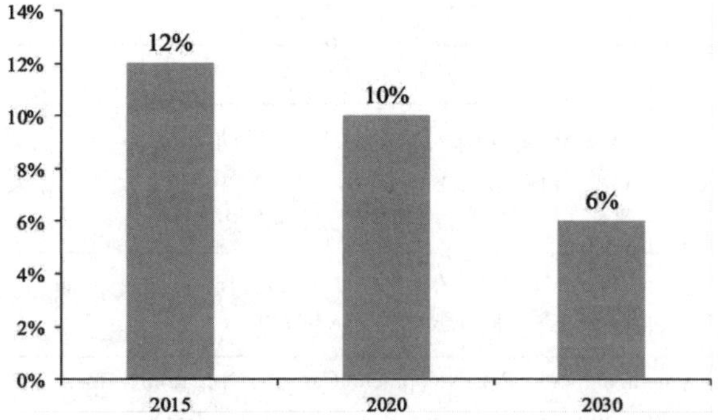

图 2 – 3　加拿大政府的减贫目标实现路径

资料来源：Employment and Social Development Canada, Opportunity for All：Canada's First Poverty Reduction Strategy, 2018, p. 13. （http：//www. canada. ca/publicentre – ESDC）

为有效降低贫困，2015 年开始加拿大政府为儿童、老年人、低收入者和其他弱势群体进行大量投资，以期在 2019 年实现帮助 65 万加拿大人摆脱贫困的目标。此外，政府还在住房、净水、卫生、交通、早期教育和儿童护理、专业技能和就业等领域进行长期投资，从 2018—2019 年度开始，加拿大政府在五年内投资 1210 亿加元，此后每年投入 150 亿加元解决加拿大贫困测量方面的关键问题[1]。考虑到投资效果将在几年内逐渐显现，预计将有更多的加拿大人摆脱贫困，进而改变加拿大国民的生活。加拿大政府采取的减贫投资措施详见表 2 – 6。

表 2 – 6　2016—2018 年加拿大政府预算拟采取的减贫投资措施

名称	预期投资
加拿大儿童福利	2016 年预算引入了加拿大儿童福利，未来 5 年内投资将超过 250 亿加元，用于支付家庭抚养孩子的费用，可帮助约 30 万名儿童摆脱贫困，2018 年 7 月开始，儿童福利津贴实现与生活成本挂钩
保证收入补贴	2016 年预算增加了对单身老年人的保障收入补充津贴，10 年内新增投资超过 70 亿加元，可为 90 万老年人提供更好的收入保障，约 5. 7 万名弱势老年人摆脱贫困
早期学习和儿童护理	2016 和 2017 年宣布，将在 11 年内投资 75 亿加元用于改善加拿大早期教育和儿童护理的可负担性、质量和可获得性

---

〔1〕 Government of Canada, Canada's First Poverty Reduction Strategy, 2018. （https：//www. canada. ca/en/employment – social – development/programs/poverty – reduction/reports/strategy. html#h2. 12）.

续表

名称	预期投资
加拿大劳动者待遇	2018 年预算引入新的加拿大劳动者福利，以加强和取代之前的劳动所得税收优惠，拟在未来 5 年内投资 30 亿美元以改善福利待遇，帮助 7.4 万名加拿大人摆脱贫困
家庭护理和心理健康计划	2017 年预算拟在 10 年内投资 110 亿加元，通过与各省、地区签订协议为精神疾病患者提供资助

资料来源：Employment and Social Development Canada, Opportunity for All: Canada's First Poverty Reduction Strategy, 2018, 20.（http://www.canada.ca/publicentre – ESDC）

为确保减贫目标的实现和政府承诺的兑现，加拿大政府正在建立国家贫困咨询委员会（National Advisory Council on Poverty），其主要任务是围绕减贫问题向政府提供咨询，并向议会和国民及时汇报目标实现进展情况。同时，加拿大政府还提议建立新的减贫法案，将加拿大官方贫困线和减贫目标纳入法律。

加拿大政府认识到建立良好伙伴关系对减贫成功的重要作用，联邦政府将与各省、地区和市建立密切关系，同时与居民、利益相关者、慈善机构和社区团体建立强有力的联系，以确保减贫项目和政策的一致性和互补性。由于消除贫困是一项公共责任，政府还邀请私营部门加入减贫行动。

整体而言，加拿大政府提出的首个减贫策略基于三支柱体系设计：一是保证尊严。确保基本需求，如满足加拿大居民获得安全、可负担的住房、健康的食品和医疗保健等基本需求；二是机会和参与性，通过促进充分参与社会活动和机会平等，帮助加拿大人加入中产阶级；三是弹性和保障性，通过收入支持保障和恢复自主能力保证中产阶级不陷入贫困。

2. 考虑物质剥夺指标的综合贫困标准运行实践

大部分发达国家在制定贫困标准时更加注重收入维度，尤其是西欧国家主要以收入中位数的 50%—60% 作为贫困标准，收入低于这一标准者被视为无法充分参与社区或社会活动。伴随着相对剥夺理论的深化影响，部分国家逐步认识到非货币收入指标剥夺对贫困的影响，为此，部分工业化发达国家在收入维度贫困衡量的基础上引入物质剥夺指标，通过估计不同层面的贫困发生率，从而更好地了解贫困者的具体生活形态。

（1）瑞士的综合贫困标准。

瑞士是全球最富裕和经济最发达的国家之一。瑞士对贫困的定义，是指部分人因缺乏资源（物质、文化和社会）而被排除在所在国家可接受的最低生活方式之外。数据显示，2007—2013 年，瑞士贫困率从 9.3% 下降到 5.9%，但自 2014 年开始，贫困率逐渐从 6.7% 上升到 2017 年的 8.2%。2017 年瑞士贫困人口为

67.5 万人，其中，有 16.5 万就业人口陷入贫困[1]。独居者、未成年子女的单亲家庭、没有接受过义务教育者或家庭成员中无人有工作等较容易陷入贫困风险。2012 年，瑞士联邦统计局开始发布基于欧洲收入和生活条件调查的贫困统计数据，联邦政府认识到单一指标无法有效衡量贫困的所有方面，需要设计一套综合衡量方法才能更加全面地了解不同群体的贫困状况及进行国际比较，因此，瑞士联邦统计局采取三种贫困标准相结合的方法，分别为绝对贫困标准、相对贫困标准和物质剥夺指标法。

第一，绝对贫困标准。绝对贫困是指低于某一特定标准的生活水平。瑞士联邦统计局采取的绝对贫困线是基于需求制定的满足社会生存水平的标准，根据瑞士社会事务部长会议（Swiss Conference of Cantonal Ministers of Social Affairs，SODK）的建议，社会生存水平的贫困门槛不仅保证物质生存，还包括保证最低限度的社会参与，如果人们没有能力购买融入社会生活所必需的商品和服务，将被视为穷人。社会生存水平由瑞士社会福利会议（Swiss Conference for Social Welfare，SKOS）的准则规定，作为评估享受社会救助资格条件的参考。联邦统计局的绝对贫困标准主要由三部分组成：第一，基本需要。包括食物、护理支出、衣服、交通支出、娱乐支出、教育支出或社团费用支出，由瑞士社会福利会议准则定期公布适用于全瑞士的标准数额，根据不同家庭规模进行分类，每 2 年根据价格指数进行调整。第二，住房成本。对于大多数人而言，住房成本占预算的很大一部分，根据 SKOS 准则，住房成本不得超过常规区域住房成本。贫困线计算中会考虑一定比例的有效住房成本，即租金或抵押贷款等。政府根据社会救助制度实际支付的住房成本的相关统计数据，计算出有效住房成本的上限。有效住房成本的计算考虑了家庭规模和城乡差异的影响。第三，其他费用，比如责任保险和 16 岁及以上瑞士居民每人每月 100 瑞士法郎的其他保险费用等。瑞士绝对贫困线是由满足基本需要、住房成本及其他费用共同组成的固定数额标准，其略高于最低生活需要水平，更符合社会生存水平。2017 年单身者绝对贫困线为 2259 瑞士法郎/月，夫妇二人和两个 14 岁以下儿童家庭的绝对贫困线为 3990 瑞士法郎/月[2]。绝对贫困标准的使用可实现一定的社会政治目标，因为政府对穷人或家庭的财政支持可直接衡量减贫效果。

---

[1] Federal Statistical Office, Poverty, 2018.（https://www.bfs.admin.ch/bfs/en/home/statistics/economic - social - situation - population/economic - and - social - situation - of - the - population/poverty - and - material - deprivation/poverty.html）.

[2] Federal Statistical Office, Poverty, 2018.（https://www.bfs.admin.ch/bfs/en/home/statistics/economic - social - situation - population/economic - and - social - situation - of - the - population/poverty - and - material - deprivation/poverty.html）.

第二，相对贫困标准。为便于国际比较，瑞士联邦统计局同时使用家庭可支配收入中位数的50%和60%作为贫困衡量标准，其国内常用家庭可支配收入中位数的60%作为贫困标准。2017年，瑞士单身家庭相对贫困标准为每年30018瑞士法郎，15.5%的瑞士人口处于相对贫困中。研究显示，瑞士相对贫困风险在很大程度上取决于家庭环境和教育水平。65岁以下无子女的单身人士相对贫困风险比65岁无子女的夫妇家庭高出2.4倍。受过高等教育者比那些义务教育后未接受过其他培训的人贫困风险低了3.1倍。从国际比较角度看，2017年欧盟各国相对贫困率基本处于9.1%—25.7%之间，2017年瑞士相对贫困率为15.5%，略低于欧盟28国平均收入水平（16.9%）[1]。

第三，物质剥夺指标。物质剥夺是指由于经济原因，人们被剥夺了基本生活条件或被大多数人认为必不可少的家庭耐用消费品，通常被视为衡量社会排斥的标准。物质剥夺法可用于衡量多少人因为经济原因或生活关键领域的匮乏而被迫放弃重要的消费品，主要用来测量非经济收入方面的贫困。物质剥夺指标可用于调查一个或几个地区遭受物质剥夺的人口占比、地区数量及物质剥夺的程度，具体步骤包括：第一，根据联邦统计局的贫困统计数据调查所有受物质剥夺影响的人口占比；第二，根据欧盟统计局规范的计算方法计算物质剥夺率，瑞士根据以下九项物质匮乏指标综合成指数，具体包括：

a. 能在一个月内应付2500瑞士法郎的意外经济支出；

b. 能够负担起每年一次为期一周的外出度假；

c. 不拖欠按揭或租金支出、水电费或其他费用；

d. 能够每隔一天吃一顿鱼或肉（或素食等价物）；

e. 能够保持家里足够温暖；

f. 拥有一台洗衣机或有机会使用洗衣机；

g. 拥有一台彩色电视机；

h. 拥有一台电话；

i. 拥有一辆汽车；

如果个人在九项指标值中至少有三个指标被剥夺，可被视为物质剥夺，如果九项指标中至少有四项指标被剥夺，则认为严重物质剥夺。2017年，瑞士有4.6%人口存在物质剥夺，最常见的物质剥夺指标是缺乏应对2500瑞士法郎的意外经济支出和住房条件，具体而言，20.8%的人口无法在一个月内应付2500瑞士法郎的意外经济支出，17.9%的人口生活在嘈杂的环境中，9%人口居住附近存在犯罪、暴力问题，8.4%人口居住附近有污染问题。65岁及以上瑞士老年人虽然

---

〔1〕 Federal Statistical Office, Risk of Poverty, 2018.（https://www.bfs.admin.ch/bfs/en/）.

相对贫困率高，但他们的物质剥夺率仅为1.5%，较之其他群体低很多，与欧盟28国物质剥夺率相比，瑞士的物质剥夺率远低于欧盟28国的平均水平（14.5%），其中，意大利物质剥夺率为17.9%，法国、德国和澳大利亚分别为11.1%、9.1%和7.4%[1]。

瑞士采取绝对贫困和相对贫困相结合的方法，并通过物质剥夺指标衡量非货币方面的匮乏，实现从不同层面全面了解贫困现象，避免单一指标带来的忽视风险群体这一缺陷。

（2）爱尔兰的综合贫困标准。

20世纪80年代中后期开始，爱尔兰一直实行相对收入贫困线和剥夺指标相结合的方法。爱尔兰经济和社会研究机构将相对贫困线设定为家庭中位数收入的60%[2]。爱尔兰将相对贫困线和剥夺指标合并计算，如果家庭收入低于相对贫困线以及家庭在给定的基本剥夺指标中有一个或以上指标被剥夺，即可视为长期贫困人口。爱尔兰最初提出的八项基本剥夺指标为：没有全新的袜子、买不起两双结实的鞋子、未能每隔一天吃到鱼或肉、买不起保暖的大衣、负担不起每周一次的烤肉、米饭吃不饱、因缺钱在过去的12个月里没有供暖、与日常生活开支相关的债务问题。

1994—2000年，爱尔兰经济快速发展，居民收入随之迅速上升，基于之前贫困标准衡量的剥夺程度明显下降，原本衡量必需品的方法是否能有效反映爱尔兰贫困值得思考，国内对基本剥夺指标的批评主要集中在纳入考虑的指标范围狭窄，伴随着欧盟收入和生活条件关于爱尔兰调查统计数据的获得，爱尔兰开始重新完善贫困衡量方法，其基本理念在于贫困衡量方法中使用的具体指标应随着生活水平的提高不断修订。21世纪初期，爱尔兰及时更新了基本剥夺指标，从原来的8项变成11项，增加了参与家庭和社会生活的指标（详见表2-7）。改革后如果家庭收入低于中位数收入的60%以及11个剥夺指标中至少有2个指标被剥夺，则为贫困家庭。

---

[1] Federal Statistical Office, Material Deprivation, 2018. (https://www.bfs.admin.ch/bfs/en/home.html).

[2] Seosamh Mac Carthaigh, Measuring Poverty in Ireland, A Paper presented at ISPA/SPA Conference, Trinity College Dublin, July 2001, pp. 1-10.

表 2－7　改革前后爱尔兰基本生活剥夺指标情况

改革前指标（8 项）	改革后（11 个指标）
a. 买不起两双结实的鞋子 b. 买不起一件保暖的大衣 c. 没有全新的袜子 d. 未能每隔一天吃到鱼或肉 e. 负担不起每周一次的烤肉（或等价物） f. 因缺钱过去一年内没有供暖 g. 米饭吃不饱 h. 因日常生活开支而面临债务问题	去掉 g 和 h 指标外，新增加 5 个新指标： i. 未能每年至少送一次礼物给家人或朋友 j. 家里未能保持足够温暖 k. 未能更换磨损的家具 l. 无法每月请家人或朋友吃顿饭或喝一杯 m. 未能满足最近两周有一上午、中午或晚上出去娱乐

资料来源：Christopher T. Whelan,"Understanding the Implications of Choice of Deprivation Index for Measuring Consistent Poverty in Ireland",*The Economic and Social Review*, Vol. 38, No. 2, Summer/Autumn 2007, 221

为有效缓解贫困问题，爱尔兰于 1997 年正式采取明确的国家反贫困策略（National Anti－Poverty Strategy，NAPS）。反贫困策略建立的首个目标是实现到 2007 年贫困率从 9%—15% 下降到 5%—10%，该目标在 2004 年提前完成，实现贫困率小于 5%[1]。很快，爱尔兰贫困标准的制定方法受到其他国家的广泛关注，比如奥地利开始效仿爱尔兰，在其官方报告中采取收入维度和非货币剥夺指标相结合的方式衡量贫困。

三、国际组织贫困标准制定的实践

因各国贫困标准制定的明显差异性，使其难以进行横向对比，当需要确定全球贫困人口规模时，我们不能将每个国家的贫困率或贫困人口进行简单相加，因此制定统一的全球贫困标准衡量不同国家的贫困状况具有现实必要性。20 世纪 80 年代以来，贫困标准的制定受到联合国、世界银行、国际劳工组织、国际货币基金等国际组织的广泛关注，尤其是世界银行在衡量货币贫困方面发挥着领先作用。

（一）国际绝对贫困线的产生与发展

1990 年，世界银行为了制定通用的国际贫困标准，对 36 个发展中国家展开研究发现，12 个最贫穷国家的贫困标准较为接近，通过使用购买力平价汇率将相同数量的商品和服务价格转换成共同货币以确保不同国家之间的定价相等，最终将 370 美元/年作为衡量绝对贫困的国际贫困线（International Poverty

---

〔1〕 Brand Nolan, Brenda Gannon and Richard Layte etc. Monitoring Poverty Trends in Ireland: Results From the 2000 living in Ireland Survey, The Economic and Social Research Institute Policy Research Series No. 45, July 2002, pp. 22－60.

Line，IPL），并根据1985年购买力平价标准将其简化成“一天一美元”。由于该标准根据最贫穷国家的基本情况确定，因此又被称为极端贫困标准。因通货膨胀的影响，世界银行先后将国际贫困线提高到2001年的1.08美元/天、2008年的1.25美元/天和2015年的1.9美元/天（按照2011年购买力平价标准）（见表2-8）。虽然调整后的国际贫困标准在数值上不是“一天一美元”，但将其通过购买力平价指数换算后，实际价值基本保持不变。

表2-8　世界银行使用的国际贫困标准

发布年份	贫困标准（美元/天）	价格基期年份	测算方法
1990	1.01	1985	12个最贫穷国家的消费支出标准
1994	1.08	1993	10个最贫穷国家的平均标准
2008	1.25	2005	15个最贫穷国家的平均标准
2015	1.9	2011	15个最贫穷国家的平均标准

资料来源：根据世界银行官方公开资料整理而来

伴随着全球经济的快速发展，越来越多的国家变得更加富裕，极端贫困人口数量持续下降，为了将更多国家纳入统一标准中衡量，世界银行在其2018年出版的《贫困与共享繁荣》报告中制定了衡量中等收入水平国家贫困的两个标准作为1.9美元/天贫困线的补充：一是中等偏下收入水平的国家贫困线为3.2美元/天，比如巴基斯坦；二是中等偏上收入水平国家的贫困线为5.5美元/天，比如中国和墨西哥。此外，世界银行还提出了全球社会贫困线（Global Societal Poverty Line），用于衡量各国以货币指标衡量的贫困如何随着社会总收入的变化而变化，社会贫困线根据国际贫困标准和各国消费或收入中位数的50%确定，具体为：社会贫困线 = max（$1.9；$1.0 + 0.5 × 人均消费中位数），选取两者中的较高者为社会贫困线标准，例如，如果一国人均消费中值为1.6美元/天，由于1.9美元/天的国际贫困标准大于（$1 + $1.6 × 0.5）= 1.8美元/天，因此社会贫困线为1.9美元/天。世界银行提出的这两套贫困标准扩大了使用范围。报告显示，2015年虽然仅有10%的世界人口生活在低于1.9美元/天的贫困线下，但有25%的世界人口生活水平低于3.2美元/天，将近50%人口生活水平低于5.5美元/天[1]。

世界银行建立的国际贫困线实际上是绝对贫困衡量标准，可作为不发达国家统计贫困人口和各国贫困横向对比的重要工具，对于识别和追踪世界贫困人口有重要意义，有助于世界银行、联合国和其他发展伙伴监测全球贫困目标实现的进

〔1〕 The World Bank, Poverty and Shared Prosperity 2018, 2019, p. 67. (https://www.worldbank.org/en/publication/poverty-and-shared-prosperity).

展情况。

（二）国际相对贫困标准的具体运用

OECD 国家通常将贫困标准设定为中位数收入的 50%，欧盟则采取中位数收入的 60% 作为贫困门槛，相对贫困标准的使用为各成员国贫困人口统计、国际贫困现状和发展趋势的横向比较提供了统一的工具。

（三）国际组织物质剥夺指标的具体运用

欧盟国家采用衡量贫困或社会排斥风险的指标（At Risk of Poverty or Social Exclusion，AROPE indicator）衡量高度发达国家的贫困状况。根据“欧盟 2020 战略”，面临贫困或社会排斥风险者至少符合以下三个标准之一：收入不足（以家庭中位数收入的 60% 为衡量门槛）、低工作强度（低于劳动能力的 20%）或严重的物质缺乏（9 项指标中有 4 项及以上负担不起）。贫困风险门槛根据扣除完社会转移收入后全国可支配收入中位数的 60% 设定。欧盟根据收入和生活条件统计数据（European Union Statistics on Income and Living Conditions，EU – SILC）建立了衡量物质剥夺的指标体系，用于衡量无力负担大多数人认为过上适当生活所需甚至是必需的东西，该指标有效区分了无力负担某些商品或服务的个人和因其他原因（不想要或不需要该种商品或服务）没有这种商品或服务的人。欧盟社会保护委员会设立的九个衡量指标包括：支付房租，抵押贷款或水电费、屋内保持足够的温暖、面对意外支出、定期吃肉或补充蛋白质、度假、拥有一台彩色电视机、拥有一台洗衣机、拥有一辆车、拥有一部电话。如果个人或家庭无法承担上述 9 个指标中的 3 个即视为物质剥夺，如果有 4 个及以上无法满足，则可视为处于严重物质剥夺。不少发达国家，比如爱尔兰、瑞士和奥地利等，在此基础上根据国内情况设置了具体的物质剥夺指标。

四、国际贫困标准发展新趋势：多维贫困标准的产生与应用

（一）多维贫困标准产生的背景

长期以来，经济收入是衡量贫困的传统指标。随着人们对贫困理论和内涵认识的加深，逐渐意识到仅以单一收入维度衡量贫困并不全面，因为并不是所有与基本生活需要相关的商品和服务均能从市场上购买到或是能用价格准确衡量，比如清洁的社区环境、饮用水和教育等。

20 世纪 90 年代初阿马蒂亚·森提出了可行能力的功能理论，认为“能力”是反映个人从事人类活动具有的自由或机会，可将贫困视为因能力缺乏而没有选择的自由，其本质上是多维的，收入的剥夺仅是贫困的一个方面，如健康、教育、

住房和社会支持等其他方面的剥夺也会妨碍能力的发挥。阿马蒂亚·森的贫困研究打破了以往受限于单一的收入货币维度，开启了多维贫困的研究，很多国家和国际机构逐渐将多维贫困理念运用于实践。部分国际组织开始探索建立多维贫困指标体系，先后促成人类发展指数、人类贫困指数和全球多维贫困指数的形成。

（二）多维贫困指数的产生与运用

1. 联合国人类贫困指数

1995 年，联合国按照多维贫困理念建立了人类发展指数，该指数选取人均国内生产总值、预期寿命和受教育程度这三个指标，1997 年联合国开发计划署将其扩展为人类贫困指数（Human Poverty Index，HPI），HPI 值越大，说明贫困规模越大。

考虑到不同国家经济发展水平的差距，联合国开发计划署针对发展中国家和发达国家分别设计不同的指标体系[1]，发展中国家 HPI_1 下设的指标包括三个：四十岁之前死亡的人口比重（A_1）、成年人中不识字人口比重（A_2）和生活水平（A_3），其中生活水平指标下设三个二级指标，分别为：五岁以下孩子未达到标准体重占比（A_{31}）、未参加医疗保险的人口占比（A_{32}）、能喝到干净饮用水的人群占比（A_{33}），三个二级指标赋予的权重均为 1/3，具体计算公式为：

$$HPI_1 = [(A_1^3 + A_2^3 + A_3^3)/3]^{1/3}$$

发达国家 HPI_2 则由四个指标构成：60 岁之前死亡的人数占比（E_1）、16—65 岁仍缺乏简单阅读书写能力的人口占比（E_2）、人均可支配收入低于中位数收入 50% 的人口占比（E_3）以及未就业的人口占比（E_4）。具体计算公式为：

$$HPI_2 = [(E_1^a + E_2^a + E_3^a + E_4^a)/4]^{1/a}$$

当 a 取值为 1，即计算 HPI 的平均数。HPI 使用国家平均水平来反映健康、教育和生活水平的总体贫困，因其综合了每个维度的平均剥夺水平，因此，无法确定哪些特定的个人、家庭或群体是穷人，适用范围较有限。

此外，早在 2006 年墨西哥政府在其官方贫困线测量中就采取了多维测量方法，基于人权角度，政府设计了反映社会权利的六项指标，分别是教育、卫生服务的获得、社会保障、基本居民服务、基本住房环境和食物获取。

2. 联合国和牛津大学共同制定的全球多维贫困指数

21 世纪以来，以世界银行和联合国为代表的国际组织将消灭贫困作为其全球发展工作的重心。2013 年，世界银行宣布其全球发展工作的两个目标：一是消除

---

〔1〕 该部分内容均引自：Sudhir Anand and Amartya Sen，Concepts of Human Development and Poverty：A Multidimensional Perspective，United Nations Development Programme，Poverty and Human Development：Human Development Papers，1997：pp. 1 – 20。

极端贫困，预计到2030年，将极端贫困人口的数量减少至世界人口的3%以下（极端贫困人口的衡量标准为1.9美元/天）；二是促进共同繁荣，即促进每个国家40%最贫困人口人均实际收入的增长。2015年9月，联合国正式通过2015—2030年指导全球发展工作的17个可持续发展目标，将“消除一切形式的贫困”作为首个发展目标。

实践中最具代表性的多维贫困测度体系，是由联合国开发计划署和牛津大学贫困与人类发展研究中心共同制定的全球多维贫困指数（Global Multidimensional Poverty Index，Global MPI），该指数方法最早由萨比娜·阿尔凯尔（Sabina Alkire）和詹姆斯·福斯特（James Foster）开发，简称A—F方法，旨在从微观层面测量发展中国家的多维贫困。全球多维贫困指数的维度和权重与人类发展指数相同，它涵盖了100多个发展中国家，是衡量个人在教育、健康和生活等各方面贫困的国际指标，是对传统基于货币形式衡量贫困方法的重要补充。

全球多维贫困指数测量的基本步骤为：第一，选取健康、教育和生活标准这三个维度并构建相应的指标体系，每个维度下设若干指标，共10个指标构成，三个维度赋予相同的权重，均为1/3，各维度下每个指标的权重也相同，各维度指标对应的临界值和权重如表2－9所示，依据临界值判断其是否达标。第二，计算总剥夺分数，该指数赋予每个剥夺指标一个剥夺分数，将每个家庭的剥夺得分加总可获得家庭剥夺总分数S，贫困门槛为33.3%。如果剥夺分数S≥1/3，表明个人或家庭正陷入多维贫困，当20%≤S≤33.3%时，表明有陷入多维贫困的风险，当S≥1/2时，表明个人或家庭处于严重多维贫困。第三，计算多维贫困发生率，根据MPI计算贫困人口比例（至少有三分之一的加权指标被剥夺）。第四，将贫困发生率乘以贫困的平均强度计算出多维贫困指数，具体范围在0到1之间。

表2－9　全球多维贫困指数（Global MPI）的测度方法

维度	测度指标	剥夺临界值 （达到则视为被剥夺，示性变量取1；否则取0）	权重	总权重
健康	儿童死亡	过去5年内家中有1个及以上18岁以下儿童死亡*	1/6	1/3
	营养状况	70岁及以下成年人中有1个及以上营养不良	1/6	
教育	受教育年限	家中非学生成员平均受教育年限不足6年或平均文化程度低于小学毕业水平	1/6	1/3
	入学情况	家中有1人及以上学龄儿童未在上学	1/6	

续表

维度	测度指标	剥夺临界值（达到则视为被剥夺，示性变量取 1；否则取 0）	权重	总权重
生活标准	厨房燃料	家中以粪便、木头、木炭作为厨房燃料	1/18	1/3
	卫生状况	家中没有独立、改善的卫生设施	1/18	
	电力	家中不通电	1/18	
	安全饮用水	家中不能方便地获取安全饮用水	1/18	
	住房	家中地板由泥土、沙等天然材料制成，屋顶或墙壁由基本材料制成	1/18	
	资产	家中没有汽车或卡车，并且家中没有电视、手机、电脑、自行车、摩托车和冰箱中的任何一样	1/18	
加权总分		≥1/3，则认为该个体正在遭受多维贫困		

注：＊2019 年儿童死亡指标中加上了年龄的因素，即 18 岁以下儿童是否在调查前的 5 年内死亡。

资料来源：Oxford Poverty & Human Development Initiative，Ten – Country Multidimensional Poverty Index Methodological Note，July 2019，pp. 4 – 5

全球多维贫困指数根据剥夺分数可用于区分穷人与非穷人，然后将信息汇总成一组直观的统计数据，这使得 MPI 及其关联的信息成为一种宝贵的分析工具，通过分解 MPI 指标可分析不同国家或民族、城乡和群体的多维贫困是如何构成的，不仅可有效识别贫困人口，还可通过对比分析不同时期的贫困变化情况，从而有助于决策者能更有效地确定资源目标并制定相应减贫政策〔1〕。

3. 世界银行多维贫困指标体系的建立

世界银行在全球反贫困工作中发挥着领先作用，从 20 世纪 90 年代开始，其持续重点关注发展中国家的极端贫困问题。伴随着世界收入分配格局的巨大变化，2015 年，世界银行逐渐将高收入国家纳入贫困评估范围，以期更好地促进可持续发展目标 1. 1 提出的“消除世界各地所有人极端贫困”目标的实现。

一直以来，绝对贫困测量是世界银行评估全球减贫进展的主要方法。联合国开发计划署和牛津大学贫困与人类发展研究中心，共同制定的全球多维贫困指数，是多维贫困测量中的重要案例。在其影响下，世界银行在《贫困与共享繁荣 2018：拼出贫困的拼图》报告中首次尝试使用多维度贫困测量方法，按照可持续发展目标构建了包括传统收入指标和非货币收入方面的核心指标。因各国数据获取的限制，世界银行分别制定了两套指标体系：第一套指标涵盖 119 个国家，覆盖 45% 的世界人口，从货币贫困、教育和基础设施获得这三个维度测量贫困，由

〔1〕 OPHI，Global Multidimensional Poverty Index，2019. https://ophi. org. uk/multidimensional – poverty – index/.

6个指标构成，分别是人均收入、儿童入学率、成人学识、限定标准饮用水、限定标准卫生设施和用电，每个维度赋予相同的权重（1/3），每个维度下指标权重一样；第二套指标体系涵盖6个国家，在第一套指标体系基础上增加健康与营养、家庭保障这两个维度，由五个维度共10个指标构成，包括人均收入、儿童入学率、成人学识、基本标准饮用水、基本标准卫生设施、用电、重点卫生服务的覆盖情况、儿童和成人的营养不良、犯罪发生率和自然灾害发生率，各指标临界值和权重详见表2-10。

表2-10 世界银行构建的多维贫困指标体系

<table>
<tr><th rowspan="2">维度</th><th colspan="2">三维度（119个国家）</th><th colspan="2">五维度（6个国家）</th></tr>
<tr><th>临界值</th><th>权重</th><th>临界值</th><th>权重</th></tr>
<tr><td>货币贫困</td><td>人均每日消费或收入低于1.9美元</td><td>1/3</td><td>人均每日消费或收入低于1.9美元</td><td>1/5</td></tr>
<tr><td rowspan="2">教育</td><td>至少有一名八年级以下学龄儿童没有入学</td><td>1/6</td><td>至少有一名八年级以下学龄儿童没有入学</td><td>1/10</td></tr>
<tr><td>家中没有成人完成九年级及以上教育</td><td>1/6</td><td>家中没有成人完成小学教育（九年级或以上）</td><td>1/10</td></tr>
<tr><td rowspan="3">基础设施的获得</td><td>家庭无法获得限定标准的饮用水（限定标准是指获得饮用水往返时间在30分钟内）</td><td>1/9</td><td>该家庭无法获得基本标准的饮用水</td><td>1/15</td></tr>
<tr><td>家庭无法获得限定标准的卫生设施（限定标准是指家庭专用的卫生设施）</td><td>1/9</td><td>该家庭无法获得基本标准的卫生设施</td><td>1/15</td></tr>
<tr><td>家庭没有电</td><td>1/9</td><td>家庭没有电</td><td>1/15</td></tr>
<tr><td rowspan="4">健康与营养</td><td rowspan="4">—</td><td rowspan="4">—</td><td>过去36个月中，家中任何15—49岁妇女活产均未在卫生机构分娩</td><td rowspan="2">1/10</td></tr>
<tr><td>12—59个月大的儿童均未接种DPT3疫苗</td></tr>
<tr><td>0—59个月儿童发育不良（HAZ < -2）</td><td rowspan="2">1/10</td></tr>
<tr><td>15—49岁女性营养不良（BMI < 18.5）</td></tr>
</table>

续表

维度	三维度（119 个国家）		五维度（6 个国家）	
	临界值	权重	临界值	权重
保障	—	—	住户在过去 12 个月内曾遭受罪犯困扰或生活在犯罪频繁的社区	1/10
			该家庭在过去 12 个月内遭到自然灾害的影响，如洪水、干旱和地震	1/10

注：BMI < 18.5 是指体重指数低于 18.5，意味着体重不足；HAZ < −2 是指年龄对应身高的 Z 值比参考总体均值低 2 个标准差；DPT3 是指白喉、百日咳和破伤风疫苗；

资料来源：The World Bank, Poverty and Shared Prosperity 2018, 2019, pp. 93 – 96 (https://www.worldbank.org/en/publication/poverty – and – shared – prosperity）

世界银行多维贫困指标体系的构建丰富了多维贫困的内涵，未来其将继续使用三维度贫困衡量方法，监测全球贫困发展趋势和动态把握全球减贫目标进展，但因多维贫困测量在很大程度上依赖于各国数据的可得性，面临的挑战很大。多维贫困指数是全面衡量贫困的指标，侧重于贫困的宽度，有助于深层次理解和认识贫困，目前多维贫困指数更多用于衡量极端贫困，未来多维贫困指数应至少包括严重贫困和中度贫困这两种，以期实现不同国家或地区多维贫困水平的比较。

五、启示和建议

贫困标准的建立和发展对于精确识别贫困和反贫困政策的制定发挥着重要作用，适时了解发达国家和国际组织贫困标准制定的具体实践，对全面了解和解决中国贫困问题具有现实必要性。

（一）低收入标准的制定应与经济发展水平、社会主义现代化建设阶段目标相适应

我国自 2015 年全面展开脱贫攻坚战，到 2020 年全面建成小康社会之际，现行贫困标准下农村绝对贫困人口将实现全部脱贫，贫困户温饱问题得以解决，反贫困目标将逐渐转变为解决发展需要。全面建成小康社会后我国贫困问题将更加复杂，未来相当长一段时间内我国不平衡不充分发展问题依然存在，大量低收入群体将长期存在。

通常，一国经济发展势必带来国民收入的增长及生活条件的改善。在发达国家，其贫困标准随着经济增长呈高位发展态势，如在美国，四口之家的贫困标准已经从 1983 年的 10178 美元上升到 2016 年的 24563 美元。相应地，为落实我国共

享经济发展成果的理念，贫困衡量工具必将随着经济发展水平相应发生变化。根据世界银行的收入划分方法，中国已进入中等收入偏上行列国家，需要制定符合中国发展阶段的低收入标准。我国低收入标准的制定不仅要与现阶段反贫困政策相衔接，还应与我国社会主义现代化建设阶段目标相衔接。低收入标准的制定应遵循适度原则，结合经济发展水平和现有贫困标准，不能以经济收入作为唯一衡量标准，应充分考虑建立包括刚性支出因素在内的多维贫困认定方法，构建满足基本生活水平、教育、医疗和住房等发展需求为基础的低收入标准，与实现社会主义现代化和共同富裕目标相适应。

伴随着经济结构转型和城镇化进程的加速推进，人口流动趋势加强，贫困从农村向城市转移趋势加快，城市贫困问题将日益凸显，中国贫困治理重心将由农村转向城乡一体化融合推进，通过建立城乡统筹的扶贫瞄准机制，低收入标准最终会趋于城乡并轨状态。

（二）建立低收入标准的动态调整机制

我国至今尚未建立城乡统一的国家贫困标准，中国现行贫困标准包括农村扶贫标准和城乡最低生活保障标准，农村扶贫标准于 1986 年由统计局在国家层面统一划定，并根据物价每年调整。我国城市主要使用城市居民最低生活保障线作为贫困标准的近似替代。

贫困标准减贫效果的充分发挥离不开完善的动态调整机制。当前我国贫困标准偏低的一个重要原因在于动态调整机制不完善，主要体现在：一是调整方法需要进一步明晰。虽然我国每年都在逐步提高低收入者的保障水平，但其增长速度与保障对象生活水平和基本生活必需品价格变化的速度不相协调，从而影响着贫困人口的实际购买力水平。此外，现行贫困标准挂钩调整的依据不清晰，难以形成稳定的良好预期；二是标准设置缺乏弹性。当前我国仅根据家庭人均收入水平衡量贫困程度，并未考虑到不同家庭构成和家庭成员人数对实际生活成本的影响，实际运行中易出现新的不公现象。比如，如果家庭中部分家庭成员因失去劳动能力、患严重疾病或拥有多个未成年子女而存在严重困难，但因其家庭人均收入水平超过低保标准，因此丧失获得救助的机会，很容易出现家庭实际困难瞄准不足。通过前文分析可知，美国、英国、加拿大和澳大利亚等发达国家在制定贫困标准时，均考虑根据家庭结构和家庭人口数量进行调整，考虑到中国巨大的地区差异和家庭类型的多元化，未来低收入标准的制定应考虑家庭规模和家庭结构的差异性。

参考文献

中文文献

白永秀、刘盼：《全面建成小康社会后我国城乡反贫困的特点、难点与重点》，载《改革》2019 年第 5 期。

韩克庆、唐钧：《贫困概念的界定及评估的思路》，载《江苏社会科学》2018 年第 2 期。

杨立雄：《贫困线计算方法及调整机制比较研究》，载《经济社会体制比较》2010 年第 5 期。

外文文献

Theo Goedhart, Victor Halberstadt, Arie Kapteyn and Bernard van Praag, The Poverty line: Concept and Measurement, *The Journal of Human Resources*, Vol. 12, No. 4, Autumn 1977, pp. 503 – 520.

Tim Callan and Brian Nolan, Concepts of Poverty and the Poverty Line, *Journal of Economic Surveys*, Vol. 5, No. 3, 1991, pp. 244 – 261.

Stephan Klasen, Is It Time for a New International Poverty Measure?, in *OECD*, *Development Co – Operation Report 2013: Ending Poverty*, Paris: OECD Publishing, 2013, pp. 35 – 42.

Anthony King, Poverty Measurement in Australia: Towards a New Consensus, *The Australian Quarterly*, Vol. 63, No. 3, 1991, pp. 235 – 246.

David Brady, Rethinking the Sociological Measurement of Poverty, *Social Forces*, Vol. 81, No. 3, 2003, pp. 715 – 751.

Subramanian, The Poverty Line: Getting It Wrong Again, *Economic and Political Weekly*, Vol. 46, No. 48, 2011, pp. 37 – 42.

Stein Ringen, Toward a Third Stage in the Measurement of Poverty, *Acta Sociologica*, Vol. 28, No. 2, 1985, pp. 99 – 113.

Kai – yuen Tsui, Multidimensional Poverty Indices, *Social Choices and Welfare*, Vol. 19, No. 1, 2002, pp. 69 – 93.

Lars Osberg, Poverty in Canada and the United States: Measurement, Trends and Implications, *The Canadian Journal of Economics*, Vol. 33, No. 4, 2000, pp. 847 – 877.

Sabina Alkire, Usha Kanagaratnam and Nicolai Suppa, the Global Multidimensional Poverty Index(MPI): 2018 Revision, OPHI MPI Methodological Notes 46, 2018, pp. 3 – 59.

第三章　最低生活保障制度人群比例及确定办法

最低生活保障制度是一项典型的社会救助制度，是保障一国或地区公民基本生活的最后防线。该制度运行需要通过一定的原则和方法来确定潜在目标对象的受益资格，以使有限的社会救助资源真正用于那些切实需要帮助的困难群体。最低生活保障制度不同于社会保险，最低生活保障一般通过家计调查选定受益人，资金来源于财政支出。为保证制度的可持续发展，要科学合理地选定合格的受益人员，并根据实际情况，结合受益人收入状况、家庭结构以及财产情况等的不同，测算不同受益人应得的补贴标准。鉴于此，开展针对我国最低生活保障制度运行机制、补贴对象选择以及补贴标准测算问题的研究十分必要。

一、最低生活保障制度概览

1999 年 9 月 28 号，国务院第 21 次常务会议通过并发布了《城市居民最低生活保障条例》，该制度规定持有非农业户口的城市居民，凡共同生活的家庭成员人均收入水平低于当地城市最低生活保障标准的，均有从当地人民政府获得基本生活物质帮助的权利。[1] 2007 年国务院发布了《关于在全国建立农村最低生活保障制度的通知》（国发〔2007〕19 号），该制度规定家庭年纯收入低于当地最低生活保障标准的农村居民，主要是因病残、年老体弱、丧失劳动能力以及生存条件恶劣等原因造成生活常年困难的农村居民。[2] 可见，最低收入/生活保障制度是一项典型的社会救助制度，制度运行需要通过一定的原则和方法来确定潜在目标对象的受益资格，以使有限的社会救助资源真正用于那些切实需要帮助的困难群体。[3] 一般情况下，社会救助补贴对象的瞄准主要涉及两方面的问题：一是根据政策的目标要求，界定“谁是最需要的人”，并且规定受益标准的过程，即设标问题；二是如何通过一定的手段、方法和技术把“最需要的人”甄别出

---

〔1〕 城市居民最低生活保障条例：http：//www. jingbian. gov. cn/gk/fgwj/13496. htm。

〔2〕 国务院关于在全国建立农村最低生活保障制度的通知（国发〔2007〕19 号）：http：//www. gov. cn/zhuanti/2015 – 06/13/content_ 2878972. htm。

〔3〕 彭宅文：《最低生活保障制度与救助对象的劳动激励：“中国式福利依赖”及其调整》，载《社会保障研究》2008 年第 3 期。

来，并且基于救助标准进行救助的过程，即寻标的过程。对于最低生活保障制度而言，潜在最低生活保障人群的确定就是按照一国或地区相关制度规定的受益资格和受益标准找到符合资格受益对象，并实现差额救助的过程。这是最低收入保障制度执行的核心工作和关键问题。

据欧盟委员会（European Commission）及经济合作与发展组织（Organization for Economic Cooperation and Development，OECD）秘书会联合调查发现，OECD国家最低收入保障制度受益人群占比数据获取难度较大[1]。在OECD国家中，低保与社会福利很难区分，甚至有些国家的最低收入保障制度是福利制度的组成部分。一般情况下，制度受益人会同一时间收到多种福利补贴，加之最低生活保障申请是以家庭为单位的，官方统计数据旨在分析低保的再分配范围，核心关注点是有多少个体生活在低保家庭，而非低保申请人的数量。[2] 最低生活保障制度不同于社会保险，一般通过资产调查选定受益人，无论在哪个国家，受益人群的选定以及低保标准的确定都很重要。但是由于各个国家和地区贫困人口的需求不同，且生活水平和政府财力不同，则各国受助者的选定标准也不同。

二、部分欧洲国家最低收入保障制度

欧洲福利国家已建立了世界上最广泛的社会保障制度。但是，欧洲国家的贫困问题从未消失，以居民家庭收支调查为基础的最低收入保障制度（Minimum Income Protection，MIP）的存在至关重要。绝大多数欧洲公民收到了最低收入保障补贴。以2007年为例，英国20%以上的老人依靠MIP生活，德国10%以上的工人收到了MIP津贴。[3]

（一）主要特征

“二战”后，绝大多数欧洲国家建立了最低收入保障制度或专为就业人群设立的类似于非缴费型家计调查制度，[4] 是一项旨在消除贫困和确保人民最低生活

---

[1] 2012年欧盟委员会及OECD秘书会联会开展了一项调查研究，旨在通过研究收集工作相关福利受益人的数据并对其分析比较。

[2] 法国（1988）和葡萄牙（1997年）是较晚建立最低收入保障制度的欧盟国家，欧盟国家中仅有希腊等少数国家没设该制度：http：//www. geocities. ws/ecco_ ulu/documents/vanparijs. pdf。

[3] Bahle, Thomas, Hubl, Vanessa, The last safety net: A handbook of minimum income protection in Europe: https://xs. glgoo. top/books? hl = zh – CN&lr = &id = 38ZlmO6qu9EC&oi = fnd&pg = PR1&ots = LdrLjPkjJD&sig = FFG0rZodnTPttmVrB3N2hjrOFFo#v = onepage&q&f = false.

[4] A Basic Income for ALL: http://www. geocities. ws/ecco_ulu/documents/vanparijs. pdf.

标准的有效制度。欧洲国家最低收入保障制度主要特征如下[1]：

一是最低收入保障政策制定。欧洲国家的最低收入保障政策多数由中央政府独立制定（如英国、德国、丹麦等），部分由地方政府独立制定（如芬兰、意大利等）或者央地两级政府联合制定（如奥地利、瑞典等）。

二是最低收入保障金的兑付。欧洲一半以上的国家由地方财政承担（如丹麦、比利时、瑞典等），约 1/3 的国家由央地两级财政按比例承担最低收入保障金的兑付（如英国、匈牙利等），极少数国家由中央财政承担（如芬兰等）。

三是五种主要类型。即向所有公民开放的简单全面的保障计划，一般存在保障资金不足问题（如荷兰、比利时等）；简单无差别的最低收入保障制度，制度覆盖面和补贴金额相对有限（如奥地利、匈牙利等）；满足绝大多数人最低生存需求的一般福利计划（如英国、丹麦等）；覆盖绝大多数人员的差异化最低收入保障计划（如法国、爱尔兰等）；覆盖部分人员的碎片化保障计划（如保加利亚）。

四是申请资格。普适性的申请资格，包括金融资产匮乏、资产有限、国籍或公民资格、年龄限制以及健康不受影响情况下自愿工作等。多数国家对享受最低收入保障的人群具有严格的条件约束，而处于经济危机中的国家会进一步收紧相关条件。具体申请条件包括：在公共就业服务平台登记注册；签订就业规划或干预合同；积极配合寻找工作机会；参与职业培训；尽可能申请其他社会福利；出售或充分利用个人资产；个人状况改变及时通知福利管理部门。一些国家规定最低收入保障享受者必须参与公共活动。

（二）救助标准的确定及调整机制

多数欧洲国家建立了基于一系列特定指标或家庭成员构成的救助标准确定机制。[2] 常用确定方法是通过价格水平、一篮子商品、绝对贫困线和参考预算等因素测算最低生活标准。例如，瑞士建议以最穷家庭户可支配收入的 10% 为基准确定救助标准。[3] 德国的救助标准由低收入群体的支出为依据，测算样本户每五年的收支情况。芬兰的最低救助福利标准与生活费用指数密切挂钩，且每四年调整一次。自 2004 年西班牙执行多支柱社会保障制度以来，多数州市相应地建立了以

---

[1] Hugh Frazer and Eric Marlier, Minimum Income Schemes in Europe—A Study of National Policies 2015: http: ec. europa. eusocialmain. jsp? catId = 1135&langId = en.

[2] Bahle, Thomas, Hubl, Vanessa, The last safety net: A handbook of minimum income protection in Europe: https://xs. glgoo. top/books? hl = zh - CN&lr = &id = 38ZlmO6qu9EC&oi = fnd&pg = PR1&ots = LdrLjPkjJD&sig = FFG0rZodnTPttmVrB3N2hjrOFFo#v = onepage&q&f = false.

[3] Minimum Income Schemes in Europe—A Study of National Policies 2015: https://www. age - platform. eu/publications/minimum - income - schemes - europe - study - national - policies.

综合收入公共指数特定占比为依据的最低救助标准确定机制。意大利的10项最低收入保障制度采用了基于不同家庭构成的家庭收入阈值，其中6项最低收入保障机制利用国家级家计调查机制，其他则使用地方收入状况指数、月度预算和月度老年人社会补贴金等。

在相当多的欧洲国家中，救助标准设定相当武断，基础依据合理性不足，政治因素考虑远超过了科学依据。例如，拉脱维亚的最低收入保障水平是拉脱维亚社会保障部与各级地方政府之间就中央年度预算博弈的结果，补助标准的设定与家庭户收入或其他类型的福利标准没有任何关联性。在立陶宛，最低收入标准是基于国家承担的由政府部门确定的收入，没有实质性测算依据。如匈牙利等国家，救助水平设置并未参考家庭收入构成。

（三）最低收入保障制度覆盖率

一半以上的欧洲国家（包括比利时、丹麦、爱沙尼亚、芬兰、英国、瑞典等）中，最低收入保障制度全面覆盖了处于贫困陷阱中的公民。但是保加利亚、希腊、西班牙、克罗地亚、意大利、拉脱维亚、葡萄牙、罗马尼亚8国的最低收入保障制度覆盖率却十分有限。例如，克罗地亚的最低收入保障制度只覆盖了12%的贫困人群。塞尔维亚的贫困率为25%，其中只有14.6%的贫困人群获得了财政支持的社会救助金。其他欧洲国家的最低收入保障制度也只覆盖了少数人群，且不同潜在受益人群间覆盖率差异十分显著。

此外，同一国家不同区域的最低收入保障制度覆盖率也有所不同。如塞尔维亚地区间的最低收入保障覆盖率差异显著，尤其是发达地区和欠发达地区之间，东部地区和南部地区间的差异化更加突出。在西班牙，多数自治州（如马德里、巴伦西亚、巴利亚利群岛等）平均只覆盖了1%的潜在受益人群，纳瓦拉（4%）和巴斯克州（8%）覆盖率略高，其他地区只覆盖了1%—3%的潜在受益家庭户。自2009年以来，奥地利、比利时、塞浦路斯、芬兰、卢森堡、马耳他、塞尔维亚等8国的最低收入保障制度覆盖率有所改善，而丹麦、丹麦、匈牙利、罗马尼亚、葡萄牙、英国等国家的制度覆盖率进一步恶化。例如，马其顿严苛的家计调查和约束条件使得仅有15%的失业人群满足最低收入保障制度条件；葡萄牙强化了最低保障制度条件后，导致最低收入保障受益人群缩减了46.3%；罗马尼亚20%最贫困人群的最低收入保障覆盖比例较低，据估计最低收入保障制度和家庭抚养津贴的覆盖率均低于13%。此外，部分欧洲国家也未将移民和难民[1]、非法移民、

---

〔1〕 移民和难民满足最低收入保障制度的条件非常复杂，且国家之间差异很大。一般难民没有申请资格或者难民的身份难以认可。其中，欧盟成员国和欧洲经济区的移民确认条件变动很大，尤其是满足移民资格前的居住条件差异明显。

无家可归者、青年人（含学生）等纳入最低收入保障制度的覆盖范围内。

（四）最低收入保障申领人群

在许多国家，有关最低收入保障制度受益人员的详细证据是缺失的。[1] 尽管如此，比利时、丹麦、爱尔兰、爱沙尼亚、马耳他、挪威、斯洛伐克等8个国家的最低收入保障制度受益人员几乎全员申领相关补助金，但绝大多数国家仅有部分制度受益人群会申领相关补助金。例如，在德国，所有最低收入保障制度的受益人员中约有1/3—2/5的人员未申请相关补贴。在英国，几乎1/3的满足最低收入保障制度条件的人员未申请家计调查相关福利。在瑞士，估计社会救助的不申请率约为28%。

丹麦、爱尔兰等国认为最低收入保障制度福利申领率约为100%，主要由于上述国家简单而全面的最低收入保障制度是向所有收入不足人群开放的，但实践中仍有部分潜在受益人群未申领。欧盟基金委员会的专家评价，2009年以来奥地利、保加利亚、芬兰等6国的救助金申领率在恶化。欧盟社会政策网（The European Social Policy Network，ESPN）[2] 调查显示，部分欧洲国家中不主动申请最低收入保障金的人员主要集中在部分特定人群（如匈牙利的罗马人），如农民（如瑞士）、无家可归者（如塞尔维亚）以及生活在贫民窟的居民（如罗马尼亚）等。

欧盟社会政策网相关专家认为，人们不愿申领救助金的主要原因[3]：一是个人障碍。潜在最低收入保障人员存在心理或精神障碍，或者不愿意因享受最低收入保障而将个人隐私公之于众。二是制度缺陷。制度宣传不到位，人们缺乏相关制度申请权利和资格条件的有效信息；与复杂的申请程序相比较救助标准太低；约束条件太多，制度及申领程序复杂且官僚化；附加条件和制裁严格。三是执行障碍。服务机构增加额外的约束条件；未向潜在最低收入保障人群提供充分有效的延展服务和调解机制。以法国最低收入保障制度（The France Minimum Income，RSA）为例，68%左右的被调查人员认为相关制度知识匮乏是最主要的原因，其中42%的被调查人员认为他们不需要这些福利金，或者27%人员反对无原

〔1〕 Access to Social Benefits: Reducing Non - take - up: https://www. eurofound. europa. eu/sites/default/files/ef_publication/field_ef_document/ef1536en. pdf.

〔2〕 欧盟社会政策网成立于2014年，由卢森堡社会经济研究中心负责管理，欧盟委员会旨在向成员国或周边国家提供及时高效的信息和建议，与欧盟社会观察机构关系密切第三方研究机构：https://ec. europa. eu/social/main. jsp? catId = 1135&langId = en。

〔3〕 European Quality of Life Survey 2016: https://www. eurofound. europa. eu/surveys/european - quality - of - life - surveys/european - quality - of - life - survey - 2016.

则地申请相关补贴。[1] 另外约1/5的被调查人员认为申请程序过于复杂（详见表3－1）。以德国为例，2005年至2014年间德国住房或社会救助类福利制度不申请率约为40%—60%，失业救济不申请率为60%—80%，其中失业救济金II（Arbeitslosengeld II，或 Unemployment Benefit Type II，ALGII）[2] 不申请率维持在54%—57.7%之间（详见表3－2）。[3]

表3－1　法国最低收入保障制度受益人不申请原因抽样调查结果

主要原因	占比（%）
知识匮乏	68
对RSA制度不了解	47
RSA仅为失业人员	30
不知道去哪里申请	30
认为RSA是自动供给	7
不需要相关补贴金	42
原则问题	27
申请程序过于复杂	20
没有时间申请	11
条件发生变化	10
担心失去其他福利	3
补贴金没有吸引力	3

注释：被调查对象主要由没领取RSA制度的人员构成；被调查对象可以多项选择

表3－2　关于德国社会保障制度受益人不申请率文献梳理

作者	提出年份	不申请率	研究年份	数据来源
Hartmann	1981	48%	1979	调查了25000个家庭户

［1］ Comité national d'évaluation du rSa：https://solidarites－sante. gouv. fr/ministere/documentation－et－publications－officielles/rapports/lutte－contre－l－exclusion/article/comite－national－d－evaluation－du－rsa.

［2］ 德国失业救济金II，不仅是向失业人员或者求职者提供的福利，而且也是向那些现有资源或收入难以满足生活需求的低收入家庭提供的福利。

［3］ Michelle Harnich，Non－Take－Up of Means－Tested Social Benefits in Germany：https://www. diw. de/documents/publikationen/73/diw_01. c. 616586. de/dp1793. pdf.

续表

作者	提出年份	不申请率	研究年份	数据来源
Neumann and Hertz	1998	52%	1995	德国社会经济统计(the German Socio－Economic Panel，SO-EP)
Riphahn	2001	63%	1993	德国收支调查(Einkommens－und Verbrauchsstichprobe，EVS)
Kayser and Frick	2001	63%	1996	SOEP
Becker and Hauser	2005	46%—60%	1998－1999	EVS/NIEP/SOEP
Wilde and Kubis	2005	43%	1999	德国收入调查（The Niedri－geinkommen－spanel，NIEP）
Frick and Groh－Samberg	2007	67%	2002	SOEP
Bruckmeier and Wiemers	2012	41%—49%	2005—2007	SOEP
Bruckmeier and Wiemers	2013	33.8%—43%	2008	EVS
Wiemers	2015	38.6%—48%	2005—2011	SOEP

资料来源：笔者整理所得。

（五）最低收入保障受益人群占比确定

综上所述，多数欧洲国家已建立了最低收入保障制度或非缴费型家计调查制度。近年来，最低收入保障制度在消减贫困和社会排斥等方面发挥了至关重要的作用，但是各国的低保制度贡献率仍十分有限。加之有限的制度盖面、信息宣传不到位、低申请率以及附加的监管等客观因素，弱势群体很难通过领取救助金过上体面的生活。例如，英国和爱尔兰平均20%以上的老人收到了相关补贴。德国约有10%以上的在岗职工是最低收入保障制度的受益者。另外，由于缺乏相关制度研究及动态调整机制等，许多国家则很难测算最低收入保障人群占比。

三、美国最低收入保障制度

（一）美国最低收入保障计划

美国补充收入保障计划[1]（The U. S. Supplemental Security Income，SSI）是一项针对低收入老年人、盲人和残疾人的联邦级最低收入保障计划，1972 年设立，并于 1974 年开始发放福利，由美国社会保障局负责监管。SSI 计划取代了 1935 年《社会保障法》和 1950 年《社会保障法修正案》设立的各州福利项目。SSI 计划最初是一项主要向老年人提供福利的保障性年度收入救助制度，逐步成为美国规模最大的一项基于家计调查的现金救助项目，项目资金来源于美国财政部一般基金，而非社会保障基金。[2] 盲童或残障儿童也可以申请相关补贴金。2000 年，16% 的申请人有资格获得 SSI 的救助金，约 22% 会被拒绝。2001 年底美国公民中已有 670 万（绝大多数是 65 岁以下）收到了联邦级或州级的 SSI 福利金，累计余额超过了 320 亿美元。2010 年底 79 万人获得了月均 501 美元的 SSI 补贴（包括联邦政府管理的州级补充保障金）。[3] 2018 年底 SSI 向 80 万美国公民提供了月均 551 美元的 SSI 救助金（含包括联邦政府管理的州级补充保障金）。[4] 自 2019 年 1 月 1 日起，SSI 补贴标准上调到每月 771 美元（单身/儿童）以及 1157 美元（夫妇）。

（二）美国联邦级补充收入保障计划的申请资格

SSI 计划的基础申请资格会按照年龄、残疾程度、视力情况分三大类，同时还需满足收入和资产约束，以及公民身份和住房状况一般条件，具体申请条件会动态调整。如收入限制条件，2002 年申请者收入限制为每月 780 美元（单身/儿童）或 1170 美元（夫妇）[5]，2016 年收入限制为每月 733 美元（单身/儿童）或 1100 美元（夫妇）；资产限制条件。1989 年申请者资产限制为 1500 美元（单身/儿童）或 2250 美元（夫妇），2019 年资产限制为 2000 美元（单身/儿童）或

---

〔1〕 Mary Daly, Richard V. Burkhauser, The Supplemental Security Income Program: http://www. nber. org/chapters/c10255.

〔2〕 Robert B. Albritton, Measuring Public Policy: Impacts of the Supplemental Security Income Program, American Journal of Political Science Vol. 23, No. 3 (Aug., 1979), pp. 559 – 578 (20 pages): https://www. jstor. org/stable/2111029.

〔3〕 SSI Annual Statistical Report 2010 – Background: https://www. ssa. gov/policy/docs/statcomps/ssi_asr/2010/background. pdf.

〔4〕 SSI Annual Statistical Report 2018 – Background: https://www. ssa. gov/policy/docs/statcomps/ssi_asr/2018/background. pdf.

〔5〕 Mary C. Daly and Richard V. Burkhauser, The Supplemental Security Income Program: https://www. nber. org/chapters/c10255. pdf.

3000 美元（夫妇）。[1]

表 3－3　2019 年美国补充收入保障制度申请条件

申请条件	定义	例外情况
国籍和居民	居住在美国 50 州之一、华盛顿区或者北马里亚纳群岛； 美国国籍或满足条件的外国人； 特定美国印第安人； 拥有四十个工作学分的法定居民； 自 1996 年 8 月 22 日以后申领过 SSI 补贴； 申领过养老金或福利津贴等其他类补贴金等	排除居民：海外驻军人员的特殊儿童
分类：65 岁及以上、盲人或残障人士；盲人、残障人士	只要满足其中一条： 年龄达到 65 岁或 65 岁以上； 矫正视力为 20/200 或者弱视； 视力低于 20 度； 身体或智力缺陷，无法找到潜在工作或者存活时间不足 12 个月； 儿童障碍，具有严重的功能性障碍	视力障碍人员： 月工资超过 1220 美元的盲人一般认为有潜在工作； 非常规收入，如参加临床试验所获得的首笔 2000 元的补偿金
有限的收入	计数收入[2]： 单身成年人或儿童 2000 美元；[3] 夫妇 3000 美元	可扣除收入： 每月收到的最高收入中的头 20 美元； 每月工资的头 65 美元和 65 美元以上部分一半； 收到的补充营养援助计划的金额（如食品券）； 所得税返还部分； 家庭能源和住宿辅助； 偶然所得收入（60 美元或少于 25 美元）； 用于学费或教育费的赠款、奖学金、助学金或礼物； 非营利组织提供的食物或庇护场所等

〔1〕 Confirm eligibility requirements for Supplemental Security Income(SSI):https://eligibility. com/ssi.

〔2〕 收入测算要考虑收入来源，分为社保收入、工资收入以及州级辅助性收入。如果收入只有社会保障金，则计数收入等于总收入减去可扣除收入；SSI 联邦补贴标准等于 SSI 联邦补贴标准减去计数收入。假设某申请人收到的社保金收入为 300 美元，则可计数收入为 280 美元（300 美元－20 美元），SSI 联邦补贴标准为 771 美元减去 280 美元计数收入得 491 美元，即本期联邦政府应付的 SSI 补贴额。反之，则需扣除 65 元及 65 元以上的 1/2 部分等。

〔3〕 如果 18 岁以下儿童与父母中一方居住在一起，则父母中一方总收入中的 2000 美元可数资源不计在内；如果孩子和父母双方一起生活，则 3000 美元不计在内。

续表

申请条件	定义	例外情况
资产限制（财产或其他个人资产）	计数收入： 单身成年人或儿童 2000 美元； 夫妻 3000 美元	可扣除资产： 申请人的自住房及宅基地； 家庭用品和个人用品（如婚纱和婚戒） 用于载用自己或家庭成员的汽车； 归个人或直系亲属所有的墓地； 个人或配偶所取得的每笔价值不超过 1500 美元的丧葬费； 面值不超过 1500 美元的人寿保险单； 追溯最近 9 月以来收到的 SSI 补贴金或社会保障金（包括分期到账的资金）； 追溯近 9 个月来收到的用于支付教育费用的助学金、奖学金等； 22 岁以下单身成年或儿童月收入低于 1870 美元（年收入不超过 7550 美元）； 已婚夫妇最高月收入为 1870 美元，年收入不高于 7550 美元； 申请建立的“改善生活体验”基金账户额超过 100000 美元的部分等

资料来源：Understanding Supplemental Security Income—2019 Edition，https://www.ssa.gov/pubs/EN-17-008.pdf

表 3-4　1975—2018 年间 SSI 计划不同类型受益人占比变动情况表

研究年份		1975	1985	1995	2005	2015	2016	2017	2018
所有 SSI 申请人									
合计（万人）		431.4	877.7	2391.9	3305.8	5233.5	5218.4	5186.7	5224.3
年龄	低于 18 岁	2.5	5.5	14.1	14.7	15.3	15.0	14.6	14.3
	18—64 岁	39.4	45.4	53.6	58.7	59.7	59.5	59.2	58.8
	65 岁及以上	58.1	49.1	32.5	26.6	25.0	25.5	26.1	26.8
性别	男	35.5	38.6	40.3	43.1	47.0	47.1	47.3	47.5
	女	64.2	61.4	59.7	56.9	53.0	52.9	52.7	52.5
非本国公民		–	4.5	6.4	9.0	10.8	11.7	11.0	11.3

续表

研究年份	1975	1985	1995	2005	2015	2016	2017	2018
残疾 SSI 申请人（低于 65 岁）诊断条件								
合计（万人）	237.8	638.0	2024.6	2889.1	4691.9	4669.4	4635.1	4662.8
身体素质	–	–	49.0	47.0	44.7	42.2	41.3	39.0
智力缺陷	–	–	26.9	26.6	27.1	27.6	27.5	25.0
心理疾病	–	–	24.1	26.4	28.2	30.2	31.2	36.0

资料来源：SSI Annual Statistical Report，2018，https：//www. ssa. gov/policy/docs/statcomps/ssi_ asr/2018/ssi_ asr18. pdf

（三）美国补充收入保障计划补贴标准确定

SSI 计划的初衷是保障处在贫困线下的美国居民生活。制度补贴标准设定在人口普查局的法定贫困线以下，实际兑付给单身受益人的救助金约为法定贫困线的 75%，夫妇受益人的救助金约占法定贫困线的 90%。SSI 计划的补贴标准每年 1 月会根据生活成本指数变动而调整，该指数用于调整美国社会养老、遗属和残疾保险制度（OASDI）福利水平。但是随着时间的推移，SSI 计划补贴标准占美国法定贫困线的比重基本保持稳定。[1] 2002 年起，在没有其他可数收入的情况下，凡符合 SSI 计划的单身受益人每月可领取 545 美元的联邦现金福利（夫妇每月可领取 817 美元）。2019 年，SSI 计划月补贴标准如下：个人有自有住房者 771 美元，无自住房的为 514 美元；夫妇有自住房的为 1157 美元，无自住房的为 771 美元；配套申请的医疗补贴标准为 30 美元。[2]

另外，SSI 计划鼓励受益人依法申请政府提供的各种福利。在大多数州，领取 SSI 补助的受益人无需单独申请，即可获取联邦医疗补充和食品券。此外，多数州政府会增设强制性或选择性补充保障计划，以提高本州的救助水平。[3]

（四）美国贫困线及补充收入保障人群占比测算

根据联合国教科文组织（The United Nations Educational，Scientific and Cultural Organization，UNESCO）定义，绝对贫困是人们过着饥寒交迫的生活，在消费

〔1〕 Mary C. Daly and Richard V. Burkhauser, The Supplemental Security Income Program: https://www. nber. org/chapters/c10255. pdf.

〔2〕 SSI Annual Statistical Report, 2018: https://www. ssa. gov/policy/docs/statcomps/ssi_asr/2018/index. html.

〔3〕 Hubbard, R. , J. Skinner, and S. Zeldes. 1995. Precautionary saving and social insurance. Journal of Political Economy103(2):360 – 99.

方面无法得到衣、食、住等基本生活需求，在生产方面也缺乏生产的物质条件，难以维持简单再生产。相对贫困是一个社会道德范畴，属于社会公平领域，目前国际上没有统一的标准。1955 年，美国建立了官方的贫困线衡量标准，即以食品支出占家庭预算总支出的 1/3 为基准，计算时只扣除税前现金所得，不考虑资产增值，也不考虑其他生活费用和非现金性的政府津贴（如食品券）[1]。随着家庭在住房、医疗、交通等方面的支出成本上升，食物支出仅占家庭总支出的 1/6 左右，而官方的贫困线衡量标准未作相应调整。2011 年，美国人口署还制定了《补充贫困衡量标准》（*The Supplemental Poverty Measure*，*SPM*），该措施旨在帮助那些未纳入官方贫困衡量标准的低收入家庭和个人而设立的政府项目，从而扩展官方贫困衡量标准，并以此为基准，发放各类福利。[2] 如美国人口署通过住房补贴、收入所得税抵免（Earned Income Tax Credit，EITC）和儿童税收抵免等补充贫困措施，达到消减贫困问题；而人口署下设的社区调查（The American Community Survey，ACS）每年会抽取约 350 万人开展抽样调查，旨在全面反映美国生产、生活以及贫困人口等变动情况。

美国贫困线每年都在变动，且贫困率在不同种族之间变动较大（详见下图）。[3] 目前美国至少有 48 种可能的贫困线，分别适用于美国 50 个州和哥伦比亚特区内不同类型、不同收入水平的个人和家庭。根据美国总统第 12898 条行政命令，低保人群定义为居住地域相邻的个人和家庭，或分散在不同区域的个人和家庭，其家庭收入等于或低于贫困线。具体是指，低收入或少数族裔人数应占特定社区总人口数的 50% 以上；或者社区内低收入或少数族裔人数的占比高于国家或州市相关标准的 2 倍以上。

美国人口署常用抽样调查数据来测算低保人群数量，即通过跟踪社区总人口、种族、中等家庭收入以及按年龄划分的贫困状况等方面的统计，分析确定低保人群占总人口的比重。另外，美国人口署还通过访谈形式了解低保人群申请条件变动情况，即通过与地区学校、医疗服务机构、宗教场所或社区等部门的代表或负责人座谈，确定低收入或少数族裔人群的出勤情况。

自 2000 年以来，美国处于贫困线以下的人口占比超过了 11%。美国人口普

---

〔1〕 New Poverty Data Makes it Clear—There is Much Work to do：https：//results. org/blog/new – poverty – data – makes – it – clear – there – is – much – work – to – do/？ gclid = EAIaIQobChMIypWikPWM5QIVNBh9Ch0FmgmIEAAYAiAAEgJVQvD_BwE.

〔2〕 The Supplemental Poverty Measure—2018：https：//www. census. gov/library/publications/2019/demo/pp. 60 – 268. html.

〔3〕 Louis Jacobson，The latest on US health insurance coverage，income and poverty：https：//www. politifact. com/truth – o – meter/article/2019/sep/11/latest – health – coverage – income – and – poverty – us/.

查局2019年9月10日公布的《2018年美国收入、贫困和医保报告》数据显示，2018年美国中等家庭收入水平为63179美元，官方人口贫困率为11.8%（补充贫困率为12.8%），全年贫困人口数达3810万人，比2017年下降了140万人。其中，美国黑人最贫困，其中20.8%非裔美国人处于贫困线以下，其次是西班牙裔美国人和亚裔美国人的贫困率分别为、17.6%和10.1%，而仅有8.1%的非裔美国白人处于贫困率以下。1990—2018年间美国儿童是最贫困的危险人群，1993年美国儿童贫困率攀升至18%，2000—2010年美国儿童贫困率逐年上升，近年来略有下降，2018年儿童贫困率为16.2%，仍有1180万儿童生活在贫困中。美国各州之间的人口贫困数变化较大，2016年加利福尼亚州贫困人口数为544万人，占比为13.9%；明尼苏达州贫困人口数为47万人，占比为8%。[1]

为消除贫困，美国还建立了以家庭为单位的贫困救助体系，涵盖贫困家庭临时救助计划（TANF），老年人、残疾人和妇女儿童等家庭救助政策、中低收入家庭的资产建设等。

四、加拿大年度最低收入保障制度情况

（一）制度简述

加拿大收入保证补贴金（The Guaranteed Annual Income，GAI）制度源于美国，是一项负所得税制度（Negative Income Tax，NIT）[2]。针对NIT制度而言，加拿大政府将向盲人、丧失劳动能力者和老年人的补偿保障收入计划以及对有子女需要抚养的家庭补助计划或资助低收入人群的医疗救助计划等所发生的支出均转为税收支出，其中低收入人群的子女抚养、老人赡养以及医疗费等项目均实行负所得税制度，负所得税额可抵减应交所得税额。1967年加拿大救助法案生效，是该国最核心的减贫政策。1968年，加拿大政府为消减贫困，引入了多项反贫困项目，其中最受欢迎的项目是向所有国民无条件供给的保障性年度最低收入津贴。1971年加拿大国家卫生福利部在美国验证的基础上，率先在魁北克省引入了由政府基金承担的两项最低收入保障制度，包括为非工作人群提供的高保障和高税收、为工作人群提供的低保障和低税收，之后在马尼托巴湖等地区试点，最终逐步替代了加拿大救助制度（the Canada Assistance Plan，CAP）（见表3-5）。

---

[1] U. S. Poverty Statistics - Federal Safety Net: http://federalsafetynet.com/us-poverty.html.

[2] 所谓负所得税就是财政支出中转移支付的一种形式，因这种支付与累进所得税在资金流向上恰好相反而得名。当个人或家庭收入超过了最低生活保障数额，超过部分应向政府缴纳所得税，即为正所得税；如果个人或家庭收入低于最低生活保障数额，便可得到政府发给的救济保障，此为负所得税。加拿大是实施负所得税较成功的国家。

表 3－5 美国和加拿大负所得税制度概述

名称	区域	数据采集年份	样本量	样本特征	G（保障收入水平）	T（边际税率）
新泽西保障性工作激励制度（The New Jersey Graduated Work Incentive Experiment，NJ）	新泽西和宾夕法尼亚	1968—1972	1216（983）	黑人、白种人，拉丁裔，双亲家庭，生活在城市；单亲爸爸年龄介于 18 和 58 岁间，收入水平低于贫困线 150%	0.5 0.75 1.00 1.25	0.3 0.5 0.7
农村最低收入保障机制（The Rural Income－Maintenance Experiment，RIME）	爱荷华、加利福尼亚	1970—1972	809（729）	生活在农村双亲家庭或单亲妈妈，收入水平低于贫困线下 150%	0.5 0.75 1.00	0.03 0.5 0.7
西雅图/丹佛收入保障计划（SIME/DIME）	西雅图和丹佛	1970—1976	4800	黑人、白种人，拉丁裔，收入低于国家至少有一个受扶养人；单亲父母收入 1100 美元和双亲家庭 13000 美元	0.5 1.26 1.48	0.5 0.7 0.7—0.25 0.8—0.25
印第安纳州保障计划（The Gary，Indiana Experiment）	盖理、印第安纳州	1971—1974	1799（967）	黑人家庭主要申请人为 18—58 岁的单亲妈妈，收入水平低于贫困线下 240%。	0.75 1.0	0.4 0.6
马尼托巴省基本年收入实验	温尼伯、多芬、马尼托巴湖	1975—1978	1300	家庭户主年龄低于 58 岁，四口之家收入水平低于 13000 美元	3800 加元 4800 加元 5800 加元	

资料来源：Karl Widerquist，The Basic Income Guarantee Experiments of the 1970s：a quick summary of results：https://basicincome. org/news/2017/12/basic－income－guarantee－experiments－1970s－quick－summary－results/

直到 1985 年，GAI 制度执行效益一直是各界争论的焦点，到 20 世纪 90 年代加拿大决定改革 GAI 制度，但 GAI 再次引起人们的关注已到了千禧之年。[1] 加拿大还设立了附加最低收入保障制度（the Guaranteed Income Supplement, GIS）[2]，该制度主要针对加拿大的低收入老年养老金领取者，是一项非缴税型月度补助金。[3] 2016 年 3 月安大略省自由党政府决定重新启动最低收入保障制度（The Ontario Guaranteed Annual Income System, GAINS），并安排了相关预算，这是加拿大最低收入保障制度的重要转折点。[4]

（二）运行机制

GAI 制度或 NIT 制度[5]旨在确保无收入家庭获得最低现金福利（G）。如果受益家庭成员外出工作，并获得了一定的额外收入，则福利水平会随负税收率（0 < r > 1）上升而逐步减少。换句话说，制度受益家庭每增加 1 美元收入，则保障性收入将减少 1 美元的 T 倍。GAI 补贴标准：在家庭结构和名义收入既定的情况下，受益家庭则可获得一定额度的补贴（如 1975 年两个成人和两个孩子组成的四人家庭一年可最少获得约 13000 美元），1975 年四人家庭年度补贴标准为 3800 美元、4800 美元和 5800 美元三个档次，补贴标准每年随通胀率水平调整，而税收返还率为 35%、50% 和 75%。[6] 截至 2016 年底，既定收入水平下的 18—64 岁加拿大公民每年可收到 18000 美元的 GAI 制度补贴，但是如果受益人收入每增加 100 美元，则 GAI 制度补贴标准降低 50 美元。鉴于此，高支持水平（G）和低税率（t）所规定的 GAI 或 NIT 计划越慷慨，政府的计划成本就越大。

（三）GAINS 制度补贴标准

GAINS 制度补贴标准高于联邦政府提供的老年养老金和附加最低收入保障制度补贴，每个受益人的月补贴标准介于 2.5 美元到 83 美元之间，且补贴标准随个

---

〔1〕 James P. Mulvale and Yannick Vanderborght, Canada: A Guaranteed Income Framework to Address Poverty and Inequality?: https://link_springer. xilesou. top/chapter/10. 1057/9781137045300_11.

〔2〕 James P. Mulvale, Yannick Vanderborght, Canada: A Guaranteed Income Framework to Address Poverty and Inequality?: https://link_springer. xilesou. top/chapter/10. 1057/9781137045300_11.

〔3〕 Guaranteed Income Supplement – While on GIS: https://www. canada. ca/en/services/benefits/publicpensions/cpp/old – age – security/guaranteed – income – supplement/while – receiving. html.

〔4〕 Canada to trial guaranteed minimum income: https: //globalriskinsights. com/2016/05/canada – to – trial – guaranteed – minimum – income.

〔5〕 Jean – Yves Duclos, How would a guaranteed annual income work in Canada?: https://globalnews. ca/news/2529009/how – would – a – guaranteed – annual – income – work – in – canada/.

〔6〕 Derek Hum and Wayne Simpson, A Guaranteed Annual Income? From Mincome to The Millennium: http://policyoptions. irpp. org/wp – content/uploads/sites/2/assets/po/2001 – our – space – odyssey/hum. pdf.

人收入和婚姻状况的变动而变动。一般而言，如受益对象无收入，则可获得最高补贴金。2018 年，安大略 GAINS 制度为无收入的单身或家庭受益人分别提供 16989 美元/年（单身）或 24027 美元/年的补贴。另外，GAINS 补贴标准每三个月随通胀水平调整一次。2019 年 10 月 1 日—12 月 31 日，GAINS 制度补贴标准调整为单身申请人每年补贴 19354.92 美元，夫妇双方中的任何一方每年补贴 14977.92 美元。[1]

（四）GAINS 制度申请资格

如果申请人满足年龄达到 65 岁及以上，在安大略省生活超过 12 个月，或者从 18 岁开始在安大略省生活达 20 年，或在加拿大生活 10 年以上，已经领取了老年养老金或附加收入保障金，年度个人收入[2]不足 1992 美元（单身）或 3984 美元（夫妇）。[3]

（五）低保人群占比测算

加拿大的低收入人群测量方法历史悠久。早在 20 世纪 60 年代，加拿大统计局就设立最低收入阈值法（the Low Income Cutoffs，LICOs）用以测算每个家庭户食品、住房和衣着等基本生活消费支出占收入水平的比重。1991 年，加拿大统计局又设立了低收入人群测算方法（The Low Income Measures，LIMs），该方法时常用于国际比较。1997 年，加拿大人力资源发展部和联邦省区域社会发展研究信息局共同构建了市场篮子测算指标（the Market Basket Measure，MBM），假设基准年份特定篮子里商品和服务的成本，篮子里的物品全部用于满足家庭户的消费需求[4]上述三种方法一并被用于测算和跟踪加拿大低收入人口变动情况。其中，低收入人群测算法是通过使用劳动收入动态调查法（SLID）获取市场收入、税前收入和税后收入的方法。具体测算流程如下[5]，一是通过将家庭收入除以调整后的家庭规模（家庭人数的平方根）来计算每个个体的“等效家庭收入”；二是将调整后的家庭收入平均分配给每个人，确定每个人的“等效家庭收入”的

---

[1] Ontario Guaranteed Annual Income System benefit rates：https://www.ontario.ca/data/guaranteed－annual－income－system－benefit－rates.

[2] 私人收入包括私人养老金收入、加拿大养老金计划以及银行利率等。

[3] Ontario Guaranteed Annual Income System payments for seniors：https://www.ontario.ca/page/guaranteed－annual－income－system－payments－seniors.

[4] Philip Giles，Low Income Measurement in Canada：https://www150.statcan.gc.ca/n1/pub/75f0002m/75f0002m2004011－eng.pdf.

[5] What is the Low Income Measures：https://www150.statcan.gc.ca/n1/pub/75f0002m/2012002/lim－mfr－eng.htm.

中位数，即以中等收入家庭户收入的50%为基准；三是其他家庭户最低收入等于“等效家庭收入”乘以家庭规模。2017年，加拿大低收入人群约有289万人，占总人口比重在13%左右。其间，男性低收入人群数量上升了2倍，而更多女性低收入人群生活在贫困家庭中。自2000年以来，低收入的单身人群数量增幅较大，比2000年增长了50%。依据MBM测算，2018年加拿大共有320万国民（占总人口8.7%）符合低收入保障人群标准，其中GAI度制度受益人将增加到75万人，未来5年每个受益人年制度成本约为9421—10169美元。[1] 在安大略省管辖的部分行政区内，社会救助制度运行总成本的30%为行政管理成本。相比之下，GAI制度运行成本仅占制度补贴金的2%—3%。[2] 另外，据加拿大议会预算数据公布，2018—2023年间GAI制度年度总预算成本将介于760亿－795亿美元之间，需在现行基础上，每年缩减430亿美元GAI制度补贴预算。[3]

总体来看，GAI制度及后续补充最低收入保障制度等一定程度上达到了缩减贫困，实现了让受补贴的低收入家庭生活有所改善，使得相关行政人员的需求下降，政府所需支付的行政成本减少。但是，加拿大20世纪90年代前的最低收入保障制度具有明显的缺陷，一是制度越慷慨，政府需付出的成本越高；二是制度越慷慨，越会抑制人们的工作热情；三是制度执行难度加大。如制度潜在受益家庭为个体经营户、农民和工作地点或家庭结构经常变化（如家庭分离、合并或重组）的家庭。

五、韩国国民最低生活保障制度情况

（一）制度简述

1998年7月，韩国“参带联盟”社会福利委员会和19个非政府组织协同起草了国民基础生活保护法案并提交给国会[4]，1999年8月12日国会通过了国民基础生活保障法。[5] 自2000年10月起，韩国正式实施了国民基础生活保障制度（The National Basic Livelihood Security System，NBLSS），取代了公共救助制度

---

〔1〕 Jake Fuss, Milagros Palacios, Ben Eisen. How Much Could a Guaranteed Annual Income Cost? https://www.fraserinstitute.org/studies/how－much－could－a－guaranteed－annual－income－cost.

〔2〕 The Things to Know about Canada's Guaranteed Annual Income Debate: https://www150.statcan.gc.ca/n1/pub/75f0002m/2012002/lim－mfr－eng.htm. behind the numbers.ca/2016/10/07/ten－things－know－canadas－guaranteed－annual－income－debate/.

〔3〕 Budget 2019: https://www.budget.gc.ca/2019/home－accueil－en.html.

〔4〕 金成垣：《福利国家形成的韩国式经验》，载《社会保障研究》2007年第1期。

〔5〕 Jo, Joon Yong, The National Basic Livelihood Security System in Korea: Effects on Poverty and Social Development: https://search.proquest.com/openview/dbf1f1ea2fa122e78b45eaddca2ddb3d/1?pq－origsite＝gscholar&cbl＝18750&diss＝y.

（The Livelihood Protection Act，LP），新制度在选择目标群体时有两个标准，即是否有家庭收入以及收入是否低于最低生活成本，其基础生活保障待遇包括基本生计、住房、医疗、教育、妇产、丧葬与自力更生给付等 7 项，尤其是强化自力更生项目的推出，将原来制度下被排斥的有劳动能力的低收入阶层也纳入救助对象中。[1] 2004 年国会通过了《国民最低生活保障法（修订案）》。[2] 2015 年 7 月韩国对国民最低生活保障制度实施了新的改革，旨在消除制度盲点和贫困，调整了补贴给付方式，即将基本生计、医疗、教育和住房救助等救助给付分开运行（见表 3－6）。[3] 其中，基本生计主要针对绝对贫困群体提供最基本的生活救助，而医疗、教育、住房等救助给付则是针对有需要的绝对和相对贫困人群（见图 3－1）。在新制度条件下，2016 年韩国有 163 万人获得了国民最低生活保障补贴，其中一般受益人数为 9.1 万人，制度受益人数达 154 万人。制度覆盖率为 3.2%。2017 年，4 人家庭户中等收入水平为 446.7 万韩元，比 2016 年增长 1.73%。[4] 截至 2018 年底，韩国国民最低生活保障制度受益总人数为 174.4 万人。[5]

表 3－6　2015 年韩国国民最低生活保障制度改革前后受益人认定标准变动情况

<table>
<tr><th colspan="2">改革前</th><th rowspan="2">➡</th><th colspan="2">改革后</th></tr>
<tr><td rowspan="4">（A＋B）×185%
（4.23 百万人）
（A＋B）×130%
（2.97 百万韩元）
B×130%
（2.17 百万韩元）</td><td rowspan="2">非法定受益人（申请人收入超出制度基准收入要求）</td><td rowspan="2">无资格受益人</td><td rowspan="4">C×40%＋
D×100%
（4.85 百万韩元）
D×100%
（4.22 百万韩元）</td></tr>
<tr><td>➡</td></tr>
<tr><td>弱势群体（包括老年人、残障人员及单亲父母）</td><td>➡</td><td>弱势群体</td></tr>
<tr><td>法定受益人</td><td></td><td>法定受益人</td></tr>
</table>

注释：A 是受益家庭户最低生活成本（1 人家庭）；B 是法定受益家庭最低生活成本（4 人家庭）；C 为受益家庭中等收入水平（1 人家庭）；D 为法定收益家庭中等收入水平（4 人家庭）。

资料来源：2015 Educational Materials on the National Basic Livelihood Security System Reform and Guidelines for the Allowance Payment Management，Division of Basic Livelihood Security at the Ministry of Health and Welfare（Jan. 2015）

〔1〕 In－Young Jung，Explaining the Development and Adoption of Social Policy in Korea：The Case of the National Basic Livelihood Security Act，*Health and Social Welfare Review*，29（1），2009，52－81.

〔2〕 吕学静、康蕊：《社会救助中的政府责任探究——基于亚洲五地区的比较分析》，载《领导科学》2014 年第 9 期。

〔3〕 Jaehyun Nam，Hyungjohn Park，The 2015 Welfare Reform of the National Basic Livelihood Security System in South Korea：Effects on Economic Outcomes，https：//doi. org/10. 1111/ijsw. 12416.

〔4〕 Basic Livelihood Security Program：Benefit Recipients & Payment：https：//www. mohw. go. kr/eng/hs/hs0108. jsp？PAR_ MENU_ ID＝1006&MENU_ ID＝100608.

〔5〕 韩国卫生福利部官网（The Ministry of Health and Welfare，MOHW）：http：//www. index. go. kr/potal/main/EachDtlPageDetail. do？idx_ cd＝2760/。

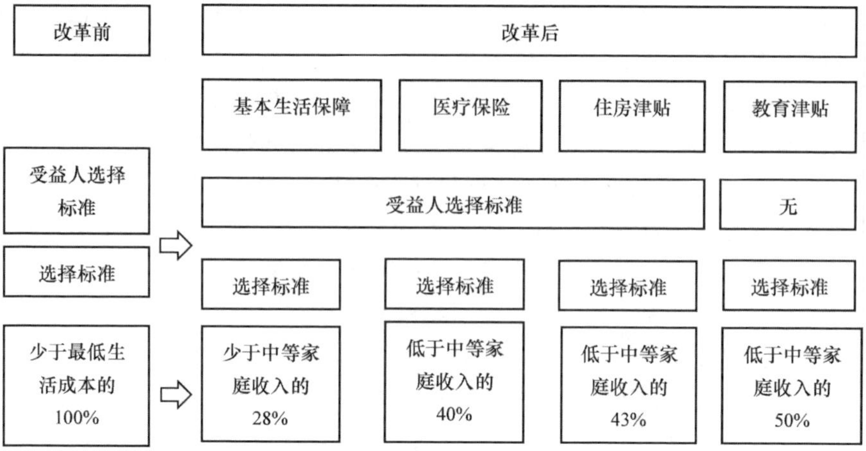

图 3-1　2015 年韩国国民最低生活保障制度受益人选择标准和津贴发放方案

资料来源：2015 Educational Materials on the National Basic Livelihood Security System Reform and Guidelines for the Allowance Payment Management, Division of Basic Livelihood Security at the Ministry of Health and Welfare (Jan. 2015)

（二）受益人选定标准

国民最低生活保障制度受益人的选定标准由收入认定额和抚养赡养义务人两部分构成。[1] 自 2003 年起，国民最低生活保障制度中将收入和财产统一为收入认定额。根据《韩国国民最低生活保障法案》第五条规定，受益对象为“无扶养义务人或虽有扶养义务人但义务人无抚养赡养能力或无法得到抚养赡养收入，收入认定额低于最低生活成本的人”。[2]

（三）收入认定额标准

韩国通过财产收入换算制度计算收入认定额。收入评价额由实际收入扣除家庭专项支出及劳动收入抵扣项所得。财产收入换算额等于各项财产收入合计额减去基本扣除额及负债再乘以各项财产的收入换算率所得。具体公式如下[3]：

收入认定额 = 收入评价额 + 财产的收入换算额

〔1〕 2018 년 국민기초생활보장 수급자 현황，http：//www. index. go. kr/potal/main/EachDtlPageDetail. do？ idx_ cd = 2760.

〔2〕 韩国国民最低生活保障法案（국민기초생활 보장법）：http：//www. law. go. kr/%EB%B2%95%EB%A0%B9/%EA%B5%AD%EB%AF%BC%EA%B8%B0%EC%B4%88%EC%83%9D%ED%99%9C%EB%B3%B4%EC%9E%A5%EB%B2%95。

〔3〕 金炳彻：《韩国国民最低生活保障制度受助人选定的现状和问题》，载《社会科学》2009 年第 1 期。

=（实际收入－家庭专项支出－劳动收入抵扣项）
＋（各项财产的总额－基本扣除额－负债）
＊财产的收入换算率

其中：实际收入由最近一年的月平均工资收入为基准测算，包括劳动收入、商业收入、财产收入（含租赁及利息收入）、其他收入（含个人转移收入、抚养费及公共转移收入）和推定收入（包括申报收入）等。其他收入中的私人转移收入指从亲友或其他赠与人获得的连续3个月以上的现金及实物，但不包括抚养赡养人提供的相当于家庭最低生活费20%以下的部分；抚养费指抚养赡养义务人向被抚养赡养人定期提供的一定金额生活费；公共转移收入包括各种社会保险金、与社会福利相关的所有津贴、养老金、功勋人员的相关年金等，不含功勋人员的生活调整津贴及现役军人的生活补贴除外。推定收入适用于无明确收入来源或无法调查收入（如当事人拒绝、回避确认收入或难以确定收入）或由于居住及生活状况无法认定没有收入以及认定是否拥有车辆的人等。

家庭专项支出，主要是指有家庭的特殊性额外支出的费用，予以扣除，特定支出主要包括8类：一是敬老年金、残疾人津贴及残障儿童抚养津贴、儿童养育费及未成年家长援助金等；二是根据“疑难杂症患者医疗费援助事业”发放的医疗费中呼吸辅助器租赁费、氧气呼吸机租赁费及看护费；三是枯叶剂后遗症[1]患者津贴中相当于提供给重症残疾人的福利金；四是因慢性疾病等的治疗、疗养和康复而持续支出6个月以上的医疗费；五是先行垫付的初高中学费及学杂费；六是根据机动车伤残赔偿法获得的康复津贴；七是国民年金受益人别人负担的年金保险费的50%；八是劳动收入所得扣除项。

财产的收入换算率因财产种类的不同，其计算方法也不同。其中一般财产综合考虑各地财产水平、家庭规模等，最大限度使用基本扣除额的一般财产在2年内换算率为每月4.17%；金融资产因流动性强，其财产收入的换算率相当于一般财产的1.5倍，每月6.26%；机动车因不确定性，其月度换算率为100%，具体见表3－7。

表3－7 2019年适用财产的收入换算率标准表 单位:%/月

	住宅物业	一般财产	金融资产	机动车
收入换算率	1.04	4.17	6.26	100

资料来源：본국민기초생활보장 모의계산은，“2019 년도 국민기초생활보장사업안내”，를적용하였습니다，https：//www.bokjiro.go.kr/gowf/nolayer/imtcalc/WelImtCalcTrgt.do？guaSeCode＝01

---

〔1〕 枯叶剂是美军在越战时为破环越南游击队的藏身处而使用的一种剧毒性除草剂，它容易引发癌症、畸形儿和其他疾病。在越南战争中，美国诱使参战的韩国士兵喷洒枯叶剂，因此许多韩国军人战后出现了一系列残疾，被称为“枯叶剂后遗症”。

收入评价额和财产的收入换算率相加得到的收入认定额在不同类型家庭的最低生活费以下时方可被选定为受益对象。2004 年以前最低生活费每 5 年计算一次，2005 年起每 3 年计算一次。根据韩国卫生福利部发布的 2019 年最低生活成本〔1〕：1 人家庭为 170.7 万韩元，2 人家庭为 290.7 万韩元，3 人家庭为 376.1 万韩元，4 人家庭为 461.4 万韩元，5 人家庭为 546.7 万韩元，6 人家庭为 632.5 万韩元，7 人家庭为 717.4 万韩元，8 人家庭为 802.8 万韩元，9 人以上家庭每增加一人增加一定金额补贴。考虑到物价上涨因素，以 4 人家庭额为标准，扣除 2015 年制度变革的极端值，年均最低生活费增长约 5.5%。

表 3－8　不同类型家庭最低生活成本变动情况表　　单位：韩元

研究年份	1 人家庭	2 人家庭	3 人家庭	4 人家庭	5 人家庭	6 人家庭	7 人家庭	4 人家庭年度生活成本增长率
2000	324011	536614	738076	928398	1055588	1191134		
2001	333731	552712	760218	956250	1087256	1266868		3.0
2002	345412	572058	86827	989719	1125311	1269809		3.5
2003	355774	589219	810431	1019411	1159070	1307904		3.0
2004	368226	609842	838797	1055090	1199637	1353680		3.5
2005	401466	668504	907929	1136332	1302918	1477800		7.7
2006	418309	700849	939849	1170422	1353242	1542382		3.0
2007	435921	734412	972866	1205535	1405412	1609630		3.0
2011	532583	906830	1173121	1439413	1705704	1971995	2238287	19.4
2012	553354	942197	1218873	1495550	1772277	2048904	2325580	3.9
2015	1617281	1051048	1359688	1668329	1976970	2285610	2594251	11.6
2016	487449	1383302	1789510	2195717	2601925	3008133	3414340	31.6
2018	501632	1423549	1841575	2259601	2677627	3095654	3513680	2.9
2019	512102	1453264	1880660	2306768	2733520	3162720	3587024	2.1

资料来源：韩国国民最低生活保障制度情况（2011—2019 年）

〔1〕본국민기초생활보장 모의계산은, “2019 년도 국민기초생활보장사업안내”, 를적용하였습니다, https://www.bokjiro.go.kr/gowf/nolayer/imtcalc/WelImtCalcTrgt.do?guaSeCode=01.

表 3 –9 2018 年按工资水平选定法定受益人的标准

单位：韩元

	1 个家庭	2 个家庭	3 个家庭	4 个家庭	5 个家庭	6 个家庭	7 个家庭
计生福利选择标准（低于中等收入水平 30%）	501632	854129	1104945	1355761	1606576	1857392	2108208
医疗福利选择标准（低于中等收入水平 40%）	668842	1138839	1473260	1807681	2142102	2476523	2810944
住房福利选择标准（低于中等收入水平 43%）	719006	1224252	1583755	1943257	2302759	2662262	3021765
教育福利选择标准（低于中等收入水平 50% 或更少）	836053	1423549	1841575	2259601	2677627	3095654	3513680

注释：8 人以上家庭每增加 1 人，受益人选定标准为 7 人家庭标准 + （7 人家庭标准 –6 人家庭标准）测算所得

截至 2021 年 3 月，韩国国民最低生活保障制度认定的收入标准为低于中等收入的 75%（个人收入为 1317896 韩元，四人家庭收入为 3561881 韩元），财产标准分为大城市标准 1.88 亿韩元、中小城市 1.18 亿韩元、农村地区 1.01 亿韩元及以下，其中，金融财产标准为不高于 500 万韩元（但申请住房支持者该标准为不高于 700 万韩元）[1]。

（四）抚养赡养义务人标准

韩国现行制度中的抚养赡养义务人包括法定受益人的配偶、直系亲属以及直系亲属的配偶（如儿媳、女婿等）。根据《韩国国民最低生活保障法案》第 8 条第 2 款规定，抚养赡养义务人标准认定条件如下：一是无抚养赡养义务人；二是有抚养赡养义务人且被没有抚养赡养能力；三是抚养赡养义务人抚养赡养能力微弱，对合格的受益人的抚养费援助为前提，被认定为没有抚养赡养能力；四是抚养赡养义务人有抚养赡养能力，但无法履行抚养赡养义务或回避抚养赡养义务。满足以上 4 条中的任何一条都可认定为满足抚养赡养义务人标准（见表 3 –10）。另外，抚养赡养义务人家庭成员计算法与法定受益人家庭相同，在调查收入及财产情况时应排除与法定受益人无抚养赡养义务关系的人的财产收入。自 2003 年起适用财产收入换

〔1〕 韩国国家保健福利部. 基本生活保障：http：//www.mohw.go.kr/react/policy/index.jsp? PAR_ MENU_ ID =06&MENU_ ID =063501。

算法后，抚养赡养义务人的财产标准由不足法定受益人和抚养赡养义务人家庭财产标准之和的 120%，变更为财产的收入换算额不足法定受益人和抚养赡养义务人家庭最低生活成本之和的 42%。2019 年变为二者之和的 18%（见图 3－2）。

表 3－10　抚养赡养义务人标准适用图解

有无抚养赡养义务人	有无抚养赡养能力	是否履行抚养赡养义务	是否符合抚养赡养义务人标准
（1）无抚养赡养义务人			抚养赡养义务人标准 0
有抚养赡养义务人	（2）无抚养赡养能力		抚养赡养义务人标准 0
	（3）抚养赡养能力微弱		抚养赡养义务人标准⊿
	（4）有抚养赡养能力	无法履行或回避	抚养赡养义务人标准 0
有抚养赡养能力	履行义务	抚养赡养义务人标准 X	

注释：抚养赡养义务人标准⊿以抚养费援助为前提计算。

资料来源：2018 年韩国国民最低生活保障情况，http：//www. index. go. kr/potal/main/EachDtlPageDetail. do？ idx_ cd＝2760

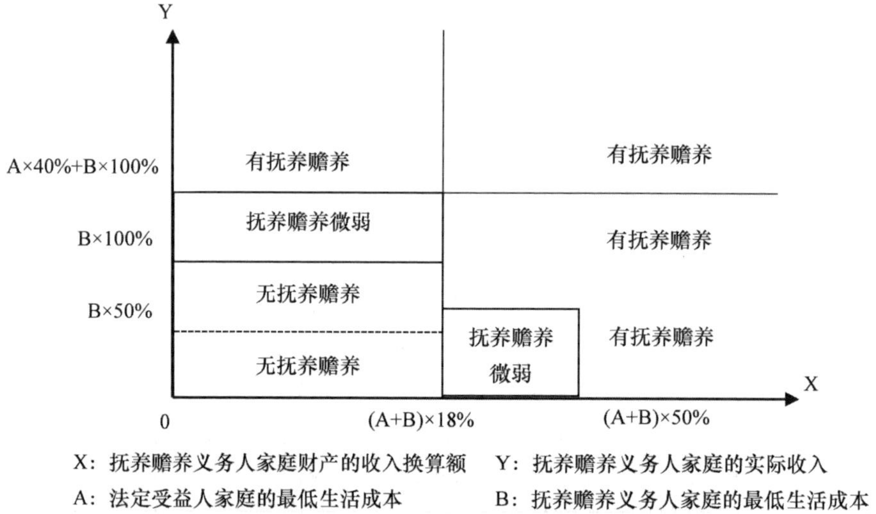

图 3－2　有无抚养赡养能力判定图

注释：如果受益人是弱势群体（如残疾人或单亲父母），则 A×40%＋B×100% 和（A＋B）×74% 超过单独收入标准时，则抚养赡养标准是根据家庭成员的数量组合较高值来确定。

资料来源：2019 年韩国国民最低生活保障制度情况，https：//www. bokjiro. go. kr/gowf/nolayer/imtcalc/WelImtCalcTrgt. do？ guaSeCode＝01

对于抚养赡养能力微弱的抚养赡养义务人，以能否定期向法定受益人提供抚养赡养费为基准，判断其是否具备抚养赡养能力。抚养赡养费计入法定受益人家庭的其他收入，反映受益人选定及给付额的确定中。抚养赡养费等于抚养赡养义务人家庭实际收入减去抚养赡养义务人家庭最低生活成本 100% 后金额的 40%、30% 和 15%。

（五）国民最低生活保障受益人群占比测算

韩国国民最低生活保障制度受益人包括一般受益人和制度受益人。2018 年，韩国国民最低生活保障制度受益总人数为 174.4 万人，其中一般受益人为 165.4 万人，制度受益人为 9 万人。2010—2019 年间，韩国最低生活保障受益人规模及占总人口比重均呈波动上升趋势，其中 2014 年受益人数降到谷底，共有 132.9 万人，之后受益人数逐年增加，到 2019 年达到 188.1 万人，占韩国总人口的 3.6%（见图 3－3）。

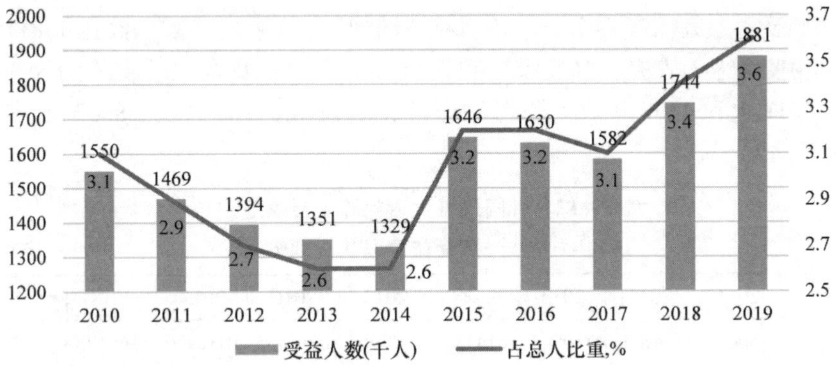

图 3－3　韩国最低生活保障受益人及占总人口比重（2010—2019 年）

资料来源：2019 年韩国国民最低生活保障情况，http：//www. index. go. kr/potal/main/EachDtlPageDetail. do？idx_ cd＝2760

按照受益人家庭规模划分看，2018 年国民最低生活保障制度受益总户数为 116.5 万户，其中 1 人家庭受益户占比最高，约占总补贴户数的 66.2%。

表 3－11　韩国国民最低生活保障制度收益家庭户数
——按家庭规模划分

单位：户

年份	总户数	1 个家庭	2 个家庭	3 个家庭	4 个家庭	5 个家庭	6 个家庭
2008	854205	525078	160918	100546	47698	14555	5410
2009	882925	547931	164856	101774	48047	14798	5519

续表

年份	总户数	1 个家庭	2 个家庭	3 个家庭	4 个家庭	5 个家庭	6 个家庭
2010	878799	549341	163983	99248	46424	14373	5430
2011	850689	544206	156799	90321	41472	12804	5087
2012	821859	540924	147736	80900	36494	11272	4533
2013	810544	543295	143392	75510	33549	10406	4392
2014	814184	557275	141821	70630	30632	9634	4192
2015	1014177	611050	182426	115847	68969	26997	8888
2016	1035435	630037	186329	116251	67080	26613	9125
2017	1032996	655191	182673	107217	57240	22620	8055
2018	1165175	771235	205863	105577	53982	20803	7715

资料来源：http：//www. mohw. go. kr/react/jb/sjb030301vw. jsp

按照受益家庭状况划分，2019 年韩国最低生活保障家庭户数达 1281759 户数，其中受益老人家庭、普通家庭和残疾人家庭户数排前三位，分别为 391096 户、359017 户和 219889 户，分别占受益家庭总数的 30.5%、28.0% 和 17.2%（见表 3－13）。

表 3－12　韩国最低生活保障受益家庭户数

——按受益家庭状况划分　　单位：户数

年份	2011	2012	2013	2014	2015	2016	2017	2018	2019
合计	850689	821879	810544	814184	1027963	1035435	1032996	1165175	1281759
老人家庭	237213	236617	235601	236548	262124	261680	263475	337788	391096
青年家庭	9798	8105	6945	5882	5188	4324	3544	2972	2467
母子单亲家庭	83525	78333	76270	74925	123497	132277	130506	135862	143810
富裕家庭	20479	18820	18366	18362	37753	37753	36675	38095	40368
残疾人家庭	173751	174112	175867	178397	193585	193585	197081	211010	219889
普通家庭	277081	259866	251372	251333	328282	328282	322918	340597	359017
其他	48842	46026	46123	48737	77534	77534	78797	98851	125112

资料来源：2019 年韩国国民最低生活保障情况 http：//www. index. go. kr/potal/main/EachDtlPage-Detail. do？idx_ cd＝2760

（六）国民最低生活保障制度补贴

韩国社会救助的财政支出分别由国家预算和地方预算负责，但负担比例因各地具体情况而异。一般而言，对于最低生活费的给付，中央财政负担约占80%，广域市及都市负担10%以上，市、郡、区负担10%以下。

表3－13　韩国国民最低生活保障制度补贴支出
——按受益人类型划分　　单位：10亿韩元

年份	总受益人数			一般受益人			制度受益人		
	合计	中央政府支出	地方政府支出	合计	中央政府支出	地方政府支出	合计	中央政府支出	地方政府支出
2008	3676.1	2882.1	794.0	3536.4	2773.0	763.3	139.7	109.1	30.7
2009	3923.0	3082.5	840.6	3790.7	2979.1	811.6	132.4	103.4	29.0
2010	3997.8	3160.6	837.2	3853.9	3048.3	805.6	143.9	112.3	31.6
2011	4017.3	3200.3	817.0	3856.1	3073.7	782.4	161.2	126.6	34.6
2012	3930.3	3151.9	778.4	3868.9	3017.7	742.8	169.7	134.2	35.6
2013	4088.2	3275.8	812.4	3876.7	3126.1	772.7	189.4	149.8	39.7
2014	4071.5	3276.9	794.7	3853.2	3104.0	749.2	218.3	172.9	45.4
2015	3409.5	2770.6	638.9	3179.6	2586.5	593.1	229.9	184.1	45.8
2016	4156.5	3410.7	745.8	3913.6	3214.3	699.3	242.9	196.5	46.4
2017	4437.7	3644.3	793.4	4198.8	3450.8	748.0	242.3	193.5	45.4
2018	4488.8	3664.7	824.1	4055.5	3462.4	593.1	202.3	202.3	48.9

资料来源：보건복지부 기초생활보장과，http：//www.mohw.go.kr/react/jb/sjb030301vw.jsp

六、日本最低生活保障制度情况

（一）制度情况

日本最低生活保障制度又称公共扶助制度，主要是指国家或公共团体对无法维护生活或陷入生活贫困状态者，按照其贫困程度，提供为维护最低限度生活所需要的必要给付制度。[1] 日本最低生活保障制度的救助范围主要包括：生活救助、医疗、教育、住宅、分娩、谋生、安葬等七项，社会救助满足餐饮费、服装费、家居用品及日常生活的基本需要，救助标准由厚生大臣按地区、年龄、性别、

〔1〕 韩君玲：《日本最低生活保障法研究》，商务印书馆2007年版。

家庭成员收入等因素确定，同时还考虑救助者的资产、本人独立生活的能力以及抚养义务等因素。[1] 日本依据《生活保护法》建立了覆盖全体国民的“最低生活费”保障体系，规定凡是家庭历史所得扣除国家规定的各项最低支出标准收不抵支者，根据生活保障者的年龄、性别、家庭成员的构成及所在地区等相关因素，核定被资助者的最低生活标准。[2] 2019 年 11 月日本最低生活保障全国受保护家庭户数为 1636952 户，受保护人员数为 2071747 人。按照救助类型划分的救助人员数，2019 年 11 月生活救助 1839945 人，住房救助 1773930 人，教育救助 106949 人，护理救助 396401 人，医疗救助 1744233 人，其他救助 45501 人。[3] 按照救助家庭类型划分的救助家庭户，2019 年 11 月老年家庭 897003 户，母子家庭 81083 户，伤残者家庭 203684 户，病患家庭 204634 户和其他家庭 242407 户。2020 年最低生活保障费预算支 28699.4 亿日元，比上年同期增长了 3.3%[4]

（二）运行机制

日本的《生活保障法》规定，最低生活保障法基于本国宪法第 25 条，对所有贫困的国民，根据其贫困的程度实施必要的保护，保障其最低限度的生活并促进其自立。日本最低生活保障制度对所有日本国民开放，遵循申请保护原则、保护基准原则、保护的应激性原则、家庭为单位原则。为获取受益家庭情况，日本通过家计调查、制度受益人调查以及医疗救助者三类调查获取受益人信息，即每月对受益人家庭情况进行统计调查，内容涵盖户数、互助年龄、住房状况、领取福利情况，以及家庭成员状况，包括年龄、性别、就业状况、疾病、退休金等。各地区每年 7 月也将有关统计数据按县市逐一披露。[5] 具体申请程序及补助类型如图 3－4 所示。

---

〔1〕 张静：《借鉴国外社会救助制度 构建我国农村最低生活保障法律制度》，载《特区经济》2008 年第 9 期。

〔2〕 日本生活保护法（Public Assistance Act）：http：//www.japaneselawtranslation.go.jp/law/detail/?id＝24&vm＝04&re＝01。

〔3〕 日本厚生省官网统计数据：https：//www.e－stat.go.jp/stat－search/files?page＝1&layout＝datalist&toukei＝00450312&tstat＝000001125455&cycle＝8&tclass1＝000001125456&stat_infid＝000031797209&result_page＝1。

〔4〕 令和 2 年度厚生劳働省予算案，https：//www.mhlw.go.jp/wp/yosan/yosan/20syokanyosan/dl/01－03.pdf。

〔5〕 日本最低生活保障制度收益家庭调查，https：//www.mhlw.go.jp/toukei/list/74－16b.html#link01。

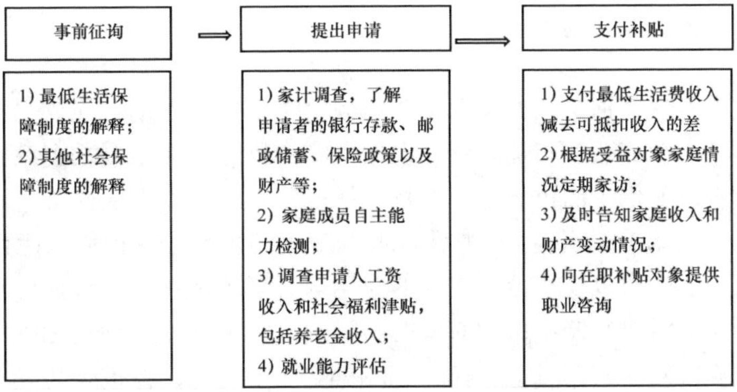

图 3－4　日本最低生活保障制度的津贴申请程序

资料来源：Public Assistance System，https：//www. mhlw. go. jp/english/topics/social_ welfare/dl/outline_ of_ the_ public assistance_ system_ 20101004. pdf

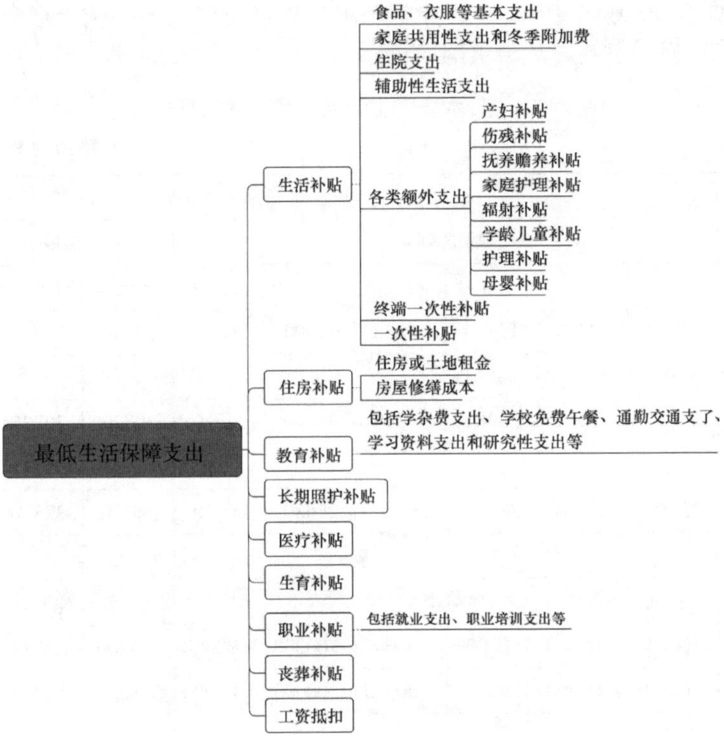

图 3－5　日本最低生活保障支出结构图

资料来源：Public Assistance System，https：//www. mhlw. go. jp/english/topics/social_ welfare/dl/outline_ of_ the_ public assistance_ system_ 20101004. pdf

（三）制度补贴标准

日本政府对生活保护法的救助资金总额给予了强制性的优先支付权，政府机关对救济财政的预算总额不加限制，根据实际需要进行无限制的财政支出，这样有利于在救济总额偏少的情况下，进行宽泛范围内的最大限度救济。日本《生活保护法》第4条第1款明确，“为维持最低限度的生活，保护应以生活贫困者可以利用的资产、能力以及其他所有物的应用等要素确定”。[1] 根据生活保护基准测定的最低生活需要与制度保护对象的实际生活水平之差来确定标准。日本政府分地区分档次规定了最低生活基准。自1987年4月起，把最低生活分为3级6档：大城市标准最高，为一级地区，再分成一、二两个档次；其次是县首府，为二级地区，分成两个档次；标准最低的是市町村，为三级地区，分两个档次。厚生大臣每年公布最低生活基准，基准额依据家庭构成、成员年龄结构以及所处地区等测算确定，涵盖吃穿住行等基本生活需求以及水电等家庭基本消费，执行年度动态调整。具体测算方法如下图所示。

图3-14　日本最低生活保障基准额测算过程

单位：日元/月

年龄	生活保障基准（第一类）								
	基准额1						基准额2		
	1级1类	1级2类	2级1类	2级2类	3级1类	3级2类	1级1类	1级2类	…
0—2岁	21820	20830	19850	18860	17890	16910	27040	25880	…
…	…	…	…	…	…	…	…	…	…
12—17岁	43910	41940	39960	37990	36010	34030	39720	38030	…
…	…	…	…	…	…	…	…	…	…
75岁以上	33750	32470	30710	29530	27680	26620	34310	32840	…
	⬇						⬇		
人员数量	递减率1						递减率2		
1人	1.00000	1.00000	1.00000	1.00000	1.00000	1.00000	1.0000	1.0000	…
2人	1.00000	1.00000	1.00000	1.00000	1.00000	1.00000	0.8850	0.8850	…

[1] 生活保護制度，https://www.mhlw.go.jp/stf/seisakunitsuite/bunya/hukushi_kaigo/seikatsu-hogo/seikatuhogo/index.html.

续表

<table>
<tr><td>…</td><td>…</td><td>…</td><td>…</td><td>…</td><td>…</td><td>…</td><td>…</td><td>…</td><td>…</td></tr>
<tr><td>5 人</td><td>0. 90000</td><td>0. 90000</td><td>0. 90000</td><td>0. 90000</td><td>0. 90000</td><td>0. 90000</td><td>0. 7140</td><td>0. 7140</td><td>…</td></tr>
<tr><td colspan="10">生活保障基准（第二类）</td></tr>
<tr><td rowspan="2">人员数量</td><td colspan="6">基准额 1</td><td colspan="3">基准额 2</td></tr>
<tr><td>1 级 1 类</td><td>1 级 2 类</td><td>2 级 1 类</td><td>2 级 2 类</td><td>3 级 1 类</td><td>3 级 2 类</td><td>1 级 1 类</td><td>1 级 2 类</td><td>…</td></tr>
<tr><td>1 人</td><td>45320</td><td>43280</td><td>41240</td><td>39210</td><td>37160</td><td>35130</td><td>41380</td><td>39600</td><td>…</td></tr>
<tr><td>…</td><td>…</td><td>…</td><td>…</td><td>…</td><td>…</td><td>…</td><td>…</td><td>…</td><td>…</td></tr>
<tr><td colspan="7">生活保障基准 1（第一类 + 第二类）</td><td colspan="3">生活保障基准 2
（第一类 + 第二类）</td></tr>
<tr><td colspan="7">⬇</td><td colspan="3">⬇</td></tr>
<tr><td colspan="10">MAX［生活保障基准 1（第一类 + 第二类）×0. 855，生活保障基准 2（第一类 + 第二类）］ + 其他过渡性补贴（A）</td></tr>
</table>

注释：1. 递减率是指以人均生活保障额为基准，其他规模家庭人均生活保障额依率递减。

2. 其他过渡性补贴（A）含家庭成员住院补贴等，具体补贴类型和金额略

新《生活保护法》是日本最低生活保障制度完善的标志。该法以法律的形式明确规定了生存权保障原则、国家责任原则、无差别平等原则、最低生活保障标准原则及补足性原则，这些原则规定为行政机关的收入认定工作指明了方向。同时，该法对收入认定的程序规定比较完善，体现了一定程度的程序正义。《生活保护法》第 28 条、第 29 条对行政机关进行入室调查以及向相关单位等调查，日本为了使申请保护者及相关单位等履行其法定义务，《生活保护法》第 85 条和第 86 条对通过不正当手段获得保护的相关个人和单位作出了最高予以刑事处罚的规定，保障了行政机关调查工作的真实性和有效性。在确定保障对象方面应坚持普遍性。日本在“全民皆保险”的政策下，目前多数人都有一定的生活保障。但社会也如同大网捞鱼，总有些小鱼要从网中漏掉一样，总会有人没有受到最低生活的保障。所以，日本宪法规定，所有的日本国民都有过健康、文明的最低限度的生活的权利，生活保障制度就是为实现这一目标设定的。因此可以说，日本生活保障制度的对象是面对所有国民的。[1]

七、启示和建议

本章分析研究了部分欧盟成员国、美国、加拿大、日本和韩国等国家最低生活保障制度的经验做法。总体来看，最低生活保障制度名称很多，如基本收入

〔1〕 吕学静：《日本的生活保障制度及其对中国的启示》，载《民政论坛》2000 年第 8 期。

（Basic Income）、负所得税、附加最低收入保障等等，每一个名称所对应的政策覆盖的侧重点有所不同。从收入角度看，最低收入保障制度是一项有效的减贫政策，在特定时期有效地缓解了相关国家突出的贫困问题。此外，最低收入保障是一项补充性制度，常与老年养老金、其他家计类调查等社会政策一并运行。从上述国家最低生活保障制度实践经验可以发现：

（一）构建细化、分类合理的最低生活保障救助体系

多数国家的最低生活保障对不同家庭成员数量、个体救助人的基本情况进行了分类，并按照不同家庭成员数量和成员年龄结构分配不同额度的补贴金额，且会对老年人、儿童、残障人士以及病患家庭给予不同程度的额外补贴，对单身且抚养孩子的家庭的补贴水平是最高的。如韩国、日本等国家还增设了教育补贴、住房补贴。补贴的标准依据受益人的教育等级、受益人居住地的级别等进行了详细的划分。相对而言，我国对不同受益人群的划分相对较笼统。应完善分类救助办法，对最低生活保障制度受益家庭进行细致的划分，按照实际情况以及不同人群的不同需求构建分类救助的最低生活保障制度，各项救助制定与均等家庭收入水平挂钩的标准，明确边界，从而满足不同受益人群的需求保障中的基本生活需求和特殊需求。

（二）坚持低标准，使最低生活保障制度回归本位

最低生活保障制度的设立旨在让处于绝对贫困和相对贫困的老年人、残障人士、儿童等过上体面的生活。那么，最低生活保障制度就要坚持低标准原则，将最低生活保障待遇与最低工资水平相衔接，避免“养懒汉”。同时，最低生活保障标准要与经济发展水平，地方财力相挂钩，是相对的“低标准”而非缺乏动态调整的“绝对标准”，实现最低生活保障政策的托底功能。此外，要充分发挥个人、企业以及社会的自救能力。如韩国就通过设立自主计划，通过职业培训、工作安置以及创立企业等方式，增强受益人或家庭的自救能力，鼓励社会力量参与，使政府职能真正回归“兜底”本位。

（三）加强最低生活保障制度的法律制度建设

美国、英国、法国等欧洲国家，以及日本、韩国等东亚国家的最低生活保障制度的建立与发展过程，也是最低生活保障制度不断立法与完善的过程。上述国家充分发挥了“立法先行”的原则，通过立法，规范最低生活保障制度的实施，如英国的《济贫法》、美国的《社会保障法》、瑞典的《济贫法》《社会福利与社会救济法》等，日本的《生活保护法》、韩国的《国民最低生活保障法（修订

案)》等。我国最低生活保障制度自建立至今已经形成了相对独立的发展体系，一定程度上为低保制度的统筹发展奠定了基础，但仍需进一步完善。

（四）完善最低生活保障制度受益人群认定办法和收入测算工具

合理界定最低生活保障制度受益对象，能够更好实现保障的公平性，也能更好地缓解贫困问题。最低生活保障对象的界定一方面要保障救助的全民性，另一方面要保障救助对象的科学性。在保障对象的确定中，应结合不同地区的不同情况进行分门别类的划分。如韩国按照儿童年龄及就学情况不同，合理保护了儿童权益。同时，应细化家庭收入标准，对不同收入标准的困难人口采取不同救助方式，不能只划定一条救助标准。充分利用大数据信息化手段，运用科学的测算工具，测算受益人群预算补贴支出占财政收入的比重，如美国和加拿大等国家制定了专门的测算工具，测算年度覆盖人群变动。

（五）完善专项救助渐退政策

专项救助渐退是指低保对象通过努力就业后，其家庭所需要的相关专项救助待遇并非马上随之取消，而是会保留一段时间。韩国基础生活保障的成员工作后收入超过绝对贫困线后，仍可以获得其所需的其他救助给付，直到其收入超过相对贫困线后才完全退出救助，这种方式增强了受助者的工作诱因，有助于其阶段性自立。采取这种方式有助于激励有劳动能力的低保对象积极参与劳动就业，提高社会救助的可持续性。

参考文献

中文文献

韩君玲：《日本最低生活保障法研究》，商务印书馆 2007 年版，第 2 页。

金炳彻：《韩国国民最低生活保障制度受助人选定的现状和问题》，载《社会科学》2009 年第 1 期。

金成垣：《福利国家形成的韩国式经验》，载《社会保障研究》2007 年第 1 期。

吕学静、康蕊：《社会救助中的政府责任探究——基于亚洲五地区的比较分析》，载《领导科学》2014 年第 9 期。

吕学静：《日本的生活保障制度及其对中国的启示》，载《民政论坛》2000 年第 8 期。

彭宅文：《最低生活保障制度与救助对象的劳动激励："中国式福利依赖"及其调整》，载《社会保障研究》2008 年第 3 期。

张浩淼：《韩国社会救助的最新改革及启示》，载《中国社会报》2016 年 3 月。

张静：《借鉴国外社会救助制度 构建我国农村最低生活保障法律制度》，载《特区经济》2008 年第 9 期。

外文文献

Address Poverty and Inequality?: https://link _ springer. xilesou. top/chapter/10. 1057/9781137045300_11.

Access to Social Benefits: Reducing Non - take - up: https://www. eurofound. europa. eu/sites/default/files/ef_publication/field_ef_document/ef1536en. pdf.

Bahle, Thomas, Hubl, Vanessa, The last safety net: A handbook of minimum income protection in Europe: https://xs. glgoo. top/books? hl = zh - CN&lr = &id = 38ZlmO6qu9EC&oi = fnd&pg = PR1&ots = LdrLjPkjJD&sig = FFG0rZodnTPttmVrB3N2hjr OFFo#v = onepage&q&f = false.

Basic Livelihood Security Program: Benefit Recipients & Payment: https://www. mohw. go. kr/eng/hs/hs0108. jsp? PAR_MENU_ID = 1006&MENU_ID = 100608.

Canada to trial guaranteed minimum income: https://globalriskinsights. com/2016/05/canada - to - trial - guaranteed - minimum - income.

Derek Hum and Wayne Simpson, A Guaranteed Annual Income? From Mincome to The.

European Quality of Life Survey 2016: https://www. eurofound. europa. eu/surveys/european - quality - of - life - surveys/european - quality - of - life - survey - 2016.

Hugh Frazer and Eric Marlier, Minimum Income Schemes in Europe—A Study of National Policies 2015: http: ec. europa. eusocialmain. jsp? catId = 1135&langId = en.

Karl Widerquist, The Basic Income Guarantee Experiments of the 1970s: a quick summary of results: https://basicincome. org/news/2017/12/basic - income - guarantee - experiments - 1970s - quick - summary - results/.

Louis Jacobson, The latest on US health insurance coverage, income and poverty: https://www. politifact. com/truth - o - meter/article/2019/sep/11/latest - health - coverage - income - and - poverty - us/.

Mary C. Daly and Richard V. Burkhauser, The Supplemental Security Income Program: https://www. nber. org/chapters/c10255. pdf.

Margaret Rouse, Guaranteed Income: https://whatis. techtarget. com/definition/guaranteed - income.

Mary Daly, Richard V. Burkhauser, The Supplemental Security Income Program: http://www. nber. org/chapters/c10255.

Millennium: http://policyoptions. irpp. org/wp - content/uploads/sites/2/assets/po/2001 - our - space - odyssey/hum. pdf.

Michelle Harnich, Non - Take - Up of Means - Tested Social Benefits in Germany: https://www. diw. de/documents/publikationen/73/diw_01. c. 616586. de/dp1793. pdf.

Minimum Income Schemes in Europe—A Study of National Policies 2015: https://www. age - platform. eu/publications/minimum - income - schemes - europe - study - national - policies.

New Poverty Data Makes it Clear—There is Much Work to do：https：//results. org/blog/new - poverty - data - makes - it - clear - there - is - much - work - to - do/？ gclid = EAIaIQobChMIypWikPWM5QIVN Bh9Ch0FmgmIEAAYAiAAEgJVQvD_BwE.

U. S. Poverty Statistics - Federal Safety Net：http：//federalsafetynet. com/us - poverty. html.

James P. Mulvale，Yannick Vanderborght，Canada：A Guaranteed Income Framework to Address Poverty and Inequality?：https：//link _ springer. xilesou. top/chapter/10. 1057/9781137045300_11.

Ontario Guaranteed Annual Income System benefit rates：https：//www. ontario. ca/data/guaranteed - annual - income - system - benefit - rates.

Jean - Yves Duclos，How would a guaranteed annual income work in Canada?：https：//globalnews. ca/news/2529009/how - would - a - guaranteed - annual - income - work - in - canada/.

Jo，Joon Yong，The National Basic Livelihood Security System in Korea：Effects on Poverty and Social Development：https：//search. proquest. com/openview/dbf1f1ea2fa122 e-78b45eaddca2ddb3d/1？ pq - origsite = gscholar&cbl = 18750&diss = y.

Ontario Guaranteed Annual Income System payments for seniors：https：//www. ontario. ca/page/guaranteed - annual - income - system - payments - seniors.

Public Assistance System，https：//www. mhlw. go. jp/english/topics/social _ welfare/dl/outline_of_the_public assistance_system_20101004. pdf.

Robert B. Albritton，Measuring Public Policy：Impacts of the Supplemental Security Income Program，*American Journal of Political Science* Vol. 23，No. 3（Aug.，1979），pp. 559 - 578（20 pages）：https：//www. jstor. org/stable/2111029.

SSI Annual Statistical Report 2018 - Background：https：//www. ssa. gov/policy/docs/statcomps/ssi_asr/2018/background. pdf.

The Things to Know about Canada's Guaranteed Annual Income Debate：https：//www150. statcan. gc. ca/n1/pub/75f0002m/2012002/lim - mfr - eng. htm.

韩国卫生福利部官网（The Ministry of Health and Welfare，MOHW）：http：//www. index. go. kr/potal/main/EachDtlPageDetail. do？ idx_cd = 2760/。

韩国国民最低生活保障法案（국민기초생활 보장법）：http：//www. law. go. kr/% EB% B2% 95% EB% A0% B9/% EA% B5% AD% EB% AF% BC% EA% B8% B0% EC% B4% 88% EC% 83% 9D% ED% 99% 9C% EB% B3% B4% EC% 9E% A5% EB% B2% 95。

2018 년 국민기초생활보장 수급자 현황，http：//www. index. go. kr/potal/main/EachDtlPageDetail. do？ idx_cd = 2760。

본국민기초생활보장 모의계산은，"2019 년도 국민기초생활보장사업안내"，를적용하였습니다，https://www. bokjiro. go, https://www. bokjiro. go. kr/gowf/nolayer/imtcalc/WelImtCalcTrgt. do? guaSeCode = 01.

2018 年韩国国民最低生活保障情况,http://www. index. go. kr/potal/main/EachDtlPage-Detail. do? idx_cd = 2760。

2019 年韩国国民最低生活保障制度情况,https://www. bokjiro. go. kr/gowf/nolayer/imtcalc/WelImtCalcTrgt. do? guaSeCode = 01。

韩国卫生福利部(MOHW,Division of Basic Livelihood Security),http://www. index. go. kr/potal/main/EachDtlPageDetail. do? idx_cd = 2760。

日本生活保护法(Public Assistance Act):http://www. japaneselawtranslation. go. jp/law/detail/? id = 24&vm = 04&re = 01。

日本厚生省官网统计数据:https://www. e – stat. go. jp/stat – search/files? page = 1&layout = datalist&toukei = 00450312&tstat = 000001125455&cycle = 8&tclass1 = 000001125456&stat_infid = 000031797209&result_page = 1。

日本生活保护制度:https://www. mhlw. go. jp/stf/seisakunitsuite/bunya/hukushi_kaigo/seikatsuhogo/seikatuhogo/index. html。

第四章　工作贫困的应对

就业不仅有利于国家的经济增长和社会稳定，也使得个人和家庭的收入增加，有助于摆脱贫困。然而，在世界各地都存在着许多处于贫困的就业人群，这个工作贫困的现象引发了人们的关注，他们的就业收入不足以使他们自己及其家庭摆脱贫困并维持基本的生活水平。工作贫困这一概念是在贫困的议题下提出的，而非一般意义上的“穷忙”。也就是说，工作贫困人群须符合一定的贫困标准。鉴于工作贫困问题具有一定的复杂性，在各国可能存在不同的成因和表现，应对办法也存在多种角度，通常很难与其他社会政策明确分开，因此，本章以社会救助为主要视角，重点研究发达国家如何通过其社会救助制度来应对其工作贫困的问题。

一、工作贫困的现状、成因及应对办法

（一）工作贫困问题现状

工作贫困（Working Poverty/In – Work Poverty）通常是指在劳动力市场有偿就业同时处于贫困的状态，处于这一状态的群体被称为工作贫困人群（the Working Poor）。

从全球视角来看，为了便于分析与比较，国际上通常采用绝对贫困线作为衡量工作贫困的标准。根据国际劳工组织的定义，家庭每日人均收入低于 1.90 美元（以购买力平价计算）的属于极端贫困，高于 1.90 美元但低于 3.10 美元的属于中等贫困。2018 年，世界上有 13% 的就业人口处于中等贫困状态，8% 处于极端贫困状态[1]。

对于大部分发达国家来说，尽管绝对贫困几近消失，但仍旧存在工作贫困的现象。比如，在美国，工作贫困人群被定义为一年内工作时长超过 27 周但收入低于官方贫困线的人群，工作贫困率（Working – poor Rate）则指就业人口中收入

---

〔1〕 ILOSTAT, *The Working Poor – Or How A Job Is No Guarantee Of Decent Living Conditions*, 2019 (https://www.ilo.org/global/statistics – and – databases/publications/WCMS_ 696387/lang – – en/index.htm).

低于官方贫困线的人群的比例。这里的就业人口是指在劳动力市场超过27周的人群，包括在职和求职两种状态，而官方贫困线则是指由美国人口普查局根据基本需求支出设定的贫困门槛，且因家庭成员构成而异（约为家庭收入中位数的20%—83%不等[1]）。2007年，美国的工作贫困率为5.1%，金融危机后有所上升，最高为2010年的7.2%，然后逐渐下降，2017年为4.5%[2]。

欧盟选择使用工作贫困风险率（In Work at - risk - of - poverty Rate）作为测量工作贫困的指标，指的是在18岁及其以上的就业人口中，其家庭可支配收入低于贫困风险线的人群的比例。这里的就业人口包括一年中处于在职状态的时间超过半年的人群，贫困风险线则为全国家庭可支配收入中位数的60%。在这样的定义下，欧洲国家2007年的工作贫困风险率为7.9%，2017年为9.4%。大部分国家的工作贫困率在经过金融危机的波动上升后有一定回落，但仍高于金融危机前的水平。其中，2017年工作贫困风险率最高的国家是罗马尼亚（17.4%），最低的是芬兰（2.7%）[3]。

通过美国和欧洲的官方统计数据，我们可以看到，不同国家或地区对于工作贫困这一概念有着不尽相同的理解，主要体现在两方面：第一是就业人口，美国在这一指标中计入正在求职的人群，而欧洲则没有；第二是贫困标准，美国为绝对贫困线，欧洲则是更高标准的相对贫困指标。可见，何为就业、何为贫困，不同国家的标准有所不同，“工作贫困”这一概念在各国没有一个统一的具体标准。

（二）工作贫困成因分析

从上述欧洲的数据可以明显看出，就业率的上升并不必然导致贫困率的下降。也就是说，就业并不是摆脱贫困的充分条件，存在着一些阻碍因素。

1. 个人收入低

充足的收入是摆脱贫困的基础，多数人的可支配收入主要来自有偿就业。而对于许多工作贫困人群来说，虽然他们处于就业状态，但是收入过低。其原因可能有以下几点：

---

〔1〕由笔者自行计算。2017年美国家庭收入中位数为61372美元，一人家庭的贫困线约为12488美元（约为中位数的20%），二人家庭约为15877美元（约为中位数的26%）、三人家庭约为19515美元（约为中位数的32%）、九人以上家庭约为50681美元（约为中位数的83%）。以上数据均来自U.S. Census Bureau, *Income and Poverty in the United States*: 2017（https://www.census.gov/content/dam/Census/library/publications/2018/demo/p60-263.pdf）。

〔2〕U.S. Bureau of Labor Statistics, *A profile of the working poor*, 2017（https://www.bls.gov/opub/reports/working-poor/2017/home.htm）.

〔3〕Eurostat, In work at - risk - of - poverty rate（https://ec.europa.eu/eurostat/databrowser/view/sdg_01_41/）.

第一，从事低技术、低门槛、竞争激烈的低端工作，其工资收入水平低。尽管多数国家都设置了法定最低工资，但其最低工资制度不足以使低收入部门的从业人员摆脱贫困，比如2017年美国有2.2%的全职工作的人处于贫困状态[1]。从制度上说，这可能是由于最低工资设置的标准较低或者政府监督执行能力较弱等原因。而从社会层面来看，可能是由于全球化、技术进步、需求不足等原因，市场竞争加剧，促使企业压低劳动力成本，同时工会的力量相对较弱。

第二，从事不稳定的工作，包括临时就业、兼职以及自雇等非正规就业。尤其是对于女性、青年人以及受教育程度低的人群，在劳动力市场中更容易遭遇被迫选择非正规就业的境地，这种非自愿的非正规就业具有较高的脆弱性，其收入可能随时处于波动甚至停滞状态。因此，非正规就业群体往往面临更高的工作贫困率。比如在欧洲，与长期全职的正规就业人员相比，兼职就业人员的工作贫困风险平均高出两倍多，临时就业人员则要高出三倍[2]。

2. 家庭负担重

可负担的家庭支出是摆脱贫困的保证。由于工作贫困通常基于家庭层面进行评估，因此，虽然部分工作贫困人群的个人收入足以达到贫困线上，但是仅依靠其就业收入也可能出现难以负担其家庭正常开支的情况。其原因可能有以下几点：

第一，家庭的必要支出大，其数额高于收入水平。这个现象可能由多个因素引起，例如需要抚养的成员较多，或者家庭中有儿童、老年人、残障人士或病人等，其饮食、教育、医疗等方面开销较大。

第二，家庭劳动参与度不足。家庭中存在非就业人员，包括无劳动能力或因生病等原因而暂时无法工作的成员，或者家庭中适龄劳动力需要花费大量时间履行家庭照护的职责，难以从事全职工作。工作贫困风险随着工作密度[3]的增加而降低，比如2016年欧盟国家中，低工作密度家庭的贫困风险率为43.3%，而高工作密度的家庭则为5.9%[4]。

3. 社会保障不全面不充分

通常来说，社会救助主要面向残疾人、老年人等无劳动能力的贫困人群，社

---

[1] U. S. Census Bureau, *Income and Poverty in the United States*: 2017 (https://www.census.gov/content/dam/Census/library/publications/2018/demo/p60-263.pdf).

[2] International Labour Office, *World Employment and Social Outlook*: *Trends* 2019 (https://www.ilo.org/global/research/global-reports/weso/2019/lang--en/index.htm).

[3] 工作密度（work intensity）是指家庭中所有处于劳动年龄的成员一年中实际工作月份数与应工作月份数的比例，该比例低于20%被称为低工作密度家庭。

[4] Eurostat, Living conditions in Europe - labour conditions (https://ec.europa.eu/eurostat/statistics-explained/index.php?title=Living_conditions_in_Europe_-_labour_conditions).

会保险则主要面向拥有正式工作的全职就业人群，而当一个国家对于低收入就业群体缺乏足够的保障措施时，那些低收入、非正规就业人群就容易被排除在社会保障制度之外，社会上则会出现一定程度的工作贫困现象。

（三）应对工作贫困问题的通行做法

尽管工作贫困的现象在各国都存在，甚至在部分国家愈演愈烈，但多数国家都没有将其视作重点问题进行关注，没有为此颁布专项政策或进行专项改革，而是仍将解决失业、增加就业以及消除无劳动能力人群的贫困作为政策制定时的优先考虑项。同时，工作贫困现象具有复杂性，由多因素引起，因此，多数国家的政府一般将解决工作贫困作为实行各项劳动政策和社会福利政策所附带的好处，即使是制定专门解决工作贫困的政策，也通常难以与其他社会政策明确分开。这些政策包括财政税收政策（税收抵免、提高所得税纳税门槛等）、劳动力市场政策（最低工资、劳动者权益保护等）、就业保障政策（失业救济金、就业援助等）、社会救助政策（最低生活保障、家庭津贴等），等等。

根据欧洲改善生活和工作条件基金会（Eurofound）的研究报告〔1〕，能够削减工作贫困的主要办法包括：第一，设置最低工资标准。最低工资虽然会增加部分低收入人群的收入，但当最低工资标准提高到一定水平时，不仅减贫效果较弱，而且还会增加企业负担，对创造就业产生负面影响，很有可能使部分低收入就业人群转变为失业人群。第二，减免税收及社保缴费。由于低收入人群的纳税和社保缴费金额较低，即使全部免除，其增加的收入也非常有限，政策效果只能作用于部分人群。第三，提供家庭补贴及其他救助金。现金转移支付能够补充贫困家庭的收入，通过家计调查更科学合理地给付社会救助金，确保人们工作时的总收入高于他们不工作时的转移收入。第四，提供就业福利。就业福利通常旨在同时促进就业并提高劳动者收入，包括工作税收抵免、收入津贴等。比如，据测算，美国劳动所得税抵免制度（Earned Income Tax Credit）能够将1%—3%的贫困人口的收入提高至贫困线以上〔2〕。第五，其他间接作用于削减工作贫困的办法，主要是减轻家庭负担、增加就业机会的措施，例如提供儿童保育福利、提供失能人群护理津贴和服务、支持灵活工作时间安排或灵活工作形式、提供就业技能培训和辅导、提供住房补贴、供暖津贴等降低生活成本的措施、创造包容性的就业

〔1〕 Eurofound, *In - work poverty in the EU*, 2017, Luxembourg: Publications Office of the European Union (https://www.eurofound.europa.eu/sites/default/files/ef_publication/field_ef_document/ef1725en.pdf).

〔2〕 Lane Kenworthy, Ive Marx, *In - Work Poverty in the United States*, 2017 (http://ftp.iza.org/dp10638.pdf).

环境以增加弱势群体的工作机会等。

由此可见，依靠一种形式的措施不足以有效解决工作贫困问题。但是，限于本书的研究主题，下文将以社会救助为主要视角，介绍发达国家应对工作贫困的几类典型模式。

二、针对工作贫困群体的专门性政策

由于工作贫困问题具备复杂性，在众多发达国家的实践经验中，只有少数国家会为工作贫困群体制定专门性政策来进行救助。这其中，可以分为针对工作贫困个人的专项救助和针对工作贫困家庭的专项救助。

（一）针对工作贫困个人的专项救助

这类面向全体工作贫困群体的专项社会救助制度，以法国工作补助金为代表，在待遇给付标准设置、收入财产核算、信息申报等方面，与一般的最低生活保障制度类似，只是在受助人的权利与义务方面存在一些特别规定。而新加坡的就业入息补助计划则是既为部分工作贫困群体提供现金给付式的救助金，还为其专用资产账户提供补贴，是综合两种给付形式的救助措施。

1. 法国：工作补助金

（1）制度概览。

法国的工作补助金制度（Prime d'activité）于 2016 年推出，它整合并取代了就业补助金（prime pour l'emploi）和积极互助收入补助金（revenu de solidarité active）[1] 中的就业补助部分，由法国家庭福利局（Caisse d'allocations familiales）负责管理。

在受助资格标准上，受助人应为年满 18 岁的所有就业人群（包括兼职、自雇人士），且家庭月均收入未达到规定的上限。收入上限因家庭成员情况而不同，比如，2019 年单身者月收入上限为 1790 欧元（最低工资的 1.5 倍），夫妻中仅一人工作并有孩子，其上限为 2920 欧元（最低工资的 2.4 倍）[2]。学生和学徒还应获得至少三个月收入，且月均不低于 932 欧元（最低工资的 78%）[3]。

---

〔1〕 积极互助收入补助金（revenu de solidarité active）是面向 25 岁以上或 25 岁以下但有未成年子女的贫困人群的最低生活保障制度。

〔2〕 Minima sociaux et prestations sociales – Ménages aux revenus modestes et redistribution – Édition 2019（https://drees.solidarites – sante.gouv.fr/etudes – et – statistiques/publications/panoramas – de – la – drees/article/minima – sociaux – et – prestations – sociales – menages – aux – revenus – modestes – et – 12002）.

〔3〕 La Prime d'activité（http://www.caf.fr/allocataires/droits – et – prestations/s – informer – sur – les – aides/solidarite – et – insertion/la – prime – d – activite）.

在救助标准上，每月工作补助金的标准待遇额如表 4 – 1 所示。若受助人的月收入超过最低工资标准的 50%，还会获得额外津贴。

表 4 – 1　法国工作补助金的每月标准待遇额
(2019 年 4 月 1 日至 2020 年 3 月 31 日)

儿童及其他被扶养人人数	独居	有配偶
0	€559.74（平均工资的 17.5%[1]）	€839.61
1	€839.61（平均工资的 26.3%）	€1007.53
2	€1007.53（平均工资的 31.6%）	€1175.45
3 以上每增加一人	+€223.90	+€223.90

资料来源：Caf. http：//www. caf. fr/sites/default/files/sidoc/dgp_ 00000114. pdf

在收入核算上，计入工资、赡养费、年金、失业救济金、各类家庭补助金、财产收入、资本收入等，其中劳动收入按 39% 比例计入。对于 25 岁以下且与父母同住的申请人，不计入其父母的工作补助金，但计入父母的其他福利待遇。对于获得住房补贴或者不支付住宿费用的申请人，将按照家庭人数进行一定数额的扣除，一人扣除 67.17 欧元，两人 134.34 欧元，三人及以上 166.24 欧元[2]。

在最终待遇核算上，受助人的实际补助额为其标准待遇额加上额外津贴，再减去前三个月的家庭平均可计入收入。待遇金额每三个月确定一次，期间的收入及家庭情况变化不会影响这三个月的待遇金额。若受助人最终的实际补助额低于 15 欧元，则不予支付。

（2）实施效果。

据统计，2018 年有 280 万户家庭（约 560 万人，占总人口 8.4%）受益于工作补助金，其中 52% 为单身人士，22% 为单亲家庭，19% 为有孩子的双亲家庭。由于 2019 年工作补助金的标准放宽且待遇提高，预计 2019 年会有将近 500 万户家庭（约 760 万人）获得工作补助金[3]。

实际上，工作补助金可以理解为专门针对工作贫困群体的最低生活保障，其待遇标准额与为一般贫困人群提供最低生活保障的积极互助收入补助金相同，但增添了额外津贴与劳动收入的非全额减扣，覆盖人群也有一定差异，其目的就在

---

〔1〕由笔者自行计算，2018 年法国人均工资为 38289 欧元，每月平均工资即为 3191 欧元。数据来自：OECD Average annual wages（https：//stats. oecd. org/viewhtml. aspx？ datasetcode = AV_ AN_ WAGE&lang = en#）。下同。

〔2〕J'Exerce Une Activité Et J' Ai Des Revenus Modestes – Prime D' Activité（http：//www. caf. fr/sites/default/files/sidoc/dgp_ 00000114. pdf）.

〔3〕Prime d' activité – Agir pour l' accès aux droits（http：//www. caf. fr/sites/default/files/caf/921/partenaires/publications/SupportPartenairesPPA. pdf）.

于激励人们去工作。作为一项独立的制度，人们能够更为直观地看到该制度对于工作贫困问题的影响，据2018年的一项报告测算，工作补助金使2016年法国的贫困率降低了0.4%[1]，说明该政策能够在一定程度上缓解工作贫困问题。但是，2017年获得工作补助金的受助人中，有60%也在前一年同样受到救助[2]，这说明，有相当一部分工作群体的贫困状况比较严重，长时间陷入贫困，而该制度只是保障最低生活水平，而不能帮助他们摆脱贫困。

2. 新加坡：就业入息补助

（1）制度概览。

新加坡的就业入息补助计划（Workfare Income Supplement Scheme）于2007年推出，由新加坡人力部实施与管理，是与其中央公积金制度（Central Provident Fund Schemes）密切相关的制度。在应给付的补助金中，将补贴款项按比例划分，一部分对受助人直接现金给付，另一部分则存入受助人的相关公积金账户。

能够获得就业入息补助的受益人必须是年龄在35岁及以上的就业人群或所有年龄的残疾人就业群体，其月收入不超过2000新加坡元（包括基本工资、加班费、奖金等所有工作收入），且过去12个月的平均月收入也不得超过2000新加坡元。但是，本人居住在年租市场价超过13000新加坡元的房屋，或者本人及其配偶拥有两处及以上房产，或者本人的配偶上一年度可计入收入超过70000新加坡元的情况下，均不能获得该补助[3]。

该补助计划虽然面向所有低收入的就业群体，但将受益人群分为有雇主的一般就业人士和自雇人士两类，其加入条件和福利待遇有一定差异。

在加入条件上，对于符合资格的一般就业人士，无须主动申请补助，政府会根据个人的公积金缴纳额进行自动评估确认。这是因为，无论是永久性员工、合同制员工、兼职工还是临时工，只要月收入超过50新加坡元，其雇主就必须按规定为该员工进行公积金缴费。对于自雇人士，不但要自行参加保健储蓄计划（MediSave）并进行相应缴费，还须报告上一年度收入。已取得所得税申报表者应向国内税务局（IRAS）进行报告，而未取得者则须向当地中央公积金委员会（CPFB）报告收入。

在福利待遇上，实际补助金额则根据受益人年龄和收入的不同按一定比例计

---

〔1〕 欧洲时报网：《“就业补助金”设立两年：2016年贫穷率降低0.4%》（http：//www. oushinet. com/europe/france/20180124/282864. html）。

〔2〕 Minima sociaux et prestations sociales – Ménages aux revenus modestes et redistribution – Édition 2019 (https：//drees. solidarites – sante. gouv. fr/etudes – et – statistiques/publications/panoramas – de – la – drees/article/minima – sociaux – et – prestations – sociales – menages – aux – revenus – modestes – et – 12002).

〔3〕 WIS Employee（https：//www. workfare. gov. sg/Pages/WISEmployee. aspx).

算出来，补助最大金额见表4－2。对于一般就业人士，补助金按月进行审核发放。其中，40%的补助金将直接支付给受益人，而剩下的60%作为公积金缴费存入受益人的相关账户。而对于自雇人士，补助金则一年发放一次，一次即上一年度补助总额。其中，10%的补助金将直接支付给受益人，而剩下的90%作为缴费存入受益人的MediSave账户。

表4－2　新加坡就业入息补助年度最大金额

年龄	一般就业人士的年度补助最大金额	自雇人士的年度补助最大金额
35—44岁，以及35岁以下残疾人	$ 1500	$ 1000
45—54岁	$ 2200	$ 1467
55—59岁	$ 2900	$ 1933
60岁以上	$ 3600	$ 2400

资料来源：https：//www. workfare. gov. sg/Pages/WIS. aspx

（2）实施效果。

这项制度实际上是综合了现金补贴和资金账户补贴两类给付方式，除了直接发放给受益人的款项外，还有部分补助金作为缴费进入受助人的公积金账户，是一项制度上的创新。因此，这不仅能够补充低收入就业人群的日常收入，还能在一定程度上保证他们的储蓄，以减轻工作贫困群体未来在住房、医疗保健等方面产生的负担。

从2007至2017年，共有83万人享受过总计约55亿新加坡元的该项福利待遇，正规全职就业人员实际月收入的第二十百分位和中位数皆增长了30%，家庭实际收入的第二十百分位累计增长了40%〔1〕。2020年起，新加坡政府将进一步改革，提高收入上限至2300新加坡元，并同时提高年度最大补助金额，预计会使将近44万人受益〔2〕。

（二）针对工作贫困家庭的专项救助

家庭负担重是导致工作贫困的重要原因之一，尤其是对于存在未成年子女等

〔1〕 Joanna Seow，“S’ Pore Way of Helping Better Serves Needs of Low－Wage Workers”，*The Straits Times*，2019－03－06：A10（https：//www. workfare. gov. sg/Media% 20Articles/Documents/TheStraitsTime06032019. pdf）.

〔2〕 Factsheet On Enhancements To The Workfare Income Supplement Scheme（https：//www. workfare. gov. sg/Press% 20Releases/Pages/PressRelease_ Feb2019. pdf）.

无劳动能力人员的家庭来说，家中就业人员的工作收入很可能负担不了家庭所有成员的开支，容易使家庭陷入贫困状态。因此，一些国家围绕着工作家庭设立了缓解家庭负担的制度，为贫困家庭提供必要的援助，在此以爱尔兰的工作家庭补助金为例进行介绍。

1. 爱尔兰：工作家庭补助金

（1）制度概览。

爱尔兰的工作家庭补助金（Working Family Payment）是一种为有子女的低收入就业人群每周提供的补助金，旨在减轻工作贫困群体因抚养子女而产生的财务负担。2018 年以前被称为家庭收入补助金（Family Income Supplement），由爱尔兰就业事务与社会保障部负责经办管理。

在受助资格上，该补助金的要求比较严格。第一，受助人及其配偶或伴侣每两周工作时间合计达到 38 小时以上，但从事自雇职业的时间不能计入其内。第二，受助人处于就业状态的时间至少为 3 个月。第三，有至少一位子女与受助人共同居住或得到受助人的经济支持，该子女应未满 18 岁或者是 18 至 22 岁正接受全日制教育的学生。第四，受助人平均每周家庭收入必须低于一定的限额，该限额根据家庭规模而设定。第五，受助人应在爱尔兰工作并缴纳所得税和社保费。第六，通常加入其他就业支持计划和福利的人士不能再获得工作家庭补助金，包括社区就业计划（Community Employment Scheme）、失业保险金、求职者津贴等，单亲父母的相关福利除外[1]。

在待遇核算上，受助人实际获得的家庭工作补助金为家庭收入限额与受助人实际可计入收入之间差额的 60%，平均每周家庭收入的限额如表 4-3 所示。

表 4-3 爱尔兰工作家庭补助金每周家庭收入限额
（自 2019 年 3 月 25 日起）

子女数量	每周家庭总收入限额
1	€521（平均工资的 56.9%）[2]
2	€622
3	€723
4	€834

[1] Working Family Payment（https://www.citizensinformation.ie/en/social_welfare/social_welfare_payments/social_welfare_payments_to_families_and_children/family_income_supplement.html）.

[2] 由笔者自行计算，2018 年爱尔兰人均工资为 47605 欧元，每周平均工资即为 915 欧元。数据来自：OECD Average annual wages（https://stats.oecd.org/viewhtml.aspx?datasetcode=AV_AN_WAGE&lang=en#）。

续表

子女数量	每周家庭总收入限额
5	€960
6	€1076
7	€1212
8 或以上	€1308

资料来源：https：//www. citizensinformation. ie/en/social_ welfare/social_ welfare_ payments/social_ welfare_ payments_ to_ families_ and_ children/family_ income_ supplement. html

在收入核算上，大部分收入都是可计入收入，包括受助人及其配偶或伴侣的税后劳动收入（包括工资、加班费、奖金、自营职业收入）、养老金收入、大部分社会福利金和助学金、护理者津贴、所有物或不动产的租金收入、大部分经济补偿金等，而只有少部分特定福利待遇和助学金、从慈善机构获得的捐款以及抚养的小孩获得的收入不被计入。当受助人分居或离异时，则应计入抚养费。具体规则是，赡养人的住房费用（包括房租或抵押贷款还款）每周可用赡养费抵销最多95. 23 欧元，余额的50%将被计入收入。

在待遇时效上，工作家庭补助金的期限为52 周，期间受助人的收入变化不会影响到补助金额。影响补助金变化的情况有两种，第一是受助人需要开始照顾额外的子女，第二是受助人在申请时获得单亲家庭补助金（One – Parent Family Payment），但后来又由于子女超出年龄限制而不再享有单亲家庭补助金。

在退出条件上，当受助人及其家庭的两周工作时间减少到38 小时以下时，将无法再获得该补助金。若受助人失去工作或换了新工作，则必须要立即通知当地管理部门，其工作家庭补助金会马上停止发放，但受助人可凭新工作重新申请补助金。

（2）实施效果。

与爱尔兰的求职者津贴不同，工作家庭补助金是专门面向有子女的工作家庭，更偏重于工作时间较长的就业者，以缓解他们的养育负担。但是，二者的受助人群是有重合的，当父母双方或单亲父母非正规就业，但工作时长达到工作家庭补助金的要求时，需要择一申请。由于工作家庭补助金的受助资格比较严格，2018 年该制度的受助人数量为5. 4 万[1]，远低于求职者津贴的受助人数。

2016 年爱尔兰育儿父母的工作贫困率为5. 1%，在欧盟中仅次于芬兰、捷克、丹麦和挪威，据研究，工作家庭补助金和求职者津贴等制度对缓解工作家庭的贫

---

〔1〕 Statistical Information On Social Welfare Services Annual Report 2018（http：//www. welfare. ie/en/downloads/2018 – Report. pdf）.

困起到了一定效果[1]。

三、解决工作贫困问题的普适性政策

如前文所述，由于工作贫困群体与其他救助项目的受助人群有一定的重合性，因此，在许多发达国家的实践经验中，工作贫困群体作为特殊群体被涵盖进普适性政策之中，一般情况下包括将工作贫困群体纳入最低生活保障体系和纳入失业救济体系两类措施。

（一）将工作贫困群体纳入最低生活保障体系

残疾人、老年人等不具备劳动能力的无收入者通常是社会救助制度中首要关注的人群，但随着社会发展，许多国家逐渐放宽社会救助的标准，将有劳动能力甚至处于就业状态的低收入群体也纳入该国的托底保障体系之中，保证其基本生活水平。这些最低生活保障在制度设计上大多比较类似，根据当地经济发展情况设置标准待遇给付额、收入财产最高限额及其相关规则，通过家计调查的方式进行审核，符合要求的个人或家庭即可申请最低生活费，受助人实际所获待遇一般等于标准待遇给付额减去其可计入的收入财产额，由此起到保障基本生活水平的作用。在此以英国的通用福利和日本的生活保护制度为例进行介绍。

1. 日本：生活保护制度

（1）制度概览。

日本在应对工作贫困问题时主要采取的解决办法有两个层次，皆由日本厚生劳动省负责实施管理。第一，提供托底性的救助。生活保护制度是面向全体国民的托底性社会救助制度，在生活、教育、住房、医疗等多领域提供全方位的最低生活保障，是工作贫困群体的最后安全网。第二，提供自立支持。2015 年起实行的生活穷困者自立支援制度，其受助对象的门槛比生活保护制度更宽松，且核心业务是提供就业咨询，为满足条件的个人提供有限期的住房补助金，各地政府还可以开展就业培训、财务指导等业务并提供就业机会，是工作贫困群体的第二安全网。在此重点介绍起救助作用的生活保护制度。

1950 年起，日本的工作贫困人群就可以依靠生活保护制度获得较为全面的社会救助。1946 年日本颁布了《生活保护法》（现称为“旧生活保护法”），其救助对象仅为处于贫困的老年人、儿童、孕妇、残疾人以及其他无劳动能力的人群。但由于日本宪法规定了一切国民都享有维持最低限度生活的权利，因此在各方呼

---

[1] Department of Employment Affairs and Social Protection, *Review of the Operation of the Working Family Payment* (http://www. welfare. ie/en/downloads/ReviewOfTheOperationOfTheWorkingFamilyPayment. pdf).

声之下，1950 年日本政府颁布了新的《生活保护法》，将全体国民都纳入被保护对象之中，还扩展了救助内容，在最初的生活、医疗、生育、生计扶助的基础上，增加了护理、教育、住房和丧葬扶助。从此，具备劳动能力的贫困就业人群有了全方位的最低生活保障。

广泛的救助对象和内容则通过严格的前提条件和精细的救助标准来制衡。在前提条件上，只有在公民用尽其财产、能力以及抚养义务人的支持等一切资源仍不能保证最低的基本生活水平时，政府才能提供相应的救助。在救助标准上，根据受助人的居住地、年龄、家庭成员构成、住宅条件等情况，设定几十种不同的生活扶助标准额（约为人均工资的 12.2% 至 25.0%〔1〕），符合特定条件的还可以加上生活扶助额外补贴以及住宅、教育、介护、医疗、丧葬等扶助额，由此构成最低生活费。在待遇核算上，受助人实际获得的补贴金额等于其最低生活费减去其各项可计入收入。

（2）特别激励措施。

第一，对劳动收入进行额外扣除。

在收入核算方面，生活保护制度对劳动收入设定了扣除额，可以不计入收入，以鼓励贫困人群。首先，扣除项目包括通勤、置办工服、提升知识技能等方面的必要支出。其次，扣除额度上，不同的收入、所在地与家庭状况设有不同的基本扣除限额（一般约为人均工资的 4.2% 至 10.1%）〔2〕。最后，对于特殊群体执行额外扣除规则。比如，初中或高中毕业的受助人以及因住院或其他不可避免的原因而无法连续工作超过 3 年的受助人，能够在第一次连续就业起 6 个月内获得额外扣除额；未满 20 岁的受助人，可以不论项目直接扣除固定额度〔3〕。

第二，设立就业支持项目。

在就业支持方面，生活保护制度设立了就业支持项目，与各地就业中心（Hello Work）相联结，为有劳动能力的受助人提供就业咨询、指导和培训等服务。2017 年，有 36.5% 的受助人参加了相关的就业支持项目，其中 43.6% 的参加者找到了工作或者收入有所增加，未来的业绩目标就是继续提高项目参与率、就

〔1〕 由笔者自行计算，2018 年日本人均工资为 4334000 日元，每月平均工资即为 361167 日元。数据来自：OECD Average annual wages（https://stats.oecd.org/viewhtml.aspx?datasetcode=AV_AN_WAGE&lang=en#）。具体待遇标准详见第二章《救助申请家庭收入财产审查的经验做法》。

〔2〕 基本扣除额一般为 15000 至 36400 日元（约合人民币 970 至 2360 元）。详见（https://www.mhlw.go.jp/file/05-Shingikai-12201000-Shakaiengokyokushougaihokenfukushibu-Kikakuka/0000196724.pdf）。

〔3〕 日本厚生劳动省：《平成 30 年 10 月 1 日施行生活保護実施要領等》（https://www.mhlw.go.jp/content/12201000/000349811.pdf）.

业率以及收入增加率[1]。

第三，提供就业自立给付金。

在退出救助方面，生活保护制度从2014年起设立了就业自立给付金，因就业收入增加而失去福利资格的受助者可以得到一笔一次性补贴，以激励有劳动能力的人群摆脱救助。补贴金额以退出救助时的前第六个月的收入作为基准，用该月可计入收入的10%乘以6，一次性给付给退出救助者，并对单身者和家庭设定不同的上下限额[2]。

（3）实施效果。

2017年，生活保护受助者总数为2125万人，保护率为1.68%。按家庭计算，2017年日本家庭数量5043万户[3]，其中生活保护受助家庭163万户，占3.2%。在所有受助家庭中，存在就业人员的家庭为26万，占比15.8%。总的来说，无论是全体受助人还是存在就业人员的家庭，其数量和比例均在达到高点后有所缓步下降[4]。

生活保护制度是面向全体国民的全方位兜底式的社会救助制度，自然也将工作贫困群体囊括其中。而在人口老龄化、经济持续缺乏活力以及政府财政负担不断加大的趋势下，日本的政策重点是将这样的再分配政策与促进就业政策紧密结合起来，使更多人实现自立。也就是说，在给各类贫困人群提供最低保障的基础上，特别关注对有劳动能力的贫困人群的就业促进，鼓励他们参与就业支持项目，使未工作的贫困人群找到工作，使工作的贫困人群增加收入，以提高他们摆脱贫困的概率。在日本的政策思路之下，工作贫困群体是最低生活保障制度中自立支援政策中最受关注的群体之一。

2. 英国：通用福利

（1）制度概览。

2013年以前，英国的工作贫困群体主要依靠住房福利（Housing Benefit）、求职者津贴（Jobseeker's Allowance）、收入支持（Income Support）、工作和儿童税收抵免（Working and Child Tax Credit）等制度获得相应福利。自2013年起，英国政府开始实行通用福利制度（Universal Credit），整合了原有的多项救助项目，

---

〔1〕日本厚生劳动省：《生活保護関係全国係長会議資料》（https://www.mhlw.go.jp/stf/shingi2/0000195949_00003.html）.

〔2〕日本厚生劳动省：《生活保護法による就労自立給付金の支給について》（https://www.mhlw.go.jp/web/t_doc?dataId=00tc0131&dataType=1&pageNo=1）.

〔3〕世帯数と世帯人員の状況（https://www.mhlw.go.jp/toukei/saikin/hw/k-tyosa/k-tyosa17/dl/02.pdf）.

〔4〕日本厚生劳动省：《生活保護関係全国係長会議資料》（https://www.mhlw.go.jp/stf/shingi2/0000195949_00003.html）.

统一了各救助项目规则和标准，是覆盖所有处于工作年龄的贫困人群的最低保障制度，由就业和养老金部（Department for Work and Pensions）负责管理。除此以外，工作贫困群体还可能享受地方政府出台的福利救助（Welfare Assistance）以及食物银行等福利保障。

在受助资格上，通用福利的受助人及其配偶所拥有的财产价值应在16000英镑内。

在救助标准上，通用福利分为基本津贴与额外津贴。基本津贴的标准待遇额按照年龄与婚姻状态进行设定，分为四个档次，25岁以下的单身者每月251.77英镑（人均工资的8.4%[1]），25岁以上的单身者每月317.82英镑（人均工资的12.4%），年龄均在25岁以下的夫妻每月一共395.20英镑（人均工资的13.2%），只有一方25岁以上的夫妻每月一共498.89英镑（人均工资的16.6%）[2]。额外津贴则延续了原来的救助项目，即受助人须符合特定资格，比如根据是否抚养儿童、本人健康及劳动能力、住房条件等个人情况，在基本津贴基础上增加补贴。除此以外，还根据地区和婚姻状态或是不是单身父母等因素设置年度福利上限额。

在待遇核算上，受助人实际可获得的通用福利金等于标准待遇额减去63%的劳动收入，再减去100%的非劳动收入。

（2）特别激励措施。

第一，对劳动收入进行额外扣除。

在收入核算方面，通用福利制度对容易陷入工作贫困的高危人群设立了特别工作津贴，工作津贴内的劳动收入不进行减扣。其受益对象包括那些需要抚养儿童或青少年的受助人以及因残疾或疾病影响劳动能力的受助人。具体规则为，受助人的可计入劳动收入中超出503英镑的部分才进行通用福利金的额外扣除，若受助人同时获得住房补贴，则该免扣金额减少至287英镑[3]。

第二，对自雇人士实行特殊规则。

自雇人士在通用福利制度下一般是指以个体或合伙形式从事贸易活动的人士，以及能够一人执业的特殊职业人群，比如会计、律师、运动员、歌手等。

在待遇核算方面，其劳动收入为毛利润减去各项税费之差，根据评估期内的

---

〔1〕 由笔者自行计算，2018年英国人均工资为35978英镑，每月平均工资即为2998英镑。数据来自：OECD Average annual wages（https：//stats. oecd. org/viewhtml. aspx? datasetcode = AV_ AN _ WAGE&lang = en#）。下同。

〔2〕 How to claim Universal Credit：step by step（https：//www. gov. uk/universal – credit/what – youll – get）.

〔3〕 Universal Credit（https：//www. gov. uk/universal – credit）.

营业收入额、费用支出（包括差旅费、机器设备购置维修、服装及办公用品开支等）、纳税情况、国民保险及养老金缴费等申报信息进行计算，不计入项目与普通就业者的类似。

针对自雇人士有两个层次的额外规则。第一是满足“有报酬的自雇职业”（Gainful Self - employment），即自雇职业是其谋生的主业，且必须有自营收益，具有发展前途。不满足该条件的人士有义务寻找其他工作并及时进行报告。第二是设置最低收入线（Minimum Income Floor），如果自雇人士的劳动收入低于该金额，也只能以该最低额作为其收入，用以激励受助人通过提高自身技能、增加工作时长或是寻找额外工作等方式提高收入，新就业 12 个月以内的人士除外。

第三，规定求职就业义务。

在受助人义务方面，具有劳动能力的受助人需要与当地就业中心签订承诺书（Claimant Commitment），履行有关求职就业的义务，这是获得通用福利金的附加条件。所有受助人会被分组，施以不同的方案。工作贫困人群的义务有两类，当月收入低于按法定最低工资每周工作 35 小时的收入，但又超过 338 英镑（夫妻为 541 英镑）时，需要采取增加工作时长或寻找更高收入的工作等措施；当月收入低于 338 英镑（或 541 英镑）时，则必须要进行就业培训并参加推荐的面试以寻找更高收入的工作（Intensive Work Search Regime）[1]。例外规则是，会对需要履行照护责任的受助人降低一定要求。

（3）实施效果。

截至 2019 年 9 月 12 日，享有通用福利的受助人有 250 万人，约占总人口的 3.8%，其中，就业人数为 85 万，占比 35%，而 2018 年 9 月该数字为 45 万（占比 37%）[2]。尽管通用福利制度还没有完全替代旧有的救助体系，但其规模在迅速扩大之中。

但是，总体来讲，通用福利制度尽管为工作贫困人群提供了最低生活保障，但由于英国的贫困标准较高，并不能直接帮助人们摆脱贫困。首先，据调查[3]，2017 年约有 240 万就业人口处于贫困之中，相比于 2019 年通用福利覆盖的 85 万就业人口，尽管没有最新的数据可以直接比较，但仍能看出其制度覆盖面较小，

---

〔1〕 Claimant Commitment Conditionality（https://www.turn2us.org.uk/Benefit - guides/Universal - Credit/Claimant - Commitment - Conditionality）.

〔2〕 Universal Credit statistics：29 April 2013 to 10 October 2019（https://www.gov.uk/government/publications/universal - credit - 29 - april - 2013 - to - 10 - october - 2019/universal - credit - statistics - 29 - april - 2013 - to - 10 - october - 2019）.

〔3〕 本段以下数据均来自：Persistent Poverty in the UK and EU（https://www.ons.gov.uk/peoplepopulationandcommunity/personalandhouseholdfinances/incomeandwealth/articles/persistentpovertyintheukandeu/2017）。

仅占全部工作贫困人群的三分之一左右。其次，在 2017 年摆脱工作贫困的人群中，高达 89% 都是源于增加时薪、增加工作时长或是更换工作，而来自其他原因仅占 11%。可见，包括通用福利等在内的救助福利制度对摆脱贫困的作用很小。

（二）将工作贫困群体纳入失业救济体系

在工作贫困群体中，有相当一部分人群是非正规就业者或其他低质量就业者。由于非正规工作和其他低质量工作具有脆弱性，相关就业者很可能随时失去工作，其收入相对不稳定，很容易在就业状态与失业状态之间来回跳动。因此，考虑到这样的情况，一些国家将工作贫困群体纳入失业救济体系之中，在保证其基本生活水平的同时，帮助他们进行求职就业。在此以德国的失业救济金Ⅱ和爱尔兰的求职者津贴为例进行介绍。

1. 德国：失业救济金Ⅱ

（1）制度概览。

2005 年以前，德国的失业者可以长期领取与其失业前工资挂钩的高额失业救济金。2005 年起被改为两个制度，分别叫失业救济金Ⅰ（Arbeitslosengeld I）和失业救济金Ⅱ（Arbeitslosengeld II）。失业救济金Ⅰ在待遇上仍与工资挂钩，从失业保险基金中支取，但领取期限原则上仅为 12 个月。失业救济金Ⅱ则变成了来自税收的救助制度，承接了失业救济金Ⅰ到期后的失业者，并将无资格获得失业救济金Ⅰ的失业者以及工作贫困群体纳入其受助范围，即为所有具备劳动能力的贫困人群提供救助。失业救济金Ⅱ与社会福利金（Sozialgeld）[1] 一起，构成了面向有劳动能力人群及其家庭的救助制度——求职者基本收入支持（Grundsicherung für Arbeitsuchende），由联邦劳动与社会事务部（Bundesministerium für Arbeit und Soziales）所属的联邦就业局（Bundesagentur für Arbeit）负责执行与管理。在此介绍针对有劳动能力群体的失业救济金Ⅱ。

在受助资格上，失业救济金Ⅱ的受助人应为年满 15 岁且尚未达到退休年龄的德国居民，而且每天能够至少工作 3 个小时。当失业者无权获得普通失业救济金，或普通失业救济金失效但仍旧失业，或当就业者的工作收入不足以维持本人及其家庭的基本生活时，失业救济金Ⅱ都可为其提供最低生活保障，以起到兜底的救助效果。

在前提条件上，申请人必须优先申请其他所能申请的救助及福利，包括儿童福利、育儿津贴、青年津贴等。

---

〔1〕 社会福利金（Sozialgeld）为失业救济金Ⅱ受助人的无劳动能力的家庭成员提供救助。这两项救助金与仅面向无劳动能力贫困人群的社会救助（Sozialhilfe）在基本需求标准待遇上都是相同的，附加的权利义务有所不同。

在收入财产核算上，与德国的其他社会救助项目的核算方法类似，失业救济金Ⅱ同样是通过家计调查的方式核算申请人的实际需求和可计入收入财产。

首先，在需求认定方面。第一是基本需求，包括饮食、服装、日用品、家居用品、家庭能源（除供暖和热水）等日常开支以及必要的社会文化生活开支。用于基本需求的救济金每月给付一次，其待遇标准见表4－4。其中，怀孕妇女可以申请超出标准额17%的额外需求，单身父母也可根据子女的年龄和数量申请超出标准额12%—60%不等的额外需求。第二是住房需求，包括房租、供暖费、水费、物业费等，由当地的就业中心根据当地物价、申请人实际需求等情况综合确定合理费用。第三是一次性需求，当因生育或患病而需要额外开销时，可以申请一次性需求。第四是教育需求，在子女教育以及参加必要社会文化活动方面的相关需求[1]。

表4－4　德国基本需求的每月标准待遇额（2019年）

年龄及身份	基本需求标准待遇额
成年单身者、单身父亲或母亲	€424（人均工资的12.6%[2]）
成年伴侣	€382（每人）（人均工资的11.3%）
18—24岁青年	€339（人均工资的10.0%）
14—17岁青少年	€322（人均工资的9.5%）
6—13岁儿童	€302（人均工资的8.9%）
0—5岁幼儿	€245（人均工资的7.3%）

资料来源：Bmas. https：//www. bmas. de/DE/Themen/Arbeitsmarkt/Grundsicherung/Leistungen－zur－Sicherung－des－Lebensunterhalts/2－teaser－artikelseite－arbeitslosengeld－2－sozialgeld. html

其次，在收入财产核算方面。收入包括几乎所有收入，比如工资收入、自营职业收入等劳动收入；失业救济金、儿童福利、养老金等福利津贴收入；租金收入、资本利息收入等财产收入；退税所得、遣散费、遗产等一次性收入；等等。其中，工作的必要开支费用会进行扣除。财产则包括所有能用金钱衡量的所有物，比如现金、储蓄、债券、证券、车辆和珠宝等实物、获得的赠款、房产等。

在最终待遇核算上，申请人的实际待遇额等于需求支出额减去收入财产额。

---

〔1〕 Bundesministerium für Arbeit und Soziales，*GRUNDSICHERUNG FÜR ARBEITSUCHENDE－Sozialgesetzbuch SGB II Fragen und Antworten*（https：//www. bmas. de/DE/Service/Medien/Publikationen/a430－grundsicherung－fuer－arbeitsuchende－sgb－ii. html）.

〔2〕 由笔者自行计算，2018年德国人均工资为40522欧元，每月平均工资即为3377欧元。数据来自：OECD Average annual wages（https：//stats. oecd. org/viewhtml. aspx？datasetcode＝AV_AN_WAGE&lang＝en#）。下同。

待遇时效一般为12个月，申请人是自雇人士或收入不稳定等特殊情况下将缩短至6个月，到期后需要重新申请。

在受助人义务方面，受助人须与当地就业中心签订协议，就业中心根据个人情况作出有针对性的就业支持，使受助人积极寻找新工作、接受安排的合理工作或进行就业培训以提高个人收入，拒绝合理工作者将失去取得救济金的资格。在出行上也对受助人有所限制，要想外出离开居住地必须向当地就业中心请假，一年若超过21天将不再发放救济金[1]。

（2）实施效果。

据统计，2019年4月，共有将近398万人领取失业救济金Ⅱ，约占总人口的4.8%，同比减少5.9%。有103万工作贫困者领取救济金，占比25.9%，同比减少6.7%，其中兼职、自雇、迷你工作等非正规就业者占到了89.1%[2]。数据显示，工作贫困群体占到了受助人的四分之一左右，表明该制度能够为部分工作贫困群体尤其是非正规就业者提供救助。

从制度上来看，尽管德国的失业救济金Ⅱ属于失业救济，主要面对的也是失业人员，但该制度同时将工作贫困群体也纳入进来，融入了最低生活保障制度的因素，减轻其基本生活负担。

2. 爱尔兰：求职者津贴

（1）制度概览。

求职者津贴（Jobseeker's Allowance）是针对18—65岁具备劳动能力但经济状况较差的失业者和非正规就业者提供的津贴福利，由爱尔兰就业事务与社会保障部（Department of Employment Affairs and Social Protection）进行给付。

在受益对象上，包括四类贫困群体：第一类是不能取得失业保险金的完全失业者（通常由于超出失业保险金领取的最长时限但仍未找到工作，或者由于失业前未缴纳失业保险），且有证据表明本人正在积极求职；第二类是从事兼职或临时工作的人员，每周最多工作3天，且有证据表明本人正在积极求职；第三类是一般就业人员，但其雇主将其工作时长减少到每周3天或更少；第四类是自雇人士。此外，刚毕业的学生必须年满18周岁且离校3个月以上才能够获得资格。

在救助标准上，求职者津贴的每周最高金额如表4－5所示，根据年龄、被扶养人的情况设置不同限额。其中，需抚养子女、或享受伤残津贴、或18岁前的

[1] Unterstützung durch Arbeitslosengeld II（https：//www.arbeitsagentur.de/arbeitslos－arbeit－finden/arbeitslosengeld－2）.

[2] Erwerbstätige erwerbsfähige Leistungsberechtigte（https：//statistik.arbeitsagentur.de/Navigation/Statistik/Statistik－nach－Themen/Grundsicherung－fuer－Arbeitsuchende－SGBII/Personengruppen－Bedarfsgemeinschaften/Personengruppen－Bedarfsgemeinschaften－Nav.html）.

12 个月内由机构照护的 26 岁以下人士，可以适用 26 岁以上的最高金额。例外规则是，如果申请人的配偶或伴侣作为被扶养人同时获得其他社会福利金（儿童福利金、残疾抚恤金、监护人津贴、补充福利津贴、护理津贴除外），那么被扶养成年人的津贴归零、被扶养子女的标准金额减至一半。

表 4-5　求职者津贴每周最高金额（从 2019 年 3 月 20 日起）

年龄	个人最高金额	增加一名被抚养成年人	增加一名被扶养儿童
26 岁以上	€203.00（平均工资的 22.2%）[1]	€134.70	€37.00（12 岁及以上） €34.00（12 岁以下）
25 岁	€157.80（平均工资的 17.2%）	€134.70	不适用
18-24 岁	€112.70（平均工资的 12.3%）	€112.70	不适用

资料来源：http：//www. welfare. ie/en/Pages/1057_ Jobseekers – Allowance. aspx

在收入核算上，均不计入社会保险缴费，但计入所得税和统一社会费[2]。

对于一般就业人士，每个工作日可扣除 20 欧元，每周最多扣除 60 欧元（3 天），扣除后的收入的 60% 即为每周可计入收入[3]。

对于自雇人士，以过去 12 个月的收入为基准，同时考虑其他影响因素，估算出未来 12 个月的业务收入，减去与工作相关的必要支出费用，得到预期年收入，再除以 52 得到每周收入。其中，必要支出费用包括耗材成本、机器设备折旧、广告费、办公用品成本以及与自营业务有关的车费、保险费、电话费、照明供暖费等任何其他成本。为了证明收入情况，申请人必须向当地社会福利机构提供上一年及本年度有关账单、收据或经审计的账户。

在最终待遇核算上，申请人个人的每周最高金额减去其每周可计入收入，即得到每周实际可得的求职者津贴金额。

在受助人义务上，如果受助人无正当理由拒绝参加就业支持计划、指导培训或相关会议，其津贴会减少至惩罚额度。如果申请人或受助人没有正当理由地自愿离职，或者因不端行为而失去工作，或者拒绝合适的工作或就业培训且处于惩罚额度至少 21 天的情况下，则会被剥夺领取资格长达 9 周。

---

[1] 由笔者自行计算，2018 年爱尔兰人均工资为 47605 欧元，每周平均工资即为 915 欧元。数据来自：OECD Average annual wages（https：//stats. oecd. org/viewhtml. aspx? datasetcode = AV_ AN_ WAGE&lang = en#）。下同。

[2] 统一社会费（Universal Social Charge）是针对年收入超过 13000 欧元的高收入群体的一种税收。

[3] Jobseeker's Allowance and work（https：//www. citizensinformation. ie/en/social_ welfare/irish_ social_ welfare_ system/means_ test_ for_ social_ welfare_ payments/work_ and_ jobseekers_ allowance. html）.

（2）特别激励措施。

第一，设立兼职工作激励计划（Part - Time Job Incentive Scheme）。

兼职工作激励计划是一项专门针对长期领取求职者津贴的兼职工作者、旨在鼓励他们找到全职工作的激励措施。

在受益资格上，受助人应为每周工作时间少于 24 小时的兼职工作者（不包含自雇人士），并且取得求职者津贴长达 390 天（15 个月），或每周获得求职者津贴至少 128. 60 欧元（存在被扶养成年人时每周至少 209. 70 欧元）[1]。

在待遇标准上，符合要求的受助人每周可以获得固定金额的津贴，个人为 128. 60 欧元，若存在被扶养成年人则增加至 209. 70 欧元，无论受助人能获得多少兼职收入。

在受助人义务上，首先在申请该计划时，必须承诺兼职工作最短做 2 个月、最长 1 年，并缴纳相应等级的社会保险，但每周总的工作时间应少于 24 小时。其次在参加该计划期间，受助人必须努力寻找全职工作，得到全职工作后将不能再参与该计划。最后，受助人的雇主应每 4 周报告一次有关受助人的受雇状态以及工作时间。

第二，为单亲父母提供求职者过渡津贴（Jobseeker's Transitional Payment）。

求职者过渡津贴是求职者津贴制度下的一项特殊措施，专门面向最小的孩子为 7 - 13 岁的单亲父母[2]。其待遇标准与普通的求职者津贴相同，不同点在于收入核算方式和受助人义务上。收入核算上，每周收入的前 150 欧元不计入，余额的 50% 计入收入。受助人义务上，不限制每周最多工作 3 天，也不要求全力寻找全职工作，以便让单亲父母履行好照护责任[3]。

（3）实施效果。

2018 年底，求职者津贴的受助人共有 15. 5 万人，占总人口的 4. 2%，是爱尔兰社会救助体系中覆盖面最大、津贴领取人数最多的制度[4]。据研究，2017 年 3 月登记在册的临时工和兼职人员为 5. 9 万人（约占 32%），而一年后该人数减少

---

〔1〕 Part - Time Job Incentive Scheme（https://www.citizensinformation.ie/en/social_ welfare/social_ welfare_ payments/social_ welfare_ payments_ and_ work/part_ time_ job_ incentive_ scheme.html）.

〔2〕 7 岁以下则可以申请单亲家庭津贴（One - Parent Family Payment），该津贴不要求申请人求职就业。

〔3〕 Jobseeker's Transitional payment（https://www.citizensinformation.ie/en/social_ welfare/social_ welfare_ payments/unemployed_ people/jobseekers_ allowance_ transition.html）.

〔4〕 Statistical Information On Social Welfare Services Annual Report 2018（http://www.welfare.ie/en/downloads/2018 - Report.pdf）.

了近1万人[1]，可见该制度对于促进非正规就业者进入全职工作有着较强的推动作用。

从制度上来看，求职者津贴实质上就是失业救济，但该制度还覆盖了低收入的非正规就业者这类失业风险较大的人群。与其他国家相比，还推出了一些有针对性的特别措施，以激励兼职工作者积极寻找全职工作，让单亲父母能够更好地平衡工作与照护孩子。

四、各类救助政策的比较与总结

纵览多国政策可以发现，由于工作贫困问题具有复杂性，许多发达国家都采取了不同的模式以应对工作贫困问题，不同模式下的具体制度措施也有所差异。因此，在这里对各国的救助措施进行比较与总结（见表4－6）。

表4－6 各国应对工作贫困问题的不同模式

国家	制度名称	模式	求职就业的相关规定	覆盖的就业人群范围
法国	工作补助金	针对全部工作贫困群体的专项救助	就业是前提与资格	所有就业人群
新加坡	就业入息补助计划	针对部分工作贫困群体的专项救助	就业是前提与资格	35岁以上就业人群和所有年龄的残疾就业人群
爱尔兰	工作家庭补助金	针对部分工作贫困家庭的专项救助	就业是前提与资格	工作时间较长且有未成年子女的就业人群
英国	通用福利	覆盖所有处于劳动年龄人群的最低生活保障，融入失业救济	符合条件者必须履行求职就业义务	所有就业人群
德国	失业救济金Ⅱ	覆盖所有处于劳动年龄且有劳动能力的失业救济，融入最低生活保障	所有受助人必须履行求职就业义务	所有就业人群

[1] Department of Employment Affairs and Social Protection, *Review of the Operation of the Working Family Payment* (http://www.welfare.ie/en/downloads/ReviewOfTheOperationOfTheWorkingFamilyPayment.pdf).

续表

国家	制度名称	模式	求职就业的相关规定	覆盖的就业人群范围
爱尔兰	求职者津贴	面向失业和非正式就业人群的失业救济	受助人必须履行求职就业义务，特殊人群有特别规定	非正规就业人群

资料来源：作者根据前文内容整理制作

第一，对于不同模式的选择，很大程度上取决于各国政府如何看待工作贫困群体。例如，当政府将所有工作贫困群体与其他贫困群体同等看待时，便会将其全部纳入最低生活保障体系，仅根据收入财产等标准判定申请人是否需要救助，不附加其他条件，以日本生活保护制度、英国通用福利为典型；当政府将全部或部分工作贫困群体看作是低质量就业、徘徊在失业边缘的人群时，便可能会把他们与失业人群放在一起，将其视作准失业群体，纳入失业救济体系之中，以德国失业救济金Ⅱ、爱尔兰求职者津贴为典型；当政府认为有必要为负有养育义务的工作贫困群体提供救助的时候，便会将这一类人群筛选出来，通过与家庭有关的制度来救助他们，以爱尔兰工作家庭补助金为典型。

第二，是否会对工作贫困群体进行有筛选的救助，体现了各国政府在社会救助上的责任边界。比如，英国、德国、法国、日本都是对所有工作贫困的人群提供基本无差别的救助，而爱尔兰则秉持着更为克制的态度，将工作贫困人群进行筛选，仅对其中的部分人群进行特定救助。这是由于工作贫困群体具备劳动能力，大多能够通过自己的努力自食其力，因此，在政府救助的责任边界相对小的国家，会要求这类人群竭尽所能自力更生的前提下，仅为其中家庭负担重、确实难以维持基本生活的人群提供必要的救助。

第三，尽管对各种措施进行了模式上的分类，但这些模式并不是完全对立的，而是相互交融的。比如，英国的通用福利是多个救助项目的整合，其中就包括求职者津贴这一项失业救济，因此该制度有一些失业救济的特点，比如有劳动能力的人群必须按规定履行相应的求职就业义务。而德国的失业救济金Ⅱ则相反，融入了最低生活保障的因素，尽管以失业者为救助主体，但纳入了部分工作贫困群体，尤其是非正规就业者，以保证其基本生活水平。

第四，在救助水平上，不同国家不同制度的差异较大，但大多处在一个较低的水平。比如，从平均工资替代率来看，法国、日本、爱尔兰的待遇水平较高；从受助人数来看，法国的覆盖比例最高；总体而言，法国的救助水平较高。从摆脱贫困的角度来看，尽管各国制度都能够为工作贫困群体一定救助，保证其基本生活水平，但由于发达国家的贫困标准通常设置得较高，因此多数措施都难以有效帮助人们完全摆脱贫困。

第五，在救助内容方面，无论是将工作贫困群体纳入最低生活保障范围，还是纳入失业救济体系，抑或是针对工作家庭负担的救助，都具有较高的相似性，多以现金给付为主，其本质都是提供兜底性质的生活费，以保证受助人及其家庭能够维持基本生活水平。例外是新加坡的就业入息补助计划，部分补助金直接进入受助人的资产账户，但是只能用于未来专项用途的支出。

五、启示和建议

随着精准扶贫等政策的大力推进实施，我国即将消除绝对贫困，但是相对贫困还会长期存在，需要探索建立一套减少相对贫困的体制机制，这其中就包括如何应对工作贫困问题。目前，我国存在大量就业的低保边缘人群，在城市低保对象中也存在相当比例的在职人员和灵活就业人员，这类人群尽管当前处于就业状态，但收入较低且缺乏稳定性，容易受到外部风险冲击，属于社会脆弱群体。有学者根据中国综合社会调查（CGSS）2010 年的数据测算，我国工作贫困人口约占总人口比例 13.5%[1]。而面对规模如此庞大的工作贫困群体，目前我国的社会救助制度对于这类人群及其家庭的支持还严重不足，一方面在救助范围上没有对此类对象给予充分关注，另一方面缺少有效的手段给予救助帮扶。而从部分发达国家应对工作贫困的做法中，我们能够得到一些可借鉴的经验启示。

（一）为工作贫困群体提供适度的救助

工作贫困群体作为具备劳动能力的人群，通常都是有条件自食其力的。尽管许多发达国家在工作贫困问题上采取了一定的应对措施，但是多数国家对于工作贫困群体的救助是较为克制的。比如，在救助水平上，仅保证受助人能够维持最低生活水平；在救助范围上，选取工作贫困群体中的非正规就业者、负有养育义务的父母、年长体弱者等最需要救助的人群；在受助资格上，设置一个较为严格的标准，并附加一些工作的义务与条件等。总体而言，我国在进行削减工作贫困的制度设计时，应当结合经济发展水平、财政状况等因素，在救助水平、覆盖范围等制度的各个方面做出符合国情的设计，为工作贫困群体提供适度的社会救助。

（二）加强对自立自强者的支持

工作贫困群体通常在付出了大量辛苦的劳动之后，仍然由于各种原因陷入了

---

[1] 姚建平：《中国城市工作贫困化问题研究——基于 CGSS 数据的分析》，载《社会科学》2016 年第 2 期。

贫困。在进行救助的同时，还有必要采取激励加强制的综合措施，既要防止轻而易举取得救助金而形成福利依赖，也要防止其产生“辛苦工作不划算”的想法。比如，在进行待遇核算时，可以对劳动收入设置一定的抵扣减免，包括劳动收入非100%比例计入、免除一定额度的工作必要支出等，这是对劳动者的激励与支持；也可以采取设置最低工作时长要求、限制救助时限、规定求职就业义务等办法，这是要求工作贫困群体进行工作的强制性措施。

（三）多关注非正规就业者

随着互联网等新兴业态的发展，我国的非正规就业者数量逐年增加。非正规就业者在劳动力市场非常脆弱，收入很容易波动或停滞，有很高的风险进入到贫困状态，而且很多非正规就业者又没有主动参加社会保险，不能获得充分的社会保障。因此，作为工作贫困群体的重要组成部分，有必要对非正规就业者进行特别关注，施以额外的激励措施，比如爱尔兰对兼职工作的特别激励。同时，非正规就业者也是陷入失业的高危人群，失业则更是加大了陷入贫困的可能性，因此，在对这类群体进行社会救助时，可以要求他们在接受补助的同时，必须参加一定的就业指导培训，并积极寻找全职工作。

（四）多关注劳动参与度低的家庭

家庭劳动参与低是导致工作贫困的重要因素之一，比如家庭中存在无劳动能力或因生病等原因而暂时无法工作的成员，家中处于就业状态的劳动力的负担会加重，或者，家庭中适龄劳动力需要花费大量时间履行家庭照护的职责，难以从事全职工作，而非正规就业的收入较低或不够稳定，也使得劳动力负担加重。因此，政府有必要采取措施以补贴肩负家庭重担的就业人士，可以在救助项目中设立额外补贴，比如，德国对怀孕妇女和单身父母设置更高比例的标准额、爱尔兰为单亲父母降低求职就业的要求等。在给予补贴的同时，也有必要促进家庭劳动参与率的提高，尤其是对于无抚养义务的有劳动能力的群体，为了激励他们投入工作，防止产生福利依赖，许多国家都将社会救助与就业政策结合起来，对这类人群规定了求职就业的义务。

（五）提高工作贫困人群的抗逆性

贫困就业人群通常教育程度低，竞争力不足，加上收入往往抵不上开支，一般不具备财务管理知识和储蓄习惯，很容易形成“过一天算一天”的思维，产生不良的消费习惯。而通过对用于教育、住房和医疗等特定用途的储蓄，低收入家庭能够有机会实现经济上的自给自足。尤其是可以学习新加坡的方案，将补贴款分为两部分，既能够通过现金支付帮助贫困人群解决当下生活之需，又能够通过资产账户的方式增加他们的储蓄，一旦未来需要重大支出时能够提供一定的支持，增强此类群体的抗逆性。

参考文献

中文文献

蔡曾：《“穷忙族”的应对之道》，载《中国人力资源社会保障》2014年第11期。

王守杰，黄家瑶：《国际视野下在职贫困的治理变迁》，载《河北学刊》2007年第6期。

姚建平：《中国城市工作贫困化问题研究——基于CGSS数据的分析》，载《社会科学》2016年第2期。

叶崇扬，施世骏：《台湾地区工作贫穷的形成机制与政策思考》，载《社会政策研究》2017年第2期。

尹海洁，王翌佳：《城市工作贫困研究：回顾与展望》，载《改革与开放》2016年第9期。

张盈华：《工作贫困：现状、成因及政府劳动力市场政策的作用》，载《国际经济评论》2016年第6期。

外文文献

Administration for Children & Families, *Assets for Independence Program Report to Congress – Status at the Conclusion of the Seventeenth Year, Fiscal Year* 2016 (https://www.acf.hhs.gov/ocs/resource/afi – reports – to – congress).

Eurofound, *In – work poverty in the EU*, 2017, Luxembourg: Publications Office of the European Union (https://www.eurofound.europa.eu/sites/default/files/ef_publication/field_ef_document/ef1725en.pdf).

European Anti – Poverty Network, *Working and Poor – EAPN Position Paper on In – Work Poverty*, 2013.

ILOSTAT, *The Working Poor – Or How A Job Is No Guarantee Of Decent Living Conditions*, 2019 (https://www.ilo.org/global/statistics – and – databases/publications/WCMS_696387/lang – – en/index.htm).

International Labour Organization, *World Employment and Social Outlook: Trends* 2019, Geneva: International Labour Office, 2019.

International Labour Organization, *World Social Protection Report* 2017 – 19, Geneva: International Labour Office, 2017.

Jarrod Haar, Stuart C. Carr, James Arrowsmith, Jane Parker, Darrin Hodgetts & Siautu Alefaio – Tugia, "Escape from Working Poverty: Steps toward Sustainable Livelihood", *Sustainability*, Vol. 10, No. 11, November 2018.

Lane Kenworthy, Ive Marx, *In – Work Poverty in the United States*, 2017 (http://ftp.iza.org/dp10638.pdf).

U. S. Bureau of Labor Statistics, *A profile of the working poor*, 2017 (https://www.bls.gov/opub/reports/working – poor/2017/home.htm).

Valandra, Johanna M. Thomas, Kameri Christy, Chelsea Tatlow & Karama Neal, "Assessment of a State TANF Funded IDA Initiative: A Case Study", *Journal of Social Service Research*, Vol. 45, No. 2, August 2019.

第五章 “支出型贫困”的应对

支出型贫困是我国在社会发展过程中提出来的概念，在国外并没有相对应的名称〔1〕。在我国的语境中，支出型贫困是指家庭收入水平高于当地最低生活保障线，但由于家庭成员出现重大疾病、子女就学、突发事件，导致家庭财力支出远远超出承受能力而造成的绝对生活贫困〔2〕。从支出型贫困的致贫原因来看，重大疾病、子女就学、突发事件都会导致支出型贫困。但是相对而言，重大疾病是绝大部分支出型贫困家庭致贫的主要原因。以贫困户因病致贫返贫为例，全国扶贫动态管理系统数据显示，截至2018年初，我国建档立卡贫困户中因病致贫返贫比例高达41.65%，为五大类致贫原因〔3〕中最高。

支出型贫困这一概念的提出，表明传统以收入为标准的贫困识别体系具有明显的局限性，主要体现在以收入划定救助资格使收入在标准以下的家庭能够享受到多种救助项目、福利补贴，但收入在标准以上的家庭一旦陷入困难，却无法享有应该获得的救助，这种制度设计将支出型贫困家庭边缘化，这类家庭在得不到救助的情况下容易陷入绝对贫困〔4〕。但是，认知支出型贫困也不能完全将其与收入低下割裂，如果家庭收入足够充裕，能够抵抗重大疾病、子女就学或突发事件带来的风险，那么也就不会陷入支出型贫困。所以，支出型贫困一方面是指家庭存在着刚性支出过大，收不抵支；另一方面也意味着家庭收入不足，刚性支出一旦增加，整个家庭很容易陷入贫困的境遇〔5〕。

解决支出型贫困问题，要重点关注两类群体：一类是经过各种救助后仍有突出困难的低保家庭；另一类是现行救助政策覆盖不到的临时困难家庭和低保、贫

---

〔1〕 刘芳：《河北省农村支出型贫困家庭临时救助制度研究》，载《河北大学学报》，2019年。

〔2〕 吴孟、奚海娟：《“支出型贫困”家庭的救助思考》，载《中国社会报》2012年12月19日，第5版。

〔3〕 五大类致贫原因及其占比分别为：因病致贫42%；因灾致贫20%；因学致贫10%；因劳动能力弱致贫8%；其他原因致贫20%。

〔4〕 钟仁耀：《支出型社会救助的理论分析》，载《中国社会报》2013年10月21日，第3版。

〔5〕 池秋娜、郭玉辉：《社会兜底保障由收入型贫困向支出型贫困延伸研究——以医疗支出型贫困为例》，载《社会政策研究》2018年第4期。

困边缘家庭。支出型贫困家庭必须同时具备以下条件：一是共同生活的家庭成员中患重大疾病、子女就学困难、发生突发性事件；二是家庭短期内刚性支出过大，远远超过收入；三是家庭实际生活水平低于当地城乡居民最低生活保障标准。[1] 尽管国外没有明确针对“支出型贫困”的研究，但美国、加拿大、日本、法国、澳大利亚等发达国家在贫困识别、医疗保障、社会救助等方面的经验为我国解决支出型贫困问题提供了思路。

一、贫困识别

美国制定了补充性贫困措施，加拿大提出了市场篮子措施，这两项措施在制定贫困标准、低收入标准时都考虑到了家庭必要的支出部分，这对于我国建立支出型贫困识别体系具有借鉴意义。

（一）补充性贫困措施（Supplemental Poverty Measure，SPM）

2009 年，美国成立了致力于制定补充贫困措施的跨技术部门工作小组，该工作组负责制定一组初始起点，在此基础上美国人口普查局与劳工统计局合作制定补充性贫困措施。2011 年，美国人口普查局发布了第一份关于补充贫困衡量指标的报告。

SPM 更广泛地定义了收入、需求和家庭单位。SPM 的收入测量标准为：现金收入 + 实物政府福利（如食品券和住房补贴）－无选择支出（税款、医疗费用支出和工作支出）。SPM 门槛值以每年更新的支出数据为基础进行测算，考虑了食品、服装、住房和公用事业支出，并根据生活成本的地理差异和家庭规模进行调整。SPM 确定门槛值所使用的参考样本为所有有两个孩子的家庭单位。与美国国家科学院（NAS）建议使用两个成年人、两个孩子作为参考家庭单位不同，SPM 包括所有有两个孩子的家庭单位，这与自 NAS 报告发布以来的 15 年中，美国的家庭构成不断变化，越来越多的儿童尤其是低收入家庭儿童生活在只有一名成人的家庭中有关。SPM 扩大了家庭单位的范围，将“家庭单位”定义为包括居住在同一地址的所有相关人员，任何共同居住的无血缘关系的由家庭照顾的儿童（如寄养儿童），以及任何同居者及其子女。研究表明，SPM 贫困率超过官方比率，这说明使用 SPM 标准测算出来的贫困人口比使用官方标准测算出来的贫困人口多。[2]

---

〔1〕 黄晨熹、陈瑛、单佳丽：《民政视角下支出型贫困的内涵与应用》，载《中国社会报》2016 年 1 月 25 日，第 2 版。

〔2〕 Benjamin Bridges, Robert V. Gesumaria. *The Supplemental Poverty Measure (SPM) and the Aged: How and Why the SPM and Official Poverty Estimates Differ*. Social Security Bulletin, Vol. 73, No. 4, 2013.

SPM 弥补了美国官方贫困测量标准的不足，官方贫困测量标准的不足体现在以下三个方面：其一，官方的收入衡量标准没有考虑非现金政府福利、税款、医疗费用支出和工作支出；其二，官方门槛值的确定基于非常必要的支出（即食品）的狭窄衡量标准，并且基于非常老旧的数据；其三，官方门槛值未能根据生活成本的地域差异进行调整。SPM 能够提供更好的贫困统计数据，但不用于确定政府计划的资格，而是作为一种实验性贫困衡量标准[1]。

（二）市场篮子措施（Market Basket Measure，MBM）

市场篮子措施是加拿大一项用来识别可支配收入低于一篮子特定商品和服务成本的家庭的措施。MBM 门槛值代表了一个有两名成人和两名儿童的参照家庭会产生的具有特定质量和数量的食物、衣服、鞋子、交通、住房和其他费用的成本，能够反映加拿大当下适度的基本生活水平。对于其他规模的家庭，MBM 门槛值通过运用经济家庭规模的平方根进行计算。“经济家庭”是指两个或两个以上居住在同一居所的人，他们之间有血缘关系、婚姻关系、同居关系、收养关系或寄养关系。根据定义，所有人口普查家庭的成员也都是经济家庭的成员。广泛的经济家庭概念包括：两个同住的普查家庭彼此有联系，被认定为是一个经济家庭；非普查家庭成员的同住兄弟姐妹被视为一个经济家庭；与叔叔阿姨住在一起的侄女或侄子被认为是一个经济家庭。将经济家庭的可支配收入与该家庭的 MBM 门槛值进行比较，以确定该家庭及其所有成员是否处于低收入状态。

第一套 MBM 门槛值在 2000 年创建，反映了该年加拿大适度的基本生活水平。MBM 门槛值每年根据篮子里项目的价格进行更新。MBM 篮子（2011 年为基础）的定价涵盖了 50 个不同的地理区域——19 个特定社区、31 个人口中心和省份组合。虽然篮子中的物品相同，但篮子的成本在不同省份相似规模的社区以及在相同省份的不同区域之间，成本存在差异。MBM 门槛（2011 年基数）反映了购买以下物品的成本：（1）加拿大卫生部 2008 年国家营养食品篮子中规定的营养膳食；（2）一个由两个成人和两个孩子组成的家庭所需要的衣服和鞋子；（3）住房成本，包括电、暖气、水和电器在内的两室或三室出租单元的平均成本；（4）交通费用，使用公共交通工具或者在没有公共交通工具的情况下拥有和运营一辆普通汽车的相关成本；（5）其他必要的商品和服务[2]。MBM 对经济家

---

[1] United States Census Bureau. *Observations from the Interagency Technical Working Group on Developing a Supplemental Poverty Measure*. https：//www. census. gov/topics/income – poverty/supplemental – poverty – measure/about. html，2010 –4.

[2] Dictionary，Census of Population. *Market Basket Measure*（*MBM*）. https：//www12. statcan. gc. ca/census – recensement/2016/ref/dict/pop165 – eng. cfm，2017 –9 –13.

庭收入的测量使用的是经济家庭的可支配收入，可支配收入等于总收入（就业收入、投资收入、退休养老金和政府转移支付）减去联邦/省所得税和非自由支配支出（包括退休金和就业保险范围的工资税、工会和专业费用、雇主规定的退休金和健康保险费、子女/配偶赡养费、与工作和学习有关的自付育儿费、自付医疗费用和公共健康保险费）。[1]

篮子措施具有明显的优点，同时也具有缺点。优点体现在其直观明了、通俗易懂，便于公众参与，且保障了受助者最起码的生活需求，缺点体现在纳入“篮子”的总是最容易取得一致的项目，而有争议的项目往往会被搁置起来，用市场篮子法制定贫困线标准容易偏低，并且这种严格的清单式计算，限制了受助者的生活方式[2]。

（三）发达国家贫困识别的特点

美国的补充性贫困措施以及加拿大的市场篮子措施在具体做法上具有共同点，这些特点为我国建立支出型贫困识别体系提供了启示。

明确支出项目。美国的补充性贫困措施以及加拿大的市场篮子措施在计算家庭收入以及确立门槛值时，都明确了一定支出项目的消费与成本。例如：美国补充型贫困措施在进行收入测量时考虑到了税款、医疗费用支出和工作支出，在确立门槛值时考虑了家庭在食品、服装、住房和公用事业上的消费与支出；加拿大市场篮子措施关注的是家庭可支配收入，在确立门槛值时考虑了家庭在营养膳食、住房成本、交通费用、其他必要的商品和服务上的支出与消费。我国在构建支出型贫困识别体系时，要充分借鉴这种做法，关注家庭的消费支出，更真实地反映家庭经济状况。

关注大额支出。美国补充性贫困措施以及加拿大市场篮子措施在确立家庭支出项目时，除了明确家庭在食品、衣物等方面的基本支出，还考虑了家庭在住房、医疗、育儿、赡养等较大额度的支出项目，救助理念逐渐从“维持生存”到“维持生活”转变。我国在构建支出型贫困识别体系时，应将必要的大宗支出纳入最低生活保障范围之内，准确识别正在经历困难的家庭，使需要帮助的家庭得到救助。

扩大覆盖对象。美国的补充性扶贫措施以及加拿大的市场篮子措施都考虑到了社会发展带来的家庭结构变化，扩大能够得到救助的家庭类型，使更多的家庭得到救助。比如：美国补充性扶贫措施确定贫困阈值将参考家庭从两个成年人、

---

〔1〕 Zhang X., Hatfield M. *Market Basket Measure*. In: Michalos A. C. (eds) Encyclopedia of Quality of Life and Well-Being Research. Springer, Dordrecht, 2014.

〔2〕 智库·百科. 市场菜篮法, https://wiki.mbalib.com/wiki/市场菜篮法。

两个孩子的家庭拓展到所有有两个孩子（包括单亲）的家庭；加拿大市场篮子措施对于经济家庭的定义也较为宽泛。当前我国经济社会也经历着深刻变化，在确立救助对象的时候，也应该考虑到家庭组合的多样性，确保困难家庭得到救助。

注重区域差异。美国的补充性扶贫措施以及加拿大的市场篮子措施在计算门槛值时都考虑了不同区域物品、服务价格存在的差异。我国东中西地区在经济社会发展速度与发展质量上存在较大差距，同一区域内部的不同地区在物价水平上也不尽相同，计算门槛值要考虑到每个区域、地区实际经济发展状况、生活水平、物价水平，确保识别结果的科学性与准确性。

二、医疗保障

医疗保障的目标是为全体国民健康提供稳定的资金来源，发达国家在医疗保障上的经验值得我国借鉴。例如日本、法国针对全民的健康保险制度以及卫生保健系统，保障了困难家庭医疗保险的资格获得，防止困难家庭因无法缴纳保险费或出于减少支出的考虑没有缴纳医疗保险费等产生的问题，有利于将全体国民纳入保障体系中；美国通过医疗救助计划实现医疗保险的扩面，有针对性地将低收入群体、边缘群体纳入医疗保障体系中。

（一）健康保险（Health Insurance in Japan）

日本的健康保险制度始于 20 世纪初，1961 年实现了全民保险，所有国民和有合法居留资格的外国人都必须加入某种形式的健康保险，对于没有收入的外国人（如留学生）在缴纳保险费时可享受减免。2003 年日本医疗制度改革后，日本的医疗制度主要分为被雇佣者健康保险、国民健康保险和后期高龄者医疗制度。被雇佣者保险主要分为政府掌管健康保险、组合掌管健康保险、共济组合、船员保险。其中，政府掌管健康保险的参保人员主要是中小企业员工；组合掌管健康保险主要是大企业或企业集团以及一部分地方自治会的工会运营的医疗保险，参保人员主要是大企业员工；共济组合是年金（养老保险）和医疗保险合二为一的保险，主要由国家公务员、地方公务员（公立学校教员属于地方公务员）、私立学校教员加入；船员保险是一般健康险、雇佣保险、劳动者灾害补偿保险三合一的保险制度，参保人为船长、船员、预备船员。国民健康保险主要由个体户和农民、退职者、留学生等参加，可分为国民健康保险协会保险和市、街道、村国民健康保险两类。后期高龄者医疗制度适用于 75 岁以上的高龄者以及 65—74 岁的残障者，从2008年4月开始实施。[1]

各类制度的支付内容基本相同，主要有两种形式：一种是现物支付，由医疗机关向被保险者提供诊断、治疗、住院、药品、护理、上门医疗以及高科技医疗等实物和服务，被保险者及其家属只要向保险医疗机关支付患者本人负担部分的费用就可以接受医疗，保险者则根据规定向医疗机关支付所发生的费用。二是采取偿还支付的方式，即被保险者先向医疗机关全额支付医疗费，然后再从保险机构报销，得到应得的补偿。这两种方式在各种医疗保险制度中并存。2003年以前，日本不同医疗保险制度的支付比例是不同的。2003年医疗制度改革以后，各类保险制度的支付率统一为70%，其中70—74岁老人个人负担比例是20%；75岁以上老人个人负担比例是10%；但与在职职工同等收入的高收入老年人群，不分年龄个人负担比例都是30%；义务教育前儿童个人负担比例是20%。当个人负担的医疗费过大而超过承担能力时，可适用对一定额度以上的医疗费给予报销的高额医疗保险报销制度。由保险者根据个人及家庭的收入多少，对超过的部分事后给予偿还支付。[2]

针对日本社会的老龄化现象，日本政府于2000年4月起实行护理保险制度，该制度是由市、町、村一级政府管理和运营的，对40岁以上的人员实行护理保险强制缴费，在护理保险基金中，个人缴费部分为50%，国家税金负担50%。其中65岁以上者的个人缴费部分在其年金（相当于中国的退休金、养老金）中扣除；40—64岁人口在缴纳医疗保险费时缴纳护理保险费（如果是企业从业人员，由企业和个人各承担一半）。国家负担的50%由中央政府承担25%，都道府县地方政府承担12.5%，市町村承担12.5%。护理项目有家访护理、巡回护理、短期护理、特殊养老设施护理等，一旦卧床不起就可以申请护理，需要何种程度的护理由保险机构认定的医疗机构判断。护理费用由保险机构和国库各负担一半。日本实行的护理保险制度是解决老年人护理需求的必然途径，是一种新型的老年人医疗保险制度。日本政府高度重视公民的防病和保健，各种健康保险组织通过组织定期地全面体检，针对每个人的状况提出健康指导，并发放《饮食营养均衡指南》等小册子普及保健知识，一些健康保险组织还向受保者提供各种体育设施的优惠券，鼓励受保者通过体育锻炼提升身体素质。[3]

---

〔1〕 刘晓莉、冯泽永、方明金等：《日本医疗保险制度改革及对我国的启示》，载《医学与哲学》（人文社会医学版）2008年第11期。

〔2〕 刘晓莉、冯泽永、方明金等：《日本医疗保险制度改革及对我国的启示》，载《医学与哲学》（人文社会医学版）2008年第11期。

〔3〕 罗元文、王慧：《日本医疗保险制度经验对中国的启示》，载《日本研究》2009年第4期。

日本的健康保险具有强制性，实现了全民覆盖[1]。日本根据个人收入的多少确定缴费额度的高低，促使低收入者顺利参保，从而保障了弱势群体医疗保险的资格获得[2]。在保障力度方面，政府承担医疗费用的70%及以上，个人只需承担小部分医疗费用。日本医疗保险制度启示我们，医疗保险扩面以覆盖到更多的人群极其重要，尽管我国在制度上已经实现了健康保险的全覆盖，但是在实际中仍有未覆盖到的人群，这类人群多为企业员工、非正规就业人员、城乡居民（特别是偏远农村、山区居民），也恰恰是这类人群在就业、收入上的不稳定性较高，更加具有因大额医疗支出致贫的风险。日本健康保险的全民覆盖以及较高的保障力度，减轻了居民特别是低收入群体、特殊群体的医疗负担，但是人口老龄化带来的医疗费用的增加也加重了政府负担，我国应制定适合我国实际情况的保障制度。

（二）卫生保健系统（The French Health Care System）

法国的卫生保健系统是由政府国民健康保险资助的全民医疗保健系统，其资金部分来自雇主、雇员和自雇者的缴费，部分来自中央政府的资金。还有一部分来自受助者，他们通常需要支付他们所获得的大部分医疗保健费用的一小部分。法国的医疗体系是由公立医院、私立医院、医生和其他医疗服务提供者组成的一个完整的网络，它是一项普遍的服务，为每一个公民提供保健，不论其财富、年龄或社会地位。法国卫生服务费用的报销方式主要有向参保人返还和直接向卫生服务提供者支付两种方式[3]。法国政府通过设定与收入相关的保费水平并确定退还的商品和服务的价格，负责健康保险的财务和运营管理。法国政府通常向患者退还医疗保健费用的70%，在患者发生高昂费用或长期疾病（如癌症和糖尿病）时退还100%。国民还可以从私人保险公司购买补充保险，这些私人保险公司大多数是非营利的互助保险公司[4]。

初级卫生保健是法国卫生保健系统的重要内容，初级保健由23000名全科医生组成的网络提供（每2600名居民有1名全科医生），全科医生负责病人的长期护理，在不需要专家问诊的疾病与创伤范围内，为患者提供预防、教育和治疗服务。针对患有严重疾病但暂时还不需要专家介入的情况，全科医生每天都会关注

〔1〕 罗元文、梁宏艺：《中日韩医疗保险制度比较及对中国的启示》，载《日本研究》2008年第4期。

〔2〕 张牧原：《中日医疗保障制度的比较与启示》，载《西安交通大学学报》（社会科学版）2009年第1期。

〔3〕 樊宏、汪文新、柴云等：《法国卫生体制改革概况》，载《中国社会医学杂志》2008年第6期。

〔4〕 Health care in France. https：//en. wikipedia. org/wiki/Health_ care_ in_ Franceipedia. org/wiki/Health.

患者的疾病状况。自2006年起，每位患者必须向医疗基金申报一位全科医生为“治疗医生”，患者也可以向任何专科医生（妇科医生、精神科医生和牙医除外）求诊，但需要征求全科医生的意见。专科医生收取的费用比全科医生要高，但有官方收费标准，这是病人报销的基础。许多专家采用的收费标准高于官方标准，在这种情况下，如果医疗保险提供者提供补偿，患者将按照标准费率获得补偿，或者按照更高的费率获得补偿。在公立医院外工作的专家是作为个体经营的专业人员，提供由病人支付的私人服务，然后由国家医疗保险计划报销。患者从药房购买全科医生和专科医生开具的处方药和其他药品，仅需要支付国家医疗保健系统未支付的部分费用。[1]

法国具有全球公认的最公平、质量最高的卫生保健体系，保障了每一个公民接受医疗保健的权利。但是经济困境和老龄化等现实问题也使法国的卫生保健系统面临着严峻的挑战，例如收支不平衡、医护人员压力大等[2]。法国卫生保健系统陷入危机的根本在于运行保健体系的成本太高，国家财政难以确保其可持续运行。因此，我国在解决医疗支出带来的支出型贫困问题时，不仅要考虑到个体生存与发展的问题，还要考虑到国家经济社会发展水平以及财政状况，确保制度运行的可行性与可持续性。

（三）医疗救助计划（Medicaid）

美国的医疗救助计划是由联邦政府和州政府合作，为低收入者提供医疗服务的保险，主要为低收入家庭的儿童、孕妇、老年人、有年幼子女的父母、残障人士等提供保障。医疗救助计划主要由州政府出资，联邦政府通过医疗照顾和医疗救助中心（Centers for Medicare and Medicaid Services，CMS）提供部分资金。在联邦政府指导下，州政府设定贫困线和资产标准来确定申请人的资格、保险涵盖的医疗服务范围、医疗费用报销水平等，州政府每年审核参保人的收入和资产状况，以确定是否保留或取消其投保资格。美国医疗救助计划的保障比较全面，包括医院医疗、医生门诊、医疗化验检查、母婴保健、预防医疗、家庭护理等各种日常生活需要的医疗服务，各州的医疗保障不尽相同。[3] 医疗救助计划是美国第三大反贫困计划，为近5400万美国人提供医疗保险，减贫效果仅次于所得税抵免

---

〔1〕 The French health care system. https：//about – france. com/health – care. htm.

〔2〕 欧洲时报内参. 法国医疗体制困境［EB/OL］. http：//www. oushinet. com/europe/france/20170218/255485. html 急诊室人满为患 医生抱团辞职甚至跳楼，2017 – 02 – 18。

〔3〕 低收入在美国怎样参加医疗保险？https：//www. health – insurance – overseas. com/public – health – insurance – usa – 2. html#what，2019 – 10 – 6。

和补充营养援助计划[1]。

2010年，美国制定了《平价医疗法案》（ACA），通过扩大医疗救助计划的资格，以覆盖更多的低收入美国人。根据《平价医疗法案》，从2014年开始，所有收入在联邦贫困水平的138%（三口之家的年收入为26347美元，一个人年收入为15417美元）以下的个人都将享有医疗补助资格，包括目前被排除在公共卫生覆盖范围之外的群体，如低收入群体、有劳动能力的父母、低收入但没有孩子的成年人，以及许多没有达到医疗救助计划残疾标准的患有慢性精神疾病或残疾的低收入个人。[2] 截至2017年，由于医疗救助计划的扩大，近1000万人获得了医疗保险。2013年至2018年7月，在医疗救助计划扩大的州，参加医疗救助计划的人数增加了1360万人，增幅为35.9%。然而，在那些没有扩大医疗补助的州，医保缺口使得大约220万人没有资格享受任何一种可负担的医保。需要明确的是，这是由于各州做出的决定，而不是ACA本身的缺陷。各州可以选择在任何时候接受联邦资金来扩大医疗救助计划，从而缩小覆盖范围的差距[3]。2018年，根据美国进步中心编制的最新数据，在拒绝扩大医疗计划的州，扩大医疗救助计划每年可挽救超过14000人的生命[4]。截至2019年8月1日，已有37个州（包括DC）采用了医疗补助扩张计划，14个州尚未采取扩张措施[5]。在美国，如果个人收入超过本州医疗救助计划的标准，或者由于公民/移民身份等原因不能参加医疗救助计划，可以参加公司的集体医疗保险。根据医疗法的规定，公司提供的保险的保险费必须是员工可负担得起的，并且保险必须提供符合医疗法标准的全面保障。如果没有资格参加医疗救助计划，也不能通过工作单位参加集体医疗保险，那么根据医疗法的规定，收入在联邦贫困线的100%—400%之间者可以在申请个人或家庭医疗保险时得到政府的保险补助，帮助支付保险费用。通常情况下，收

---

[1] Nazihah Siddiqui. *Reducing Poverty: How Medicaid Does More Than Just Improve Access to Healthcare in Cities*. http://chicagopolicyreview.org/2014/01/20/reducing-poverty-how-medicaid-does-more-than-just-improve-access-to-healthcare-in-cities/, 2014-1-20.

[2] Sarah Baron. 10 *Frequently Asked Questions About Medicaid Expansion*. https://www.americanprogress.org/issues/healthcare/news/2013/04/02/58922/10-frequently-asked-questions-about-medicaid-expansion/, 2013-4-2.

[3] Healthinsurance.org. *What is Medicaid expansion?* https://www.healthinsurance.org/glossary/medicaid-expansion/.

[4] Rachel West. *Expanding Medicaid in All States Would Save 14,000 Lives Per Year*. https://www.americanprogress.org/issues/healthcare/reports/2018/10/24/459676/expanding-medicaid-states-save-14000-lives-per-year/, 2018-10-24.

[5] kff.org. *Status of State Medicaid Expansion Decisions: Interactive Map*. https://www.kff.org/medicaid/issue-brief/status-of-state-medicaid-expansion-decisions-interactive-map/, 2019-9-20.

入越低，可得到的保险补贴越高。在政府补助后，有些人只需每月支付数十美元的保险费。[1]

美国的医疗救助计划实质上是通过医疗保险的扩面将低收入群体、边缘群体纳入医疗保障体系之中，减轻低收入群体、边缘群体医疗支出的负担，降低其因医疗支出恶化生活状况或陷入贫困的风险。

（四）发达国家医疗保障的特点

日本和法国针对全民的健康保险箱和医疗保健系统，美国针对低收入群体的医疗救助计划啊，对我国构建完善的医疗保障体系、预防医疗支出过大带来的支出型贫困具有以下启示：

构建以预防为主的大健康格局。疾病预防是医疗保障的重要内容，疾病预防可以提升国民的健康意识与健康知识，降低国民患因不良的生活习惯以及缺乏卫生常识而导致的疾病，从而减少因病致贫家庭的数量。日本高度重视公民的防病与保健，启示我们要做好健康教育。健康教育的全面性与针对性要相得益彰，既要向国民讲解慢性病、传染病、心理卫生等方面的基本卫生知识，也要针对疾病的时间分布特征、地区分布特征、人群分布特征，做好重点防治[2]。法国全科医生的制度设计启示我们，要继续完善家庭医生制度，使国民全面了解自己的健康状况，获得连续、有效、及时和个性化的医疗保健服务和照顾，减少小病拖成大病的概率以及由此引发的贫困问题。

注重对边缘群体、弱势群体的医疗保障倾斜。发达国家的经验来看，发达国家的医疗保障不仅仅关注收入型贫困群体，还关注社会的边缘群体、弱势群体。部分边缘群体、弱势群体虽然不是贫困人口，但是其收入较低、抗风险能力弱，极易因病致贫。日本注重对老年人的保护，减少普通收入高龄老年人保险费用个人支付部分，并且实施护理保险制度；美国将补助资格扩展到收入边缘群体。解决支出型贫困问题，应将年老、收入较低、患病等脆弱性较高的群体纳入保障体系中，通过给予及时救助，预防、减少因医疗支出带来的支出型贫困问题。

加强针对罕见病、慢性疾病、大病等特殊疾病的医疗保障。法国加大对癌症、糖尿病的救助力度表明，政府需要出台相关政策，降低需要支付高昂费用或长期患病者的医疗支出负担。罕见病、慢性疾病、大病治疗时间长、治疗费用较高，其中有些疾病难以购买到合适的药品或药价太高，极大增加了患者的支出负担。目前，我国针对这类疾病的保障水平仍然有限，主要体现在报销药品范围较窄、

---

〔1〕 低收入在美国怎样参加医疗保险？https：//www. health - insurance - overseas. com/public - health - insurance - usa - 2. html#what，2019 - 10 - 6。

〔2〕 由娟：《疾病预防控制的关键是全民健康教育》，载《现代预防医学》2005 年第 11 期。

保障力度区域差异大[1]，等等。预防并减少支出型贫困问题，应该加大对这类特殊疾病的保障，建立科学的筹资标准、支付范围以及补偿水平，逐步完善大病保险与基本医疗保险、医疗救助、商业保险的衔接政策，通过多种渠道化解大病风险[2]。

三、社会救助

社会救助政策是针对由于各种原因而陷入生存困境或收入低于最低生活水平线的公民实施的政策。发达国家在社会救助方面采取的措施值得我国借鉴。

（一）公共援助（Public Assistance）

日本的公共援助旨在保证最低生活水平，为即使利用自己所有的资产（房地产、汽车、银行存款和邮政储蓄等资产）和能力（工作），从具有法律责任帮助他们的人（配偶、子女、父母、兄弟姐妹、祖父母、孙子女等）那里寻求帮助，以及接受其他可能的社会保障福利如养老金和津贴，都无法获得最低生活标准的群体提供援助。与此同时，日本的公共援助通过为能够找到工作的受助人提供职业指导促进受助者自力更生。受助者可以得到的援助金额是最低生活费用与受助者收入之间的差额，具体要根据受助人的年龄、性别、家庭组成、居住地区、社会救助种类等情况决定。确定的公共救助标准数额，应当足以保障最低生活保障水平，但不得超过最低生活保障水平。日常生活支出、公共援助项目以及付款规定如表5－1所示：

表5－1　日本公共援助项目及付款规定

日常生活支出	公共援助项目	付款规定
日常生活费用（食物、衣服、水电等）	生活援助	基础金额的计算要考虑包括食品费用在内的个人支出（按年龄计算）以及包括日常生活费用在内的家庭共同费用（按家庭规模计算），还有特殊家庭的额外支出（例如为残疾人士的额外支出等）
公寓租金	住房援助	实际费用在规定的限额内支付
义务教育期满前须缴纳的学杂费	教育援助	实际费用在规定的限额内支付

〔1〕 李华、高健：《城乡居民大病保险治理“因病致贫”的效果差异分析》，载《社会科学辑刊》2018年第6期。

〔2〕 王琬：《大病保险筹资机制与保障政策探讨——基于全国25省〈大病保险实施方案〉的比较》，载《华中师范大学学报》（人文社会科学版）2014年第3期。

续表

日常生活支出	公共援助项目	付款规定
医疗服务费用	医疗援助	费用直接支付给医疗机构，受助人无须承担费用
护理服务费用	长期护理援助	费用直接支付给护理提供者，受助人无须承担费用
分娩费用	孕妇援助	实际费用在规定的限额内支付
就业所需的培训费用（包括上中学的费用等）	职业援助	实际费用在规定的限额内支付
丧葬费用	丧葬援助	实际费用在规定的限额内支付

自2010年4月起，日本生活援助的参照标准如表5－2所示：

表5－2　日本生活援助参照标准（自2010年4月起）

家庭类型	大都市区（日元）	农村地区（日元）
典型的三口之家（33岁，29岁，4岁）	175170	138680
独居老人家庭（68岁）	80820	62640
老年夫妇家庭（68岁，65岁）	121940	94500
母子家庭（30岁，4岁，2岁）	193900	158300

公共援助由地方政府（乡镇）和市政府（城市）负责组织并且承担费用，地方和城市政府设立福利办公室，并为每个受助家庭分配一名个案工作者。在公共救助支出中，政府承担75%，地方政府承担25%。[1] 公共援助的目的不仅是满足基本的生活水准，还为了提升受助人的独立性。大多数接受援助的人都面临着各种各样的问题，不能仅仅通过经济援助解决这些问题。2013年，日本对《公共援助法》进行了修订，并决定从2015年4月开始，建立福利中心的地方政府将开展援助受助人就业支持计划，接受受助人的咨询并向他们提供与就业支持有关的信息及建议。从2014年7月起，日本政府还决定向因找到稳定工作而不再需要帮助的人们提供就业福利。[2]

日本公共援助涉及住房、教育、医疗、长期护理等多个方面，减轻了大额支出给低收入群体带来的生活负担，日本在对低收入群体进行援助的同时注重鼓励

[1] Ministry of Health, Labour and Welfare. *Social Welfare*. https://www.mhlw.go.jp/english/policy/care-welfare/social-welfare/index.html.

[2] KATAOKA Minoru. *Public Assistance*. http://www.arsvi.com/d/i03j-e.htm.

受助人通过就业增加收入、缓解困境，有利于救助资源的合理配置，也有利于帮助低收入群体建立可持续生计。

（二）家庭津贴（Family Benefits）

法国的家庭津贴向所有行业的雇员、非农业个体经营者以及所有有孩子的法国居民（即使他们没有工作）提供救助，极大减轻了家庭养育孩子的负担。家庭津贴包括家庭维持生存的基本津贴、儿童出生和保育津贴、特殊用途津贴。其中，家庭维持生存的基本津贴包括儿童福利、固定费率津贴、家庭收入补助；儿童出生和保育津贴包括出生/领养补助金、儿童基本生活费、共享育儿福利、自由选择保育的附加费；特殊用途津贴包括残疾儿童的教育津贴、成人残疾津贴、返校津贴、每日父母出勤津贴、家庭住房津贴、搬家津贴、就业激励。

家庭福利发放给年龄在20岁以下（一般规定），未工作或月净收入不超过最低月工资55%的合法、私生、领养、寄养的孩子的实际和持续的监护人，或为年龄在21岁以下的孩子的实际和持续的监护人提供住房福利和家庭收入补贴。当家庭中年龄最大的子女年满20岁时，将发放统一费率的津贴，补贴有三个或三个以上孩子的家庭，这笔赔偿最多可支付一年。家庭获得的福利按每月家庭福利基数（BMAF）的百分比计算。截至2019年4月1日，BMAF为413.16欧元。BMAF在每年4月1日上调，根据不包括烟草在内的年平均消费物价指数的预期变化。[1]

（三）疾病津贴（Sickness Allowance）

疾病津贴是澳大利亚社会保障体系中收入补助项目中的其中一项，符合资格的申请人如果因为疾病、受伤或残疾（短期，少于两年）而有一段时间不能工作或学习，就可以获得一笔收入补助，减轻了疾病支出带来的负担。符合资格的申请人必须年满22岁或以上但低于领取养老金的年龄，有工作或者是以全日制学生的身份学习或进修。另外，申请人还必须通过收入和资产评估、符合居住规则（澳大利亚的居民并且在澳大利亚）、因病暂时不能工作或学习、提供医生出具的医疗证明、当身体好转的时候还有工作或学习需要进行。如果申请人领取了收入补助项目中其他项目（养老金、残疾抚恤疾病津贴、失业津贴、青年津贴、照顾者津贴、抚养津贴、原住民和托雷斯海峡岛民学习援助金等）的补贴，就不能领取疾病津贴。

---

〔1〕 CLEISS. The French Social Security System *IV – Family benefits*. https：//www. cleiss. fr/docs/regimes/regime_ france/an_ 4. htm.

澳大利亚所有的收入补助付款都是每两周支付一次，通常直接存入申请人的银行账户，能够得到多少疾病津贴取决于申请人的收入和资产，每年 3 月 20 日和 9 月 20 日会更新津贴支付水平，津贴参考支付水平：没有孩子的单身人士每两周最高会获得 559 美元；有需抚养的孩子的单身人士每两周最高会获得 604. 7 美元；连续获得津贴 9 个月后，年满 60 周岁但未满退休金年龄的单身人士每两周最高会获得 604. 7 美元；有配偶的人士每人每两周最高会获得 504. 70 美元。

申请人的收入评估，即通过计算申请者及其配偶每两周的收入计算津贴金额。收入评估根据申请人的类别作如下划分：

（1）如果申请人是单身并且没有受抚养子女，或者申请人有配偶并且配偶未领取任何津贴，申请人每两周的收入为 104 美元以下就会得到全额津贴；每两周收入在 104 美元到 254 美元之间，每超过 104 美元津贴就会减少 50 美分；每两周的收入超过 254 美元，每超过 254 美元津贴就会减少 75 美元 60 美分。

（2）如果申请人有配偶并且配偶在领取养老金，申请人及其配偶每两周收入合计的一半为 104 美元以下就会得到全额津贴；每两周收入合计的一半在 104 美元到 254 美元之间，每超过 104 美元津贴就会减少 50 美分；每两周收入合计的一半超过 254 美元，每超过 254 美元津贴就会减少 75 美元 60 美分。

（3）如果以上申请人的配偶每两周的收入每超过 983. 34 美元，申请人领取的津贴将减少 60 美分；如果申请人及其配偶获得了药品津贴或租金补助（这两项属于补充项目），申请人所获得的疾病津贴的金额可能会发生变化。

（4）如果申请人是单身并至少有一个需抚养子女（包括收养子女）的主要照顾者，申请人每两周的收入为 104 美元以下就会得到全额津贴；每两周收入超过 104 美元，每超过 104 美元津贴就会减少 40 美分。申请人的生活情况会被定期检查，确保其获得的是适当金额的津贴。如果生活情况发生了变化，相应的津贴额度会发生变化，申请人也可以在生活情况发生变化的 14 天以内主动告知。

申请人全部拥有的资产以及部分拥有的资产都会影响其津贴收入，如果申请者是单身，拥有的流动资产（申请者 1 - 13 周随时可以获得的资金，包括雇主的欠款）为 5500 美元及以上，或者申请者及配偶拥有的流动资产为 11000 美元及以上，或者申请者为单身拥有 11000 美元及以上流动资产并有一个需抚养的孩子，申请者的第一笔疾病津贴将会延迟支付。如果申请者拥有的资产不足以生存（申请者正处于严重的经济困难之中，或者申请者不能得到或只能得到最低限度的付款），可以申请资产困难准备金。[1]

---

〔1〕 Australia Government Department of Human Services. *Sickness Allowance*. https：//www. humanservices. gov. au/individuals/services/centrelink/sickness - allowance.

（四）补充营养援助计划（Supplemental Nutrition Assistance Program，SNAP）

补充营养援助计划以前通常被称为“食品券计划”，它为生活在美国的低收入和无收入人群提供购买食品的援助。这是一项联邦援助计划，这项计划的福利由美国各州的社会服务或儿童与家庭服务司分配，但由美国农业部管理，隶属于食品和营养服务局（FNS）。SNAP 是 FNS 管理的 15 个营养计划中最大的一项，也是低收入美国人社会安全网的重要组成部分[1]。一个家庭获得的 SNAP 福利金额取决于该家庭的规模、收入和支出。在 20 世纪 90 年代后期，SNAP 采用了由私人承包商提供的称为电子福利转移（EBT）的专用借记卡系统，自 2004 年 6 月起所有州都实施了 EBT。每个月 SNAP 福利都会直接存入家庭的 EBT 卡账户中，家庭可以使用 EBT 在超市、便利店和其他食品零售商（包括某些农贸市场）中购买食品[2]。SNAP 受助者必须满足所有资格标准才能获得福利。SNAP 对受助者所拥有的收入和资源要求，对移民、老年人和残疾人也有具体的要求[3]，如表 5－3 所示。

表 5－3　美国补充营养援助计划受助者资格要求

收入要求	个人和家庭的每月总收入为特定家庭规模联邦贫困线的 130%（或更少）。每月总收入是指个人每月扣除任何税款、保险、养恤金等之前的收入。2019 年 7 月，农业部提出了一项法案，该法案将降低收入的绝对资格要求，使收入稍高的美国人也能获得 SNAP
工作要求	适用于 16 至 59 岁人参与该计划的人，除了学生、6 岁以下儿童的监护人和无行为能力的人、因残疾而无法工作的人以及从事戒毒治疗的人。受助人必须每周工作 30 小时，或者登记找工作或参加州培训；不能在没有正当理由的情况下辞职、拒绝工作机会或将每周的工作时间减少到 30 小时以下；对于家庭中年龄在 18 至 49 岁之间，没有 18 岁以下受抚养人且没有怀孕的健全成年人，要求每月在工作、志愿服务、工作福利或劳动力培训上做满 80 个小时。各州可以免除这些要求
资源要求	各州的要求略有不同。一般而言，家庭在银行账户中的存款低于 2250 美元。如果至少有一个人年龄在 60 岁以上和/或患有残疾，则家庭可以拥有 3500 美元的存款

---

〔1〕 Wilde，Parke（May 2012）. *The New Normal：The Supplemental Nutrition Assistance Program（SNAP）*. *Am. J. Agric. Econ.* 95（2）：325－331. doi：10. 1093/ajae/aas043.

〔2〕 USDA. *Supplemental Nutrition Assistance Program*. Retrieved December 15，2013.

〔3〕 USDA. *Eligibility*. Retrieved December 16，2013.

续表

住房支出	当前的资格标准试图通过扣除“超额住房费用”来解决家庭住房支出带来的生活压力。这仅适用于将净收入的一半以上用于租房的家庭。家庭的净收入是通过从其总收入（扣除前）中减去某些扣除额而获得的。2007 年，扣除额不得超过 417 美元，但有老年人或残疾人的家庭除外。扣除额包括：从所有受助人的收入中减去的标准扣除额、反映税收和工作费用的收入扣除额、与工作或训练有关的受养人照顾开支的扣除（在一定限额内）、子女抚养费、每月超过一定金额的医疗费用（仅适用于老年人和残障人士）以及过高的住房费用
移民身份和资格	2002 年《农业法案》使大多数合法移民恢复了 SNAP 的资格：在美国生活了 5 年，或正在获得与残疾有关的援助或福利，或有 18 岁以下的孩子。一些非公民，例如出于人道主义原因而被接纳的人和被接纳为永久居留的人，也可能有资格获得 SNAP。符合条件的家庭成员可以获得 SNAP 福利，即使该家庭中还有其他成员不符合条件

根据美国农业部 USDA 规定，家庭可以使用 SNAP 福利购买水果和蔬菜、面包和谷类、乳制品、肉、鱼、家禽等供家庭食用的食物以及适合家庭消费的植物和种子。此外，一些受助者（如老年人，无家可归者或残疾人士）可以用 SNAP 福利在一些地区的餐馆换取可负担的饭菜。但是，USDA 明确指出，家庭无法使用 SNAP 福利来购买葡萄酒、啤酒、白酒或烟草，某些非食品类物品包括卫生物品（肥皂、除臭剂、月经护理品）、纸制品、家庭用品、宠物食品，热食，可在商店消费的食品，维生素和药物。[1]

（五）发达国家社会救助的特点

日本、法国、澳大利亚、美国等国家采取的社会救助措施在救助理念、救助内容、救助方式等方面都值得我国借鉴，主要体现在以下几个方面：

资格认定考虑了家庭大额支出。美国补充营养援助计划在选取救助对象的时候，将家庭产生的大额住房支出也考虑到其中，这就将有家庭住房支出压力的家庭纳入救助体系中，通过给予这部分家庭相应的救助，防止这类群体陷入贫困。我国在构建支出型贫困识别体系的时候，也应该结合我国的实际情况，确立大额支出项目与额度，在困难群体识别时，不仅仅关注收入，还要根据支出项目判断家庭的支出情况，通过这种方式将支出型贫困家庭识别出来，并将其纳入救助体系中。

---

〔1〕 Wikipedia. *Supplemental Nutrition Assistance Program*. https：//en. wikipedia. org/wiki/Supplemental_ Nutrition_ Assistance_ Program#Poverty.

救助项目较为全面且具有针对性。日本的公共援助包括了生活援助、住房援助、教育援助、医疗援助、长期护理援助、孕妇援助、职业援助、葬礼援助等多个方面；法国的家庭津贴极大地减轻了家庭养育孩子的负担；澳大利亚的疾病津贴有利于缓解职工（学生）因患病带来的生活负担。我国解决支出型贫困问题，要针对支出型贫困家庭给予相应的救助以及基本的保障，帮助支出型贫困家庭渡过难关。

注重激励劳动力参与市场就业。日本公共援助的目标除了保障受助者的基本生活，还要促进受助者自力更生，注重对受助者进行就业支持。美国补充营养援助计划对 16 至 59 岁参与该计划的有劳动能力的人规定了必要的工作时间。我国在解决支出型贫困问题的时候，既要帮助困难家庭化解风险，也要帮助困难家庭构建可持续生计，通过为他们提供就业指导、就业培训等方式，提升家庭劳动力的劳动意愿与劳动技能，提高家庭抗风险能力。

救助方式注重家庭差异性。日本公共援助在确立援助金额时考虑了受助人的年龄、性别、家庭组成、居住地区、社会救助种类等情况。美国补充营养援助计划在资格标准的设计中也考虑了家庭的差异性，更加照顾有老年人、残疾人的家庭，并且每个家庭获得的 SNAP 福利取决于该家庭的规模、收入和支出。我国在对支出型贫困家庭进行识别、救助时，也要注重家庭的特殊性与差异性，避免“一刀切”，探索出合理科学又具有人性化的救助模式。

四、启示和建议

通过查阅国内外的文献资料发现，发达国家并没有专门针对支出型贫困问题的研究[1]，或者说，国外现有的社会救助政策中已经包括了“支出型贫困”家庭[2]。发达国家解决支出型贫困问题是通过完善社会保障系统，化解国民在出现重大疾病、子女就学或突发事件时产生的生产生活风险，预防或减少支出型贫困问题的产生。解决“支出型贫困”问题与解决“收入型贫困”问题的对策通常不是截然分开的，不管是“支出型贫困”，还是“收入型贫困”，所呈现的状态都是“贫困”。问题的关键在于，很多“支出型贫困”家庭未被识别出来，从而未能进入贫困帮扶、社会救助的覆盖范围。事实上，我国在农村实施的精准扶贫政策就注重从支出的角度考虑农户的经济状况，从而精准识别贫困农户。例如：贵州“一看房，二看粮，三看劳动力强不强，四看家中有没有读书郎”的四看法，就注重从家庭成员健康状况、务工情况、劳动力结构、劳动力素质等方面入手估

---

〔1〕 刘沛栋：《城市“支出型贫困”治理研究》，南京大学，2016 年。

〔2〕 李琴：《南京市“支出型”贫困家庭社会救助政策研究》，东南大学，2017 年。

算家庭的务工收入和医疗支出，还注重从教育负债、教育回报等方面来看农户在校生现状，估算发展潜力和教育支出[1]。综合国内外的经验，解决“支出型贫困”问题首先就要建立支出型贫困的识别机制，将边缘性、脆弱性的家庭识别出来纳入保障体系，在此基础上通过完善社会保障制度，特别是医疗保障和社会救助制度，预防或减少大额支出引发的贫困问题，与此同时，重视支出型贫困家庭的能力建设，提升其劳动收入，提高其应对突发性事故以及大额支出带来的生计风险的能力。

（一）建立支出型贫困的识别机制

建立支出型贫困的识别机制是将支出型贫困人口纳入贫困帮扶体系，进而解决支出型贫困问题的基础。建立支出型贫困的识别机制应从四个方面着手：其一，综合评估家庭经济状况。传统的贫困测量方式主要关注家庭收入，未考虑到家庭的实际支出情况，建立支出型贫困识别机制首先就要通过部门数据的联动，汇总家庭消费数据，以便综合测算家庭收支情况。其二，选取科学的测量指标与测量方法。在家庭消费数据中，选取哪些支出项目、支出内容测量支出型贫困家庭的支出，各项支出指标分别占有多大权重，是迫切需要探讨的。其三，确定合理的帮扶标准。在明确支出型贫困指标体系中的支出项目之后，需要对每项支出的补贴范围与补贴标准进行科学论证以及实践检验。其四，对支出型贫困家庭进行动态追踪。支出型贫困人口多是由于生产生活风险陷入贫困，风险具有动态性，不是一直存在的，因此，要对支出型贫困家庭进行动态追踪，及时了解支出型贫困家庭的经济状况。

（二）构建多层次的社会保障体系

社会保障是社会的安全网，对于化解风险、保障生活、维护稳定具有重要作用。通过发达国家的经验可以发现，在解决支出型贫困问题的时候不仅要注重政府保障，还要充分发挥市场机制、社会机制在社会保障中的作用，构建多层次的社会保障体系。美国的慈善机构在社会保障、减贫事业中发挥了巨大作用，可以覆盖政府救助覆盖不到的领域与范围；法国强大的卫生保健系统纳入了私立医院。市场力量与社会力量在社会保障领域大有可为，企业、慈善机构、社团组织可以充分发挥自身的资源优势与专业优势，参与到养老、医疗、就业、住房、教育等领域的社会保障当中，这不仅有利于政府、市场、社会合力化解大额支

〔1〕 中国发展门户网．精准扶贫典型经验：贵州威宁“四看法”［EB/OL］．http：//cn. chinagate. cn/reports/2015 - 11/20/content_ 37119060. htm，2015 - 11 - 20。

出给家庭带来的生计风险，还有利于为社会保障领域输入人才、资源，提升社会保障的可持续性，满足居民多样化、多层次的社会保障需求。

（三）实施综合性的救助帮扶

在对支出型贫困家庭进行帮扶的时候，不仅要针对家庭致贫的原因实施专项救助，还要综合考虑其家庭的生活状态与人员结构，根据“缺什么，帮什么”的原则，为困难群体提供“针对性、综合性、可叠加、多组合”的“救助套餐”[1]。美国补充营养援助计划、日本的公共援助就考虑了每个家庭的差异性，根据家庭结构的不同调整受助要求和救助额度。只有瞄准致贫原因，综合考虑困难家庭的生活状态与家庭结构，为其提供适切的救助，才能真正帮助支出型贫困家庭逐渐走出困境，并且提高救助产生的经济效益与社会效益，实现困难家庭稳定的生存与发展。

（四）培育贫困人口内生动力与发展能力

支出型贫困家庭是由于各类突发事件、风险等导致的贫困，即便这类群体不是收入型贫困，但不可否认的是，这部分群体的生计具有脆弱性，容易因生产生活风险陷入贫困。在解决支出型贫困时，也要贯彻“造血式”的帮扶理念，通过挖掘贫困群体、边缘群体的自身优势，从教育、文化、技能、健康等方面帮助其建立可持续生计能力、激发其内生动力，引导其树立健康、文明的价值理念与生活方式。美国、日本等国家在解决贫困问题时，就注重通过一系列的政策措施，鼓励劳动力接受培训、参与就业，不仅提升了困难群体生产生活的信心与能力，还实现了资源的优化配置，促进了经济社会的协同发展。

参考文献

中文文献

成海军：《当前我国医疗救助中的重点和难点问题研究》，载《学习与实践》2015年第8期。

黄开腾，张丽芬：《从贫困类型划分看精准扶贫分类扶持的政策调整》，载《山东社会科学》2018年第3期。

田北海，李春芳：《我国农村最低生活保障的制度困境及其优化路径研究》，载《学习与实践》2012年第3期。

刘凤芹，徐月宾：《谁在享有公共救助资源？——中国农村低保制度的瞄准效果研

---

〔1〕沈君彬：《发展型社会政策视域下支出型贫困救助模式的目标定位分析》，载《中共福建省委党校学报》2013年第10期。

究》，载《公共管理学报》2016 年第 1 期。

梁德阔，徐大慰：《上海支出型贫困家庭的救助模式分析》，载《人口与发展》2012 年第 4 期。

王超群：《因病支出型贫困社会救助政策的减贫效果模拟——基于 CFPS 数据的分析》，载《公共行政评论》2017 年第 3 期。

王立剑，凤言，金蕾：《社会支持能否缓解支出型贫困——来自陕西省的证据》，载《农业技术经济》2019 年第 2 期。

谢宇，谢建社：《发展型社会政策视角下的支出型贫困问题研究》，载《学习与探索》2017 年第 3 期。

英文文献

Berger L M, Cancian M, Magnuson K. Anti – poverty Policy Innovations: New Proposals for Addressing Poverty in the United States. *Rsf the Russell Sage Foundation Journal of the Social Sciences*, No. 4, 2018.

Ellwood D T. Anti – Poverty Policy for Families in the Next Century: From Welfare to Work – – and Worries. *Journal of Economic Perspectives*, Vol. 14, No. 1, 2000.

Gao Q, Garfinkel I, Zhai F. Anti – poverty effectiveness of the minimum living standard assistance policy in urban China. *Review of Income & Wealth*, Vol. 55, No. s1, 2010.

Kabeer N. Targeting women or transforming institutions? Policy lessons from NGO anti – poverty efforts. *Development in Practice*, Vol. 2, No. 2, 1995.

Levine L. Implications of the Anti – Poverty Program for Education and Employmen. *Career Development Quarterly*, Vol. 14, No. 1, 2011.

Murgai R, Ravallion M. Is a Guaranteed Living Wage a Good Anti – Poverty Policy?. *Policy Research Working Paper*, 2005.

Nyhagen P L, Alan F, Chris D. Introduction: The Poverty of Policy? Gaps in Anti – Poverty Policy for Children and Young People. *Social Policy & Society*, Vol. 7, No. 4, 2008.

Ravallion M. Evaluating Anti – Poverty Programs. *Handbook of Development Economics*, Vol. 4, No. 07, 2006.

Wei Y P, Luo W L, Jiang C. Analysis of anti – poverty policy fragmentation from regional planning perspective. *Journal of Zhejiang University*, Vol. 19, No. 3 – 5, 2013.

第六章　专业社会工作参与贫困群体救助帮扶

贫困问题是人类社会的痼疾之一。即使在人类社会生产力日益发展的今天，人类的物质生活和财富积累已经达到一定的水平，仍然有相当规模的贫困群体，贫困问题依然是国际社会面临的严峻课题之一。贫困现象非常复杂，不仅有物质上的贫困，也有文化上的贫困；不仅有绝对贫困现象，还有相对贫困现象。要解决贫困问题，除了政府制定相应的扶贫政策之外，还需要发动全社会的力量共同参与，尤其是专业社会工作的参与。社会工作是以利他主义价值观为指导原则，运用科学的专业方法，为有需要的困难群体提供帮助，解决他们面临的生活困境问题，使其与社会环境更好地相互适应的专业活动。社会工作介入的领域非常广，针对贫困群体的救助帮扶工作是社会工作重要的工作领域之一。

一、专业社会工作参与贫困群体救助帮扶的实践演变

从历史上看，社会工作起源于贫民救济或慈善事业。第一次工业革命爆发以后，为缓解工业化、城市化造成日益增多的贫困问题，以英国为代表的工业化国家率先设立了政府主导的社会救助制度。这些国家解决社会问题的理念和方法为社会工作的产生奠定了实践基础，成为此后有组织的社会救助和社会服务乃至全国性社会保障制度的基础。从此，社会工作积极介入到贫困群体的救助帮扶活动中，先后经历了“慈善性介入”“制度性介入”和“专业性介入”三个阶段。

（一）慈善性介入阶段

慈善性介入阶段主要是从1601年《济贫法》颁布到19世纪末，在英、美等发达资本主义国家奉行自由主义理念的背景下，社会工作大多以“慈善组织”的名义介入贫困群体救助帮扶的活动中。

1601年，英国伊丽莎白一世政府颁布了《济贫法》（史称《伊丽莎白济贫法》），被公认为现代社会救助制度的开端。济贫法把贫民分为三类，规定体力健全者须强迫入“感化所”或“习艺所”工作；不能工作者包括患病者、老年人、残废者及需抚育幼小子女的母亲，令其入“救济院”或施以“院外救济”；孤儿、弃婴等则设法领养或寄养。同时，《济贫法》还规定贫民救济应由地方分区主办，

每个教区设立监察员若干人，中央政府也设立监督人员，这些监督人员被认为是现代专业社会工作人员的雏形。由政府参与、专人负责、院外救济等也隐含了社会工作的观念与方法。因此，《伊丽莎白济贫法》的颁布成为社会工作历史上有重要意义和深远影响的事件〔1〕。

尽管《伊丽莎白济贫法》孕育了现代社会工作的雏形，但也将英国的社会工作长期局限在济贫工作中，即社会工作者和济贫法官员主要负责调查贫困者的情况，决定他们是否有资格获得国家的济贫援助。直到1869年，英国成立了慈善组织协会（Charities Organization Society）。该协会设立了统一的管理与联系机构，同时将伦敦划分为若干区，每区成立一个分支机构，并设有志愿委员会，主持救济分配工作。各区办理区内所有救济机构受理申请救助案件的登记事项，另设立了询问部，供《济贫法》规定的监督人员、各慈善组织及个别慈善家搜集有关申请救助者的资料，并委派专业人员对所有申请案件进行个别详细调查，逐渐形成个案工作方法。从此以后，慈善组织开始为社会救助提供精准的社会工作。

1884年，英国出现了社区福利服务中心——“汤恩比馆”。“汤恩比馆”设在贫民区，有专门的宿舍供工作人员与贫民共同生活。“汤恩比馆”根据居民的实际需要发动当地居民，对贫民的能力开发，培养其自觉性和互助合作的精神。此外该中心还为当地居民介绍外国的文化，从文化上进行扶贫。“汤恩比馆”开启了为贫困群体提供社区社会工作之先河，即为工人提供培训，为罪犯进行矫治，为社会大众提供免费的律师咨询。在“汤因比馆”的影响下，克莱门特、贝弗里奇等一大批青年后来成为英国福利制度的推动者和缔造者。

英国社会救助的模式在美国得到了进一步发展。美国长期以来一直奉行自由主义，由各种私人救济组织和慈善机构主导对贫困人口的社会救助。1877年，葛丁教士创办了第一家慈善组织协会，其目标不在于为贫困者直接提供救济，而是通过志愿者向贫困者灌输辛勤工作、节俭和美德等道德观，负责对救济申请者进行筛选后推荐到合适的慈善机构〔2〕，并协调慈善机构之间的救济活动。当时，美国的主流意识形态认为贫困是由个人道德品质不良造成的，而非缺少就业机会、疾病、收入不稳定、移民或有色人种歧视造成的〔3〕。1886年，美国建立了第一家社会服务所，工作人员大多为年轻、富有理想且家境富裕的大学毕业生，他们怀着强烈的服务热情，通过帮助移民者内化美国文化价值观的方式提升移民

〔1〕 郑杭生主编：《社会学概论新修（第三版）》，中国人民大学出版社2003年版，第447页。

〔2〕 H. Specht, J. Courtney, *Unfaithful angels: How social work has abandoned its mission*, New York, NY: the Free Press, 1994.

〔3〕 B. Jansson, *The reluctant welfare state: engaging history to advance social work practice in contemporary society*, Belmont, CA: Brooks/Cole, 2009.

家庭的文化、道德和知识水平[1]，并为贫困移民家庭提供救助服务[2]。慈善组织协会和社会服务所都在试图使个人与其身处的社会环境之间实现“更好的拟合”[3]，从而催生了临床社会工作方法[4]。在其影响下，越来越多的慈善机构开展对贫困群体救助帮扶的社会工作，对积极投身于社会工作服务的青年志愿者开展培训，初步形成了一套行之有效的社会工作程序和方法。

（二）制度性介入阶段

制度性介入是指从19世纪末德国率先建立社会救助制度开始，社会工作在国家主导的社会救助制度框架之下，积极介入到针对贫困群体的救助帮扶活动中。

德国是社会工作制度性介入贫困群体救助帮扶的引领者。早在1842年，当时的普鲁士王国就颁布了《普鲁士穷人照顾法》，对贫困人口进行救助。到19世纪中期，德国社会救助领域兴起了由地方政府主导的“汉堡模式”和“爱尔伯福模式”[5]。在这两种模式中，都设置了“监察员”和“赈济员”的工作岗位，这表明社会工作在德国社会救助活动中的角色已经形成了制度传统。19世纪末，在首相俾斯麦的主导下，德国先后建立了包括医疗保险（1883年）、工伤事故保险（1884年）、残疾和养老保险（1889年）在内的社会保险制度，引起其他工业化国家纷纷仿效。1922年，德国政府设立青少年事务局（Jugendamt），专门负责儿童青少年的社会服务工作，并将非营利社会福利组织纳入青少年福利体系中，标志着德国现代社会工作制度化的开始。德国又于1924年颁布《帝国救济义务条

---

[1] J. R. Conlin, *The America past: a survey of American* (*Enhanced 8th ed.*). Belmont, CA: Thomason/Wadsworth, 2009.

[2] B. DuBois, K. K. Miley, *Social work: an empowering profession*, Boston, MA: Pearson / Longman, 2009.

[3] M. B. Asher, “Micro and macro tensions in generalist practice”, *The New Social Worker*, Vol. 10(4), 2003, pp. 11 – 13.

[4] B. DuBois, K. K. Miley, *Social work: an empowering profession*, Boston, MA: Pearson / Longman, 2005.

[5] “汉堡模式”是指从1788年起在德国汉堡推行一种新的社会救助制度。该制度规定该市设立一个中央办事处，综合管理全市救济业务，并将全市分若干区，每区设监察员一个和赈济员若干人，负责向失业者介绍工作，将贫苦儿童送往职业学校习艺，将患病者送往医院诊治。这些监察员和赈济员等工作岗位的设置，标志着社会工作制度化的开端。“爱尔伯福模式”是德国另一个城市爱尔伯福在“汉堡模式”的基础上进一步充实和完善了社会救助制度，该制度将全市分成564段，每段居民约300人，其中贫民不得超过4人。每段设赈济员1人，综合管理济贫工作。求助者必须与赈济员接洽，赈济员要先到求助者家中进行家境调查，查明确有需要才给予补助。补助后仍需每两个星期前往调查一次。赈济员还负责办理段内有关贫穷的预防工作。相比汉堡模式，爱尔伯福模式不仅细化了社会救助的组织和规则，而且设置了比较完备的“中央委员会—监察员—赈济员”三级社会工作组织形态。

例》和《关于公共救济前提、种类和范围的帝国基本原则》，形成了全国统一的社会救助制度，社会工作在其中发挥着重要的作用。“二战”结束以后，德国致力于恢复和发展经济的同时，也在积极构建社会保障制度。1961 年，联邦德国政府颁布了《联邦社会救助法》，明确了社会救助体系的基本任务和组织结构，对社会救助作了一般原则性规定。两德合并以后，德国的社会救助制度进行了统一并日趋完善，为一般低收入家庭的救助和特殊家庭提供包括日常生活费、医疗费、养老保险费、儿童补贴在内的多项社会救助内容。

在 1929—1933 年的经济“大萧条”时代，美国的社会工作者就参与设计了大萧条时期的紧急福利计划和母亲年金计划[1]，间接推动了 1935 年《社会保障法》的颁布。20 世纪 50 年代，美国的社会工作者不仅参与设计了包括“未成年子女家庭援助计划”（Aid to Families with Dependent Children，AFDC）计划在内的一系列公共援助计划，还参与制定了“联邦公共服务指引”。1962 年《社会保障法》修正案将社会服务供给扩展到公共福利接受者，并且把经济援助和社会服务的行政结合起来。1964 年，约翰逊政府提出“向贫困宣战”计划中，赋予社会工作者为穷人提供服务和培训的职责。从此以后，社会工作成为美国社会救助政策中的重要一环。1988 年，在根据《家庭支持法》创立的“工作机会和基本技能训练”（the Job Opportunities and Basic Skills Training）计划中，明确授权各州福利机构直接负责为福利接受者提供教育以及工作等相关服务。

（三）专业性介入阶段

专业性介入阶段是从“二战”以后，在社会工作职业和教育逐渐正规化、专业化的基础上，社会工作者以专业的身份、专业的方法介入到贫困群体的救助帮扶活动中。

社会工作专业化在美国很早就提上了议事日程。1917 年，里士满出版了《社会诊断》（*Social Diagnosis*）一书，标志着社会工作专业的诞生。1919 年，美国社会工作者协会（American Association of Social Workers）成立，这是美国乃至世界上第一个社会工作者联合组织。1946 年，美国为了协调全国开设社会工作专业的院校开展工作，成立了“美国社会工作教育委员会”（National Council on Social Work Education）。1955 年，美国几家主要的社会工作协会合并成为“美国社会工作者协会”（National Association of Social Workers，NASW），全面组织美国社会工作的服务、教育和培育工作。美国的社会工作进入了专业化、组织化的阶段。从此以后，美国的社会工作者必须在完成相关的专业教育和实习训练之，获

---

〔1〕 Bell, Winifred, “Too Few Services to Separate”, *Social Work*, Vol. 18, No. 2, 1973, pp. 66 – 77.

得相应的专业资格后，才能以专业的社会工作者身份进入到贫困群体的帮扶救助活动中。1960 年，美国社会工作者协会（NASW）制定了包括《社会工作实务技术性标准》《社会工作从业文化能力标准》《社会工作专业继续教育标准》等十余项具体从业服务标准。20 世纪 70 年代，美国开始实行社会工作者职业资格认证制度和分级制度，将学位教育和职业资格认证密切结合起来，到 20 世纪 90 年代，美国所有的州都实行了社会工作执照制度，社会工作从业人员必须具备高中以上的文化程度，经过相关的课程培训，并通过考试和资格认证，才能持证上岗。不同等级的社会工作者从事的专业领域有严格的限制。社会工作者还要接受严格考核，违反职业道德和无法胜任者会被淘汰，从而确保社会工作者的胜任度和专业性。

为了推进社会救助制度的实施，日本仿照美国建立了社会工作制度，对社会工作者实行职业准入。1987 年，日本厚生劳动省制定并颁布了《执业社会工作者与执业看护者法》（*the Certified Social Worker and Certified Care Worker Law*），设置了社会工作者准入制度，日本从此出现了执业社会工作者（the Certified Social Worker，CSW）。社会工作者涉足的社会救助范围非常广，包括生活救济、义务教育、住宅救助、医疗救助、生育救助、长期照护救助、立业救助、丧葬救助等。在日本，除了执业社会工作者外，还有执业介护福祉士、居家护理士、照护服务经理、精神介护福祉士等多种社会工作者分类。他们都需要经过学校和社会培训并获得从业资格后，才能承担某一方面的社会服务工作。例如：介护福祉士可以为贫困人口提供医疗卫生方面的服务；居家护理士为贫困人口提供居家护理方面的服务；照护服务经理为贫困人口提供其他日常生活的照护服务；精神介护福祉士则为贫困人口提供精神慰藉和心理辅导。这些不同种类的社会工作者共同为贫困群体提供全方位的救济帮扶服务。

二、专业社会工作介入贫困群体救助帮扶的模式与作用

（一）专业社会工作介入贫困群体救助帮扶的模式

按照发达国家社会工作组织和管理的不同模式，专业社会工作参与贫困群体的救助帮扶模式一般可分为政府直接管理模式、政府主导整合模式和非政府组织主导模式。

1. 政府直接管理模式

专业社会工作参与贫困群体救助帮扶的政府直接管理模式，是指专业社会工作人员具备政府公务人员或者雇员的身份，参与贫困群体的救助帮扶工作。采取这种模式的发达国家主要有日本、韩国等。

在日本，从事社会救助的社会工作人员属于政府公务员。日本的中央和地方

政府设立社会福利督导岗位，加强对志愿组织和私人服务机构的社会工作服务。社会福利督导由经验丰富的公务员担任，负责计算救助对象的收入水平，指导私人社会服务部门的社会工作活动。由于日本政府人事制度的限制，社会福利督导的岗位较少，且较为固定，流动性不高，大部分社会福利督导并没有受过专业的社会工作训练。尽管厚生劳动省倾向于雇佣执业社会工作者作为社会福利督导，但是能够获得社会福利督导岗位的社会工作者并不多。

在韩国，从事社会救助的专业社会工作人员成为政府公务员经历了一个发展过程。1970 年，韩国政府颁布《社会福利事业法》，产生了“社会福利从业者”这一新的职业，后被政府以立法的形式命名为“社会事业家”。1979 年后，全斗焕政府对《社会福利事业法》进行了修订，将社会工作者的法定名称由“社会事业家”更名为“社会福祉士”，对这一职业的资格制度进行了细致的规定。20 世纪 90 年代后，金泳三政府上台后，颁布了《社会保障基本法》，并对《社会福利事业法》进行了再次修正，以立法的形式规定了“社会福利师公务员”这一职业。1990 年后，韩国政府正式向社会公开选聘“社会福利师公务员”，并于 1997 年首次在全国范围内实施了社会福利师职业资格考试[1]。

2. 政府主导整合模式

专业社会工作参与贫困群体救助帮扶的政府主导整合模式，是指在政府主导下，公共事务部门整合慈善机构、社会工作组织、志愿者等各种社会力量，形成对贫困群体救助帮扶的合力。政府主导整合模式是当前发达国家的主流，英国、德国、澳大利亚等发达国家主要采取这种模式。

英国是最早采取政府主导整合模式的国家，并对后世产生了深远的影响。早在“二战”以后，英国通过建立全面的社会保障制度，重新梳理了政府与社会力量在社会救助中的组织关系。1970 年，《地方政府社会服务法》出台后，英国政府设置了社会服务部门，社会工作者成为政府的雇员。当前，英国的社会工作者大部分是社会服务部门正式编制的工作人员，有着较高的社会地位，工作状态比较稳定。他们熟悉政府的救济帮扶政策，受到良好的培训，是社会救助政策的实施者，也是社会福利制度改革的推动者。与此同时，慈善机构仍然在社会救助中发挥着重要作用。

德国具有政府主导公共事务的传统。“二战”以后，从战争废墟中重建的德国，恢复了各项社会制度。1961 年，联邦德国政府通过了《社会救济法案》和《青少年福利法》，以法律形式进一步确认了国家与自由福利机构在社会救助事务中的合作方式，规定“社会公共援助机构应确保为自由福利机构提供财政支持和

---

[1] 박태정, *사회복지역사탐구*, 서울: 학지사, 2014.

适当的设施及服务支持”[1]。德国政府修订了十二部社会法典，为社会工作机构运行和实务开展提供了基本的制度框架和法律依托。根据相关法律，德国各级政府建立了公共服务机构，例如青少年局、社会福利局、卫生局、就业服务局、综合社会服务处。此外，德国的自由社会福利组织（属非营利组织）也很发达，包括工人福利协会（AWO）、德国明爱（DCV）、德国红十字会（DRK）、德国新教社会福利会（Diakonie）、德国普惠福利机构联合会（DPW）、犹太人中央福利办公室（ZWST）在内的六大福利机构组成了“伞状”福利联合会，政府机构和自由福利组织形成一个彼此合作、职能互补、协作服务的社会工作网络。其中，政府举办的公共福利机构，即各级政府下辖的社会服务机构，主要负责对贫困群体的救济工作；非官方的自由福利机构，即依靠社会力量举办的各级社会工作机构、福利机构、基金会等，主要着眼于对贫困群体的帮扶，针对老人、青少年、失业人员以及新移民等主要贫困群体提供各种特色社会服务，帮助他们提高可持续发展能力，依靠自身努力摆脱贫困处境。

作为英国前殖民地和英联邦的主要成员，澳大利亚的社会工作在参与贫困群体救助帮扶的组织模式上学习英国的政府主导整合模式。澳大利亚社会服务部（Department of Social Services）主管社会保障政策的研究和制定，其中，社会救助政策的实施由其下属的社会福利联络中心（Center link）负责。社会福利联络中心雇佣大量的社会工作者为贫苦群体提供以任务为本的、短期的个案工作服务[2]。除此之外，澳大利亚还大力支持社会组织发展，为困难群体提供个性化的救助服务。如悉尼市南部社区邻里援助中心和澳大利亚首都直辖区残疾人、老年人及照顾者维权服务机构等，前者侧重于为本地少数民族提供交流、活动平台，使其更好地融入社区，后者则侧重于服务当地残疾人、老年人，让他们生活得更加幸福[3]。

3. 非政府组织主导模式

非政府组织主导模式，是指由慈善组织、社会工作协会、私人救助组织等各种非政府组织主导专业社会工作参与贫困群体救助帮扶的活动。这种模式一般出现在以自由放任的市场经济为主导的国家中，例如美国和早期的英国。

美国慈善组织、行业协会等非政府组织在社会救助等公共事务中一直担当着

---

〔1〕 彭善民、宋文然、王亚芳：《德国社会工作发展范式及启示》，载《华东理工大学学报》（社会科学版）2018 年第 6 期。

〔2〕 McDonald, Catherine, “Poverty in Australia and the Social Work Response”, *Asia Pacific Journal of Social Work and Development*, Vol. 23, Issue 1, 2013, pp. 3 – 11.

〔3〕 徐华、王继航、杨凤欣等：《澳大利亚社会救助制度考察报告》，载《中国民政》2016 年第 4 期。

重要职责，各种私人救济组织和慈善机构主导对贫困人口的社会救助。越来越多的慈善机构开展对贫困群体的救助帮扶的社会工作，并且对积极投身于社会工作服务的青年志愿者开展培训，初步形成了一套行之有效的社会工作方式和程序。

英国慈善组织是社会救助活动的主力军，广泛参与贫困群体的救济帮扶工作，为他们提供专业的社会工作服务，成为英国社会工作的一大传统。1869 年，英国成立慈善组织会社统一管理与联系英国的慈善机构。一方面，他们派专业人士访问社会救助申请者，逐一了解申请者的社会背景并确定应采取的措施。这种个别化做法促使了个案工作的产生。另一方面，他们在各级救济机构、慈善组织解决社区问题过程中发挥了协调合作的功能，为社区社会工作的产生奠定了基础。个案社会工作和社区社会工作出现和分化，开始为社会救助提供精准的社会工作。

（二）专业社会工作在贫困群体救助帮扶中的作用

西方发达国家的专业社会工作者长期活跃在社会救助的“第一线”。他们以专业的身份，遵循专业社会工作伦理和实务指引的要求，根据贫困群体形成的原因，有针对性地开展个案、小组和社区活动，对贫困群体实施救助帮助。其中包括：帮助贫困群体发展个人能力，为贫困群体链接资源，帮助其自力更生，摆脱资源性贫困；在实践中寻找造成贫困的制度性根源，推动社会制度的变革，维护贫困群体的合法权益，帮助其克服制度性贫困；深入社区开展文化活动，引导贫困群体建设积极向上的社区文化，改变贫困群体的精神面貌，从根本上消除文化性贫困。

1. 深入贫困群体所在的社区，通过链接资源，抑制资源性贫困

资源性贫困是由于自然资源、基础设施以及人力资源等占有和使用上的劣势造成的贫困现象。在现代工业文明社会中，人们的生活和生产越来越依赖自然资源和人力资源，缺乏自然资源，势必导致生活和生产的物资基础匮乏，而缺乏有效的人力资源，会导致生产活动难以开展。此外，缺乏必要的基础设施，会使人们与现代文明隔绝、交通阻断、消息闭塞，无法与现代文明建立起联系。这一切会使个人或者家庭难以获得生存和发展的基本资源，导致其生活水平低下，处于贫困状态。

发达国家向偏远地区派出大量的社会工作者，为贫困群体提供专业的服务。许多社会工作者在大学期间就以志愿者的身份进入到偏远地区，为当地的贫困户提供社会工作服务。他们扎根于偏远地区，与当地的居民同吃同住，了解他们的疾苦和需求，运用专业的科学知识帮助他们申请政府援助、维护自身的权益，为贫困人口及下一代提供科学知识和生产技能的培训，提升他们的可持续发展

能力。

向灾区派出社会工作人员是西方发达国家社会工作的一大特色。1978 年，美国成立联邦紧急事务管理局（FEMA），雇佣的工作人员中就有专业的社会工作者。1992 年，美国制定了联邦应急计划（FRP），于 2008 年升级为国家应急网络（NFR）。在美国灾害发生后，社会工作者迅速工作在第一线，为灾民发放应急救援物资；为困难群众链接相关的资源；提供灾害心理辅导，抚慰灾民的心理创伤，走出心理阴影；进行应急管理，处置突发事件；组织社区活动，支持灾后重建工作。

充当资源链接者是专业社会工作的重要职责。在政府直接管理和政府主导整合模式中，社会工作人员既是政府的工作人员，精准地把握政府的救济帮扶政策，又长期工作在救济帮扶的第一线，了解民间疾苦和政策的缺失，因此，充当了公共援助与贫困群体之间的链接者。他们向政府反映贫困群体的呼声和诉求，维护弱势群体的合法权益，推动社会救助政策的改革与发展。在实践过程中，社会工作者还积极为贫困群体奔走，筹集各种社会救助资源，引入慈善机构的参与，为贫困群体链接各种资源。社会工作者还辅助贫困群体填写各种申请救助的表格，审核资格条件，办理各种社会救助的手续。在英国的社会福利改革“新政”中，社会工作者还承担着为失业者寻找就业途径的职责。英国的社会工作者还针对青少年、老年人、流浪人员等游离于就业之外的贫困群体提供外展社会工作。针对父母就业无人、无力照看的儿童，英国社会工作人员提供家庭支持、日间照看、儿童看护、儿童照护等社会工作服务；对于有逃学、犯罪、吸毒等社会越轨行为的儿童，提供矫治、司法协助等社会工作服务；针对老年人，提供家政服务、饮食服务、日间陪伴、社区活动、组建老年俱乐部等相关的社会工作服务；针对流浪人员，社会工作人员除了提供必要的经济援助之外，还提供精神慰藉、心理辅导等社会服务。

志愿者服务是专业社会工作的重要工作领域之一。在德国，志愿者尤其活跃。天主教信仰中的“悲天悯人”情怀和德国互助共济的传统激发德国志愿者积极参与到贫困群体的救济帮扶活动中。他们深入到贫困群体中，为他们提供技能培训、社区活动、心理咨询等社会工作服务。针对新移民，德国的志愿者为他们提供经济援助、儿童照看、语言培训、文化建设、心理疏导等社会服务，帮助他们融入德国的社会和文化中。尽管在实践活动中，一些志愿者受到某种程度的伤害〔1〕，但是德国志愿者仍然不畏艰难，坚持活跃在移民社会工作的第一线。

---

〔1〕 根据搜狐网报道，弗莱堡市一名德国议员的女儿 Maria Ladenburger 在难民营做志愿者，却被残忍奸杀，弃尸荒野。类似这样的志愿者受到伤害的恶性事件还有很多。http：//www. sohu. com/a/125779886_ 102079。

社会工作者还积极引导私营慈善组织介入到贫困群体的救助帮扶中。例如，在日本，由于难以进入到公共福利部门工作，执业社会工作者更多地流入到私营社会服务机构。日本政府也积极鼓励社会服务机构的私营化并为其提供财政资助。日本的私营社会服务机构、慈善法团、基金会大量雇佣执业社会工作者，开展社会服务工作。在对贫困群体的救济帮扶过程中，执业社会工作者不仅带去了经济援助，还给予贫困群体人文主义和移情式的关怀，这是社会福利督导无法做到的。特别是在灾害发生以后，私营社会服务机构能够迅速行动，派出大量的专业社会工作者进入到救济帮扶前线，极大地弥补了日本政府救援不力的弱点，受到灾区贫困群体的赞誉。

2. 参与社会救助政策的制定和实施，抑制制度性贫困

制度性贫困是指由于在社会制度安排下，弱势群体因缺乏制度保障和制度支持以及制度不合理产生的制度剥夺而导致的贫困〔1〕。尽管西方发达国家一直标榜自由、平等、博爱，但是这些国家的政权和财富一直被上层的社会精英所控制，他们在制定国家政策时倾向于保护高收入群体，使用直接或间接的手段剥夺、排斥和歧视低收入群体、有色人种和外来移民，造成他们处于贫困状态。因此可以说，西方发达国家的贫困很大程度上是权力控制和压迫的结果，因为制度性剥夺造成的绝对贫困和相对贫困现象非常严重。

在西方发达国家，社会工作者是社会救助政策的制定和实施中不可忽视的力量。他们工作在接触贫困群体的第一线，深知民间疾苦，能够把握政策实施的效果和缺陷，因此，可以有针对性地提出政策改进的建议，为贫困群体维权。在美国，1935 年《社会保障法》的出台就有社会工作者的贡献。在这之前，社会工作者就参与设计了大萧条时期的紧急福利计划和母亲年金计划〔2〕。20 世纪 50 年代，社会工作者参与了包括“未成年子女家庭援助计划”计划在内的一系列公共援助计划，并设计了“联邦公共服务指引”。随着社会工作的广泛参与，社会救助政策也正式将社会工作纳入公共援助的项目中。1962 年《社会保障法》修正案将社会服务供给扩展到公共福利接受者，并且把经济援助和社会服务结合起来。此后，公共福利机构不仅像以前一样实施面向贫困者的经济援助，还提供社会服务，以便贫困者恢复自立、改善服务对象的家庭生活并预防依赖〔3〕。在 1964 年约翰逊政府提出的“向贫困宣战”计划中，社会工作被赋予了为穷人提供服务和培训的职责。从此以后，社会工作成为美国社会救助政策中的重要一环。

---

〔1〕 张小军、裴晓梅：《城市贫困的制度思维》，载《江苏社会科学》2005 年第 6 期。

〔2〕 Bell, Winifred, “Too Few Services to Separate”, *Social Work*, Vol. 18, No. 2, 1973, pp. 66 – 77.

〔3〕 McEntire, Davis and Haworth, Joanne, “The Two Functions of Public Welfare: Income Maintenance and Social Services”, *Social Work*, Vol. 12, No. 1, 1967, pp. 22 – 31.

社会工作者主动参与社会救助政策的实施，帮助贫困群体克服制度性因素造成的贫困。社会工作者本着官方救济和官僚主义作风会对受援助个人及家庭造成负面影响的担忧，利用其专业优势为贫困群体提供个案、团体和社区服务。例如，在英国家庭支持福利政策实施过程中，社会工作者针对父亲不在家的家庭开展了大量的个案工作，从而预防和减少了这些家庭的依赖性。在美国，1988 年，根据《家庭支持法》创立的“工作机会和基本技能训练”（the Job Opportunities and Basic Skills Training）计划，明确授权州福利机构直接负责招募教育以及工作相关服务的福利接受者。社会工作的个案管理方法在许多州得到了广泛的应用。社会工作机构承担了评估福利接受者的就业能力、把接受者安排进适当的服务、安排诸如儿童照顾等支持性服务、监督“工作机会和基本技能训练”计划活动的参与，以及对不遵守“工作机会和基本技能训练”计划规则的人进行经济惩罚等多项责任。近年来，美国几任政府都提倡“从福利到工作”（welfare to work）的反贫困政策，要求社会工作的积极参与，倡导和形成替代性的政策[1]。

3. 参与贫困群体的文化和社区建设，抑制文化性贫困

文化性贫困是指由于文化因素导致的贫困现象。贫困文化论是美国社会家奥斯卡·刘易斯提出来的，他通过研究美国和墨西哥贫民窟居民的生活后发现，贫困本身实际上表现为一种自我维持的文化体系。

西方发达国家的贫困群体在多年的贫困中形成了包括落后的历史传统、风俗习惯、语言文学、伦理道德、宗教信仰、学校教育、文学艺术、处世态度、人生哲学、生活情趣、审美观念、饮食爱好、科学技术等，落后的风俗习惯等无效率地消耗着本就稀少的社会财富，败坏着社会风气；落后的处世态度、人生哲学、生活情趣、审美观念、饮食爱好使这些贫民丧失积极进取的心态，与现代文明脱节；落后的教育和科技文化无法培育出高素质的人才。贫困文化限制了个人或者家庭自我发展的能力，而贫困反过来又进一步固化这种落后的文化，形成一种贫困亚文化，并将这些“贫困文化”传递给下一代，使穷人的后代陷入其中而无法自拔，贫困问题在这种文化的制约与保护下不断延续，形成一种自我维持、不断固化的文化体系，使得贫困成为一种难以摆脱的陷阱。

社会工作从诞生之日起，就和社区有着密不可分的联系。早在英国济贫时代，社会工作人员就深入到社区中，帮助改造贫民区懒散、消极的精神面貌。1884 年，英国神父巴涅特放弃了去条件优越地区担任神职的机会，毅然来到“居住着一群罪犯的、最坏的社区”——圣朱蒂区开创了“汤恩比馆”。该中心设在贫民

[1] Midgley, James, 2006, “Welfare and Welfare to Work in the United States”, *Journal of Policy Practice*, Vol. 5, 2006, pp. 2 – 3, pp. 7 – 25.

区，有专门的宿舍，工作人员与贫民共同生活。中心根据居民的实际需要开展工作。中心发动当地居民，开发贫民的能力，培养其自发和互助合作的精神，为地方服务。此外该中心还为当地居民介绍本国及外国的文化，成为当地的文化中心，从文化上进行扶贫。通过不懈的努力，该中心不仅改造了这一地区的社会氛围，还影响了英国社会福利的走向。如今，英国社会工作者在“汤恩比馆”的影响下，扎根基层，深入到贫困群体中，开展各种睦邻社区活动，营造良好的社会氛围，努力改造贫困文化。

在美国，深入贫困群体和社区开展社会工作，也是社会工作者的重点领域。他们针对贫困群体落后的文化，宣传美国价值观和知识；改变穷人懒散、消极的生活态度，激励穷人依靠自我奋斗，树立正确的人生观和价值观；对贫困个体中出现的偷窃、药物滥用、性关系混乱等社会越轨行为开展个案矫治，引导他们形成良好的生活习惯和卫生习惯；为穷人的后代提供教育和培训，帮助他们从贫困的代际传递中解脱出来；开展社区工作，营造良好的社区环境。这些社会工作一定程度上改变了贫困文化，帮助不少贫困个体走出了贫困陷阱。

三、专业社会工作参与贫困群体救助的优势与传统

（一）制度安排

1601 年伊丽莎白《济贫法》第一次以法律的形式确定了国家在社会救助方面的责任。1834 年新《济贫法》颁布，再次确认社会救济属于公民应该享受的权利，社会救济是国家应尽的义务。“二战”结束后不久，英国建立了“从摇篮到坟墓”的社会福利制度。其保障范围之广、待遇之高曾经是其他国家学习的典范，但是也形成了国民对社会福利的依赖、社会公共开支日益扩大、财政压力日趋紧张的弊病。从 20 世纪 80 年代的撒切尔政府开始，无论是保守党还是工党政府，上台后必然拿社会福利制度开刀，指导思想都是削减社会公共开支、降低社会福利待遇。20 多年来，包括养老金、医疗保险、儿童福利、失业救济、残障保险金等在内的多项福利待遇一再削减。20 世纪 90 年代以来，英国福利制度改革一直贯彻“从福利到工作”的指导思想，强调工作是获得福利的唯一来源。社会工作的重点就是帮助贫困群体提升就业竞争力和技能。例如，为配合布莱尔政府推出的社会福利改革“新政”（New Deal）中的“单亲新政”（New Deal for Lone Parents）的实施，社会工作以个案辅导员（personal adviser）的工作方式，不仅为单亲父母提供个别化的、量体裁衣式的辅导支持，帮助他们提升就业能力，而

且协助他们申请就业和过渡期津贴[1]。

19世纪末，德国率先建立了现代社会的第一个社会保险制度，又于1924年颁布《帝国救济义务条例》和《关于公共救济前提、种类和范围的帝国基本原则》，形成了全国统一的社会救助制度，社会工作有着强烈的官办色彩。日本自从明治维新之后走上资本主义道路，仿效西方国家的社会福利制度。在社会救助方面，日本政府先后颁布了《恤救规则》和《救护法》，实施国家生活援助制度，以保障国民的社会权利和生存权利。二战以后，日本在美国的帮助下，建立公共社会福利体系。1946年日本政府颁布了《生活保护法》，开启了现代意义上的社会救助制度。1950年修订后的《生活保护法》成为日本现行社会救助制度的法律基础。该法规定，政府有责任对生活陷入困境的国民给予必要的保护，保护标准根据其困难程度来确定，保护目标为维护其最基本生活标准。并且鼓励和促进生活困难的国民自力更生。日本政府在2011年引入“从福利到工作计划”，700名就业支持领航员（employment support navigators）被安排进“Hello Work”办公室，为目前接受公共援助的对象提供就业支持服务。日本现行社会救助制度包括生活救济、义务教育、住宅救助、医疗救助、生育救助、长期照护救助、立业救助、丧葬救助等。

20世纪60年代，韩国经济开始起飞，着手构建社会保障制度。1970年，韩国政府颁布了《社会福利事业法》，1973年又制定了《国民福利年金法》，并于1976年修改了《医疗保险法》。2015年7月，韩国改革了国民基础生活保障制度，为绝对贫困群体提供最基本生活救助以及医疗、教育、住房等多项救助。

加拿大政府通过税收、财政转移支付等手段建立起覆盖全民的社会福利系统，其中包括低收入家庭保障计划（Canada Low Income Family Benefits）以及针对贫困群体的个性化救助项目。在个人申请的前提下，政府根据申请项目的不同，对申请对象的年龄、家庭人口年龄及结构、居住地区等影响其生活水平的各种因素进行调查，最后，根据申请对象的年收入水平、生活水平，综合影响因素及致贫原因，对其提供经济补贴或生活、就业指导等服务。专业社会工作者积极参与到家计调查、援助发放以及专业服务等社会救助活动中。

（二）激励措施

发达国家纷纷出台法律，明确社会工作在社会救助中的地位和功能。其中，最典型的德国《社会法典》第八部《儿童与青少年专业工作法》中明确社会工作

---

〔1〕 Millar J, Evans M, “Welfare to Work in the United Kingdom”, *Journal of Policy Practice*, Vol. 5, 2006, pp. 61 – 76.

机构与政府之间关系之间的“辅助性原则”。辅助性原则依据个人—家庭—社区—社会组织—国家的递增层级，将社会行动主体分为多层单元，每个社会单元承担各自的责任与义务。当小社会单元能力受限而影响实现自助时，可以求助大社会单元，大社会单元有义务提供支持，使之恢复原有功能，但“辅助”的范围只能限制在受限的修复范围内，而不能取消或者代替其原有的功能。德国还十分重视志愿者在社会工作领域中的作用。德国是世界上志愿者群体最为活跃的国家之一，公众参与志愿活动的热情高涨。德国制定了鼓励志愿者参与社会服务的政策和法规。德国联邦政府于 2002 年修订了《奖励社会志愿者年法》和《奖励生态志愿者年法》，鼓励 14—27 岁的青年在儿童教育、卫生护理、文体活动、动物保护、环境保护等诸多领域开展为期 12 个月的志愿服务，并接受专业指导和学习。德国还在相关法律中规定志愿者在接受捐赠、支出抵税、免除兵役等方面可以享受一定的优惠政策。此外，英国于 1970 年出台《地方政府社会服务法》，规定地方政府必须建立各种社会服务机构，社会工作者成为公共部门的正式雇员，其地位得到法律的保障。

发达国家的财政会为社会工作介入贫困群体救助帮扶提供资金支持。社会工作者可以根据项目向中央和地方财政申请一定的经费，保障项目可以顺利地进行。在美国一些州，州政府财政会划拨专门的社会工作经费，用于贫困群体救助帮扶的活动，免除社会工作者活动经费后顾之忧。在发达国家，专业社会工作的收入一般都能达到企业平均工资水平，优秀的社会工作者的年收入能够稳定在中产阶级的水平，从而保证了专业社工队伍的稳定。

（三）文化历史传统

从发达国家社会工作发展的环境来看，经过近百年的发展，社会工作的理念已经深入人心，社会工作教育水平和职业化程度很高，有非常成熟的法律体系和伦理规则。早在美国社会工作者协会创立之初，就开始制定社会工作道德准则，此后不断完善。经过 1960 年、1979 年、1996 年的多次修订，2017 年 8 月美国社会工作者协会再一次修订了新的《社会工作伦理守则》，用以指导社会工作者的决策和日常职业行为。美国的《社会工作伦理守则》要求专业社会工作必须“具有高水准的个人操守”“努力维持适当的个人能力”“应将专业性视为首要的目标”“社工人员的行为应符合职业道德和公正的最高原则”“从事学术研究时依循学术上的要求”，并对社会工作人员对案主、同僚、雇主和服务机构、专业社会工作、社会等方面的伦理道德责任做了详尽的规定，重申了价值中立、保护个人隐私、尊重个人尊严、个人价值和案主自觉、恪尽职守、和睦相处等社会工作伦理道德，加大了对违反职业道德伦理的处罚力度，保证了社会工作的纯洁度和严肃性。这些伦理道德对专业社会工作参与贫困群体的救助活动中同样具有很强的指导意义和约束力。

英国社会工作者协会成立以后，就开始着手制定社会工作伦理道德准则，并于1975年首次公布了《英国社会工作伦理守则》，此后历经数次修改，2014年颁布了最新版本。《英国社会工作伦理守则》规定要秉承“尊重人的内在价值和尊严”“坚持社会正义”“坚守职业操守”等原则，并规定了在实践中需要遵守的17条伦理准则，这些都适用于社会工作人员参与贫困群体救助帮扶的专业活动。《英国社会工作伦理守则》对在英国各部门和机构从业的所有社会工作人员都具有约束力，由英国社会工作协会负责监督是否遵守和落实。若社会工作人员违反这些伦理准则，将会受到相应的处罚。英国也非常重视社会工作的专业教育。早在济贫法时代，政府和慈善机构就对社会工作人员进行一些培训。1961年，英国社会工作训练研究所（National Institute of Social Workers Training）成立，负责审核社会工作专业的课程和研究。同年，“巴涅特馆”成为牛津大学的一部分，更名为“社会和行政研究系”。1970年，英国成立了“社会工作教育训练中央委员会”（Central Council on Education and Training for Social Workers），负责发放社会服务证书（CSS）和社会工作资格证书（CQSW）。前者必须在有学士学位授予权的高等教育机构（大学与综合性技术院校）完成训练课程后才能获得，持此证书的社会工作者主要从事日间照顾与住宅区照顾；后者主要颁发给在继续教育学院完成培训课程后在社会服务部门从事实践活动的社会工作者。1995年，这两种资格证书统一合并为国家职业（专业）资格证书。新证书只能由社会工作机构与学院共同提供，课程学制为两年。2002年，英格兰、威尔士和北爱尔兰地方政府联合发布了《社会工作职业资格大学鉴定》文件，2004年，苏格兰地方政府也颁布了类似的文件。英国的社会工作教育进入了高度职业化、系统化、标准化的发展轨道，培养了大量的社会工作专业硕士和博士等高端人才。

德国的社会工作教育发展历程比较特殊。长期以来，主要针对青少年开展社会工作的社会教育（Sozialpädagogik）与社会工作（Sozialarbeit）几乎不分彼此。直到20世纪60年代，才开始对社会工作者提供教育和培训，分别由综合性大学和应用科技大学培养社会教育者和社会工作者。20世纪90年代，社会教育和社会工作合并为新的“社会工作”（Soziale Arbeit）专业。1995年，德国社会工作者专业协会（DBS）和德国社会专业协会（BSH）合并为德国社会工作专业协会（DBSH）。2001年，德国大学校长联席会议及各州文教部长联合会正式批准“社会工作”成为独立的“学术专业”。

四、启示和建议

发达国家专业社会工作介入贫困群体救助帮扶的经验可以给未来中国的社会

工作发展，特别是介入贫困群体救助帮扶活动提供有益的借鉴。

（一）重视专业社会工作在贫困群体救助帮扶中的重要作用

发达国家反贫困的经验表明，专业社会工作在贫困群体救助帮扶中起到非常重要的作用。

从社会工作的性质来看，社会工作的使命就是本着利他主义和人文主义，利用专业知识为有困难、有需要的人提供专业服务，对贫困群体进行救助帮扶是其义不容辞的工作职责范围之一。恪守价值中立、保护个人隐私、尊重个人价值、个人尊严和案主自决、尽职尽责、和睦相处等社会工作准则完全契合贫困群体的救助帮扶工作的主旨和要求。为贫困个体提供“个案”服务，为贫困群体提供“团体”服务，以及为贫困社区提供“社区服务”，是社会工作显著的特点，是其他专业无法替代的。

从贫困群体面临的问题来看，贫困并不是一个简单的经济问题，而是一个涉及社会、文化、心理等多方面因素的综合性问题。对贫困群体的救助帮扶仅仅依靠经济援助远远不够，还需要解决其他方面的需求。因此，需要社会工作专业的知识和技能，深入了解贫困群体的需求，有针对性地解决造成服务对象处于贫困境地的“缺陷”，赋权他们可持续发展能力，才能够帮助他们摆脱贫困、自力更生。

从贫困群体救助帮扶工作性质的角度来看，社会救助是一项专业工作，需要社会工作介入。社会救助不同于其他社会福利项目，是建立在个别决定的需求和对申请者个人处境的甄别和判断基础之上的。因此，一般办事员或技术员很难胜任这项工作。只有那些受过训练、能够理解人类的互动、人类的需求和不幸、社会阶级对人类行为的影响，掌握社会学、社会工作、心理学等领域的专业人士才能够更好地完成社会工作的申请、甄别、审核、发放等工作程序。

在社会救助计划中，每个贫困户的状况也有很大差异，这就需要管理者对每个个案进行精准处置，这项工作同样离不开社会工作者的“个案”工作方法。制定针对贫困群体的救助帮扶政策同样离不开社会工作的参与。社会工作者长期工作在帮扶救助贫困群体的“第一线”，非常了解贫困群体的特点、现状和需求，洞察救助帮扶政策的优点和缺点，能够为贫困群体的救助帮扶提出有针对性的对策建议。因此，政府在制定针对贫困群体的救助帮扶政策时，不能不考虑社会工作者的建议。

当前，我国对社会工作发展的重视程度还有待加强。在我国目前的法律体系中，调整社会工作职业的法律文件数量不多，没有形成相对完整的社会工作职业法律体系。同时，几个专门的社会工作职业法规，例如《社会工作者职业水平评价暂行规定》、民政部制定的《社会工作者职业水平证书登记办法》《社会工作者继续教育办法》等规范性文件，法律层次和法律效力都比较低，而专业社会工作介入贫困群体救助帮扶需要强有力的法律保障。

（二）根据基本国情，选择合理的专业社会工作介入管理模式和培训体系

发达国家的经验表明，专业社会工作介入贫困群体救助帮扶的模式并不是唯一的，也无优劣之分，而是要立足本国的经济社会背景、贫困现象的成因和贫困对象的特征、社会工作发展历程，选择合理的介入管理模式。以英国为例，早期受《济贫法》的历史和美国经验的影响，采取的是非政府组织主导的模式。二战以后，由于英国建立了贝弗里奇式的社会福利制度，专业社会工作者逐渐转化为政府工作人员，旧的非政府组织主导模式已经不再适用于英国的国情，因而采取了政府管理主导的专业社会工作介入模式。我国是社会主义国家，社会救助一直被视为政府的主要责任，扶贫工作主要由政府来主导，社会工作的主要经费来自政府拨款，政府管理主导的专业社会工作介入模式值得借鉴。

一支专业、稳定的社会工作者队伍是专业社会工作介入贫困群体救助帮扶的关键。当前，我国虽有不少的高校开设了社会工作本科专业并获得社会工作硕士专业学位（MSW）授予权，但学科建设依旧有待进一步改善。应鼓励有条件的学校通过社会工作专业和民政部门联合培养的方式开展对贫困救助社会工作者的教育与培训，不仅能提升贫困救助领域社会工作者的专业化程度，也能够使社会工作者在贫困群体救助帮扶实践中更好地发挥作用，从而提高救助领域社工的从业门槛，提高对专业学习程度的要求，改变目前的职业化高于专业化的情况，提高整体从业人员的专业水平，确保服务质量，加大力度培养社会切实需要的专业人才。与此同时，社会工作专业毕业生的岗位不匹配和人才的大量流失是当前社会工作领域存在的发展难题。随着社会救助事业的发展壮大，救助对象不断增加，救助内容不断扩展，资金投入大幅增长，县乡两级社会救助经办机构也得到了加强。社会救助经办机构的健全完善为开发设置社会工作岗位提供了可能。鉴于社会救助领域社会工作的专业性，可采取在社会经办机构中设置社会工作岗位，或者纳入现有编制，与其他工作人员同薪同酬，一并管理；或者采取购买服务的方式，聘用合格人员承担岗位任务。建立社会工作和社会救助资源共享机制。利用现代信息技术，开发建设民办社工机构数据库、专业社工人员数据库、社工服务项目库等，完善自下而上的社会救助信息管理系统。

（三）加强专业社会工作介入贫困群体救助帮扶的过程管理

发达国家非常注重专业社会工作介入贫困群体救助帮扶的过程管理，这既是

社会工作专业性的重要体现，也是决定反贫困成效的关键因素。从济贫时代的社会工作萌芽起，政府就非常重视通过社会工作者精准收集贫困对象信息，精确了解其需求，社会工作者在政府和贫困对象之间充当着桥梁和纽带的作用，在服务递送环节做到了精准输送，既保证了社会救助的政策措施能够落实到真正的贫困对象身上，又避免了各种道德风险和“养懒汉”的负面作用。

2020年我国已全面消除绝对贫困，未来我国贫困的形式将主要是相对贫困，社会救助的主要工作对象将是低收入群体，而低收入群体的需求将更加多维，救助工作的难度会加大，专业社会工作者的作用将更加重要。政府应主要抓好介入环节的管理，如按照低收入群体中间的特征和区域部署专业社会工作者，指导社会工作者精确采集低收入群体的信息并对其进行审核，指导社会工作者运用专业知识对其需求进行调查。在社会救助服务递送环节中，对社会工作者进行专业培训，提高他们的专业技能和伦理素养，对社会工作者的资格和工作成效进行考核并进行奖惩，建立专业社会工作者的晋升和淘汰机制。

（四）营造良好工作氛围和激励机制，鼓励专业社会工作者扎根反贫困工作

在发达国家，专业社会工作的社会认可度高，荣誉感强，有着良好的工作氛围。政府会以项目经费的形式为专业社会工作介入贫困群体救助帮扶提供支持，社会工作者的收入尚可，有些国家甚至授予社会工作者以国家工作人员的身份，解决他们的后顾之忧，使其能够保持稳定的工作状态。

在我国，全社会对社会工作者的工作性质还缺乏足够的了解，尤其是贫困群体囿于知识水平有限，对社会工作的认识不到位，因而对其缺乏足够的信任，损害了社会工作者的自我认知感、工作荣誉感。因此，可以借鉴发达国家的经验，根据我国的国情，通过各种方式增强全社会对社会工作的了解，形成全社会“理解社工、信任社工”的良好氛围。目前我国社会工作介入社会救助活动的资金最主要来源于政府财政投入，资金来源单一，社会工作机构对政府的资金依赖性很大，造成项目效果不具有持续性与长期性，无法发挥项目的最大价值〔1〕。政府要在财政预算中保证社会工作介入低收入群体救助帮扶的活动经费，建立完善的资金筹集体系，拓宽资金来源渠道，解决社会工作进行救助的资金问题。一是加大政府财政投入，高效、合理地使用财政资金；二是利用街道、社区的优势筹措资金，与社区活动联系起来，扩大活动效应；三是联结慈善机构，共同开展活动，获得资金帮助；四是与爱心企业进行长期结对，一对一帮助救助群体〔2〕；五是

---

〔1〕 王晴：《社会工作介入社会救助的机制研究》，载《绥化学院学报》2018年第12期。

〔2〕 周晓斌、沈曦：《供给侧结构性改革背景下的政府购买服务思考》，载《经济师》2018年第2期。

向社会筹集资金，如受洪水灾害群体、偏僻山村的留守儿童，可以举行大型募捐活动，动员社会力量。六是稳步提高社会工作者的收入水平，解决他们以及亲属生存和发展需求问题，使社会工作者能够安心在其岗位上为社会作出更大的贡献。

参考文献

中文文献

朱敏：《日本社会工作职业化及其启示》，载《兰州学刊》2012 年第 12 期。

张威：《德国社会工作的特征》，载《社会工作》2018 年第 3 期。

杨克：《美国社会工作》，中国社会出版社 2014 年版。

沈黎、刘斌志：《美国社会工作伦理守则：历史经验与文本解读》，载《北京科技大学学报》（社会科学版）2008 年第 4 期。

郑杭生主编：《社会学概论新修》（第三版），中国人民大学出版社 2003 年版。

彭善民，宋文然，王亚芳：《德国社会工作发展范式及启示》，载《华东理工大学学报》（社会科学版）2018 年第 6 期。

王晴：《社会工作介入社会救助的机制研究》，载《绥化学院学报》2018 年第 12 期。

徐华，王继航，杨凤欣，曹放：《澳大利亚社会救助制度考察报告》，载《中国民政》2016 年第 4 期。

柳拯、柳浪主编：《当代国际社会工作》，中国社会出版社 2002 年版。

马凤芝、陈树强：《社会工作介入社会救助的国际经验及对我国的启示》，载《中国社会工作研究》2015 年第 1 期。

关信平：《社会工作介入社会救助的需求、能力及体制机制分析》，载《湖南师范大学社会科学学报》2017 年第 1 期。

曲凤鸣：《日本老年社会工作服务承接主体能力建设研究》，载《哈尔滨师范大学社会科学学报》2016 年第 1 期。

张雨明：《日本社会工作专业人才的培养、就业与问题》，载《中国民政》2015 年第 10 期。

张威：《国家模式及其对社会政策和社会工作的影响分析——以中国、德国和美国为例》，载《社会工作》2016 年第 3 期。

郭聪聪：《老年社会工作介入与长期护理保险制度的完善——以日本照护管理者为借鉴》，载《劳动保障世界》2019 年第 6 期。

张小军，裴晓梅：《城市贫困的制度思维》，载《江苏社会科学》2005 年第 6 期。

袁广盛：《中、美、日社会工作发展之比较研究》，载《社科纵横》2012 年第 7 期。

周晓斌，沈曦：《供给侧结构性改革背景下的政府购买服务思考》，载《经济师》2018 年第 2 期。

外文文献

B. DuBois, K. K. Miley, *Social work: an empowering profession*, Boston, MA: Pearson / Longman, 2005.

H. Specht, J. Courtney, *Unfaithful angels: How social work has abandoned its mission*, New York, NY: the Free Press, 1994.

J. R. Conlin, *The America past: a survey of American* (*Enhanced 8th ed.*), Belmont, CA: Thomason/ Wadsworth, 2009.

박태정, *사회복지역사탐구*, 서울: 학지사, 2014.

Bell, Winifred, "Too Few Services to Separate", *Social Work*, Vol. 18, No. 2, 1973, pp. 66 - 77.

M. B. Asher, "Micro and macro tensions in generalist practice", *The New Social Worker*, Vol. 10(4), 2003, pp. 11 - 13.

McDonald, Catherine, "Poverty in Australia and the Social Work Response", *Asia Pacific Journal of Social Work and Development*, Vol. 23, Issue 1, 2013, pp. 3 - 11.

McEntire, Davis and Haworth, Joanne, "The Two Functions of Public Welfare: Income Maintenance and Social Services", *Social Work*, Vol. 12, No. 1, 1967, pp. 22 - 31.

Midgley, James, 2006, "Welfare and Welfare to Work in the United States", *Journal of Policy Practice*, Vol. 5, 2006, pp. 2 - 3, pp. 7 - 25.

Millar J, Evans M, "Welfare to Work in the United Kingdom", *Journal of Policy Practice*, Vol. 5, 2006, pp. 61 - 76.

第七章　救助申请家庭收入财产审查

社会救助的家庭收入财产审查，又称家计调查，是政府对救助申请者进行的家庭经济状况审查，以确定其资格待遇。1920 年，英国颁布了《失业保险法》，规定其失业救济的对象是所有年收入低于 250 英镑的工人，这是世界上第一次通过法律形式将家计调查确立为社会救助的资格审核方式。1935 年，美国的《社会保障法》也出台了家计调查式的社会救助制度。由于家计调查能够瞄准救助对象、缩减救助范围、降低支付成本，因此逐渐被越来越多的国家所采纳使用。家计调查不仅是确定救助资格待遇的方式，也早已成为社会救助制度的一种分类依据，家计调查型的制度就是通过审核个人或家庭的收入和财产是否低于规定的限额，确定申请人是否有资格获得救助，以及应当提供何种水平的救助。科学的收入财产审查方法是做好具体救助工作的必要前提，了解发达国家有关家庭收入财产审查的经验做法对我国社会救助制度的完善具有参考借鉴意义

一、家庭收入财产审查的设计与选择

家庭收入财产审查的优势非常明显，它有利于明确受助范围，提高救助的准确性，降低财政支出。通过设置收入财产的限额，将部分不符合要求的人群排除在制度之外，使资源分配给真正有需要的人，实现更精准的再分配。因此，家计调查型的救助被许多国家所采用。根据国际劳工组织的报告，2017 年，全球有 28% 的国家提供家计调查型的儿童或家庭救助，4% 的提供家计调查型的生育救助，21% 的提供家计调查型的残疾人救助，35% 的提供家计调查型的老年人救助[1]。

但是，家庭收入财产审查在设计与执行的过程中，通常也容易出现一些问题。比如，操作难度大，管理成本较高。为了得到准确的收入财产信息，政府需要耗费大量人力物力进行调查与审核，对基层人员的素质水平也有一定的要求。尽管随着计算机网络信息平台的建设，能够减轻部分行政成本与压力，但由于家计调

〔1〕 International Labour Organization, World Social Protection Report 2017 – 19: Universal Social Protection to Achieve the Sustainable Development Goals, Geneva: 2017.

查的特点所致，管理部门需要对每一名受助人进行精准审查核算，仍旧存在管理成本的问题。除此以外，家计调查式的社会救助容易产生道德风险。这种方式以某一收入或财产水平作为获取救助资格的标准，若该标准设计得不合理或执行不严格，则可能导致受助人采取故意欺瞒的方式对收入财产进行申报，或者明明有能力或有机会拥有超过该限额的收入或财产，但却通过转移、放弃或不合理消费等方法使自己仍旧能够保持受救助的资格。

因此，在对家庭收入财产审查进行设计时，必须做好复杂性与有效性之间的权衡。为了使救助对象更加精准，使整个救助制度更加公平，制度的设计可能会愈加复杂，这同时会加大操作执行上的困难。尽管科技手段使得复杂性与有效性之间的矛盾减弱，但复杂的制度设计对于制度能否有效实施仍旧是一项重大挑战。因此，政策制定者需要结合救助的具体目标以及自身的执行能力，来进行政策的设计与选择。根据英国国家审计办公室的总结，家计调查的制度选择可以具体分为五大部分，见表 7－1。

在审查对象方面，除个别国家的失业救济等特殊救助项目外，目前多数国家都会将申请人及其家庭的情况同时进行考察。由于在许多发达国家都出现了大量长期共同生活但不组建家庭的情形，因此，部分国家还会考察同居者等具有非正式关系人员的经济情况，但这无疑加大了实际的执行难度。

表 7－1　家计调查的制度选择

简单←————————————————→复杂

审查对象	个人	家庭（基于正式关系）	家庭（包含非正式关系）
审查项目	工作收入	工作收入和财产	所有可支配收入
退出方式	单一门槛	随收入财产增加而平滑减少	结合其他福利平滑减少
获取信息的方式	从其他福利直接获得	依据已有的系统	独立核实验证
情况变化时的处理方式	评估结果在较长时间内固定，且无须追回款项	定期复查，可追回款项	情况变化时立即自行报告

资料来源：National Audit Office. 2011. *Means Testing*. https：//www. nao. org. uk/report/means – testing/#

在审查项目方面，早期的家计调查通常仅以收入审查为主要内容，即仅以某一收入水平作为能否取得救助资格的条件。但随着制度的逐步完善和技术的日趋成熟，目前，家计调查不仅包含了收入审查，通常还包含了财产审查，甚至有的国家还涵盖了救助对象的需求支出、居住条件等内容。

在退出救助的方式上，许多救助项目的受助人随着收入的增加，其实际获得的待遇会逐渐减少。具体方式可以是进行差额补贴，或是超出限额后待遇按比例递减。但对于一些将财产仅作为资格门槛的救助项目来说，若受助人财产超出限额而收入无变化时，在没有设置其他合理规则的情况下，受助人的待遇会出现悬崖式的削减。

在获取信息的方式上，有些救助项目的受助人可以直接获得另外项目的资格认可，这个被称为可重叠获取的“通行证”式救助。然而更常见的是，需要从已有的系统或数据库中进行获取以及审核，或者需要管理部门亲自去进行信息的收集与查证。

在对受助人情况变化时的处理方式上，多数发达国家都要求受助人有情况变化需要及时、主动报告，与此同时，也会定期复查，对未报告者采取一定惩罚措施。

二、收入财产审查的制度设计

各国的社会救助通常不止一种，因而每个救助项目的家庭收入财产审查在制度设计上会有一定的差异。但一个国家的大体模式一般是相同的，下面分别选取美国、英国、德国、日本四个国家中的一种托底性救助制度进行介绍与分析，以了解各国家庭收入财产审查的整体模式。

（一）资格待遇与审查项目的选择

家计调查的目的是确认救助申请人的资格待遇。一种救助制度究竟会选择哪些审查项目，需要考察该制度是根据什么标准确定受助人的资格，以及根据什么方法计算出最终的实际待遇。通常情况下，政府都会审查收入和财产，除此以外，还可能包括居住情况、需求支出等内容。一般来说，通过审查当事人的收入财产等个人情况，判断是否符合救助资格，并根据审查情况在设置的标准待遇额上进行加减计算，用以确定能够实际获得多少救助，最终使当事人的待遇达到一个能保证最低生活水平的必要限度。

1. 美国：补充收入保障计划

补充收入保障计划（Supplemental Security Income，SSI）是美国政府每月向符合条件的低收入、低财产的残疾人士或年满65周岁以上的老年人支付补助金的一种救助制度。联邦政府对该计划的福利待遇设定了统一的标准规则，而每个州政府则可能会对部分符合SSI计划的受助人进行不同的待遇补充。

在救助标准方面，假设受助人及其配偶没有任何其他可计入收入的话，根据2019年1月的标准金额，独自生活或要负担食物和住房支出的个人每月可获得

771 美元（人均工资的 14.7%[1]）、夫妻可一共获得 1157 美元（人均工资的 22.0%），与他人合住的个人可获得 514 美元（人均工资的 9.8%）、夫妻可一共获得 771.34 美元（人均工资的 14.7%），居住在由 Medicaid 报销费用的机构里的个人可获得 30 美元。

在财产限额方面，个人为2000 美元、夫妻为3000 美元[2]，如果申请人的可计入财产价值超过了该限额，则无法在该月收到 SSI。

在待遇核算方面，具体规则为，在符合财产限额的情况下，用标准福利待遇金额减去可计入收入，再根据其居住情况进行抵扣，即可得到受助人实际所获得的补贴金额。

因此，对于美国 SSI 计划来说，其审查项目不仅包含了收入和财产，还涵盖了申请人的居住情况。具体来看，财产决定了申请人的受助资格，而收入和居住情况则影响了申请人可获得的实际待遇金额。

2. 英国：通用福利

通用福利（Universal Credit）主要面向成年但未退休的低收入及无收入人群，于 2013 年引入，并将逐渐取代儿童税收抵免（Child Tax Credit）、住房福利金（Housing Benefit）、收入补贴（Income Support）、求职者津贴（Jobseeker's Allowance）、就业支持津贴（Employment and Support Allowance）以及工作税收抵免（Working Tax Credit）等多项福利补贴。

在救助标准方面，通用福利金由基本津贴和额外津贴组成。基本津贴分为四个档次，2019 年其标准额为，25 岁以下的单身者每月基本津贴为 251.77 英镑（人均工资的 8.4%[3]），25 岁以上的单身者每月 317.82 英镑（人均工资的 12.4%），均在 25 岁以下的夫妻每月一共 395.20 英镑（人均工资的 13.2%），只要有一方 25 岁以上的夫妻每月一共 498.89 英镑（人均工资的 16.6%）[4]。额外津贴则是符合特定资格的受助人才能获得，比如根据是否抚养儿童、是否具有有限劳动能力、是否照顾重度残疾人、是否支付住房费用等不同情况享受不等的额

---

[1] 由笔者自行计算，2018 年美国人均工资为 63093 美元，每月平均工资即为 5258 美元。数据来自：OECD Average annual wages（https://stats.oecd.org/viewhtml.aspx?datasetcode=AV_AN_WAGE&lang=en#）。下同。

[2] Social Security Administration. *Understanding Supplemental Security Income – 2019 Edition*（https://www.ssa.gov/pubs/EN-17-008.pdf）.

[3] 由笔者自行计算，2018 年英国人均工资为 35978 英镑，每月平均工资即为 2998 英镑。数据来自：OECD Average annual wages（https://stats.oecd.org/viewhtml.aspx?datasetcode=AV_AN_WAGE&lang=en#）。下同。

[4] How to claim Universal Credit: step by step（https://www.gov.uk/universal-credit/what-youll-get）.

外津贴。

在财产限额方面，规定受助人及其配偶不能拥有多于 16000 英镑的财产。

在待遇核算方面，实际获得的福利金等于其标准额减去收入。其中，只扣除劳动收入的 63%，而非劳动收入则为 100% 扣除。

此外，设有福利上限额，大伦敦区单身者每年通用福利金不能超过 15410 英镑，其他地区 13400 英镑，大伦敦区夫妻或单身父母每年限额为 23000 英镑，其他地区 20000 英镑[1]。

因此，对于英国通用福利来说，其审查项目仅包含了收入和财产。其中，财产决定了申请人的受助资格，而收入则影响了申请人可获得的实际待遇金额。

3. 德国：社会救助

德国的社会救助（Sozialhilfe）主要面向那些无自身过错而非自愿地陷入贫困状态急需帮助，且当前不具有就业能力的人群。社会救助包括生活补助、针对老年人和丧失劳动能力人群的补助、医疗补助、残疾人补助、护理补助、对其他特殊困难群体（如无家可归者）的救助，等等。

与英美不同，德国社会救助的福利待遇是根据个人需求量身定制的，并考虑受助人的生活状况。以生活补助（Hilfe zum Lebensunterhalt）为例，首先需要为每个受助人确定针对个人的总需求支出，包括一般需求支出、住宅和采暖支出、额外需求支出、一次性支出、医疗保险和长期护理保险的缴费、养老保险的缴费（当地政府决定是否纳入）、教育需求支出以及补充贷款等。其中，一般需求支出会根据年龄以及居住情况分为 6 个等级，2019 年独立居住的单身成年人或单亲父母为每月 424 欧元（人均工资的 12.6%[2]），与配偶或伴侣共同居住的成年人为 382 欧元（人均工资的 11.3%），居住在特定机构或设施中的成年人为 339 欧元（人均工资的 10.0%），15—18 岁青少年为 322 欧元（人均工资的 9.5%）、7—14 岁儿童为 302 欧元（人均工资的 8.9%），6 岁以下幼儿为 245 欧元（人均工资的 7.3%）[3]，并可以根据情况上下浮动。

在受助资格方面，需要核查申请人的配偶及直系亲属是否进行了抚养和支持，只有他们都无力救助的情况下，社会救助才能够启动。

在待遇核算方面，总需求支出减去可计入收入和财产，即可算出受助人的实

---

〔1〕 Benefit Cap（https://www.gov.uk/benefit-cap/benefit-cap-amounts）.

〔2〕 由笔者自行计算，2018 年德国人均工资为 40522 欧元，每月平均工资即为 3377 欧元。数据来自：OECD Average annual wages（https://stats.oecd.org/viewhtml.aspx?datasetcode=AV_AN_WAGE&lang=en#）。下同。

〔3〕 Anlage zu § 28 des Zwölften Buches Sozialgesetzbuch（SGB XII）（https://www.bmas.de/SharedDocs/Downloads/DE/regelbedarfsstufen.pdf?__blob=publicationFile&v=8）.

际待遇额。

因此，对于德国的生活补助来说，其审查项目不仅包含了收入和财产，还包括了需求支出和亲属支持。具体来讲，德国没有像英美两国一样，明确规定一定数目的财产限额作为资格门槛，而是将收入、财产和需求支出都视为影响申请人的实际待遇的因素。

4. 日本：生活保护制度

日本的生活保护制度是覆盖全民的托底性社会救助制度，为所有陷入穷困的公民提供最低限度的生活保障，以保证其独立生活。生活保护制度包括生活扶助、教育扶助、住房扶助、医疗扶助、护理扶助、生育扶助、生计扶助、丧葬扶助。厚生劳动省会根据受助人的居住地、年龄、家庭成员构成、住宅条件等情况设定不同的标准额，称为最低生活费。最低生活费一般以生活扶助标准额为基础，符合特定条件的受助人还可以加上生活扶助额外补贴以及住宅、教育、介护、医疗、丧葬等扶助额。

以生活扶助为例，其救助标准额分为个人支出、家庭共同支出以及其他特别支出三个部分。第一，个人支出。包括饮食、服装等基本日常生活支出，2019 年的标准额根据地域、年龄由每月 16910 日元至 47750 日元不等（人均工资的 4.7% 至 13.2%〔1〕），其中各市町村根据经济发展水平被分为 6 个等级，而受助人则按年龄分为 0—2、3—5、6—11、12—17、18—19、20—40、41—59、60—64、65—69、70—74 和 75 以上共 11 组。第二，家庭共同支出。包括水电费、家电家具维修费等支出，冬季会根据地域情况计入采暖费，其标准额则根据地域、家庭成员人数构成从 27690 日元至 66610 日元不等（人均工资的 7.7% 至 18.4%）〔2〕。第三，其他特别支出。这是针对特定人群提供的额外补贴，比如，对因病住院和入住护理机构的人员提供一定的额外生活补贴，对孕产妇、单亲家庭、残疾人、长期在家卧床的病人、需要养育儿童的人、需要接受长期护理的人提供相关需求的补贴以及对某些特别情况提供必要的一次性补贴。这与德国的需求支出类似，涵盖了较为广泛的需求，但报销弹性比德国小，通常是根据不同项目设置固定的费用。

在受助资格方面，原则上在救助前申请人应用尽其一切可利用的资源，只有在公民用尽其财产、能力及其抚养义务人的支持等其他一切资源仍不能保证最低

〔1〕 由笔者自行计算，2018 年日本人均工资为 4334000 日元，每月平均工资即为 361167 日元。数据来自：OECD Average annual wages（https://stats.oecd.org/viewhtml.aspx?datasetcode=AV_AN_WAGE&lang=en#）。

〔2〕 厚生劳动省：《生活保護制度における生活扶助基準額の算出方法（令和元年 10 月）》（https://www.mhlw.go.jp/content/kijun.3010.pdf）。

的基本生活水平时，政府才能够提供相应的救助。

在待遇核算方面，三个部分总的标准额通过一个复杂公式进行加总，受助人实际获得的补贴金额则等于总标准额减去可计入收入。

因此，对于日本的生活扶助来说，其审查项目不仅包含了收入和财产，还包括了自身能力、抚养义务人的支持以及特殊人群的需求情况。具体来说，收入是影响申请人可获得的实际待遇金额的因素，而财产、能力及其抚养义务人的支持等其他可利用资源都决定了申请人的受助资格。

（二）收入财产的认定标准

并非申请人所拥有的全部收入与财产都会被认定纳入最终待遇计算中，各国都会对可计入收入与财产的标准进行规定。由于收入与财产的认定内容较多、种类繁杂，在此进行主要收入和财产认定的分类比较（见表7－2），并分析各国设置认定标准背后所蕴含的理念。

表7－2　各国收入与财产认定的比较（2019年）

收入类别	美国	英国	德国	日本
所有收入	每月大部分收入前20美元不计入	无普遍性规则	无普遍性规则	无普遍性规则
劳动收入	部分不计入：每月劳动收入的前65美元以及超过65美元部分的50%；22岁以下学生劳动收入（每月上限1870美元，每年上限7550美元）；偶然小额收入	部分不计入：非货币福利（如宿舍、公司股权等）；免税收入（如餐补、交通补贴等）；用于纳税和工作必要支出的收入。只计入劳动收入的63%，抚养未成年人或劳动能力受限者享有额外扣减额	部分不计入：每月30%的劳动收入（根据情况设有不同上限）；免税收入（上限200欧元）；用于缴纳税费的收入；用于工作必要支出的收入（如工作设备、通勤费用等，设有不同上限）	部分不计入：用于缴纳税费、工作必要支出的收入；临时报酬每月15000日元以内；价值500日元以内的实物报酬；接受义务教育的未成年人的劳动收入
实物收入	计入	不计入	计入	计入
养老金	计入	计入	计入	计入

续表

收入类别	美国	英国	德国	日本
社会福利津贴	部分不计入：补充营养援助计划、家庭能源补助、州或地方政府救助金、灾害补助；所得税退税、联邦退税和高级税收抵免	计入	部分不计入：社会救助金；战争受害者基本津贴；就业促进津贴	部分不计入：高中学费补贴；地方政府救助津贴、地方残疾人老年人生活补贴（上限 8000 日元）以及残疾人特别养老金
补偿金、赔偿金	不计入：临床试验补偿金（上限 2000 美元）	不计入：人身伤害赔偿金	不计入：人身损害赔偿	不计入：只用于必要开支的各类补偿金赔偿金；污染致病赔偿金
保险赔偿金	计入	计入	计入	部分不计入：8000 日元以内
他人的支持	部分不计入：用于学费和教育支出的助学金等；非营利机构提供的食物或住所	计入	计入	部分不计入；慈善性质的资金；民俗礼金；支持其自力更生的赠款（经审核）
需要偿还的借款	不计入	（无明确规定）	（无明确规定）	部分不计入：为自力更生获得的贷款（经批准）；国家或地方专项贷款
配偶、亲属的收入	视具体情况（如是否共同居住）部分计入	配偶计入	家庭成员全部计入	家庭成员全部计入
所有财产	无普遍性规则	财产超过 6000 英镑的部分，会假定每 250 英镑月收益为 4.35 英镑，计入财产	无普遍性规则	无普遍性规则
现金或货币资产	计入	计入	部分不计入：每名成人 5000 欧元	计入
实物财产	计入	仅计入不动产	计入	计入

续表

收入类别	美国	英国	德国	日本
住房	不计入：自住房	不计入：自住房（原则上一套）；缺乏劳动能力或退休的家人居住的房屋；其他临时情况（6个月期限）	不计入：适当水平的自住房（是否适当则取决于居住人数、住房需求、房屋面积、结构、设施及房产价值）	不计入：适当水平的自住房（根据面积、房间数等）；非自住房（根据商业规模与类型、使用与处置价值）
自用车	不计入：本人或家庭成员自用车1辆（无论价值）	不计入	计入	计入
家庭用品	不计入	不计入	超出适当水平的要计入	超出适当水平的要计入（根据家庭成员情况、类型、数量、使用价值）
私人物品	不计入（如婚戒）	不计入	不计入：传家宝；满足精神需求的物品，且不是奢侈品	不计入：处置价值小且符合低收入家庭水平的
墓地及丧葬费	不计入：申请人及直系亲属的墓地；申请人及配偶的丧葬基金（上限1500美元）	不计入：购买的丧葬计划	（未规定）	（未规定）
购买的人寿保险	部分不计入（上限1500美元）	不计入	计入	计入
购买的养老保险	不计入	不计入	不计入	计入
养老金累积收入	计入	计入	不计入	计入
累积的社会福利津贴	部分不计入：社会救助金（9个月内获得的）；所得税抵免（9个月内获得的）；退税和高级税收抵免（12个月内获得的）	部分不计入：地方政府救助金、拖欠给付的福利金（均为12个月内获得的）；勋章嘉奖	部分不计入：公共基金提供的保障家庭生计的资金	计入

续表

收入类别	美国	英国	德国	日本
累积的补偿金、赔偿金	不计入：搬迁补偿金、受害人补偿金（9个月内获得的）；临床试验补偿金（1年内获得的，上限2000美元）	不计入：公共事件赔偿金；人身伤害赔偿金（12个月内获得的）；财产保险赔款（6个月内获得的）；配偶死亡抚恤金	（未规定）	（未规定）
特别储蓄账户中的资金	不计入：针对特殊人群建立的专用账户或用于医疗支出的免税账户（部分有上限）	不计入：在住房协会的存款，用于低价住房	（未规定）	（未规定）
用于教育、住房等重大开支的资金	部分不计入：助学金等（9个月内获得的）；用于医疗的资金（1个月内获得的）；用于更换丢失、损坏或被盗的不可计入财产的资金（9个月内获得的）	部分不计入：用于购买房产的资金；通过贷款、申请补助等方式获得的用于修缮、改建房屋的款项（均为6个月内获得的）	部分不计入：在获得或留存时就声明用于残疾人或被抚养人住房的其他必要财产，并且失去该财产就会有损于该目标的达成	部分不计入：在救助机构指导下出售动产或不动产而取得的收入，只能用于维持生计或重大开支（经审核）
用于工作经营的财产	部分不计入：经营和创业时所拥有的财产；用于工作的个人财产，如工具、制服；某些生产经营许可证	部分不计入：用于经营及创业的企业财产，包括机器、设备、车辆等	部分不计入：对于职业培训和就业而言必不可少的物品	部分不计入：商业用途的机器、器具等用品（根据营业类型、地域、未来收益）
配偶、亲属的财产	视具体情况部分计入	配偶计入	家庭成员全部计入	家庭成员全部计入

资料来源：美国：Social Security Administration. Understanding Supplemental Security Income – 2019 Edition（https://www.ssa.gov/pubs/EN – 17 – 008.pdf）. 英国：Department for Work and Pensions. Advice for Decision Making：Staff Guide（https://www.gov.uk/government/publications/advice – for – decision – making – staff – guide）. 德国：Bundesminister für Arbeit und Soziales. Sozialhilfe und Grundsicherung im Alter und bei Erwerbsminderung（https://www.bmas.de/DE/Service/Medien/Publikationen/a207 – sozialhilfe – und – grundsicherung.html）. 日本：厚生劳动省：《平成30年10月1日施行生活保護実施要領等》（https://www.mhlw.go.jp/content/12201000/000349811.pdf）

第一，在适用范围方面，这四项救助制度均在全国范围内实行统一的收入财产认定标准，分别由美国社会保障局（Social Security Administration）、英国就业和养老金部（Department for Work and Pensions）、德国联邦劳动与社会事务部（Bundesministerium für Arbeit und Soziales）、日本厚生劳动省负责主管。

第二，在收入认定方面，各国的规则较为类似。首先，对于劳动收入，各国都作出一定的豁免，比如非100%全额扣除、不计入工作必要支出等，尽管方式和程度不尽相同，但都体现了对劳动者的支持，是一种工作激励。其次，对于非劳动收入，大多数都被计入，仅有少部分具有救助性质或人身赔偿性质的收入不被计入。最后，对于部分他人出资的专用款项，尤其是具有慈善性质用于基本生活或有助于自食其力的支出项目，美国和日本不计入收入。

第三，在财产认定方面，各国规则的差异会比收入认定更大。首先，对于自住房屋和自用车辆，各国都不计入自住房屋，但只有英美两国不计入自用车辆，这可能与各国公共交通发展情况以及对私家车的定位有关。其次，对于购买的人寿保险、养老保险以及养老金的累计收入是否计入财产，各国的做法则大为不同。英美均不计入购买的保险，但计入养老金收入，德国只计入人寿保险，但对养老保险和养老金收入均不计入，日本则是全部计入，这体现了各国对各类保险和养老金收入的不同定位。再次，美国和英国都对许多不计入的财产进行了时间限制，尤其是对有专项用途的资金，超过时限则会变为可计入财产，使部分财产的认定增加了在时间维度上的弹性。最后，可以看到，各国都对专门用于生活必要或重大开支的财产进行了不同程度不同方式的豁免，体现了一定的人文关怀。

第四，一些认定规则与救助制度的覆盖人群和申请单位有关。比如，就是否考虑配偶或家庭成员的收入财产这个问题，德国和日本须考虑全部家庭成员，因为这两项救助均是以家庭为单位进行申请；英国仅考虑配偶，因为通用福利仅面向处于劳动年龄的人群，申请单位为个人或配偶；美国补充收入保障计划由于仅针对老年人或残疾人，以个人为申请单位，因为根据是否与家人共同居住等具体情况来认定是否计入他们的收入财产。

第五，采用什么样的认定标准与一国收入财产审查会采取什么样的执行方式密切相关。就英国而言，通用福利致力于实现服务数字化，其收入财产的审查方式以每月计算机自动审核为主，因此不计入核查难度较高的实物型收入财产，对部分不计入财产设有明确的期限等规则都适合于定期自动化识别的方式。与英国相反，日本的待遇给付比较细致、个性化，其收入财产的认定标准比较严格、精细，审查方式则较少依赖于计算机系统，具体经办人员的自由裁量权更大，在执行上也会更加强调入户调查这样的方式（详细内容请参见后文）。

（三）其他审查项目的认定标准

1. 美国：居住情况

在审查福利资格及具体待遇问题上，美国的补充收入保障计划不仅仅考虑到申请人的收入和财产，还将申请人的居住情况作为一个重要的衡量指标，拥有不同住宅条件的申请人通常会获得不同的福利待遇。

如果申请人符合以下居住情况，其补充收入保障会有相应减少：住在他人的房屋，且支付的食物或住宅费用低于其合理份额；住在自己的房屋，且食物、租金、抵押贷款、用电和取暖费用全部或部分由他人支付；整月住在医院或养老院，且 Medicaid 支付了超过一半的护理费用；未成年的申请人整月住在医院或疗养院，且私人保险和 Medicaid 合计支付了超过一半的护理费用；住在公共或私人医疗机构，且 Medicaid 支付了超过一半的护理费用。

当他人替申请人支付或免除申请人的租金、抵押贷款、食品、水电费时，社会保障局会将其计入申请人的收入，每月补充收入保障补贴最多减少 277 美元。申请人只与配偶和未成年子女一起生活，且没有家庭成员以外的他人支付费用的，不计入收入〔1〕。

2. 德国：需求支出

需求支出是影响德国社会救助受助人资格和待遇的重要因素，从受助人的需求出发，实行更具个性化的救助，其认定规则由德国《社会保障法》第十二编（SGB XII）规定〔2〕。

（1）一般需求支出。

一般需求支出的标准是德国社会救助资格审核及待遇确定的基础，包括食物、服装、家居用品、照明、电器、医疗保健等经常性项目，采用低收入家庭的平均消费支出作为衡量数据，由联邦统计局的收入与消费统计调查而来。

德国政府根据年龄和居住情况设立了六个需求等级。第一级为独自居住的成年人或者单身父亲或母亲，第二级为共同居住的夫妻或伴侣，第三级为住院或居住在公共设施中的成年人，第四级为 15—18 岁青少年，第五级为 7—14 岁儿童，第六级为 6 岁以下儿童。这些不同等级的标准额为全国统一，每年调整一次，在联邦调查局的统计调查数据未更新的年度，政府则会根据每年国家的物价及工资

---

〔1〕 Social Security Administration, *Understanding Supplemental Security Income* – 2019 *Edition* (https://www.ssa.gov/pubs/EN – 17 – 008.pdf).

〔2〕 如无特别说明，本部分数据资料均来自 Bundesminister für Arbeit und Soziales. *Sozialhilfe und Grundsicherung im Alter und bei Erwerbsminderung* 2018 (https://www.bmas.de/DE/Service/Medien/Publikationen/a207 – sozialhilfe – und – grundsicherung.html)。

变动水平进行相应的调整。2019 年第一级到第六级的一般需求支出金额分别为 424、382、339、322、302、245 欧元[1]。虽然该标准是全国统一普遍性的规则，但具体个案可以进行上下浮动。

（2）住宅和采暖支出。

该类需求支出不仅包括住房租金和采暖支出，还包括集中供应热水费以及自有产权房的物业费。与一般需求支出不同，住宅和取暖支出没有设立全国统一的标准金额，通常由当地的社会救助机构确定，这是由于居住情况的不同会导致个人支出差别巨大。

对于住房租金，其支出限额综合考虑当地平均房租水平、房屋大小、内部设施、居住人数等因素。

对于采暖支出，其限额根据不同采暖方式（能源类型、是否集中供暖）每单位消耗的平均价格、房屋建筑结构、隔热性等条件综合确定。

（3）额外需求支出。

具体到个案时，假若一般需求支出的标准额确实满足不了某些受助人的需求时，受助人有权获得额外需求作为补充。

对于 65 岁以下完全丧失劳动能力或年满 65 岁的残疾人，其出行费用往往高于一般低收入家庭的平均支出，因此额外需求支出可以弥补这部分超支，其金额通常为该受助人需求等级标准支出的 17%。

对于怀孕 13 周以上的孕妇，其购买孕妇服装、孕期培训课程以及补充营养等特殊支出可以通过额外需求支出来涵盖，其金额通常也为该受助人需求等级标准支出的 17%。

对于单身父母来说，他们需要单独承担全部住宅费用，而儿童和青少年的需求等级标准支出不包含住宅成本。因此，独自抚养 16 岁以下孩子的单身父母可获得额外需求支出，其金额为第一级需求等级标准支出的 36%，受助人每多一名孩子即可多获得第一级标准支出的 12%，但合计不能超过 60%。

对于年满 15 岁并通过综合援助计划[2]获得教育或培训津贴的残疾人，其额外需求支出金额通常为该受助人需求等级标准支出的 35%。

对于一些需要特殊饮食的病人或残疾人，当地社会救助机构必须根据个案情况具体分析，以决定是否应当增加额外需求支出，并确定出合理的金额。

对于所住房屋不集中提供热水、需要自行安装热水设备的受助人，其额外需

---

〔1〕 Anlage zu § 28 des Zwölften Buches Sozialgesetzbuch（SGB XII）（https://www.bmas.de/SharedDocs/Downloads/DE/regelbedarfsstufen.pdf?__blob=publicationFile&v=8）.

〔2〕 综合援助计划（Eingliederungshilfe）是针对残疾人的一体化救助，除一般生活补助外，还包括教育、就业等方面的支持援助。

求支出根据不同需求等级设置不同比例。

（4）一次性支出。

一次性支出与额外需求支出类似，也是特殊情况下一般需求支出的必要补充，需要在支付前先在当地社会救助机构进行申请，否则不会得到相应补贴。适用情形有：一是家用电器等基本用品的购买（例如火灾造成家用电器损坏且无保险赔偿）；二是孕期和分娩后衣服和基本用品的购买（例如婴儿用品）；三是矫形鞋的购买与修理，以及治疗设备的租用与修理。

（5）医疗保险和长期护理保险的缴费。

若受助人的自有资金不足以支付医疗保险和长期护理保险的缴费时，可以被计入需求支出之中，包括社会保险或不高于法定保险缴费金额的商业保险。

（6）养老保险的缴费。

养老保险的缴费是否纳入需求支出，由当地社会救助机构自行决定，但具体规则应与医疗保险和长期护理保险一样。

（7）教育需求支出。

未成年人的教育甚至是兴趣活动的支出也被纳入其需求支出之中，这有助于缩小代际间的不公平，促进机会均等。

对于就读于普通学校或职业学校的学生，其教育支出包括：第一，学校或日托机构的午餐费用，条件为父母每天最多支付 1 欧元；第二，辅导费用，条件为该学习辅导必须是受助人能够达到学习目标的唯一途径，并需要学校确认，而且没有其他更低价的同类辅导；第三，学习用品，每学年 100 欧元，第一学期开始时支付 70 欧元，第二学期开始时支付剩余的 30 欧元；第四，学校和日托机构组织的一日和多日旅行；第五，公交费用，条件是当其交通费超出未成年人一般需求支出中每月 5 欧元的限额时；第六，每月额外提供 10 欧元，供其参加体育、游戏、文化和其他休闲活动，可累积使用，以支付一次性大额费用。

以上项目中，除了第三类的学习用品补贴外，其他需求支出均应事前申请，极特殊情况下也可事后报销。其中，学校旅行、学习辅导和午餐的补助需要通过实名凭证或向服务提供者直接付款的形式提供。

（8）补充贷款。

除了上述需求支出外，若还存在其他合理的需求，但受助人又无力承担时，社会救助机构可以提供少量贷款。还款方式则是直接从未来获取的补贴中进行扣除，每月分期付款不超过需求等级第一级标准支出的 5%。

3. 德国、日本：其他可利用资源调查

在德国，地方社会救助机构也需要先考虑申请人亲属的支持援助。社会救助机构需要进行核查，只有当父母、子女以及配偶（包括已离婚的配偶，除非另有协议）等所有义务人都无力帮助时，社会救助才能启动。如果相关义务人拒绝履行其抚养义务，那么社会救助机构会为受助人提供救助，但同时也将向相关义务人收取该救助费用，使之成为该义务人需要偿还的债务。但是，如果受助人正在怀孕或照顾未满 6 岁的儿童，并与其父母同住，则在评估时不得考虑其父母的收入和财产，但受助人的孩子父亲的抚养义务仍然存在〔1〕。

日本对于申请人是否用尽一切可利用资源非常看重，因此在予以补贴之前，不仅要审查申请人的收入财产状况，而且要调查申请人有无相关抚养义务人，甚至还要评估申请人能否利用其个人劳动能力维持最低生活水平。在抚养义务人方面，要调查是否存在义务人及其支持抚养能力。在劳动能力方面，不仅要结合申请人的年龄和身体条件进行评估，还要分析其生活、工作经历等，以及申请人是否依照其能力进行求职〔2〕。

三、收入财产审查的程序执行

（一）信息的收集与调查

若想让家庭收入财产审查真正得以实施，社会救助机构就必须对受助人的信息进行收集与调查。通常来说，救助申请人有义务提交有关一切证据材料。同时，为调查核实相关信息，主管部门有权向相关人员、企业、组织以及其他政府部门收集必要信息。美、英、德、日四国的社会救助在审查上基本都是采取“以个人报告为主、以机构审查为辅”的模式，但具体做法上有所区别。

1. 个人报告

（1）报告内容。

四个国家的申请人或受助人均负有举证责任，有义务提供有关个人身份、家庭情况、收入财产等各项证据材料。若申请时未提供正确信息，则会影响到最终所获取的待遇水平。各国所要求的报告内容大体一致，具体项目上会有细微差别，以美国为例，除了公民身份、社会保障号码、年龄证明、必要的医疗报告证明外，在收入方面，申请人需要提交工资单、纳税申报单、其他非劳动收入的证明与记录以及残疾人的工作支出等证明；在财产方面，申请人需要提交银行对账单、包括房产在内的所有财产的契约或估值证明、人身保险单、丧葬墓地合同、存款等资产证明、名下车辆信息等证明；在居住情况方面，申请人需要提交租赁合同、

---

〔1〕 Bundesminister für Arbeit und Soziales. *Sozialhilfe und Grundsicherung im Alter und bei Erwerbsminderung* 2018（https：//www. bmas. de/DE/Service/Medien/Publikationen/a207 – sozialhilfe – und – grundsicherung. html）.

〔2〕 厚生劳动省：《平成 30 年 10 月 1 日施行生活保護実施要領等》（https：//www. mhlw. go. jp/content/12201000/000349811. pdf）。

家庭成员主要信息、财产税单、相关居住支出证明；以及工作经历证明；等等〔1〕。

（2）报告方式。

在美国，申请人可以选择线上或线下的方式启动救助申请流程，但无论哪种方式，一般都需要亲身前往当地的社会保障局办事处（Field Office）进行面谈或提交有关材料。而在受助过程中，受助人可以通过访问、致电或写信给社会保障局办事处来报告任何情况变动，也可以使用自动电话工资报告服务、手机应用程序或在线工资报告工具。

在英国，申请人以线上申请为主，并填报个人信息，难以线上申请的特殊人群可以前往就业中心（Job center），采取面对面的方式进行申请。尽管大部分申请人通过线上进行申请，但首次申请者应前往就业中心进行面谈，将相关证据材料提交给经办人员。

德国和日本则以现场申请和报告为主，在德国，申请人需要向各地政府的社会救助办公室或就业中心提交书面申请和报告。在日本，申请人应前往各地政府福祉事务所（或福祉科）进行申请和报告。

（3）报告周期。

无论在哪个国家，当受助人在受助过程中有相关情况变动时，尤其是在可能会影响救助资格认定以及待遇给付金额时，比如受助人及其家庭成员收入变动等情形下，受助人都应当及时报告，并提交有关证据材料。

对于固定周期的报告，在美国，通常来讲，受助人每个月都应当向社会保障局报告前一个月的工资收入。在英国，由于通用福利的评估期仅为一个月，因此一般情况下受助人每个月都要进行线上的申报。在日本，对于那些有劳动能力的受助人来说，原则上应每月进行申报，除非长期稳定工作且月收入变化很小，这种情况下可以三个月报告一次。对于那些不具备劳动能力的受助人来说，至少每十二个月报告一次〔2〕。

2. 机构审查

（1）经办机构。

在美国，社会保障局的办事处负责各地具体业务，包括收入财产的审查、评估以及资格待遇的确定等。经办人员以申请人或受助人申报的内容作为主要参考依据，与雇主上报的工资数据以及其他交换而来的数据等信息进行比对，再结合

---

〔1〕 Social Security Administration, *Understanding Supplemental Security Income – 2019 Edition*（https://www.ssa.gov/pubs/EN–17–008.pdf）.

〔2〕 厚生劳动省：《平成30年10月1日施行生活保護実施要領等》（https://www.mhlw.go.jp/content/12201000/000349811.pdf）。

申请人的实际情况进行判断，从而确定其资格和待遇，以保证付款金额的准确。根据个案的不同情况，经办人员可能会电话询问或面谈，以便更好地核实情况。

英国的通用福利由分布在各地的就业中心负责具体经办。通用福利代表了英国政府向数字政府转型的理念，其以服务数字化为特征，包括前端的申请人自助在线服务和后端的自动化验证审查，通过数字化系统和自动化流程提高业务效率和服务质量。而经办人员作为救助申请的决策者，应当依照英国民事法庭使用的证据标准进行判断，权衡申请人的所有证据材料〔1〕。据统计，2018 年各地经办人员所负责的个案数量平均为 360 个〔2〕。该部门不仅在受助人申请福利时对相关材料进行审核，还对受助人领取福利金的全过程进行监督。

德国各项救助制度的具体经办交由各地政府的社会救助办公室或就业中心。提交书面申请后，社会救助机构会结合申请人的需求和经济状况进行评估。最终向申请人作出书面决定，并附上需求评估计算表和法律救助函。社会救助机构应该定期对受助人的相关信息进行核查，包括社会救助资格及金额、其他社会福利待遇的领取、收入和纳税情况等有关信息。

日本的生活保护制度由厚生劳动省主管，具体经办则由各地福祉事务所负责，未设福祉事务所的町村则由当地政府相关科室负责。具体业务主要包括个案管理工作和费用支付工作两大类。

（2）数据交换。

数据交换是指政府或私人实体之间单向或双向共享个人电子信息。对于社会救助制度来说，数据交换不仅能够防止不当付款，还有助于提高服务效率、降低管理成本，而且还能为统计和研究活动提供数据上的支持。数据的获取有以下途径和原则：

第一，与各类政府部门、社会组织进行合作。

在美国，早在 1937 年社会保障局就开启了与其他机构的信息交换，60 年代后期开始与各州共享数据。目前，数据交换已经成为是美国社会保障局审核受助人收入财产的最主要方式，具体业务主要由数据交换与国际协议办公室（Office of Data Exchange and International Agreements）负责。数据交换的合作伙伴包括各联邦机构、各州政府、部分私营部门以及部分外国政府等。

---

〔1〕 Social Security Advisory Committee, *Decision Making and Mandatory Reconsideration* (https://assets.publishing.service.gov.uk/government/uploads/system/uploads/attachment_data/file/538836/decision-making-and-mandatory-reconsideration-ssac-op18.pdf).

〔2〕 Universal Credit Programme full business case summary (https://www.gov.uk/government/publications/universal-credit-programme-full-business-case-summary/universal-credit-programme-full-business-case-summary).

在英国，工作与养老金部同其他政府部门紧密合作，以使用个人数据。在与英国税务海关总署的合作上，除了共享实时信息系统以外，还与其使用同一客户信息系统（Customer Information System），能够查询并记录与国民保险号码相关的个人信息。另外，还会与卫生部门、国防部、国家统计局等公共部门进行合作。在必要情况下，该部门可以要求有关雇主、房东等个人提供有关雇佣信息、租房费用等方面的证据材料。

在德国，社会救助机构有权从联邦就业局、社会保险基金、联邦税务办公室等部门获取有关受助人的数据，与申报数据进行比对。在必要情况下，社会救助机构还有权从其他行政部门、各级政府以及企业等主体处获得法律规定的受助人的数据，以防止受助人滥用社会救助。

在日本，当地福祉事务所的工作人员有权要求其他政府部门、年金机构、银行、信托公司、受助人雇主等组织和人员提供受助人的有关资料，也可以根据情况前往相关组织开展调查。对于金融机构，自 2012 年起采取向金融机构总部进行统一查询，改变了以前经办机构向多个分支机构分别查询的方式，既降低了行政成本，又能够扩大调查的覆盖面，增强准确度〔1〕。

第二，通过雇主和税务部门获取工资数据。

美国社会保障局的专员有权与工资单数据提供者提供的信息进行比对，以防止不当的待遇支付。因此，掌握相关收入信息的商业或非商业实体，必须依据规定报告所雇员工的工资情况。具体规则是，雇主应当每年向社会保障局提交雇员的工资和税单（Wage and Tax Statement），用于各社保项目的审查复核。社会保障局还会将相关信息报告给国税局，用于审查纳税申报〔2〕。

实时信息系统（Real Time Information System）是英国税务与海关总署（HMRC）用于征收所得税和国民保险的系统。雇主会通过实时信息系统将收入和税费缴纳信息即时发送给英国税务海关总署，其特点是随赚即付（Pay As You Earn）。工作与养老金部能够共享该数据库，以此获得每月收入信息，验证申报信息的准确性。两个部门已经建立了一个联合工作团队来处理实时信息的反馈。据测算，使用实时信息系统预计每年将使得通用福利支出节省约 6 亿英镑〔3〕。

第三，数据交换应在一定原则下进行。

---

〔1〕 厚生劳动省：《生活保護関係全国係長会議資料》（https：//www. mhlw. go. jp/stf/shingi2/0000195949_ 00003. html）。

〔2〕 Employer W－2 Filing Instructions & Information（https://www. ssa. gov/employer/）.

〔3〕 HM Revenue and Customs, *Real Time Information Programme Post Implementation Review report*（https://assets. publishing. service. gov. uk/government/uploads/system/uploads/attachment_data/file/664971/Real_Time_Information_programme_－_post_implementation_review_report. pdf）.

以美国社会保障局为例，在决定是否进行数据交换时，会考虑如下五点因素。一是合法性。信息交换的请求是否符合《隐私法》《社会保障法》以及社会保障局的披露规定。二是公开性。根据法律规定和业务需要，验证社会安全码、待遇金额或其他事实，必须签订数据交换协议。三是可行性。包括是否存在已有系统或者需要进行开发。四是安全性。遵守信息系统安全准则，确保信息安全。五是成本。应当测算数据交换的成本与投资回报率[1]。

(3) 入户调查。

在德国，尽管入户调查是审查社会救助资格和待遇的一种方式，但是原则上，只有在无法通过其他方式确定资格和待遇的情况下才能进行，所以入户调查是最后的手段。具体的规则是，在调查前，除非情况特殊，否则必须提前通知受助人。在进行调查时，只能由经过特别授权的工作人员团队进行调查，并说明入户调查的具体原因。所有任务分配和调查执行过程均须书面记录[2]。

在日本，当地福祉事务所的工作人员有权进入受助人的居住地进行调查，家庭访问调查的主要目的是掌握受助人的生活状况条件。申请人申请救助时，应在收到申请之日起一周内进行调查访问。制定年度访问计划，原则上每年至少两次，对于住院或居住在护理院等特殊机构的受助人可以每年访问一次。另外，当受助人及其家庭状况有变化或申请变更其补助时，应当随时进行访问。

(4) 建立自动化审核系统。

第一，采取自动化技术审查金融机构的数据。

研究发现，超过受助人的收入财产限额而进行的待遇给付是不当付款的主要原因，而与金融机构直接联系进行资产验证是减少错误的有效手段。因此，美国社会保障局实行了金融机构准入（Access to Financial Institutions），它是一个自动化的技术手段，通过自动审核有嫌疑的银行账户以识别出受助人是否持有超出限额的资产，还能通过一种称为地理搜索（Geographic Searches）的手段来对未申报的账户进行审查[3]。

第二，对欺诈和错误进行自动检测和预防。

在英国，就业和养老金部投入了大量资金在自动化识别系统建设上，通过识

---

〔1〕 Data Exchange(https://www.ssa.gov/dataexchange/).

〔2〕 Hinweise des ULD zur datenschutzgerechten Ausgestaltung von Hausbesuchen durch die Sozialleistungsträger im Bereich der Leistungsgewährung nach den Vorschriften des SGB II und SGB XII (https://www.datenschutzzentrum.de/artikel/1115-Hinweise-des-ULD-zur-datenschutzgerechten-Ausgestaltung-von-Hausbesuchen-durch-die-Sozialleistungstraeger-im-Bereich-der-Leistungsgewaehrung-nach-den-Vorschriften-des-SGB-II-und-SGB-XII.html#extended).

〔3〕 Reducing Improper Payments(https://www.ssa.gov/improperpayments/afi.html).

别出不一致的信息，开展进一步调查。在地方层面，该部门对于“基于风险的验证系统（risk - based verification systems）”进行了补贴，这些系统主要由私营 IT 厂商提供，通过一定算法将受助人标记为低、中、高风险，从而使地方政府能够专注于调查高风险案例。目前，该部门正在开发一个针对欺诈和错误的全自动风险分析智能系统，旨在通过使用机器学习、人工智能等新技术来进一步防止欺诈和错误[1]。

（二）核算规则

通常情况下，各国会根据个人报告和机构审查的结果来进行直接核算，但是，对于一些难以测算的情况或者在制度的特殊安排下，需要采取特别的核算规则。

1. 美国、英国：出售财产的规则

在美国，如果受助人的财产超出限额，在他出售超出限额的房地产或其他财产期间，他仍可以获得补充收入保障。但当成功出售后，受助人必须偿还在出售期间所获得的福利待遇。如果受助人及其配偶或财产的共同所有者放弃该财产，或以低于其价值的价格出售该财产，则会被剥夺受益资格最长达 36 个月。如果该笔财产价值超过 2000 美元或 3000 美元的限额，则可能导致受助人直接失去受益资格[2]。

在英国，受助人对于不再拥有某财产负有举证责任，即受助人处置其财产时，需主动报告并出示相关合同和收据等证据，且理由应合理。

2. 美国：对未申报收入的处理规则

当社会保障局的经办人员进行审核时，发现受助人申报的收入不足以支付所拥有财产的使用成本（如汽车维护费、汽油费等），或申报的收入不足以支付基本生活费用，或没有申报收入但又生活在不提供食物和住所的情形下，则需要请受助人进行合理解释并提供证据证明，同时经办人员也应通过数据库查询有无其他收入来源。若都没有，经办人员应当与受助人一起估算出每月的基本生活费用，并将申报收入与每月支出的差额列为未申报收入[3]。

3. 英国：盈余收入结转规则

由于通用福利的评估期通常为一个月，受助人每个月都要进行申报。如果受助人的某月收入突然超出标准限额，丧失获取通用福利的资格，那么将会实行盈

[1] Philip Alston, *Statement on Visit to the United Kingdom*(https://www.ohchr.org/documents/issues/poverty/eom_gb_16nov2018.pdf).

[2] Social Security Administration. *Understanding Supplemental Security Income* – 2019 *Edition*(https://www.ssa.gov/pubs/EN – 17 – 008.pdf).

[3] Unstated Income(https://secure.ssa.gov/apps10/poms.nsf/lnx/0500810035).

余收入结转规则。具体规则是，该月超过 300 英镑的可计入收入与其标准额之差即为该月的盈余收入金额，该笔盈余收入会被计入下个月的收入之中，不断结转，直至某月可计入收入小于标准限额时，才有资格继续领取通用福利金[1]。

4. 德国、日本：农民、自雇人士的核算规则

在德国，对于从事农业、林业、商业和其他自雇自营职业的受助人来说，其收入应以年为单位进行计算，每月收入则为年收入的十二分之一。具体金额的确定则基于过去的经营金额，通过比较实际收入与预期收入，并减去必要支出，以确定受助人的利润所得。而首次的经营利润由税务局负责确定。对于在家庭中进行的收费工作，如果不是临时性工作，那么应将其获得的报酬等同于劳动收入[2]。

在日本，对于农业收入，应通过调查所有农作物种类、种植面积、数量及其收获情况进行认定。由于农业收入的不稳定性和季节性，收入应在收到后的十二个月内平均分摊。某些必要支出应当进行扣除，包括农业用地租金、农业灾害保险缴费、雇工费用、农具设备购买和维修费、灌溉费、化肥费、种苗费、农药费等，其中化肥费、种苗费、农药费等费用的计算则是产值的一定比例，以农林水产省的农产品生产成本调查结果为例。种植粮食作物的收入 = 销售价格 × 产量 - 必要支出，而种植蔬菜的收入 = 销售价格 × 销售量 + 自我消化的作物的金额（根据专门的换算表） - 必要支出。从事水产或渔业的收入计算方法与种植蔬菜基本相同。对于农业以外的个体经营收入，一般涵盖商品销售、制造加工、交通运输、维修、服务、建筑园林等行业。申报时应提供当月及前三个月的收入，结合其会计账簿和纳税记录等信息进行认定。个体经营收入中的某些必要支出应进行扣除，包括地租、机械设备维修费、店铺维修费、原材料费、交通费、运输费等[3]。

（三）对发生道德风险的处理

由于多数国家的社会救助一般为申请制，受助人需要通过填报个人信息、提交相关资料以获得救助，并要求受助人必须及时报告情况变化，这就容易引发某些受助人不诚实甚至恶意欺骗行为，产生一定的道德风险。因此，各国都对发生

---

[1] Department for Work and Pensions. *Advice for Decision Making*: *Staff Guide* (https://assets. publishing. service. gov. uk/government/uploads/system/uploads/attachment_data/file/787442/admh4. pdf).

[2] Bundesminister für Arbeit und Soziales. *Sozialhilfe und Grundsicherung im Alter und bei Erwerbsminderung* (https://www. bmas. de/DE/Service/Medien/Publikationen/a207 - sozialhilfe - und - grundsicherung. html).

[3] 本部分资料均来自日本厚生劳动省：《平成 30 年 10 月 1 日施行生活保護実施要領等》(https://www. mhlw. go. jp/content/12201000/000349811. pdf)。

虚报、瞒报等情况有相应的处理方式，通常要求违反者承担相应惩罚乃至追究其法律责任。

1. 调查执行

在美国，社会保障局下设的监察长办公室（Office of the Inspector General）主要负责监督社会保障局的运营管理，并调查各项社会保障和救助项目中的欺诈问题，包括隐瞒工作、虚假履行照护责任、隐瞒受助人死亡信息、隐瞒婚姻或收入财产等情形。下属的调查办公室（Office of Investigations）主要负责具体调查工作，与司法部进行联络，并与各地执法机构开展联合调查。

在英国，福利欺诈的发现途径主要有三种，第一是通过申报信息与其他数据库系统的比对；第二是来自公众举报；第三是经办人员经办时的合理怀疑[1]。对于有可能实施欺诈的嫌疑人，就业和养老金部、地方当局以及税务与海关总署均有权进行调查，包括进入被调查人的住所、工作场所等。在调查过程中，可能会进行问询，被调查人有权请他人进行代理。如果发生了超额付款，英国政府有权追回，并可以从正在进行付款的通用福利、其他福利待遇或劳动收入中进行扣除，或者通过法院执行令。

在德国，由于社会救助机构的权力有限，有关案件通常是社会救助机构与警察、税务部门一起合作，进行联合调查。

2. 处罚措施

在美国，当可能影响资格及待遇的因素改变时，受助人必须在发生改变的当月结束后的十日内向当地社会保障部门进行报告。未报告或者延迟报告将可能受到25—100美元的罚款。如果故意作出虚假或有误导性报告或故意不报告重大变化，若是第一次犯，社保部门有权力扣发受助人6个月的福利待遇，第二次为12个月，第三次以上是24个月。此外，故意对重要事实进行虚假陈述者，应根据《美国法典》第18款处以罚款，并处以不超过5年的监禁[2]。

在英国，如果由于受助人过失提供了不正确的信息或无正当理由未通知情况的变化，因而产生了多付款项，则受助人可能会被罚款50英镑。如果受助人是故意欺诈或企图欺诈，则不仅必须返还多付的福利金，还会被减少或停止未来的待遇给付，严重者会被送上法庭或要求支付罚款（350英镑至5000英镑之间[3]）。

---

〔1〕 National Audit Office, Investigation into overpayments of Carer's Allowance (*https://www. nao. org. uk/wp - content/uploads/*2019/04/*Investigation - into - overpayments - of - Carers - Allowance. pdf*).

〔2〕 Social Security Administration, *Understanding Supplemental Security Income* - 2019 *Edition* (https://www. ssa. gov/pubs/EN - 17 - 008. pdf).

〔3〕 Benefit fraud (https://www. gov. uk/benefit - fraud).

如果被裁定犯有福利欺诈罪，则受助人的福利待遇会减少乃至停止长达3年，具体期限取决于实施欺诈的次数。

在德国，如果受助人故意做出虚假事实或隐瞒真实情况，或在情况变化时不进行报告，相关主管部门会要求受助人返还多给付的待遇。情节严重者则可能触犯刑法，构成犯罪，将判处最高5年的监禁和/或罚款，具体量刑取决于欺诈的严重程度。如果受助人因过失等原因非故意地做出了错误陈述，仍然会构成行政违法行为，根据情节轻重则可能面临高达5000欧元的罚款处罚[1]。

在日本，受助人应当依按自己的能力努力维护和改善自身生活，妥善管理收入支出。当受助人收入、居住地或者家庭构成发生变化时，应当及时向当地主管部门报告。若违反这两条义务时，执行机构都有权视情况而更改、暂停或取消对受助人的救助。当申请人通过不实申请或其他非法手段得到救助时，当地主管部门有权要求其偿还其恶意取得的所有救助款项，并处以不超过该款项40%的罚款。情节严重者，处以三年以下有期徒刑或100万日元以下的罚款[2]。

（四）审查效果与问题

1. 审查的效果

在收入财产审查的精准性方面，各国在执行中都保留了一定的模糊度和弹性。也就是说，作为筛选社会救助制度的救助对象的一种审核方式，收入财产审查在执行时并不追求百分之百的准确性，因此，在收入财产审查方面留有一定的容错率成为各国社会救助制度执行中的未明说的潜规则。原因有以下几个方面：首先，追求完全准确的收入财产审查会大幅度增加行政成本，而各国政府都认识到实行社会救助不能因噎废食，在执行审查上的管理成本不应该超出其能识别出的不当付款的总金额。其次，在政府财政负担不断加重、基层办事人员数量和能力皆不足的情况下，英美等国家更注重于开发统一的信息交换和自动化识别系统，这样可以使边际成本较小并能解决人员不足的问题。再次，发达国家的事后追责体系较为完备，不仅对不当付款进行有效的债务管理，而且还对福利欺诈等行为出台了相关法律法规进行规制，严格执行并辅之以法制宣传，对心存侥幸者具有一定的威慑性。

在救助对象的基本权利方面，各国都特别关注对申请人和受助人的权利保护问题。首先，各国都通过立法等方式赋予了救助对象申诉和上诉的权利。比如，德国专门设立了社会法院（Sozialgerichte），处理社会保险、社会救助等社会民生

---

〔1〕 Sozialgesetzbuch Zweites Buch（SGB II）（https://www.gesetze-im-internet.de/sgb_2/）.

〔2〕《生活保護法》（https://elaws.e-gov.go.jp/search/elawsSearch/elaws_search/lsg0500/detail?lawId=325AC0000000144_20180706_430AC0000000071&openerCode=1）.

保障领域的纠纷，社会法院确保任何人在有需要时都可以通过法院行使社会福利法赋予的权利。受助人若对有关决定不服，通常需要在收到决定后一个月以内提出申诉，有关当局或机构在审查后作出批准或驳回等决定，仍不服者可以向社会法院提起诉讼[1]。其次，各国对于公民的信息安全与隐私保护都进行了严格的规定，规范了政府和其他组织在数据交换与使用上的有关行为。比如，美国的《社会保障法》规定，为了保证信息安全，防止未经授权的信息泄露或用于其他目的，由负责管理具体救助项目的部门确定哪些是属于可使用的信息，并且所收集与使用的信息只能用于各项救助项目的资格审核和待遇确定，各机构应保证该信息得到充分的保护。

2. 实践中的问题

第一，服务效率低下。

在美国，出现了较为严重的工作积压。在扣除通货膨胀因素后，美国社会保障局的预算在 2010 年至 2017 年间缩水了 11%，不得不进行裁员。同时，“二战”婴儿潮一代达到退休和残疾高峰期，工作量又在不断增加。这就导致了大量的工作积压，服务效率较为低下。尤其是那些对救助决定不服而提出申诉的申请人，他们平均需要等待将近两年的时间才能得到处理结果[2]。

在英国，具体经办人员的业务素养有待提高，不能为受助人提供有效的建议。由于基层人手不足，大部分经办人员还需要解决更复杂的涉及健康状况的审核，缺乏精力来支持需要额外帮助的通用福利申请人，同时也对相关规定和流程缺乏灵活应用的能力。对于程序，该制度设计从申请到领取的等待期为 5 周，然而由于人员不足、效率低下，在实践中该等待期通常长达 12 周，使得许多贫困人群陷入危机。对于结果，有 33% 的申请人对其资格或待遇决定不满意，申诉后仍有 50% 的人不满意处理结果。据调查，有 52% 的申请人认为经办人员的解释不清楚，61% 的申请人认为自己不能及时了解进展[3]。由于该制度还在整合之中，在业务熟练度、成本控制、运营管理等方面都还不甚成熟。

在日本，各地福祉事务所工作繁重，而信息技术还没有起到很好的助力作用。

---

[1] Bundesminister für Arbeit und Soziales, *Social Security at a Glance* (https: //www. bmas. de/Shared-Docs/Downloads/DE/PDF – Publikationen/a998 – social – security – at – a – glance – total – summary. pdf).

[2] Kathleen Romig, *Budget Agreement Funding Could Reduce Social Security Disability Backlog* (https:// www. cbpp. org/blog/budget – agreement – funding – could – reduce – social – security – disability – back-log).

[3] Social Security Advisory Committee, *Decision Making and Mandatory Reconsideration* (https://assets. publishing. service. gov. uk/government/uploads/system/uploads/attachment _ data/file/538836/decision – making – and – mandatory – reconsideration – ssac – op18. pdf).

经办人员的具体业务通常需要运用大量知识和技能，以满足受助人的多样化需求。一项面向全国福祉事务所的调查显示，有70%以上的经办人员认为工作量很大，在处理救助申请、进行面谈咨询等方面都有较大的工作压力，很难有机会提高业务能力。多数经办人员表示，希望能够通过增加经办人员数量、利用临时员工和行政人员分担工作、增加经费、简化业务流程、增加信息技术的应用等方式，减轻业务负担。在信息系统的使用方面，大约有70%的地方福祉事务所尚未引入支持相关业务处理的电子政务系统〔1〕。

第二，不当付款。

尽管各国都采取了一些技术手段，但是每年仍然存在相当数量的不当付款。比如在美国，据估计，2013—2017年间，社会保障局一共向补充收入保障计划的受助人支付了大约2817亿美元，其中多付款200亿美元（占7%），少付款39亿美元（占1.4%）〔2〕。因此，追回多付款项也成了社会保障局的一项重点工作。解决方案是，首先，通过开发债务管理产品（Debt Management Product），整合当前存在的多个系统，以便更有效地记录、跟踪和管理超额付款，处理相关事项。其次，定期发布应收款项财务报告（Treasury Report on Receivables），以增强工作的透明度〔3〕。

第三，福利欺诈。

德国出现过较为严重的福利欺诈情况。除普通隐瞒收入财产或编造虚假信息等情形以外，甚至出现了犯罪团伙专门贩卖人口到德国，骗取救助金高达几百万欧元的案件〔4〕。法兰克福市警察局成立了一个独立调查小组，并与当地社会救助机构合作，专门处理该地区的福利欺诈行为〔5〕。德国政府在2019年最新出台了《打击非法就业和福利欺诈法案》（*Gesetz gegen illegale Beschäftigung und Sozialleistungsmissbrauch*），加强对福利欺诈的治理。比如，扩大了主管部门与其他政府部门和其他机构的合作与数据共享，进行联合工作。还规定建立统一的信息平台，使各机构的数据能够随时访问并自动交换，以促进相关部门快速有效地进行

---

〔1〕 厚生劳动省：《平成30年度生活困窮者就労準備支援事業費等補助金社会福祉推進事業重点テーマ番号（6）》（https：//www.mhlw.go.jp/content/12200000/000525131.pdf）。

〔2〕 Agency Program Information(https://www.ssa.gov/improperpayments/SSI_progInfo.html#sb=3).

〔3〕 RSDI and SSI Recovery Efforts(https://www.ssa.gov/improperpayments/recoveryEfforts.html).

〔4〕 Daniele Giustolisi, *Betrüger aus Lünen und Schwerte kassierten Millionen an Sozialhilfe – durch Menschenhandel*(https://www.ruhr24.de/kreis-unna/betrueger-luenen-schwerte-kassierten-millionen-sozialhilfe-durch-menschenhandel-13150708.html).

〔5〕 Von Daniel Gräber, *Wenn Sozialhilfeempfänger Porsche fahren: So kommt ihnen die Frankfurter Polizei auf die Schliche*(https://www.fnp.de/frankfurt/frankfurt-polizei-spuert-betrueger-auf-staatliche-hilfe-kassieren-zr-12335617.html).

信息交流。

第四，被高估的数字化。

英国在数字领域投入了巨额的资金，有关预算2018年增长了17%，达到11亿英镑。同时该部门也在发展自己的技术服务公司，招聘员工上百名[1]。但是，由于制度设计上的理想化以及数字技术的不完善，实践中出现了很多问题。

在制度设计上，大部分申请人应以在线方式自助申请，尽管该部门声称95%的申请人能够通过在线门户网站进行申请和后续沟通，但据调查，只有54%的申请人能够独立在线申请，高达60%的申请人不能成功通过最终的验证[2]，还要前往就业中心寻求帮助。而由于有限的预算和数字化的推广，许多原先提供面对面服务的就业中心关闭。而在后端，不完善的数字化算法还不能有效地识别和评估欺诈和错误，这会带来更大的问题。比如，雇主将错误的信息传输到实时信息系统中，会导致申报信息与数据库信息不同，而数字化系统是被默认为正确的，人工复核修改的程序比较复杂，即使受助人提供有效证据进行证明，也需要等上几周的时间才能最终获得正确金额的福利金。据悉，一个由50名公务员组成的纠错团队，其每月处理数量大约仅为数百万个错误案例中的2%[3]。

四、启示和建议

虽然各国的社会救助制度不尽相同，但由于收入财产审查是任何家计调查型社会救助项目都必须存在的程序，属于偏向技术性的规则，因此，各国的收入财产审查模式和具体方法对完善我国社会救助的收入财产审查有着较强的借鉴意义。

（一）适时建立科学统一的收入财产审查规章制度

在社会救助的收入财产审查方面，我国已建立统一的制度规范，但仍需进一步规范。比如，在收入财产是否计入的分类及其判断标准、收入财产的估值及核算规则、信息的收集与审查方式及核查频率等方面，建立科学统一的标准与规范，但在数额、限额等具体规则上，可以允许地方政府根据当地经济情况、地理环境等综合条件灵活制定或调整。在具体的收入财产审查规则上，目前许多地方的制度

---

〔1〕 Robert Booth, *Benefits system automation could plunge claimants deeper into poverty*(https://www.theguardian.com/technology/2019/oct/14/fears-rise-in-benefits-system-automation-could-plunge-claimants-deeper-into-poverty).

〔2〕 National Audit Office, *Rolling out Universal Credit*(https://www.nao.org.uk/wp-content/uploads/2018/06/Rolling-out-Universal-Credit.pdf).

〔3〕 United Nations, *Report of the Special Rapporteur on extreme poverty and human rights on his visit to the United Kingdom of Great Britain and Northern Ireland*(https://undocs.org/en/A/HRC/41/39/Add.1).

设计不够科学合理，并缺乏一定的人文关怀，在这方面可以适度借鉴发达国家的经验。比如，在收入认定上，应对劳动收入进行一定的豁免，采取按一定比例计入、不计入某些必要支出等措施，体现对劳动的鼓励与支持。在财产认定上，应根据当地和受助人的情况，免除计入部分合理财产，包括必要的住房、汽车、机器用具等。在收入财产的核算上，针对难以测算或核查不准确的情况，应设定特别规则，充分利用技术手段和基层经办人员的力量，采取灵活且合理的办法进行核算。

（二）逐步推行多维度个性化的识别认定方法

目前，我国的各类社会救助项目主要是通过家庭收入财产审查进行其救助对象的识别瞄准，尽管以收入财产为主要指标评估申请家庭的贫困状况和救助需求是一种相对简单有效的办法，但实际上，仅考察申请人的家庭收入与财产难以客观衡量一个家庭的真实状况，不合理的收入财产门槛很可能使真正需要得到救助的人群被排斥在社会救助制度之外，也可能把无须受救助的人群囊括到救助对象之中。因此，有必要增加救助对象的识别维度，将申请人的居住情况、个人能力及其抚养义务人的情况等因素也纳入审查指标中，构建更科学合理的多维度审查指标体系，以提高社会救助的准确性与公平性。并且，随着社会经济发展，当整个制度设计的完备性、操作程序的可行性以及基层执行人员的能力素质都提高到一定水平上时，我国可以参考其他发达国家的制度经验，将申请者的需求支出等情况纳入审查内容，以满足不同人群的特殊需求，增强社会救助的针对性，提高给付的个性化水平。

（三）完善统一的信息共享平台，加强信息技术的助力作用

掌握完备有效的信息是收入财产审查的基石，否则再科学合理的制度设计都是空中楼阁。不同政府部门之间以及政府与非政府部门之间的协调合作一直是工作中的难点，而地理上的幅员辽阔、人口上的巨大规模与流动等特点，都无疑不利于各地进行信息的获取与审核，给社会救助工作的执行带来了很大困难。因此，面对跨部门信息比对机制不健全的情况，我国应当加速推进信息化与标准化建设，向英、美等发达国家学习，充分利用信息技术手段，完善全国性跨部门的统一信息平台，加强与税务部门、金融机构等各类主体的信息交换，适时通过人工智能等技术促进审核方法和流程的数字化，更好地掌握受助人的实时信息，以降低行政成本、提高工作效率。同时，还应当通过规章制度明确政府部门和社会组织的法律责任，规范信息交换与使用的基本原则，使持有相关信息的部门和组织必须依照其法律义务进行信息共享，保证公民的信息不被滥用和泄露。

（四）规范救助申请人的诚实义务，对违法违规者严格执行处罚措施

面对救助申请人虚报、瞒报等发生道德风险的情形，我国存在着对有关责任人失信惩戒难落实的问题。纵观四个发达国家的收入财产审查，都是以申请人报告为首要方式，强调申请人的诚实义务。对我国而言，应当明确救助申请人的责任义务，加强法律约束，制定统一的法律规范，民政部门应与公安、司法等有关部门展开联合工作，对违反规定虚报、瞒报者处以一定处罚，情节严重者严格按照法律让其承担相应的刑事法律责任，以增加法律的威慑性，使社会救助真正惠及有需要的人。另一方面，应通过各种途径加强法制宣传教育，提高救助申请人诚实报告意识。

参考文献

中文文献

段美枝：《关于社会救助制度中“家计调查”的思考》，载《经济论坛》2011 年第 7 期。

李卫东：《社会救助对象认定的国际实践与我国的制度创新》，载《中国民政》2018 年第 23 期。

孙守纪，齐传钧：《美国补充收入保障计划及其启示》，载《美国研究》2010 年第 4 期。

谈志林：《新时代社会救助：问题与路径》，载《民主与科学》2018 年第 6 期。

唐钧：《社会救助莫忘家计调查》，载《中国人力资源社会保障》2013 年第 9 期。

外文文献

Department for Work & Pensions, *Rolling out Universal Credit*, 2018.

International Labour Organization, *World Social Protection Report* 2017 – 19: *Universal Social Protection to Achieve the Sustainable Development Goals*, 2017.

National Audit Office, *Means Testing*, London: The Stationery Office, 2011.

Kathy Lindert. “Implementing Means – Tested Welfare Systems in the United States.” *Social Protection Discussion Papers Series* 0532, 2005.

Kathleen McGarry, Guaranteed Income. *SSI and the Well – Being of the Elderly Poor. In Martin Feldstein, Jeffrey B. Liebman (Eds.), The Distributional Aspects of Social Security and Social Security Reform*, University of Chicago Press, 2002.

Robert A. Moffitt, eds, *Means – tested transfer programs in the United States*, Chicago: University of Chicago Press, 2003.

United Nations, *Report of the Special Rapporteur on extreme poverty and human rights on his visit to the United Kingdom of Great Britain and Northern Ireland* (https://undocs.org/en/A/HRC/41/39/Add.1).

第八章　慈善在社会救助中的作用

在国外慈善相关文献中，与慈善相对应的英语单词通常包括两个：Philanthropy 和 Charity。有些情况下这两个词是可以互换的，它们都表达了对人们的关怀和美好祝愿，在实践中也通常表现为对他人的物质关怀，但二者又存在较大的差别。首先，二者的内涵不同，美国基金理事会前主席 Steve Gunderson 对两个词进行了区分：Charity 通常是指对处于困境的弱势群体给予短期的、即刻的、带有强烈情感因素的救助和关怀。而 Philanthropy 涉及的慈善通常是长期性的、战略性的，带有一定的建设和重构的含义；其次，两个词的外延亦不同，Charity 主要是指扶危济困，如救济贫者，为学龄儿童提供教育救助，为患者提供医疗救助等等。而 Philanthropy 涉及的范围更广，除了传统意义上的救济外，还包括资助公益研究、实施环境保护、促进科教文卫事业发展等，主要通过改善社会环境来提升国民福利。

随着社会发展，越来越多的学者主张用 Philanthropy 来替代 Charity，如 Frumkin（2006）认为，Charity 具有宗教色彩，仅仅关心贫困等社会问题且专业化程度不高，而 Philanthropy 更具有全局性特征，关注的领域更多，在更大程度上与政府和市场合作，形成“战略慈善”的概念。考察各个国家慈善发展历程可以发现从 Charity 到 Philanthropy 的转变，以 philanthropy 为关键词的文献远多于以 charity 为关键词的文献，且后者集中在慈善事业发展的早期。慈善逐渐超越之前的通过个人捐赠来扶贫济困的传统做法，慈善事业涉及的范围越来越广，慈善组织与政府之间的关系越来越紧密。总体而言，社会救助仍然是慈善发挥作用的重要领域。

一、慈善事业与政府社会救助制度的关系

在很多国家和地区，慈善事业被视为福利制度的重要组成部分。慈善与福利制度的关系起源于慈善的社会救助功能，在 1601 年英国《济贫法》出台之前，慈善一直承担着社会救助的作用。《济贫法》出台之后，由于政府救助水平较低，慈善事业的救助职能依然突出，私人慈善蓬勃发展。英国在颁布《济贫法》的同时也颁布了《慈善用途法》，后者对私人慈善进行了规划，确定了 9 类被视为慈

善的活动，如救助老年人、教育孤儿、兴办劳动教养院、兴办医院等。通过《慈善用途法》，英国的慈善事业更加关注慈善本身，如慈善资金的使用效率等。

随着福利制度的建立和发展，政府建立的社会救助制度越来越完善，功能也越来越强大，这时产生了救助制度对慈善事业的挤压现象。即使是在美国这样的“慈善大国”，在20世纪50年代也掀起了对“享受免税待遇的教育和慈善基金会”以及其他类似组织进行全面调查的活动，首当其冲的是洛克菲勒、卡耐基、罗森瓦尔德等基金会。60年代，美国社会批判的矛头再次指向慈善事业，特别是约翰逊的“伟大社会”计划使得政府越来越多承担社会福利职责，基金会的作用开始下降，有些人开始怀疑慈善事业的免税功能，帕特曼指出“反映人的高尚本能的慈善事业已经逆转成为制度化的故意逃避对国家的财政和道义责任的手段，这种免税制只能使我国一些百万富翁贪得无厌，而不会转向慷慨”[1]。在这轮反对声中，美国最终于1969年底通过《税制改革法》，美国慈善组织在历史上首次开始需要纳税。该法出台后，一些小的慈善组织解散，新慈善组织成立的步伐减慢。

自20世纪80年代起，受经济危机的影响，福利国家遭遇财务方面的发展“瓶颈”，不少国家纷纷对自己的社会救助制度进行了改革，比如美国在1996年将原有的AFDC制度改为TANF制度，在制度转变过程中，个人责任进一步被强化，待遇水平也有所降低，并且增加了工作的要求。从整体上看，美国1996年改革是缩减社会救助待遇的改革。在英国，从20世纪80年代开始，就持续推出以“工作福利”理念为基础的社会救助制度改革。在此过程中，社会救助待遇被严格限制，强调工作成为英国社会救助制度改革的关键特征。面对上述社会救助制度改革，慈善事业的作用重新得以强化，对福利制度的补充作用不断被提及。

二、慈善事业在社会救助制度中发挥的作用

从整体上看，慈善事业在不同国家发挥的作用是不一样的，比如在英美这种社会救助模式的国家，慈善事业发挥的作用相对较大：从贫困救助到医疗救助，从工作搜寻到能力培养等，都能发现慈善组织的身影。在德国这种社会保险模式的国家，由于强大的社会保险制度几乎将所有人口都覆盖其中，慈善事业的社会救助功能不那么突出，而是更加强调社会服务的提供，几乎形成社会保险制度与慈善事业的分工。而在北欧福利国家，高额累进税限制了人们从事慈善事业的能力，同时由于政府福利制度较为充分，民众对慈善事业的需求相对较低，由此导致慈善事业扶危济困的功能并不突出，慈善更多地参与其他领域，如体育、科学

〔1〕 Waldemar A. Nielson, *The Big Foundations*, Columbia University Press, 1972, p. 9.

技术、国际交流等方面。从这一角度出发，本章将着重研究慈善事业在社会救助型国家所发挥的作用。总结慈善在社会救助中发挥的作用，可分为以下几个方面：

（一）缓解贫困

缓解贫困是慈善在社会救助制度中的优势之一。以美国为例，贫困一直是美国市场经济发展中不可回避的问题，自20世纪90年代以来，美国贫困率一直维持在11%以上[1]。面对贫困，美国政府实施了一系列的贫困救助制度，这些制度多数为联邦政府举办，少数项目需要州政府额外补贴。当州政府对项目进行补贴时，制度在各州之间的执行情况差异也比较大，如社会救助制度、补充社会保障收入、临时性家庭救助等，这也就意味着在不同地区之间，相同贫困状况的两个家庭，其面临的补贴是不同的。此外，美国社会救助制度通常具有年龄、工作、婚姻等资格条件：

第一，多数项目以抚养儿童为救助条件，临时性家庭救助项目是面向有儿童的家庭，还有免费或低价的学校餐，儿童照护和发展基金等，是否需要抚养儿童是许多家庭领取医疗救助待遇和补充社会保障收入待遇的重要资格条件。

第二，并非所有贫困的美国人都可以享受到税收抵免政策，只有在婚姻状态里的贫困人员才可以享受税收抵免，如果处于婚姻状态且抚养孩子，可享受的抵免额更高。

第三，1996年改革后，美国主要的社会救助——临时性家庭救助项目在资格条件中增加工作的限制，并且严格限定救助的领取时间。

我们总结当前美国社会救助制度可以发现，其救助重点包括儿童、老年人和残疾人，工作是领取社会救助的重要前提，并且在社会救助中越来越强调工作的重要性，这些条件将部分贫困群体排除在社会救助制度之外，如刚刚就业的年轻人、部分黑人和西班牙裔美国人、单亲家庭的人等，这些群体的贫困发生率更高。

此外，美国对贫困者的救助形式主要体现为现金或实物救助，当个人或家庭陷入贫困时给予一定的物质帮助，或者是遭遇疾病风险时给予治疗，都是一些较为直接的救助方式，体现为“授人以鱼”，但没有从根本上解决导致贫困最深层次的原因。从表面上看，贫困者面临的问题是物质匮乏，但从深层次看，他们面临的问题通常更为严重，如种族歧视、犯罪、教育水平低下，如果不解决这些深层次的问题，那么贫困将会依然存在，我们需要“授人以渔”的济贫政策。慈善事业在这些领域则会发挥更大的效用，主要体现在以下几个方面：

---

〔1〕 US statistics, *Poverty rate in the United States from* 1990 *to* 2016, https://www.statista.com/statistics/200463/us-poverty-rate-since-1990/.

1. 配合实施政府社会救助政策，扩大公共政策的影响范围

美国一些慈善项目和慈善组织从政府当前实施的社会救助项目入手，不断扩大项目实施范围，减少贫困人口在获取救助时遇到的障碍，强化不同项目之间的合作，进而减少贫困。主要包括以下几方面内容：首先，整合不同的社会救助项目，对救助体系进行改革。以威斯康星州的社区促进公共政策研究所（Community Advocates Public Policy Institute）为例，其减贫重点包括出台“过渡性工作”（Transitional Jobs）、调整收入所得税抵免政策、建立新的成年人伤残待遇税收抵免等。在“过渡性工作”政策方面，为了帮助救助对象重返工作，社区促进公共政策研究所（Community Advocates Public Policy Institute）与威斯康星州的立法者密切合作，出台“过渡性工作”计划，该计划旨在为那些有工作障碍者提供过渡性工作，通过这些工作，低收入者和失业者能够养活自己和家人，过渡性工作是减少贫困和增加就业的关键。有学者研究指出，通过这一系列的减贫措施，贫困率将下降58－81%〔1〕。其次，扩大待遇覆盖范围是慈善组织借助政府社会救助项目减少贫困的另一重要途径。其中包括提高待遇水平，扩大待遇对象范围，更高效地推广和注册当前项目。其中一个例子是慈善组织如何扩大公共房屋的实施范围。对于贫困人口来说，住房是较为关键和昂贵的支出，只有30%的赤贫人口可以获取政府的住房援助。在此过程中，慈善组织整合住房援助和补充营养援助计划（Supplemental Nutrition Assistance Program，SNAP），可以将赤贫家庭的收入水平提高至贫困线的90%〔2〕。

2. “向贫困的根源开战”

不同于社会救助直接补助贫困者的做法，慈善组织通常挖掘造成贫困的原因，从原因入手解决贫困问题。例如菲尔德基金会特别关注农村营养不良和饥饿问题，最终迫使政府出台相关的救助措施，维拉基金会创立了“曼哈顿保释计划”，揭露被拘留的穷人因为无力缴纳保释金而延长拘留的问题，结果促成一项刑法改革，不但使得穷人享受保释待遇，而且为政府节约大量资金〔3〕。统计显示，美国慈善事业的关注领域首先是教育，其次是医疗卫生等，真正直接用于减

---

〔1〕 Linda Giannarelli, Kye Lippold, Michael Martinez－Schiferl, *Reducing Poverty in Wisconsin: Analysis of the Community Advocates Public Policy Institute Package*, Urban Institute, Washington, DC, June 2012. https://www.urban.org/research/publication/reducing－poverty－wisconsin－analysis－community－advocates－public－policy－institute－policy－package.

〔2〕 Laudan Aron, Wendy Jacobson, Margery Austin Turner, Addressing Deep and Persistent Poverty: A Framework for Philanthropic Planning and Investment, Urban Institute, Dec. 2013, p15.

〔3〕 资中筠：《财富的归宿：美国现代公益基金会述评》，上海人民出版社2006年版，第304页。

贫的资源相对较少[1]，这也反映了美国慈善事业在减贫方面更加注重“治本”，而非简单的“治标”。在一定程度上，这些“治本”的慈善措施为穷人创造了“起点公平”的环境，使他们有机会去创造财富，进而摆脱贫困。

3. 鼓励发展社区或地区性的救助项目

无论是联邦性质的减贫政策，还是州性质的减贫项目，最终落地点是社区，只有具体落实到各个社区、各个家庭和个人之后，才能显现出减贫政策和项目的价值。对此，一些慈善组织从社区济贫项目做起，强调社区内各项服务的整合，有些项目最终发展成综合性的减贫政策，如失业保险和工人赔偿制度起源于威斯康星州，针对长期流浪成年人的第一安置（Housing First）措施起源于20世纪90年代初的纽约。通常来讲，这些地区或社区的慈善项目通常始于某种特定的目标，随着初始目标的完成，该项目将尝试更加具有挑战性的课题，从而形成综合性的政策手段。比如纽约的哈林儿童区项目（Harlem Children's Zone），初期主要关注儿童的健康问题和教育持续问题，之后扩展至提供儿童照护、放学后照护、医疗服务、父母就业培训等服务，通过为儿童和父母提供综合性服务使社区更好发展。

4. 提高贫困者在救助项目中的参与度

不少人认为，当前的社会救助项目存在脱离实际状况的问题，如果赋予贫困者在这些项目制定中的参与权，项目效果将会得到改善，正如那些没有上过大学且社会参与度低的年轻人，他们可能不会像成年人那样参与社会，也通常会在之后的生活中陷入贫困。一个典型的赋权例子是儿童防卫基金自由学校项目（Children's Defense Fund Freedom Schools），该项目侧重于为儿童和学生赋权，增强他们对社区的认同感，为父母提供培训，增强教会的参与度，改善社区环境，改进传统机构的作用方式等。

5. 在公共福利制度框架内提升贫困人口的能力和适应力

相对而言，扩大社会救助制度的覆盖范围是相对较为暂时性的措施，从根本上提高贫困人口的能力才是缓解贫困的根本途径。慈善组织通常从以下三个方面入手：其一，提升贫困人口的资产构建和累积能力，以此来提高贫困人口在应对短期经济方面的能力，同时应对长期的教育、培训和住房需求。其二，支持就业。对于一些处于赤贫状态的成年人，有针对性的教育和培训计划可以促使其更好地找到工作。例如一项对于TANF接受者药物滥用或依赖者的管理计划，通过对TANF接受者的强化管理和治疗，TANF接受者不仅摆脱药物依赖，还可以增加就业。其三，采取措施防止跨代贫困。越来越多的研究证明儿童时期对于一个人

---

〔1〕 Giving USA Foundation, *Giving USA* 2017: *The Annual Report on Philanthropy for the year* 2016, 2017.

的重要性，对此，慈善组织从干预儿童家庭入手，减少有儿童的家庭在获取资源方面的障碍，从而为儿童的成长提供相对宽松的家庭和社会环境。

6. 进行大众教育，改变人们对贫困的观念和看法

解决深层贫困的一种途径是强化对民众的贫困教育，改善人们对于贫困的观点和看法。美国进步中心（Center for American Progress）推出的“十分之一”运动和国家就业法开展的“提高最低工资”运动是成功宣传贫困信息的两个例子。这些运动通常是在基金会、非营利组织、媒体和公职人员之间合作展开。同时，慈善组织也应该加强这一领域的大众教育，以此来改善人们对贫困的认识，并且随着贫困人口摆脱贫困，慈善组织应当把这些经验整理并记录下来，形成对该类信息的整合。第一，要找准大众教育的切入点，比如增加对老年人口的关注，在大选之年增加对贫困问题的讨论等。第二，在缓贫工作中要注重避免一些陷阱，我们应当关注如何缓解贫困或贫困人口之所以贫困的深层次原因，而不是简单地通过经济条件将贫困人口分类。

除了从根本上缓解贫困外，慈善事业亦承担一些暂时性的救助任务。英国最大的食品银行慈善运营组织——特罗索基金会的统计显示，在2013年3月到2014年3月之间，英国共有超过91.3万人通过食品银行领取紧急救济，几乎是上一年的3倍，而在2011—2012年间，这一数字还不到13万。在2008年，特罗索基金会在英国只有22个分行，但是在2010年突然增加到100家。据该基金会统计，有30%的食物领取者都受到福利推迟发放的影响，有83%的食品银行表示，福利削减是导致领取免费食物人数增加的重要原因[1]。这从另一个侧面显示了慈善事业在缓解贫困中的作用。

（二）慈善事业关注医疗救助和公共卫生危机

在英国，2011年慈善法明确将促进健康和医疗救助列入慈善范围，促进健康包括疾病与人类痛苦的防控，医疗救助包括救助处于危险之中的人以及保护生命安全，如向患者提供（传统或补充，替代或整体的）治疗和照顾，还包括健康中心提供的健康监测和康复照护等服务，向患者提供医疗或生活资料，为其提供医疗咨询，促进医疗研究，为医生和护士提供相关的培训服务，制定合适的医疗实施标准，为医院提供相关设施，以及其他被证明有助于促进健康和医疗救助的活动。此外，医疗卫生健康相关的慈善活动还包括提供救援服务，帮助警察及救援服务，援助自然灾害或战争受害者，提供生命救助，如输血服务等[2]。

---

〔1〕欧洲时报：《英国削减福利 致贫困家庭和领救济人数激增》，http://www.oushinet.com/europe/britain/20140605/133758.html。

〔2〕李德健：《英国慈善法研究》，法律出版社2017年版，第54页。

同时，如前所述，慈善事业缓解贫困的一个很重要的途径是扩大政府项目的待遇覆盖范围，体现在医疗领域就是确保《平价医疗法案》真正能够惠及贫困人口。2014 年美国出台的《平价医疗法案》为数百万没有参与医疗保险的人提供免费或低费的医疗保障待遇，其中包括 1150 万的贫困人口和 730 万的赤贫人口[1]。特别是在应对青少年身体和行为健康问题方面，《平价医疗法案》发挥了极大的作用，通过提供医疗服务，贫困人口能够更好地接受教育和就业的机会，为个人提供稳定的生活前景。但由于一系列原因，贫困人口在对接医院服务时面临一系列的障碍，慈善机构通过向贫困人口提供医院对接服务，可以使贫困人口更好地受惠于《平价医疗法案》。

在公共卫生方面，慈善捐赠协助解决公共卫生危机问题。比如，2016 年寨卡病毒袭击美国，一些私人基金会在应对寨卡病毒方面起到了一定的作用，其中包括疫情监测、健康教育和疾病预防等领域。辉瑞基金会（Pfizer Foundation）通过向公共医疗卫生机构捐款的方式应对寨卡病毒，分别向疾病控制中心基金会、佛罗里达卫生局、田纳西卫生服务局和范围健康组织捐赠 100 万美元，用于监测和应对病毒的发展；比尔及梅琳达·盖茨基金会向疾病控制中心基金会捐赠 375 万美元，并发起“这就是我们如何终止寨卡”活动；保罗·G. 艾伦基金会向美国红十字协会捐赠 150 万美元用于防止寨卡病毒的扩展。除了捐款外，不少公司通过捐赠实物的方式应对寨卡病毒的流行：庄臣公司向国际红十字基金会和国际红新月协会捐赠 150 万美元的除害虫产品。2016 年 5 月，美国疾病控制中心基金会发起“寨卡避孕通道网络”活动，为波多黎各女性提供避孕相关服务。该活动得到一些药品公司的支持，他们主要是为活动提供药品支持，也包括员工的培训等[2]。

（三）慈善组织推动就业工作开展

自 20 世纪 90 年代起，英国政府开始推行福利到工作理念（Welfare to Work），规定长期失业人员和部分伤残人员必须通过工作换取失业救济。在此过程中，各种促进就业的慈善组织发挥了较大的作用。其实我们在研究英国慈善事业的历史时也发现，英国慈善组织在实施救助的过程中特别强调帮助“值得帮助的人”，一方面，慈善组织主要救助那些由于身体残疾或外部因素而真正贫困的

---

[1] Kennedy et al., *Opting in to the Medicaid Expansion under the ACA: Who are the Uninsured Adults Who Could Gain Health Insurance Coverage*, Urban Institute, Washington, DC, June 2012. https://www.urban.org/research/publication/opting-medicaid-expansion-under-aca.

[2] Giving USA Foundation, *Giving USA* 2017: *The Annual Report on Philanthropy for the year* 2016, 2017.

人；另一方面，慈善组织更倾向于让穷人通过工作来获取救济，如济贫法时代的“院内救助”，反映了历史上的慈善济贫理念和当前的济贫政策存在相同的特性。根据相关统计，在英国慈善委员会注册并且以促进就业为目标的慈善组织有67家，他们或者针对不同的人群，如孟加拉妇女协会（Bangladesh Women's Association）、“为盲人提供就业机会”的组织（Clarity – Employment for Blind People）、全国学生就业服务协会（National Association of Student Employment Services）、难民和移民发展协会（Refugee and Migrant Development Association）等。多数慈善组织明确将促进就业作为组织目标，如健康、就业和技能中心，就业援助和再培训有限公司等。我们以英国就业援助协会（British Association for Supported Employment，BASE）为例介绍英国慈善组织在就业促进方面的作用。

BASE是一个全国性的就业慈善组织，主要关注残疾人就业问题[1]，着重研究“支持型就业”（Supported Employment）。其组织目标包括：通过为残疾人提供支持援助使其重新找到工作；在寻找工作者和就业机构之间搭建桥梁并开发“支持型就业”的标准和框架，同时不断增加“支持型就业”的就业类型；开发“支持型就业”方面的人力资源，为组织的会员提供更加专业和详细的就业咨询和开发服务；与政府部门和非政府组织进行合作以更好地实现组织目标。与政府部门的合作是BASE开展工作的重要保证，一方面，“支持型就业”是英国就业和养老金部（Department for Work & Pension）关注的重点，该项目在很大程度上改善了英国残疾人就业的问题；另一方面，BASE在获取残疾人的资料时，主要从政府提供的救助资料中获取，寻找潜在的慈善救助对象，进而为其匹配合适的“支持型就业”类型。值得注意的是，BASE在向残疾人提供就业机会后，将会长期关注被救助者的工作情况，为他们提供工作支持，如工作需要的培训等，必要时也会为被救助者提供更换工作的服务，也就是说，BASE是从长期职业生涯规划的角度为残疾人提供就业服务。

（四）慈善事业广泛参与灾难救助

经过多年的发展，美国形成相对较为完善的多层次灾难救助模式。在美国灾难救助过程中，我们可以发现市场的力量，保险公司形成灾难救助的主体，比如在对9·11事件中遇难者的损失补偿中，商业保险公司补偿额占总补偿额的比重超过50%；其次是政府救助，政府救助分为不同的层次，分别是地方政府救助，

---

〔1〕 根据相关研究显示，近年来英国残疾人就业率一直维持在50%以下，见Pippa Coutts，Sheila Riddell，*Employers' Views of Supported Employment for Disabled People in Scotland*，SUSE，http://www.docs.hss.ed.ac.uk/education/creid/Reports/29_EHRC_SupportedEmployt_FinalRpt.pdf. 第14页，残疾人就业一直是英国政府关注的焦点，他们认为就业可以让残疾人融入社会并增强自信心。

州政府救助和联邦政府救助；再次是以慈善组织为主的第三方组织，虽然所占比重较低（在9·11遇难者补偿中，慈善组织补偿占7%），但依然形成对政府救助的必要补充[1]，特别是在有些低级别的灾难中，慈善组织更是显示出较强的灵活性。在慈善事业参与灾难救助方面，自2014年起，美国灾难慈善中心（Center for Disaster Philanthropy）每年发布灾难慈善报告，根据报告提供的内容，将对美国慈善基金会的灾难救助进行以下梳理：

第一，基金会慈善捐赠总量随灾难发生的情况而变动。在慈善捐赠方面，该中心的报告主要选取捐赠金额大于1万美元的数据进行分析。从4年来的数据显示，美国慈善组织在灾难救助方面的捐赠金额并非呈现明显的规律性变动，这主要是由于捐赠金额与灾难的随机发生相关。在2014年，由于埃博拉病毒的蔓延，慈善捐赠快速上升，这主要源于盖茨基金会捐赠，2013年盖茨基金进行了23次捐赠，捐赠总额为1986.8万美元，2014年这两个数字突然增至68次和9215万美元。2014年除了埃博拉病毒外[2]，其他灾害的发生次数均低于往年平均，这导致美国慈善组织总捐赠次数和捐赠基金会数量均低于前两年[3]。

第二，多数慈善灾难捐赠集中于自然灾害部分。该报告将慈善捐赠的领域划分为4个部分，分别是自然灾害、人为灾难、复杂紧急情况和其他灾难。其中，对自然灾害造成破坏的救助是慈善的重要组成部分，在2012—2014年间，这一比重从58%升至79.3%，其中2012年和2013年的飓风灾害，2014年的病毒蔓延是主要原因。到2015年这一比重降至48%，而对复杂紧急情况的慈善捐赠占比从2014年的3.4%升至17%，其他灾难的慈善捐赠占比从17.3%增至32%，人为灾难的慈善捐赠占比从低于0.1%升至3%。值得注意的是，美国慈善组织的捐赠并非全部用于国内灾难救助，其中很大一部分比重用于国际救助[4]。

三、启示和建议

从国外的实践看，慈善事业在社会救助中发挥的作用除了传统的扶危济困外，其形式更加多样化和创新化，其范畴也越来越扩大化。2020年是我国打赢脱贫攻坚战的收官之年，但绝对贫困消失并不意味着贫困彻底消失，相对贫困还会长期存在，慈善在社会救助领域发挥的作用将因此有所调整。从整体上看，我国

---

[1] 郑秉文：《社会保障体系的巨灾风险补偿功能分析——美国9·11五周年的启示》，载《公共管理学报》2007年第1期。

[2] 仅用于埃博拉病毒的慈善捐赠占慈善总捐赠的比重达到了70%。

[3] 资料来源：美国灾难慈善中心2014—2017年报告，http：//disasterphilanthropy. foundationcenter. org/。

[4] 资料来源：美国灾难慈善中心2014—2017年报告，http：//disasterphilanthropy. foundationcenter. org/。

慈善在社会救助领域发挥的作用与国外慈善发挥的作用是有着相通之处的，通过研究国外慈善事业的实践，可以总结出以下几点启示和建议。

（一）慈善事业依然是中国社会救助制度的重要补充

单纯依靠社会救助制度来解决弱势群体的问题将对政府财政造成较大的压力，从20世纪80年代以来的发展经验已经证明了这一点。对此，我们要未雨绸缪，持续强化慈善事业在社会救助制度中的作用，合理规划慈善事业发挥作用的程度和范围，实现慈善事业与社会救助制度的良性互动与发展。也就是说，尽管绝对贫困在我国已经消失，我们依然要持续发挥慈善在缓解贫困，特别是缓解相对贫困中的作用，实现政府与社会资源的良好配合。

（二）具体问题具体分析

国外慈善事业参与社会救助的一个很重要的特征是具体问题具体分析，从实际情况出发解决贫困对象的问题，这与我国的精准扶贫有异曲同工之妙。相对于政府，慈善组织的一个很重要的特征是灵活性较高，更加贴近贫困对象的实际情况，对此，慈善在发挥社会救助的功能时可注重以下几方面的问题：首先，具体分析贫困对象的实际问题，找出导致贫困的根本原因，或提供待遇或提供服务，使得救助更加具有针对性。其次，国外慈善在解决贫困问题时较为注重贫困人口的能力培养和提升贫困人口的参与度，从贫困人口的实际状况出发，让贫困人口参与力所能及的活动，重点培养其自力更生的能力。再次，加大慈善与政府社会救助制度的配合，特别是在贫困定位、提升贫困人口能力、缓贫成果评估等方面，通过引入第三方机构的参与和评估，救助资源能够得到更好的配置和利用。

（三）推动慈善事业开展“工作福利”等方面的业务

“工作福利”是近年来西方国家在社会救助领域重点关注的内容，“工作福利”成为西方国家社会救助制度中缓解福利依赖问题的重要途径，并且，通过就业来摆脱福利依赖者的生活状况普遍要好于福利依赖者的生活状况。在外国，不少慈善组织是专门为特定贫困人口提供工作的[1]，即通过提供工作的方式缓解贫困。慈善济贫的思路和理念应当从“输血”向“造血”转变，并且在精准扶贫的政策框架引导下，通过与政府部门的合作，创新扶贫理念，根据组织自身能力发展扶贫模式，具体问题具体分析，从而实现精准扶贫的目标。

---

〔1〕 这种情况主要体现在慈善组织与社会救助制度的配合上，比如美国的TANF制度，其领取资格中包括一定的工作时间，对此，一些慈善组织为贫困人口提供一定的工作，以确保其能符合TANF的领取资格。

（四）大力推动慈善事业在其他社会救助领域发挥作用

长期以来，我国慈善捐赠资金的流向主要集中于教育、扶贫和医疗健康等方面，2018年，三者占慈善捐赠总资金的比重超过七成，且由于扶贫攻坚力度加大，2018年，扶贫捐赠资金首次超越医疗健康，位于捐赠资金的第二位[1]，这反映了我国在当前战略期的政策导向。长期以来慈善事业对教育和医疗的关注对于缓解贫困具有更加根本性的影响，也是对贫困人口赋能，缓解贫困的代际传递，从而更有利于我国贫困问题的解决。

总之，当前发挥慈善在社会救助制度中的作用，首先要发挥慈善传统的扶危济困功能，与社会救助制度形成社会最低安全网；其次，针对慈善发展的国际新趋势以及我国扶贫工作发展新态势，要调整慈善发挥作用的范围，关注相对贫困，从原来的“输血”逐步改为“造血”，强化精准扶贫功能，将慈善事业的功能和作用发挥至最大。

参考文献

中文文献

李德健：《英国慈善法研究》，法律出版社2017年版。

王勇：《中国慈善联合会发布〈2018年度中国慈善捐助报告〉：2018年全国接受捐赠1624.15亿元》，载《公益时报》2019年9月24日。

郑秉文：《社会保障体系的巨灾风险补偿功能分析——美国9·11五周年的启示》，载《公共管理学报》2007年第1期。

资中筠：《财富的归宿：美国现代公益基金会述评》，上海人民出版社2006年版。

外文文献

Giving USA Foundation, *Giving USA 2017: The Annual Report on Philanthropy for the year 2016*, 2017.

Kennedy et al., *Opting in to the Medicaid Expansion under the ACA: Who are the Uninsured Adults Who Could Gain Health Insurance Coverage*, Urban Institute, Washington, DC, June 2012. https://www.urban.org/research/publication/opting-medicaid-expansion-under-aca.

Laudan Aron, Wendy Jacobson, Margery Austin Turner, *Addressing Deep and Persistent Poverty: A Framework for Philanthropic Planning and Investment*, Urban Institute, Dec. 2013.

Linda Giannarelli, Kye Lippold, Michael Martinez-Schiferl, *Reducing Poverty in Wiscon-*

[1] 王勇：《中国慈善联合会发布〈2018年度中国慈善捐助报告〉：2018年全国接受捐赠1624.15亿元》，载《公益时报》2019年9月24日。

sin:*Analysis of the Community Advocates Public Policy Institute Package*,Urban Institute,Washington,DC,June 2012. https://www.urban.org/research/publication/reducing-poverty-wisconsin-analysis-community-advocates-public-policy-institute-policy-package.

Pippa Coutts,Sheila Riddell,*Employers' Views of Supported Employment for Disabled People in Scotland*,SUSE,http://www.docs.hss.ed.ac.uk/education/creid/Reports/29_EHRC_SupportedEmployt_FinalRpt.pdf.

US statistics,*Poverty rate in the United States from* 1990 *to* 2016,https://www.statista.com/statistics/200463/us-poverty-rate-since-1990/.

Waldemar A. Nielson,*The Big Foundations*,Columbia University Press,1972.

第九章 以家庭为基础的社会福利制度研究

作为现代社会福利制度的先行者，当今西方主要发达国家都已经建立了较为成熟完备的社会福利制度。特别是欧洲高福利国家早已建成了覆盖几乎所有公民的“从摇篮到坟墓”社会福利制度，它具有两大突出特征：一是社会福利种类繁多，不仅有养老保险、失业保险、医疗保险、工伤保险等社会保险计划，还有住房补贴、孕产补贴、儿童补助、单亲家庭补助、老年人照护计划等在内的各类福利项目；二是社会福利政策的法制化程度很高，运行机制比较完善，基本上能够使社会福利作为法律规定的公民基本权利而得到较好的落实。特别是西方主要发达国家社会福利制度中包含了较多的家庭元素，从而形成了以家庭为基础的社会福利制度。考虑到家庭是规模最小、结构最简单、结构功能地位作用角色最微缩的现代社会结构，它在西方发达国家的社会福利制度中扮演重要角色也在情理之中。然而，也可能还有另外一种更为个人主义的观点，认为过多地将福利项目瞄准家庭，会削弱这些项目对个人的“激励”，从而带来负面影响。因此，进一步分析西方主要发达国家以家庭为基础的社会福利制度对回答前述问题具有重要意义。

一、主要发达国家以家庭为基础的社会福利制度的发展

如果想要深入理解主要发达国家以家庭为基础的社会福利制度，就需要分析在西方主要发达国家这种福利制度是如何发展而来的，进而找到主要发达国家社会福利制度关注家庭因素的主要原因。

（一）发展历程

从大体上看，西方主要发达国家以家庭为基础的社会福利制度经历了以下几个阶段：

1. 初步形成时期

19 世纪末至 20 世纪 30 年代末，经过了几十年的发展探索，西方发达国家社会福利制度初步形成。这一时期西方国家的社会福利制度中针对家庭的政策一般

是多种福利性社会政策的综合。[1] 社会福利制度通过普适性的福利性手段来减轻社会贫困，全面提高公民的福利水平和生活质量。

以瑞典为例，瑞典以家庭为基础的福利制度主要通过基本生活保障制度体现出来。基本生活保障制度由儿童基本生活保障、家庭基本生活保障和残疾人基本生活保障等组成。在儿童基本生活保障方面，初期体现为福利立法保障而后逐渐发展加入福利津贴保障。19 世纪末瑞典就已经通过了一些与儿童福利直接相关的法令，如 1881 年瑞典政府通过有关雇佣童工的法律；20 世纪初瑞典又进一步加强儿童福利方面的立法，为遭受忽视和限于贫困的儿童提供福利。在 20 世纪 30 时期经济危机年代，为保障儿童的正常生活，瑞典的失业保险对失业家庭的儿童抚养做出了相关规定；在工伤保险制度中，对因工伤而失去收入来源的家庭的孩子的抚养做出明确规定。另外，20 世纪 30 年代，瑞典人口出生率明显下降，为了应对此次人口危机，1935 年瑞典成立了一个专门的人口委员会，提出了许多针对妇女儿童和家庭的政策主张，其中包括实行普遍儿童津贴的建议，但政府只采取了其中一些开支较小的建议，比如向单身母亲支付儿童津贴和产妇津贴等。

2. 广泛发展时期

“二战”后至20 世纪 80 年代，西方发达国家社会福利制度得到广泛发展。“二战”后初期推行的往往都是支持男性养家体制的通用型家庭政策。[2] 例如，始于战后初期的育儿津贴旨在为有子女的家庭提供现金补贴，并且补贴随子女数目增加而增加，因此为妇女承担居家养育的传统性别角色提供了激励，减少了妇女的劳动力供给。除了这种以家庭为单位发放的家庭津贴，早期的家庭政策还包括生育补助。生育补助在孩子出生时以定额支付的形式发放。由于补助额度并不与妇女的工资挂钩，因此它对于弥补妇女生育后的收入下降效果有限，不利于帮助女性参与劳动力市场，本质上还是在维护男性养家体制。

德国为重振战后经济，保证德国民众的生活水平，改进社会福利制度。1954 年，联邦德国实施家庭补贴法，这实际上是社会规定为雇佣者的第二个及之后的孩子提供津贴，津贴费用由雇主提供转变为政府承担，并在联邦劳工局建立了家庭补贴机构。

20 世纪七八十年代后，发达国家开始进入后工业时代，大量劳动力开始从第一产业向第二产业转移。在这种背景下越来越多的女性进入劳动力市场，不仅要求在家庭中享有平等的经济和社会地位，还要求在社会上拥有平等的就业

---

[1] 盛亦男，杨文庄：《西方发达国家的家庭政策及对我国的启示》，载《人口研究》2012 年第 4 期。

[2] 蒙克：《“就业—生育”关系转变和双薪型家庭政策的兴起——从发达国家经验看我国“二孩”时代家庭政策》，载《社会学研究》2017 年第 5 期。

机会和收入待遇，为了取得更多的就业优势和实现自我价值，越来越多的育龄女性选择不生育，甚至放弃婚姻，德国生育率持续降低。各种新的人口问题使家庭政策成为关系经济发展和国家稳定的大事。二战前关注老龄、失业、疾病和残疾等问题的社会保障体系已经不能解决新的人口和家庭问题。

为了提高生育率，同时保障妇女的平等权益，促进社会稳定，德国政府从70年代开始出台一系列与家庭有关的福利政策，从80年代开始又出台了一系列以家庭为中心的有关家庭看护、职业妇女补助等方面的立法，以家庭为基础的社会福利制度逐步建立起来。经过长时间的发展，现在德国已经形成了专门的家庭保障制度。德国家庭保障制度的内容广泛而复杂，涉及儿童和青少年、在职妇女和家庭妇女、老年人、残疾人四类群体的保障。每一类群体都有家庭政策关注的内容。对于儿童和青少年，联邦政府关注三岁以下儿童的家庭看护、家庭抚养和社会看护问题；关注3—6岁儿童的家庭抚养、幼儿教育和社会全天候看护问题；关注6—16岁儿童的学校教育问题；关注16岁以上青少年的教育资助，家庭资助职业规划及失业保障问题。对于妇女，德国政府着力于家庭与工作的协调，关注妇女在生育和抚育孩子期间的经济资助和就业权益问题。

3. 改革时期

20世纪80年代至今，西方发达国家在社会福利制度上一直在进行改革，开始缩减福利规模、减少福利开支，重新定义社会福利制度，使其在新时期继续发挥作用，同时国家也开始注重发挥非正式制度的作用，鼓励实现个人或家庭的自我支持。从20世纪80年代开始，社会变革逐渐加深，人类社会开始从工业经济向知识经济转变。在这样的社会背景下，劳动力市场对知识技能的要求越来越高，劳动者因为自身能力水平导致失业问题频发，家庭开始对社会福利制度产生过度依赖。福利制度开始逐渐暴露出问题：一是福利所涵盖的风险并不符合需要；二是受到福利保护的群体本不是应该受到保护的。[1] 普享型的社会福利制度主张将福利作为一种权利赋予所有公民或主要群体的所有人，以避免社会分化为受益者和非受益者两个独立阶层，从而维护社会稳定、增进社会团结。选择型社会福利制度主张受益资格应通过对个人实际情况的调查来确定，注重福利的制度效益，将福利给予最需要的人。[2] 比较两种类型的社会福利制度，选择型社会福利政策优于普享型社会福利政策。选择型社会福利制度既可以减少福利开支、减轻国家财政压力，同时又可以确保将有限的社会福利资源分配给最需要者。20世纪80年代以来，许多国家尤其是高福利国家在制定福利政策过程中，出现由普享型社

---

〔1〕 周弘：《福利国家向何处去》，载《中国社会科学》2001年第93期。
〔2〕 胡务：《社会福利概论》，西南财经大学出版社2018年版。

会福利制度向选择型社会福利制度的过渡。新西兰在二战结束后，由于政府希望尽快恢复正常的家庭生活，提高人口出生率，并把妇女支援战事所从事的工作让位给复员军人，政府建立起普享型家庭津贴。随着时间的推移，最初的政策目标已经实现，普享型家庭津贴的价值渐渐消失。因此国家开始对普享型的家庭津贴进行调整，取而代之的是一系列选择型的社会福利制度。主要包括针对低收入家庭的援助项目，例如家庭扶助、家庭最低收入保障、非福利家庭税收抵免计划等。这些援助项目不仅定位于低收入家庭，而且从更高程度看，还定位于低收入工薪家庭，强调积极投入工作的家庭。

此外，美国在为家庭提供津贴时也更注重家庭的自我支持能力，“贫困家庭临时救助计划”（Temporary Assistance for Needy Families，TANF）要求受益者（少数例外）一旦条件成熟必须工作，条件不成熟在开始接受福利之后的 2 年之内也必须工作。单身父母每周至少参加工作 30 小时，双亲家庭每周必须工作 35 或 55 小时。不符合上述要求者会受到惩罚，减少甚至终止其待遇。[1] 该福利项目充分体现了当时克林顿政府“以工作代福利”的思想。通过强化受益者的工作要求，迫使他们参加工作，自食其力摆脱对福利的依赖。这样既保证了受益者的生活水平不降低，又减轻了财政负担，还有利于经济发展和降低失业率。

除了在由国家或政府提供的增进社会福利的正式制度安排上进行改革外，发达国家开始注重非正式的社会福利制度。非正式的社会福利制度包括个人、家庭、邻里和社区为增进社会福利、履行文化和道德责任所承担的各种活动，如个人帮助和照护家庭成员的活动、帮助周围需要帮助的人的活动、宗教的慈善活动等。德国对于老年人福利保障中的长期照护制度就注重发挥非正式制度支持的作用，充分发挥家庭在老年人保障中的作用。家庭成员为老人提供实质照护服务，长期护理保险给予提供照护服务的人直接的现金补贴，实现家庭照护服务的有偿化。[2]

（二）基本考虑

发达国家在设计社会福利制度的过程中越来越关注家庭因素，主要有以下几个方面的考虑：

首先，以家庭为单位可以弥补个人在获取福利方面能力的不足。很多儿童福利和老年福利，如果不是给付家庭，儿童和老年人由于自身条件的限制可能无法使用这些福利。阿马蒂亚·森认为“一个人所具有的经济权益，将取决于所拥有

---

〔1〕 薛在兴：《美国儿童福利政策的最新变革与评价》，载《中国青年研究》2009 年第 2 期。
〔2〕 仲利娟：《中国青年研究：来自德国的证据》，载《学海》2018 年第 4 期。

的或可运用的资源，以及交换条件。"[1] 因此有学者认为在市场经济条件下，家庭拥有或可运用的经济资源多寡和分配秩序的公平与正义，对其实际上能获得的经济权益具有重要影响。[2]

其次，家庭作为一个整体，整体大于各个组成部分之和。由此可以认为个体组合成的家庭在获取福利上的能力优于个人。很多福利制度的发放有其具体的申请和限制条件，个人可能不满足，但其家庭中有成员满足，就可申请以提高整个家庭的生活质量。有学者针对牙买加福利获取进行了研究。研究显示只有56%的贫困家庭符合通过"健康与教育促进发展计划"（Programme of Advancement through Health and Education，PATH）获得福利。另外，城市家庭的使用率大约是贫困农村家庭的一半。这项研究调查了申请率相对较低的潜在原因。研究根据牙买加统计局汇编的数据，得出与已婚夫妇户主（家庭）相比，单身男性户主或单身女性户主（个人）申请福利的可能性要低两到四倍。[3]

再次，有些待遇提供给家庭，效率可能会更高。从给付便利的角度出发，福利待遇提供给家庭有助于节约资格审查的成本，提高审查效率。德国社会福利体系中的家庭支持政策注重转移支付，以货币待遇为主，包括儿童津贴、父母津贴和抚育津贴等，它们都是以货币待遇形式提供的。此外还存在一些为特定人群或针对特定生活状况制定的待遇，如基本生活保障中与家庭有关的待遇等。德国家庭福利政策中的货币待遇主要通过财政体系和社会保险体系实施，由于待遇获得者处境的多样性以及税收、最低生活保障、住房保障乃至失业保险法律规定上的多样性，导致待遇形式十分复杂。[4] 因此以家庭为单位的福利待遇给付能够降低福利待遇资格审查成本以及提升待遇提供时的便利性，提高福利待遇给付效率。

最后，从产生的社会影响来看，提供给家庭的社会福利政策更可能产生正外部性。自由主义强调个人的权利，认为个人的存在先于集体的存在，个人利益高于集体的利益。社团主义则强调集体主义和公共利益，认为在各个层次上都存在着互助和再分配，这些活动可以减少人类社会的不公正，有利于社会的稳定发展。因此，社团主义强调家庭在作为风险分担机制的不可替代性，主张将福利支付给家庭，从而维护家庭结构的稳定，促进社会与经济的发展。[5] 在瑞典长期投资于妇女儿童和家庭福利的几十年里，妇女就业增长了25%，达到了73%的就业率，

---

〔1〕 阿马蒂亚·森：《以自由看待发展》，中国人民大学出版社2002年版。

〔2〕 聂飞：《家庭发展的困境与政策调适——基于可行能力的视角》，载《求实》2015年第6期。

〔3〕 Blake GO, Gibbison G. Why Do Poor Households Not Apply For Welfare Benefits?: Evidence from Jamaica's Path Program. The Journal of Developing Areas, 2015, 49(1): 65-82.

〔4〕 刘冬梅，戴蓓蕊：《德国社会法中的家庭福利政策》，载《德国研究》2017年第3期。

〔5〕 周弘：《社会福利制度的理论框架》，载《中国人口科学》2001年第4期。

而意大利的妇女就业率仅为52%。[1] 有学者以发达国家为对象，研究了社会福利制度对家庭的影响：一是如果津贴水平相当可观，子女津贴会影响生育率；二是失业规定可能影响生育率；三是再婚频率也可能受到公共援助金的影响。[2]

二、以家庭为单位的福利制度

西方主要发达国家以家庭为基础的社会福利制度大致可以被划分为两类：一类是比较纯粹的家庭福利项目；另一类是其他一些考虑了家庭因素的单行项目。前者以家庭为单位发放这些福利，帮助家庭改进生活质量，主要考虑因素是生育及孩子的抚养、教育等情况，主要内容是各种家庭、儿童津贴以及一些其他相关补贴等。

（一）儿童津贴

儿童津贴是国家针对有孩子的家庭或儿童提供的一种经济性福利，即政府通过对家庭的经济支持来减轻家庭育儿的经济负担，保障家庭的基本功能。西方主要发达国家的儿童津贴一般都具有覆盖面广、内容丰富、设计精细等特点。

英国儿童津贴覆盖对象较为广泛，涵盖所有儿童。一般只发放给年龄在16岁以下的儿童，对于年龄在16—20岁之间的儿童，如果完成了高中学业，也有资格领取。儿童福利金的给付额有两档，首胎或独生子女，每周津贴为20.7英镑；非首胎子女，每人每周13.7英镑，申请成功后一般每四周打到申请人账户一次[3]。但是从2013年起，每个有儿童的家庭中，父母只要一方有工作且年收入超过5万英镑，就会失去部分儿童福利（如果父母双方有一方年收入超过5万英镑，超出的部分需要缴纳一定的税费，如果父母双方收入均超过2万英镑，则按收入较高的那一方来计算）。如果儿童父母收入较高，且不愿意缴纳相关税费，则可以放弃申请育儿津贴[4]。另外，如果儿童父母双亡，代为抚养照顾儿童的监护人在领取儿童福利金的基础上还可以申请领取每周17.6英镑的监护人津贴。该津贴的申请人不一定必须是儿童的法定监护人，只需与儿童住在一起或每周给予儿童的补助超过17.6英镑即可。另外，就儿童的教育而言，英国大学阶段以前的教育均免费，大学阶段也有90%的大学生可获得政府津贴。所以，对低收入家庭来说，从幼儿园到大学教育一路都是免费的。对于残疾儿童，根据不同的残疾

[1] 周弘：《如何认识欧洲社会保障制度的转型?》，载《社会保障评论》2017年第1期。

[2] Nelissen JHM, Van Den Akker PAM. Are demographic developments influenced by social security?. Journal of economic psychology, 1988, 9(1): 81 – 114.

[3] 数据来源：英国儿童福利局2019年数据。

[4] 英国公共服务网站. https://www.gov.uk/government/organisations/hm – revenue – customs。

等级，英国政府提供金额在 23.2—87.5 英镑的残疾儿童补贴，残疾儿童补贴每四周发放一次。

基本儿童补贴、大家庭补贴和扩展型儿童补贴都是瑞典儿童补贴的重要内容〔1〕，目标在于缩小有孩子家庭与无孩子家庭生活水平的差距。基本儿童补贴是政府每个月都给每个有孩子家庭 1050 克朗的补贴，从孩子出生月份开始实行，至孩子年满 16 周岁的月份停止。满 16 岁仍在接受教育的孩子，可继续领取扩展型儿童补贴，直到孩子学业结束。另外，为了鼓励家庭生育，家庭出生第二个孩子时就可以领取相应的大家庭补贴。补贴的额度和出生孩子的数量成正比。比如，有两个孩子的家庭除了每个月基本补贴外，每月还多获得 100 克朗，三个孩子的可获得 454 克朗，四个孩子家庭可获得 860 克朗等。〔2〕 瑞典还有下列专门针对特殊儿童的福利制度，以保护特殊儿童能够享受和一般儿童一样的权利，主要包括以下制度：寄养补贴制度，即政府对寄养儿童的家庭提供足够的财力的支持；儿童抚恤金和生活补助金制度，即为孤儿或者父母离异的儿童提供的一定数额的经费支持，使其可以生存和发展；残疾儿童津贴制度，即给残疾或者患重病儿童家庭的一些津贴补助，最大程度缓解因为疾病而带来的家庭压力。

法国的家庭补助金实际就是儿童津贴，其领取金额多少与孩子个数及年龄有关。政府规定，家庭补助金从第二个子女出生开始发放。有 2 个孩子的享有月基础家庭津贴的 32%，3、4、5 个孩子分别享有月基础家庭津贴的 73%、114%、155%，也就是每多一个孩子百分比增加 41，以此类推。另外，孩子年龄的变化也会导致家庭补助金的变化，当家庭中第二个孩子的年龄达到 10 岁以上时，家庭补助金的数额则会增加 9%，15 岁以上时，则再增加 16%。另外，为了避免拥有 3 个孩子及以上家庭（因一个或多个满 20 岁（达到津贴上限））而使家庭收入急剧下降，法国政府设立了一种定额补助金。发放时间为一年，意在补充部分补贴抚养子女的经济负担。目前具体补助标准如下：两个孩子为每月 108.86 欧元；三个孩子为每月 248.33 欧元；四个孩子为每月 387.79 欧元；五个孩子以上每加一个孩子，补助 139.47 欧元。在每个孩子长到 11 岁时，每月补助再加 30.62 欧元，16 岁时每月追加补助达 54.43 欧元。上述补助直至孩子不再靠父母抚养（如找到工作）时为止。

幼儿补贴主要包括新生儿（领养儿童）奖励金、幼儿基础津贴和自由选择看护模式补贴三种。其中对于收入超过标准线的家庭，月基础补贴减半，超过给定标准线则津贴降至 92.31 欧元每月。新生儿奖励金以收入调查为前提，在怀孕第

---

〔1〕 数据来源：瑞典社会保险局 2019 年数据。

〔2〕 栗芳，魏陆：《瑞典社会保障制度》，上海人民出版社 2009 年版。

5个月或收养儿童一个月后发放，主要发给收入条件符合要求的家庭的新生儿或收养孩子（低于20岁）的家庭，奖励金额为月基础家庭津贴的229.75%，也就是每胎婴儿949.24欧元，对于符合收养20岁以下儿童每月发放1898.47欧元[1]。幼儿基础津贴则是每月定额补贴，补助标准为156.31欧元每月。该津贴也是以收入调查为前提，发放标准为每月家庭基础津贴基数的49.95%，按月发放至幼儿三岁前一个月。如果是收养，则从收养儿童的月份算起发放三年的幼儿补贴，收养儿童享受补贴不能超过20岁。幼儿基础补贴只有针对收入不超过标准线的家庭才全额发放，每个家庭只能获得一份基本补贴，但在多胞胎或收养多胞胎的情况下也能获得多份基础补贴。具体发放条件如下：一个孩子，父母一份工资的家庭，收入不超过17045.32欧元；两份工资或单亲抚养的家庭工资收入不超过22526.01欧元；两个孩子，父母一份工资的家庭，家庭收入不超过20454.39欧元；两份工资或单亲抚养家庭，家庭收入不超过25935.08欧元，上述家庭发放的幼儿基础补贴的上限分别为24545.21欧元、30025.90欧元、28636.02欧元与34116.71欧元；之后每加一个孩子，分别在上述数字上加4090.82欧元。

（二）其他家庭津贴

除了儿童津贴，西方主要发达国家一般还有生育津贴、看护津贴等。

在英国，当婴儿出生前后，婴儿母亲可获得长达39周的法定产假，并且可以申请领取法定产假工资或者生育津贴（孕妇不符合获得由雇主发出的法定产假工资但满足生育津贴的给付条件时，就可以向政府申请领取生育津贴）。申请人在申请领取生育津贴前，必须接受就业测试和收入情况检查。所谓就业测试是指在婴儿出生的前66周中，申请人至少有26周是受雇就业或者自雇佣就业的，并且必须有13周的收入不低于每周30英镑的收入门槛。生育津贴发放额为每周44英镑55便士。法定产假工资在产假的前6周按申请人每周工资的90%支付，后33周则会根据“产假支付标准”来支付；自2013年4月7日起，每周为136.78英镑（或90%之薪资，取较低者）。为了更好地照顾婴儿，英国法律还允许婴儿父亲休两周的陪产假，领取每周不超过148.8英镑的陪产假津贴（一般为其每周日常工资的九成）。陪产假津贴和上述婴儿母亲的法定产假工资一样，也是由雇主先行支付，之后雇主可以从政府那里得到补偿。

瑞典对家庭的经济支持还体现在于对父母保险制度上。主要目的是为了确保女性的经济和社会独立，以及为了儿童的健康成长，让父亲更好更多地参与到家

---

[1] 法国政府公共服务网站. The French Scoial Security System, Centredes Liaisons Européenneset Internationalesde Sécurité Sociale, http://www.cleiss.fr/docs/regimes/regime_france/an_4.html。

庭生活中。父母保险包括：父母补贴——生育孩子的父母可领取父母补贴，用于补偿父母在孩子出生后因为离开工作岗位造成的经济损失，让父母能安心地养育、照顾孩子。父母共可以获得高达 480 天的带薪产假。瑞典还规定父亲至少要享受两个月的产假来陪伴儿童；怀孕补贴——在怀孕期间，负担较重工作或工作对胎儿有危险的孕妇，可要求雇主为其调换岗位，孕妇可获得长达三个月的怀孕补贴时间。孕妇工作效率的下降，政府也会分别给予不同份额的补助；临时补贴——孩子生病往往需要父母占用工作时间进行照顾，如果因为误工导致收入减少，将会影响家庭收入的稳定性，造成入不敷出。瑞典政府为了缓解家庭在这种情况下的财务压力，让父母能够兼顾工作和照顾孩子，会给予一定数量的临时性父母补贴，帮助他们渡过难关。另外，新生儿的父亲可以获得 10 天的临时补贴，养父母在领养孩子之初各自可获得 5 天的临时性父母补贴。

法国自由选择看护模式补贴包括就业时间减少补贴和看护补贴。就业时间减少补贴分为全额时间减少补贴和部分时间减少补贴，发放金额分别是月家庭基础津贴的 92. 62%（全额）、62. 46% 和 36. 06%（部分）。也就是说，如果父母完全停止工作，每月可得 484. 97 欧元的补贴；如果只打半工，可获 320. 67 欧元的补贴；如果工作时间仅为 50% 与 80%，则获 242. 51 欧元的补贴。这一补助发放至家庭最小的孩子满 3 岁时为止。

看护补贴则是为了补偿孩子的看护费用而设立的，旨在抵销 6 岁以下儿童的监护费用，除基本津贴之外还可以独立于该津贴支付。申领者须通过省母婴保护局（Protection Maternelle et Infantile）雇佣一个领取合格资格证书的育儿保姆，以照顾自己不足 6 岁的孩子。申领者须向社会保险费及家庭补助金征收联合会（Union de Recouvrement des Cotisations de Sécurité Sociale et d'Allocations Familiales，URSSAF）申报这一雇佣。另外，申领者支付的工资不能超过最低工资之 5 倍。具体补助标准为：根据父母年收入超过 17473. 55 欧元、12708—17473. 55 欧元、低于 12708 欧元三档给予，每个不足 3 岁的孩子，每个月可根据上述三档工资分别获得 130. 90 欧元、157. 97 欧元及 199. 78 欧元补助。每个 3 至 6 岁的孩子，每个月可分别获 65. 46 欧元、78. 99 欧元及 99. 91 欧元。

多子女贫困家庭补贴是除了其他补贴之外，在收入调查的基础上，针对拥有三个孩子且所有子女都在三周岁以上的家庭额外给付的。家庭补助金的金额设置为每月 172. 08 欧元或 258. 14 欧元（增加金额），具体取决于收入级别。也就是说，无论家里是有 3 个还是更多的受抚养子女，在同一收入级别下，支付金额都是相同的。对于单亲家庭，法国提供有“单亲家庭津贴”，受益者为单身孕妇或需负担一个以上孩子的单身父母。这是一项临时性的津贴，发放时间最长不超过一年，或者到最小的孩子满 3 岁时为止。最高津贴额为 3163 法郎（孕妇）或

4217 法郎（有一个未成年子女的单身父母），随后每增加一个孩子，增加 1054 法郎的津贴[1]。

三、以家庭为受益单元的福利制度

在西方主要发达国家，有一些单行项目，虽然考虑的主要因素可能是养老、失业、伤残、贫困等其他特殊情况，但家庭元素也被纳入其中考虑，使得家庭也成为这些福利项目的受益单元，因此，我们把这些福利项目统称为以家庭为受益单元的福利制度。

（一）失业福利

英国主要通过失业津贴来为居民提供失业福利，保障居民失业期间的正常生活。英国失业津贴的发放与家庭成员的数量（是否单身）有关。对于有就业能力的失业人士来说，英国的失业福利主要是通过失业津贴，又称求职者津贴来保障的。英国的求职者津贴分为两种：一种是属于社会保险制度的“缴纳保费型求职津贴”；另一种是属于社会救助制度的“家计调查型求职津贴”。对于“缴纳保费型求职津贴”，英国政府规定，只有年龄在 18 岁以上、女性养老金领取年龄[2]以下、已失业或每周工作时数未满 16 小时、不是全日制学生、且居住于英国，会在英国工作的人才有资格领取该项失业津贴。申请人可得到的失业津贴数额取决于申请人的年龄和收入。年龄不超过 24 岁的单身失业人士可申请获得每周 57.9 英镑的失业救济金；年龄 25 岁及以上的单身失业人士可申请获得每周 67.50 英镑的失业救济金；已经结婚且双方年龄均超过 18 岁的，可申请每周获得 114.85 英镑的救济金。[3] 见表 9－1。失业救济金每两周支付一次，为期六个月。申请人必须有能力和积极求职，并且必须缴付足够的第一类国民保险金，若是六个月后申请人仍没找到工作，则可申请领取“家计调查型求职津贴”。

表 9－1　英国缴费型求职型津贴的每周给付额

人群类型	求职者最高津贴数额（英镑）
年龄在 18—24 岁及以上（单身）	57.9
年龄超过 25 岁（单身）	67.5
年龄都超过 18 岁的成年夫妇	114.85

---

〔1〕 数据来源：法国社会保险局 2019 年数据。

〔2〕 女性的退休年龄用于确定失业津贴的申请资格，年龄在女性退休年龄之上的，不能申请领取该项津贴，可申请领取国家养老金。

〔3〕 数据来源：英国就业与养老金部 2019 年数据。

对于“家计调查型求职津贴”，英国政府规定：如果申请人正在领取或未来有权领取重度伤残保险；申请人是有孩子的单亲父母、单亲养父母；申请人是孩子正在接受全日制教育（非大学）的16—24岁之间的父母；申请人没有工作且资产额低于16000英镑（这里所讲的资产是指任何能带来收入的资产，包括银行储蓄、房地产和土地等）。该项津贴是否给付受到申请人资产状况的限制：如果申请者的资产高于6000英镑，其津贴就要受到部分削减。超过6000英镑的部分，每250英镑就要削减1镑的周津贴。当申请者的资产达到16000英镑时，则丧失了该项津贴的领取资格。家计调查型津贴的给付金额根据申请人的收入、贫穷程度及家庭情况而定，给付期限没有限制，只要求职者的情况符合申请条件，就可持续申领并且该项津贴是免除个人所得税的。

表9-2　英国家计调查型求职者津贴的每周给付额

人群类型	年龄（岁）	周支付额（英镑）
单身	16-24	57.9
单身	≥25	73.1
单亲	16-17	57.9
单亲	≥18	73.1
夫妇（A&B）	A<18 B<18	57.9
夫妇（A&B）	A<18 B<18且满足额外给付条件	87.5
夫妇（A&B）	A<18<B<24	57.9
夫妇（A&B）	A<18 B≥25	73.1
夫妇（A&B）	A<18 B>18且满足额外给付条件	114.85
夫妇（A&B）	A>18 B>18	114.85

注：这里的额外给付条件一般指夫妇有残疾儿童，残疾等级不同，额外给付金额也不同

德国在公民失业阶段为公民提供的失业救助包括三个方面的经济救助：互助性或者基金保险性质的失业保险金Ⅰ和财政性无偿划拨的失业救济金Ⅱ以及其他的帮扶补贴。失业保险金Ⅰ领取群体是那些缴纳了保险金的群体，支付标准根据失业者失业前缴纳失业保险金的时间和数额，以及家庭未成年抚养人数确定；失业救济金Ⅱ主要发放给不符合失业保险金Ⅰ领取条件，但失业工作岗位需要资助的群体，支付金额主要根据社会最低生活水平和失业者所需要负担的家庭成员负担数量决定，领取时间没有限制。具体来说，失业保险金的支付额度根据失业者失业前每月税后工资的高低和是否有孩子来确定。单身失业者领取每月税后收入的60%，至少有一个18岁以下的孩子，则享受每月税后收入的67%，失业者领

取的失业保险金Ⅰ免征个人所得税。

对于失业救济金Ⅱ，又称失业生活补助，目的是使那些有能力、有意愿工作的失业者在无权享受或不能继续享受失业保险金Ⅰ的时候得到经济救助，从而有足够的收入来维系自己和家人必要的生活开支。德国法律规定，所有15—64岁有工作意愿和能力，但无法用收入和资产维系自己和家人基本生活的个人及其家属都有资格得到失业救济金和配套的社会救助服务，包括15—25岁的，需要通过救济金来维持自己生活，并期望完成学业或者实习培训的年轻人，或者存在生理、心理、精神缺陷无法工作的人，或者因为照顾三岁以下的孩子和瘫痪的家人而不得不放弃工作的人等，只要是“有理由”的失业，都可以根据经济困难的程度，申请得到失业救济金Ⅱ。

领取失业救济金的申请者必须首先满足四个基本条件：一是失业者；二是在地方就业办公室已经进行失业登记；三是提出失业救济申请；四是有意愿、积极地接受职业介绍和职业培训。同时，只要符合以下任何一个条件，就可以享受失业救济金Ⅱ：（1）无权享受失业保险；（2）失业者没有维持生活的足够经济来源；（3）在过去就业年份内至少有1年的身份是雇员；（4）在过去1年内至少享受过1天的失业保险或类似保险金；（5）在过去1年内至少从事150天就业活动；（6）过去是公务员、法官、军人、义务兵或警察；（7）在过去1年内受伤或因病致残。

失业救济金Ⅱ会要求申请人如实报告家庭总收入。如果申请人家庭的其他成员有收入，且达到一定水平，申请人就不能领取失业救济金Ⅱ。失业救济金Ⅱ发放的数额一般足以支付个人食品、住宿、取暖、水电、交通等生活开支，同时还会包括单亲父母供养25岁以下子女以及配偶和伴侣的必要支出。

失业救济金Ⅱ的最高支付标准为每月409欧元，如果是单身或者单亲家庭，每月可以领取最高失业生活补助金额，如果家里有孩子，子女不超过14岁，可以领取最高金额的60%，如果子女或伴侣在15—17岁之间，则可领取失业生活补助的金额为最高支付额的80%，如果家庭里有年龄超过18岁的伴侣或子女，则每月可领最高支付额的90%。另外，领取失业救济金Ⅱ的失业者可以从事临时工作获取额外收入，贴补家用。但是如果每月额外收入超过100欧元，就需要抵减一部分救济金。抵减的额度依据收入超出100欧元的部分，按照不同比例进行核算。比如，每月额外收入总额为100.01欧元，则抵减额度为收入总额减去100欧元后的20%；如果每月额外收入总额为800.01—12000欧元，则抵减额度为收入总额减去100欧元后的10%；如果申请者有孩子，则收入总额的上限由12000欧元上调为15000欧元。

对于积累很多年失业保险基金的失业者，当失业保险金Ⅰ被终止，转而领取失业救济金Ⅱ时，政府为了帮助失业者适应减少的收入，在救济金开始的头两年会补发一笔过渡性补助。这笔补助相当于失业初期领取的失业保险金与住房津贴之和减去应发的失业救济金 II 的差额的 2/3。一般来说，失业救济金的申请者每月可以领取 160 欧元，配偶和子女每人领取 320 欧元，不到 15 周岁的孩子每人另加 60 欧元。这一过渡性补助领取的第二年，额度降低一半，最长发放时间为两年〔1〕。

法国政府为了保护失业民众的正常生活设立有积极就业补助金（Revenu de Solidarité Active，RSA）。RSA 津贴是以家庭为单位发放的差额补贴，它是法律规定的保障收入和家庭总收入的差额，即失业者在失业保险金领取时间中止或者没有领取失业金的资格致使生活困难时，可以领取 RSA 来维持生活。在确定 RSA 的时候，家庭所有成员的收入都必须考虑在内，个别具有特殊社会目的的津贴或救助除外。该补助金的申请条件必须满足：年龄 25 岁以上或者虽年龄未满 25 岁，但怀孕或有一个孩子需要抚养，另外申请人的收入不得超过每月补助金发放的标准。如果没有收入，则全额发放；有收入者，补足其收入至补助金标准。该补助每三个月审查一次，因此，领取人每三个月要重新申报一次收入状况。该补贴的具体补贴标准如下：单身生活、无孩子者，每月 405. 62 欧元；单身生活有一个孩子、或一对夫妇无孩子，每月 608. 43 欧元；单身生活有两个孩子、或一对夫妇有一个孩子，每月 730. 12 欧元；一对夫妇有两个孩子，每月 851. 81 欧元；此外，每多加一个孩子，每月加 162. 25 欧元。共同生活的家庭中第二个家庭成员增加比例为 50%；家庭中每增加一个抚养人口，补助增加 30%；对于有子女需要抚养或其他小于 25 岁家庭成员需要抚养的情况，从第二个子女或第二个人开始，增加的比例为 40%。父亲或母亲单独抚养子女的情况下，RSA 补助金额有所增加。对于有工作但是收入较低的低收入者，法国政府提供有“就业补助金”，凡收入低于规定数额、年满 25 岁的法国公民，均可申请这项津贴。最高津贴额为 2403 法郎（单身），需负担一人（夫妻一方或孩子）者增加 50%（1201. 50 法郎），需负担二人者再加 30%（721 法郎），需负担三人以上者，每增加一人追加 40%（961 法郎）〔2〕。

瑞典的失业者都可以领取失业救济。对已登记寻找工作而在 90 天之内没有找到工作的劳动者，可领取每天 240 克朗失业基本补贴，费用由国家财政支出。与收入相关的失业保险金为原工资的 80%，但每天最多不超过 580 克朗，从失业后第 6 天开始领取，直至第 300 天，超过 300 天仍然失业者，则只能领取每天 240

〔1〕数据来源：德国联邦劳动局 2019 年数据。
〔2〕数据来源：法国劳工就业和职业培训部 2019 年数据。

克朗的失业基本补贴。参加公共就业服务局求职计划的失业者，每天都会收到失业津贴，每周最多五天，补偿金额根据失业者的年龄来确定。在符合失业救济金要求的情况下，25 岁及以上者可以获得与从失业保险基金中获得的福利相同的失业救济金；18—24 岁之间，前 100 天失业救济金为失业前每日工资的 80%，之后的 100 天，为每日收入的 70%，此后为每日收入的 65%。在不符合失业救济金的要求的情况下，25 岁及以上者每天获得 223 克朗；18—24 岁之间且完成高中课程或签订教育合同的人每天可以获得 162 克朗，否则津贴额度为 57 克朗[1]。

（二）老年生活津贴

除退休金之外，英国政府为老年人提供有老年生活补贴也就是老年社会救助金。英国老年社会救助金的发放也是在考虑家庭因素基础上发放的。英国老年人的生活保障主要是通过养老金制度来实现的，但是由于英国的基本国家养老金替代率很低，所以即使全额领取养老金的人士，如果没有其他收入来源，大部分情况下其收入也低于贫困线，因此许多领取全额基本养老金的人士也具有领取老年社会救助金的权利。2003 年 10 月，养老金补贴制度取代了最低收入保护制度。养老金补贴包括保证补贴和储蓄补贴。保证补贴是一项针对 60 岁以上低收入老人的收入扶持计划，英国政府规定，只有收入低于 167.25 英镑（单身人士）或 255.25 英镑（情侣或夫妇）、资产较少[2]且周工作时间低于 16 小时的申请人，才能得到保证补贴（见表 9-3）。储蓄补贴是对那些退休了并攒了一些钱的申请人的额外支付。

表 9-3　英国养老补贴的每周给付额[3]

申请人情况	每周最高保证补贴（英镑）	每周储蓄补贴（英镑）
单身	167.25	13.73
情侣或夫妇	255.25	15.75

当申请人符合以下条件时，保证补贴能够更高一些。

（1）个人（或夫妇的一方）有残疾，且独立居住或与另一位残疾人士一起居住；

（2）个人（或夫妇的一方）是一名正在领取照顾者津贴的照顾者；

（3）家庭的住房成本超过了住房津贴。

---

〔1〕数据来源：瑞典社会保险局 2019 年数据。

〔2〕这里的“资产”，包括流动资产、银行账户、证券投资基金和股票。不包括房屋等不动产资产。

〔3〕数据来源：英国就业与养老金部 2019 年数据。

需要注意的是，如果个人的储蓄额超过 10000 镑，其保证补贴将被削减，对于个人储蓄超过 10000 镑的部分，每 500 储蓄就将减去 1 英镑的保证补贴。

德国福利制度是典型的投保资助型模式，强调权利与义务相对应，即社会成员只有通过缴纳一定的社会保险费才能在患病、失业或年老时获得一定的养老金。所以德国的福利制度大多体现在各种类型的保险金给付方面。德国为其提供的福利主要包括养老保险和老年人基本生活保障救助。养老金除了保障参保者自己的生活，还越来越注重参保者家庭的正常生活。属于法定养老金范畴中的遗属抚恤金包括鳏寡养老金、子女教育补助金以及孤儿补助金，只要满足一定的缴费时间，参保者死亡后其配偶及遗孤就有权领取以保障其正常生活。德国政府还规定，65 岁以上的老年人由于年龄原因，或者 18 岁至 64 岁的个人由于身体原因，无法通过劳动获得生活来源以解决自身物质困境的，可以依法向地方行政主管机构提出申请，获得老年和工作障碍者基本保障待遇。但在申请领取该项福利时，政府会对其生活伴侣的财产状况予以考量，以决定是否发放该项福利。

法国通过强制性基本养老保险和补充性养老保险以及老年人互助补贴来保障老年人及其家庭成员的生活。对于强制性的基本养老保险，有孩子的参保者（养育至少 3 个孩子），在计算他的养老保险金的累积上限和在享受复归养老金（未亡配偶享受已亡配偶参保的部分养老金）的时候能够增加 10% 的养老金。补充性养老保险也有类似规定：自 2012 年 1 月 1 日起申请退休的人员，如果仍然有孩子抚养，按每个孩子 5% 的比例享受养老金增额。被抚养孩子年龄一般规定到 18 岁，如果他是学生、学徒或者不享受失业金的失业人员，这个年龄可以延至 25 岁。对有残疾的孩子，直到 21 岁前没有年龄限制。根据孩子数量来制定的养老金增加措施是对家庭的鼓励政策，旨在通过对参保者退休时的额外补贴来平衡多孩子家庭的经济负担。

“复归养老金”作为养老保险金的补充，规定当拥有该项养老金领取资格承担家庭生计的一方配偶死亡时，未亡配偶可以享受复归养老金来弥补家庭遭受的收入损失。复归养老金其实是一种“衍生权”，即社会福利金的受益人可以是与社会保险参保人有关系的另外一个人。当配偶一方死亡时，未亡配偶可以享受到死亡配偶参保的部分养老金。未亡配偶若想获得这项复归养老金，死亡配偶必须是企业基本社会保险制度的缴费者。无论死亡保险人的年龄如何、性别如何、死亡或者失踪原因如何，申请者只要拥有配偶身份并且符合收入和年龄条件即可，但仅仅签署同居协议的双方是不可以获取复归养老金的。收入的封顶线根据未亡配偶的生活条件而有所区别，一个人单独还是和家庭成员生活是不一样的。如果复归养老金的金额和受益人的个人或家庭收入超过了封顶线，那么复归养老金的金额会按照超出部分进行削减。复归养老金的比例被确定为 54% 的先故配偶的养老金水平，但是不可以低于每年度确定的最低保障金额。享受复归养老金的未亡配偶，还可以同时享受附加的残疾津贴或者老年人的共济补助金。未亡配偶和多个未亡配偶可以按比例分配复归养老金。分配原则按照每个未亡配偶与参保人的婚姻期年限进行比例分配。离婚的未亡配偶和孤儿都可以享受复归养老金。

除去缴费性质的养老金之外，法国政府还为老年人提供有老年人最低收入保障补贴，该补贴不需要个人或单位缴费，属于社会福利性质的补贴，只要符合条件即可申请领取。补贴发放与申请者的收入和家庭成员数量有关，单身者和夫妇发放的补贴数额不同。

瑞典主要用全民性的养老金制度来保障老年人基本生活。其养老金分为两部分，全民基本养老金和附加养老金。每个年满 65 岁的居民都可领取数额相同的全民基本养老金，该金额与之前的工作收入无关，由社会保障委员会根据全国各阶层的收入状况确定。目的在于满足老年人的基本生活保障。除此之外，瑞典政府还为老年人提供有老年生活补贴制度。在领取老年生活补贴时，首先要考虑其他类型的养老福利领取资格，在确定了其他福利领取资格并领取了该项福利后，若其生活还没有达到最低生活水平时，则向瑞典社会保险委员会提出申请。由社会保险委员会经过测算，调查受救助者的收入和住房费用后由政府进行补贴。

（三）残疾人福利

英国残疾人福利的主要原则是既要补偿因残疾而导致的收入不足，也要补偿由残疾造成的额外支出。福利项目由基本收入保障和应对各种特殊需求的特殊津贴构成。目前残疾人社会福利项目主要由就业支持津贴、残疾人生活补贴和残疾人照护津贴构成。残疾人生活津贴分为残疾儿童生活津贴和个人独立生活津贴。残疾儿童生活津贴为年龄小于 16 岁以下的儿童提供，个人独立生活津贴帮助由残疾产生额外费用的 16—64 岁成年人，根据残疾等级不同发放不同的补贴金额。对于残疾人的照护者，英国政府提供有残疾人照护津贴。照护者年龄必须在 16 岁之上，且每周至少花 35 个小时照护一名严重伤残人士。照护津贴的基本上限额为每周 66.15 英镑，如果申请人满足额外给付条件，还可以领取额外给付金额。额外给付额的给付金额与领取者的家庭情况有关，给付类型分为“家中有一成年人依靠其生活”、“申请者家中有一个孩子” 和 “申请者家中有一个以上的孩子”。但从 2010 年 4 月起，照护者津贴中的额外给付额取消，已领取额外给付额的领取者可以继续领取，2010 年 4 月之后的新申请者则不能再领取额外给付额。

法国“伤残人最低收入保障”受益者为年龄不足 60 岁、丧失 2/3 工作能力的人。这项保障用以补充伤残保险金的不足，最高津贴额与“老人最低收入保障”相等。法国的残疾人福利还有残疾人补助金，对满 20 岁且残疾等级达到

50%被判定为无法工作的残疾者可以领取该项福利。该福利的发放金额与也残疾者的家庭成员负担状况有关。

瑞典政府为残疾人提供有残疾抚恤金和残疾补贴。凡在16—64岁之间，不能独立生活的人，都可以得到残疾抚恤金，其金额与养老金一致。残疾抚恤金根据工作能力丧失量的不同分别以全额、3/4、1/2和1/4这几种方式发放[1]，由社会保险办公室决定谁有权利得到抚恤金。如果因残疾而使工作能力至少减退1年，就可以获得暂时性疾病支付。残疾补贴是对那些具有功能性障碍的人所遭受的伤害或疾病的一种补偿，发放对象是16—65岁之间的残疾人，其身体状况或智力水平的下降必须持续至少1年，这些人在某种程度上需要帮助，并且为了工作，他们在每天的生活中要付出大量额外的支出。残疾补贴的多少取决于他们需要帮助的多少。残疾补贴不需交税，那些住在福利院得到照顾的人不能领取。

四、启示和建议

经过长期的经济快速发展和社会急剧变革，目前中国社会经济已经进入经济增长追求质量、社会发展追求和谐的新时代。在这样一个社会立法、社会福利、社会服务和以改善民生为重点的社会建设时代，社会政策框架设计与社会福利制度建设成为社会建设新时期发展的主题和战略重点，家庭政策框架设计和以家庭为基础的社会福利制度建设更是重中之重。[2] 社会福利政策设计中，家庭和个人的角色定位也需要更多的思考或探究。甚至有必要提出这样一个问题：是否需要以家庭为基础整合儿童福利、妇女福利、失业福利、残疾人福利、老年人福利等各类福利项目？目前我国社会保障体系包含社会救助、社会保险、社会优抚和社会福利，其中，社会福利被看作是社会保障的最高层次，是社会保障的较高目标。但在实际工作中，我国的社会福利主要是面向孤、老、残、幼，未能发挥大范围防范居民风险的作用，新型福利制度的建立迫在眉睫。

然而，当我们审视西方发达国家的社会福利制度时，首先需要注意的是西方发达国家的社会福利概念一般被认为与我国的社会福利概念有所不同。这主要是因为社会福利的内涵与外延通常很难确定，在不同的国家和地区人们从不同的层面使用这个概念。在西方主要的发达国家，社会福利通常是一个广义的概念，指的是一切改善和提高人民物质生活和精神生活的社会措施，不仅包括我们所谓的社会保障内容，还包括公共文化等方面。[3] 而我们国家所使用的社会福利概念通

---

[1] 数据来源：瑞典社会保险局2019年官网数据。

[2] 刘继同：《世界主要国家现代家庭福利政策的历史发展与经验规律》，载《中共中央党校报》2016年第4期。

[3] 李珍：《社会保障理论》，中国劳动社会保障出版社2017年版，第323页。

常是一个狭义的概念，指的是社会保障的一个子系统，是政府和社会为提高居民生活质量而提供各类津贴或服务的制度的总称。[1] 所以，在看有关文献时，时常会发现，西方主要发达国家社会福利概念要更大一些。当然，我国有的文献中也有将社会福利概念扩大的现象，比如有时候会将社会福利和社会救助混在一起，这与西方发达国家社会福利通常包含了社会救助的情况有些接近。此外，我们更需要注意的是，就经济社会发展水平而言，我国与西方主要发达国家之间仍然存在巨大差异，这意味着，我国不应盲目跟进他们的某些社会福利政策。分析西方发达国家长期以来社会福利政策演变历程，也可以发现，其社会福利政策调整既受不同历史阶段经济因素、政治因素、社会因素等宏观因素的影响，也受个体因素和家庭因素的影响。这些因素都是我们还需要深入考察的。

结合前文对西方一些发达国家以家庭为基础的社会福利制度的分析，可以发现：

（一）鼓励生育并保障未成年人健康成长是家庭津贴的核心目标

家庭津贴是这些国家以家庭为基础的社会福利制度的重要组成部分，而家庭津贴又是围绕着生育子女以及随后的子女抚养而展开的。为了鼓励生育，减轻家庭负担，发达国家大都对家庭提供各种形式涉及各个方面的儿童津贴和家庭补贴，这些儿童津贴和家庭补贴大多按照家庭儿童的数量、年龄和需要照顾的程度以及正在接受的教育发放，不但有现金补贴，还包括有诸如幼儿托育在内的服务，力求最大化减轻家庭内儿童抚养的负担。而对于失业津贴、低收入保障津贴、伤残津贴和老年人补助等其他福利项目，虽然也在一定的程度上考虑了家庭因素，但很多时候更多地是从个人情况出发的。因此，如果我国想加强以家庭为基础的社会福利制度建设，首先就应该突出家庭津贴制度建设。因为，我国正面临急剧的人口老龄化，而低生育率问题以及子女抚养难问题也日益突出，有必要在这方面展开积极探索。

（二）以家庭为基础的社会福利制度的覆盖面问题需要引起重视

发达国家大多形成了较为系统和完整的家庭保障体系，家庭福利对象不仅包括特殊困难家庭或者问题家庭，还包括普通家庭，几乎将每一个普通家庭都视为国家支持和帮助的对象，为家庭提供经济支持、亲子福利、配套服务。而我国目前的许多福利政策是补缺型的，福利对象主要为残疾人士、困难群众、弱势群体、困难家庭和五保户等。这些基本上属于社会救助的范畴，还不具有普惠性。虽然

---

〔1〕 李珍：《社会保障理论》，中国劳动社会保障出版社2017年版，第10页。

这种状况与我国原有的社会经济发展水平基本上是一致的，但是已经逐渐有些跟不上新时代社会发展的要求。虽然我国不应该照搬欧洲福利国家的高覆盖、高水平政策，但也有必要思考，打破只以孤寡老幼为保障对象的传统福利格局，代之以根据老年人、妇女、儿童、残疾人群体需求提供相应的社会福利。这首先需要真正理顺社会福利与社会救助、社会保险之间的关系，理顺不同群体之间的关系，完善各种社会福利政策，适当地逐步扩大一些社会福利项目的覆盖面。

（三）有必要进一步加强以家庭为基础的社会福利立法

我国目前的家庭福利涉及面广，制定家庭政策的部门也比较分散，家庭福利的法制建设还很薄弱，缺乏将家庭整体作为基本福利对象的家庭政策，导致政策“碎片化”现象严重，各项法律法规比较零散，各领域政策之间的整体性与衔接性较差，政策之间重复、制约乃至冲突的现象时有发生，严重影响法律法规的可操作性与实际效果。社会福利事业的立法任务繁重，需要制定作为整个社会福利事业基本法的《社会福利法》和作为各福利制度具体法律依据的《老年人福利法》《儿童福利法》《残疾人福利法》《妇女福利法》等；应出台专门的家庭福利法，强化法律和政策对婚姻家庭的保护，进一步明确国家对家庭的保障与服务，厘清政府、市场、家庭在家庭福利供给中的责任边界，确定各个福利提供主体在不同类型家庭的主要任务，提升家庭福利保障制度的法治效果，还应尽快开展《人口与计划生育条例》《女职工劳动保护条例》等法规的修订工作，依法增设二孩育儿假、二孩子女补助金等，减轻二孩母亲育儿的经济成本和时间成本，缓解维护女职工孕期、产期、哺乳期三期权益与企业发展之间的矛盾；在具体的制度设计中，要结合现实情况，规定合理的福利发放金额，比如儿童福利制度和老年福利制度等。发放津贴福利时都要参考国家最低收入保障线，在此基准线标准上，考虑家庭成员数量、家庭成员状况，结合家庭实际收入给予相关补贴。对于单亲家庭、失独家庭、残疾人家庭，有待赡养的失智老人等特殊家庭，要酌情增加相关补贴，以改善整个家庭收入状况。同时，各福利给付之间也要设置关卡，各项福利的给付总额必须合理限制，以缓解国家财政压力。比如，儿童福利津贴在给付时，如果该家庭已经领取了其他多项全额福利津贴，则要设计相关标准限制儿童福利金的给付等。

（四）利用现代信息技术，建立和完善统一的社会福利事业监督与管理机构

社会救助和社会福利的给予需要高效的信息化比对系统。法国通过将社会救助信息化管理系统与税务系统、其他救助管理系统的信息共享、数据比对，家庭收入核查十分准确迅速，工作效率非常高，管理运行成本也明显降低。当前，我

国社会救助和社会福利发放工作的一个突出问题就是家庭收入核定难，这主要是由于收入信息分散在各个管理部门，相互分割、各自为政，缺乏一个将之联系到一起的信息比对平台。国家投资建设社会救助信息比对系统可以有效解决收入核对难，防止救助资金发放给错误对象，政治、经济和社会效益都非常明显。政府应大力利用现有的互联网技术，建立以家庭为单位的统筹性家庭收入、就业、生育、福利信息档案，以方便我国福利计划的顺利运行和福利制度的顺利实施。提高整个国家福利体系的运行效率，减轻政府工作人员的工作压力。同时要理顺社会福利事业的管理体制，开展社会福利事业的顶层设计，统筹兼顾、相互协调地推进整个社会福利事业的发展。

参考文献

中文文献

阿马蒂亚·森：《以自由看待发展》，中国人民大学出版社 2002 年版。

本刊记者：《国外社会福利模式研究及其对中国的启示——郑秉文研究员访谈》，载《国外理论动态》2009 年第 3 期。

毕天云：《社会福利的文化透视：观点与简评》，载《社会学研究》2004 年第 4 期。

陈胤岩：《日本福利厚生制度的演变及启示》，载《法制与社会》2017 年第 22 期。

丁英顺：《韩国老年福利制度的发展及特征》，载《东北亚学刊》2017 年第 3 期。

杜爽、王文棣：《日本的儿童福利政策及其对我国的启示》，载《青年探索》2015 年第 5 期。

合津文雄：《日本社会福利政策变革的新趋势》，载《北京大学学报》（哲学社会科学版）1999 年第 6 期。

胡务：《社会福利概论》，西南财经大学出版社 2018 年版。

金炳彻：《韩国：复杂年金和福利保障养老》，载《法制日报》2013 年 12 月 17 日，第 10 版。

金炳彻、张金峰：《残疾儿童家庭支持体系研究综述》，载《残疾人研究》2014 年第 1 期。

金永钟、高春兰：《韩国社会保障体系和福利治理》，载《社会建设》2015 年第 2 期。

栗芳、魏陆：《瑞典社会保障制度》，上海人民出版社 2009 年版。

李珍：《社会保障理论》（第四版），中国劳动社会保障出版社 2017 年版。

刘冬梅、戴蓓蕊：《德国社会法中的家庭福利政策》，载《德国研究》2017 年第 3 期。

刘继同：《世界主要国家现代家庭福利政策的历史发展与经验规律》，载《中共中央党校学报》2016 年第 4 期。

刘旭东：《国民福利由补缺型向适度普惠型转变的思考》，载《经济问题》2008 年第 10 期。

陆君如：《东亚模式下的日本福利制度演变及其借鉴意义》，载《经济研究导刊》2018

年第 9 期。

卢晓莉：《论家庭福利保障制度构建——基于国家与地方双重视角》，载《开放导报》2016 年第 5 期。

蒙克：《"就业—生育"关系转变和双薪型家庭政策的兴起——从发达国家经验看我国"二孩"时代家庭政策》，载《社会学研究》2017 年第 5 期。

聂飞：《家庭发展的困境与政策调适——基于可行能力的视角》，载《求实》2015 年第 6 期。

盛亦男、杨文庄：《西方发达国家的家庭政策及对我国的启示》，载《人口研究》2012 年第 4 期。

徐兴文：《东亚人口老龄化危机下老年社会福利制度的挑战与展望——以中国、日本和韩国为例》，载《贵州师范大学学报》（社会科学版）2019 年第 1 期。

薛在兴：《美国儿童福利政策的最新变革与评价》，载《中国青年研究》2009 年第 2 期。

杨玲玲：《韩国社会保障体制建立的过程、特点及成因》，载《科学社会主义》2008 年第 6 期。

张慧君：《法国最低生活保障的八种类型》，载《国外理论动态》1998 年第 7 期。

张军：《中西福利文化下社会福利制度模式比较分析——基于中国、日本、美国、瑞典四国的考查》，载《探索》2011 年第 5 期。

郑功成：《韩国社会保障变革与发展的借鉴价值》，载《群言》2010 年第 9 期。

郑功成：《中国社会福利改革与发展战略：从照顾弱者到普惠全民》，载《中国人民大学学报》2011 年第 2 期。

仲利娟：《长期护理保险家庭化：来自德国的证据》，载《学海》2018 年第 4 期。

周弘：《福利国家向何处去》，载《中国社会科学》2001 年第 93 期。

周弘：《社会福利制度的理论框架》，载《中国人口科学》2001 年第 4 期。

周弘：《如何认识欧洲社会保障制度的转型?》，载《社会保障评论》2017 年第 1 期。

外文文献

Blake GO, Gibbison G. Why Do Poor Households Not Apply For Welfare Benefits?: Evidence from Jamaica's Path Program. *The Journal of Developing Areas*, 2015, 49(1): 65 – 82.

Eric Bidet. Social protection in the Republic of Korea: social insurance and moralhazard. *International Social Security Review*, Vol. 51. No. 1, 2004.

Jai – Joon Hur. Korea Severance Par Reform: For Old – age Income Security or Coverage Expansion, International Workshop on Severance Pay Reform, Vienna, 2003.

Kwon H. Transforming the developmental welfare state in East Asia. Development and Change, 2005, 36(3): 477 – 497.

National Report on the implementation of the goals of the 1990 World Summit for Children, The Republic of Korea.

Nelissen JHM, Van Den Akker PAM. Are demographic developments influenced by social security? *Journal of economic psychology*, 1988, 9(1): 81 – 114.

Oyama, Y. , et al. Factors that allow elderly individuals to stay at home with their families using the Japanese long – term care insurance system. Geriatr Gerontol Int, 2013. 13(3): p. 764 – 73.

Sato, M. , et al. The effect of a subsidy policy on the utilization of community care services under a public long – term care insurance program in rural Japan. Health Policy, 2006. 77(1): p. 43 – 50.

Woo Kim&Terry Henderson. History of the Care of Displaced Children in Korea[EB/OL]. [2011 – 12 – 23]. http://onlinelibrary. wiley. com/doi/10. 1111/j. 1753 – 1411. 2008. 00007. x/pdf.

Yoon B. Introduction to Mandatory Old – age Income Security System in Korea. Korea Institute for Health and Social Affairs, 2001.

德国公共服务网站. https://www. deutsche – rentenversicherung. de/DRV/EN/Leistungen/leistungen_node. html。

韩国政府官网. https://www. gov. kr/portal/main? Mcode = 9999。

《韩国儿童福利法》, http://elaw. kiri. re. kr/kor_service/main. do。

日本总务省统计局官网. http://www. stat. go. jp/data/jinsui/new. html. 访问时间:2019 – 9 – 5。

日本总务省统计局统计局官网. http://www. stat. go. jp/data/roudou/sokuhou/tsuki/index. html.

瑞典公共服务网站. http://www. cleiss. fr/docs/regimes/regime_france/an_4. html.

英国公共服务网站. https://www. gov. uk/government/organisations/hm – revenue: https://www. ons. gov. uk/peoplepopulationandcommunity/birthsdeathsandmarriages/ageing.

第十章　贫困家庭儿童津贴制度

为了有效消除儿童贫困，保障儿童成长发展，世界各国政府越来越关注现金转移对儿童生活产生的重大影响，建立起普遍的社会性政策。由于发达国家经济发展水平较高，儿童福利保障体系发展较早，几乎都建立起面向全民的普惠式儿童津贴制度，基于家庭收入水平、家庭规模、家庭形式、儿童年龄等方面的家庭实际情况，向每个符合条件的家庭中的儿童定期支付现金福利。在此基础上，对高收入家庭实施征费、减少其可领取的津贴数额或者不支付福利金等，将更多有限资金向贫困家庭中的儿童倾斜，以重点解决贫困儿童问题，避免政府财政支出困难和防止福利陷阱的出现。发达国家还制定了一系列补缺式儿童津贴制度，对贫困家庭中家庭关系较复杂的儿童，如孤儿、残障儿童等特殊群体提供额外的津贴补助，给予更多的照护，以保障儿童的健康成长免受贫困和其他因素的影响，得到更有效的社会保护。发达国家目前建立的较为系统的儿童福利金体系不仅可以减少贫困，解决儿童贫困问题，而且使儿童发展终身受益。发达国家的儿童津贴制度主要设计理念为：每个给定年龄的儿童都应获得相同的利益；家庭的支付水平应足以应付其子女的基本需求；付款频率应足以满足短期现金需求；年龄较小的孩子应获得更大的福利；每个孩子的付款水平应随着其他孩子的出生而变动[1]。由于容易陷入福利风险和受到经济社会环境的不断变化，考虑到财政支出压力，各个国家都会不断地改革，适时调整儿童福利金制度。

一、设立贫困家庭儿童津贴的必要性

联合国儿童基金会认为贫困儿童指“经历过生存、发展、成长所需的物质、精神和情感资源的剥夺，而不能享受其权利，不能发挥其潜能或作为完整、平等的成员参与到社会中的儿童”[2]。贫困儿童主要受来自无能力处于绝对贫困状态、丧失工作机会和社会地位而处于相对贫穷状态家庭的影响，家庭成员可能因为失

---

〔1〕 Lisa Hildebrand. “*La Follette School's Smeeding, Others Offer Proposal for Reducing Child Poverty in U. S*”. University of Wisconsin News, 2016.

〔2〕 Bellamy C. “*The state of the worlds children* 2005. *Childhood under threat.*” Future Survey, Vol. 60, No. 100, 2005.

业下岗、被拖欠工资等没有可靠收入来源，或者因患重病、服刑或者吸毒等因素导致家庭经济条件低下[1]。儿童还会面临着家庭结构不完善导致的经济和情感缺失，父母不履行抚养义务或者父母死亡等情况。总的来说，贫困家庭儿童受家庭经济状况、家庭内部资源分配和家庭结构、形式等因素的影响，面临着物质、情感、教育和健康等方面的缺失或被剥夺，无法顺利获得健康成长和发展所需物资。

儿童在贫困家庭中往往会体验到较差的幸福感，特别是在住房、服装、食物和教育等方面[2]。根据国际劳工组织《2017—2019 年世界社会保护报告》有关内容，全世界只有 35% 的儿童享有有效的社会保护，几乎有三分之二的儿童（13 亿儿童）未包括在内，其中大多数生活在非洲和亚洲。世界银行和联合国儿童基金会的研究表明，全球有 3. 85 亿儿童生活在赤贫之中，45% 的儿童生活在 3. 10 美元的中等贫困线以下[3]。平均来说，针对 0 至 14 岁儿童的福利支出仅占 GDP 的 1. 1%，这表明对儿童的资金投入严重不足。在过去的几十年中，低收入和中等收入国家对儿童的现金转移有所增加，但是在保障范围和收益水平方面仍然不足。有些国家考虑到财政支出压力，在调整财政政策后减少了对儿童的社会保护[4]。儿童贫困对死亡率、营养、健康、教育有负面影响，对他们成年后的寿命和生活质量也有长期的负面影响。家庭收入对儿童很重要，因为它使父母能够购买各种支持教育和健康发展的东西[5]。贝克尔的家庭生产理论也表明，贫困家庭的孩子落后于经济上有优势的孩子，部分原因是他们的父母在他们身上可投资的资源较少。稳定的现金来源可以减少家庭的物质困难。即使是相对较小的收入转移也能改善儿童的健康和发展。家庭环境中的认知水平也会随家庭收入而变化，与较富裕的父母相比，贫穷的父母为孩子购买书籍和教育材料、高质量的儿童保育设施和学校以及安全社区等投入的能力较弱。此外，单亲家庭中由于照护孩子的父（母）工作时间不规范、工作时间不灵活，经济上处于不利地位，父（母）可能更没有更多能力为子女投资。

儿童津贴是指政府提供给有孩子家庭的一种定期性现金给付，目的在于减轻

---

〔1〕 祝建华：《缓解城市低保家庭贫困代际传递的政策研究》，载《浙江省社会学学会》2011 年第 25 期。

〔2〕 ISSA：Spotlight on Children's social protection（https：//www. issa. int/en_GB/ – /spotlight – on – children – s – social – protection）.

〔3〕 World Bank，UNICEF，Ending extreme poverty：A focus on children. Washington DC，2016.

〔4〕 ILO. World social protection report 2017 – 2019：Universal social protection to achieve the Sustainable Development Goals. Geneva，2017.

〔5〕 Votruba – Drzal Elizabeth. "Economic Disparities in Middle Childhood Development：Does Income Matter?". *Developmental Psychology*，Vol. 42，1154 – 67，2006.

家庭对子女的负担。很多学者都认为现金补贴是消除儿童贫困最有效的方法之一，正如卢克和其同事的研究提出，为了更有效消除儿童贫困，尤其是儿童极端贫困，应该建立普遍性、无障碍性、适当的支付水平和对幼儿更慷慨支持的福利制度，为儿童提供普遍的每月儿童津贴[1]。对儿童实施资金转移，帮助维系贫困儿童家庭的生活水平，满足儿童在经济、教育、健康等方面的需求，以实现对儿童普遍的社会保护和未来社会的可持续发展。相比需要经过收入测试的实物福利，现金福利使得大部分贫困家庭能够得到切实性受益。儿童津贴和其他家庭收入来源能够极大改善家庭的生活条件、住房条件、儿童保育和教育质量，促进儿童的健康发展。现金转移支付可以改善儿童的健康和发育，现金转账比实物收益更具成本效益，可以促进接受者的总体幸福感[2]。向有子女家庭转移减贫现金补贴，可以有效通过提高教育水平，减少犯罪，减少无家可归等社会现象，提高劳动生产力从而降低社会成本[3]。

在出生率下降、老龄化程度加深、家庭结构变化等背景下，将儿童纳入“社会安全网”体系之中是现实需求，尤其是这一弱势群体中更为脆弱的贫困家庭儿童，他们也应有资格充分享受经济增长和社会进步所带来的成果，国家有责任承担起改善贫困儿童生活质量，支持儿童的健康发展，给儿童提供一个受保护、可发展的成长环境。

二、儿童福利金制度

由于领取福利金的门槛较低，所以儿童福利金制度通常被误认为是一种高福利政策。它能将贫困家庭儿童全部都纳入保障范围，有效改善贫困家庭儿童的状况。笔者认为儿童福利金制度在减少和消除儿童贫困方面起着重要作用，不能将其定义为一项只有福利国家才会建立的制度。根据发达国家目前已建立的福利金制度，各国主要基于家庭收入水平设置领取福利金的收入上限，而不是依照贫困线或者最低家庭生活水平来设置领取的资格条件，这一措施不但能够在最大程度上保护儿童免于贫困，同时也合理衡量了家庭在抚养儿童方面所需承受的经济压力。在儿童福利金领取的资格条件方面，部分国家在划分儿童年龄界限的基础上还综合考虑家庭收入水平和家庭结构等因素。

---

[1] Shaefer, H Luke et al. “A Universal Child Allowance: A Plan to Reduce Poverty and Income Instability Among Children in the United States.” *The Russell Sage Foundation journal of the social sciences*: RSF, Vol. 4, 2, 2018.

[2] Hammond, S. & Orr, R. “*Toward a universal child benefit*”. Niskanen Center, 2016.

[3] Almond Douglas, Currie Janet, & Duque Valentina. “*Childhood Circumstances and Adult Outcomes: Act II.*” NBERworking paper, National Bureau of Economic Research, No. 23017, Cambridge, 2017.

（一）制度发展概况

1. 欧洲地区

1798 年，英国引入了儿童税收津贴以帮助需要抚养孩子的家庭，但只持续了七年。于 1909 年又重新实施，并作为当时唯一对儿童支持的政策。直到 1945 年《家庭津贴法》的颁布，该法案体现了贝弗里奇报告中的部分愿景。1946 年，英国开始为有子女的家庭提供现金福利。家庭津贴只支付给有两个或两个以上子女的家庭，支付的现金金额很小。1977 年，家庭津贴和儿童税收津贴合并为“儿童福利金”（Child Benefit，CB），取代了原来家庭津贴制度，而且税收津贴从原来给付给家庭主要收入者的父亲，转变为支付给家庭主要照护者的母亲。2008 年全球金融和经济危机后，英国政府旨在重新控制不断增长的国债和糟糕的经济形势，决定对高收入者收取儿童福利费〔1〕。这一改革使 2013—2014 年的公共开支减少了 15 亿英镑（约 24 亿美元），但是这种通过税收制度收回儿童福利金的改革设计也受到了广泛批评。改革后，行政管理成本增加，存在一个收入来源家庭和两个收入来源家庭之间待遇不平等等方面的问题，纳税申报给税务部门带来额外工作压力。

儿童福利是德国家庭福利政策的核心，其目的是确保满足儿童在营养、住房、衣服、个人卫生和取暖方面的需求。德国政府在 20 世纪 50 年代开始关注家庭问题，在 70 年代出台了一系列与家庭相关的福利政策，儿童和妇女是德国家庭政策改革的重点。1954 年出台了第一部法律《儿童福利法》（BGBl. IS. 333），1985 年德国政府出台了儿童照顾津贴（Federal Child – Raising Allowance）对年龄在 2 岁以下的婴幼儿父母因看护孩子而损失的收入给予现金资助，这项津贴在 2007 年 1 月修改为《联邦父母津贴和父母养育假法》（Bundeselterngeld – und Elternzeitgesetz，BEEG）推出，其中设置了“父母津贴”（Elterngeld）等制度，于 2007 年 1 月 1 日正式实施〔2〕。儿童照护津贴于 2013 年 8 月 1 日推出，可供在 2012 年 8 月 1 日及之后出生的子女领取。根据《联邦育儿津贴和育儿假法》规定，所有失业父母都可以享受儿童照护津贴。

2. 亚太地区

日本儿童津贴法的理念在于承认父母和其他监护人负有养育子女的责任，为家庭生活的稳定和下一代社会的健康成长做出贡献。实施儿童津贴是对未来的投资、支持全社会发展，而不是考虑下一代儿童健康发展的个人问题，儿童津贴的

---

〔1〕 ISSA：Child benefits in the UK：The beginning of the end of universality?（https：//www. issa. int/en_GB/ – /child – benefits – in – the – uk – the – beginning – of – the – end – of – universality –).

〔2〕 姚玲珍：《德国社会保障》，上海人民出版社 2011 年版，第 327 页。

建立是日本朝着建设一个使儿童可以安心出生和成长的社会迈出的第一步。日本于1971年颁布了第73号《儿童津贴法》，于1972年开始实施，这项法律旨在引领下一代儿童成长，使儿童能够安全地得到抚养，特别是对那些因为养育子女而对经济支持有强烈需求的家庭提供经济支援〔1〕。考虑到在七大工业国中，日本GDP在抚养子女的预算方面是最不发达的国家之一，且总生育率也是最低的〔2〕，日本政府于2010年建立了《儿童津贴支付法》（子ども手当法），该项法案于2012年被修订〔3〕。根据“从扣除额到津贴”的概念，日本儿童津贴虽然是无收入限制的，但是高收入者的津贴会减少，对高收入者的扣除额会转向那些更需要援助的人。儿童津贴的资金来源主要由国家、地方政府和雇主共同支付〔4〕。雇主支付的费用主要被用于儿童发展项目，政府为孤儿院儿童和其他不符合儿童福利条件的儿童提供支持〔5〕。儿童津贴费用由国家和地方政府（地市级）承担的费用，比例为2∶1。对于3岁以下的子女，国库支付36%的费用，州政府支付9%，市政府支付9%；对于3至15岁的子女，国库支付67%，州支付17%，市支付17%；国家、州和市政府作为雇主提供。雇主为雇员3岁以下子女支付费用的47%，约占工资的0.29%〔6〕。

韩国于1991年颁布了第4328号育儿法，2018年进行了修订，自2018年9月1日开始施行新的《儿童津贴法》，开始为韩国儿童支付儿童津贴，以减轻家庭抚养儿童的经济负担，为儿童营造健康成长环境，增进儿童基本权利和福祉为目标。儿童福补贴旨在减轻对未满7岁儿童的养育负担，保障儿童权利并提升儿童福利〔7〕。

3. 北美地区

加拿大儿童福利金（Canada Child Benefit，CCB）作为一项每月支付的免税福利，向中低收入家庭提供支持，以帮助家庭抚养子女。CCB对有需要抚养的18岁以下儿童的合格家庭进行支付，具体包括基本补贴（The Base Benefit）和国家儿童津贴补助（National Child Benefit Supplements，NCBS）。基本补贴是对有儿童的低收入家庭和中等收入家庭每月发放的福利计划，而NCBS是对低收入儿童

---

〔1〕 厚生劳动省：子ども手当について（https：//www. mhlw. go. jp/bunya/kodomo/osirase/100407 –1. html）。

〔2〕 OECD：Social Expenditure Database，2010.

〔3〕 平成22年度における子ども手当の支給に関する法律。

〔4〕 子ども手当の創設（平成22年度予算）。

〔5〕 平成22年度における子ども手当の支給に関する法律の概要。

〔6〕 ISSA（https：//www. issa. int/en/country – details? countryId = JP&regionId = ASI&filtered = false）.

〔7〕 韩国保健福祉部（http：//www. law. go. kr/박태정, *사회복지역사탐구*, 서울: 학지사, 2014./（15539，20180327），2018。

家庭给付的每个月额外资助。NCBS 是加拿大政府对国家儿童津贴计划的补助款，它是由联邦、省与区域政府共同策划并实施的福利措施，其目标之一就是预防和减少儿童贫困的深度〔1〕。加拿大政府致力于建立一个全国减贫问题咨询委员会，就减少贫困问题向家庭、儿童和社会发展部门提供咨询意见，并且每年公开报告在消除贫困方面取得的进展。加拿大政府在过去十一年中投资了近 75 亿加元，以在全国范围内创造更多优质的托儿服务。双亲家庭的儿童福利金中位数从 2015 年的 3400 加元增加到 2017 年的 5200 加元。单亲家庭这一数字从 2015 年的 5900 加元增加到 2017 年的 7800 加元。2017 年有 62.2 万名 18 岁以下的儿童生活在贫困中，占比 9%，比 2015 年减少了 30% 以上，这意味着 2017 年贫困家庭中的儿童数量减少了 27.8 万。生活在加拿大官方贫困线以下的家庭比例从 2015 年的 29.8% 下降至 2017 年的 22.7%〔2〕。

（二）制度内容

1. 保障对象

（1）基于儿童年龄界限。

根据联合国《儿童权利公约》（*Convention on the Rights of the Child*），儿童被定义为 18 岁以下的任何人〔3〕，只要儿童达到所规定的年龄标准就可以享受儿童福利津贴。德国、荷兰儿童福利金（kinderbijslag），保障拥有一个或多个 18 岁及以下子女、孙子女且居住在本国的公民或者有永久居住权的所有人，芬兰（Kela）儿童年龄界限为 17 岁，其子女津贴的享有权是根据居住地而定的。

部分发达国家福利金制度还涉及超出 18 岁年龄界限的群体，确保福利金能够覆盖到那些仍在上学或者接受职业培训等较为积极向上的青年。2007 年英国新规定了全日制学生可领取福利金至 20 岁，年满 18 岁但每周工作不超过 24 小时的非全日制学生也有资格领取。德国儿童福利金对于正在参与学校教育、职业培训计划或高等教育计划等教育课程，以及参加义务兵役的人，领取福利金的年纪可放宽到 25 岁；一直在找工作的放宽到 21 岁。此外，在 18 岁之前就患有残疾且不能养活自己也可以继续申请领取儿童福利。

（2）基于家庭收入水平。

在对儿童年龄的要求外，部分国家建立了基于家庭收入调查的福利金制度，

---

〔1〕宁亚芳：《加拿大儿童税收福利制度及对中国贫困家庭儿童福利建设的启示》，载《长沙民政职业技术学院学报》2011 年第 18 期。

〔2〕Canada's Poverty Reduction Strategy – An Update（https：//www.canada.ca/en/employment – social – development/programs/results/poverty – reduction.html#h2.5）.

〔3〕联合国：儿童权利公约（https：//www.unicef.org/chinese/crc/index_ 30160.html）。

对收入上限以上的家庭不再给付津贴，这可以将原本对高收入家庭的补贴资金转移到对较低收入家庭的补贴中，不仅能够最大程度将有限资金利用在贫困家庭儿童身上，实现社会资源的有效配置，保证公平，更好地促进贫困问题的解决，还可以优化政府财政支出结构，保障制度稳定运行。

英国现行实施的儿童福利政策，根据1992年《社会保障缴款和福利法》的第4章，以及2002年《税收抵免法》第21章所规定的内容，主要为儿童福利和税收抵免制度。儿童福利和儿童税收抵免都是需经过收入测试的普享型制度。不管父母的经济状况如何，英国的CB制度被用于支付给所有16岁及以下儿童的父母或其监护人。制度改革后，CB制开始向领取福利金的高收入者征收高收入儿童福利费（High Income Child Benefit charge），对每年收入超过50000英镑的家庭逐步收回儿童福利，规定高收入儿童福利受益人有责任偿还其部分或全部儿童福利。实际征收的费用因领取儿童福利金的儿童人数和最高收入者的年收入而不同，如果父母任一方年收入在50000英镑至60000英镑之间，家庭每领取100英镑需缴纳儿童福利金1%；年收入在60000英镑或以上的家庭领取的福利金将通过高收入儿童福利费被收回。被征费者也可以选择不领取儿童福利金，从而停止支付税费。

在韩国，只有家庭收入认定额低于选定标准额时才能领取儿童福利金，家庭收入认定额为收入估价与财产所得换算额之和，收入估价为税前总收入减去多子女税收抵免减去双职工税收抵免；财产所得换算额为总财产减去地区税收抵免减去负债后再乘以资产收益率（每月1.04%）。其中多子女抵免是从第二胎开始，每人为65万韩元；双职工抵免为夫妻收入总额的25%，但不得超过夫妻双方中收入较低者的收入；地区抵免中，大都市为1.35亿韩元，城市为8500万韩元，郡为7250万韩元[1]。

澳大利亚家庭税收优惠（Family Tax Benefit，FTB）是一项帮助符合条件的家庭抚养孩子的给付政策。它分成两部分：FTB A和FTB B。澳大利亚FTB A支付给一个有13岁以下未成年人的家庭，如果是全日制中学生，则为16至19岁。所支付的金额取决于家庭的收入情况，调整后的家庭应税收入为8万美元或以下。

（3）基于缴税情况。

丹麦儿童和青少年津贴（Child and Youth Benefits），也称为家庭津贴，面向年龄在18岁及以下的本国儿童以及在丹麦居住3年以上的非本国籍儿童，领取儿童和青少年津贴需要抚养人在丹麦已经负担了全部税款[2]。

---

〔1〕 韩国保健福祉部儿童福利政策科（http://www.bokjiro.go.kr/nwel/html/world/cn/WII00000496.html）。

〔2〕 周弘：《30国（地区）社会保障制度报告》，中国劳动社会保障出版社2011年版，第3—19页。

由于加拿大儿童福利金是通过税收系统管理的，因此主要监护人及其同居配偶或同居伴侣必须提交年度所得税申报表才可获得该福利金。2019 年调整后的家庭净收入（Adjusted Family Net Income，AFNI）为家庭净收入减去所获得的任何全民育儿福利（UCCB）和已注册的残疾储蓄计划（RDSP）收入以及已偿还的任何 UCCB 和 RDSP 金额。其中，家庭净收入为一方净收入加上另一方配偶或同居伴侣的净收入。

（4）儿童福利金领取者。

由于 18 岁以下儿童身份的特殊性，为无完全民事行为能力独立个体，所以不能自行支配现金，一般往往由照护儿童的父母或成年人领取儿童福利金，一般为儿童的亲生父母、（外）祖父母、继养父（母）及其配偶或民事伴侣，或其他抚养并负责照顾儿童的人。为避免重复领取福利金，每一个孩子的儿童福利金只能由一人申领，如果父母不住在一起，双方可以自行商量由谁来领取儿童福利金；如果协议不成，则将儿童福利金支付给与孩子同住并负有主要照护责任的人。在芬兰，儿童年满 15 岁且不受父母照护可自行领取安排儿童津贴。丹麦儿童和青少年福利通常会支付给母亲，除非孩子仅与父亲同住。加拿大政府对领取福利金的配偶或同居伴侣（未婚的伴侣）的亲密关系做出了较为具体的要求，包括共同生活时间和对儿童有监护权和控制权、并在照护和抚养孩子等方面。日本 2011 年度儿童津贴支付特别措施法规定，儿童津贴还可以用来支付给寄养家庭、幼儿园费用和学校伙食。

2. 保障水平

儿童面临的贫困风险很大程度上取决于家庭收入水平、儿童的年龄、家庭结构。父母双方都有收入来源的家庭与单亲家庭或者失去父母的家庭相比，家庭经济状况存在差异，对津贴需求量也会不同。在德国，约 44% 的单亲家庭面临贫困风险，单亲家庭的贫困风险比拥有一个或者两个孩子的双亲家庭高 4 倍以上，25% 的拥有三个或三个以上孩子的家庭面对的贫困风险特别高〔1〕。部分国家对于单亲家庭，或者与（外）祖父母生活的孩子领取津贴的情况也做了特别规定。

（1）取决于子女数量。

英国 CB 制度自 2018 年 4 月起规定对于没有收入来源的家庭，孩子数量为一个的每年可获得 3330 英镑，孩子数量为两个的每年可获 6110 英镑，孩子数量为三个的每年可获 8890 英镑；对于年收入在 2 万英镑以下的家庭，孩子数量为一个的每年可获 1730 英镑，数量为两个的每年可获得 4515 英镑，数量为三个孩子的

〔1〕 Results of the Microcensus：Projection based on extrapolated results of 2011 census. IT. NRW. Table A 1. 1. 0 Germany，2011.

每年可获得 7295 英镑[1]。由于提高长子福利金的标准后，对单亲父母单独支付的费用被取消，以避免过多财政开支[2]。

德国儿童福利津贴自 2019 年 7 月起，对第一个和第二个孩子分别支付每月 204 欧元，第三个孩子每月 210 欧元，之后每增加一个孩子多支付 235 欧元[3]。

芬兰儿童福利金的金额随着孩子的数量而增加，按月支付。第一个孩子支付 94. 88 欧元，第二个孩子支付 104. 84 欧元，第三个孩子支付 133. 79 欧元，第四个孩子支付 153. 24 欧元，第五个及以后的每个孩子支付 172. 69 欧元。与父母同住并有资格领取子女抚养费的每个单亲家庭的儿童可额外获得 53. 30 欧元[4]。

（2）取决于儿童年龄。

荷兰领取的福利金额度取决于儿童年龄大小，0 至 5 岁的每名儿童每季度可领取 221. 49 欧元；孩子年满 6 岁时，金额得到提高，6 至 11 岁的每名儿童每季度可领取 268. 95 欧元；孩子年满 12 岁时，金额再次增加，12 至 17 岁的每名儿童每季度可领取 316. 4 欧元[5]。如果孩子残疾但又不能与父母同住，并且父母面临着高额费用，那么儿童福利金可能两倍于基本费率。荷兰自 2020 年 1 月起取消对 16 至 17 岁儿童领取福利金的限制。对于年满 18 岁还在上学或学习的儿童则可以获得荷兰教育服务部门（Dienst Uitvoering Onderwijs，DUO）提供的学生资助。

日本对于收入低于收入上限的，3 岁以下的每个儿童每月支付津贴 15000 日元，3 岁至小学毕业的前两个儿童每月支付 1 万日元，对以后每个儿童每月支付 15000 日元；每个初中生每月 1000 日元。对于收入超过上限的，根据《特别临时津贴法》，每个孩子在初中毕业前每月支付 5000 日元[6]。

澳大利亚 FTB A 每两周为每名儿童支付 59. 78 澳元的基本费用，但实际支付的津贴会因家庭应税收入的数额、孩子的数量和年龄而不同。对于年龄在 0 至 12 岁的孩子每两周最多可获津贴为 186. 20 澳元；13 至 15 岁每两周最多可获 242. 20 澳元；对于满足学习要求的 16 至 19 岁孩子每两周最高可获 242. 20 澳元[7]。在

---

〔1〕 ISSA：Scheme Discription，(https://www. issa. int/en/country – details? countryId = GB&regionId = EUR&filtered = false).

〔2〕 HM Revenue and Customs：KAI Benefits & Credits，Child Benefit small area statistics 2018，2018.

〔3〕 Familienkasse，Kindergeld：Anspruch，Höhe，Dauer(https://www. arbeitsagentur. de/familie – und – kinder/anspruch – hoehe – dauer).

〔4〕 Kela：Amount and payment of the child benefit(https://www. kela. fi/web/en/child – benefit – amount – and – payment)；Kela：Home and Family Benefits for families with children and housing benefits

〔5〕 SVB：Chlid Benefit（https：//www. svb. nl/en/child – benefit）.

〔6〕 厚生劳动省：The Outline of the Act for Amending Part of the Child Allowance Act，2012。

〔7〕 Australian Government，Department of Social Services：FTB Part A payment rates（https：//www. humanservices. gov. au/individuals/services/centrelink/family – tax – benefit/how – much – you – can – get/ftb – part – payment – rates）.

财政年度结束时还支付补助金，截至2018年每个合格儿童每年最多可支付737.30澳元。FTB可以每两周支付一次，也可以在财政年度结束时一次性支付。有资格获得FTB的家庭也可能有资格获得其他付款和补充[1]。

加拿大CCB对于每个6岁以下的合格孩子每年支付6639加元（每月553.25加元）；对于每个6至17岁的合格儿童每年支付5602加元（每月466.83加元）。当调整后的家庭净收入超过31120加元时，这些金额会按比例减少[2]（见表10－1）。CCB付款期限是从基准年7月1日到次年6月30日。

表10－1　加拿大家庭领取儿童福利金的比例减少标准

AFNI金额	一个孩子（%）	两个孩子（%）	三个孩子（%）	四个及以上（%）
31120至67426加元	7	13.5	19	23
超过67426加元	3.2	5.7	8	9.5

资料来源：Canada Revenue Agency and related provincial and territorial programs：Canada Child Benefit，2019－2020

（3）取决于家庭规模。

韩国的儿童津贴提供给家庭成员数为两人以上且属于收入最低10%的家庭，家庭成员数为三人的每月提供1170万韩元，四人家庭每月1436万韩元，五人家庭每月1702万韩元，六人家庭1968万韩元。其中，单亲家庭或由（外）祖父母当中一员抚养的家庭，按以上标准在家庭成员数上再增加1人；只由儿童组成的家庭，按以上标准在家庭成员数上再增加2人；对于7人以上家庭，则每增加1人，就在选定标准额基础上再添加266万韩元[3]。

三、贫困家庭儿童补充津贴制度

美国学者威伦斯基（Wilensky）和勒博（Lebeaux）认为，社会福利有普惠型和补缺型两种类型，前者以全体儿童之发展为主，后者以特殊儿童特殊需求为主[4]。各国制度普遍基于家庭收入、家庭结构、家庭形式来确定福利金额度的大小，但是由于受到收入不平等、家庭结构变化等经济、社会因素的影响，该制度

---

〔1〕 Australian Government Department of Social Services：Family Tax Benefit，2019.

〔2〕 Canada Revenue Agency and related provincial and territorial programs：Canada Child Benefit，2019－2020.（https://www.canada.ca/en/revenue－agency/services/forms－publications/publications/t4114/canada－child－benefit.html#fmlynt）.

〔3〕 保健福祉部（http：//www.bokjiro.go.kr/nwel/html/world/en/WII00000496.html）.

〔4〕 赖尔阳：《社会福利服务》，国立空中大学，2008年。

也不可避免地忽视了特殊群体的需要。本节主要介绍各国设定的对特殊群体的具有针对性的补充津贴制度，对于家庭收入较为贫困的再给予补助，对单亲家庭、失去父母的家庭制定特殊津贴，以及考虑到因照顾孩子而影响父母正常工作或者因为孩子的出生加重家庭经济负担等情况，政府部门将给付相关补贴，用来帮助家庭维持正常的生活水平，对孩子的成长给予更多保护。

（一）面向低收入家庭的儿童补助津贴

1. 津贴对象

德国儿童补助金（Kinderzuschlag）为低收入家庭提供的资金援助，是在儿童福利金制度基础上作为补充的福利项目。面向那些父母月收入（包括工作总收入、失业救济金、工资福利等）在最低收入标准以上，且收入和资产不超过最高水平，未结婚、年龄在25岁以下的家庭。最低收入标准双亲父母为每月900欧元，单亲父母为每月600欧元，收入和资产的最高收入水平按照《失业救济条例Ⅱ》中规定的标准。由于家庭的需求可以通过津贴补助得到满足，因此他们没有资格再享受失业救济金Ⅱ（Arbeitslosengeld II）、社会福利金（Sozialgeld）或者公共福利金（Sozialhilfe）。

1935年，美国《社会保障法》第四款确立实施《抚养未成年子女补助政策》（*Aid To Dependent Child*，*ADC*），它面向16岁以下的孤儿、单亲家庭儿童或无供养能力家庭的儿童，目的在于是解决儿童贫困问题，由联邦政府和州政府共同提供救助津贴。ADC政策主要针对贫困儿童个体，1962年ADC变为《抚养未成年子女家庭援助政策》（*Aid To Family With Dependent Children*，*AFDC*）开始以家庭为单位进行援助，为离异、分居、未婚的贫困单亲母亲家庭提供救助。AFDC实施后，政府财政负担增加、运行效率低下、单亲母亲家庭增多等弊端显现。直到1996年，克林顿政府签署了《个人责任与工作机会协商法案》，贫困家庭临时救助计划（Temporary Assistance To Needy Families，TANF）取代了AFDC。TANF于1997年开始实施，面向抚养18岁以下未成年子女（或19岁以下高中在读子女）的低收入家庭，旨在帮助单亲家庭或父母双方当中有一人无劳动能力或是长期失业家庭实现自给自足[1]。TANF通过提供就业推行临时财政援助。由联邦政府每年对各州进行固定拨款（Block Grant）165亿美元，联邦政府允许各州建立和管理自己的援助方案，并可以自由运作下拨的财政拨款，但是各州需要提供州维护金（Maintenance Of Effort，MOE）[2]，这笔资金主要用于各州内困难家庭的

〔1〕丁吉英：《美国AFDC政策的演变》，载《科教导刊》2010年第5期。

〔2〕杨得前，彭文栋，肖莹：《美国家庭援助计划研究及其对我国的启示》，载《中国行政管理》2017年第11期。

援助计划。TANF实施后，领取儿童福利金的家庭数从1993年的500万个家庭，1997年的394万个下降到2011年的195万个[1]。

TANF政策内容由联邦政府做出总领规划，州政府在规定限度内自行制定具体标准，各州政府在申领资格、工作要求、时间限制、惩罚措施等方面的措施都不相同。在资格条件上，一般面向的是儿童或者孕产家庭，同时家庭总资产不超过2000美元。不同州推行的援助时间各不相同，最多可提供长达5年的援助。接受援助的家庭需要在两年内找到符合项目规定的工作，有孩子的单亲家庭每周至少工作20小时，双亲家庭每周至少工作35小时[2]。规定了计入工作时间的12种工作，不同类型的工作被计算的工作时间也不同，其中参与9种核心工作的任一小时都可被计为工作时间，而其余的3种工作只有当个人同时每周至少参加20小时、双亲家庭参加30小时核心工作才能被计算为工作时间。对于无人照顾6岁以下儿童的单亲家庭，没有完成规定的工作时间也不会受到处罚，但每周总工作时间需达到20小时[3]。

2. 津贴水平

德国可领取的津贴数额由家庭收入和资产决定，最高限额为每月每个孩子170欧元，并连同儿童福利金一起支付。儿童补助的收入从达到评估限额时开始扣除。对于最低收入限额和评估限额之间的收入，通常全额支付儿童补助金。儿童补助金领取者还可获得有关教育的补贴，单日学校、日托中心郊游费用、学习用品费、往返学校的交通费、学习支持费用、参加学校或日托中心的公共膳食补助金、以及参与社区的社会和文化生活所花费用，与教育有关的福利还会以实物形式进行补贴。援助由地方政府机构负责，以确保有针对性、无障碍和非官僚的方式得到实施和有效管理。[4]

在福利金水平方面，美国各州综合考虑本地区的经济政策因素制定不同的福利金标准。一般贫困家庭儿童可获得的现金数额由家庭收入、家庭规模来确定。没有其他收入来源的家庭可获得全额救助，而如果贫困家庭享有其他福利的现金救助，其TANF福利金会受到削减。

---

[1] P. J. Loprest: "*How has the TANF caseload change over time?*", *Urban Institute*, Washington, DC, 2012.

[2] 林亦府：《从"福利依赖"到"工作自救"：美国福利制度改革对中国城市低保制度可持续发展的启示》，载《哈尔滨工业大学学报（社会科学版）》2013年第1期。

[3] Schott Liz. "*An introduction to TANF*". *Center on Budget and Policy Priorities*, Washington. DC, 2012.

[4] Federal Ministry of Labour and Social Affairs: Social security at a glance 2019, the English translation of the publication "Soziale Sicherung im Überblick".

（二）面向家庭形式特殊的家庭津贴

1. 津贴对象

英国监护人津贴（Guardian’s Allowance）面向父母双亡或双亲中有一人去世的儿童，由政府为儿童的监护人提供津贴。监护人津贴的领取资格方面，单亲父母中一位需要出生在英国或自16岁起居住在英国并在任何两年内至少居住52周。以下几种情况中，孩子的抚养人也有资格领取监护人津贴：父母有一位尚存但不知其在何处；因离婚或民事伴侣关系已经解除，尚存父母没有监护权，也没有抚养孩子，也没有法院命令规定其抚养责任；父母没有结婚，母亲去世了，父亲不详等〔1〕。

德国抚养费预算是对单亲父母提供的特别帮助。按《抚养费预付法》（*Unterhaltsvorschussgesetz*）规定，如果子女没有得到任一方父母抚养费或定期抚养费，可获得来自由公共基金中支付的最低水平子女抚养费。但是，单亲父母若不能提供有关另一方（父或母）的信息，则不能申请预付抚养费。

荷兰儿童抚养津贴（Child Maintenance Allowance）帮助维持儿童生活，支付给负责照顾儿童的人，也可以将津贴发放给年满15岁的儿童。儿童抚养津贴一般支付给以下几种情况：父母尚未支付已确认的子女抚养费；受父母经济状况影响，未支付任何子女抚养费或者支付的子女抚养费低于儿童可获得的抚养津贴；单亲家庭的孩子或者父亲身份尚未得到确认的非婚生子女；或者尽管父母身份得到确认但无法确认子女抚养费责任。父母没有履行支付抚养费的责任时，政府将向父母追讨子女抚养费。〔2〕

丹麦子女津贴（Child Benefit）面向单亲父母、收养孩子、多胞胎、父母已退休或者还在接受教育、孩子父亲不详、父母死亡的家庭。单亲父母被要求与孩子居住在一起；多胞胎家庭中的孩子需要居住在一起。为了有资格获得全部利益，在过去的十年中，孩子的父母需要在丹麦生活或工作至少六年。父母一方或双方都死亡时，将自动支付特殊子女津贴给孩子的抚养人。〔3〕

韩国单亲家庭儿童保育津贴面向由单亲父母或者（外）祖父母抚养18岁及以下或还在上学的22岁以下少年儿童，且家庭收入等于或小于标准中等收入的52%。

---

〔1〕 GOV. UK：Guardian’s Allowance（https：//www. gov. uk/guardians – allowance）.

〔2〕 Kela：Child maintenance allowance（https：//www. kela. fi/web/en/child – maintenance – allowance）.

〔3〕 Denmark. dk，Family Benefit（https：//lifeindenmark. borger. dk/Coming – to – Denmark/Family – and – children/family – benefits#contentDiv – e21615a8 – 2922 – 46c4 – 93db – 2960fa272d28）.

加拿大儿童特殊津贴（Children's Special Allowances，CSA）是为由政府部门或机构收养的18岁及以下儿童发放的津贴。儿童接受政府部门批准的机构或寄养家庭的监护、照护、教育、培训等。如果儿童被勒令由经济资助的监护人、家教（魁北克省）或其他具有类似权利和义务的监护者照护，也被视同为由代理机构抚养，受到CSA支付费用。

2. 津贴水平

英国监护人可获得免税的每周17.60英镑的津贴，可以在已获得儿童福利金的基础上继续领取，且不受高收入儿童福利费的影响。监护人津贴每四周发放，对于单亲父母或者其他特殊需求的人则可每周发放。

德国抚养费预付款的金额取决于最低抚养水平，并且从最低抚养费中全额扣除第一个子女的应付儿童福利金。自2020年1月1日起，5岁以下儿童抚养费用每月最高165欧元，6至11岁儿童每月最高220欧元，12至17岁儿童每月最高293欧元[1]。

韩国对14岁以下儿童家庭每月支付13万韩元；祖父母或者25岁以上单亲父母抚养年龄5岁及以下儿童的，每月每个孩子还可以享受额外的5万韩元；还为每位初中或高中生提供每年54100韩元教育津贴；为住在专门安置的福利设施中的低收入单亲家庭提供每月5万韩元的生活费津贴[2]。

加拿大CSA给付给6岁以下孩子每月541.33加元，为6岁至17岁孩子的每月支付456.75加元。对于特殊儿童，CSA的每月付款也包括儿童残疾津贴（Child disability benefit，CDB），CSA通过支票或直接存款方式付款。家庭接受到CSA给付的津贴后，其在加拿大儿童福利（CCB），儿童残疾福利、GST/HST信用（商品和服务税/统一销售税，帮助低收入和中等收入的个人和家庭抵销其全部或部分税费）[3] 中有关儿童部分的款项将会被自动停止。[4]

（三）面向因养育儿童而陷入贫困的家庭津贴

政府支付的津贴是孩子出生后家庭的一个重要经济来源。因为儿童的出生导

---

[1] Bundesministerium für Familie：Senioren，Frauen und Jugend，Wer erhält Unterhaltsvorschuss?（https：//www. bmfsfj. de/bmfsfj/themen/familie/familienleistungen/unterhaltsvorschuss/unterhaltsvorschuss/73558）.

[2] Ministry of Health and Welafare：2018 Welfare Services Guidelines，P62（http：//www. mohw. go. kr/eng/upload/content_ data/2018/2018%20Welfare%20Services%20Guidelines. pdf）.

[3] GST/HST credit：Overview（https：//www. canada. ca/en/revenue – agency/services/child – family – benefits/goods – services – tax – harmonized – sales – tax – gst – hst – credit. html）.

[4] Children's Special Allowances（CSA）Fact Sheet（https：//www. canada. ca/en/revenue – agency/services/child – family – benefits/childrens – special – allowances – fact – sheet. html）.

致父母暂停工作、收入减少或者因养育儿童出现贫困的家庭，父母承受着求职和照顾儿童的双重负担，将儿童放在托儿所或者幼儿园也会产生经济压力。家庭津贴可以缓冲孩子出生后造成的家庭支出困难，使父母更为容易地从带薪工作中休息或减少带薪工作，以便有更多的时间照顾孩子。应将给予家庭的儿童津贴视为可替代现金收入的底线，使家庭能够拥有满足最基本生活需求的资金来源。因此，政府有责任给予适当的父母津贴，帮助家庭应付照护儿童的负担、应对家庭经济陷入困难的情况。

1. 需要同时工作和照顾孩子的家庭

对于那些既需要照顾孩子，又要通过工作维持生计的家庭来说，母亲甚至可能需要更早地投入工作中，这必然牺牲了父母照护儿童的时间。因此，通过支付给需要同时工作和照顾孩子的父母现金津贴，以帮助缓解父母工作和生活压力，也使得他们可以拥有更多的时间亲自照护儿童。

德国的父母津贴（Elterngeld），致力于对那些因孩子出生后工作减少或不再工作导致收入减少的家庭提供补偿，帮助确保家庭基本生活经济，包括孩子出生前没有收入的父母。父母津贴有三种形式：基本父母津贴（Basiselterngeld）、父母津贴＋（ElterngeldPlus）和合作伙伴奖励（Partnerschaftsbonus），父母可以自行组合这些津贴形式〔1〕。申请父母津贴的时间取决于选择组合，父母津贴要求父母亲自照顾和抚养孩子，与孩子居住在一起，每周的带薪工作不超过30小时。该津贴也可以发放给那些照顾非亲生孩子的父母，但对他们领取的资格条件做出了具体要求，配偶和生活伴侣被要求从出生起就在照顾孩子，领养儿童的父母则被要求在自己的家里亲自收养和照顾儿童。基本父母津贴只能在孩子14个月之前支付，最多可以领取十二个月的金额。如果父母双方都使用了基本父母津贴，并且他们的就业收入在两个月领取期内减少，则可以要求额外的两个月金额。这项津贴额度相当于以前月收入的67%，但是对于孩子出生前月收入低于1000欧的低收入者，这一比例将逐步上升直至100%，收入越低比例就越高〔2〕。基本父母津贴最高限额是1800欧元，最低限额是300欧元，最低限额被支付给所有的父母，即使父母在孩子出生前没有工作也可领取。有两个或两个以上子女的家庭可获得相当于其基本父母津贴10%的兄弟姐妹奖金，每月额度至少75美元。父母津贴＋的支付金额从最低150欧元到最高900欧元不等。在孩子出生后父母没有参与工作，父母津贴＋只有基本父母津贴的一半；如果父母在孩子出生后继续工作，父母津贴＋可相当于基本父母津贴的数额。父母津贴＋考虑到那些父母在孩子出

〔1〕 Familien porta（https：//familienportal. de/familienportal/familienleistungen/elterngeld）.

〔2〕 Bundeseherngeld – und Ehernzeitgesetz，2018.（https：//doc. Guandang. Net/be40efa3622576d10fe34f844. html）.

生后不久就去工作的情况并给予更多的支持。合作伙伴奖励面向那些双方都在工作和照顾家庭的父母，如果父母双方在连续四个月内每周同时工作 25 至 30 小时，则每名父母可获得额外的四个月父母津贴作为合作伙伴奖励。合作伙伴奖励必须连续四个月领取[1]。如果生育津贴超过父母的津贴数额，母亲只能领取生育津贴。如果父母津贴数额较多，则以父母津贴的形式向母亲支付超出生育津贴的部分。2015 年 7 月 1 日或之后出生的儿童可以将基本父母津贴与父母津贴 + 和合伙合作伙伴奖励相结合[2]，这使父母有机会在兼职工作的同时分担照顾孩子的责任，能够在更长的时期内获得父母津贴，并比目前更好地利用父母津贴预算。

荷兰弹性护理津贴（Flexible Care Allowance）面向由于照顾 3 岁以下孩子导致每周工作在 30 小时及以下，或低于正常全职工作时间 80% 的父亲、母亲或其他法定监护人。弹性照护津贴不支付给已获得特殊产假、产假、陪产假或父母津贴的父母。根据每周的平均工作量，津贴金额在每月 162. 78 欧元至 244. 18 欧元之间[3]。父母每周照顾孩子的时间不超过 30 个小时，且孩子为在一年级或二年级学生的还可以收到由 Kela 支付每月 98. 09 欧元的部分照护津贴[4]。

2. 利用日托机构换取工作时间的家庭

家庭选择将孩子放在日托中心以换取工作时间，是维持家庭生计的一项有效措施。用同等时间换取的工作收入是否可以有效补足支付的日托费用，是家庭需要着重考虑的问题。通过政府给付的儿童津贴弥补日托费用，对家庭来说无疑是一项缓解经济问题的有效措施。

芬兰的私人日托津贴（Private Day Care Allowance）为每个满足资格条件的学龄以下儿童支付照护费用和照护补助金。私人日托津贴包括抚养津贴、护理补助金、弹性护理津贴，部分城市会增加市政补贴，该津贴始终直接支付给私人保姆或日托提供者，不属于领取津贴的家庭。市政托儿所的儿童不能享受私人日托津贴[5]。

根据韩国 2019 年 7 月开始施行的《婴幼儿保育法》，为 0 至 5 岁上托儿所的婴幼儿提供日托中心的保育费补贴以减轻养育负担并扶持家庭经济。自 2016 年 7 月 1 日起韩国开始实行定制型保育制度，按父母及孩子的需求选择全日班或定制班保育服务。全日班以因就业、求职、多子女、照护老人等需要长时间利用托儿

---

〔1〕 冉昊：《德国生育津贴制度变迁的社会功用分析——从“养育津贴”到“父母津贴”》，载《贵州省党校学报》2019 年 1 期。

〔2〕 Federal Ministry of Labour and Social Affairs：Social security at a glance 2019，The English translation of the publication “Soziale Sicherung im Überblick”，p. 12.

〔3〕 Kela：Flexible care allowance（https：//www. kela. fi/web/en/flexible – care – allowance）.

〔4〕 Kela：Partial care allowance（https：//www. kela. fi/web/en/partial – care – allowance）.

〔5〕 Kela：Private day care allowance（https：//www. kela. fi/web/en/private – day – care – allowance）.

所的家庭为对象，为其提供每天 12 小时的服务。其他家庭可以选择每天 6 小时的定制班，以及每月 12 小时的应急保育服务。保育费补贴按照年龄不同提供，对于未满周岁选择全日制班的儿童，可享受 44.1 万韩元，定制班可享受 34.4 万韩元；满 1 周岁选择全日制班的儿童可享受 38.8 万韩元，定制班为 30.2 万韩元；满 2 周岁儿童全日班为 32 万韩元，定制班为 25 万韩元；3 至 5 周岁儿童为 22 万韩元〔1〕。

3. 因照顾孩子而放弃工作的家庭

需要在家照顾儿童而中断工作甚至失去工作的父母，家庭收入来源因工作的中断而减少，尤其是那些需要照顾一个刚出生婴儿的母亲。对于贫困家庭来说，父母的收入来源尤为重要，而且他们工作不稳定性也更高，所以对该群体给付相关津贴，可以有效弥补家庭因为孩子的出生而带来的经济影响。

韩国的《婴幼儿保育法》规定了家庭养育补贴，以那些亲自在家里照顾未满 7 岁的婴幼儿而缺乏收入来源的父母为对象，目的是减轻父母养育孩子的负担，并保障父母对保育服务的选择权。家庭养育津贴每月以现金形式提供 10 万至 20 万韩元补助，津贴额度根据孩子的年龄变化，婴儿未满 1 岁的可领取 20 万韩元；1 岁至未满 2 岁的可领取 15 万韩元；2 岁至未满 7 岁的可领取 10 万韩元。对于生活在农渔村地区的儿童，于未满 1 岁的提供 20 万韩元；1 岁至未满 2 岁的提供 17.7 万韩元；2 岁至未满 3 岁的提供 15.6 万韩元；3 岁至未满 4 岁的提供 12.9 万韩元；4 岁至未满 7 岁的提供 10 万韩元〔2〕。

芬兰儿童家庭护理津贴（Child Home Care Allowance）支付给需要在家照顾三岁以下儿童的家庭，还为在家里照顾三岁以下儿童的兄弟姐妹提供儿童家庭照护补贴。儿童家庭护理津贴包括不受家庭收入影响的护理津贴、受家庭总收入影响的护理补助，部分地区还会提供市政补助〔3〕。

（四）依靠多种形式给付儿童津贴

由于贫困条件下儿童的困难和需求各不相同，部分发达国家为了更有效地消除儿童贫困，利用非营利组织、私营公司等基层组织更容易了解贫困家庭儿童实际状况的优势，寻求基层机构的合作与支持。此外，儿童没有独立行为能力，给付给儿童的津贴很有可能难以真正解决他们的需求，甚至难以落到实处，这就需要他方力量的介入，帮助儿童津贴正确地被使用、有效地被利用。政府挖掘那些

---

〔1〕 保健福祉部：2018 福利服务指南（http：//www. mohw. go. kr/eng/upload/content_ data/2018/2018%20Welfare%20Services%20Guidelines. pdf）。

〔2〕 保健福祉部（http：//www. bokjiro. go. kr/nwel/html/world/cn/WII00000363. html）。

〔3〕 Kela：Child home care allowance（https：//www. kela. fi/web/en/child – home – care – allowance）.

与基层密切结合的非营利组织等机构，利用基层的力量、与社会团体通力合作，将本来直接支付给贫困家庭儿童的津贴，支付给这些基层机构。这些基层机构更容易了解处于贫困状况儿童的实际情况，通过一系列支援项目能够更有效地解决贫困家庭儿童的问题，使消除贫困更具有效率性，更好地促进全社会儿童扶贫措施的积极展开。

日本根据《儿童贫困对策大纲》，将建立一个由国家、地方公共公司、私营企业或组织等组成的联合支援网络，在全国范围内推广儿童贫困政策，收集各种类型的支援信息，通过私人资金促进公共与私人合作，将消除儿童贫困的对策作为民族运动而发展。自 2015 年开始，通过由内阁府提供儿童未来支援补助金，民间资助组成“儿童未来支援基金”，结合地方政府的各种措施和业务，教育、文化、体育和科学技术部进行系统计划、确保预算，结合学校、福利部门、当地居民、非营利组织等的共同力量，加强非营利组织在支持贫困儿童方面的作用。这项政策旨在改善日本社会全体儿童贫困的环境，以实现全社会所有儿童都能根据国家法律和一般规则在梦想和希望中成长，使全部国民和私营部门都可以作为行动主体参与儿童贫困的斗争。在日本，这些非营利机构主要为公益法人（公益法人联合会或公益基金会）、NPO（非营利组织）、普通法人（普通法人联合会或普通基金会）、其他志愿者团体，社区协会等〔1〕。这些组织从事业务除传统的事业 A 之外，小型支持框架事业 B 用来帮助加强基层组织的业务基础，以便为小型活动提供支持〔2〕。机构不可以同时申请业务 A 和业务 B。申请事业 B 的组织一般为成立时间在 5 年以内的法人团体，主要实施新业务或刚刚实施新业务〔3〕。“儿童未来支持基金”对提出申请的公司给付针对儿童贫困对策项目的补贴（不包括直接付款或贷款的企业），资助总额约为 2.8 亿日元，平均每个组织的资助额约为 293 万日元。对属于 A 事业的机构提供支持金额为 300 万日元以下，事业 B 机构支持金额为 30 万日元或 100 万日元〔4〕。

这些得到援助的非营利机构致力于实施一系列“快速支援项目”以保障对所有孩子的关心和照护，充实对单亲家庭的支援，增加家庭中第二胎、第三胎儿童抚养津贴，地方自治团体还推出一站式的窗口，主要是提供衣食住行等生活保障、对父母的工作支持，还有支持那些特殊收养儿童的人。在对学习支持方面，逐步

〔1〕 福祉医疗机构：未来応援ネットワーク事業の募集は終了しました（https：//www. wam. go. jp/hp/miraiouen4th/）。

〔2〕 募集要领（事業 A）を表示する（https：//www. wam. go. jp/hp/wp - content/uploads/4thbosyuyouryoua. pdf）。

〔3〕 募集要领（事業 B）を表示する（https：//www. wam. go. jp/hp/wp - content/uploads/4thbosyuyouryoub. pdf）。

〔4〕 全国儿童未来促进运动秘书处：子供の未来応援基金について，2019 年。

免费进行幼儿教育，扩大利益型奖学金；在对父母工作支持方面，主要对单亲家庭的父母就业的帮助，地方政府提供一站式单亲家庭咨询服务；在生活支援方面，推进“育儿安全计划”，支持生活水平低的人能够独立，为单亲家庭的孩子们创造进入儿童保育设施的机会；在经济支持方面，提高子女抚养补贴，支持保育费用的支援。同时，那些致力于帮助解决员工子女贫困问题的公司和个人也可以通过与政府基金支持的这些团体机构合作，与私营部门建立联系。这些基层机构组织活动较为活跃且为当地人民所熟悉，因此很容易掌握各方的情况，可以根据每个人实际情况，更为灵活地提供能满足实际需求的援助。但是，非营利组织之间存在着专业知识和横向发展共享不足等问题〔1〕。

同样的，澳大利亚社会服务部也通过制订灵活性方案和服务项目，支持困难家庭和儿童。澳大利亚家庭支持计划（Family Support Program，FSP）通过资助非政府组织来提供服务，为那些向目标家庭提供服务的组织提供资金支持，以增强家庭福祉和社区凝聚力，保护儿童的最大利益，缩小弱势群体的差距并增强父母参与工作的能力。2011 年至 2014 年，澳大利亚政府在 350 多个组织中投资了超过 10 亿澳元。FSP 是澳大利亚政府在改善儿童和家庭的安全和福祉方面的一项重大投资。FSP 服务的基本原则是“保证儿童最大利益”，体现澳大利亚政府责任，也是其作为《联合国儿童权利公约》签署国履行承诺的体现。FSP 服务通过全面了解贫困家庭的性质，专注于帮助那些处于弱势和不利处境的家庭；支持儿童在社交、情感和认知方面的发展，提供预防、早期干预和辅助服务，以保障儿童的安全和福祉；通过提供咨询和育儿技能培训为父母提供支持；促进家庭的工作准备，稳定家庭环境并改善他们对学校、培训和工作的参与；为分居家庭或经历严重冲突的家庭提供家庭纠纷解决和其他专业服务，以实现对儿童的合作照顾〔2〕。

四、启示和建议

儿童属于弱势群体，其监护人肩负着照顾和教育的责任。每个出生的孩子都不可避免地增加家庭支出，儿童福利金用于保障家庭的生活水平，为儿童的健康成长提供经济基础。中国没有单独的儿童津贴，与之相关的是独生子女补贴。2012 年国务院颁布《国家人权行动计划（2012—2015 年）》指出，要“推进儿童福利立法进程，逐步扩大儿童福利惠及面”。2014 年民政部深入开展适度普惠式儿童福利制度建设试点工作，2015 年我国已全面建立孤儿基本生活最低养育标准，

---

〔1〕 内阁府，厚生省，文部科学省：子供の未来応援基金 すべての子供たちの未来を応援しよう，2019 年。

〔2〕 Families, Housing, Community services And Indigenous Affairs: Family Support Program (FSP) Report, 2011 to 2012.

部分地区将津贴受益对象扩展到重残重病等困境儿童[1]。

发达国家以衡量家庭收入的多少、家庭结构的大小为基础，普遍建立了能够保障儿童健康成长的儿童福利制度。此外，各个发达国家也都考虑到儿童所面临的现实问题和实际情况，建立起针对特殊儿童的津贴制度。儿童是国家、社会的未来，面向贫困家庭儿童的津贴制度，除了应该保障儿童最基本的物质条件，还应该注重教育、健康、心理等方面，以帮助儿童在一个充满希望的环境下成长。发达国家普遍建立儿童津贴的经验，对于我国解决儿童贫困问题有一定借鉴作用，主要体现在以下几个方面：

（一）对贫困家庭儿童福利金覆盖范围进行科学界定、精准识别

发达国家对儿童的年龄界定在18岁及以下，对在上学或者服兵役等情况的青年放宽年龄界限。我国贫困儿童津贴制度在明晰受益儿童年龄界限的同时，还应考虑到年满18岁还在接受教育的少年儿童，应与我国义务教育制度挂钩，对因家庭经济困难，高中毕业后就投入工作的20岁以下青年也可给予适当照顾，灵活界定年龄界限。发达国家对普惠式儿童福利金设定领取津贴的资产上限，对低收入家庭的儿童福利津贴设定最低收入标准。我国现阶段的贫困家庭儿童福利津贴可以依托于现有的农村“五保户”家庭和城市“低保户”家庭，将这些家庭中的儿童直接纳入进来，再合理衡量家庭收入低于最低工资标准线以下的家庭。发达国家对单亲家庭等家庭形式较复杂的儿童给予儿童补充式津贴，我国可以将留守家庭的儿童、独生子女、孤儿等纳入特殊福利金的范围。利用基层组织的力量、依托现有的民政救助体系收集贫困儿童的家庭信息，做好登记工作。儿童的出生必然会给家庭带来经济负担，尤其是中低收入家庭，他们面临未来因子女出生而陷入贫困的风险较大，甚至原有经济状况相对较好的家庭也许会在未来因为养育子女而陷入贫困。贫困家庭儿童津贴资格条件的划分除了要充分考虑到现有的财政支出能力，还应该预测未来家庭的收入水平和支出水平。科学可靠的划分标准，不仅是对享受资格条件的规定，还影响到津贴的支付标准。

（二）考虑家庭结构、家庭收入水平等因素，合理制定儿童福利金给付标准、给付方式

从发达国家津贴支付标准看，儿童福利金标准一般基于家庭收入水平、家庭中子女数量和年龄等因素来确定，由于家庭总体经济水平会受家庭成员数量的影

[1] 吴鹏飞，刘金晶：《适度普惠型福利模式下我国儿童津贴制度之构建》，载《社会保障研究》2016年第2期。

响，此外年龄较小的儿童，尤其是幼龄儿童所需要的经济支援更多。因此，随着家庭孩子的数量、年纪的变化而给付不同的标准额度。福利金支付水平要综合衡量儿童的经济、教育、照护等多方面需求，针对不同贫困家庭的现实情况实施不同的津贴标准，以更好地满足需求、切实保障贫困家庭儿童的生活。不充分或不稳定的照顾对孩子有终身影响，贫困家庭儿童津贴不应该局限于保障儿童最低层次的生理需求，还应该致力于为保证儿童的正常生活和尽可能全面健康发展创造经济条件。津贴的给付应远高于孩子维持生命需求所需的标准，要将教育、身体健康、心理情况等因素考虑进来。儿童津贴的领取者是儿童的父母或其他监护人，他们通常被要求与子女长时间居住、对子女进行照护。由于存在多种家庭形式，考虑到与（外）祖父母、继父母居住的儿童，应该对津贴的领取者建立档案，进行资格审核、监督，采取措施以保证津贴被有效利用在孩子身上。

（三）优先制定面向特殊群体的补充式儿童津贴制度，逐步向建立普惠型儿童福利金制度发展

我国城市低保户家庭和农村五保户、特殊困境家庭（父母重病重残、吸毒服刑等）中的儿童是贫困家庭儿童津贴制度推行的重点关注对象，解决他们的贫困应该是消除儿童贫困的重中之重的任务，应优先制定特殊福利金政策，对这类儿童给予更多的关照。尽管社会保障体系中已经存在了生育津贴，但是其支付是有时效性的，保障的人群也是有限的，而儿童的成长是更长时间的跨度，父母照护儿童的责任也更是长远而艰巨的，儿童津贴不能仅仅局限于满足儿童个人的需求，还应该考虑到儿童的出生导致家庭中父母或其他成员失业或者减少了工作时间，使得家庭经济来源减少的情况，应该建立一系列以儿童为中心的综合性津贴制度，给付父母或扶养人一定的津贴，以弥补家庭收入来源的空缺，帮助父母再就业等，在父母和儿童收益之间应该做好平衡。贫困家庭中父母工作的不稳定性较强，他们也往往没有受到社会保险的保障。尤其是我国存在的大量在城市就业的农民工群体，他们普遍没有职工社会保险，尤其目前生育保险对其的支持力度有限。此外，他们的孩子往往在农村留守，所面对的儿童贫困问题更为严重，因此有必要针对该特殊群体，通过衡量他们的工作性质和照顾儿童的模式，制定相应的儿童津贴制度。贫困家庭儿童面临的困境和需求是不相同的，部分发达国家通过向非营利等基层组织提供资金支援，来改善儿童的贫困状况。从基层为儿童提供福利应该是更有效更充分的，我们应该利用基层组织和民间力量，使儿童津贴能够更为切合实际地解决儿童的贫困问题。实施儿童福利津贴是对社会未来的投资，普惠型儿童津贴制度是每一个独立国家为有效消除儿童贫困、保证儿童的健康成长都应建立的一项普遍性、基础性的制度。从我国目前经济社会发展现状

来看，建立针对特殊群体的补充式儿童福利金制度是优先选择，普惠式儿童福利金是国家经济发展到一定程度后提升国民整体福祉的客观需要。随着我国经济社会的发展，补充式儿童津贴制度也会不断调整，逐步朝向普惠式发展，切实保障儿童的健康和安全。

参考文献

中文文献

姚玲珍：《德国社会保障》，上海人民出版社 2011 年版。

姚建平：《中美社会救助制度比较》，中国社会出版社 2007 年版。

周弘：《30 国（地区）社会保障制度报告》，中国劳动社会保障出版社 2011 年版。

丁吉英：《美国 AFDC 政策的演变》，载《科教导刊》2010 年第 5 期。

赖尔阳：《社会福利服务》，国立空中大学，2008 年。

林亦府：《从“福利依赖”到“工作自救”：美国福利制度改革对中国城市低保制度可持续发展的启示》，载《哈尔滨工业大学》2013 年第 1 期。

罗玉俊：《美国 AFDC 制度发展中的社会不平等》，载《社科纵横》2007 年第 12 期。

宁亚芳：《加拿大儿童税收福利制度及对中国贫困家庭儿童福利建设的启示》，载《长沙民政职业技术学院学报》2011 年第 18 期。

冉昊：《德国生育津贴制度变迁的社会功用分析——从“养育津贴”到“父母津贴”》，载《贵州省党校学报》2019 年第 1 期。

吴鹏飞，刘金晶：《适度普惠型福利模式下我国儿童津贴制度之构建》，载《社会保障研究》2016 年第 2 期。

杨得前，彭文栋，肖莹：《美国家庭援助计划研究及其对我国的启示》，载《中国行政管理》2017 年第 11 期。

祝建华：《缓解城市低保家庭贫困代际传递的政策研究》，载《浙江省社会学学会》2011 年第 25 期。

外文文献

Almond Douglas, Currie Janet, & Duque Valentina. “*Childhood Circumstances and Adult Outcomes: Act II.*” NBERworking paper, National Bureau of Economic Research, No. 23017, Cambridge, 2017.

Bellamy C. “The state of the worlds children 2005. Childhood under threat.” *Future Survey*, Vol. 60, No. 100, 2005.

Caputo R K.: “*US Social Welfare Reform: Policy Transitions from 1981 to the Present*”. Springer Science &Business Media, 2011.

Hammond, S. & Orr, R. “*Toward a universal child benefit*”. Niskanen Center, 2016.

Lisa Hildebrand. “La Follette School's Smeeding, Others Offer Proposal for Reducing Child Poverty in U. S”. University of Wisconsin News, 2016(https://news. wisc. edu/uws – smeeding

– others – offer – proposal – forreducing – child – poverty – in – u – s).

P. J. Loprest:"*How has the TANF caseload change over time?*", *Urban Institute*, Washington, DC, 2012.

Results of the Microcensus: Projection based on extrapolated results of 2011 census. IT. NRW. Table A 1. 1. 0 Germany, 2011.

Schott Liz. "*An introduction to TANF*". *Center on Budget and Policy Priorities*, Washington. DC, 2012.

Shaefer, H Luke et al. "A Universal Child Allowance: A Plan to Reduce Poverty and Income Instability Among Children in the United States." *The Russell Sage Foundation journal of the social sciences: RSF*, Vol. 4, 2, 2018.

Votruba – Drzal Elizabeth. "Economic Disparities in Middle Childhood Development: Does Income Matter?". *Developmental Psychology*, Vol. 42, 1154 – 67, 2006.

Bundeseherngeld—und Ehernzeitgesetz, 2018 (https://doc. Guandang. Net/be40efa3622576d10fe34f844. html).

Ministry of Health and Welafare: 2018 Welfare Services Guidelines, P62 (http://www. mohw. go. kr/eng/upload/content_data/2018/2018%20Welfare%20Services%20Guidelines. pdf).

ILO. World social protection report 2017 – 2019: Universal social protection to achieve the Sustainable Development Goals. Geneva, 2017.

Familienkasse, Kindergeld: Anspruch, Höhe, Dauer (https://www. arbeitsagentur. de/familie – und – kinder/anspruch – hoehe – dauer).

Federal Ministry of Labour and Social Affairs: Social security at a glance 2019, the English translation of the publication "Soziale Sicherung im Überblick".

ISSA: Child benefits in the UK: The beginning of the end of universality? (https://www. issa. int/en_GB/ – /child – benefits – in – the – uk – the – beginning – of – the – end – of – universality –).

ISSA: Spotlight on Children's social protection (https://www. issa. int/en_GB/ – /spotlight – on – children – s – social – protection).

World Bank, UNICEF, Ending extreme poverty: A focus on children. Washington DC, 2016.

厚生劳动省：子ども手当について（https://www. mhlw. go. jp/bunya/kodomo/osirase/100407 – 1. html）。

内阁府，厚生省，文部科学省：子供の未来応援基金 すべての子供たちの未来を応援しよう，2019 年。

第十一章　残疾人现金补贴

第二次世界大战以后，由于残疾人权利运动的兴起和蓬勃发展，全世界越来越认识到残疾问题不仅仅是医学问题，更是社会的、权利的和发展的问题。为保障残疾人的基本生活和全面发展，发达国家不断完善残疾人社会保障制度和社会服务，但不同国家残疾人社会保障制度在理念、目标和政策实施等方面有明显差别，如美国代表自由主义福利制度、英国代表西欧福利制度，而日本则代表东亚福利制度〔1〕。社会保障制度不同，残疾人现金补贴制度也有明显差别，但总体而言，发达国家现金补贴制度基本保障了残疾人不因残疾被剥夺有尊严生活的权利，并有相对足够的经济来源满足其基本生活开支。本章选取美国、英国、日本三个国家残疾人现金补贴制度做主要介绍，也将加拿大、法国、德国、澳大利亚和韩国等在现金补贴制度方面的某些措施做简单介绍，为我国建立完善现金补贴制度提供参考。

一、残疾人现金补贴的发展历程

残疾人现金补贴与各国残疾人口基本情况、残疾人经济状况及残疾人社会保障制度有密切关系，因此，在了解各国残疾人现金补贴制度之前，有必要概览各国的残疾人口基本情况、家庭收入及残疾人社会保障状况，以便更好熟悉各国残疾人现金补贴制度的发展背景。

（一）残疾人口基本情况

根据《残疾人权利公约》，残疾是由环境因素和人的健康状况相互作用造成的，突出残疾可造成活动局限和参与障碍。各国对残疾人的定义有很大差异，美国和英国的残疾人定义更注重环境因素对人造成的障碍（强调残疾的社会模式），许多只有轻微残疾的人也被认为是残疾人，致使残疾人口比例较高，最新调查显

---

〔1〕　杨立雄：《美国、英国和日本残疾人福利制度比较研究》，载《黑龙江社会科学》2014年第3期。

示，美国和英国残疾人口数分别占全国人口比例的 12.7% 和 20%[1]，而日本更强调个人的身心功能缺陷（强调残疾的医疗模式）[2]，残疾人口比例约占人口总数的 7.6%[3]，远低于英美国家残疾人水平。从分年龄段的人口比例来看，美国和英国就业年龄段残疾人比例最高，分别占人口总数的 48.23% 和 54.07%，而日本以 65 岁及以上的残疾人为主，占 59.87%（见表 11－1）。

表 11－1　美国、英国和日本残疾人口基本情况

国别	残疾人口数（万）	残疾人口比例（%）	分年龄段人口比例	统计年份
美国	4071.48	12.7	0—4 岁 0.36%，5—20 岁 9.27%，21—64 岁 48.23%，65 岁以上 42.13% *	2017
英国	1350	21	0—9 岁 0.74%，5—19 岁 7.4%，20—64 岁 54.07%，65 岁以上 37.04% **	2017/2018
日本	963.5	7.6	0—9 岁 2.46%，10—19 岁 3.42%，20—64 岁 34.25%，65 岁及以上占 59.87% ***	2016

* 美国各年龄段残疾人口比例根据 2017 年《美国残疾状况报告》（Disability Status Report United States）中各年龄段数据整理

** 英国各年龄段残疾人口比例根据 2017/2018 年《家庭资源调查报告》（Family Resources Survey：financial year 2017/18）中各年龄段数据整理

*** 日本各年龄段残疾人人口比例根据 2016 年《残疾人状况调查》（https：//www. mhlw. go. jp/toukei/list/dl/seikatsu_ chousa_ c_ h28. pdf 中各年龄段数据所得）

（二）残疾人家庭经济状况

残疾人由于身心障碍，普遍存在受教育程度低及失业率高，因残疾造成的额外花费较高，即便享有各种现金补贴，残疾人仍然比非残疾人更多处于贫困状况[4]。2017 年美国残疾人社会调查显示，就业年龄段残疾人家庭人均年收入为 45500 美元，比非残疾人家庭低 25500 美元。全职残疾人均年收入中位数为 40400 美元，较非残疾人低 7100 美元。26.1% 的残疾人处于贫困状态，远高于非残疾人的

---

〔1〕 US Census Bureau 2017 Disability Status Report. 2017, http://www. disabilitystatistics. org/StatusReports/2017 – PDF/2017 – StatusReport_US. pdf; Department for Work and Pensions: Family Resources Survey: financial year 2017/18, https://www. gov. uk/government/statistics/family – resources – survey – financial – year – 201718.

〔2〕［日］出和晓子：《日本社会保障制度中残疾人概念简析》，载《残疾人研究》2012 年第 3 期。

〔3〕 日本厚生劳动省 厚生劳働白書 平成 30 年版 https：//translation. mhlw. go. jp/LUCMHLW/ns/tl. cgi/https：//www. mhlw. go. jp/stf/wp/hakusyo/kousei/18/? SLANG = ja&TLANG = zh&XMODE = 0&XCHARSET = utf – 8&XJSID = 0。

〔4〕 世界卫生组织，世界银行：《世界残疾报告》2011 年，第 34 页。

10.4%，领取补充收入保障（Social Security Income，SSI）的比例达到18.9%[1]。英国也存在同样的情况。2014—2015年，英国残疾人家庭人均可支配收入为23900英镑，较非残疾人家庭收入低1700英镑[2]，31%的残疾人家庭处于贫困状态，远高于非残疾人家庭的18%。英国48.3%的贫困人口为残疾人[3]。调查显示，2019年日本残疾人年收入约为200—250万日元，非残疾人收入约在432万日元，残疾人人均收入约是非残疾人收入的一半[4]。日本残疾人贫困率为25%[5]，高于非残疾人贫困率（16.1%）[6]。

美国、英国和日本残疾人及其家庭收入状况具体见表11－2。

表11－2　美国、英国和日本残疾人家庭收入状况

国别	残疾人家庭人均年收入	非残疾人家庭人均年收入状况	残疾人贫困比例（%）	非残疾人贫困比例（%）	统计年份
美国	45500美元	71000美元	26.1	10.4	2017
英国	23900英镑	24600英镑	31	18	2014—2015
日本	200—250万日元	432万日元	25	16.1	2016—2019

（三）残疾人现金补贴制度的发展历程

社会保障制度具有刚性特点，发达国家残疾人社会保障制度经历了从以社会救济为主、到社会保险建立直到福利国家全面推广的发展过程[7]，折射了残疾

〔1〕 US Census Bureau 2017 Disability Status Report. 2017, http://www. disabilitystatistics. org/StatusReports/2017 – PDF/2017 – StatusReport_US. pdf.

〔2〕 Department for Work and Pensions: The spending power of disabled people and their families in 2014/15, and changes since 2012/13 https://assets. publishing. service. gov. uk/government/uploads/system/uploads/attachment_data/file/572187/spending – power – of – disabled – people – and – their – families – 2014 – 15. pdf.

〔3〕 New Policy InstituteDisability and poverty https://www. disabilityrightsuk. org/news/2018/september/disabled – peoples – poverty – worse – govt – estimates.

〔4〕 日本厚生省 障碍者基础知识，https: //障がい者就職. com/% E9% 9A% 9C% E5% AE% B3% E8% 80% 85% E9% 9B% 87% E7% 94% A8% E3% 81% AE% E5% B9% B3% E5% 9D% 87% E7% B5% A6% E6% 96% 99% E3% 80% 82% E5% AE% 89% E3% 81% 84% E3% 81% AE% E3% 81% AB% E3% 81% AF% E6% 95% B0% E5% AD% 97% E3% 81% AE% E3% 82% AB% E3% 83% A9% E3% 82% AF/#i。

〔5〕 KYODO 25% of Japan's disabled have trouble making ends meet 2016https://www. japantimes. co. jp/news/2016/02/16/national/25 – japans – disabled – trouble – making – ends – meet/#. XjKQj2gzbIU.

〔6〕 内閣府，総務省，厚生労働省 相対的貧困率等に関する調査分析結果について，https: //www. mhlw. go. jp/seisakunitsuite/soshiki/toukei/dl/tp151218 – 01_ 1. pdf。

〔7〕 谢琼：《国际视角下的残疾人事业》，人民出版社2013年版，第263页。

人社会保障制度的发展历史本质上是一部如何看待残疾及残疾人的历史，体现了社会发展的不同阶段对待残疾人的基本理念，即由将残疾人看成是道德模式下的慈善救济对象发展到医疗模式下需要国家福利保护的医疗救助对象，再到残疾人享有社会平等权利国家有责任保障他们正常生活的理念转变。发达国家残疾人现金补贴制度一直与残疾人社会服务并行发展，建立了完善的残疾人社会保障制度。也就是说，在保障残疾人基本生活的同时，尽可能通过提供完善的社会服务降低残疾的额外负担，如提供无障碍环境建设、系统完善的医疗保障与医疗服务、各种就学就业促进保障措施等保障残疾人基本生活、发展与社会参与的平等权利与机会。

1. 美国

自强自立和机会平等是美国传统的文化价值观，是美国独具特色的残疾人社会保障制度的思想基础。1935 年美国《社会保障法》将残疾人纳入社会保障项目，成为残疾人社会保障制度发展的里程碑，联邦要求在各州运行的失业保险、缴费型的养老保险和由联邦提供补贴的公共救助中为残疾人提供救助，并为残疾人提供医疗救助计划（medicaid）[1]。1956 年《社会保障法（修正案）》设置残疾保险（Disability Insurance，DI）计划，就业期间残疾的人经残疾评定后可享有残疾保险[2]。1974 年《社会保障法（修正案）》建立联邦救助计划 - 补充收入保障计划（SSI）[3]，这是目前最大的现金福利计划，为包括残疾人在内的贫困人口提供最低收入保障，被誉为“社会安全网”[4]。至此美国建立了以社会保险为主、补充收入保障为辅的残疾人社会保障制度。在残疾人权利运动的推动下，美国以为残疾人提供平等机会为目标，社会保障制度转向更为广泛的以保护权利为主而不是以提供福利为主的体系[5]。1990 年颁布的《美国残疾人法》被认为是美国采取人权模式而不是福利模式处理残疾问题的里程碑[6]。

2. 英国

“不能有人陷入困顿，也没有人需要特别富有”是英国社会根深蒂固的伦理价值，与现代人权观念一起构成了英国社会保障和公共服务的思想基础[7]。1601 年，英国颁布《伊丽莎白济贫法》，这是英国乃至世界最早的社会保障法，

---

〔1〕 谢琼：《国际视角下的残疾人事业》，人民出版社 2013 年版，第 265 页。

〔2〕 JOHN R. KEARNEY. “Social Security and the“D”in OASDI：The History of a Federal Program Insuring Earners Against Disability”. *Social Security Bulletin*, Vol. 66 No. 3, 2005 /2006

〔3〕 孙守纪、齐传钧：《美国补充收入保障计划及其启示》，载《美国研究》2010 年第4 期。

〔4〕 孙守纪、齐传钧：《美国补充收入保障计划及其启示》，载《美国研究》2010 年第4 期。

〔5〕 季丽新：《美国残疾人救助政策剖析》，载《东岳论丛》2011 年第 3 期。

〔6〕 谢琼：《国际视角下的残疾人事业》，人民出版社 2013 年版，第 269 页。

〔7〕 赵溪，郭春宁：《英国残疾人社会福利政策及其启示》，载《残疾人研究》2013 年第 2 期。

残疾人作为应得到救济的群体被写入该法，宣告政府对济贫的介入〔1〕。二战后《贝弗里奇报告》在七个福利项目的社会保险中将残疾单列〔2〕，标志着残疾人被纳入现代社会福利框架，但当时社会对残疾人的看法仍然是道德模式和医疗模式，认为残疾人是需要被救济的和治疗的，忽略了残疾人的社会平等权利〔3〕。2010 年《平等权利法案》重申了残疾人在社会保障和公共服务等社会领域的平等权利，国家有责任实施推进残疾人融入社会的政策，保障残疾人达到正常生活。为了使残疾人达到正常的生活，英国在建构残疾人福利制度时采取“因为特殊，所以给予特殊对待”（You are special，so treat you special）的区别对待原则，构建了庞大而完善的包括各种现金补贴的残疾人社会保障体系〔4〕。

3. 日本

日本是东亚福利体制的代表，在残疾人事务中秉承国家与家庭共同分担责任的原则。1961 年日本全面实施公共社会福利制度，实现“国民皆保险，国民皆年金”的目标，残疾人自然被纳入全民社会保障中，在年金制度中设定残疾人年金，医疗方面除了全体国民法定加入的健康保险外，还设立了为残疾人服务的自立支援医疗制度〔5〕。日本重视家庭在社会保障中的作用，1970 年生效 2004 年修订的《日本残疾人基本法》规定残疾人家庭必须为促进残疾人的自立而努力，同时为家庭提供残疾儿童抚养津贴等福利〔6〕。2005 年《残疾人自立支援法》建立了以残疾人自立支援和福利保障为目的的支援费制度，扩大残疾人对福利服务自由选择的空间和权利等同时，也强调生活自我管理、自我负责，防止福利成为经济增长的羁绊〔7〕。

二、残疾人现金补贴制度的做法与经验

现金补贴制度是保障残疾人适足生活水平的重要手段，发达国家基本将其视

---

〔1〕 吕学静，赵萌萌：《典型国家残疾人社会福利制度比较研究》，首都经济贸易大学出版社 2012 年版，第 27 页。

〔2〕 [英] 贝弗里奇：《社会保险与相关服务》，劳动和社会保障部社会保险研究所译，中国劳动社会保障出版社 2004 年版，第 53 页。

〔3〕 何甜甜：《英国残疾人社会福利体系的人本理念研究》，华中科技大学 2013 年硕士学位论文，第 22 页。

〔4〕 杨立雄：《美国、英国和日本残疾人福利制度比较研究》，载《黑龙江社会科学》2014 年第 3 期。

〔5〕 谢琼：《国际视角下的残疾人事业》，人民出版社 2013 年版，第 370 页。

〔6〕 王磊：《兜底保障与自立赋权：日本残疾人“混合型”就业政策及其启示》，载《残疾人发展理论研究》2017 年第 1 卷。

〔7〕 [日] 桑原洋子：《日本社会福利法制概论》，韩君玲，邹文星译，商务印书馆 2010 年版，第 3 页。

为国家责任，不仅为残疾人提供了兜底性的经济支持，更消除或降低了残疾人面临的经济风险[1]。但同时现金补贴容易造成福利依赖及政府财政负担，因此在如何平衡为确实有需要的残疾人提供经济保障与避免残疾人福利依赖方面，发达国家做出很多改革探索，虽不尽完善，但仍值得我们在建立完善现金补贴制度中借鉴。

（一）主要的现金补贴类型

发达国家的现金补贴针对不同的残疾人群设置不同的补贴，主要包括社会保险补贴、社会救助和福利补贴等项目，现金补贴既有对残疾人本人的补贴，也有对家庭或照顾者的补贴。由于各国社会保险、社会救济和福利补贴性质不同，决定资金来源及运营管理均有所区别。一般社会保险制度与收入高低及是否就业相关联，要求残疾人和（或）雇主按照相应的社会保险费（税）标准缴纳费用，政府也通过补贴、减免所得税等形式注入资金，形成社会保险资金，统一由社会保险基金管理机构管理，基金一方面按照规定为符合条件的残疾人发放残疾保险补贴，另一方面进入投资运营，实现资金的保值增值及良性运行。社会救济和福利补贴均无须个人缴费，由国家和地方财政统一负担，主要来源于税收收入。

1. 美国

美国现金补贴包括缴费型的社会保障残疾保险和州政府的残疾保险（Disability Insurance，DI），社会救助性质的补充收入保障计划和其他临时救助计划如贫困家庭临时救助计划等，其中最主要的为残疾保险和收入补贴计划。美国残疾保险是美国联邦政府为残疾人提供的最主要的现金支持项目之一，主要为有劳动能力和有收入的残疾人提供。美国残疾人社会保险的经费来源是社会保障税，由雇员、雇主共同缴纳12.4%的工资税，雇员和雇主各缴纳6.2%。自雇人士需自行支付全部12.4%的费用。残疾人受益者在其就业期间缴纳此项税收，由社会保障署统一管理经费开支。

美国社会救助中补充收入补贴（SSI）计划最为普遍，是对联邦政府社会保障计划的补充，为没有资格参加联邦保险计划、保险待遇水平低的老年人、残疾人提供基本保障的安全网。SSI是基于需求的程序，支付现金津贴以补充食物、衣服和住所的费用。该计划的费用来源是联邦政府税收收入，由联邦政府社会保障管理署的地区办公室主要负责管理。

2. 英国

英国现金补贴项目主要包括缴费型的国民养老金，社会救济性质的收入补

---

[1] 杨立雄：《中国特色残疾人经济保障研究》，载《残疾人研究》2018年第3期。

助，福利性质的残疾津贴或个人独立生活津贴、护理津贴以及儿童津贴等。英国国民养老金为普惠性项目，主要为有劳动能力或有工作的人提供，在55岁之前领取的主要条件是证明有严重疾病或残疾，但养老金不是残疾人的主要收入来源。英国社会救助项目主要为收入援助（Income support），对象为16岁以上因疾病、伤残等原因无法工作且个人储蓄不超过一定数额的人。英国残疾人福利津贴高达十余种，主要包括残疾人津贴及护理者津贴。残疾人津贴主要有残疾生活津贴（Disability Living Allowance，DLA）、独立生活津贴、护理津贴、就业和支持津贴等。残疾生活津贴是免税津贴，补贴65岁以下因身体或精神残疾而需要护理的人，包括护理部分津贴和行动部分津贴，申请人根据自己的生活自理能力和相应评估可以申请其中一项或者两项，支付金额根据残疾对申请人生活的影响程度分为不同等级。为减少财政压力，政府积极鼓励残疾人就业，目前残疾人生活津贴正在被残疾人个人独立津贴（Personal Independent Payment，PIP）所取代。PIP是免税津贴，无论是否工作都可获得，但存在至少3个月的日常生活困难和（或）行动困难，并且持续至少9个月，由日常生活部分和行动部分组成，获取津贴的种类和金额根据残疾对申请人生活的影响程度而定。如果申请者未满16岁只能申请DLA，16岁及以上未达到领取养老金年龄，可以申请PIP。如果达到领取养老金年龄，且没有获得DLA，可以申请护理津贴。残疾护理津贴旨在为65岁及以上疾病者或伤残者提供帮助和照顾，不需要财产调查，为非缴费型补贴，领取条件包括身体残疾（包括感官残疾，例如失明、失聪）、精神残疾（比如精神分裂症）或两者兼而有之；需要他人照顾的严重残疾或至少需要他人6个月照顾的。如果残疾人同时获得PIP和护理津贴，则申请人PIP生活部分津贴可能会相应减少。就业和支持津贴领取条件是残疾人曾经工作并且在最近2—3年缴纳了足够的国民保险金，经过评估根据残疾人是进入重新工作小组还是支持小组从而可获得不同数额的津贴。

3. 日本

日本残疾人现金补贴主要包括国民养老金中的残疾基本养老保险、残疾厚生（互助）养老保险及共济养老保险，另外还有重度残疾人津贴及残疾儿童津贴等。日本养老保险项目除提供残疾基本养老金和残疾厚生养老金外，20岁之前发生残疾的人也可领取残疾基本养老金，原则上所有成年残疾人都能领取养老金。对于工薪人员和公务员在基本养老金外还可以领取厚生养老金。从鼓励多种多样生活和工作方式角度出发，日本政府规定残疾人如果还坚持工作，可合并给予残疾基本养老金和老年厚生养老金，并延长残疾基本养老金的支付年限[1]。在日本，

〔1〕 日本内阁府：《日本残障者白皮书》，平成18年（2006年）版，第85页。

主要以国民养老金和福利补贴维持残疾人的基本生活，社会救助相对不发达。

4. 其他国家

加拿大残疾人现金补贴主要由加拿大退休金计划、残障储蓄计划、社会救助和残障相关的社会福利组成。加拿大退休金计划是一种退休收入保险计划，用于保障加拿大居民退休以后的收入，提供退休金、遗属抚恤金，残疾补助金等，规定18岁以上雇员或自雇者在其工作期间必须强制性为这个计划缴费。

法国有社会保障伤残抚恤金、残疾津贴、永久性伤残补贴等，对由于事故或非职业性疾病而导致丧失2/3的工作能力及收益的伤残人士，可以申请伤残鉴定并可获得伤残抚恤金以补偿工资方面的损失，属于社会保障基金。伤残补贴是由省政府发放的现金补贴，用于补偿因行动能力受限而导致的其他费用（如搬家、运输工具、向第三方请求的帮助或服务），依行动受限的程度、年龄、个人收入及居住的地方不一样而变化。永久性伤残补贴对象是因工作事故导致残疾的残疾人，若工作能力损害是永久性的，可向基础医疗保险管理机构递交材料申请伤残鉴定并申请补偿，补偿需要满足雇主错误不可原谅或故意为之，补贴金额依伤残等级、个人收入水平而不同[1]。成年残疾人津贴（AAH）需要审核，具体金额受残疾程度、年龄、住址及个人家庭收入情况而定。残疾儿童教育津贴由家庭津贴管理局负责管理，是一项针对残疾儿童的学习及治疗的补贴，面向抚养残疾儿童的人群（父母或其他抚养孩子的人）发放，且不受个人收入影响。

德国有失能退休年金、社会救助、残疾人基本补贴、失业补贴及护理补贴等。德国规定残疾人如果无法通过自己或家庭的收入来维持基本生活支出，则可以享受社会救助，社会救助与残疾年金的规定不同，即便本人没有永久性丧失劳动能力，社会救助没有年龄限制，都可以申请社会救助基金。德国除养老保障外，还有社会保障性质的长期护理保险为残疾人提供长期护理服务或现金补贴，根据残疾人健康状况将护理等级分为一至五级，护理类型分为居家护理、日间夜间护理和机构护理三类，护理补贴也会因不同护理等级和护理类型而有所差异，护理等级越高护理费用越高。居家护理费用最低，仅对二级以上失能人员发放居家护理补贴。在全日制机构护理补贴最高，五级护理可达到2005欧元/月。德国18—64岁永久丧失劳动能力者可享受残疾人基本津贴（Basic social benefits）。对于自有住房，却难以通过个人收入（不考虑家庭成员收入能力）来维持基本生活支出的残疾人可申请普惠性社会福利，如失业保险Ⅱ中的收入和住宿补贴。

---

〔1〕 Direction de l'information légale et administrative (Premier ministre). "Accident du travail: indemnisation en cas d'incapacité permanente" [EB/OL]. (2019-01) [2019-08-29]. https://www.service-public.fr/particuliers/vosdroits/F14840.

（二）残疾评估模式及补贴受益对象

残疾评估是社会保障的核心内容，发达国家现金补贴改革的核心就是评估哪些残疾人尤其是就业年龄段的残疾人应该享有残疾相关现金补贴〔1〕，也延伸影响到残疾人照顾者或被残疾人照顾者的补贴政策。从改革历程看，发达国家对残疾人的态度普遍由医学模式向社会模式或权力模式的转变，推动残疾评估逐步从基于病损的评估向基于功能的评估转变〔2〕。基于病损评估是指认为残疾必然会导致工作能力丧失，这就容易造成忽视残疾人的潜能开发和造成福利依赖，日本现今仍然沿袭医学模式进行残疾评定。基于功能评估是指利用优势视角看待残疾人已有的功能或潜在功能，并为残疾人提供合适的工作机会，鼓励残疾人参与工作，美国和英国都是基于功能的评估模式。

1. 美国

社会保障残疾人保险（SSDI）由薪金税提供资金，并且不依赖于接收者的收入水平，完全基于残疾程度和工作经历。美国社会保障残疾保险和收入补充计划使用同一个残疾评估标准，一方面评估残疾程度是否足够严重，严重残疾是指残疾将至少持续一年或直接导致死亡，且残疾类别必须包含在社会保障部的残疾清单；另一方面，申请人不能胜任原来的工作也不能做其他劳动力市场已经存在的工作项目等任何有偿的劳动。申请人要求在残疾前至少有 20 个季度的工作记录或工作记录虽不满 20 个季度，但要求残疾前至少一半时间有工作记录。如果残疾人未满 18 岁必须证明残疾导致严重的功能缺陷。具体流程是：申请人首先须向各州社会保障局残疾确认处递交申请，该部门对申请人的身体残疾程度和工作条件进行匹配度评估，审核过程包括工作核验、严重残疾核验、医疗表核验、既往工作核验和任意工作核验 5 个步骤。每项核验都以之前核验完成情况为前提，若任何一步审核程序未能通过，申请将被驳回不能进入下一审核阶段。在任意工作检验程序通过后，残疾人即可获得社会保障资格。残疾资格审核极其严格，真正能够通过全部审核的残疾人大约只占到所有申请者的四成。残疾保险若得到批准，申请人将从社会福利署认定残疾发生满 6 个月后开始领取保险补助，一直发放到参保者身体功能恢复、重返工作岗位为止。美国社会保障署定期进行残疾状态审查，

〔1〕 Ben Baumberg Geiger, Kayleigh Garthwaite, Jon Warren & Clare Bambra "Assessing work disability for social security benefits: international models for the direct assessment of work capacity", *Disability and Rehabilitation*, 2017 DOI: 10.1080/09638288.2017.1366556.

〔2〕 Bickenbach J, Posarac A, Cieza A, et al., "Assessing disability in working age population – a paradigm shift: from impairment and functional limitation to the disability approach". *Washington (DC): World Bank*; 2015.

若残疾人健康状况有所改善，第一次审核将安排在领到第一笔残疾津贴的6—18个月内进行。倘若健康状况持续改善，一般3年审核一次。假如受益人已经领到24个月的津贴，医疗审核将不会单独按照工作能力进行。残疾保险补贴受益对象除了申请人本人，还可包括其家庭成员，如申请人62岁及以上的配偶；照顾申请人的子女且其子女残疾或未满16岁申请人的配偶；申请人未婚的子女（或养子女；且他们未满18岁或在读小学或初中且未满19岁），以及于22岁前残疾的年满18岁的未婚子女。残疾保险的受益人还包括生活贫困的无业残疾人和盲人；未婚或寡居的残疾妇女。

补充收入保障计划作为社会救济，主要为没有资格参加联邦保险计划或者保险待遇水平低的老年人、残疾人提供收入保障，要求收入和资产必须低于特定的标准，家庭资产与家庭收入不得超过每月2000美元（不包括所居住的房屋和一辆市值在4500美元或以下的车辆），已婚家庭则该资产级别增加到3000美元。2018年残疾人获得的联邦最高SSI支付标准为单人750美元或夫妻1125美元。社会保障署鼓励并创造条件帮助领取补充收入保障的残疾人工作，减少对社会救助的依赖。申请者待遇水平等于联邦最高支付标准减去所有可计算收入，可计算收入又分为劳动收入和非劳动收入。劳动收入指工资收入、自雇者净利润、版税及其他劳动报酬，非劳动收入指劳动收入以外的收入，如社会保障津贴和劳动补偿津贴等。劳动收入抵免包括每月第一个65美元及65美元以上收入的50%、残疾相关的工作花费、用来实现自我支持计划的收入部分及每个季度非正规收入的第一个30美元等4种情况。非劳动收入抵免包括每月收入的第一个20美元、用来实现自我支持计划的收入部分、根据需要提供的州或地方资助、住房和城市发展部计划的租金补贴、补充营养援助的价值及每季度不定期收到的第一个60美元收入。残疾人已经成为该计划最庞大的受益人群，2017年112万残疾人（包括2万盲人）享有SSI，占领取总人数的74.67%。在联邦支付的546亿SSI中，90.8%支付给残疾人，其中就业年龄段残疾人支付金额占62.7%，18岁以下占17.4%，65岁及以上为10%[1]。补充收入保障计划提供的待遇水平相当于领取者个人总收入的63.4%，因此对低收入群体意义重大[2]。在某些情况下，如果申请人收到的SSDI付款是其唯一的收入来源并且低于SSA规定的收入限额，则领取SSDI付款的个人也可能会收到SSI付款。

---

〔1〕 Supplemental Security Administration, "Annual Report of the Supplemental Security Income Program" 2018 https://www.ssa.gov/oact/ssir/SSI18/ssi2018.pdf.

〔2〕 Arthur Jones, "Current Population Reports, Supplemental Security Income and Its Noninstitutional Recipients" July 1997 and 1999, August 2003, pp. 70－90, available at: http://www.census.gov/prod/2003pubs/p70－90.pdf.

美国社会保障署在管理运行补充收入保障计划时遵循以下六个原则：（1）资格要求和待遇标准是全国统一的，并且资格标准的确定必须客观；（2）作为对老年人、残疾人的最后救助，收入和资产必须低于特定的标准；（3）鼓励和创造条件让补充收入保障的接受者工作，以减少对公共救济的依赖；（4）在提供救助时应遵循高效和经济的原则；（5）引导州政府对联邦政府提供的待遇水平进行补充，并且保证现在的待遇不低于以前州政府提供的水平；（6）补充收入保障计划要和食品券、医疗救助和其他救助计划进行适当协调。一般而言，补充收入保障计划的受益人自然就满足医疗救助的资格条件[1]。补充收入保障计划和医疗救助之间的捆绑关系提高了健康状况较差的个人对补充收入保障计划的申请率，同时由于医疗救助残疾人也减少了在医疗保健方面的支出。

2. 英国

英国残疾评估主要根据残疾对生活功能的影响，包括对独立生活的影响和社会参与的影响。个人独立津贴主要评估申请人的残疾程度和发展需求，考察申请人身体状况对独立生活的影响，然后与职业服务领域专家商谈确定申请人的实际需求和申请资格。由于残疾生活津贴不考虑残疾人独立生活能力和真正需求，目前个人独立津贴正在取代生活津贴，主要补贴 65 岁以下因身体或精神残疾需要护理或行动支持的人，支付金额根据残疾对申请人生活的影响程度分为不同等级。申请残疾儿童生活津贴需同时满足未满 16 岁、行走困难或需要更多照顾。残疾儿童生活津贴（DLA）也由护理部分和行动部分组成，根据儿童残疾程度可以申请一个或两个。残疾护理津贴旨在为 65 岁及以上疾病者或伤残者提供帮助和照顾，领取条件包括身体残疾、精神残疾或两者兼而有之。

3. 日本

日本残疾年金对残疾的评定主要根据医学评定标准，也就是基于病损的评估，如一级残疾主要指双上肢或双下肢的机能有显著残疾、两眼矫正视力在 0.04 以下，不能独立完成日常生活；二级残疾主要指一上肢或一下肢的机能有显著残疾、两眼矫正视力在 0.05 以上 0.08 以下，严重影响日常生活，认定时间从医生诊疗开始经过 1 年半后仍存在残疾或 65 岁前出现残疾。残疾人领取残疾基础年金和残疾厚生年金的条件相同，必须满足以下条件之一：20 岁前被医学诊断为残疾，且残疾状态维持到 20 岁。20 岁后残疾者由于没有缴纳保险费，根据家庭收入状况确定年金享有数额；二是缴纳保险费的时间（包括保险费免除的时间）达到规定的保险费缴纳年限的 2/3 以上。残疾共济年金申请人必须在成为互助会会员期间，残疾程度判断标准同前，但 3 级残疾人也可以领取。残疾基础年金、厚

---

[1] 孙守纪，齐传钧：《美国补充收入保障计划及其启示》，载《美国研究》2010 年第 4 期。

生年金和共济年金受益人均根据残疾程度不同领取标准不同，残疾程度越重领取金额越高。共济年金领取者残疾程度一级和二级时也可以领取基础年金。残疾年金受益人若有未成年子女也可获得年金保障。残疾厚生年金和共济年金符合条件的残疾人在退休后不仅可以领取本人的年金，不足65岁的配偶可以获得年金之外的额外补贴[1]。有重度残疾人或多位残疾人的家庭还可领取残疾人福利补贴。

以上资料显示，各国残疾评定标准与现金补贴资格及金额直接相关，美国和英国将评估残疾程度与就业能力相结合，积极促进残疾人就业，一方面保护残疾人的就业能力，另一方面可以减少对社会保障的福利支出，但低迷的残疾人就业率提示评估标准仍然需要改进。日本主要采用医学标准评估，一方面可能会忽视补贴对象的工作能力或工作潜力，另一方面可能将部分需要现金补贴的残疾人漏掉。总体而言，发达国家残疾评估标准仍以医学标准为基础，将来随着科技发达对残疾人潜能开发的促进，评估标准也会向潜能开发方向发展。

（三）现金补贴与就业促进

从20世纪70年代以来，发达国家一方面给残疾人建立完善的社会保障制度，为残疾人提供适足的现金补贴，另一方面也积极推动残疾人就业，增加残疾人平等参与社会的机会，同时减轻残疾人福利依赖和国家财政负担。在如何维持残疾人基本生活收入和促进就业方面，发达国家的实践探索给我们提供了可借鉴的宝贵经验。

1. 美国

从1970年到2010年，美国残疾保险受益人数从150万扩增到820万，财政支出也从189亿扩增到1280亿，残疾保险支出占社会保障支出的比例从10%增加到18%，尤其值得关注的是，自2009年以来，残疾保险计划每年支付超过了从信托基金获得的税款和利息[2]。同时，残疾人越来越多地用残疾保险金代替就业收入，专家认为，这一方面限制了他们与整体经济增长的联系，另一方面使他们在就业年龄段成为提款人而不是税收贡献者，导致美国政府和社会更加关注限制使用残疾保险金和增加残疾人就业的政策措施。20世纪70年代，由于允许轻中度残疾人享有残疾保险金，受益人群规模急剧增长，于是1980年的《社会保障残障修正案》要求对所有残疾基金受益人残疾状况进行评估审查，以确定是否已经康复，如果康复就取消受益资格。但是，1984年《残疾人福利改革法案》让患

---

[1] 谢琼：《国际视角下的残疾人事业》，人民出版社2013年版，第373页。

[2] Richard V. Burkhauser and Mary C. Daly Source "SOCIAL SECURITY DISABILITY INSURANCE: TIME FOR FUNDAMENTAL CHANGE", *Journal of Policy Analysis and Management*, Vol. 31, No. 2, pp. 454 – 461 (SPRING 2012).

有精神病和慢性疼痛的残疾人更容易获得福利，由于这两类人群残疾程度及医疗康复效果很难评估，致使在减少受益人群规模效果不大。在 80 年代至 90 年代，残疾保险补贴大幅增加，超过了许多低技能残疾工人工资的增长，导致许多残疾人放弃工作以便符合申请条件，致使申请人数也大幅增加[1]。于是，美国推出多项改革措施，如加强支持性就业服务，推出重返工作计划和工作券计划，促进申请残疾基金和补充收入计划的残疾人进入就业市场。美国康复服务管理局的数据显示：在参加支持性就业前至少有 75% 的残疾人领取联邦残疾保险，其中 61% 的残疾人还是 SSI 的受益人。而在参加一段时间支持性就业之后依赖联邦补助的人数减少到 30%，接近 23% 的残疾人可以完全依靠自己的收入维持生活而不需要国家补助[2]。但也有研究认为刺激效果不尽如人意[3]。由于政策规定，残疾人就业后不论收入多少都将保持 9 个月的残疾保险补贴及医疗救助资格，9 个月后如果收入超过实质性收益，残疾人将接受审查，取消资格，同时失去医疗救助，致使很多残疾人放弃工作或寻找临时的兼职工作以保持残疾保险补贴资格，每年只有约 0.5% 的残疾人因重返工作岗位而被终止受益资格，但实际上 1/4 以上的受益人在从事兼职工作，尽管只有 10% 被认为是主要工人[4]。

此后美国推出个人管理服务，残疾管理包括收入理赔、重返工作计划、健康计划及员工援助计划，旨在最大程度降低残疾对健康及工作的影响，个人管理服务充分利用职业康复机构服务，约 1/4 的服务对象为残疾保险的受益人，主要提供职业咨询和教育以及自我倡导，帮助工作场所提供合理便利[5]。残疾管理效果如何，仍然有待观察，残疾人就业率在 2018 年为 19.1%，其中 31% 为兼职工作，领取社会救济（补充收入保障）的比例高达 18.9%[6]。

---

[1] David Lewin "CONTEMPORARY ISSUES IN EMPLOYMENT RELATIONS". *the Labor and Employment Relations Association*, 2006, 第 262 页。

[2] 杜林等：《美国残疾人支持性就业的发展及对我国的启示》，载《中国特殊教育》2013 年第 9 期。

[3] Richard V. Burkhauser and Mary C. Daly Source "SOCIAL SECURITY DISABILITY INSURANCE: TIME FOR FUNDAMENTAL CHANGE" *Journal of Policy Analysis and Management*, Vol. 31, No. 2 (SPRING 2012), pp. 454 – 461 David Lewin "CONTEMPORARY ISSUES IN EMPLOYMENT RELATIONS". *the Labor and Employment Relations Association*, 2006, 第 272 页。

[4] J. L. Mashaw, V. Reno, R. V. Burkhauser, and M. Berkowitz. "Disability Work and Cash Benefits". *Kalamazoo, MI: Upjohn Institute for Employment Research*, pp. 169 – 87. 1996.

[5] J. L. Mashaw, V. Reno, R. V. Burkhauser, and M. Berkowitz. "Disability Work and Cash Benefits". *Kalamazoo, MI: Upjohn Institute for Employment Research*, pp. 169 – 87. 1996.

[6] Bureau of Labor Statistics U. S. Department of Labor "PERSONS WITH A DISABILITY: LABOR FORCE CHARACTERISTICS — 2018".

2. 英国

英国残疾津贴支出在 1980 占国民收入的 0.9%，此后逐年上涨，到 1995 至 1996 年达到 1.6%，英国政府进行了制度改革，残疾津贴支出持续下降，2013 年降到约 0.8%。残疾津贴受益人数也从 1995 年的 250 万降到 2013 年的 230 万[1]。这与英国政府出台系列措施推动残疾人就业有很大关系，这些措施鼓励领取各种福利津贴的残疾人尽可能重返工作，并提供经济援助、职业培训和就业服务。具体措施主要包括：第一，将残疾福利补贴降至英国平均收入的 15%，很多高于平均收入的残疾人放弃福利补贴；第二，将失能补贴变为就业支持补贴，将对残疾人就业能力全面测试改变为根据工作能力与经验的测试；第三，2003 年启动“上班之路”试点计划，推出各种福利补贴及为重返有偿工作提供服务，这个试点计划 2006 年在全国推出，要求申请人必须参加“上班之路计划”，并定期与顾问进行面谈，讨论制定工作目标和如何提升工作技能[2]；第四，通过个人独立津贴代替残疾生活津贴实现制度的财务可持续，在制度设立之初，政府预计此项改革能使支出减少 7.8 亿英镑，但实际减少 6.4 亿英镑，在一定程度上实现了改革的目标[3]；第五，英国还为低收入残疾人推出工作税抵免计划，如果残疾人每周工作至少 16 个小时，符合条件可获得诸如长期伤残抚恤金等福利补贴，工作税抵免计划鼓励低收入残疾家庭就业，获得比福利补贴更好的工作报酬，从而减少残疾养恤金或鼓励重返工作退出伤残抚恤金[4]。

但是英国仍然是福利补贴制度比较健全的国家，仍坚持把提供现金补贴与促进就业有机结合，为有需要的重度残疾人提供各种现金补贴保障，如独立生活津贴受益人只要在自理能力等方面出现严重障碍都可获得补贴，无论是否工作[5]，维护残疾人基本尊严。

3. 日本

2005 年，日本残疾年金支出占 GDP 的比重为 0.3%，占公共支出的 2%，远低于美国和英国等发达国家。在日本，残疾年金受益人员主要根据残疾等级评定，

---

[1] James Banks, Richard Blundell, and Carl Emmerson“Disability Benefit Receipt and Reform: Reconciling Trends in the United states” *Journal of Economic Perspectives*, Volume 29, Number 2, 2015, 173 – 190.

[2] James Banks, Richard Blundell, and Carl Emmerson“Disability Benefit Receipt and Reform: Reconciling Trends in the United states” *Journal of Economic Perspectives*, Volume 29, Number 2, 2015, 173 – 190.

[3] Nathan Hudson – Sharp, Naomi Munro – Lott, Heather Rolfe, Johnny Runge “The impact of welfare reformand welfare – to – work programmes: an evidence review, Equality and Human Rights”, *Commission ResearchReport Series*, *Research report* 111, 2018, pp. 64 – 71.

[4] James Banks, Richard Blundell, and Carl“Emmerson Disability Benefit Receipt and Reform: Reconciling Trends in the United”, *Journal of Economic Perspectives*, Volume 29, Number 2, 2015, 173 – 190.

[5] 赵溪，郭春宁：《英国残疾人社会福利政策及其启示》，载《残疾人研究》2013 年第2 期。

对于收入保障与就业促进服务政策相互关联的公开资料并不多见。

三、启示和建议

发达国家残疾人社会保障尤其是现金补贴制度呈现以下几个特征：第一，建立了完善的法律法规体系，以法律形式确保残疾人享有社会保障权利，现金补贴制度依法发展；第二，形成了由残疾社会保险、社会救助和福利津贴三部分组成的比较完善的制度体系；第三，以促进残疾人独立生活为目标，为残疾人提供照护的家庭成员提供经济支出。这些做法为我国残疾人现金补贴制度的发展和完善提供了参考。

（一）促进残疾人社会保障专项法规立法

发达国家残疾人现金补贴制度历史悠久，通过完善的社会保障法律法规体系确保残疾人维护基本生活，并随着社会发展不断调整完善现金补贴制度水平。我国目前尚无残疾人社会保障专项法律法规，残疾人现金补贴项目较多也较零散，不同地区补贴数额差别较大，需要通过法律法规确立残疾人现金补贴的资金来源、缴费标准、受益对象资格及效益评价标准，同时维护全国残疾人享有比较公平一致的现金补贴，逐步减少区域及城乡差距。

（二）完善病残津贴制度

美、英、日等发达国家都建立了专门的残疾保险，保障有就业经历、为社会保险做出贡献的残疾人及其家人的基本生活。我国也在基本养老保险制度中设立了病残津贴，为非因工丧失劳动能力的残疾人提供经济保障（因工丧失劳动能力的职工由工伤保险提供经济保障）。2011 年实施的《中华人民共和国社会保险法》第 17 条规定，参加基本养老保险的个人，“在未达到法定退休年龄时因病或者非因工致残完全丧失劳动能力的，可以领取病残津贴。所需资金从基本养老保险基金中支付。”虽然我国社会保险法对于病残津贴已有规定，但是目前还没有出台国家层面的相关制度，只有四川、宁夏、广东等地少数地区出台了本地病残津贴制度，而且还存在保障标准不统一、保障水平低等问题。根据社会保险法和已有地方制度，领取病残津贴的个人一般要同时符合 3 个条件。一是经劳动能力鉴定委员会鉴定，因病或者非因工致残完全丧失劳动能力；二是未达到法定退休年龄；三是养老保险累计缴费满 15 年及以上。当个人达到退休年龄后，停止领取病残津贴转为领取养老金。从保障水平和标准看，广东规定病残津贴月标准按当地地级以上市城镇居民最低生活保障标准的 105% 确定，随当地城镇居民低保标准变动。宁夏病残津贴初始标准按缴费年限满 15 年计算，每月 600 元，缴费年限每增加 1

年再增发10元。四川病残津贴按上年度全省城镇居民月人均可支配收入的25%计发，随上年度全省城镇居民人均可支配收入的变化调整，2019年病残津贴标准为每月692元。为落实好社会保险法，保障劳动年龄工作者非因工致残丧失劳动能力后的基本生活，补齐我国残疾人社会保险不充分的短板，应进一步完善病残津贴制度，制定国家层面认定标准和保障待遇，督导各地出台适用于本地的制度安排，放宽缴费年限，提高给付标准，加大落实力度，为丧失劳动能力的青壮年职工提供更加稳定、适宜的经济保障，减轻残疾对职工本人和家庭的经济影响。

（三）建立基于功能评估的重度残疾人独立生活补贴

现金补贴追求的最高境界就是在合理的时间将合理的补贴金额发给合适的人。发达国家普遍设立重度残疾人福利补贴制度，为残疾人构建安全的生活网。我国可研究设立重度残疾人独立生活补贴，独立生活补贴的残疾评估主要根据残疾对生活功能的影响，重点评估独立生活的能力和对社会参与的影响，同时根据残疾人的就业需求和就业能力确定申请资格。补贴分为两部分内容，一部分为生活补贴，主要维持日常饮食和穿衣等，另一部分为护理补贴，主要为有需要照顾的残疾人提供护理服务，根据评估情况残疾人可享有一种或两种补贴。从生活补贴看，我国目前实施的最低生活保障制度及贫困残疾人生活补贴，可用以解决重度残疾人的基本生活及残疾的额外支出，但目前补贴水平对于残疾人维持基本的独立生活远远不足。2018年我国残疾人家庭收入状况调查结果表明，两项补贴收入成为残疾人家庭的重要收入来源，经推算，如果不发放两项补贴，残疾人家庭贫困率将在目前基础上增加13%。残疾人家庭第一收入来源为转移性收入，占总收入48.4%，比全国居民平均水平高出30.1个百分点。但是这些转移性收入主要为服务性补贴，残疾人现金收入约占转移性收入的31.6%，补贴水平相对较低，容易使残疾人陷入残疾与贫困循环。较低的护理补贴水平（一般各省发放金额为40—500元/月）并不能向市场购买服务，因此残疾人两项补贴仍然要提高额度。根据英美国经验，生活补贴一般要提高到社会平均收入水平的15%左右，还要补助残疾人因残疾产生的额外生活支出，才能使残疾人家庭维持基本生活，并同时促进残疾人就业使总收入达到最低工资标准。建议享有低保家庭同时享有医疗保障，以免出现因残因病返贫。我国大约有2518万重度残疾人，60岁以下重度残疾人约占一半，大部分听力残疾人、部分其他类别残疾人独立生活能力较强，基本不需要辅助，初步估算全国有不足700万残疾人需要不同程度的独立生活支持，生活津贴在目前财政提供经费保障的基础上，应适当提高保障水平，达到本地最低工资水平。同时与就业能力相结合，在残疾人申请补贴前或申请后加强就业咨询和就业培训，积极鼓励残疾人就业。如果残疾人就业收入不能达到最低工资标准可以给予适当补贴。

（四）设立残疾儿童家庭补贴制度

残疾人与其家庭有着非常密切复杂的关系，《残疾人权利公约》指出，残疾人及其家庭成员应获得必要的保护和援助，使家庭能够为残疾人充分和平等地享有权利做出贡献。发达国家普遍设立照顾者津贴，主要包括对17岁以下儿童的照顾者津贴及成年人护理补贴等。我国尚没有专项残疾儿童家庭现金补贴制度。2015年中国残联在江苏省无锡市、湖北省荆州市、陕西省西安市和宝鸡市的一项针对残疾儿童的福利服务调查表明，共有41%的家庭因为照顾残疾儿童放弃工作，其中10%的父母都放弃了工作，导致超过1/3的家庭处于贫困状态〔1〕。残疾儿童家长处于经济和精神双重压力之下，很难保障残疾儿童与其他儿童一样的生活保障权利、发展权利和社会参与权，甚至出现有的家庭不堪重负抛弃残疾儿童的情况。因此，建议“十四五”期间探索建立残疾儿童家庭补贴制度，主要补偿家长不能外出工作的经济损失，一定程度上是对残疾儿童家长或照护者的工资性支付。

参考文献

中文文献

杜林等：《美国残疾人支持性就业的发展及对我国的启示》，载《中国特殊教育》2013年第9期。

何甜甜：《英国残疾人社会福利体系的人本理念研究》，华中科技大学2013年硕士学位论文。

季丽新：《美国残疾人救助政策剖析》，载《东岳论丛》2011年第3期。

吕学静，赵萌萌：《典型国家残疾人社会福利制度比较研究》，首都经济贸易大学出版社2012年版。

日本内阁府：《日本残障者白皮书》，平成18年（2006年）版。

世界卫生组织，世界银行：《世界残疾报告》2011年。

孙守纪，齐传钧：《美国补充收入保障计划及其启示》，载《美国研究》2010年第4期。

谢琼：《国际视角下的残疾人事业》，人民出版社2013年版。

杨立雄：《中国特色残疾人经济保障研究》，载《残疾人研究》2018年第3期。

杨立雄：《美国、英国和日本残疾人福利制度比较研究》，载《黑龙江社会科学》2014

〔1〕冯善伟、李坤等：《残疾儿童基本福利服务现状和需求调查研究》，载《残疾人研究》2015年第3期。

年第3期。

赵溪，郭春宁：《英国残疾人社会福利政策及其启示》，载《残疾人研究》2013年第2期。

［日］出和晓子：《日本社会保障制度中残疾人概念简析》，载《残疾人研究》2012年第3期。

［日］桑原洋子：《日本社会福利法制概论》，韩君玲，邹文星译，商务印书馆2010年版。

［英］贝弗里奇：《社会保险与相关服务》，劳动和社会保障部社会保险研究所译，中国劳动社会保障出版社2004年版。

外文文献

Arthur Jones, "Current Population Reports, Supplemental Security Income and Its Noninstitutional Recipients" July 1997 and 1999, August 2003, pp. 70 – 90, available at: http://www. census. gov/prod/2003pubs/p70 – 90. pdf.

Ben Baumberg Geiger, Kayleigh Garthwaite, Jon Warren & Clare Bambra "Assessing work disability for social security benefits: international models for the direct assessment of work capacity", *Disability and Rehabilitation*, 2017 DOI: 10. 1080/09638288. 2017. 1366556.

Ben Baumberg Geiger, Kayleigh Garthwaite, Jon Warren & Clare Bambra "Assessing work disability for social security benefits: international models for the direct assessment of work capacity", *Disability and Rehabilitation*, 2017 DOI: 10. 1080/09638288. 2017. 1366556.

Bureau of Labor Statistics U. S. Department of Labor "PERSONS WITH A DISABILITY: LABOR FORCE CHARACTERISTICS — 2018".

David Lewin "CONTEMPORARY ISSUES IN EMPLOYMENT RELATIONS". *the Labor and Employment Relations Association*, 2006.

Department for Work and Pensions: Family Resources Survey: financial year 2017/18. https://www. gov. uk/government/statistics/family – resources – survey – financial – year – 2017/18.

Department for Work and Pensions: The spending power of disabled people and their families in 2014/15, and changes since 2012/13https://assets. publishing. service. gov. uk/government/uploads/system/uploads/attachment_data/file/572187/spending – power – of – disabled – people – and – their – families – 2014 – 15. pdf.

Direction de l'information légale et administrative (Premier ministre). "Accident du travail: indemnisation en cas d'incapacitépermanente" [EB/OL]. (2019 – 01) [2019 – 08 – 29]. https://www. service – public. fr/particuliers/vosdroits/F14840.

James Banks, Richard Blundell, and Carl Emmerson "Disability Benefit Receipt and Reform: Reconciling Trends in the United states" *Journal of Economic Perspectives*, Volume 29, Number 2, 2015, 173 – 190.

John R. Kearney. "Social Security and the 'D' in OASDI: The History of a Federal Program Insuring Earners Against Disability". *Social Security Bulletin*, Vol. 66 No. 3, 2005/2006.

J. L. Mashaw, V. Reno, R. V. Burkhauser, and M. Berkowitz. "Disability Work and Cash Benefits". *Kalamazoo, MI: Upjohn Institute for Employment Research*, pp. 169 – 87. 1996.

Nathan Hudson – Sharp, Naomi Munro – Lott, Heather Rolfe, Johnny Runge "The impact of welfare reform and welfare – to – work programmes: an evidence review, Equality and Human Rights", *Commission Research Report Series*, *Research report* 111, 2018, pp. 64 – 71.

Richard V. Burkhauser and Mary C. Daly Source "SOCIAL SECURITY DISABILITY INSURANCE: TIME FOR FUNDAMENTAL CHANGE", *Journal of Policy Analysis and Management*, Vol. 31, No. 2, pp. 454 – 461 (SPRING 2012).

Supplemental Security Administration, "Annual Report of the Supplemental Security Income Program" 2018 https://www. ssa. gov/oact/ssir/SSI18/ssi2018. pdf.

US Census Bureau 2017 Disability Status Report. 2017http://www. disabilitystatistics. org/StatusReports/2017 – PDF/2017 – StatusReport_US. pdf.

日本厚生劳动省 厚生労働白書 平成 30 年版 https://translation. mhlw. go. jp/LUCMHLW/ns/tl. cgi/https://www. mhlw. go. jp/stf/wp/hakusyo/kousei/18/? SLANG = ja&TLANG = zh&XMODE = 0&XCHARS ET = utf – 8&XJSID = 0。

第十二章　残疾人社会服务

残疾人社会服务是为促进残疾人生活、发展与社会参与而提供的各种支持性服务的总称，既包括为满足社会普遍需求而提供的医疗卫生、教育培训、劳动就业、文化体育、住房保障、法律维权等一般性服务，也包括为满足残疾人特殊需求而提供的专项社会服务，如融合教育、残疾预防与康复、养护照护、就业服务及辅助器具服务等。在残疾人社会服务方面，美国的服务理念、专业化程度、政府与非政府组织的紧密协作及支持保障等方面均值得我国借鉴，本章以残疾儿童早期干预服务、融合教育的支持性服务、残疾人就业、社区生活服务等为例阐述美国做法，为我国发展相关残疾人社会服务提供参考。

一、服务理念

随着社会发展和联合国大会《残疾人权利公约》的广泛传播与实践，人们对残疾及残疾人的认识不断发生变化，因此，为残疾人提供的社会服务理念、服务内容与服务方式也在不断变化，越来越呈现出围绕促进残疾人及其家庭有尊严的生活和融入社会为目标的特点。

（一）道德模式

远在英国殖民时期和建国初期，英国《伊丽莎白济贫法》在美国就得到充分实施，残疾人作为救济对象被纳入法律保护，主要由家庭承担照顾残疾人的责任。20 世纪 20 年代，美国开始设立大型集体性慈善机构，残疾人作为重要的慈善对象被从家庭移居到这些机构中接受照顾和服务，封闭隔离的环境更造成人们对残疾人及其能力的刻板印象与忽视，社会普遍认为残疾人是病态的、可怜的、需要被长久照护的，没有能力为自己的生活作出正确决策、接受教育及就业等，各种限制剥夺了残疾人的自我决定权、发展权和社会参与权，这种仁慈的忽视便是残疾道德模式的核心观点[1]，在如今依然有广泛的社会影响。

---

〔1〕［美］Juliet C. Rothman，《残疾人社会工作》，曾守锤、张坤译，华东理工大学出版社 2008 年版，第 23 页。

（二）医学模式

19 世纪中期，许多医生和其他社会有识之士开始关注残疾产生的医学根源，致力于为残疾人寻找治疗方法，医学模式应运而生[1]。随着美国解决数目庞大的残疾退伍军人的决心日盛和残疾人的机构化运动，康复领域迅速发展，专业人才队伍快速增长，医学模式逐渐替代道德模式占据主要地位[2]。医学模式的主要观点是认为残疾问题主要是医学问题，残疾人的身心功能缺陷需要补偿和恢复才能达到正常标准，如果医学干预无法解决这一缺陷，残疾人便存在永久性缺陷，即丧失以某种正常方式从事活动的能力。由于对医疗机构的依赖，对医学模式的支持也得以延续，并写入法律条款，进一步造成对残疾人及其能力的刻板印象与忽视[3]。

（三）社会模式和权利模式

20 世纪中期以后，残疾人权利运动蓬勃发展，残疾人及其亲友发起去机构化、正常化及主流化运动，残疾人要求回社区、回学校、回归主流生活，要求和其他人一样有同样的机会，过和其他人一样的正常生活，这种权利倡导和赋权运动为残疾人争取平等和消除歧视提供了基础，社会模式逐渐取代道德模式和医学模式占据主导地位。1973 年的《国家康复法》被认为是最早针对残疾人的民权立法，试图建立一种残疾人全面参与和融入社会的权利模式，标志着美国国家残疾人法律和政策发生了根本性扭转[4]。1990 年颁布的《美国残疾人法》，保障残疾人和其他人同样的选择机会，被认为是美国采取人权模式而不是道德模式处理残疾问题的里程碑[5]。同时美国提供包容性环境及个性化服务，促进残疾人在独立生活、融合教育、就业等方面得到充分保障和支持。

从以上美国残疾人社会服务理念发展变化看出，美国对待残疾人的态度从以道德模式和医学模式为主发展到以社会模式和权利模式为主，坚持“机会均等、正常对待”理念，为残疾人提供独立生活和社会参与的支持性服务。

---

〔1〕 郑雄飞：《残疾理念发展及“残疾模式”的剖析与整合》，载《新疆社科论坛》2009 年第 2 期。

〔2〕［美］Juliet C. Rothman，《残疾人社会工作》，曾守锤、张坤译，华东理工大学出版社 2008 年版，第 28 页。

〔3〕［美］Juliet C. Rothman，《残疾人社会工作》，曾守锤、张坤译，华东理工大学出版社 2008 年版，第 28 页。

〔4〕 谢琼：《国际视角下的残疾人事业》，人民出版社 2013 年版，第 268 页。

〔5〕 谢琼：《国际视角下的残疾人事业》，人民出版社 2013 年版，第 269 页。

二、主要服务内容

美国残疾人社会服务始于家庭，运行在学校，共享在社区，最终落实于社会的平等参与，形成了贯穿残疾人一生的综合支持服务体系[1]。

（一）残疾儿童早期干预服务

1. 早期干预服务发展历程

残疾儿童早期干预服务是美国《残疾人教育法》（Individuals with Disabilities Education Act，IDEA）C 部分规定的服务内容，由联邦政府拨款各州负责执行，目的是确保全美国每个符合条件的 0 - 2 岁残疾儿童及其家庭均可得到免费的、系统广泛的、多学科跨部门合作的早期干预服务，从而降低学龄前期和学龄期残疾儿童对特殊教育需求及减少相关服务，还可以最大化提高残疾儿童的潜能，增加成年后的就业机会及促进独立生活能力[2]。早期干预服务要追溯到 1986 年修订实施的《残疾儿童教育法》（Education for All handicapped Children Act，EHA），EHA 的 H 部分实施以个别化家庭服务计划（Individualized Family Service Plan，IFSP）为主的早期干预服务，后 1990 年 EHA 修订并将名称改为《残疾人教育法》，早期干预服务项目划归为 C 部分持续实施。《残疾人教育法》历经多次修订，早期干预服务内容、人员资质及效果评估等不断完善，成为美国残疾人特殊教育服务的重要组成部分。《残疾人教育法》规定，美国教育部秘书处负责每年向国会和社会公布教育法的执行状况，反映了法律在保障残疾儿童受教育机会平等方面的旷日持久的努力。最新报告是 2018 年发布的第 40 个年度报告，主要呈现了 2016 财年对《残疾人教育法》的执行情况[3]。

2. 服务对象

根据《残疾人教育法》，早期干预服务对象是0—2 岁残疾儿童及其家庭，通过诊断工具和程序确诊具有以下 5 种情况中的一种或多种的儿童及其家庭均可申请服务：认知发育落后、身体发育落后（包括视力和听力）、交流能力发育落后、社会发展或情绪发育落后及适应能力发育落后；通过诊断工具和程序确诊的可能导致生理或心理发育落后的的残疾儿童及其家庭；高危儿童，即如果不接受早期

---

〔1〕 邓猛、赵泓：《新时期我国融合教育现状和发展趋势》，载《残疾人研究》2019 年第 1 期。

〔2〕 The Individuals with Disabilities Education Act https：//www. govinfo. gov/content/pkg/USCODE - 2011 - title20/pdf/USCODE - 2011 - title20 - chap33. pdf.

〔3〕 U. S. Department of Education 40th Annual Report to Congress on the Implementation of the Individuals with Disabilities Education https：//www. govinfo. gov/content/pkg/USCODE - 2011 - title20/pdf/USCODE - 2011 - title20 - chap33. pdf.

干预服务有可能出现发育落后的儿童及其家庭。各州可以自行决定是否为高危儿童提供服务。2016 年，美国共服务 0—2 岁残疾儿童 372896 名，占 0—2 岁儿童总数的 3.1%，这一比例在 2007 年为 2.6%[1]。

3. 个别化家庭服务计划

各州政府通过“儿童发现系统”找到残疾儿童后，会主动督促家长尽快接受鉴定和评估。根据《残疾人教育法》，早期干预服务内容包括家庭培训、咨询和家庭访视，特殊指导，语言服务，作业治疗，物理治疗，协调服务，仅用于诊断或评估的医疗服务，早期识别、筛查和评估服务，健康服务、社会工作服务及视光学服务，辅助技术服务及交通服务等，具体服务内容根据儿童情况由个别化家庭服务计划（Individualized family service plan，IFSP）确定。个别化家庭服务计划是早期干预服务的核心，是为每个 0—2 岁儿童及其家庭提供早期干预服务的书面报告，报告要求，列出服务提供者及服务场所，提供服务的频率、时间、数量、场所及服务内容。个别化家庭服务计划的制订与实施由申请、评估、召开服务计划会议、实施及转衔服务等环节组成，由一对一的服务协调员负责个案的全程跟踪管理。《残疾人教育法》要求在 45 天内完成最初的评估、召开会议及制订服务计划，个别化家庭服务计划会议由父母、服务协调员和服务提供者等多学科跨部门团队参加，服务计划必须每六个月审查一次，每一年召开一次。在儿童 3 岁生日前的 3 到 9 个月，服务协调员会通知地方教育当局和儿童家长，组织召开相关专家和家长等参加的转衔计划会议，制订残疾儿童满 3 岁后接受学前服务或其他适当服务的转衔计划，并保证转衔计划的顺利实施。

4. 服务成效

对各州执行早期干预服务项目的效果评估是基于法案 C 部分的具体条款要求，共 11 项，包括早期干预服务人数、服务环境、干预成效及转衔服务等。2016 年美国强调残疾儿童必须在自然环境中接受服务，88.9% 的儿童在家里接受早期干预服务，7.8% 在社区接受早期干预服务（包括托儿所、学龄前学校、护理学校、早教中心、图书馆、社区中心、公园及酒店等），即 96.7% 的残疾儿童在自然环境中接受干预服务，其他 3.3% 在医院、诊所、干预中心及居住机构等地方接受服务。从早期干预成效看，2016 年约有 16.1% 的儿童在满 3 岁前因不再符合早期干预条件退出服务（即变为正常），36.4% 接受转衔服务继续学龄前特殊教育服务，5.3% 转衔至其他服务项目。接受早期干预服务的儿童积极的社会情绪技能提升比例达到 65%，获得和使用知识技能提升的比例达到 71%，恰当的行为比

---

[1] U. S. Department of Education 40th Annual Report to Congress on the Implementation of the Individuals with Disabilities Education https://www.govinfo.gov/content/pkg/USCODE-2011-title20/pdf/USCODE-2011-title20-chap33.pdf.

例达到72%[1]。

（二）融合教育服务

1. 美国融合教育发展历程

融合教育强调最大限度地将有特殊教育需要的学生安置在普通教育环境中学习。美国是融合教育发展较为完善的国家之一，经过40多年的发展，基本实现了残疾学生“进得来、学得好、出得去”的目标。在去机构化、正常化和主流化运动下，美国1975年颁布了《残疾儿童教育法案》，提出了“免费且适当的公立教育、零拒绝、无歧视、最少受限制环境、家长参与、正当程序”六项实施原则，为融合教育发展奠定了法律基础。20世纪80年代中后期，残疾学生基本能够进入普通学校，但是学校仍然存在排斥现象，并且残疾学生离开学校后遭遇独立生活与社会适应方面的困难。1990年修订的《残疾人教育法》为解决残疾学生学习质量和从学校到社会适应的过渡衔接进行了规定，将提供高质量教育作为重要目标。2015年《每一个学生成功法案》强调要保障残疾学生平等的升学权与就业权，融合教育理念进一步彰显[2]。

2. 教育安置形式

融合教育的服务对象是3—21岁残疾学生，根据美国特殊教育零拒绝原则，所有残疾学生无论残疾程度多重，都有接受教育的权利和机会。2016年，共有759801名3—5岁残疾儿童接受学龄前教育，占所有3—5岁儿童的6.4%，其中66.8%安置于普通幼儿园，22.7%安置于特殊班级，6.2%在康复服务机构，4.3%在特教机构、疗养院或家中。604888名6—21岁残疾学生接受服务，占所有6—21岁学生的9%[3]，其中94.9%在普通学校接受教育，只有5.1%在特教机构或其他地方限制性环境接受教育[4]。上述数据显示不同残疾学生的安置环境差异很大，大部分学生在融合的环境中接受教育，少部分也可被安置于除普通教室之外的限制性环境，包括隔离的特殊学校、养护机构等[5]。因此，美国残

---

[1] Department of Education：SPECIAL EDUCATION，Fiscal Year 2020 Budget Request.

[2] 郑伟，张茂聪，侯洁：《美国融合教育的政策特点与实施效果》，载《特殊教育研究》2019年第7期。

[3] U. S. Department of Education 40th Annual Report to Congress on the Implementation of the Individuals with Disabilities Education https：//www. govinfo. gov/content/pkg/USCODE－2011－title20/pdf/USCODE－2011－title20－chap33. pdf.

[4] U. S. Department of Education 40th Annual Report to Congress on the Implementation of the Individuals with Disabilities Education https：//www. govinfo. gov/content/pkg/USCODE－2011－title20/pdf/USCODE－2011－title20－chap33. pdf.

[5] 郑伟、张茂聪、侯洁：《美国融合教育的政策特点与实施效果》，载《特殊教育研究》2019年第7期。

疾学生的教育安置形式并不是一味地追求完全融合的教育环境，而是以学生自身的最佳发展为目标，只有在提供额外的支持和服务仍不能满足融合教育需求的学生才能被安置于限制性环境。

3. 个别化教育计划

个别化教育计划（Individualized Education Program，IEP）是融合教育的基石，是保障残疾学生在普通教育环境中接受满足其特殊需要教育的核心。该计划不仅为残疾学生教育提供了指南，也为残疾学生家长与学校工作人员共同负责设计学习课程及服务提供了合作的机会和方式。IEP 是为每个残疾学生提供的书面文件，包括学业成绩和功能性表现，即残疾如何影响学生在普通课程中的参与和进步。IEP 制定流程与 0—2 岁儿童个别化家庭服务计划类似，由普通教师、特殊教育教师、其他专业人员如治疗师、家长和学生等共同参与制定。

IEP 包括八个核心要素，基本包括了所有融合教育成败的关键问题〔1〕。第一，评估学生基线学业和功能性水平，为教育安置方式和教学决策的选择提供基础；第二，制定学生的教育目标，这是 IEP 的核心，目标强调可测量性，应包括学业目标和功能性目标；第三，相关服务均需基于有良好外部效度的研究；第四，IEP 必须与普通课程相结合，加强普通教师与特教老师合作，充分考虑残疾学生在普通课程中的参与程度，解释为什么以及残疾会如何影响学习、在多大程度上影响学习等关键问题，并提出问题解决办法；第五，服务时间上要求 IEP 从计划开始直至学生离校，保证服务的连续性；第六，在学生进步和报告的要求方面，包括家长对学生进步程度的认识，促使家长更好地参与到学生的教育责任之中；第七，重视转衔服务，要求学生不迟于 16 岁制订转衔服务计划，确保学生离校时有合适的、可测量的初中毕业后的目标，并提供转衔评估及转衔服务帮助学生达成目标；第八，对州或学区范围测试进行调整。若学生不能参加测试则需说明理由并提供替代性方案，保障残疾学生的教育质量，并得到严格监测。

4. 服务效果评估

与早期干预服务项目的效果评估相似，融合教育对各州评估执行基于《残疾人教育法》B 部分条款，主要包括学业完成情况、教育成效等 17 项内容。2016 年结果显示，21% 的 3—8 岁儿童读写能力提升；14 岁残疾学生获得普通初中毕业证的比例为 45.7%，转为普通教育比例为 10.3%，辍学比例为 11.1%，继续接受教育比例为 24.9%；获得高中毕业证比例为 70.1%，其中 77.6% 的高中学生可继续接受高等教育或参加就业〔2〕。

---

〔1〕 傅王倩、王勉、肖非：《美国融合教育中个别化教育计划的发展演变、实践模式与经验启示》，载《外国教育研究》2018 年第 6 期。

〔2〕 Department of Education：SPECIAL EDUCATION，Fiscal Year 2020 Budget Request.

（三）残疾人就业服务

美国政府重视残疾人就业，一方面就业是残疾人的权利，是残疾人融入社会的重要手段；另一方面，残疾人就业可促进残疾人自立，减轻国家财政压力。美国政府为残疾人提供就业指导、就业培训等服务，为雇佣残疾雇员的雇主提供税收优惠政策，努力创造无障碍、无差别的社会工作环境，保障有劳动能力且有劳动意愿的残疾人顺利就业。美国残疾人就业服务经过40余年的发展，主要有庇护性就业、支持性就业和自主就业等方式。

1. 残疾人就业服务发展历程

美国残疾人就业服务发展经历从庇护性就业向支持性就业、自主就业等市场化就业方式的转变，体现了“机会均等、正常对待”的发展理念。从20世纪60年代开始，为促进残疾人融入社会回归主流生活，美国联邦政府重新审视残疾人就业政策，根据1973年颁布的《职业康复法》，旨在通过康复实现残疾人就业，并且建立了许多庇护工场满足残疾人就业需求，美国曾认为庇护性就业是向残疾人市场就业的过渡形式，但实际上残疾人市场就业率反而持续下降，并由于庇护工场从建立、运营、工作人员收入到产品生产所需资金至少80%由政府支付，财政压力大增。20世纪80年代中期，美国残疾人就业政策再次调整，由庇护性就业转变为向提供残疾人市场化的就业机会，并提供相关支持性服务使残疾人更适合于工作岗位及更容易进入工作场所〔1〕。1990年的《美国残疾人法》使残疾人政策更加具有就业导向〔2〕，分别以提供合理便利和防止过度负担体现对雇主的责任要求和对雇主利益的保护，要求任何机构不得歧视残疾人，但此后十年残疾人就业率并没有得到有效改善，残疾男性的就业率在1989—2000年间下降了22%，残疾女性和健全女性的就业率差距在逐步拉大，学者们认为就业年龄段残疾人并没有享受到经济繁荣的成果〔3〕。

1998年，美国政府颁布《劳动力投资法》（Work force Investment Act），各州都设有一站式就业服务中心，为持有工作许可证的残疾求职者提供免费的就业、医疗康复和职业培训服务。1999年联邦政府颁布《工作凭证和改善工作刺激法》（Ticket – to – Work and Work Incentives Improvement Act），规定社会保障残疾保险

---

〔1〕 杨伟国、陈玉杰：《美国残疾人就业政策的变迁》，载《美国研究》2008年第2期。

〔2〕 Rich ard V. Bu rkhauser and Mary C. Daly, “ Poli cy Wat ch: U. S. Disabili ty Policy in a Ch anging E nvi ronment,” The Journa l o f Econom ic Persp ect ives, Vol. 16, No. 1 (Win ter 2002), pp. 213 – 224.

〔3〕 David C. St apl et on, Richard V. Burk hauser and Andrew J. Hout envil le, “ Has the Employment Rate of People with Disabilities Declined ? Policy Brief,” Employment and Disability Institute, Cornel l University, Year 2004.

（DI）和补充收入保障（SSI）项目为因重返工作岗位而收入增加的残疾人继续提供医疗保险和医疗救助。2001 年美国劳工部成立残疾人就业政策办公室，举办各种促进残疾人就业、提升残疾人职业技能、拓展职业发展空间的项目，成为残疾人就业潜能发展服务的重要政策标志[1]。2006 年美国残疾人就业政策办公室实施定制自主就业项目，进一步拓宽残疾人就业渠道。2008 年美国公平就业机会委员会实施提高特定残疾人在联邦机构的参与率，联邦政府成为雇佣残疾人的模范雇主。2016 年美国劳工部残疾人就业政策办公室设立提升心智障碍者融合就业顾问委员会，提高融合就业参与率。

在残疾人就业服务发展过程中，美国政府同时创造更好的无障碍社会生活环境与工作场所环境，为残疾人就业扫清空间障碍。但总体来看，美国残疾人就业成效并不理想。2018 年就业年龄段（16—64 岁）残疾人就业率为 30. 4%，远低于非残疾人的 74%[2]，其中 31% 为兼职工作。19% 的残疾人从事服务业，13. 9% 从事生产、运输和搬运工作，33. 7% 从事管理及专业工作，14. 1% 在政府部门工作，自主就业比例为 10. 2%[3]。

2. 庇护性就业服务

庇护性就业是 20 世纪 60—70 年代中重度智力残疾人和精神残疾人（一般称心智障碍者）最主要的就业方式，兼顾照护、职业重建、训练、过渡性就业与治疗等其他功能。由于缺乏有效的社区融合就业服务，庇护性就业现今在美国仍得以持续蓬勃发展[4]。美国境内庇护工场的数量一直有增无减，美国约有 8000 家服务机构为心智障碍者提供服务，大约 75% 的心智障碍者在庇护工场或非工作项目里接受服务，仅有 25% 进入支持性就业项目[5]。庇护性就业机构和员工不存在雇佣关系，收入低于最低工资标准，工场工作常由外部公司根据合约提供，虽然庇护工场会提供旨在促进就业的职业培训，但很少有心智障碍者能离开庇护工场实现社区融合就业。由于庇护工场从建立、运营、工作人员收入到产品至少 80% 的资金由政府支付，给政府财政带来一定的压力。调查显示，安排一名残疾

[1] 杨伟国、陈玉杰：《美国残疾人就业政策的变迁》，载《美国研究》2008 年第 2 期。

[2] Bureau of Labor Statistics U. S. Department of Labor PERSONS WITH A DISABILITY：LABOR FORCE CHARACTERISTICS，2018.

[3] Bureau of Labor Statistics U. S. Department of Labor PERSONS WITH A DISABILITY：LABOR FORCE CHARACTERISTICS，2018.

[4] [美] 布莱恩·达格：《美国佛蒙特州融合就业的发展历程》，李超译，载《残疾人研究》2017 年第 2 期。

[5] David M. Mank and Teresa A. Grossi. "Employment：Renewed Investments". *Inclusion*，*vol.* 1，*no.* 1，pp. 7 - 16. 2013.

人参加庇护性就业所需花费达7894美元，比安排支持性就业花费高3352美元[1]。2016年美国劳工部残疾人就业政策办公室设立提升心智障碍者融合就业顾问委员会，提高融合就业参与率，显著减少隔离性的工作和非工作项目，并对是否得到最低工资标准进行认证[2]。从残疾人就业率来看，这项政策实施效果并不理想。

3. 支持性就业

支持性就业是指在竞争性工资的情况下，帮助重度残疾人获得和保有社区融合就业机会，就业辅导员提供工作建议和系统性培训，残疾人掌握该项工作后就业辅导员逐步退出[3]。支持性就业是先安置后培训的工作方式，完全有别于庇护性就业的先培训后安置模式。支持性就业流程包括：评估—工作搜寻—工作分析—工作匹配—工作设计—工作准备—在工作现场外的支持以及持续的支持。美国支持性就业的基本原则包括零拒绝、竞争性就业、职业康复和精神疾病治疗同时进行、持续的支持服务及尊重残疾人意愿等[4]。支持性就业在最初提出的时候主要针对中重度智力障碍残疾人，但随着支持性就业的发展，其服务的残疾人除了以心智障碍者为主外（精神残疾人和智力残疾人比例分别为44.38%和32.64%）[5]，还包括各种残疾类型残疾人。支持性就业提供市场化就业环境，增加了残疾人的社会融入和正常化生活。同时支持性就业也大大地增加了残疾人的经济收入，约比庇护性就业增加500%，平均工资也高于同时期美国最低工资水平，同时每周工作时长与庇护性就业相比也有了大幅增加[6]。以美国佛蒙特州为例，佛蒙特州从1980年开始试点支持性就业，2012年关闭最后一个庇护工场，为美国残疾人支持性就业的发展提供了模板。佛蒙特州融合就业案例成功的关键在于多部门共同协作为残疾人提供全方位的服务，推动残疾人在竞争性就业中获得成功。佛蒙特州立大学负责提供培训和技术援助，州职业康复部门负责提供医疗救助资金支持岗位开发和就业培训，而持续性的培训与援助是该项目长期坚持并取得成功的关键。佛蒙特州还与该州非营利就业服务机构直接签约，在所属社

---

[1] 杜林、李伦、雷江华：《美国残疾人支持性就业的发展及对我国的启示》，载《中国特殊教育》2013年第9期。

[2] U. S. Department of Labor. ODEP's Advisory Committee on Increasing Competitive Integrated Employment for Individuals with Disabilities,2016.

[3] Wehman,p. Competitive employment in Virginia. In F. R. Rusch(Ed.),Competitive employment issues andstrategies,1986.

[4] Chan F,Mahon B. Current and future challenges in vocational rehabilitation. *Journal of Vocation Rehabilitation*,2011,35:189－191.

[5] Nazarov Z E,Golden T P,Schrader S V. Prevocational services and supported employment wages. *Journal of Vocational Rehabilitation*,2012,37:119－129.

[6] ZE Nazarov,TP Golden "Prevocational services and supported employment wages". *Journal of Vocational Rehabilitation*,vol. 37,no. 2,pp. 119－129,2012.

区为残疾人提供融合性的就业服务。2013 年，佛蒙特州心智障碍者就业率达到 44%，远高于全美国 19% 的平均水平，残疾人共获得大约 380 万美元的工资收入[1]。

4. 自主就业

自主就业占美国残疾人就业形式的 10% 左右，2018 年为 10.2%。1998 年《职业康复法修正案》要求，职业康复机构积极主动地全程为残疾人自主就业提供支持服务，包括提供与自主就业相关的培训和信息、协助开发商业计划及帮助残疾人监督企业的运营。随着自主就业的发展，近年来逐渐提出定制自主就业（Customized self - employment）。定制自主就业是指通过大量的调查、访谈、观察，发现残疾人的能力、技能、兴趣和需要，在此基础之上为他们定制自主就业。通过为残疾人提供定制服务，自主就业残疾人约有 57% 能够成功创立自己的企业，而没有接受定制服务的残疾人中只有 28% 能成功实现自主就业[2]。所有残疾类别残疾人均可参加自主就业，自主就业的形式可以大到建立企业，小到居家就业、社区自主就业、网络就业以及钟点工等[3]。在偏远地区和经济不发达地区，由于企业少，残疾人很难找到工作，自主就业为残疾人提供了一条经济独立的道路。2007 年在其他职业康复项目中就业的残疾人周薪为 350 美元，而自主就业残疾人的周薪为 396 美元，比其他形式就业的残疾人高 13%。同时，自主就业的残疾人在工作过程中可以自由控制工作量和时间，提高了残疾人的工作和生活质量。社会公众购买残疾人产品或接受残疾人服务后，一定程度上改变了对残疾人只能依赖社会救助的偏见[4]。

（四）残疾人社区生活服务

经历去机构化运动和主流化运动后，美国残疾人社区生活方式多种多样，主要有 3 种方式：在家独居或与其他成员生活在一起；独立生活中心提供的独立生

---

[1] [美] 布莱恩·达格：《美国佛蒙特州融合就业的发展历程》，李超译，载《残疾人研究》2017 年第 2 期。

[2] 杜林、邓猛：《美国残疾人自主就业的发展及对我国的启示》，载《残疾人研究》2017 年第 3 期。

[3] 杜林、邓猛：《美国残疾人自主就业的发展及对我国的启示》，载《残疾人研究》2017 年第 3 期。

[4] 杜林、李伦、雷江华：《美国残疾人支持性就业的发展及对我国的启示》，载《中国特殊教育》2013 年第 9 期；McNaughton D, Symons G, Light J, et al. "Mydream was to pay taxes": The self - employment experiences of individuals who use augmentative and alternative communication. Journal of Vocational Rehabilitation, 2006, 25: 181 - 196。

活；在社区之家或小组之家生活，某些开销和生活费用由大家共同分担[1]。无论是哪种社区生活，均可申请生活支持服务，服务涉及咨询、日常生活支持、资源链接及其他相关服务等。另外还有某些隔离型机构如医院、学校或疗养院也在为少量残疾人提供服务。

1. 残疾人社区生活服务发展历程

美国从 20 世纪 20 年代开始，残疾人开始在大型服务机构中接受照护服务，机构的设施设备和康复相关服务等得到快速发展。随着大型机构增多，越来越多机构对残疾人的控制和虐待信息被曝光，大型机构被普遍认为没有隐私、不够人性化及与社会严重隔离而被诟病。从 50 年代开始，在去机构化运动和正常化运动推动下，美国政府强制关闭大型残疾人服务机构，但由于社区设施和专业人员不足，很多残疾人回到社区后不得不重新回到机构接受服务。但历史潮流不容逆转，到了 80 年代大型残疾人服务机构逐渐被小型机构所代替，小型机构多以居住 1—6 名残疾人为主，提供支持性服务协助他们的日常生活[2]。因此，美国去机构化运动不是全面否定机构服务，而是去大型机构化，机构服务依然存在，并与社区服务相结合以改善机构的相关服务[3]。为了使残疾人能在社区独立生活，90 年代末美国政府要求各州提供以社区为中心的服务，满足残疾人基本生活、康复护理、精神情感娱乐等多方面需求，标志着政府从管理残疾人到对残疾人需求提供支持的转变，弥补了单一机构服务的不足[4]。从残疾人生活质量来看，居住在大型机构中的残疾人转到小型机构和社区生活以后，其正常化生活程度和生活质量都得到很大提升[5]。成本—收益角度分析结果提示，大型机构服务比社区服务的花费要高约 2.5 倍，社区服务因其可观的经济效益正在被越来越多的人认可[6]。

---

[1] [美] Juliet C. Rothman《残疾人社会工作》，曾守锤、张坤译，华东理工大学出版社 2008 年版，第 332 页。

[2] DL Braddock，SL Parish，"An Institutional Closure and Deinstitutionalization：What can be Learned from Victoria's Institutional Redevelopment?" *Handbook of Disability Studies*. Thousand Oak：Sage，1995.

[3] 金炳彻：《从机构福利到社区福利——对国外社会福利服务去机构化实践的考察》，载《中国人民大学学报》2013 年第 2 期。

[4] 金炳彻：《从机构福利到社区福利——对国外社会福利服务去机构化实践的考察》，载《中国人民大学学报》2013 年第 2 期；Korinko K J. "Quality of Life of People with Profound Developmental Disabilities Based Upon Residential Settings". Walden University，2016。

[5] Emerson，E. B. "Evaluating the impact of deinstitutionalization on the lives of mentally retarded people". *American Journal of Mental Deficiency*，vol. 90，no. 3，pp. 277 – 288. 1985.

[6] Kevin K. Walsh，Theodore A. Kastner，and Regina Gentlesk Green，Cost Comparisons of Community and Institutional Residential Settings：Historical Review of Selected Research. *Mental Retardation*：，Vol. 41，No. 2，pp. 103 – 122. April 2003.

2. 居家服务

残疾人可以选择住在家里获得家庭更多的照顾和支持，但居家服务照顾者不享受政府补贴。残疾人可以获得包括家庭无障碍改造、物理治疗、作业治疗及临时护理等支持性服务[1]。

3. 独立生活中心

独立生活强调残疾人参与个人决策，像其他人一样决定自己的居住安排、就业、交通、社会参与及休闲活动。独立生活中心最早于1972年在加州伯克利成立，1978年开始在联邦和州政府经费支持下发展，独立生活中心约有75%的工作人员为残疾人，同样的残疾经历为其他残疾人提供了非常丰富的独立生活经验[2]。独立生活中心主要提供独立生活技能培训、资金管理、救济金咨询、交通运输、辅助技术服务、就业准备和社交等支持性服务，帮助残疾人更好地融入社区，在促进残疾人生活独立等方面发挥着举足轻重的作用。残疾人既可以选择在社区独立生活，也可以生活在独立生活机构的公寓内，由独立生活中心提供全方位服务。

4. 集体居住

集体居住一般为独立的集体生活，每个人有独立的卧室，共用客厅、餐厅和其他公共场所。集体生活为残疾人提供了社会化机会，可以做到互相尊重、和睦共处及遵守共同规则，残疾人还可以共享护理服务、家务管理支持服务及其他服务[3]。

5. 疗养院机构居住

疗养院是典型的机构化服务，大多数居住人员为75岁以上的老年人，很多老年人伴有残疾。虽然疗养院不是残疾人首选，但疗养院确实可以满足某些特殊人群（如严重的认知障碍者、全身瘫痪的人、需要医疗设备长期监护和支持的残疾人）的需要。残疾人入住疗养院必须得到本人的同意，还要参与护理计划的制订、参加院内活动并遵守疗养院规章制度，并且要随时准备回到社区生活，疗养院必须提供机构到社区的转衔服务[4]。

---

〔1〕 Korinko K J. "Quality of Life of People with Profound Developmental Disabilities Based Upon Residential Settings". Walden University, 2016.

〔2〕［美］Juliet C. Rothman，《残疾人社会工作》，曾守锤、张坤译，华东理工大学出版社2008年版，第338页。

〔3〕［美］Juliet C. Rothman，《残疾人社会工作》，曾守锤、张坤译，华东理工大学出版社2008年版，第338页。

〔4〕［美］Juliet C. Rothman，《残疾人社会工作》，曾守锤、张坤译，华东理工大学出版社2008年版，第338页。

三、美国残疾人社会服务体系

美国残疾人社会服务体系既包括联邦政府、州政府和地方政府三大职能部门形成的有系统有组织的政府服务支持网络，也包括数量众多、规模不等、服务形式多种多样的非政府残疾人服务组织，与市场一起构成了强大的社会服务体系，建立了政府主导、社会组织和市场等主体共同参与的服务供给模式[1]。

（一）政府主导

20世纪90年代，受新公共管理理论的影响，克林顿政府启动政府行政改革，着力建立企业家政府，认为政府在公共管理中应该是“掌舵”（制定政策）而不是“划桨”（提供具体服务），应引进市场力量提供公共服务等[2]。政府不再承担具体服务职能，而是通过颁行法案、社会监督、机构倡导、开发残疾人服务项目、收入支持及支持针对残疾人的研究等方式发挥掌舵者的功能，成为公共服务的主导者。联邦政府、州政府和地方政府形成了系统的服务支持网络，有效地解决了残疾人在公民权利、无障碍环境、收入支持、康复、教育、就业及社区服务等领域的重要需求。各州政府和地方政府除执行联邦政府残疾人服务项目外，还可制定本地残疾人服务项目。各级政府财权和事权高度一致，国家性的服务项目由联邦政府出资，州政府负责执行，州政府执行时必须符合联邦政府规定的所有标准，联邦政府和州政府的很多项目通过地方政府具体执行，地方政府可直接提供服务也可委托当地非政府残疾人服务组织执行[3]。以特殊教育为例，特殊教育经费只有少部分来自联邦政府，大部分来自州和地方财政。2019年联邦政府支出134.69亿美元支持特殊教育，其中0—2岁儿童费用为4.7亿美元，3—21岁残疾学生特殊教育费用123.64亿，州工作人员发展项目费用为3863万美元，支持家长信息服务中心项目费用为2741万美元，包括支持64个家长培训信息中心、29个社区家长资源中心和5个辅助技术中心等[4]。2019年每个3—21岁残疾学生花费约为1775美元，联邦财政支付比例约占13%，其余均由州财政和地方财

[1] 谢琼：《国际视角下的残疾人事业》，人民出版社第2013版，第290页。

[2] ［美］珍妮特·V.登哈特，罗伯特·B.登哈特著，《新公共服务：服务，而不是掌舵》，丁煌译，中国人民大学大学出版社2016年版，第3页。

[3] ［美］Juliet C. Rothman，《残疾人社会工作》，曾守锤、张坤译，华东理工大学出版社2008年版，第298页。

[4] Department of Education SPECIAL EDUCATION Fiscal Year 2020 Budget Request https://www2.ed.gov/about/overview/budget/budget20/summary/20summary.pdf.

政支付[1]。州政府和地方政府项目均由本级政府负责资金保障。

（二）非政府残疾人服务组织为服务主体

美国残疾人社会服务主要由非政府残疾人服务组织提供一对一的直接服务，服务内容涉及生活的方方面面，如前述的0—2岁残疾儿童早期干预服务、特殊教育支持服务、就业服务、社会生活服务等均由非政府残疾人服务组织提供，每一项服务具体包括咨询、倡导、培训、个人护理、卫生保健、支持与评估、转衔服务等内容。不像政府服务系统完善的三级服务网络，非政府残疾人服务组织都独立运行，且每一机构的职责、关注点、服务人群和服务内容等也各不相同[2]，但都围绕残疾人生活独立和提高能力提供支持性服务。在服务递送过程中，非政府残疾人服务组织往往将社区、机构、志愿者、政府、媒体等方面力量结合起来，形成合力以发挥最大作用力。非政府残疾人服务组织的资金来源主要有政府购买服务、收费和社会募集资金。根据服务残疾人的类别可将非政府残疾人服务组织分为3类。

1. 为特定残疾人群体提供服务的机构

为特定残疾人群体提供服务的机构通常为全国性组织，在各地有分支机构和地方分会，在组织架构上以总部为中心，主要负责该类别残疾人咨询、教育普及、政策倡导、项目开发和研究资助等。地方分会具体负责项目执行。比较典型的是美国智障人士协会，为全国智力残疾人提供服务，帮助他们成长、发展和适应社区生活。通过服务让智力残疾人有机会获得早期干预、免费教育、卫生保健、就业机会、独立生活培训、休闲娱乐及家庭支持服务等。同时倡导各级政府和社会了解残疾人、维护残疾人权利等。

2. 为多类残疾人群提供服务的机构

顾名思义，该机构可以为多种残疾类型残疾人提供服务，如权利倡导、法律援助、政治行动、社会传播及服务提供等。残疾人联盟便是其中的一个，该组织致力于实现联邦政府的立法和规章以支持残疾人的权利和高质量生活，改进公共政策等。

3. 地方性残疾人服务机构

在美国，大部分地方都成立了地方性服务机构，便于对本社区残疾人需求的及时回应。由于主要服务本社区残疾人，这些机构具有小型化、针对性强、反应

---

[1] Department of Education SPECIAL EDUCATION Fiscal Year 2020 Budget Request https://www2.ed.gov/about/overview/budget/budget20/summary/20summary.pdf.

[2] [美] Juliet C. Rothman，《残疾人社会工作》，曾守锤、张坤译，华东理工大学出版社2008年版，第301页。

灵敏、方便可及等特点，可以直接提供服务。机构的资金来源主要由政府资助和资金募集。

（三）市场发挥补充作用

美国政府残疾人社会服务大部分由非政府残疾人服务组织提供，由政府出资购买。但有些项目需要残疾人向市场购买。如残疾人入住疗养院的花费很大，当国家拨款用完时残疾人必须自己支付费用。生活照顾社区和援助中心提供的服务通常需要残疾人自己付费，服务费用因所在区域、接受服务种类、设施和机构举办者的不同而差异显著，满足残疾人特殊需要的护理服务通常由政府通过项目拨款形式提供费用，但很多专门服务需要残疾人向市场购买〔1〕。此外，那些拥有良好的经济能力或工作能力的个体，可以获得政府的法律支持和面向残疾人的公共服务，但在不符合残疾人救济的条件下，则不能获得相关的福利服务〔2〕。

四、启示和建议

平等融合是美国残疾人服务的基本理念。无论是残疾儿童的早期干预、教育还是残疾人就业、生活服务，从发展历程来看，都经历了从隔离到融合、从特殊环境向自然的环境的过渡。其中残疾儿童早期干预和教育的融合程度越高，相应的服务取得的效果也越好，96.7%的0—2岁残疾儿童的残疾儿童在自然环境中接受干预服务，早期干预成功率接近六分之一；95%的残疾儿童在普通学校读书，为残疾儿童融入社会、实现就业打下了良好的基础。残疾人就业服务也从大规模建设庇护工场、集中安置残疾人就业，向积极发展支持性就业、自主性就业等更高质量、更受残疾人欢迎的融合就业方向发展。残疾人生活服务则从大规模建设大型服务机构向机构小型化、社区化、居家服务方向转变。虽然我国在残疾人教育、就业等领域积极倡导“平等融合”理念，但受到观念、制度、资金、人才等因素的限制，残疾人社会服务还未能真正实现“融合”的目标。此外，美国残疾人社会服务中贯穿残疾人生命历程各阶段的跟踪式个案管理、顺畅的转衔制度、残疾人个人及家庭成员的充分参与及政府主导、社会组织和市场共同参与的服务供给模式等也给我们做好残疾人社会服务以启示。因此，参考美国的残疾人服务发展历程和趋势，总结美国残疾人服务的经验，对进一步完善我国残疾人服务体系、提高残疾人服务质量具有重要借鉴意义。

---

〔1〕［美］Juliet C. Rothman，《残疾人社会工作》，曾守锤、张坤译，华东理工大学出版社2008年版，第339页。

〔2〕杨立雄：《美国、瑞典和日本残疾人服务体系比较研究》，载《残疾人研究》2013年第1期。

（一）促进残疾模式的转变

美国残疾人社会服务的价值观导向以社会模式或权利模式为主的多种模式混杂状态，强调残疾问题不仅是个人问题，更是社会问题和权利问题，国家和政府有责任通过赋权增能保障残疾人平等权利和社会融合目标实现。在我国，从“残废人”称谓到后来普遍使用的“残疾人”，再到现在的“残障人”等称呼，人们对残疾人的称呼发生了很大变化，反映了社会对残疾人态度的根本改变〔1〕。但是，总体而言，社会公众对残疾及残疾人的认识仍然主要停留在慈善模式和医学模式，这一方面与我国目前经济发展状况有关，不能为残疾人提供发达国家一样的收入保障，但更反映了社会对残疾人的认识仍然是消极的，所提供的支持性服务远远不足，尤其在残疾人教育和就业等赋权增能服务方面的工作，我国仍有很长的路要走。需要在全社会进一步广泛宣传“平等、参与、共享”理念，在残疾人社会服务领域树立“平等融合”的鲜明导向，通过建立支持性服务系统，对残疾人赋权增能，增强残疾人生活自理和自立能力，在生活、发展和社会参与的每一环节充分体现残疾人主体地位，真正实现“平等、参与、共享、融合”目标。

（二）着力提高残疾人早期干预服务和融合教育

残疾人社会服务质量是检验社会政策的黄金标准，美国残疾人社会服务因其专业化和高服务质量为世人所称道。其主要经验包括：

1. 重视早期干预服务

我国一贯重视残疾儿童早期干预服务，从 20 世纪 80 年代的残疾儿童抢救性康复开始就不断完善残疾儿童康复服务，2018 年国务院印发了《关于建立残疾儿童康复救助制度的意见》，全面推进残疾儿童康复救助，促进残疾儿童的早期干预全覆盖。但是，相较于美国我国在残疾儿童早期干预服务方面存在需要改进的方面。

首先，美国残疾儿童干预服务从生命早期开始，重视对各级医院、家长和早教机构儿童发育异常的宣传与培训，提升早期发现残疾儿童的概率。医院确诊后主动有一对一的服务协调员负责个案的全程跟踪管理，高效实现不同政府部门、服务机构与相关工作人员之间的服务协调与资源整合，确保了对残疾儿童及其家庭的主动全程管理与服务，提高了干预的依从性与长期随访率。我国对基层医院、家长和幼儿园等机构早期干预宣传不足，尚未形成儿童残疾早期诊断后的系统跟

---

〔1〕 中国残联残疾人事业发展研究中心 道略残疾人事业研究院：《中国残疾人发展与社会进步年度纵览（2018）》，求真出版社 2019 年版。

踪服务制度，导致家长耗掉大量精力和金钱奔波于各个机构之间，因此需要加强早期干预服务宣传培训、建立卫生健康和残联等部门之间的沟通合作，由专人负责（如出生缺陷宣传员或康复咨询师等）迅速介入早期干预服务，通过跨学科多部门资源整合，建立服务供给方与需求方的有效衔接。

其次，美国早期干预服务强调在自然环境中提供，即在家庭和社区提供服务，父母参与整个服务过程。美国 2016 年 96.7% 的儿童在自然环境中接受干预服务，还有家长服务信息中心提供残疾儿童及其家长培训、信息技术咨询、权利与义务倡导等，提高家庭对残疾儿童养育能力，确保家庭在早期干预服务的全程深度参与。我国目前残疾儿童康复服务以机构为主，专业人才不足，尚无能力普遍实现家庭干预或社区干预，目前情况下还需要加强机构对残疾儿童家长的培训、心理疏导等支持服务，提高家长参与能力。

最后，美国早期服务标准和评估标准都有严格的法律规定，服务目标明确可量化，服务计划定期评估和调整，保证了服务质量。我国尚无统一的残疾儿童服务机构准入标准、服务标准和评估标准，服务能力参差不齐，均需要在“十四五”期间通过制定和实施国家基本公共服务标准，促进资源优化配置和提高服务质量，更好服务残疾儿童。

2. 完善融合教育服务支持保障体系

我国一直在探索本土化的融合教育模式，推动残疾学生的随班就读并提供支持保障政策，特殊教育学校为融合教育发展提供专业支撑，逐渐形成了特殊教育与融合教育并行发展的特色[1]。但是，我国融合教育发展缓慢，残疾学生入学难、升学难的问题广泛存在，义务教育阶段入学率在 70% 左右，仅约 50% 的残疾学生在普通学校接受教育，距离残疾学生融合教育“零拒绝、全覆盖”的目标差距甚远，美国融合教育可以某种程度上提供借鉴的经验。

首先，美国实施零拒绝、最少限制环境等原则，通过资源教室安排和融合教育课程调整、融合教育教师与普通教师通力协作等手段，保障残疾学生潜能得到最好发挥。教育安置形式以普通教育为主，但并不追求完全融合的教育环境，而是以学生自身的最佳发展为目标，干预目标既重视学业发展目标也重视社交进步等功能性目标，相辅相成，促进学生的全面发展。我国普通学前教育机构和普通学校发展接纳残疾儿童的师资力量和相应设施不足，不能及时解决融合教育教师和残疾学生遇到的实际困难，普通中小学教师不能满足残疾学生课堂内学习需求等。我国要不断加强特教学校自身建设，提升专业能力，健全完善机制，顺利地实现功能转型。充分发挥特教学校与普通学校的合作，大力培养融合教育教师队

---

〔1〕 邓猛、赵泓：《新时期我国融合教育现状和发展趋势》，载《残疾人研究》2019 年第 1 期。

伍，提升融合教育质量。

其次，美国还重视融合教育及终身教育的发展，制订个别化转衔计划保障融合教育层次之间的衔接，建立残疾学生终身学习与生活的保障支持体系。根据残疾学生情况，建立不同学段之间的服务衔接及学校与就业之间的服务衔接服务，保障残疾学生得到更好发展[1]。我国存在残疾学生教育与就业的脱节，特教学校毕业即失业的问题需要得到重视，做好学校教育与就业服务的衔接。

（三）提升就业服务质量

残疾人就业是全世界的难题，我国就业年龄段残疾人就业率一直维持在40%左右，很多单位宁愿缴纳就业保障金也不愿意雇佣残疾人。就业残疾人主要从事技术含量比较低的服务行业或体力劳动行业，收入较低。而美国重视残疾人就业服务，不断推出就业政策和就业项目吸引残疾人就业，支持就业服务机构提供就业培训提升就业服务质量，值得我国借鉴。

第一，美国无障碍环境与工作场所的合理便利为残疾人就业提供了基本保障。我国在完善无障碍环境上，要严格执行无障碍设施建设的规范标准，充分利用现代信息技术以及高科技手段，提高实用性与适用性，实现公共场所无障碍设施的全覆盖，努力消除残疾人出行及融入障碍。我国合理便利理念与实施基本尚未开始，借鉴《美国残疾人法》的做法，要求雇主在就业场所的合理便利，但合理便利也可能增加了雇主成本，导致就业歧视更加隐蔽，《美国残疾人法》颁布后的10年美国残疾人就业率反而下降10%[2]，即便推动就业券政策等措施效果也不佳。这是我国在制定残疾人就业政策要注意的地方，要考虑企业为残疾人提供就业岗位的额外负担和隐含风险。

第二，美国为残疾人提供平等的就业机会，根据残疾人就业愿望及就业能力的不同采取不同的支持方式，实现对残疾人就业的多维支持，最大限度激发残疾人潜能[3]。对有就业愿望但就业能力不足的残疾人，美国的支持重点是赋能，通过一站式就业服务提供免费的就业、医疗康复和职业培训服务增加残疾人就业能力。对有就业能力但无就业愿望的残疾人支持重点是通过制度安排与政策设计，为重返工作岗位而收入增加的残疾人继续提供医疗保险和医疗救助，或医疗保险和医疗救助享有以就业前提等措施激励其积极就业。对于有就业能力也有就业愿望的残疾人，注重发挥就业服务中心作用，充当残疾人与雇佣企业的连接桥

---

[1] 邓猛、赵泓：《新时期我国融合教育现状和发展趋势》，载《残疾人研究》2019年第1期。

[2] 谢琼：《国际视角下的残疾人事业》，人民出版社第2013版，第272页。

[3] 李静：《美国残疾人就业支持的经验与启示——以波士顿为例》，载《西北大学学报》（哲学社会科学版）2019年第49卷第4期。

梁。我国也应该实施分类指导就业政策，根据残疾人就业愿望及就业能力实施不同的策略。

第三，美国政府主导多部门共同协作，为残疾人提供资金保障、就业培训、专业人员支持及就业单位配合等全方位的专业服务，尤其就业服务机构有丰富的经验，可为残疾人提供最佳工作实践，减少残疾人退出就业市场概率[1]。我国支持性就业和自主就业发展缓慢，残疾人就业服务机构数量和服务能力均不足，就业服务辅导员严重缺乏，就业培训与就业服务不能有效结合，不能提供保质保量的就业支持。因此应着重推动残疾人就业服务机构的转型升级，推动就业培训、就业服务的一条龙服务，增加就业率。

第四，完善保障制度提高残疾人就业积极性。美国通过继续为因重返工作岗位而收入增加的残疾人提供医疗保险、医疗救助等方式，增强残疾人就业积极性。我国则推行了“救助渐退”政策，通过逐步扣减低保金的渐退机制，为实现就业的低保对象提供了保障过渡期。还在核算低保对象家庭收入时，扣减必要的就业成本,[2] 鼓励他们就业。为切实提高残疾人就业的积极性，应进一步完善低保、医疗救助、社保缴费补贴等制度，为工作时间短、工作不稳定、工作收入低的残疾人提供相应保障，解除残疾人就业后顾之忧，增强残疾人就业积极性。

第五，发挥党政机关、国有企事业单位带头招录残疾人的示范作用。2018年，美国有 14.1% 的就业年龄段残疾人在政府部门工作，远高于我国残疾人在政府部门工作的比例。党政机关、国有企事业单位带头招录残疾人、安置残疾人就业，在全社会具有积极、正面的示范作用，要进一步加大这些单位按比例安置残疾人就业的工作力度，提高残疾人在党政机关、国有企事业单位就业比例，引导全社会积极招用残疾人。

（四）改善残疾人托养服务

残疾人托养服务是我国残疾人社会服务的特别称谓，是对就业年龄段智力、精神和重度肢体残疾人提供的生活照护及护理、生活自理和社会适应能力训练为主，辅之以运动功能训练、职业康复与劳动技能训练服务的总称。我国残疾人托养服务是残疾人基本公共服务的一部分，根据残疾人接受服务方式的不同，主要分为寄宿制托养服务、日间照护服务及居家服务三种形式，寄宿制托养服务和居家服务以提供养护照护服务和生活自理能力训练为主，而日间照护服务机构以提供社会适应能力训练和劳动技能训练为主。残疾人托养服务既包括美国社区生活

---

〔1〕 Jaimie Ciulla Timmonsa, Esther Kamaub, Oliver Lyon et. al. “Provider strategies on ten elements of organizational transformation”, *Journal of Vocational Rehabilitation*, vol. 50, no. 3, pp. 307 – 316, 2019.

〔2〕 国务院：《关于进一步加强和改进最低生活保障制度的意见》（国发〔2012〕45 号），2012 年。

服务提供的护理照护和生活自理能力训练等内容，也包括就业服务中的庇护性就业（我国叫辅助性就业）和支持性就业等内容。寄宿制残疾人托养服务机构和日间照护虽存在一定程度的隔离性服务，但我们也要认识到我国残疾人托养服务发展仅有10余年的历史，由于经费支持和专业服务人员缺乏，弯道超车较难，仍需要先有后好的发展历程。美国经过近100年的机构化和去机构化发展探索，建立了残疾人社区生活及其支持性服务体系，为残疾人社区生活提供了有力的保障，有很多经验和教训值得我们借鉴。

第一，美国积极推动残疾人社区生活服务和就业服务模式，为残疾人融入社会提供支持。我国一直在探索残疾人托养服务的本土化模式，如何将机构化服务与残疾人社会融合相结合。美国经验告诉我们，机构化和去机构化的根本区别不在于机构的围墙，而在于对残疾人有无提供专业化的支持性服务、对残疾人态度是否积极、是否为促进残疾人独立和社会参与的目标提供服务等。我国从2007年开始发展残疾人托养服务，基本建立了以家庭为基础、社区为依托、机构为支撑的残疾人托养服务体系，2018年我国共有100余万残疾人接受托养服务，其中80%是居家服务，另外20%托养服务由8435个托养服务机构提供，这些机构大部分集中于经济比较发达的东部地区，尤其是广州、上海及南京等大中城市残疾人托养服务发展时间长，残疾人通过专业化托养服务实现了生活独立，通过支持性就业、志愿者服务及开放日等方式推动不同程度的社会融合〔1〕。另外，鉴于我国现状，残疾人托养服务机构为残疾人提供的专业化服务尤其是基本的养护照护服务，推动了大部分残疾人家庭的脱贫解困，残疾人对托养服务的满意度超过了90%。

第二，美国经验认为去机构化首先要考虑社区各项服务资源的建构，即各项社区服务资源是否足够、是否完整、质量是否达到要求，等等〔2〕。我国残疾人托养服务发展时间较短，残疾人托养服务的供给能力仍远远不足，部分不发达地区的区县尤其是广大农村地区甚至不能提供残疾人托养服务，社区服务资源更是明显不足，2017年我国共有县级残疾人托养服务机构3535个，全国每个区县已至少有一个托养服务机构；而街道（乡镇）残疾人托养服务机构共有3775个，全国39888个乡级行政区划中仅有不足10%的街道（乡镇）建有托养服务机构。我国有55.4万个村委会①，而村（社区）托养服务机构仅有488个。人才队伍方面，托养服务人员数量、专业化和职业化均不足，残疾人托养服务人员高中及以下学历比例为68%，高素质专业人员的缺乏，导致高质量的残疾人托养服务发展

〔1〕 中国残疾人联合会：《残疾人托养服务理论与实践》，华夏出版社2019年版，第47页。

〔2〕 金炳彻：《从机构福利到社区福利——对国外社会福利服务去机构化实践的考察》，载《中国人民大学学报》2013年第2期。

动力不足[1]。我国在城市创建了街道和社区的残疾人日间照护服务，如北京的温馨家园、上海的阳光之家和广州的康园模式均是我国社区服务的典范[2]；在农村地区创建了山东聊城邻里照护服务模式等，为解决急需的农村残疾人托养服务提供了较好的模板，但在服务内容和服务质量方面均有待于提升[3]。

第三，美国认为去机构化的目的是让残疾人有尊严地生活，社区要接纳残疾人成为社区的一员，而不是仅仅将其转移到社区中去生活，不仅要着重于专业化的服务，还要重视残疾人的优势潜能，强调全人概念，提升生活质量[4]。我国残疾人主要生活在家庭或机构中，社区居住功能基本尚未开发，这与社区不能接纳残疾人集中居住也有关。应通过赋权与长期介入，累积社区资本，培养当地居民充分的接纳心态。我国也可以继续大力发展居家服务，居家服务是社区照顾的延伸，可使专业人员、家人、朋友和社区成员形成合力，共同为残疾人提供全方位的服务。目前重庆等地推出菜单式的居家服务模式，是以家庭照顾为主、专业人员对家庭给予专业支持，缓解残疾人托养服务的需求。

（五）完善残疾人社会服务体系

近40年来，我国逐渐建立了党委领导、政府主导、社会参与、公办民办并举的基本公共服务供给模式，社会服务体系框架基本已经搭建，服务质量稳步提升。但是，残疾人服务各供给主体之间职责尚不明晰，国家投入和监管力度有待提高、社会组织弱小及市场化不足等现象制约着我国残疾人服务的发展。

美国建立的政府主导、非政府社会组织和市场充分参与及分工合作的残疾人社会服务体系，三者在法律框架内分工合作，权责边界清晰。政府是其责任主体，占主导地位，对残疾人服务的职责主要在于制定法律法规政策、提供财政支持及监管职能等。社会组织是残疾人服务的重要参与主体，具有公益性、高效性和非营利性等特点，社会组织为残疾人提供了几乎全部的社会服务，满足了残疾人的多样化和个性化服务。市场在残疾人服务领域主要是补充作用，满足高效率和灵活性特点。参考美国残疾人社会服务经验，第一，明确政府、市场和社会组织的职责边界。在具体服务职能上，只要个人、社会、市场能做好的，政府就不插手具体服务职能，如残疾人康复服务和托养服务等；个人、社会、市场不能做好的，政府要兜底，履行底线责任，如无障碍环境建设和残疾儿童融合教育服务等；个

---

〔1〕 民政部：2017年社会服务发展统计公报。

〔2〕 中国残疾人联合会：《残疾人托养服务理论与实践》，华夏出版社2019年版，第28页。

〔3〕 中国残疾人联合会：《残疾人托养服务理论与实践》，华夏出版社2019年版，第232页。

〔4〕 赵环：《从“关闭医院”到“社区康复”——美国精神卫生领域“去机构化运动”的反思及启示》，载《社会福利》2009年第7期。

人、社会、市场能做但暂时还做得不够好的，政府要扶助与帮助做好[1]。第二，积极培育残疾人社会服务组织。残疾人社会服务作为国家基本公共服务的组成部分，政府要加大投入，以公办民营、民办公助、政府资助、购买服务、财政补贴等多种方式积极吸纳市场和社会组织参与社会服务，减少供给准入限制，加强残疾人社会组织的培育和发展。第三，充分发挥市场作用。市场在服务提供中具有灵活、高效的特征，能够提供残疾人不同层次尤其是较高层次的服务。要充分发挥市场在残疾人服务中的补充作用，满足残疾人的非基本公共服务需求，提高残疾人服务生活质量。

参考文献

中文文献

邓猛，赵泓：《新时期我国融合教育现状和发展趋势》，载《残疾人研究》2019 年第 1 期。

杜林，李伦，雷江华：《美国残疾人支持性就业的发展及对我国的启示》，载《中国特殊教育》2013 年第 9 期。

傅王倩，王勉，肖非：《美国融合教育中个别化教育计划的发展演变、实践模式与经验启示》，载《外国教育研究》2018 年第 6 期。

金炳彻，《从机构福利到社区福利——对国外社会福利服务去机构化实践的考察》，载《中国人民大学学报》2013 年第 2 期。

李静：《美国残疾人就业支持的经验与启示——以波士顿为例》，载《西北大学学报》（哲学社会科学版）2019 年第 49 卷第 4 期。

毛寿龙等：《社会组织与公共服务研究》，见中国社会组织公共服务平台，http//www.chinanpo. gov. cn/700109/92639/newswjindex. html。

谢琼：《国际视角下的残疾人事业》，人民出版社 2013 年版。

杨立雄：《美国、瑞典和日本残疾人服务体系比较研究》，载《残疾人研究》2013 年第 1 期。

杨伟国，陈玉杰：《美国残疾人就业政策的变迁》，载《美国研究》2008 年第 2 期。

赵环：《从“关闭医院”到“社区康复”——美国精神卫生领域“去机构化运动”的反思及启示》，载《社会福利》2009 年第 7 期。

郑伟，张茂聪，侯洁：《美国融合教育的政策特点与实施效果》，载《特殊教育研究》2019 年第 7 期。

郑雄飞：《残疾理念发展及“残疾模式”的剖析与整合》，载《新疆社科论坛》2009 年第 2 期。

---

[1] 毛寿龙等：《社会组织与公共服务研究》，见中国社会组织公共服务平台，http//www. chinanpo. gov. cn/700109/92639/newswjindex. html。

中国残疾人联合会：《残疾人托养服务理论与实践》，华夏出版社 2019 年版。

中国残联残疾人事业发展研究中心 道略残疾人事业研究院：《中国残疾人发展与社会进步年度纵览（2018）》，求真出版社 2019 年版。

［美］布莱恩·达格：《美国佛蒙特州融合就业的发展历程》，李超译，载《残疾人研究》2017 年第 2 期。

［美］珍妮特·V. 登哈特，罗伯特·B. 登哈特：《新公共服务—服务，而不是掌舵》，丁煌译，中国人民大学大学出版社 2016 年版。

［美］Juliet C. Rothman，《残疾人社会工作》，曾守锤、张坤译，华东理工大学出版社 2008 年版。

外文文献

Bureau of Labor Statistics U. S. Department of Labor PERSONS WITH A DISABILITY：LABOR FORCE CHARACTERISTICS，2018.

Chan F，Mahon B. Current and future challenges in vocational rehabilitation. Journal of Vocation Rehabilitation，2011，35：189 – 191.

David C. St apl et on，Richard V. Burk hauser and Andrew J. Hout envil le，“ Has the Employment Rate of People with Disabilities Declined ？Policy Brief，” Employment and Disability Institute，Cornel l University，Year 2004.

David M. Mank and Teresa A. Grossi. “Employment：Renewed Investments”. *Inclusion*，*vol.* 1，*no.* 1，pp. 7 – 16. 2013.

DL Braddock，SL Parish，“An Institutional Closure and Deinstitutionalization：What can be Learned from Victoria's Institutional Redevelopment？” Handbook of Disability Studies. Thousand Oak：Sage，1995.

Emerson，E. B. “Evaluating the impact of deinstitutionalization on the lives of mentally retarded people”. *American Journal of Mental Deficiency*，vol. 90，no. 3，pp. 277 – 288. 1985.

Jaimie Ciulla Timmonsa，Esther Kamaub，Oliver Lyon et. al. “Provider strategies on ten elements of organizational transformation”，*Journal of Vocational Rehabilitation*，vol. 50，no. 3，pp. 307 – 316，2019.

Kevin K. Walsh，Theodore A. Kastner，and Regina Gentlesk Green，Cost Comparisons of Community and Institutional Residential Settings：Historical Review of Selected Research. *Mental Retardation*：，Vol. 41，No. 2，pp. 103 – 122. April 2003.

Korinko K J. “Quality of Life of People with Profound Developmental Disabilities Based Upon Residential Settings”. Walden University，2016.

McNaughton D，Symons G，Light J，et al. “Mydream was to pay taxes ”：The self – employment experiences of individuals who use augmentative and alternative communication. Journal of Vocational Rehabilitation，2006，25：181 – 196.

Nazarov Z E，Golden T P，Schrader S V. Prevocational services and supported employment wages. Journal of Vocational Rehabilitation,2012,37:119 - 129.

Rich ard V. Bu rkhauser and Mary C. Daly," Poli cy Wat ch:U. S. Disabili ty Policy in a Ch anging E nvi ronment," The Journa l o f Econom ic Persp ect ives, Vol. 16, No. 1(Win ter 2002),pp. 213 - 224.

U. S. Department of Education 40th Annual Report to Congress on the Implementation of the Individuals with Disabilities Educationhttps://www. govinfo. gov/content/pkg/USCODE - 2011 - title20/pdf/USCODE - 2011 - title20 - chap33. pdf.

U. S. Department of Labor. ODEP's Advisory Committee on Increasing Competitive Integrated Employment for Individuals with Disabilities,2016.

Wehman, p. Competitive employment in Virginia. In F. R. Rusch(Ed.), Competitive employment issues and strategies,1986.

ZE Nazarov,TP Golden "Prevocational services and supported employment wages". Journal of Vocational Rehabilitation, vol. 37, no. 2, pp. 119 - 129,2012.

第十三章　缓解福利依赖的改革路径及其方法

关于“福利依赖”，美国的一个由两党组成的福利指标咨询委员给出了一个量化且相对客观的定义：如果一个家庭的年收入中有50%以上来自对贫困家庭临时救助计划（Temporary Assistance for Needy Families，TANF）、补充营养援助计划（Supplemental Nutrition Assistance Program，SNAP）或补充收入保障计划（Supplemental Security Income，SSI），并且这些收入与工作无关，那么这个家庭处于福利依赖状态。福利依赖的表现形式有多种，包括福利领取时间过长、福利领取的代际传递、贫困陷阱和福利欺诈等。无论是哪种表现形式，人们对福利依赖通常持有一种消极态度，主要源于福利依赖对就业的负面影响〔1〕。对于如何解决福利依赖问题，许多学者提出了不同的对策，如主张取消福利，主张“从福利转向工作”，发展工作福利，发展资产社会政策，私有化改革，提供道德和精神救助等〔2〕。

从实践中看，鉴于福利依赖对就业的负面影响，不少国家在福利改革中提出“工作福利”“积极福利”等改革措施，来作为破解福利依赖的重要方法。本文选取美国、英国和新西兰为研究对象梳理发达国家缓解福利依赖的方法，自20世纪90年代以来，三个国家都纷纷推出针对社会救助制度的改革，其中一个很重要的目标是减少福利待遇领取数量，降低福利依赖。

首先，改革是推动社会救助制度平稳和可持续发展的关键。自20世纪80年代以来，面对救助人口持续增加和救助支出持续上升的态势，西方发达国家开始陆续推动相关改革，其目的在于缓解福利依赖的现象，同时促进本国就业水平的提高。

其次，工作福利是缓解福利依赖问题的重要途径。毫无例外，几乎所有国家在社会救助制度改革中都提出了以工作代替福利、以工作换取福利的改革理念，促使救助对象返回工作成为各国社会救助未来发展的重点。

---

〔1〕 韩克庆、郭瑜：《“福利依赖”是否存在？——中国城市低保制度的一个实证研究》，载《社会学研究》2012年第2期。

〔2〕 徐丽敏：《国外福利依赖研究综述》，载《社会学研究》2008年第11期。

再次，适当削减福利水平，明确福利依赖者的经济状况不得好于自食其力者的经济状况。无论是设置社会救助待遇上限还是进行福利制裁，其最终目标是促使救助接受者成为自食其力者。

最后，逐步改变当前“捆绑式”的社会救助模式，从救助对象的需求出发进行救助。贫困通常是救助对象面临问题所导致的结果，若能从根本上辨别救助对象面临的问题，并向其提供对应的服务，通常会使救助效果提升。

一、美国社会救助制度改革中的“工作福利”

美国社会救助制度的建立始于1935年的《社会保障法》，其中确立了对低收入群体的最低保障制度，发展至今，美国已经建立起面向不同群体的、综合性的社会救助体系，主要的社会救助制度包括补充收入保障计划（SSI）、补充营养援助计划（SNAP）、医疗救助和儿童医疗保险计划（Medicaid and Children's Health Insurance Program，CHIP）、对贫困家庭临时救助计划（TANF）、房屋补贴计划（Subsidized Housing Programs，SHP）、儿童照护津贴计划（Child Care Subsidy Programs，CCSP）等。其中，TANF计划是由“未成年子女家庭救助”计划（Aid to Families with Dependent Children，AFPC）于1996年改革转变而来，其改革理念体现了较为明显的“工作福利”特征，对于破解福利依赖和促进就业发挥了重要作用。

和AFDC制度相比，TANF主要包括以下几个方面。第一，联邦政府将大部分救助权力移交至州政府。在此过程中，以往联邦政府制定的几乎所有的资格和待遇给付条款将被废除，给予州政府更大的权力来制定自己的公共救助制度，并酌情选择需要救助的家庭；第二，改革联邦政府的拨款方式。以前联邦政府对AFDC的拨款主要是一种配比拨款制度，拨款额随州政府实际支出增加或减少，而在新的TANF下，政府将制订一揽子拨款计划，将补贴定额划拨给州政府，由州政府自由支配，并规定救助人口减少的州将会受到奖励，救助人口增加的州将会被处以罚款，以此来限制TANF的支出；第三，加强工作和救助的关系。在TANF制度下，有能力的成年人领取津贴的前提是有一定的工作经历或参加社区服务的经历，这是TANF区别于AFDC的最大特征，也标志着60年来美国贫困人口无须工作就可以得到救助的传统的结束。第四，鼓励减少非婚生育（Non - marital Births）。在TANF的四个制度目标中，责任和家庭价值是其中重要的两方面，都涉及了鼓励建立正常家庭，这也是20世纪60年代以来AFDC制度提倡的主要传统；第五，设置最长救助期限。《个人责任和工作机会协调法》规定，在TANF制度下，任何家庭领取救助待遇的时间总共不得超过5年，州政府可以据此延长或缩短，但是如果州政府自愿延长该时间限制，那么将得不到联邦政府的补助。

从整体上看，美国各州通过“工作福利”来破解福利依赖的做法主要包括以下几方面内容[1]。

（一）救助政策的重点从资格和权利转向自我救助

根据1996年联邦福利改革的相关内容，在社会救助方面，各州政策关注的焦点从救助对象接受救助的资格和权利转移到救助对象自我救助上来，在此过程中，各州不断修改待遇领取资格以及待遇标准，从而促使救助对象摆脱福利依赖并减少对福利的需求，具体体现在以下几个方面：

1. 各州纷纷将救助制度的重点转移到促进就业方面

1996年改革后，从AFDC到TANF，社会救助已经不再是单纯的福利，而成为综合性的计划。在许多州，当人们申请救助待遇时，他们同时被加入“福利到工作”（Welfare to work）计划中，为了促使救助对象尽快找到工作，这些以工作为重点的救助制度通常要求救助对象参与相应的就业培训，不参加就业培训者将接受严厉的惩罚。在此过程中，各州遇到了不少的问题和挑战，例如，改革前救助机构工作人员的工作重点是确定申请者的待遇资格，改革后，这些人的工作重点转向为救助对象提供相应的服务，以帮助他们能够解决在就业过程中遇到的障碍。无论是对于工作人员还是对于救助机构来说，这种转变都是巨大的，且对他们的专业工作提出了一定的挑战。

第一，救助对象必须参加与就业相关的活动。根据绝大多数州的改革计划，为了促使救助对象参与工作，救助对象必须参与相关的就业促进活动，比如强化个人就业能力，扩大工作搜寻范围等。根据1996年改革，TANF计划要求救助对象必须满足最低的工作要求，对此，一些州将救助对象参与活动的类型从就业培训转移到社区服务方面，还有一些州要求救助对象的工作时间增加，甚至接近全职工作时间。

第二，“就业优先”成为多数州实施救助计划的原则。之前的AFDC计划也是强调工作的重要性，但各州在具体执行过程中有很大的灵活性，许多州强调教育和培训，甚至超过对就业的强调。改革后，“就业优先”原则更加凸显，救助对象在接受相应的教育和就业培训之前首先要接受一段时间的“就业市场检验”（test the job market），以此来确定救助对象到底需要何种类型的培训计划。在“就业优先”原则下，救助机构通常为救助对象提供一定的工作指导和帮助，也有可能为其提供一定的训练。对于那些寻找工作几周后依然未能找到工作的救助

---

[1] Willian V. Roth, E. Clay Shaw, Welfare Reform: States are Restructuring Programs to reduce Welfare Dependence, United States General Accounting Office, Washington, D. C. 20548, 1998.

对象，救助机构才能为其安排其他活动，如进一步的教育和职业培训等。比如在俄勒冈州，在已经参加了为期四周的工作准备和工作搜寻计划的救助对象中，有40%—50%的人在第四周计划结束时找到了工作，但仍有一些州认为，由于有些救助对象的学历和技能水平都比较低，依然需要将“就业优先”原则与就业培训结合起来，从而使救助对象获得真正的就业技能。

第三，就业的指向性更加明确。1996年改革后，救助对象的“就业活动”更加明确地指向“就业”本身，与就业相关联的一系列活动更加得到限制。在AFDC下，个人和家庭可以无限期地参与工作准备和就业培训计划等就业导向活动，但是在TANF下，每个救助对象参与工作准备的时间不得超过6周，个人参与就业培训计划的时间不得超过12个月等。

表13－1　AFDC计划和TANF计划对就业活动的不同规定

	AFDC	TANF
评估	就业评估和就业计划制定（最多延续1个月）被计算入就业活动中	就业评估和就业计划制定不计算入就业活动中
教育和就业培训	包括中学教育或同等学历教育，基础性教育和补救性教育，英语水平培训教育，高等教育，自学或自我培训	包括中学教育，专业教育（不得超过12个月），与就业直接相关的工作技能培训和教育
就业活动	工作准备活动，集体或个人的工作搜寻、在职培训，社区工作体验	工作搜寻和工作准备（不得超过6周），在职培训，社区服务，就业体验
就业	实习期就业（最多两个月）	非补贴型就业
其他	其他类型的教育，培训和就业活动	

资料来源：Willian V. Roth, E. Clay Shaw, Welfare Reform: States are Restructuring Programs to reduce Welfare Dependence, United States General Accounting Office, Washington, D. C. 20548, 1998

第四，各州对就业活动的要求和限制增加。越来越多的州政府将就业作为领取救助待遇的前提条件，参与就业等活动的救助对象人数占总救助对象人数的比重呈现上升趋势，比如在马里兰州，这一比重从35%升至90%，威斯康星州的这一比重从40%升至88%[1]。在就业活动的类型方面，如前所示，“就业”的指向性更加明显，各州更加关注于工作搜寻、工作发展等方面的内容，对教育和就业培训的强调有所减弱。在就业活动的时间限制方面，联邦政府规定了救助对象最低的就业活动参与时间，即单亲家庭的救助对象每周需参与就业活动20个小

〔1〕 Willian V. Roth, E. Clay Shaw, Welfare Reform: States are Restructuring Programs to reduce Welfare Dependence, United States General Accounting Office, Washington, D. C. 20548, 1998, p. 31.

时，双亲家庭的救助对象每周需参与就业活动35小时。多数州在设置就业活动时间限制方面选择了联邦政府确定的标准，但仍然有的州选择更长的就业活动时间，如俄勒冈州，每个成年救助对象每周参与就业活动时间被提高到40小时[1]。

第五，救助对象申请救助待遇后需要尽快开始就业活动。根据各州的救助改革方案，许多州要求救助对象在申请救助待遇后立刻参与求职活动（改革前，中间的等待期通常比较长），这使得有些救助对象找到合适的工作并放弃申领救助待遇。当然，在具体的方案制订过程中，并非所有州都要求救助对象在开始申请救助待遇后立刻参与就业活动，而是设置了一定阶段的等待期。还有的州要求救助申请者参加就业培训，并将此作为申请救助待遇的条件。

第六，对于不参与就业活动者实施更加严格的惩罚措施。改革前，根据AFDC的相关规定，如果救助对象没有正当理由且不参加相应的就业活动，那么救助机构将减少不参与就业活动的个人的救助待遇，并且在惩罚措施生效前需要经过一个调解程序，调解不成功后再实施惩罚措施。改革后，根据TANF的相关规定，如果救助对象没有正当理由且不参加相应的就业活动，那么救助机构将取消整个家庭的救助待遇（被称为“全家制裁”），且调解程序简化，有些州甚至取消调解程序。

2. 各州鼓励救助对象实现经济上的自我救助

从整体上看，1996年社会救助制度改革试图向人们传递这样一种理念：救助对象将从福利走向工作，福利应当是暂时性的，而不能成为人们习惯的生活方式。在具体实施过程中，不少州政府改变了救助待遇的计算方式和服务提供方式，以此来保证从事低收入工作的劳动者的经济条件要好于救助对象。在救助待遇的领取时间方面，多数州政府都选择了和联邦政府一致的规定，即5年的领取时间，但有些州的待遇领取时间要少于5年，当然，许多州还实施出台了各种豁免政策来保障贫困家庭的最后安全网。

第一，出台各种激励措施来保障工作收入。保障工作收入涉及许多方面的因素，包括救助待遇水平、收入对救助待遇的影响、支持性服务、个税返还、儿童抚养等方面。改革前，在AFDC下，上述因素的设置使得接受救助的家庭的经济情况要好于从事低收入工作的家庭，已经领取救助待遇的家庭很少有动力去寻找工作。鉴于以上情况，1996年改革将鼓励救助对象寻找工作作为首要改革措施，各州采取的措施大致包括以下几个方面。首先，家庭在申请救助待遇时，其收入和资产必须低于州政府制定的收入标准。值得注意的是，一些州在计算家庭的收

---

〔1〕 Willian V. Roth, E. Clay Shaw, Welfare Reform: States are Restructuring Programs to reduce Welfare Dependence, United States General Accounting Office, Washington, D. C. 20548, 1998, p. 34.

入和资产时将一些特殊情况排除在外，如教育资金、购房资金、创业资金等，救助对象可建立个人发展账户来累积上述资金，且不被计算到家庭收入中。其次，为了保障从事低收入工作家庭的经济状况好于依赖救助的家庭的经济状况，各州还出台了各类措施，如为家庭提供支持性的服务，调整救助待遇水平等，例如，俄勒冈州和威斯康星州根据家庭收入的不同来提供儿童照护服务，而不是根据服务对象是不是救助接受者。俄勒冈州为那些达不到医疗救助资格条件的低收入工人提供医疗保障服务。也就是说，州政府是以收入为基础，而非以救助对象的身份为基础来提供相关服务，这就使得救助家庭没有动力维持其救助对象的身份。最后，加大工作激励的宣传力度，在一些州，个人和家庭在申请救助待遇后将会参加州政府举行的“见面会”，在“见面会”上，救助机构的人员将以各种形式向待遇申请者展示“领取工资者的经济状况和心理状况均要好于依赖救助者”。

第二，各州在救助待遇领取时间的设置上更加严格。为了实现救助待遇的临时性特征并鼓励个人和家庭自我发展，1996 年改革各州救助待遇的领取时间不得超过 5 年，且 5 年的时间是终身累计的。但如果家庭依然面临困难，各州可以继续使用联邦基金向困难家庭提供超过 5 年的救助，这部分家庭占到所有接受救助的家庭总数的 20% 左右。对于那些待遇领取时间少于 5 年的州，这些州通常在某些情况下扩大救助的范围。但值得注意的是，设置待遇领取时间为各州提出了新的挑战，为了执行时间限制，州政府必须对每个救助对象的情况进行无限期的跟踪，包括救助对象可能在其他州或联邦政府领取的待遇，这就使得州政府必须对两类待遇的标准进行核查和协调，对州政府的社会救助政策提出了较大的挑战。

3. 从现金救助“转移”至解决贫困家庭的根源性问题

在此次改革过程中，各州还不断强化自给自足和自我负责的精神，从而达到降低人们对救助需求的目标。例如增加非监护父母对儿童的抚养、防止婚外怀孕等。在此过程中，各州将救助的关注点转移到贫困家庭的真正需要上来。在 1996 年社会救助制度改革中，各州政府纷纷出台了“转移”计划（diversion），当贫困家庭面临的问题可以通过其他途径解决时，则可以取消每月的现金救助。在改革前，当贫困家庭向社会救助机构提出救助的申请后，救助机构主要的任务是审核贫困家庭的条件并完善其申请。改革后，多数州的救助机构将工作重点转移到审查贫困家庭真正的需求上来，在很多情况下，每月的现金救助并不是解决贫困家庭问题的最优途径，贫困家庭可能需要的是以下救助或服务：一次性支付，通过申请者和救助机构工作人员的协调和沟通，一次性支付可以解决申请家庭的燃眉之急，减少福利依赖；支持性服务，包括儿童照护服务、交通服务、医疗卫生服务、食品券等，有时可以满足贫困家庭的真实需求；辅助搜寻工作，在给予贫困家庭现金救助之前为其提供工作搜寻服务，可以有助于申请者寻找到合适的工作，进而摆脱救助对象的角色。

（二）改革社会救助机构以推动“工作福利”的展开

在1996年改革中，各州纷纷提高救助对象在工作方面的资格要求，相应地，各州救助机构的工作中也进行了相应的调整并将其工作重心转移到支持救助对象就业上来。通过为救助对象提供相应的服务来扫除他们在就业过程中面临的障碍，扩大与其他机构的合作（特别是企业和雇主）来支持救助对象参与工作，同时扩大地方救助机构的自主性和灵活性来满足救助对象的实际需求。各州政府不断向救助机构传递“工作福利”的理念，促使各救助机构将工作重心调整到就业促进上来，救助机构工作人员的角色和职责也不断得到调整。

1. 工作人员的角色从资格审查不断扩展至工作咨询

为了推动改革的顺利进行，各州通常为救助机构工作人员赋予了新的角色，其职责从原来的资格确认和福利发放转移到帮助救助对象获得工作并实现自给自足。许多州列举了工作人员的新职责，包括与救助对象沟通目标工作的责任，激励救助对象寻找工作，探寻救助对象内在的工作潜力，收集可以使救助对象更加自立的相关信息等。

2. 重组地方救助机构来强化服务提供

各州和地方政府另一个强化服务供给能力的途径是对地方救助机构进行重组和改革。随着“工作福利”理念的不断强化，各救助机构以增强救助对象的工作能力为中心，强化与就业相关机构和专家的合作，其工作方式更加多样化，其工作流程也更加灵活，如救助机构工作人员与就业指导人员的联合办公等。从“工作福利”的角度看，通过此次改革，美国社会救助系统被整合至劳动力发展系统中，作为支持救助机构在就业促进方面的工作。1998年，美国联邦政府向全国46个州进行拨款来实施“一站式就业中心”计划，从而将原来零散的就业培训计划整合到综合性服务系统中，比如威斯康星州和得克萨斯州在改革中将救助机构改为“一站式中心”，这些中心主要提供一系列就业相关的服务，如劳动市场信息、市场工作清单、向雇主推荐员工、就业咨询、就业培训等。

3. 各州通过提供各类服务为救助对象寻找工作扫除障碍

美国各州在救助制度改革过程中，不断通过提供具体的服务来支持贫困家庭摆脱福利依赖，这些服务包括儿童照护服务和交通服务等。值得注意的是，这些州政府不仅为救助对象寻找工作提供辅助性服务，同时还为那些已经通过工作脱离救助的人提供服务支持。在儿童照护服务方面，此次改革过程中，联邦政府不断整合之前碎片化的儿童照护项目，并最终成立儿童照护和发展基金（Child Care and Development Fund，CCDF），通过该基金，联邦政府可以为州政府提供儿童照护服务方面的补贴，在提供儿童照护服务过程中，州政府选择对象家庭的标准是家庭成员已经找到工作或正在找工作，且家庭收入少于州平均家庭收入的一定比例。也就是说美国各州推行儿童照护服务是以家庭收入为标准的，而非以救助对象这一身份为标准。在交通服务方面，为了解决低收入者在工作中的交通困难，各州推出各种类型的交通服务，如为农村交通系统提供补贴、推动志愿者提供一定的交通服务、增加公交线路、为家庭提供修理交通工具补贴等。

1996 年是美国近几十年来最大幅度的福利改革与调整，在减少福利人数和降低福利支出方面产生了较大的效果。1994 年，AFDC 计划覆盖面的扩张达到了顶峰，其中接受 AFDC 救助的家庭数为 500 万左右，AFDC 覆盖人数为 1420 万左右，之后，制度覆盖面开始有所缩减，特别是 1996 年改革之后，这种缩减呈现加速趋势，体现在制度受益人口方面尤为明显，在 1996 年到 2006 年间，制度受益人口迅速从原来的 1230 万减少到 2006 年的 410 万，受益家庭数也从 1996 年的 440 万减少至 2006 年的 180 万。在制度支出方面，1987 年到 1995 年间，联邦 AFDC 制度支出从 101 亿美元增至 163 亿美元，增长了将近 50%，之后，随着 1996 年改革的开始，TANF 制度的支出水平急剧下降，直到 1998 年的 133 亿，但此后制度支出开始出现反弹〔1〕。这也就意味着福利依赖人口有了大幅减少，并且财政救助资金更多地投向了真正需要救助的群体。

从整体上看，美国在福利制度改革中提出的“工作福利”理念无疑为破解福利依赖提供了一定的思路和方法，其中包括强化工作对于改善救助对象经济状况的重要意义，真正从救助对象的实际需要出发提供一系列的服务，将救助机构的工作重点从资格审查和发放待遇转移到促进就业上来，实现救助机构与其他组织的整合与合作等，其核心思想是以工作换取福利。

直到今日，美国政府依然在强调工作换取福利的重要性，主要从以下三个方面重塑福利制度〔2〕：

首先，继续在食品券制度中强化工作的重要性。20 世纪 90 年代中期社会救助制度改革将工作要求引入了食品券制度中，但联邦的相关法规允许农业部进行

〔1〕 US Department of Health and Human Services, Administration for Children and Families, TANF, Data and Report, TANF caseload data, http: //www. acf. hhs. gov/programs/ofa/data - reports/index. htm; US, Department of Health and Human Services, Office of the Assistant Secretary for Planning and Evaluation, AFDC the Baseline, 1998, http: //aspe. hhs. gov/hsp/AFDC/afdcbase98. htm; CRS Report for Congress, TANF Block Grant: FY 2007 Budget Proposals, http: //www. nationalaglawcenter. org/assets/crs/RS22385. pdf.

〔2〕 Nicholas Horton, Three Thing President Trump can do to Reduce Dependency, https: //www. nationalreview. com/2017/04/reduce - welfare - dependency - trump - administration - work - requirements - states - scott - walker - paul - lepage/.

一定程度的豁免（在州政府提出这种要求时），特别是在失业率超过10%或没有足够的就业机会时，可以取消工作要求或降低工作要求。但在实际情况中，有些州的失业率已经低至4.5%，但依然申请豁免。与豁免制度相伴随的是救助对象对食品券制度的依赖。通常情况下，食品券制度中的工作要求是每周20小时的工作，培训或义务照护无子女的救助对象，实践证明，将工作要求引入食品券制度是减少福利依赖的有效方法。以堪萨斯州为例，通过实施该制度，食品券受益人口迅速下降了75%，并实现了自给自足。不仅如此，据相关数据显示，成年人脱离救助制度后的收入水平有了大大的提高，其经济状况要远远好于依赖救助时的情况。同样地，缅因州也发现了相似的结果。

其次，扩大“工作要求”的适用人群。从当前看，食品券制度中的“工作要求”只适用于那些不需要抚养子女的健康成年人，但堪萨斯州和缅因州的实践表明，如果将“工作要求”扩展至所有健康的、劳动年龄内的成年人，可以使更多人走出福利依赖。值得注意的是，公众对救助制度中“工作要求”也是持赞同意见的，比如76%的选民和58%的民主党人都支持将“工作要求”扩展至所有身体健康的成年人。

最后，将“工作要求”扩展至医疗救助计划。美国许多州已经有了这方面的需求，比如缅因州认为，当医疗救助对象的父母处于劳动年龄且身体健康时，应当向他们提出“工作要求”，并在最大程度上给予他们工作的机会。

实践证明，当前美国社会救助依然延续了工作换福利的理念，认为人们如果没有工作就无法摆脱贫困，如果没有“工作要求”，更多人将被困在福利制度中，产生一定的福利依赖导致没有动力来改善自身的状况，在主要的救助项目中，“工作要求”就成为重要的救助条件，如表13－2所示。

表13－2　美国SSI、SNAP和TANF制度的相关规定

救助计划	待遇期限	主要内容	工作方面的激励
补充收入保障计划	长期性福利	为65岁及以上老年人，盲人和残疾人提供现金型待遇	（1）盲人工作成本：在计算盲人的收入门槛时，可以将工作时发生的费用排除在外 （2）为工作者的特殊支付：当工作收入在一定水平之下时，可以领取额外的SSI收入 （3）通过PASS项目帮助救助对象寻找工作，如为救助对象提供寻找工作的成本等 （4）“工作票”（Ticket to Work）：为救助对象提供免费的就业服务，如职业咨询、职业康复、职业培训，等等 （5）其他工作激励

续表

救助计划	待遇期限	主要内容	工作方面的激励
补充营养援助计划	身体健康且不需承担抚养义务的成年人在3年内只能领取3个月	为所有低收入个人和家庭提供实物型待遇	当出现以下情况时，食品券的领取期限延长：每月至少工作80个小时，每月至少参加教育或培训80个小时，或者符合联邦特殊的工作福利计划的规定
对有需要家庭的临时救助计划	5年	为有儿童的低收入家庭提供现金型待遇和实物型待遇	根据救助对象人数的变动，各州规定一定比例的救助对象必须参加相应的工作活动，且对于工作活动的种类做出了严格的规定

资料来源：Robert Moffitt, A Review of U. S. Federal and State Means – Tested Programs, Michigan Retirement Research Center, Feb. 2018

二、英国以“工作福利”为基础的福利依赖缓解模式

英国无论是在福利人口、待遇持续时间还是待遇支出方面，都体现出福利依赖的某些特征。首先，福利人口持续增加。在20世纪90年代和21世纪前十年，英国迎来经济持续发展期，政府在就业领域的支持持续增加，但即使是在上述背景下，英国领取失业救助的人口也是持续增加的，随着此后经济发展速度放缓，失业救助人口更是快速增加。在2010年前后，失业救助人口达到490多万，是1998年以来的最高峰；劳动年龄人口中领取伤残生活津贴者达到180多万；其次，待遇领取持续时间长。在2010年前后，大约有140万人领取失业救助津贴的时间长达10年之久；250万劳动年龄人口领取救助待遇的时间超过2年；220万人领取伤残生活津贴的时间超过5年；在领取失业救助津贴长达两年以上的人口中，大约三分之一人口的年龄是55岁及以上，三分之一人口的年龄是45—54岁，三分之一人口的年龄不足45岁。最后，社会救助支出持续膨胀。在劳动年龄人口救助待遇方面，1997/1998财年劳动年龄人口救助支出为609亿英镑，2010则提高到846亿英镑，同样地，在1996/1997财年到2009/2010财年之间，英国向劳动年龄人口支付的伤残生活津贴支出从39亿英镑提高到62亿英镑[1]。

在当前救助制度下，救助对象通过参与工作来摆脱福利依赖的动力相对不足。首先，救助对象脱离福利制度去寻找工作是要面临一系列成本的，如交通成本、着装成本、儿童照护成本和失去救助待遇的成本等，人们发现，一旦进入工作，他们的实际收益水平很低或者下降，这导致他们没有动力去工作。其次，英

〔1〕 Cabinet Office, State of the nation report: poverty, worklessness and welfare dependency in the UK, London SW1A 2WH, May 2010.

国贫困家庭可以申请一系列的福利项目，这些项目发放的待遇总和将会随着工作收入的增加而减少，由此可能导致家庭实际收入的降低，尤其在特别贫困的家庭，救助待遇占家庭总收入的比重可能高达95.5%，这使得救助对象不敢轻易地放弃上述救助待遇。最后，复杂的福利制度意味着有些救助对象可能会面临多种福利待遇，且这些待遇的计算方式和规则不同，在这些复杂的规则下，救助对象难以明白工作和待遇之间的替代关系，容易形成对救助的依赖。

（一）工作福利计划

长期以来，英国政府解决福利依赖问题的思路，是以工作来换取福利资格或以工作替代福利。早在撒切尔夫人时期英国就对该问题有所关注，比如1986年的"从福利到工作"（Welfare to Work）或"积极劳动力市场政策"（Active Labor Market Policies），以及撒切尔政府针对失业待遇领取者的、强制性的"重新开始"计划（Restart），直到1991年，"重新开始"开始被"就业行动"计划（Employment Action）取代，"就业行动"计划持续到1993年，被当作积极劳动力市场政策的一部分。1993年，正式的"工作福利"（Workfare）计划出台，该计划是"社区行动"计划（Community Action）的组成部分，后来，"社区行动"计划后来被新工党的"新政"（New Deal）所取代。

"工作福利"计划并不是指单一的项目，而是由一系列项目组成的、应对福利依赖的综合性体系。包括"帮助找到工作"项目（help to work）、"强制性工作活动"（Mandatory Work Activity）、"工作项目"（Work Programme）、"社区行动项目"（Community Action Programme）、"工作经验"项目（Work Experience）、"通向工作的步骤"项目（Steps to Work），等等。其中，"帮助找到工作"项目是政府为了帮助参与"工作项目"两年后仍未找到工作的个人寻找工作而设立的项目，从某种程度上看，该项目实现了减少福利领取者数量和提高劳动参与率的目标，但整体效率不高[1]。2015年11月，英国就业和养老金部（Department for Work and Pensions）宣布取消该项目。"强制性工作活动"开始于2011年5月，根据该项目，个人领取福利待遇时必须满足一定的工作要求，否则将会面临待遇降低或待遇取消的风险。项目开始后，有研究对该项目的有效性提出了质疑，很少有证据表明该项目对促进救助对象工作起到了积极作用。在此背景下，2015年英国就业和养老金部宣布取消该项目。"工作项目"是"工作福利"计划中的标杆性项目，始建于2011年6月，根据该项目的相关要求，促进长期失业者返回工

---

〔1〕 BBC News - "Help to Work: New unemployment rules in force", https://www.bbc.com/news/business-27177767, 2019-10-02.

作的主要方法是将其外包给公共部门、私人部门或第三部门，虽然该项目属于标杆性项目，但在2015年11月英国就业和养老金部取消了该项目，并在2017年建立了面向长期失业者和健康状况不佳者的“就业和健康项目”（Work and Health Programme）。

“就业和健康项目”是英国当前采纳的“工作福利”计划，其主要目的是帮助残疾者、长期失业者和面临特殊问题者找到长期性的工作。该项目的制度对象包括残疾人，已经申请领取24个月失业救济的失业者、照护家庭者、无家可归者、前武装部队成员或武装预备役军人、武装人员或前武装人员的合伙人、护理人员、难民、家庭暴力的受害者、毒品或酒精依赖者（已经成为工作的阻碍）、已经完成监禁或社区判决的罪犯、在社区服刑的罪犯等。上述人员可以通过该项目得到以下支持：认清就业需求、将个人的技能匹配到最合适的工作，与雇主建立联系，找到长期性工作，加强培训以尽快找到工作，解决健康问题以减少对工作的影响。

（二）2010—2015年福利改革

针对福利依赖，自2010年起，英国采取了一系列的福利改革措施，其主要改革理念是通过工作来改善福利依赖的状况。整体上看，英国应对福利依赖的措施包括以下几方面内容：

1. 设置待遇上限

2013年4月，英国政府为各个家庭设置了可领取的福利待遇总额上限，这些福利待遇包括：丧亲津贴、儿童津贴、儿童税收抵免、就业支持津贴（支持津贴除外）、住房津贴、失能津贴、收入支持、求职者津贴、孕产妇津贴、重残津贴等。该改革主要针对劳动年龄之内的、有失业人员的家庭。从改革目的看，设置家庭可领取的福利待遇上限主要是改善工作激励问题，从而实现缴税者与福利对象之间的公平。2013年，英国进行了第一次设置待遇上限的改革，需要抚养儿童的家庭每周待遇总额上限为500英镑（每年26000英镑），不需要抚养儿童的单身家庭每周待遇总额上限为350英镑（每年18200英镑）。从2016年9月起，待遇总额上限有所降低，住在伦敦需要抚养儿童的家庭每年待遇总额上限降至23000英镑，不需要抚养儿童的单身家庭每年待遇总额降至15410英镑[1]。

相对于其他改革措施，限制待遇总额的影响相对较小。2016年降低总额上限的改革所波及的家庭虽然更多（2013年受到改革影响的家庭为20000户左右，

---

〔1〕 Nathan Hudson - Sharp, Naomi Munro - Lott, Heather Rolfe, Johnny Runge, The impact of welfare reform and welfare - to - work programmes: an evidence review, Equality and Human Rights Commission Research Report Series, Research report 111, 2018, p. 34.

2016 年受到改革影响的家庭为 88000 户左右)，但家庭所面临的待遇削减额不大。从受影响的福利对象年龄来看，2017 年 25—34 岁之间的申请者家庭受影响最多，35—44 岁之间的申请者家庭受影响最大。从抚养儿童的角度看，需要抚养儿童的单亲家庭受影响最多，需要抚养儿童的双亲家庭受影响最大。从性别角度看，女性申请者家庭受影响最多并且受影响最大，比如在 2017 年，女性申请者家庭受到影响的数量为 44000 户左右，而男性申请者家庭受到影响的数量为 4000 户左右，前者每周减少的收入大约为 54 英镑，后者大约为 38 英镑〔1〕。

2. 个人独立津贴取代伤残生活津贴

2013 年 4 月，英国政府用劳动年龄内伤残者个人独立津贴取代原来的伤残生活津贴。政府在发放个人独立津贴时将考虑申请者的发展需求、认识障碍、精神状态和身体残疾状况等，之后与非医疗服务专家进行商谈，从而确定申请者的实际需求，年龄在 64 岁及以上的待遇对象可继续领取伤残生活津贴。英国之所以要将伤残生活津贴改为个人独立津贴，主要是基于以下两方面的考虑：其一，个人独立津贴是在考察伤残者身体状况对其独立生活的影响基础上发放的津贴，强调真正满足伤残者的需求，而伤残生活津贴并不考虑对象的独立生活能力和真正需求；其二，政府试图通过个人独立津贴来实现制度的财务可持续，在制度设立之初，政府预计此项改革能使支出减少 7.8 亿英镑，但实际减少 6.4 亿英镑，在一定程度上实现了改革的目标〔2〕。

3. 强化福利制裁（Benefit Sanctions）

所谓的福利制裁是指当福利对象不符合福利领取条件时，需要减少或停止其福利领取。自 20 世纪 80 年代以来，英国政府连续改革使得英国福利制度申领越来越严格化，同时也加大了对福利对象的监督程度。1997—2010 年工党执政期间在福利制裁领域进行了较大的改革，如 2001 年提出意义深远的“工作优先”原则，该原则一开始主要针对需要抚养儿童的单亲家庭，他们在领取待遇之前必须接受与工作相关的面试。2008 年，该原则扩展至患病和伤残的福利对象。之后，“工作优先”原则越来越多地扩展到其他福利和救助制度中，如 2012 年，求职者津贴和就业支持津贴也引入该原则，改革主要包括以下几方面：其一，实行更高级别和更高层次的福利制裁；其二，将福利制裁层次化，主要分为三个层次；其

---

〔1〕 Nathan Hudson - Sharp, Naomi Munro - Lott, Heather Rolfe, Johnny Runge, The impact of welfare reform and welfare - to - work programmes: an evidence review, Equality and Human Rights Commission Research Report Series, Research report 111, 2018, pp. 34 - 48.

〔2〕 Nathan Hudson - Sharp, Naomi Munro - Lott, Heather Rolfe, Johnny Runge, The impact of welfare reform and welfare - to - work programmes: an evidence review, Equality and Human Rights Commission Research Report Series, Research report 111, 2018, pp. 64 - 71.

三，在求职者津贴中，如果发现津贴领取者不符合相关资格条件，其福利制裁时间将从6个月提高到3年；等等。

在具体的实践中，许多福利制度受到了福利制裁的影响。在求职者津贴制度方面，2012—2017年间，440万求职者津贴领取者受到福利制裁，其中绝大多数被制裁者的年龄在18—24岁之间。不仅如此，自2012年12月以来，持续被制裁者所占比重呈现上升趋势，到2017年，47%的被制裁者成为长期被制裁者。在就业支持津贴方面，2012年12月到2017年6月之间，大约有3.5万个津贴领取者受到福利制裁，其中40—49岁是遭遇福利制裁的重点年龄段。针对2012年12月以来的福利制裁案件，33%的案件仍在生效，30%的案件不再生效，37%的案件被取消，也就是被取消的福利制裁案件占总福利制裁案件的比重明显上升。以苏格兰为例，截至2017年3月，大约有430个残疾人被实施就业支持津贴方面的福利制裁。在以上案例中，有一半左右的残疾人面临精神或身体方面的残疾，一旦受到福利制裁，他们将失去绝大部分或全部的收入来源，由此导致福利制裁案件不断被取消[1]。

对于福利制裁的影响，不同的学者有不同的观点。有学者认为福利制裁会使得福利对象更加符合相应的资格条件，比如就业支持津贴中的“参与工作面试”条件[2]。但也有学者认为，虽然福利制裁政策能够降低就业支持津贴的领取人数，但并没有转化为相应的就业量增加，更严格的福利制裁政策只能使得更多的人不再领取就业支持津贴[3]。这也就意味着福利制裁只能使福利对象离开社会救助制度或减少领取金额，在没有相应的工作支持条件下，福利对象并不能转化为就业者，从而不能真正摆脱福利依赖[4]。

从整体上看，“工作福利”一直是英国摆脱福利依赖的重要理念和手段，鼓励福利对象以工作换取福利或取消福利，与之相匹配的是一系列促进就业相关的具体措施，如分析受助对象的工作需求，为受助对象提供培训，根据受助对象能

---

〔1〕 Nathan Hudson - Sharp, Naomi Munro - Lott, Heather Rolfe, Johnny Runge, The impact of welfare reform and welfare - to - work programmes: an evidence review, Equality and Human Rights Commission Research Report Series, Research report 111, 2018, p. 89.

〔2〕 Barnes, H., Sissons, P., Stevens, H., Employment and Support Allowance: Findings from a follow - up survey with customers. Department for Work and Pensions Research Report no. 745. London: DWP, 2011.

〔3〕 Loopstra, R., Reeves, A., McKee, M., Stuckler, D., Do punitive approaches to unemployment benefit recipients increase welfare exit and employment? A crossarea analysis of UK sanctioning reforms. University of Oxford Sociology Work Papers no. 2015 - 01, 2015.

〔4〕 Nathan Hudson - Sharp, Naomi Munro - Lott, Heather Rolfe, Johnny Runge, The impact of welfare reform and welfare - to - work programmes: an evidence review, Equality and Human Rights Commission Research Report Series, Research report 111, 2018, pp. 85 - 101.

力匹配合适的工作等，其逻辑是正常的。但受到政党更替的影响，“工作福利”相关制度的延续性大打折扣，从撒切尔政府至今，“工作福利”具体政策始终处于变动过程中，但理念始终没有变化。特别是2010—2015年出台的一系列非“工作福利”制度，如果没有相应的“工作福利”计划与之相匹配，上述制度最终将发挥不出应有的作用。

三、新西兰福利制度改革：关注工作

在2012、2013年，新西兰政府开始了近50年以来规模最大的社会福利制度改革，其中一个很重要的方面是开发长期投资计划以促使福利对象开始工作并降低福利依赖，同时强化社会安全网的概念，将资源分配给最需要的人。此次改革主要根据两个修改法案进行：《社会保障修订法案2012（支持青年人和关注工作）》［Social Security（Youth Support and Work Focus） Amendment Act 2012］和《社会保障修订法案2013（福利分类和关注工作）》［Social Security（Benefit Categories and Work Focus） Amendment Act 2013］。根据《社会保障修订法案2012》，自2012年10月开始，一些福利对象需要承担相应的兼职或全职工作义务；根据《社会保障修订法案2013》，新西兰福利制度将更加简化和更加注重以工作为导向，具体包括以下几个方面：其一，将原来复杂多样的福利制度整合成为三种福利：求职者支持，单亲父母支持和生活费用支持，通过这三种福利，使得有能力工作者开始工作，并支持那些不能工作者；其二，分辨真正需要工作的群体；其三，找到新的可以与残疾者和患病者进行合作的福利方式；其四，确保那些需要寻找全职或兼职工作的福利对象能够满足潜在雇主或培训提供者的需求，并确保福利对象能够通过就业前的药物测试；其五，对于在刑事案件中有明确逮捕令的福利对象，政府有权力取消其福利支付；其六，为属于福利对象的父母提出新的要求，以确保他们的孩子获得人生中最好的起点。

此次改革涉及如何让福利对象更快地回归工作，大致包括以下两方面的措施：第一，工作流计划（Job Streams），该计划出台于2012年7月1日，主要为雇主量身定制免费的招聘服务，其中包括工资补贴，培训和在岗支持。同时，工作流计划支持那些长期的福利依赖者重新回到工作。工作流计划为福利对象提供简短的，以行业为中心的培训计划，61%参与该培训计划者找到有薪工作或因为非工作的原因离开福利制度。此次改革同时还推出弹性工资计划（Flexi Wage），该计划是一种工资补贴，用以支持福利依赖者重新回到工作，之后，弹性工资计划推出新的版本，除了工资补贴外，还为福利依赖者提供培训、指导和在岗支持等，70%参与该计划的人从福利依赖中走了出来。第二，建立与雇主以及各行业的合作伙伴关系。工作流计划还涉及与各行业、雇主、培训机构以及其他政府部门建立良好的合作关系，从更大程度上满足雇主需求，并向福利对象提供更好的工作机会。在此次改革中，新西兰社会发展部在零售、医院、建筑、办公室管理和联络中心等多个领域建立起良好的合作关系，比如国际基础设施公司 Downer 专门为福利对象提供了将近 100 个工作岗位，一家建筑公司将大约 100 名福利对象安置到与建筑相关的职位上，等等。通过以上改革，福利待遇领取者的数量有了较明显的下降，在 2012 年度，劳动年龄阶段的福利对象的数量减少了 12784 个，长期的福利待遇领取者减少了 3599 个。其中，领取福利待遇超过 1 年者的数量减少了 4.6%〔1〕。

相对于英美关注福利待遇领取者的做法，新西兰福利制度改革的侧重点增加了对雇主的关注，既关注就业需求也关注就业供给，从某种程度上是对英美做法的超越，也是社会救助型国家摆脱福利依赖的有效尝试。

四、启示和建议

从整体上看，自 20 世纪 90 年代以来，美国、英国和新西兰都在一定程度上对其社会救助制度进行了改革，其整体改革趋势是降低社会救助待遇，减少人们对社会救助制度的福利依赖。三个国家缓解福利依赖的方式方法都是从强调工作入手，比如美国 1996 年改革后规定，在 TANF 制度下，有能力的成年人领取津贴的前提是有一定的工作经历或参加社区服务的经历，这与之前的规定有很大的不同，在增加工作要求的同时也对工作进行了重新定义，比如必须是参加一定的工作，而不是与工作相关的培训、工作搜寻等，并且在此过程中，政府也积极为救助对象提供一定的便利，以促使其更快更好地找到工作。在英国，将工作与福利相联系的历史可追溯到 20 世纪 80 年代，自撒切尔政府时期，英国政府陆续出台一系列“工作福利”计划，虽然由于政府更迭导致工作福利计划持续变更，但“以工作换福利”的理念没有发生变化。并且除了“工作福利”外，英国采取了更为直接的福利削减方案，使得福利人口大幅减少。在新西兰，工作福利的理念直接反映到福利改革中，不仅仅从福利对象的角度缓解福利依赖，而且从雇主的角度解决这一问题。我们可以从以上三个国家的改革中得到以下启示：

（一）正确识别救助对象的需求与贫困原因，有针对性地提供现金救助或服务救助

在国外制度改革中，以工作换取福利或以工作取代福利并非取消福利，对于真

---

〔1〕 Ministry of Social Development, More People into work and out of welfare dependency, available at https://www.msd.govt.nz/about-msd-and-our-work/publications-resources/corporate/annual-report/2012-2013/more-people-into-work-and-out-of-welfare-dependency.html.

正处于困境的弱势群体，政府依然要无偿地为其提供救助，如伤残者和患病者等。但在有些情况下，引起贫困的原因是多种多样的，如疾病、需要照护其他人等，在这种情况下，我们需要为救助对象提供的不是现金待遇，而是相关的医疗服务和照护服务等。通过这种做法，可以提高资源的使用效率和配置效率。

（二）适当削减福利待遇，福利依赖者的经济状况不得好于自食其力者的经济状况

美国和英国救助制度改革都提到了这一点，特别是在英国福利制度改革中，无论是设置待遇上限还是强化福利制裁，都体现了上述理念，此外，通过削减福利待遇，将在一定程度上激发救助对象寻找工作的动力。

（三）出台相应的措施，以强化“工作福利”在救助中的重要作用

工作日渐成为各国在改革中缓解福利依赖的重要手段。之所以会提出福利依赖的问题，主要是指有能力的救助对象由于完全依赖救助待遇而缺乏自我救助和生存能力，在此情况下，要从救助对象的生存能力和自我救助能力入手，尽快使其返回工作。即使是对于患病者和残疾者，也要考虑为其提供合适的工作，以换取福利或取代福利。不少研究发现，脱离救助者的经济状况和精神状况均要好于救助依赖者。值得注意的是，要实现促进就业与救助服务之间的配合。一方面，要帮助贫困家庭中身体健康者寻找工作，提供岗前培训等；另一方面，要对贫困家庭中的儿童、老年人、残疾人等提供相应的服务，以减轻工作者的后顾之忧。在必要的时候，可以出台相应的惩罚措施，如削减救助待遇，以促使身体健康者尽快找到工作。

（四）逐步改变当前“捆绑式”的社会救助模式

“捆绑式”社会救助模式是我国以及多数国家社会救助制度的重要特征。比如在某些地区，低保是日常生活消费减免的前提，对于待遇领取者来说，这实际上是提高了社会救助待遇，同时低保还和住房救助、教育救助、失业救助等相挂钩，这使得社会救助制度成为高水平的福利制度。针对这种情况，我国应当逐步改变当前“捆绑式”的救助模式，首先，应适当取消一些与低保相挂钩的救助项目，如日常生活消费减免项目；其次，实施“一难一助”，确定低保对象面临哪些困难及其发生原因，然后有针对性地提供社会救助，该类社会救助不仅仅局限于现金救助，也应当包括社会救助服务。在美国，特朗普政府曾经酝酿解除“捆绑式”的福利发放模式，以 TANF 制度和 SNAP 制度为例，目前，已经领取 TANF 待遇者可以直接获得 SNAP 待遇领取资格，美国政府试图改变这一做法，通过对领

取 TANF 待遇的人进行收入和资产评估，来确定他们是否也有资格通过 SNAP 获得免费食品。这种做法对我们也有一定启示。

参考文献

中文文献

韩克庆，郭瑜：《“福利依赖”是否存在？——中国城市低保制度的一个实证研究》，载《社会学研究》2012 年第 2 期。

徐丽敏：《国外福利依赖研究综述》，载《社会学研究》2008 年第 11 期。

外文文献

Barnes, H. , Sissons, P. , Stevens, H. , Employment and Support Allowance: Findings from a follow – up survey with customers. Department for Work and Pensions Research Report no. 745. London: DWP, 2011.

Cabinet Office, State of the nation report: poverty, worklessness and welfare dependency in the UK, London SW1A 2WH, May 2010.

Loopstra, R. , Reeves, A. , McKee, M. , Stuckler, D. , Do punitive approaches to unemployment benefit recipients increase welfare exit and employment? A crossarea analysis of UK sanctioning reforms. University of Oxford Sociology Work Papers no. 2015 – 01, 2015.

Ministry of Social Development. More People into work and out of welfare dependency. https://www. msd. govt. nz/about – msd – and – our – work/publications – resources/corporate/annual – report/2012 – 2013/more – people – into – work – and – out – of – welfare – dependency. html.

Nathan Hudson – Sharp, Naomi Munro – Lott, Heather Rolfe, Johnny Runge, The impact of welfare reform and welfare – to – work programmes: an evidence review, Equality and Human Rights Commission Research Report Series, Research report 111, 2018.

Nicholas Horton, Three Thing President Trump can do to Reduce Dependency, https://www. nationalreview. com/2017/04/reduce – welfare – dependency – trump – administration – work – requirements – states – scott – walker – paul – lepage/.

Robert Moffitt, A Review of U. S. Federal and State Means – Tested Programs, Michigan Retirement Research Center, Feb. 2018.

Willian V. Roth, E. Clay Shaw, Welfare Reform: States are Restructuring Programs to reduce Welfare Dependence, United States General Accounting Office, Washington, D. C. 20548, 1998.

第十四章 贫困失能老人长期照护

长期照护源于英文“Long Term Care，LTC”，也被译为长期护理或者长期照护，而长期护理侧重医疗护理，长期照护偏重于生活照护，发达国家一般在其具体实施中包含了医疗照护和生活照护，因此本书将其译为长期照护。世界卫生组织认为，长期照护是指由非正规护理者（家庭、朋友或邻居）和专业人员（卫生和社会服务）提供护理照护活动，以保障不具备完全自我照护能力的群体维持较高的生活质量，使其最大限度地获得独立自主、个人满足及人格尊严〔1〕。由于全球老龄化加剧，痴呆症等老年疾病发生概率提高，预计未来长期照护的需求巨大，因此各国相继开始探索建立长期照护服务制度。长期照护制度通常起源于对贫困老人实施的照护救助，后来逐渐演变成了较为系统的照护服务保障模式。法国于20世纪70年代开始实施混合护理制度；美国于20世纪80年代开展长期照护的商业保险；德国于1994年、卢森堡于1998年、日本于2000年、韩国于2008年分别建立了社会性长期照护制度。一些经济合作与发展组织（Organization for Economic Cooperation and Development，OECD）国家如英国、澳大利亚、瑞典等，相继推行了由公共财政税收承担主要责任的长期照护津贴计划〔2〕。2017年，OECD国家的长期照护的公共支出占GDP平均值为1.7%，其中最大的支出国是荷兰（3.7%），其次是挪威（3.3%）和瑞典（3.2%）〔3〕。

政府在鉴定贫困失能老人获得长期照护救助的资格条件上，一般是基于对个人收入和资产的核查，由官方认定的护理评估机构依照自行设定的或者国际通用的失能评定标准，判定在财产审核标准线以下老人的失能程度，失能评定结果用来确定可享受照护服务的资格；在提供照护服务的内容上，一般提供居家照护和机构照护两种形式，部分国家还会依据具体情况提供暂时性照护服务，居家照护服务尽可能保证和提高老人在家独立生活的能力，机构照护为失能程度较大的老人提供全天候监护，暂时性服务为老人提供特殊情况下的短暂服务；在对贫困失

---

〔1〕 World Health Organization, Home – Based and Long – Term Care: Report of a WHO Study Group, WHO Technical Report Series 898, Geneva, 2000.

〔2〕 戴卫东：《OECD国家长期照护制度研究》，中国社会科学出版社2015年版，第5页。

〔3〕 OECD Health Statistics 2019.

能老人提供照护救助方式上，一般实行实物给付和现金给付两种，实物给付主要是直接由地方政府派出专业人员提供服务或者建立政府性照护服务机构，还为失能老人提供轮椅、安装安全设施等支持项目；现金给付主要体现在，政府负担失能老人自行雇佣照护服务人员或自行选择照护服务机构时产生的费用，政府的现金补贴还体现在为护理人员或提供服务的失能老人亲属给付津贴。力求既能够在系统性评定的基础上实现对贫困失能老人较为全面的保护，又可以避免浪费及对护理福利过多依赖。

一、贫困失能老人获得长期照护服务的资格条件

在多数发达国家，长期照护服务的覆盖范围一般涵盖所有65岁以上难以独立完成日常生活活动、需要他人帮助的老人。通过家计调查，对在标准线以下的老人获得政府提供的照护救助或者津贴补助，需要通过失能等级评估和财政审核，财产审核的界定标准一般基于个人收入和资产状况。建立普享型长期照护制度的国家还会提供面向所有人，无须经过财产审核的免费照护服务项目。对失能等级的界定国际上还没有统一规定，一般认为失能评估指标应将日常生活能力、认知和沟通能力、心理和行为、特殊医疗、社会参与、环境因素、经济状况及照护资源情况等因素考虑在内〔1〕。通过失能评估的老人，被界定为“有照护需求的人”。照护评估结果被继续用来为贫困失能老人提供有针对性的照护服务。对于失能的界定是由政府建立专业评估机构负责，由评估机构派出经过培训的评估员，考核老人的日常生活能力、行动能力、健康状况及残疾状况等，对于提供房屋改建或设备装修照护的项目还会进行房屋状况考察。

（一）基于家计调查，考核照护需求程度

对贫困失能老人的资格评估包括经济资格评估和照护需求评估两个方面。基于收入和资产审查确定照护服务对象的方式，可以有效帮助那些需要经济支持的贫困的老年人，对老年人家庭经济状况和照护能力进行审核，体现了“社会经济的安排给那些最少受惠的社会成员带来补偿利益”的正义原则，是“底线公平”的体现〔2〕。经济资格评估以经济状况为依据，需求评估以失能状况为依据，可以用来科学界定照护服务提供的具体标准。

---

〔1〕王雪辉：《老年人长期护理服务需求影响因素研究：基于河南省的抽样调查》，载《调研世界》2016年第3期，第32—36页。

〔2〕赵青，李珍：《英国长期照护：基本内容、改革取向及其对我国的启示》，载《社会保障研究》2018年第5期，第96—103页。

1. 英国

英国的长期照护服务（Social care and support）主要是面向低收入老年人提供照护救助，对那些因生病或者身体残疾而对照护有迫切需求但无力承担费用的老年人提供照护服务，所以其也被认为是“安全网式”（Safety nettype）或“残补式”（Residual type）照护[1]。英国照护服务还对提供照护服务的护理人员给予一定支持。贫困失能老人需要自行或由他人帮助向地方理事会主动提出护理申请，理事会对其身体状况等进行评估，评估结果用以确定申请者个人是否有资格享受照护服务。根据评估内容确定其所需的具体照护服务类型和提供服务的方式。通过评估的个人将被继续进行家计调查，理事会根据个人所需服务和其支付能力，确定为照护需求者支付护理费用的比例。理事会对个人储蓄少于 23250 英镑的失能老人，支付部分或全部的照护服务费用，而储蓄超过 23250 英镑，则需要个人自付护理费用[2]。

在需求评估方面，由理事会派出社会工作者或者职业理疗师以面对面或者电话的形式考核申请者的个人生活能力，个人需要尽可能细致地描述在洗衣、穿衣或做饭等日常生活活动中遇到的行动困难。如果是需要对申请者所住房屋进行改造，专业理疗师将会进行上门访问，根据房屋实际情况以及申请者的个人申诉进行评估。在财产评估方面，由理事会派出财产评估员进行上门谈话，了解被评估者的收入、退休金、福利（包括护理津贴）、财产（包括海外财产）、储蓄。入住养老院需要核房屋价值，而居家照护不需要审核房屋价值[3]。政府还提供无须进行家计调查，对所有人免费的护理项目。由 NHS（National Health Service）单独安排和资助的免费护理项目也无须家计调查，包括只需进行健康或护理需求程度评估的出院后居家护理、NHS 持续医疗保健、NHS 资助的护理院护理，但这些项目主要面向健康状况严重的长期患病者或残疾人[4]。

照护服务提供者是那些负责长期照顾病人、残疾者或老人，包括失能老人的家庭成员。照护服务提供者帮助这些人洗澡、穿衣、吃药、出行和旅行、看医生、购物、清洁和洗衣、支付账单和组织财务，还给予情感支持。英国照护服务体系中为服务人员制定了相关支持服务，旨在帮助其减轻照护工作带来的负担。因此，对照护服务提供者的评估，主要是考察照护工作对其在身心健康、工作、空闲时

---

〔1〕 刘晓雪：《英国照护社会救助制度及对我国的启示》，载《地方财政研究》2017 年第 2 期，第 102—106，112 页。

〔2〕 NHS：Getting a needs assessment (https://www.nhs.uk/conditions/social - care - and - support - guide/help - from - social - services - and - charities/getting - a - n eeds - assessment/).

〔3〕 NHS：Financial assessment(means test) (https://www.nhs.uk/conditions/social - care - and - support - guide/help - from - social - services - and - charities/financial - ass essment - means - test/).

〔4〕 NHS：Care and support you can get for free.

间和人际关系等方面的影响程度[1]。

2. 澳大利亚

澳大利亚政府提供的经济困难援助计划（Financial Hardship Assistance），帮助没有足够收入支付照护费用和陷入财务困难的老年护理需求者，政府支付部分或全部费用。失能老人向养老服务联络中心（My Aged Care Contact Centre）发出申请，中心派出经过培训的专业工作人员，通过电话访谈询问申请者的健康状况、在家的行动能力以及所能获得的帮助，以了解申请者的护理需求和基本情况。在电话询问后，被认可为有“照护需求”的申请者将会在三周内继续接受面对面评估[2]。面对面评估是由评估员直接上门评估，评估结果用以确定失能老人有资格获得的具体服务内容和政府财政资助的照护服务项目。面对面评估有两种方式，第一种是由地区评估处（Regional Assessment Service，RAS）进行的家庭支持评估，面向的是仅需要能够保持在家中独立活动的低水平照护服务的需求者，由联邦政府居家支持计划（Commonwealth Home Support Programme，CHSP）提供相应服务；第二种是由养老服务评估组（Aged Care Assessment Team，ACAT）进行的全面评估，面向的是护理需求超出了 CHSP 计划所能提供范围的失能老人，通过评估的老人可接受家庭护理配套服务（Home Care Packages，HCP）、短期护理方案（Short – term care options）或养老院（Aged care homes）服务。面对面评估员考核申请者个人已获得和未来可获得的支持服务，还包括对其健康状况、在家中完成日常活动的能力、记忆力、人身安全、家庭和社区活动这几个方面的评估。评估员还与其家庭医生、社区医生、全科医生或其他医疗专业人员交谈，与照护需求者衡量其个人服务偏好、个人目前存在的问题等，共同制订一个支持计划，列出最能提供帮助的护理服务，帮助恢复需求者的心理健康和日常活动能力，还会提供其所在地区服务提供者的信息，讨论可能的服务费用等。进行面对面评估，需要申请者提供个人医疗照顾卡和身份证明[3]。通过失能评估的贫困失能老人，需要被进一步接受财产评估，财产评估的内容根据个人所需获得的照护服务决定，如果个人需要获得家庭护理配套服务或养老院照护，则需要个人收入的

---

[1] NHS:Carer's assessments(https://www.nhs.uk/conditions/social – care – and – support – guide/support – and – benefits – for – Carer's/Carer's – assessments/).

[2] My Aged Care：联邦政府居家支持计划服务指南（https://www.myagedcare.gov.au/sites/default/files/2019 – 11/your – guide – to – commonwealth – home – support – programme – services – simplified – chinese – mandarin.pdf）。

[3] My Aged Care:Prepare for your assessment(https://www.myagedcare.gov.au/assessment/prepare – your – assessment).

详细信息，包括养老金、伤残抚恤金、服务养老金、收入补助金。[1]

3. 日本

日本《介护保险法》提出，在国民共同连带基础上维护公民“有尊严的生活”，该理念强调的是成员之间的互助互济、责任分担，维护失能老人日常生活的能力，使其能够体面生活。《介护保险法》第九条规定，在市町村区域内拥有住所的65岁以上的老人被称为第1号被保险人，40岁至65岁的医疗保险参保者为第2号被保险人[2]。对于生活贫困的65岁以上的老人，根据个人支付能力及家庭经济状况将其划分为不同级别。第1号被保险人的保费费率由本人收入情况和各地费率确定，根据不同收入等级收取定额保费，而各地收费率根据各自人口规模、财政情况、护理服务水平等因素确定。对于低收入者等特殊人群实施保费减免或延迟收取。第2号被保险人的保费根据人口数确定。护理保险政策规定了低收入者也需缴费，对于第1号被保险人，低收入者为第1至3级不缴纳市民税的人在缴费和给付方面给予减免，部分费用由最低生活保障金补足。

表14-1　日本第1号低收入被保险人缴纳护理保险费的计算标准

收入等级	对象	保险费
1级	公共援助受益人； 被保险人在市町村免税家庭领取养老福利金； 收入低于80万日元的市政免税	基准额×0.5
2级	收入80万日元至120万日元，免征市政税	基准额×0.75
3级	收入超过120万日元的免税	基准额×0.75

资料来源：日本厚生劳动省.《2017年度健康、劳动和福利报告》，2017年，第237页。

日本贫困老人申请照护服务的过程同介护保险所规定的过程是一样的。贫困老人需自行向市町村提出申请，由市町村派出调查员对护理需求者的身心状况和家庭情况进行调查，经介护审查委员会的认定，按疾病轻重分为7个等级，包括需要支援1—2等级，需要介护1—5等级。介护等级评估须每6个月更新一次。护理认定审查会是进行护理事项审查和判定的专门机构，其成员由承担护理业务的保健、医疗、福利领域的经验丰富的人员构成；委员由市町村长任命。评定为需支援1—2等级老人的介护服务计划由市镇村设置的社区综合支援中心负责制订；评定为需介护1—5等级享受居家服务的介护计划由介护支援专员听取介护者的意向后制订；评定为需介护1—5等级的入住照护机构的介护计划由机构所属的

〔1〕 Australian Government, Deapartment of Human Services: what you need to know (https://www.humanservices.gov.au/individuals/services/aged-care-means-tests/what-you-need-know).

〔2〕 张萱：《日本护理救助制度的介绍与分析》，载《东南亚纵横》2009年第6期。

介护专员制订，由老年福利机构或老年保健机构提供服务[1]。通过护理等级认定后，市町村相关部门会制订针对性的护理支援计划，护理支援需根据生活保护法制定。

4. 美国

美国没有单独针对贫困失能老人的长期照护制度，而是通过医疗救助计划（Medicaid）制度为低收入者或“支出性贫困”的失能老年人提供救助。Medicaid制度基于家计调查和护理需求评估为低收入失能老年人提供照护救助，它对申请者的收入和财产有严格的限制标准，对申请者的失能状况再进行评估。在国家制定总体方针的基础上，各州自行确定一个“贫困线”，具体的失能等级各州有各自的标准[2]。Medicaid 是联邦政府和州政府的联合计划，联邦制定总体计划规则对各州覆盖的人群和服务提出要求。个人收入和资产不超过所在州规定的水平，即被确定为有资格获得医疗补助，州将进一步确定是否有资格获得长期照护服务，并提供特定数量的个人护理。个人收入审查标准每个州不同，但一般包括工资、定期福利金，比如退休金或伤残金、退伍军人福利以及存款利息、股票和债券。Medicaid 通常不包括营养援助、联邦政府提供的住房援助、家庭能源援助以及部分规定的收入[3]。Medicaid 会每年审查个人资格状态。不同类型的家庭和社区服务可能有不同的资格要求。大多数州向所有根据补充收入保障计划（Supplemental Security Income，SSI）获得福利的人提供补助，许多州向收入低于联邦贫困线（2012 年为每个人每月 931 美元）的 65 岁及以上老年人或残疾人提供医疗补助[4]。

（二）划分失能等级，依据专业评估结果

1. 德国

1995 年德国成为第一个建立长期照护保险制度的国家，而在此之前贫困老人的照护需求保障主要由社会救助制度中的“护理救助”制度来满足。德国的长期照护保险是其五大保险之一，实行“护理保险跟随医疗保险”的政策，几乎覆盖了所有德国人[5]。贫困失能老人护理需求则由社会援助或者护理援助提供补助

---

[1] 日本厚生劳动省（https://www.mhlw.go.jp/stf/seisakunitsuite/bunya/hokabunya/shakaihoshou/kaikaku.html）.

[2] 刘晓雪：《美国的照护社会救助服务及经验》，载《中国社会报》2017 年 7 月 3 日，第 7 版。

[3] Financial Requirements（https://longtermcare.acl.gov/medicare-medicaid-more/medicaid/medicaid-eligibility/financial-requirements.html）.

[4] General Medicaid Requirements（https://longtermcare.acl.gov/medicare-medicaid-more/medicaid/medicaid-eligibility/general-medicaid-requirem ents.html）.

[5] ESNP Flash Report 2016/43：Reform of the Long-term care insurance in Germany.

金等方式来满足[1]。社会援助（Sozialhilfe）用来帮助无法满足自身需要并在其他保险和福利制度下缺乏充分权利的个人和家庭，社会援助是一项法律规定的权利，那些丧失工作能力以及65岁以上的老人都被纳入援助范围，保证了实施的刚性。贫困老人由于收入能力下降，可获得包括老年生活费用或基于需求的养老金补助在内的社会援助[2]。而护理援助（Leistungen der Hilfe zur Pflege）面向没有资格参与长期护理保险的失能老人，还包括达不到护理保险制度6个月最低时长的要求和护理保险难以完全满足需求的人。护理援助与长期护理保险提供内容在很大程度上相同，护理援助通常仅限于护理等级在2—5级的人，对护理等级为1级的人仅提供护理帮助和改善居住环境的服务，每月可获得最多125欧元的支持津贴（Entlastungsbetrag）。护理等级在2—5级有认知和心理障碍者，将获得额外的照护福利[3]。德国实施长期护理保险后，总计申请护理救助的人数先从1992年的67.4万人下降至1998年的28.9万人，后上升到2015年的45.1万人，护理救助的年度支出从2002年的29亿欧元上升到2014年的40亿欧元[4]。

德国制定了全国统一的失能评估标准，具体负责照护需求认定的法定机构是联邦长期护理保险基金协会（Spitzenverband Bund der Pflegekassen），护理保险基金将护理需求的识别、护理等级的认定及评估等事项委托法定的医疗保险医事鉴定服务中心（Medizinischer Dienst der Krankenkassen，MDK）办理，MDK成员主要由专业医师和护士构成[5]。德国对长期照护需求的评估和护理等级的分类，是通过使用基于护理科学原理的评估工具进行的，该评估工具从个人情况出发，基于照护需求者所需解决的问题，考察其在日常生活中行为能力和独立性。在评估指令中详细阐述了基于护理科学的标准。评估员需要事先预约进行上门家访。评估员对个人在每个指标的独立性程度进行打分，在没有帮助或者需要帮助的情况下进行活动得0分，根本不能进行活动得3分，将活动能力和独立性程度与不同的权重组合，得出与0级、1级、2级、3级和困难案例这五个护理等级相对应的总分。护理等级反映了照护需求者能力受到损害的程度。评估主要在六个方面展开，考察申请者的行动能力、认知和沟通能力、行为和心理问题、自我照顾、

---

[1] Federal Ministry of Labour: Needs - based pension supplement in old age and in the event of reduced earning capacity, 2011.

[2] Federal Ministry of Labour and Social Affairs: Social assistance, Anyone living in Germany who falls on hard times should still be allowed to live in human dignit, 2011.

[3] Social Security At A Glance 2019, p. 17.

[4] 刘涛：《联邦德国的老年防贫体系：社会救助制度的动态扩张与增量扩容》，载《社会保障评论》2017第2期。

[5] 张连增，国畅：《国际经验对我国长期护理保险评估体系建设的启示——以德国、荷兰、日本、韩国为例》，载《未来与发展》2018年第4期。

自行就医、日常生活和社交能力。行动能力评估着眼于考察个人是否可以自己站起来，是否可以在室内独立走动或爬楼梯等；认知和沟通能力着眼于考察个人对时间和空间方向、事物的理解程度，判断其是否能与他人沟通等；认知和沟通能力包括考察是否存在夜间不安、焦虑、有攻击性等；自我照护考察包括申请者是否可以洗衣、穿衣、如厕以及独自饮食的能力等；自行就医能力是指个人能否独立处理和应对与疾病或治疗有关的需求和压力，包括是否自行看病、自行服用药物，独立测量血糖水平，使用假肢或步行框架等辅助工具；日常生活和社交能力指个人是否可以预算时间和管理日常活动，与他人直接接触或与朋友见面社交等方面的能力。评估员还会对家庭环境和房屋维护等进行评估，这两项指标用于护理项目的安排，以帮助制订更切合实际的护理计划。

2. 荷兰

荷兰社会救助法案中明确提出当任何人无力承担照护成本时，都有获得财务救助的权利，该权利是“个人化”的，并不依赖于家庭其他成员的收入水平。荷兰政府一直致力于通过社会救助等方式为需要照护服务贫困老年人提供帮助，积极探索通过社会保险融资方式为患有严重长期疾病或身体机能受限的患者提供照护服务支持[1]。贫困失能老人可获得的照护服务主要为社会支持法（Wat maatchappelijke ondersteuning 2015，WMO）中提出的居家照护服务和慢性护理法（WLZ）提出的机构照护服务两类。WMO 提出为老人提供各种形式的居家照护服务，以帮助其尽可能在家中得到帮料。WMO 要求中央和地方政府以及健康保险公司共同负责居家照护服务的制定和推行，通过衡量考虑老年人自我行为能力和其能受到帮助的程度来确定居家照护服务内容。WMO 体系主要评估失能老人的个人需求和其服务偏好，还包括对非正式护理人员或家庭成员的评估[2]。市政府制定评估标准，主要考核老人基本日常活动的完成能力，包括是否能够独自上下床、穿衣、行走、整理卫生、如厕、饮食、服药、进行社会交往等方面。

WLZ 制定高级护理体系，面向需要 24 小时不间断监督或护理的老人[3]。荷兰根据 WHO 发布的《关于功能、残疾和健康的国际分类》（International Classification of Functioning，Disability and Health，ICF）确定失能标准。个人必须向

---

〔1〕 刘德浩：《荷兰长期照护制度：制度设计、挑战与启示》，载《中国卫生事业管理》2016 年第 33 期。

〔2〕 Government of Netherland (https://www. government. nl/topics/care – and – support – at – home/question – and – answer/how – do – i – get – social – support – fr om – my – municipality – under – the – wmo).

〔3〕 Government of the Netherlands:Nursing homes and residential care(https://www. government. nl/topics/nursing – homes – and – residential – care).

国家机构护理评估中心（Centrum indicatiestelling zorg，CIZ）及其委任的专业评估团队申请进行评估，评估团队通常由社会干预老年医学专家、精神分析专家、护士和社工组成。CIZ 通过检查个人的身体疾病、精神病问题、智力障碍、身体残疾、感觉障碍，评估获得照护的资格〔1〕。CIZ 还会进行行为能力评估，以及考核个人能够从家庭成员获得帮助的程度。CIZ 根据评估结果确定最适合失能老人的护理服务，包括护理项目和护理时长。CIZ 将评估结果发送给失能老人所在地的区域护理管理办公室，办公室帮助老人找到服务提供者，并安排个人的护理和支持计划。CIZ 主要由服务提供者、医生和地方政府等方面的代表构成，专业评估团队通常由护士、社会工作者、医学专家组成。CIZ 作为资格审查的机构，没有任何绩效激励，以保证实施独立、客观的评审〔2〕。

二、面向贫困失能老人的长期照护服务内容

多数发达国家对贫困失能老人提供的长期照护服务以居家照护服务为主，机构护理服务为辅。居家照护主要是由家庭成员、上门的护士、家庭保健或家庭护理助手、治疗师提供照护服务；机构护理提供全天候最全面的服务。居家照护主要面向那些有一定自理能力无需长时间接受护理支持的老人，大部分国家更鼓励这种方式，既可以满足失能老人更想在家接受照护的心理需求，还可以有效减少护理成本，节约公共资源。而机构照护服务面向那些难以独立在家，护理需求更为复杂，需要长时间接受照护和监督的老人，机构照护提供者主要是专业的护理院、养老院或者医疗护理机构。发达国家以居家服务为主，主要是考虑到失能老人更希望居住在自己家里并且尽可能和家里人在一起，所以对居家照护实行更多的服务内容，对上门护理、提供照护服务的失能老人家属给予额外的护理津贴和免费培训，部分国家将达到一定护理时间的照护家属纳入其他专业护理人员的体系之中，给予一定的福利，保障家庭护理服务提供者的权益。由于机构费用一般较高，且容易发生老人在恢复能力后还继续留在护理机构的情况，一般对机构护理实行固定金额的资金援助，超出部分需要老人自行负担，政府还为老人与护理机构在护理项目、费用等方面商榷、谈判创造条件，让老人能够更合理利用有限资源，避免浪费。还为在一定时期后可以恢复自理能力或者护理人员短期缺失等情况下的老人提供暂时性照护服务。

---

〔1〕 CIZ(https://www.ciz.nl/client/veelgestelde - vragen - clienten/wet - langdurige - zorg).

〔2〕 Mot E. Aouragh A:The Dutch system of long - term care. ENEPRL,2010.

（一）居家照护服务

1. 帮助维持基本生活能力的服务项目

（1）德国。

德国在制度建立之初，只提供对居家护理服务的给付津贴，一年后才增加了对机构护理服务的给付支持。居家护理有由家庭成员提供服务、护理机构上门服务以及两者混合组合的形式〔1〕。接受居家护理的老人可以自行决定偿付方式。如果选择实物给付，那么老人会获得护理人员定期上门服务，如果选择现金给付，将对护理人员实施现金补偿。现金给付的限额根据护理等级设置，超出限额部分由老人自行负担。

（2）日本。

日本根据护理评定结果确定服务项目。对于居家服务，提供具体内容主要是包括上门护理、上门看护、门诊护理、短期入住服务等。以实行不脱离熟悉环境又能获得专业护理为目标，由政府主导，整合社会资源，满足老人多样化护理需求〔2〕；日本介护保险规定只要第1号被保险人需要护理或援助，无论何种原因都可以获得介护护理服务。

2. 保证基本生活能力和安全的服务项目

（1）英国。

英国家庭护理服务（Help at home from a Carer）由政府为符合条件的失能老人提供，以帮助老人在家独立地生活。家庭护理的服务形式较为灵活，取决于被护理老人所需服务时间〔3〕。家庭护理适合那些难以应付洗衣、穿衣、出行等日常生活活动，并且不想搬进养老院的老人。护理人员到失能老人家中提供上门服务，帮助老人起床、洗衣、梳理头发、如厕、准备餐食、吃药、购物、上下车、领取退休金等。家庭护理有两种服务形式，失能老人可自行选择护理机构提供或者雇佣护理人员上门照顾。家庭机构护理主要为本地家庭护理服务机构和国家家庭护理组织的机构，所有的家庭护理机构必须在护理质量委员会（Care Quality Commission，CQC）注册。失能老人与家庭护理机构会在接受服务之前，对需要支付的费用、额外付费服务、护理人员的经验和资格、上门服务的时间以及突发情况等进行咨询、协商。护理机构的护理人员被要求以尊重的方式对待失能老人，

---

〔1〕 石磊、朱俊生：《长期护理险之国外实践》，载《金融博览（财富）》2017年第4期。

〔2〕 陈娜、王长青：《日本介护保险制度对健全我国失能老人照护体系的启示》，载《中国卫生事业管理》2019年第36期。

〔3〕 NHS：Help at home from a Carer's.（https://www.nhs.uk/conditions/social - care - and - support - guide/care - services - equipment - and - care - homes/homecar e/）.

需要在上门服务时做到敲门宣布到来，带上身份证，对房屋的所有入门密码进行保密，能够应对突发事件。理事会还会为其提供护理和支持计划，计划中记录失能老人的需求、可满足其需求的方式和个人预算。个人预算（PG）用来安排和支付自己享受的服务，个人可以自由雇用护理人员在家提供照顾，也可以通过家庭护理机构提供上门服务。个人预算支付费用的方式有三种，第一种是由理事会每月直接将款项存入个人银行账户；第二种是理事会根据护理费用的收据支付费用；第三种是混合的个人预算，由理事会安排护理，个人预算支付其余费用。个人预算不会转入私人账户，而是由社会保险银行（SVB）管理，用来支付给护理人员。此外，政府还会为满足条件的护理人员提供护工津贴，2019 年 4 月起为每周 66.15 英镑，通常每四周支付一次[1]。

英国政府还会为居家照护提供支持性项目，帮助失能老人能够在家走动和进行日常任务时更安全、更轻松。由理事会提供免费设备和房屋改建以保护老人安全。装置免费设备主要包括帮助其设立楼梯扶手、浴室扶手、对讲系统、轮椅通道坡道、步行架、厨房或淋浴间里的栖息凳子等，对于出院的病人还提供厕所环绕框架；房屋改建主要包括安装楼梯升降机或栏杆、浴缸升降机，淋浴间或浴缸扶手、加宽门道、降低厨房台面、坡道或台阶等。理事会只提供少于1000 欧元的改建费用[2]。

（2）美国。

在美国大多数州，Medicaid 提供居家服务，主要是对日常生活中基本个人生活活动（ADL）的帮助，例如帮助沐浴、穿衣、上厕所、行动转移（到床或椅子或从床或椅子转移）、照顾尿失禁。居家照顾会考虑失能老人的房屋状况，会根据需要对其进行修改以容纳轮椅或其他设备，会考虑到失能老人所在地区长期照护服务的可用性，例如成人日间护理或附近的医疗设施，帮助个人护理、提供公共交通援助，上门送餐和其他所需的服务[3]。其他常见的长期护理支持项目被称为日常工具性活动（IADL），包括家务、资金管理、服药、饭后准备和清洁、购物、使用电话或其他通信设备、照顾宠物、响应紧急警报。[4]

---

[1] Age. uk：Carer's Allowance（https://www. ageuk. org. uk/information – advice/money – legal/benefits – entitlements/Carer's – allowance/）.

[2] NHS：Home adaptations（https://www. nhs. uk/conditions/social – care – and – support – guide/care – services – equipment – and – care – homes/home – ada ptations/）.

[3] Staying in Your Home（https://longtermcare. acl. gov/where – you – live – matters/staying – in – your – home. html）.

[4] LongTermCare. gov：What is Long – Term Care（https://longtermcare. acl. gov/the – basics/what – is – long – term – care. html）.

（3）荷兰。

根据社会支持法（WMO2015），荷兰政府有责任提供非医疗支持的居家照护服务，包括帮助日间活动、家务服务、对服务提供者支持。此外，根据《慢性病照护法》的规定，需要24小时照护或监督的老人，也可接受费用不超过机构照护的居家照护[1]。社会支持服务有两种类型，一种是定制服务（Customised services），主要包括提供陪伴、住宿、日间活动、房屋改建、临时护理、对非正式照护者的支持、家政服务，以及为行动不便不能乘坐公共交通工具的老人提供区域交通服务；另一种是标准服务（Standard services），包括提供购物服务、社交联系、热餐服务（上门送餐）、为无家可归者提供庇护所，对社区中心进行援助[2]。荷兰政府致力于为失能老人提供照护服务或改装老人所住房屋设施，帮助失能老人尽可能长时间在家中接受照护，确保老人能够独立生活并能够参与社会活动。

（4）澳大利亚。

在澳大利亚，居家照护服务面向那些记忆力衰退、行动不便或被诊断出患有疾病、近期发生跌倒或接受住院治疗的老人。澳大利亚政府经济困难援助帮助支付居家护理所需费用，以保证贫困失能老人在家中能够获得所需的支持服务。根据失能老人具体的护理需求程度，确定其获得联邦政府居家支持计划（Commonwealth Home Support Programme，CHSP）或家庭护理配套服务（Home Care Package，HCP）两类服务。CHSP由澳大利亚政府拨款，提供一系列初级老年护理服务，以便老人在家中和社区内保持独立生活。属于入门级护理，适用于具有一定行为能力，需要较少的帮助就可以改善健康和福祉的老人。CHSP计划帮助澳大利亚老年人获得入门级支持服务，使得老人能够独立、安全地在家中生活。获得CHSP支持的资格取决于老人的需求和年龄，享受者必须年满65岁及以上（对于原住民和托雷斯海峡岛民则要求50岁及以上）低收入，且无家可归或有无家可归风险[3]。HCP属于更复杂的护理，面向那些照护需求超出了CHSP计划所能提供服务的老人，HCP提供多种服务以满足有更大、更复杂或更密集护理需求的老人。澳大利亚政府经济困难援助仅针对那些在2014年7月1日及之后开始接受HCP服务的失能老人，而那些在2014年7月1日之前接受HCP服务的老人，则

[1] Social Support Act (Wmo 2015) (https://www.government.nl/topics/care-and-support-at-home/social-support-act-wmo).

[2] Government of Netherland (https://www.government.nl/topics/care-and-support-at-home/question-and-answer/assistance-at-home-from-mymunicipality).

[3] Australian Government: My aged care-Commonwealth Home Support Programme (https://www.myagedcare.gov.au/help-at-home/commonwealth-home-support-programme).

没有资格获得经济援助。通过评估的老人可享受政府为其支付的部分或全部费用[1]。CHSP 提供的居家照护服务内容，在保障失能老人的健康和安全上可分为以下几个方面的服务，在保障老人日常生活方面，提供包括订餐等膳食服务，帮助淋浴等个人照顾，帮助服药等医疗护理，手足治疗、职业理疗的医疗治疗服务，为视力不好、患有痴呆等有特殊情况的老人提供专业支持服务，以及在护理人员休息时提供临时照顾。在保障老人居家安全方面，帮助失能老人保持居住空间宜居；提供上门维修、家居装修服务，帮助维持或提高老人在家移动能力，还提供一些辅助装置和设备。在帮助老人维持社交方面，帮助老人和社区联系、参与社区活动，以及提供交通服务、社会支持服务等。还为无家可归者提供住房和护理服务。

HCP 提供的服务项目与 CHSP 服务只在需求层级上不同，具体服务内容是相同的。为老人提供具体照护服务的服务提供商是一些地方组织，失能老人可自行寻找和选择家庭附近的组织，由他们提供 CHSP 或 HCP 照护服务，失能老人与所选的组织一起拟定具体的照护内容和共同协商一个较低的费用，并决定如何最有效地使用配套资金。政府为了确保贫困老人能够以负担得起的价格获得所需的帮助，直接向服务提供商进行补贴[2]。根据护理需求层次的不同，提供的 HCP 服务涵盖了从基本护理需求直至高级护理需求的四个不同等级。不同的服务级别政府资助的金额也不同，对于 1 级基本护理需求，政府每年大约资助 8750 澳元；对于 2 级低级护理需求，每年大约资助 15250 澳元；对于 3 级中级护理需求，每年大约资助 33500 澳元；对于 4 级高级护理需求，每年大约资助 50750 澳元。获得 HCP 服务所需的等待时间也取决于对应的护理级别，1 级需要等待 3—6 个月；2—4 级等待 12 个月以上，但是那些有更高或更紧急需求的人可优先获得服务。

（二）机构照护服务

（1）英国。

英国养老院（Care homes）面向居家照护服务适合于家庭照护难以保证其独立生活，并通过需求评估确定养老院是其最佳选择的老人，还包括那些患有复杂疾病，日夜都需要专业人员照护的老人。养老院可以由私人公司、志愿组织或慈善组织经营，也可以由地方议会经营。英国养老院有两种形式：居住型养老院（residential homes）和护理院（nursing homes）。居住型养老院主要提供住宿和个

---

〔1〕 Australian Government：My aged care – Home Care Package（https://www.myagedcare.gov.au/help – at – home/home – care – packages）.

〔2〕 Australian Government：My aged care – Commonwealth Home Support Programme costs（https://www.myagedcare.gov.au/commonwealth – home – support – programme – costs）.

人护理，包括洗澡、穿衣、服药、如厕等；护理院，也被称为疗养院，主要提供个人护理，由至少一个合格的护士值班并提供护理，面向的是具有更复杂医疗状况、患有严重身体障碍，需要更多护理和支持的老人。护理院提供的护理服务通常比居住型养老院贵，居住型养老院的平均费用每周约为 600 英镑，护理院每周约为 800 英镑。如果贫困老人个人无力支付其在养老院所花费费用，则其亲朋可以帮助支付差额，但必须与理事会和护理院签署协议，规定所要支付的费用、支付的频率以及未来亲友难以帮助付款时的解决办法。

英国贫困的失能老人也可以使用照顾津贴（Attendance Allowance）来支付护理院的费用。患有疾病或残疾的年龄在65 岁以上老人可以获得不需要经过收入测试的照顾津贴。照顾津贴对于白天或夜晚需要照顾的失能老人每周支付 57. 30 英镑；日夜都需要照顾的老人每周支付 85. 60 英镑[1]。尽管如此，照顾津贴也难以支付英国的养老院费用，在过去的 20 年中，英国照护服务成本翻了一番，寄宿护理费用上升了93%，但部分养老金领取者的经济状况无法支付得起照护服务所需费用，这部分老年人不得不出卖房屋来支付护理费用[2]。这对于贫困的失能老人是不可企及的，因此许多弱势老年人面临着极高的照护服务成本。英国由 NHS 资助的护理服务面向需要护理服务但是没有资格获得 NHS 持续医疗保健，以及住在护理院的人，NHS 直接向护理院支付固定费用，护理院雇用注册护士来提供相关服务，包括计划、监督和监视护理、提供保健及直接护理。NHS 直接向护理院给付每周 158. 16 英镑（2018 年 4 月起）的固定费用，用来支付护理院费用[3]。NHS 持续医疗保健面向具有长期复杂照护需求的老人，老人可以在家中或护理院中接受医疗保健护理。由医疗保健专业团队对服务需求、健康风险等进行评估，评估结果决定老人是否有资格获得 NHS 持续医疗服务；不符合 NHS 持续医疗保健条件的，则被转介给当地政府。NHS 持续医疗保健的初步评估可以由护士、医生、其他医疗保健专业人员或社会工作者完成[4]。

（2）澳大利亚。

澳大利亚政府资助的养老院（Aged Care Home）帮助失能老人完成日常活动、个人护理和医疗护理。还会提供满足老人日常需求的酒店式服务（Hotel – type services），注重满足个体在医疗、文化或宗教信仰的特殊饮食要求，提供洗

---

〔1〕 NHS：Benefits for over – 65s，（https：//www. nhs. uk/conditions/social – care – and – support – guide/money – work – and – benefits/benefits – for – over – 65s/）.

〔2〕 Independent age：Homing in on free personal care，2019，p. 5 – 6.

〔3〕 NHS：funded nursing care（https：//www. nhs. uk/conditions/social – care – and – support – guide/money – work – and – benefits/nhs – funded – nursing – care）.

〔4〕 NHS：continuing healthcare（https：//www. nhs. uk/conditions/social – care – and – support – guide/money – work – and – benefits/nhs – continuing – healthcar e/）.

衣以及社会活动，还会提供紧急情况下的援助，维护养老院及相关建筑设备设施的完善；满足老人个人和医疗护理需求，以及提供情感支持和适应生活的支持，还包括对认知障碍（例如痴呆）的关注和支持。政府资助的养老院由澳大利亚政府监管，并通过老年护理质量和安全委员会（ACQSC）的独立认证，必须达到老年护理质量标准，以确保提供优质的护理和服务。每个养老院都在规定的范围内设定自己的护理价格[1]。政府对贫困失能老人的支持通过直接向养老院提供补贴体现，补贴具体金额依据失能老人的护理需求层级确定。

（3）德国。

德国的护理机构大体有三种类型：公立机构、社会公益机构和私营机构；服务形式有两种：由专业护理院提供服务或者上门提供护理服务。2017 年德国对于判定的五级照护所给付的机构护理标准由低到高分别为 125 欧元、770 欧元、1262 欧元、1775 欧元及 2005 欧元[2]。

（4）日本。

日本机构护理服务主要有社区紧密型护理服务，包括小规模多功能居家服务、认知症对应型共同生活护理、夜间上门护理等服务。提供的设施服务包括特别精心护养敬老院、老年保健设施以及护理疗养型医疗机构。1—2 级需要支援的可获得预防服务给付，包括预防性护理服务、社区紧密型预防服务。每一等级都设有支付限额，超过限额的部分由个人全额承担；限额范围内的部分个人支付 10%，国家给付 90%[3]。

（三）暂时性服务

暂时性服务最早出现在美国，是指为在短期内需要获得照护的失能老人提供服务，也指喘息服务、间歇护理服务、临时性照顾等，具有短期性或周期性等特征[4]。主要是对那些从医院刚回家还需要他人帮助照护，或者是因为短期内患病并能够通过康复训练得以恢复独立能力的失能老人提供暂时性的服务，还有当照顾老人的家庭照护人员或者其他护理人员需要休息，或因其他事由需要短期请假的时候，在这段时间内向老人提供的服务。由于出院后的护理会涉及专业性医疗护理方面，而其提供照护家庭成员往往缺乏专业护理知识，因此不能提供有效

---

〔1〕 Australian Government: My aged care, Short – term care – Aged care homes (https://www.myagedcare.gov.au/aged – care – homes).

〔2〕 ESNP Flash Report 2016/43: Reform of the Long – term care insurance in Germany.

〔3〕 陈娜，王长青：《日本介护保险制度对健全我国失能老人照护体系的启示》，载《中国卫生事业管理》2019 年第 36 期，第 104—107，142 页。

〔4〕 Griffith, D. "*Respite care*". *The British Medical Journal*, 1993, Vol. 306, No 6871, 1993.

的护理服务，失能老人这一时期所需护理往往被忽视，这对老人的病后恢复会产生负面影响，所以提供暂时性护理援助显得十分必要。暂时性服务可以更为全面地考虑到失能老人的需求，使得满足贫困失能老人护理需求的实际性效果更为显著。

（1）英国。

在英国，临时护理又称为中间护理、固定护理或后期护理[1]。临时护理最多可以免费使用6周，超过6周个人必须付费，但大部分人都在大约1至2周内使用。临时护理是由NHS和社会服务部门组成团队，主要由护士、职业治疗师、物理治疗师、社会工作者、医生及照顾者组成，他们帮助失能者保证其生活的独立性，服务主要包括穿衣、做饭或上下楼梯[2]。

（2）澳大利亚。

澳大利亚短期照护服务（Short – term care）根据失能老人所需短期护理的类型提供几天至几个月的帮助。短期护理分为三种类型，短期恢复护理为了协助完成日常工作；过渡护理为了帮助住院后康复；在护理人员需要休息时或有紧急状况时提供暂时服务。每个类型的短期护理都需要进行面对面的评估以确定是否有享受资格。澳大利亚政府直接补贴短期照护服务的提供者，个人所要支付的金额取决于获得的护理和服务的类型和水平[3]。短期恢复护理针对那些在日常生活中需要得到帮助，想要避免获得长期照护服务的失能老人，主要通过提供医疗专业人员帮助其扭转或减缓面前遇到的困难。

短期恢复护理的服务提供者通过组建一支由医疗专业人员组成的团队帮助失能老人，鼓励失能老人的亲朋参与护理过程，由卫生专业人员对家庭护理人员进行一定的指导。医疗专业人员团队帮助失能老人管理或适应不断变化的需求，帮助恢复老人的行动能力，包括提供轮椅或安排交通工具，或者对房屋进行改动。短期恢复性护理提供的服务类型以医生的评估为指导，确保失能老人的医疗需求得到满足。个人最多可以享受为期8周的短期恢复护理，在任何12个月内可享受两次[4]。过渡护理帮助失能老人住院后的康复，针对那些在住院后需要恢复并

---

〔1〕 NHS：When the council might pay for your care（https://www.nhs.uk/conditions/social – care – and – support – guide/money – work – and – benefits/when – the – council – might – pay – for – your – care/）.

〔2〕 NHS：Paying for your own care（self – funding）（https://www.nhs.uk/conditions/social – care – and – support – guide/money – work – and – benefits/paying – for – your – own – car e – self – funding/）.

〔3〕 Australian Government：My aged care – Short – term care（https://www.myagedcare.gov.au/short – term – care）.

〔4〕 Australian Government：My aged care，Short – term – restorative care（https://www.myagedcare.gov.au/short – term – care/short – term – restorative – care）.

重新获得独立的老人。失能老人自行与过渡医疗服务提供者联系，提供者协助其离开医院，并决定在家中或社区中获得服务，或者进入老年护理院中获得全天候康复护理。服务内容根据个人需求和目标进行量身定制，并随着个人需求和恢复状况而变化。失能老人每年最多可以享受12周的过渡护理服务，通过进行再次评估可延长6周[1]。暂托服务为护理人员提供支持，帮助他们获得短期休息或者可以独立做事。一般提供几个小时、几天或更长时间的暂托服务，失能老人可在家庭、社区或养老院中接受服务。暂托服务可以提前计划，或者在紧急情况下使用，比如护理人员突发紧急情况等。澳大利亚 CHSP 还提供了社区暂缓服务，主要面向那些偶尔需要护理服务人员的支持来完成某些日常任务或活动的老人[2]。

三、启示和建议

发达国家大多制定了较为完善的照护服务体系，能够在较大程度上满足不同状况失能老人的护理需求。基于对个人收入资产审查和失能评估确定可享受照护服务的资格条件，政府为贫困失能老人提供的照护救助主要通过实物服务和现金服务相结合的方式。纵观各国相关做法，未有单独建立对贫困失能老人的长期照护制度。贫困失能老人所需经过的失能评估和享受服务内容与其他老人是同一制度体系下进行的，政府对其实施的偏向性政策性措施只体现在为其支付护理费用或者直接提供免费的照护服务，但各个国家提供的方式不同。德国、日本及荷兰等建立覆盖全民的长期照护社会保险的国家，政府对贫困失能老人的长期照护救助体现在为其补缴或适当减免保险费用，并提供社会援助补足其护理需求；英国、澳大利亚等建立普惠型长期照护制度的国家，政府为贫困失能老人提供的照护救助服务主要体现在为其支付护理费用或者提供津贴补助。各国基本建立了专业性评估机构和监管机构，对照护服务质量管理做出规范要求，保证照护服务的透明性和可持续性。这对我国贫困失能老人提供照护服务有着极大的借鉴意义，主要在以下几个方面：

第一，强化政府责任主体作用，发挥社会力量作用。各发达国家实施长期照护服务制度的主体都是政府，政府对贫困失能老人提供的照护服务几乎是免费的，在服务各工作环节中政府的责任明晰并且能够落实到位。对贫困失能老人的界定由政府部门负责，照护服务由政府部门负责提供，并和商业性服务公司合作，制定严格标准并实施监督管理。各国也考虑到地区间在经济社会等方面存在的差

---

[1] Australian Government: My aged care, Short - term care - Transition care (https://www.myagedcare.gov.au/short-term-care/transition-care).

[2] Australian Government: My aged care, Short - term care - Respite care (https://www.myagedcare.gov.au/short-term-care/respite-care).

异，由中央一级政府制定统一标准，在经济审查标准、失能评估标准、照护服务机构设立的标准、照护服务内容设置标准等方面进行规范，各地政府再制定因地制宜的政策标准。我国失能老人长期照护服务也应强调政府责任，由政府负责管理，将其作为一项民生工程落到实处。

第二，应提供以居家服务为主、机构为辅、医疗机构作为补充的多层次长期照护服务项目体系。发达国家的服务内容都建立在失能等级的基础上，提供的服务形式主要有居家护理、机构护理，还为那些需要短暂照护的人提供暂时性服务，在服务项目上考虑到老人切实需求，做到精细划分。应鼓励居家照护，这样可以让贫困失能老人在熟悉的环境中接受治疗和护理，也能考虑到独居老人群体在家属照护方面的缺失，还可以减少对护理机构床位的占用，提高长期照护运行效率。部分国家在提供的服务项目上设定了培训服务，旨在帮助失能老人尽可能恢复身体状态，还帮助改建修缮房屋，这对那些本来就需要较小等级服务的老人来说十分有益，老人自我行动能力增强，帮助其能够在家庭中生活，这也极大程度减少了照护服务的需求，减少了机构、养老院床位不足的问题。通过积极有效的预防，提高老年人综合身体素质，提升轻度需护理者的自理能力。

第三，应在初期以现金给付为主，与商业服务机构积极合作。照护项目支付有现金给付和实物给付，但是为避免资金的滥用，大部分国家主要是通过直接提供护理服务。而在有些国家，考虑到照护服务的供给商，他们大多是受政府监管的私人护理机构，所以资金一般直接支付给护理机构。在选择护理机构方面，个人也有较大的选择权，同时可以自愿选择护理服务人员、护理服务项目，并可以通过协商签约确认服务的内容与价格。政府资金补贴给个人，由个人合理安排护理服务支出。考虑到我国在实施初期会存在护理服务质量较低、地区间差异较大、护理人才缺失等情况，由政府直接负责照护服务的供给会有很大的困难，所以应适当以现金给付为主。给付标准设定应体现激励机制和合理利用资源的约束机制，既要保证服务有质有量，又要防止骗取补贴的行为。同时，考虑到我国目前医疗机构工作量相对较大，依托医疗机构必然无法保证服务有效供给。为避免护理服务机构不足，应依靠市场机制，政府积极与商业的养老机构、护理服务机构合作，提高服务层次，保证服务内容多样化。还可将城市下岗工人、农村地区留守人员的资源利用起来，既可以弥补照护者不足的问题，又可以解决剩余的劳动力的问题；既可以利用贫困失能老人周边资源，又可以促进贫困老人之间的相互帮助。

第四，应建立科学的评估体系，规范服务标准。评估包括经济资格评估和失能评估两个方面。在经济资格评估方面，优先将城市低保户、农村“五保”户老人全部纳入，再具体根据失能老人的居住状况、家庭状况等做出特别规定，在此基础上可适当扩大范围，根据各地财政的具体情况可要求个人缴费，以确保政府财政资金的调度。在失能评估方面，长期照护由于服务对象的特殊化以及服务内容的多样化和繁琐性，护理人员服务态度、提供服务的方式以及服务质量都直接影响老人接受服务的质量。对具备专业素养的护理人员的需求在未来必定是巨大的，要在制度创立之前就重视培养一批高素质的护理人员，不断优化服务品质，长期照护的专业人员不仅需要专业知识，还需要实践经验。应建设科学规范的评估体系，统一长期照护需求等级认证标准，保障长期照护保险制度能够顺利运行。服务机构提供服务时应尊重参保的生命尊严，突出人文关怀，尽可能地为参保人提供适宜、安宁的长期照护服务。服务项目标准和内容的确定大多是建立在对失能等级鉴定制度基础上，根据失能老人的身体状况、需求程度等因素确定不同的给付方式。要根据实际失能需求情况提供全面的、多样的服务项目，切实保障失能者日常生活需求。

参考文献

中文文献

戴卫东：《OECD 国家长期照护制度研究》，中国社会科学出版社 2015 年版。

郑秉文编：《中国养老金发展报告 2017》，经济管理出版社 2017 年版。

世界卫生组织：《积极老龄化政策框架》，华龄出版社 2003 年版。

陈娜，王长青：《日本介护保险制度对健全我国失能老人照护体系的启示》，载《中国卫生事业管理》2019 年第 36 期。

刘德浩：《荷兰长期照护制度：制度设计、挑战与启示》，载《中国卫生事业管理》2016 年第 33 期。

刘涛：《联邦德国的老年防贫体系：社会救助制度的动态扩张与增量扩容》，载《社会保障评论》2017 第 2 期。

刘晓雪：《英国照护社会救助制度及对我国的启示》，载《地方财政研究》2017 年第 2 期。

刘晓雪：《美国的照护社会救助服务及经验》，载《中国社会报》2017 年第 7 版。

石磊，朱俊生：《长期护理险之国外实践》，载《金融博览（财富）》2017 年第4 期。

王雪辉：《老年人长期护理服务需求影响因素研究：基于河南省的抽样调查》，载《调研世界》2016 年第 3 期。

姚玲珍：《德国社会保障制度》，上海人民出版社 2011 年版。

赵青，李珍：《英国长期照护：基本内容、改革取向及其对我国的启示》，载《社会保障研究》2018 年第 5 期。

张连增，国畅：《国际经验对我国长期护理保险评估体系建设的启示——以德国、荷兰、日本、韩国为例》，载《未来与发展》2018 年第 4 期。

张萱：《日本护理救助制度的介绍与分析》，载《东南亚纵横》2009 年第 6 期。

外文文献

Griffith, D. "Respite care". *The British Medical Journal*, 1993, Vol. 306, No 6871, 1993.

Health Insurance Association of America, "*Long – term Care: Knowing the Risk, Paying the Price*", Vol. 1, 1997.

Mot E. Aouragh A.: The Dutch system of long – term care. ENEPRL, 2010.

World Health Organization, Home – Based and Long – Term Care: Report of a WHO Study Group, WHO Technical Report Series 898, Geneva, 2000.

ESNP Flash Report 2016/43: Reform of the Long – term care insurance in Germany Federal Ministry of Labour: Needs – based pension supplement in old age and in the event of reduced earning capacity, 2011.

Federal Ministry of Labour and Social Affairs: Social assistance, Anyone living in Germany who falls on hard times should still be allowed to live in human dignit, 2011.

Independent age: Homing in on free personal care, 2019, pp. 5 – 6.

Social Security At A Glance 2019, p. 17.

Social Support Act (Wmo 2015) (https://www. government. nl/topics/care – and – support – at – home/social – support – act – wmo).

日本厚生劳动省（https://www. mhlw. go. jp/stf/seisakunitsuite/bunya/hokabunya/shakaihoshou/kaikaku. html）。

第十五章　家庭非正式照护

失能老人的照护通常是由家庭成员进行的，但将照护任务视为义务给照护者带来了极大的身心负担。为此，许多发达国家政府颁布政策支持家庭非正式照护，这些措施一方面能够缓解家庭的负担，另一方面，鼓励家庭非正式照护能够减少政府对机构的高额补贴，减轻财政压力。政府支持家庭非正式照护的方式可以分为经济方式和非经济方式两种，经济方式包括“个人预算和雇佣助手”“给被照护者的津贴”以及“给照护者的津贴”三种类型，非经济方式包括立法、喘息服务、照护假、咨询与信息服务以及技能培训五种类型。我国老龄化程度进一步加剧，非正式照护者付出的机会成本和身心压力带来的负担和风险不应当由个人或家庭承担，这些发达国家的经验做法给我国政府支持家庭非正式照护提供了经验和启示。

一、家庭非正式照护的政府支持方式

（一）家庭非正式照护的概念厘定

非正式照护是指家庭成员（配偶、子女等）对失能人员进行的照护和帮助〔1〕，通常是由与失能人员存在某种社会关系的人（一般是配偶、子女、朋友或邻居等）提供的，一种没有薪酬、没有组织的家庭照护〔2〕。与之相对的概念是正式照护，指的是一种雇佣关系，由正式组织中的专业人员向失能人员提供的照护服务，例如在专业养老机构中，由受过专业训练的人员照护失能老人。与正式照护相比，非正式照护的主要差别是提供者不同，特点是经济成本低、老人的精神需求更容易得到满足。非正式照护在我国目前的养老事业中，仍占据主要地位〔3〕，

〔1〕 Anderw Nocon, Maggie Pesrson, “The Roles of Friends and Neighbors in Providing Support for Older People”, *Ageing & Society*, No. 3, 2000.

〔2〕 Colombo F., Llena – Nozal A., Mercier J., Tjadens F., Help Wanted? Providing and Paying for Long – Term Care OECD, Paris: OECD Publishing; 2011.

〔3〕 张瑞利，林闽钢：《中国失能老人非正式照顾和正式照顾关系研究——基于 CLHLS 数据的分析》，载《社会保障研究》2018 年第 6 期。

是养老事业的基础，不能忽略它的作用[1]。

近年来，一些研究关注非正式照护提供者负担较重的问题[2]。刘柏惠提出，非正式照护的提供者需要付出明显的机会成本[3]；袁乐欣提出，有一些家庭成员会因此出现抑郁倾向[4]。家庭非正式照护不仅对于照护者来说是一种负担，对被照护者来说，家庭照护虽然具有低成本、社会支持网络紧密等优势，但仍然存在照护服务不够专业、照护需求得不到充分满足等问题：李运华等学者研究发现，超过60%的失能老人依赖子女提供的非正式照护，但超过70%的失能老人每周的被照护时间少于72小时[5]。

因年龄增长造成的个体失能及其产生的风险具有普遍性。在老龄社会中，老年群体占人口比例高，因此这样具有普遍性的风险已经不仅仅存在于家庭范围之内，更扩展到整个社会当中，成为一种社会风险，再加上非正式照护会对照护者和被照护者造成精神和经济上的双重负担，因此，失能虽然是个体的困境，但是由此产生的风险并不应当完全由个人或家庭来承担，政府应当对非正式照护提供一定的支持，这也成为各国应对老龄化问题时的必然举措，尤其是在日本、德国、英国、美国等老龄化问题突出的国家，政府都在以不同方式支持家庭非正式照护。

综上所述，本书所探讨的非正式照护即指由非正式组织成员提供的，没有报酬和组织的，以日常照顾为主，对象通常是轻度和中度失能老年人[6]的照护服务。由于我国社会老龄化程度逐渐加深，社会成员又将普遍面临年龄增长和失能风险，失能老人的照护问题不仅仅局限于个人或家庭范畴内，而成为一种社会问题，因此，政府应当承担责任，对非正式照护提供支持。

---

[1] 王来华、[美] 瑟夫·施耐德约：《论老年人家庭照顾的类型和照顾中的家庭关系——一项对老年人家庭照顾的实地调查》，载《社会学研究》2000年第4期。

[2] 庄绪荣，张丽萍：《失能老人养老状况分析》，载《人口学刊》2016年第3期。

[3] 刘柏惠：《我国家庭中子女照护老人的机会成本——基于家庭动态调查数据的分析》，载《人口学刊》2014年第5卷第36期。

[4] 袁乐欣，周英，林婷婷：《广州市越秀区居家失能老人主要照顾者照顾负担现况及影响因素分析》，载《广东医学》2017年38卷第10期。

[5] 李运华，刘亚南：《城镇失能老人子女照护的影响因素分析——来自CLHLS 2014的经验证据》，载《调研世界》2019年第1期。

[6] 评估老年人生活自理能力时，学术界通常会使用日常生活自理能力（Activities of daily living，ADL）量表，应用最多的是Katz指数量表。该量表包含6个指标，分别是“吃饭、上下床、洗澡、上厕所、穿衣和室内走动”，这6项指标的评分等级分别为“不费力”“有些困难”“做不了”，而这三个评分等级则一一对应“完全自理”、“部分自理”和“不能自理”。根据中国老龄科学研究中心课题组的“关于失能老人的判定标准”，在以上标准中，有1－2项失能的老年人为轻度失能，3－4项失能的老年人为中度失能，有5－6项失能的老年人则为重度失能。

（二）政府支持的几种主要方式

按照 Gilbert 对社会福利政策的分析框架，政策所包含的服务内容可以包含两个大类：现金和实物[1]。本书也从两个方面对发达国家政府支持非正式照护的方式进行分类：经济方式和非经济方式。经济方式是政府支持非正式照护的主要手段，包含“个人预算和雇佣助手（Personal budgets and consumer - directed employment of care assistants）”“给被照护者的津贴（Payments to the person needing care who can spend it as she/he likes but has to acquire sufficient care）”以及“给照护者的津贴（Income support payments to informal care givers）”三个类别。非经济方式主要包括立法保护、喘息照护、照护假、咨询与信息服务、技能培训五种。其中，立法保护是最基本的支持手段，是政府支持非正式照护的基础，喘息服务、照护假、咨询和信息服务以及技能培训等是政府支持非正式照护的重要手段。一般情况下，政府不会只采用某一种特定的方式对非正式照护进行支持，而是将多种方式结合在一起。

经济支持是政府支持非正式照护的重要举措，按照主体，可以将津贴支持分成两个类别：一是直接给予被照护者，例如给被照护者发放照护津贴和购买券（voucher），由被照护者自行选择照护服务[2]，大多数支持非正式照护的政府，通常都会使用这种方式对被照护者进行支持；二是将津贴给予照护的提供者，在意大利、英国、荷兰、瑞典等国的政策中，照护服务被视作一种社会劳动，是对专业机构照护服务的有效补充甚至是替代，因此，家庭照护者应当得到一定的“薪资”。在西班牙，非正式照护的时长会被计入工作年限，还有相应的社会保障。在有的项目中，照护者还需要签订正式的劳动合同，在这种情况下，非正式照护已经成为一种特殊的正式工作。但一般情况下，给予照护者的补贴只是对因照护而产生的工作中的劣势进行的一种补偿，作用比较有限。

非经济支持包括立法、喘息服务、照护假、咨询与信息服务以及技能培训。立法保护是基本的支持手段，即政府出台相关法律，来保障非正式照护者或被照护者的相关权利。许多发达国家都强调法治在社会福利当中的地位。通过立法来支持非正式照护的代表国家有英国、美国等。

喘息服务是非经济支持手段中的典型代表，它是指由服务机构临时向需要照护者提供照护服务，以替换正在就业的家庭照护者，使照护者能够在工作和照护之间得到“喘息”。一般分为两种类型，一种是由专业人员上门提供短暂的照护

---

〔1〕［美］尼尔·吉尔伯特，保罗·泰瑞尔：《社会福利政策导论》，黄晨熹等译，华东理工大学出版社 2003 年版。

〔2〕张盈华：《老年长期照护：制度选择与国际比较》，经济管理出版社 2015 年版，第 128 页。

服务，另一种是将被照护者送往专门的照护机构，由机构提供暂时的照护服务。除此之外，有些国家的“喘息服务”还包括对照护者的信息服务、心理支持等。可以看出，政府对非正式照护进行支持时，不仅关注被照护者的需要，同时也应关注照护者的需要。

照护假也是政府支持非正式照护的重要形式。它指的是正在工作的照护者因照护需要向雇主申请休假，以平衡工作和生活的关系。照护假通常分为带薪休假和无薪休假两种，相比无薪休假，带薪休假的时间普遍较短，申请门槛也相对较高，但会获得相对应的经济补偿。另外，在有些国家，还可以申请以“灵活的工作时间”进行工作，以满足照护者的照护需求。“灵活的工作时间”一般指的是以兼职的工作形式进行工作，这也能够减轻照护者的工作负担。照护假的主要目的是鼓励照护者不要因为照护任务而选择退出劳动力市场。

咨询与信息服务也是政府支持非正式照护的重要形式。咨询服务包含心理咨询和信息咨询等服务。心理咨询的目的是减轻照护者的心理压力，帮助照护者保持健康的身心状态，除此之外，咨询和信息服务还能给照护者提供信息、法律咨询等支持。许多国家还会以建立交流平台的形式来为照护者提供信息服务，在这一过程中，照护者能够建立起自己的社交网络，社交网络不仅为身负照护任务的照护者提供信息，还能给照护者提供感情支持。

技能培训是另外一种政府支持家庭非正式照护的形式。非正式照护既包含日常生活的照也包含基础的医疗照护服务，这对照护者的照护能力提出了要求。因此，政府对非正式照护的支持中包含技能培训，以帮助照护提供者为被照护者提供更好的服务。除此之外，培训的技能还包括减轻压力、分享经验等团体活动，这样的活动不仅能教会照护者具体的照护和减压技能，更重要的是，它同样能够帮助照护者建立自己的社交网络，给予照护者情感支持，减少照护者的心理压力。

二、以经济方式支持家庭非正式照护

津贴支持是政府支持非正式照护的重要方式，津贴支持指的是直接向非正式照护的双方发放补助的支持方式。津贴支持的支持方式可以分为三个大类：“个人预算和雇佣助手”“给被照护者的津贴”以及“给照护者的津贴”。

“个人预算和雇佣助手”项目既包含照护设施的支出，也包含雇佣照护者的费用，该类型项目的特别之处是被照护者可以雇佣亲属为自己提供服务，还需要签订正式的劳动合同，它将照护者的非正式照护视作一份工作；“给被照护者的津贴”是政府给被照护者的补贴，包括现金和实物；“给照护者的津贴”补贴了照护者因照护任务而产生的经济压力，它与“个人预算和雇佣助手”的本质区别是，它并不能完全补偿照护者的工作价值，相反，它的目的是为那些因照护任务而无法完成本职工作的人提供最低的收入保障。

（一）个人预算和雇佣助手

照护工作会损害照护者的身心健康[1]，尽管如此，在很多情况下非正式照护还是会被看作家庭或个人的义务。荷兰、挪威、美国、瑞典、英国等发达国家选择的做法是：将非正式照护视作一种特殊的工作，不仅要重视它，更需要给予照护者“薪资”支持，在西班牙，为家人提供非正式照护服务的时间还会被计入工作年限。这是对非正式照护社会价值的一种认可。

“个人预算和雇佣助手”是基于“消费者导向（consumer - directed）”的，不同于政府指定由某一个特定机构向需要被照护者提供服务，该项目给了老人们选择心仪服务的权利，这可以更好地满足他们个性化的需求。值得注意的是，他们可以雇佣自己的亲属为自己提供服务，这些被雇佣的“亲属助手”需要签订正式的劳动合同，因此，他们通常只在指定时长（specified numbers of hours）内提供照护服务，而且可以同时服务几个人，他们的收入取决于收入补助金（income support payment），这种将非正式照护视为工作并提供工资的做法，体现了这些国家非正式照护劳动价值的认可。

在这类方式中，荷兰的个人预算项目（Persoonsgebonden budget，PGB）是覆盖最广的：2003 年，该项目覆盖的人口数达到了 65 岁以上人口的 0.8%；至于照护的时长，如表 15 - 1 所示，从挪威的每周 3—10 小时到美国加利福尼亚州的每周最多 66 小时不等；照护薪资大致与正式照护收费相当，例如美国阿肯色州为每人每月支付 400 美元，新泽西州则为 1400 美元，为了比较不同国家的补贴水平，表 15 - 1 还显示了待遇水平与消费水平之比。

以荷兰[2]为例，荷兰的 PGB 项目不仅适用于弱势老人，慢性病患者或残疾人，还适用于有身心障碍、残疾或精神问题的年轻人，该项目有不同的形式：通过《长期护理法案》制定的项目适用于患有重症，需要长期护理的人群，例如慢性病患者、失能老人以及患有严重残疾或精神疾病的人群；通过《社会支持法》制定的该项目适用于需要指导或支持的人群，例如家庭帮助、日托或辅助工具；通过《医疗保险法》制定的该项目适用于需要护理的人，或需要重症监护（例如自闭症）的儿童；通过《青年法案》制定的该项目适用于需要帮助的儿童和青年。

申请该项目的流程为：找到适合申请人的渠道，这些渠道包括健康护理中心（centrum indicatiesteling zorg，CIZ）、市政府、医疗保险公司：CIZ 面向住在附近

---

〔1〕 袁乐欣、周英、林婷婷：《广州市越秀区居家失能老人主要照顾者照顾负担现况及影响因素分析》，载《广东医学》2017 年第 38 卷第 10 期。

〔2〕 https://www.zorgwijzer.nl/faq/pgb.

且有长期照护需求的居民，经过该中心审核批准后，会与提供护理者签订合同，合同中会对提供的服务内容进行详尽的说明，这是由社会保险银行（De Sociale Verzekeringsbank）许可的；市政部门面向需要帮助和照顾的儿童和青年人，若需要家庭帮助、活动指导和调整家庭设施（轮椅、楼梯升降机等）等设施，便可提出申请，申请时需要向市政部门说明为什么要申请该项目；医疗保险公司面向需要在家中接受护理的人群，这些部门会查看申请人的具体情况并进行评估，决定申请人是否有资格。详见表 15－1。

表 15－1　各国的“个人预算和雇佣助手”项目〔1〕

国别	项目	简述	是否能雇佣/支持亲属	每月待遇水平（待遇水平/工资水平）	A	B	C
荷兰	个人护理预算（Personal Budget for Care and Nursing）	津贴可用来购买正式照护服务、雇佣护理人员，也可直接补贴购置设备和非正式照护	是，但不能是共同居住的亲属	正式照护的公共支出－个人收费×（1－15%至20%）	0.8%〔2〕	12.3%	57%
挪威	照护工资（Care Wage）	用来支付亲属或其他人每周 3－10 小时的照护费用，通常认为这种照护好于机构的正式照护	是	与正式照护的时薪相等	0.3%	18.0%	57%
瑞典	照护者工资（Carer's Wage）	相当于正式照护机构中的薪资水平，该项目通常应用于边远地区	是，但不能超过 65 岁	相当于正式照护机构中的薪资水平，而且有社保	0.1%	9.1%	101%
英国	直接支付（Direct Payments）	有资格获得照护的老年人可以选择直接付款购买照护	是，但不能共同居住〔3〕	与评估出的净成本相同	0.04%〔4〕	20.3%	13%

〔1〕被照护者无需纳税，但由于存在正式的雇佣关系，收到补贴的照护者需要纳税。

〔2〕该项目于 1995 年推出，2000 年时覆盖 23000 人，2003 年增加到 54000 人，如表所示，2003 年时，覆盖人口中有三分之一是老年人，占 65 岁以上人口总数的 0.8%。

〔3〕2002 年 4 月起，立法调整为可以对提供照护的同住亲属进行补贴，但审核更加严格。

〔4〕2000 年设立该项目，彼时覆盖 500 人，2002 年这一数字增长到 2700 人，占 65 岁以上人口总数的 0.04%。

续表

国别	项目	简述	是否能雇佣/支持亲属	每月待遇水平（待遇水平/工资水平）	A	B	C
美国	消费者导向的家庭护理（Consumer Directed home care）	消费者可以聘用和监督照护助手，费用由医疗救助计划（Medicaid）承担	是，但不能是配偶	各州不同，每月最高薪资可达 2760 每元（堪萨斯州），最长照护时间可达 66 小时（加利福尼亚州）	0.5%	无	无
美国	现金与咨询（Cash & Counseling）	适用于阿肯色州、佛罗里达州和新泽西州，费用还可包含家庭适应费（home adaption）	是	各州不同：阿肯色州每人每月 400 美元，佛罗里达州 723 美元，新泽西州 1400 美元	每个州约 1000—2000 人	2.8%	60%

注：A 指“通过该项目接受居家/社区照护的人占 65 岁及以上人口”；B 指“通过公共资金接受居家/社区照护的人占 65 岁及以上人口比”；C 指“待遇水平/人均消费”。

资料来源：Jens Lundsgaard，“Consumer Direction and Choice in Long - Term Care for Care for Older Persons，Including Payments for Informal Care：How Can it Help Improve Care Outcomes，Employment and Fiscal Sustainability”，OECD Health Working Papers，No. 20，2005，p. 17，Table 2

（二）给被照护者的津贴

除了上述方式，政府部门也可以通过向被照护者发放津贴来支持家庭非正式照护。从表 15 - 2 中可以看出，与“个人预算和雇佣助手”项目不同，它的覆盖范围要广泛得多，例如奥地利的覆盖率达到了 14.8%，英国达到了 19.3%，但其他地区的覆盖率仍比较有限，而且通常低于其他补贴方式。另外，各国对非正式照护者的收入津贴都可以支付给亲属，待遇水平各不相等，其中，瑞典作为典型的社会民主主义福利国家，其给付的待遇水平最高，达到了人均消费水平的 101%。

对非正式照护的经济支持和被照护者的健康状况有关，在一些保险传统（insurance tradition）强的国家，不需要审查经济状况就可以为被照护者提供津贴支持，例如奥地利、德国、荷兰、捷克共和国等，在没有这一传统的国家，在提供津贴支持之前会更倾向于进行经济审查，例如英国、芬兰、意大利、西班牙等。

表 15－2　支付给被照护者，可按自己意愿支配，但要求照护服务必须充分

国别	项目	内容	是否能支付给亲属	每月待遇水平〔1〕	A	B	C
奥地利	照护现金津贴（Cash Allowance for Care）	公共资金通过该项目支持家庭照护，被照护者可用这笔补助购买正式服务	是	13%—132%〔2〕	14.8%	14.8%	无
德国	照护现金津贴（Cash Allowance for Care）	被照护者可以在现金或实物之间进行选择	是	18%—57%	5.7%〔3〕	7.1%	53%
卢森堡	照护现金津贴（Cash Allowance for Care）	可用津贴替代每周前7小时的照护服务	是	15%—63%	3.9%〔4〕	4.3%	32%
瑞典	护理津贴（Attendance Allowance）	现金给付，可用于支付非正式照护（每周最少17个小时）	是	52%	0.1%	9.1%	101%
英国	护理津贴（Attendance Allowance）	面向至少居家/社区照护6个月的65岁及以上老人	是	16%—24%	19.3%	20.3%	13%

注：A 指“通过该项目接受居家/社区照护的人占65岁及以上人口”；B 指“通过公共资金接受居家/社区照护的人占65岁及以上人口比”；C 指“待遇水平/人均消费”。

资料来源：Jens Lundsgaard，“Consumer Direction and Choice in Long－Term Care for Care for Older Persons，Including Payments for Informal Care：How Can it Help Improve Care Outcomes，Employment and Fiscal Sustainability”，OECD Health Working Papers，No. 20，2005，p. 17，Table 2. 转引自张盈华.《老年长期照护：制度选择与国际比较》，经济管理出版社2015年版，第125—133页

以奥地利为例，奥地利政府对非正式照护的支持主要是通过长期照护系统实现的，根据奥地利《联邦长期护理津贴法》（Federal Long－Term Care Allowance

〔1〕 待遇水平的衡量标准是月人均消费水平的百分比，表中显示的是最低到最高的范围。

〔2〕 因为这个津贴项目也包含对重症患者的补贴，因此最高水平可以达到人均消费水平的132%，但这只占到全部受补助人员的1.2%，13%的最低待遇水平适用于每周需要12小时以上护理的人员。

〔3〕 包括选择现金补贴（占4.7%）和现金与服务结合（1.0%）两种模式。

〔4〕 包括选择现金补贴（占2.1%）和现金与服务结合（1.8%）两种模式。

Act）的规定，所有需要护理的人均可获得现金福利，若需要照护但未被该法案涵盖者，可以向各省申请提供现金福利，这两种津贴的设计基本相同，唯一的区别是两者覆盖的人口和资金预算不同。

奥地利的长期照护体系包含现金和实物两部分，其核心是联邦和省级的长期护理津贴计划（long－term care allowance programme），与其他欧洲国家相比，奥地利的现金福利高于实物福利。在奥地利，公民申请领取长期护理津贴需要接受评估，评估基于专家、医生以及其他领域（例如护理）专业人士的意见，如果申请人被准许领取津贴，则在体检期间需要有第三方在场。这些操作的执行主体是社会保险机构，根据被照护者所需的照护时长不同，奥地利政府对非正式照护的补贴水平进行了划分。详见表 15－3。

表 15－3　奥地利护理津贴水平和每月津贴的资格标准

等级	每月的照护需要	每月照护津贴额度
Ⅰ	超过 60 小时[1]	154.20
Ⅱ	超过 85 小时	284.30
Ⅲ	超过 120 小时	442.90
Ⅳ	超过 160 小时	664.30
Ⅴ	超过 180 小时，且有特殊的照护需要	902.30
Ⅵ	超过 180 小时，且需要日间和夜间连续照护者	1260.00
Ⅶ	超过 180 小时，且肢体无法自主移动或发生类似状况	1655.80

资料来源：Monika Riedel，Markus Kraus "Informal Care Provision in Europe：Regulation and Profile of Providers"，ENEPRI Research Report，No. 96，2011

（三）给照护者的津贴

照护者除了因照护服务产生身心压力之外，他们在职场中也会处于劣势，并付出巨大的机会成本[2]。所以，有些国家会对照护者进行补贴，以弥补他们因照护任务产生的损失，为他们提供最低收入，因此，有些计划只适用于低收入的

〔1〕自 2011 年 1 月 1 日起，第一级的护理时间从每月 50 小时增至每月 60 小时，第二级的护理时间从每月 75 小时增加至 80 小时。

〔2〕刘柏惠：《我国家庭中子女照护老人的机会成本——基于家庭动态调查数据的分析》，载《人口学刊》2014 年第 5 卷第 36 期。

照护者，如表 15－4 所示，该项目的覆盖率通常比较有限[1]；补贴水平则各不相同，加拿大的补贴水平是照护者原收入最高水平的 55%，瑞典则为 80%，爱尔兰的项目则向所有人补贴相同金额。

表 15－4 对非正式照护者的现金支持

<table>
<tr><th>国别</th><th>项目</th><th>简述</th><th>是否能支付给亲属</th><th>每月待遇水平（待遇水平/工资水平）</th><th>A</th><th>B</th><th>C</th></tr>
<tr><td>澳大利亚[2]</td><td>照护者付款（Carer's Payment）</td><td>面向那些因照护任务而无法自给自足的人</td><td>是</td><td>53%</td><td>0.9%</td><td rowspan="2">14.7%</td><td rowspan="2">28%</td></tr>
<tr><td>澳大利亚</td><td>照护者津贴（Carer's Allowance）</td><td>面向那些与被照护者共同居住的人</td><td>是</td><td>11%</td><td>4.0%</td></tr>
<tr><td>加拿大</td><td>体恤护理福利（Compass－ionate Care Benefit）</td><td>是面向绝症患者照护者的短期福利</td><td>是</td><td>照护者原最高工资水平的 55%</td><td>无</td><td>无</td><td>无</td></tr>
<tr><td rowspan="2">爱尔兰[3]</td><td>照护者津贴（Carer's Allowance）</td><td>面向全职照护的低收入者，他们与被照护者共同居住</td><td>是</td><td>50%</td><td>无</td><td rowspan="2">约 5%</td><td rowspan="2">61%</td></tr>
<tr><td>照护者福利（Carer's Benefit）</td><td>面向因全职照护而离开岗位的照护者</td><td>是</td><td>47%</td><td>无</td></tr>
<tr><td>日本</td><td>家庭照护津贴（Allowance for Families Caring for Elderly）</td><td>面向低收入家庭，被照护者没有长期照护保险且身患重疾</td><td>是</td><td>5%</td><td>覆盖有限</td><td>5.5%</td><td>39%</td></tr>
</table>

〔1〕 相比之下，后文介绍的照护假适用于各收入水平的人。

〔2〕 大多数情况下，收到补助照护者应当纳税。若夫妻双方都收到补贴，那么补贴水平为每月每人 780 澳元（人均消费水平的 45%）。

〔3〕 最高补贴金额（683 欧元）适用于低收入的老年（66 岁以上）照护者，如果被照护者不止一位，最高补贴金额则为 1026 欧元，若照护者年龄低于 66 岁，津贴则酌情减少 79—118 欧元，若有需照护的子女，则酌情上涨 36—73 欧元。

续表

国别	项目	简述	是否能支付给亲属	每月待遇水平（待遇水平/工资水平）	A	B	C
瑞典	照护假（care leave）	被照护者需身患绝症，照护者可带薪休假 60 天	必须是亲属或密友	平均工资的 80%	无	9.1%	101%
英国	照护者津贴（Carer's Allowance）	面向低收入者，且每周照护时长超过 35 小时	是	18%	无	20.3%	13%

注：A 指"通过该项目接受居家/社区照护的人占 65 岁及以上人口比"；B 指"通过公共资金接受居家/社区照护的人占 65 岁及以上人口比"；C 指"待遇水平/人均消费"。

资料来源：Jens Lundsgaard，"Consumer Direction and Choice in Long - Term Care for Care for Older Persons，Including Payments for Informal Care：How Can it Help Improve Care Outcomes，Employment and Fiscal Sustainability"，OECD Health Working Papers，No. 20，2005，p. 17，Table 2. 转引自张盈华.《老年长期照护：制度选择与国际比较》，经济管理出版社 2015 年版，第 125—133 页。

（四）其他方式

除了上述政府直接进行经济补贴的方式，一些国家也会以混合的方式对非正式照护进行补贴。以北欧为例，政府补贴非正式照护的主要支出在长期照护项目上，在北欧国家，法律规定了长期照护的责任属于国家和公共部门，其中，中央政府负责立法和提供部分资金，地方政府是执行主体。传统的长期照护可以分为两个类型：一种是居家服务和机构服务，由福利部门提供；另外一种是健康照顾，由医院提供，1990 年之后，长期照护服务开始改革，长期照顾开始由社区提供，伴随着改革的进程，长期照护逐渐向居家照护转变，机构服务逐渐减少，70%—80% 的照护服务由家庭提供，家庭提供的非正式照护仍然是北欧国家长期照护服务的主要方式，促成这一转变的原因之一是机构照护所需的高额政府补贴给财政造成了负担。以芬兰为例，不论是机构服务还是居家服务，政府都要予以补贴，但若被照护者选择机构服务，那么个人需用年金支付总开销的 18%，政府需承担 82%，因此政府开始鼓励居家服务，通过前述各种手段支持家庭照护者，以减少财政开支。鼓励居家服务并对其进行相对低水平的补贴，一方面能够减缓家庭内部的压力，另一方面也可以缓解财政负担。

三、以非经济方式支持家庭非正式照护

上文梳理了各国以经济方式支持家庭非正式照护的经验做法。除了直接给予

非正式照护者津贴补助，政府还可以通过其他手段对家庭非正式照护进行支持，尤其是在减轻照护者的心理压力方面。除此之外，通过立法来支持家庭非正式照护是所有支持手段的基础。

（一）立法保护

1. 英国

1990 年英国出台了《国家卫生服务和社区护理法》（*National Health Service and Community Care Act*），它是英国历史上第一部重视照护者需要的法典。1995 年出台的《照护者法案》（*Carer's Act*），是第一部在法律意义上完全承认照护者角色的社区照护法，它肯定了非正式照护者的作用，明确对非正式照护者的服务强度进行评估，并规定要给予照护者相应的现金补贴或喘息服务。2000 年英国政府又出台了《照护者与残疾儿童法案》（*Caregivers and Disabled Children Act*），这部法案弥补了《照护者法案》的不足，规定照护者可以接受评估并获得地方政府的照护支持。2004 年《照护者（同等机会）法案》"The Carer's（Equal Opportunities）Act"出台，该法案致力于给予照护者在就业机会、终身学习、教育、信息服务等方面的支持。

十几年来，英国支持非正式照护的立法越来越完善。90 年代初的法案肯定了非正式照护的作用，但没有对非正式照护进行明确规定；1995 年的《照护者法案》对支持非正式照护的具体措施进行了规定，但是没有指出地方政府有为照护者提供支持的义务；2000 年的法案提出了地方政府应当对非正式照护者提供支持；2004 年的法案继续丰富了政府支持非正式照护者的方式。可以看出，英国立法保障非正式照护者是一个逐步细化的过程。与此同时，对非正式照护的支持由国家转移到了地方，并最终形成了英国以"社区照顾"为特色的养老保障体系。

2. 美国

1993 年，美国政府出台《亲属及医疗休假法案》（*Family and Medical Leave Act*，*FMLA*），法案规定，因照护服务而失去工作的人可以得到一定的经济补偿。2000 年，美国政府又制定了国家家庭照护者支持计划（The National Family Caregiver Support Program，NFCSP），这是联邦政府资助的第一个专门针对家庭照护者的项目。该项目为家庭照护者提供信息服务、团体咨询、照护者培训、喘息服务、协助照护者获得服务等支持，还与州政府以及社区相结合，提供一整套协调的服务支持。这一项目由美国老龄管理机构（Administration on Aging，AOA）管理，以各州和地方 70 岁以上老年人的人口比例为标准，对地方提供资金支持，这一项目的目的是帮助非正式照护者及其家庭，希望照护者能尽可能地照顾需要照护的亲人[1]。2006年，《美国老年人法案》（*Older Americans Act*）对特定的家庭照顾者进行授权，满足下列条件就有资格接受支持服务：正在照护60岁及以上老人的、超过18岁的照护提供者；正在照护患有阿尔茨海默病患者的、超过18岁的照护提供者；正在照护18岁以下儿童的、55岁及以上的非父母亲属；正在照护18到59岁残疾人的、55岁及以上亲属。

美国是典型的"补缺型"福利国家，"补缺"的福利思想不主张政府大包大揽地提供福利服务，而主张发挥市场和个人的作用。作为世界上最发达的国家之一，美国对非正式照护进行支持的法案中，并不包含对照护者的直接补助，而是提供了信息服务、团体咨询、喘息服务等其他非经济方面的支持。美国政府希望照护者能够协调工作和照护任务，不要依赖津贴补助，但这并不意味着美国政府轻视非正式照护的作用，相反，这一系列系统性支持的目的，正是照护者为被照护者提供更好的照护服务。

3. 日本

日本是世界上老龄化程度最严重的国家，2019年9月日本总务省发布数据显示，日本65岁以上的老人已占总人口的28.4%。早在20世纪50年代，日本政府就开始着手制定相关法案，以应对日益严峻的老龄化趋势。1963年的《老年人福利法》和1983年的《老人保健法》，将家庭及其赡养关系作为前提，承认了家庭非正式照护在养老事业中发挥的巨大作用。日本实行"长子同居制"，即需要照护的老人与长子同居，由长子及其家庭担负非正式照护的任务。政府非常鼓励家庭在养老事业中发挥作用，法案规定：照顾70岁以上低收入老人的子女，可以享受税收减免的福利；照顾老人的子女更容易得到修建房屋的贷款；政府可以为卧床老人提供所需的特殊设备；提倡"三代同堂"等。1987年，日本政府颁发《社会福利士及看护福利士法》，规定了专业照护工作人员的能力标准，并推出资格证书制度。1992年的《福利人才确保法》，从法律上保障了养老服务人员的培养及经济社会地位。这两部法案优化了日本的社区养老服务，这为医护人员家访或偶尔接受就近的专业照护提供了便利，促进了非正式照护的发展。

20世纪80年代前，日本对非正式照护的支持主要集中在肯定和鼓励非正式照护上，1987年以来，日本对非正式照护的支持开始出现专业化的趋势，开始重视专业照护人员的作用。实际上，专业照护人员不仅能在专业照护中发挥作用，还能协助非正式照护，尤其是在以社区为依托的养老工作中，专业照护人员能够为非正式照护者提供专业的照护指导和支持，促进非正式照护者的照护工作。

---

[1] NANCY G, "The national family caregiver support program: A multivariate examination of state - level implementation", *Journal of Aging & Social Policy*, Vol. 22, No. 3, 2010.

（二）喘息服务

前文提到了非正式照护给照护者带来的巨大负担，这不仅体现在经济上，也体现在精神上。为了减轻照护者的经济负担，政府会直接给予照护者或被照护者一定的经济援助，为了减轻照护者的精神负担，政府则会为非正式照护者提供喘息服务。

喘息服务最早诞生于20世纪70年代的美国，它的具体形式是将在家接受非正式照护的老人送到正式机构，接受几天正式照护，或者是由专业照护人员上门，为被照护者提供照护服务，以期给照护者一点“喘息”的时间，从而减轻照护者因非正式照护的负担而出现生理或心理上的耗竭。喘息服务的特点是具有计划性、周期性和短暂性[1]，也就是说，这是一种有规律的、短暂的照护服务，类似于身体放松时发出的“喘息”，这也是它名称的由来。

有研究显示，喘息服务能够提升照护者的生命活力、社会功能和心理健康，还能够提升被照护者的生活质量，尤其是社会功能、生命活力和心理健康[2]。

1. 美国

自20世纪七八十年代起，美国就开始重视非正式照护者的权益。喘息服务的目的是减轻照护者的负担。2000年联邦政府通过了《美国老年法》（*the Older Americans Act*，*OAA*）的修正案，开始全国推广支持照护者的项目（*The National Family Caregiver Support Program*，*NFCPS*），该项目对60岁以上的照护者提供喘息服务的支持。2006年美国政府出台了第一部针对喘息服务的专门法案，即《喘息服务行动法案》（*The Lifespan Respite Care Act of* 2006），对喘息服务进行了进一步的规定。

喘息服务的筹资来源是国家财政，联邦政府将资金分配到各州，为非正式照护者提供喘息服务。2009年3月，奥巴马政府为该项法案拨款2500万美元，以支付机构提供临时性照护的服务费用。提供临时照护的主体不仅包括各地的养老服务机构、社区，还包括非营利组织，其中全美最大的非营利组织——全美家庭照顾者协会（National Family Caregivers Association，NFCA）已经为超过5000万的家庭照护者提供了喘息服务。

美国喘息服务的项目包括：个人生活照顾，例如入浴、如厕、喂饭、服药等服务；护理服务，包括日常生活的护理和基础医疗护理等；住宿服务，包括定时的住宿或长期住宿的服务；其他服务，包括接送、购物、陪同就医等。服务时间

---

[1] Griffith D, “Respite Care”, *The British Medical Journal*, Vol. 306, No. 6871, 1993.

[2] 毛智慧、李魏、孙晓婷：《“喘息服务”对失能老人及其照护者生活质量和照护负担的影响》，载《护理研究》2018年第32卷第19期。

从 1 到 2 小时的短时间服务到长期的照护服务不等，还会依据被照护者的具体情况，制定多样的、个性化的服务内容。

2. 澳大利亚[1]

澳大利亚的养老体系主要包括联邦政府的“养老设施”“照顾者喘息服务”以及州政府的“居家社区照顾”[2]。喘息服务是澳大利亚养老体系的三大支柱之一。

几十年来，澳大利亚政府的喘息服务也在逐步发展。1993 年，澳大利亚各地的照顾团体组成了澳大利亚照顾者组织（Carer’s Association of Australia，CAA），该组织以老年人的需要为中心，和政府以及护理人员合作，通过推动政策、宣传以及活动，来改善澳大利亚护理人员的生活[3]。1996 年，澳大利亚政府出台了针对照护者喘息服务的法案：《照护者休养法案》（*National Respite for Carer’s Program*，*NPCP*），NPCP 的目的是使照护者能够享有自身的健康和福利，只有当照护者身心健康且愉悦的情况下，被照顾者才能拥有更好的照顾。1997 年，联邦政府了设立喘息服务中心（Commonwealth Respite and Carelink Centre，CRCC），通过提供短期的照护服务，帮助照护者得到“喘息”，除此之外，还为照护者提供信息支持、法律咨询、心理辅导等服务[4]。同年，澳大利亚颁布《老年人福利法》（*Aged Care Act 1997*，*ACA*），法案指出，必须进一步强化喘息服务，以提高老年人得到的照护服务的质量。1998 年，澳大利亚政府又颁布了《重度失能老人居家照顾法案》（*Extended Aged Care at Home*，*EACH*），它和澳大利亚政府 2006 年颁布的《老年痴呆者的居家照顾法案》（*Extended Aged Care at Home Dementia*，*EACHD*），都对照护者的喘息服务做出了明确规定。除此之外，澳大利亚还开设了 54 家喘息服务照顾中心，专门为照护者提供喘息服务，以及信息和咨询服务等其他服务。

澳大利亚的喘息服务的类型有：在家中照顾，由照护人员上门照护几个小时或几天；针对残疾人的喘息服务，残疾人可以在志愿者家中或者活动中心内接受照护服务；基于社区的喘息服务，是在社区的照护中心内接受照护服务；周末的喘息服务，可以在不同的地方进行；喘息护理，即被照护者在正式照护机构中接受暂时的照护服务；紧急情况，即为家庭出现紧急情况的需照护者提供照护服务。

喘息服务时长从几小时到几个星期不等，可以是定期的，也可以按次申请，

---

[1] https://www.healthdirect.gov.au/respite－care.

[2] 王上、李珊：《国外喘息服务的发展及对我国居家养老的启示》，载《东北师大学报》（哲学社会科学版）2014 年第 6 期。

[3] https://www.Carer’saustralia.com.au/how－we－work/.

[4] http://crccfnc.org/what－we－do.

申请前通常需要进行评估，对大多数喘息服务来说，只需要与所在地区的相关组织联系，经过评估申请成功即可，如果需要政府补助，则需要老年护理评估团队进行评估，申请的步骤是在“My Aged Care”中注册，然后致电1800200422进行申请，申请时需要医保卡，另外也可以咨询家庭医生，医生可以将申请人直接推荐给相关机构，然后申请人和被照护人与机构内部人员见面，后者通常是医生、护士、社会工作者等专业人员，评估内容主要是讨论申请人所需的帮助类型，机构人员会为申请人提供相关服务的信息，也会征求申请人和医生的意见。评估完成后，申请人会收到一封信件，通知申请人获准接受的服务类型为何以及为什么，如果申请人对评估结果不满意，也可以对机构提出申诉[1]。

依据每个申请者的不同情况，收费也有所不同，一些服务是免费的，一些服务接受政府补贴，因此申请人需要额外负担少额费用，国家残疾保险计划也涵盖一些喘息服务，如果申请人是在养老院中申请的喘息照护，则无需支付住宿费、保证金或其他费用，但可能需要支付日常开销的费用[2]。

澳大利亚喘息服务的内容依据评估状况有所不同，主要包括：日间照顾中心的半天或全天的喘息服务；夜间的喘息照护服务；离家喘息服务；针对照护者工作的喘息服务；敬老院的喘息服务；专门人员对特殊照护（老年痴呆者和行动困难的老年人）的喘息服务等。

3. 其他国家

澳大利亚和美国是“喘息服务”的典型代表，除此之外，也有其他的一些国家政府为照护者提供“喘息服务”的福利。在爱尔兰，全年都可以申请使用喘息照护年度补助金（annual grant for respite care），来补贴照护服务。在德国，养老保险体系能够为照护者申请4周喘息服务的经济支持。在卢森堡的长期护理保险制度中，就包含三周喘息照护服务的资金。在芬兰，2006年颁布的新《家庭护理法》（*Act on Family Caregiving*，*AFC*）规定，承担持续照护任务的照护者，每月至少能得到3天的喘息服务[3]。

在大多数经济合作与发展组织（Organization for Economic Cooperation and Development，OECD）国家，短期的“喘息服务”是由家庭出资购买的，政府虽然给予家庭津贴或服务的补偿，但仍然十分有限。在匈牙利、芬兰和奥地利等国家，喘息服务的上门费用是完全由家庭承担的；在加拿大，政府对喘息服务的支持以税收抵扣（Tax credit）的形式出现。但在像丹麦这样的福利国家，市议会有

---

[1] https://www.healthdirect.gov.au/assessment－for－respite.

[2] https://www.Carer'sgateway.gov.au/.

[3] Colombo F. et al，*Help wanted? Providing and Paying for Long－Term Care*，OECD Health Policy Studies，OECD Publishing，2011：p128.

义务向需要照护的家庭提供喘息服务，而且费用由公共资金全额覆盖。

总的来说，各国喘息服务的待遇水平参差不齐，但从总体上看，喘息服务仍然处于一种短缺的状态。但另一方面，喘息服务能够缓解照护者的心理负担，能有效地对非正式照护进行支持，喘息服务也得到了大多数发达国家的认可，成为发展最快的政府支持非正式照护的方式之一〔1〕。我国的喘息服务还处在试点阶段，是一种非常有发展潜力的政府支持非正式照护的方式。

（三）照护假

照护者的工作会受到照护任务的影响。照护者可能会因照护任务过于繁重而出现工作上的失误，包括迟到早退、精神不集中等〔2〕。对照护者就业支持的政策可能会改善他们在工作中的表现，为更多潜在的护理人员提供更多选择，例如照护假政策。顾名思义，照护假就是给照护人员的休假，它可以分为两种：带薪休假和无薪休假。带薪休假通常都被限制在一个月以内，有时还需要审查被照护者的健康状况，只有绝症病人的家属才能申请带薪休假，无薪休假的申请限制相对比较小，假期长度要长得多，但没有经济补助。所以很多国家会同时实行带薪休假和无薪休假两种支持手段，对非正式照护进行支持，但照护假会加剧照护者在工作中的劣势地位，加剧就业歧视。

在带薪假期的长度上，比利时是 OECD 国家当中最长的，最高可达 12 个月，而且雇主在通常情况下不得拒绝，除非是有非常严肃的商业理由。日本的带薪休假时间也很长，最高可达到 93 天，在休假期间，如果公司不给雇员以经济补助，会由政府出资，给照护者以薪酬 40% 额度的补助（见表 15－5）。

表 15－5　各国对照护者带薪假的规定

国别	申请条件	假期长度	给付待遇
澳大利亚	家庭成员因伤而需照护，需提供照护需要的证明材料	2010 年新国家就业标准（New National Employment Standards）：10 天	按时薪支付，金额不低于照护者本身的基本工资率

〔1〕 Courtine, Jemiai N, Mossialos E, "Mapping support policies for informal Carer's across the European Union", *Health Policy*, Vol. 118, No. 1, 2014.

〔2〕 Gautun, H., K. Hagen. "A moral squeeze? Does the supply of Public Care Services towards the Very Old Affect Labour Force Participate of their Children?" Paper represent at the 8th Congress of the European Sociological Association, Glasgow, 3－6 September, Research Network Session: Aging in Europe Session 5a Norms and Values in Aging.

续表

国别	申请条件	假期长度	给付待遇
奥地利	照护生病儿童或其他家属	对生病儿童：每年两周；其他家庭成员：每年一周	原有工资的100%
比利时	需要医生证明被照护者患有绝症	对绝症父母的照护每个月最多两周（兼职和全职员工均可）	国家补助：每月741.4欧元（照护者若是兼职，则按一定比例支付）
	医生需证明被照护者需要长时间连续的照护，如果照护者公司员工少于10人，公司可以拒绝照护假要求，但在照护假期间，公司不得开除该员工	共计12个月，可在不同时期申请，以被照护者数量计算，照护者每次可申请1至3个月不等的照护假期（兼职和全职员工均可）	国家补助：每月741.4欧元
	时间信贷（time credit）：全职或兼职休假	供给1至5年的全职或兼职假期，每次可申请3个月到1年不等	国家补助：依据部门和照护时间确定（公共部门：每月379.37欧元；私人部门：每月453.28欧元或604.38欧元）；佛兰芒社区（Flemish Community）每月额外增加110.41欧元
加拿大	家人重病或濒临死亡时方可申请，照护者需要在申请前的52周内累计600个小时的保险（600 insured hours）	至多6周的带薪假	每周最高447加元
丹麦	需证明被照护者濒临死亡，只有2到6个月的生命	没有固定的时间限制	最低补助金额是照护者最高工资的82%
芬兰	在申请前，被照护者应当至少工作了一年	从90到359天不等	补偿日常失业津贴（daily unemployment allowance）的70%，若工作超过25年，则是80%

续表

国别	申请条件	假期长度	给付待遇
法国	被照护者是患有绝症的一级（first degree）家庭成员或同居者，照护者需提前两周申请，雇主不得拒绝	3 个月	至多支付 21 天的补贴
卢森堡	当 1 级或 2 级家庭成员患绝症时，方可申请	每年可申请 5 个工作日	由疾病基金支付
荷兰	照护生病的亲属	至多 10 天，雇主可拒绝请假申请	由雇主支付照护者工资的 70%
挪威	无	至多 20 天，附加的照护假至多 10 天	工资的 100%
波兰	无	最多每年 20 天	工资的 80%
塞尔维亚	被照护者应为伴侣或子女	至多 7 天，特别严重的疾病可以增加到 30 天（极端情况可以增加到 6 个月）	去年平均工资的 80%
西班牙	无	照护儿童或其他亲属：私人部门 2 天（若包含路程可延长至 3 天）；公共部门 3 天（若包含路程可延长至 5 天）	由雇主支付
瑞典	照护患有绝症的亲属；照护者需在工作年龄内（至多 67 岁），需要提供医生证明	以国家标准为主，可申请 100 天	平均工资的 80%
瑞士		取决于公司或部门	

资料来源：Colombo F. ,Llena – Nozal A. ,Mercier J. ,Tjadens F. ,*Help Wanted? Providing and Paying for Long – Term Care OECD*,Paris:OECD Publishing;2011,pp. 142 – 150

在补助金额上，斯堪的纳维亚国家[1]是最高的。挪威带薪休假的补助几乎是工资的 100%，瑞典则是 80%；在丹麦，雇主向在照护假期间的员工继续支付薪水。

至于无薪假，则是另外一种情况，比利时、法国、西班牙和爱尔兰等国的无

[1] 指挪威、瑞典、丹麦、芬兰和冰岛五个国家。

薪假甚至超过一年时间。由于无薪假的时间很长，西班牙和爱尔兰的雇主可以因商业原因拒绝照护者的申请；法国的雇主可能不会拒绝无薪假的申请，但申请的资格标准非常严格：只有被照护者达到80%失能的水平时，其亲属的照护假才会被批准。另外，奥地利、德国等国家的无薪假有六个月，在奥地利申请无薪假也需要被照护者患有绝症才会批准。无薪假最短的国家是一些英语母语国家和荷兰，他们的无薪假最长只有三个月。详见表 15－6。

表 15－6　照护者无薪假制度

国别	假期长度	申请条件	灵活的工作安排	其他福利
澳大利亚	国家就业标准（New National Employment Standards）：因病、伤或紧急情况需要照护，可申请2天假期	需要提供相关证明	若工作满 12 个月则可申请，但雇主可以拒绝	无
比利时	紧急假（Emergency leave）私人部门每年 10 天；公共部门每年2个月或45个工作日	包含疾病、意外等紧急事件，被照护者应当是共同居住的人或者 1 级家庭成员	无	无
加拿大	每次至多8周	照护者患有重病或有可能在26周内死亡	在集体协议（collective arrangement）中包含灵活的工作安排，由公司和部门自由设置	加拿大退休金计划（Canada Pension Plan）规定，参保者可通过计算退休金收益，将50%收入最低的年份或月份排除在外，从而保持退休金水平
捷克共和国	无	无	照护卧床不起病人的照护者可申请兼职工作，雇主可以拒绝。不可在照护结束后转回全职工作	有

续表

国别	假期长度	申请条件	灵活的工作安排	其他福利
丹麦	依据集体协议规定	无	依据集体协议规定	
芬兰	依据集体协议规定	无	因照护而兼职工作的员工可从就业及经济发展办公室（Employment and Economic Development Office）获得兼职补贴，兼职时长最长可达 26 周	无
法国	3 个月的照护假期，可多申请一次，用来照顾家庭成员	至少两年工作经验，被照护者永久失能 80% 以上	雇主同意后，可放家庭团结假期（Family Solidarity Leave）	有
德国	至多 6 个月	家庭成员需要长期护理时可申请，若公司不足 15 人时，雇主可以拒绝	可在员工人数超过 50 人的公司中申请兼职工作，最长达六个月，照护结束后转回全职，在有特殊情况时，雇主可以拒绝	有
奥地利	最长两年	照护亲属	任何人均可申请，但可能会被拒绝	护理费用
爱尔兰	自 2001 年起，无薪照护假最长可达 104 周，每次最少 13 周，若有特殊情况，雇主可以拒绝	需要接受医疗部门的评估	无	养老金福利：计划允许使用养老金照护儿童或失能的成年人，但要求在过去十年内缴纳至少 260 笔供款
日本	一年 5 天，若照护者不止一位，可延长至 10 天	家属需要长期的照护服务	至少 93 天：形式有缩短工作时长、灵活的工作时间、交错工作时间、补贴或用其他方式资助照护者的护理开销等	无

续表

国别	假期长度	申请条件	灵活的工作安排	其他福利
韩国	无	无	根据公司或部门规定执行	无
荷兰	无	照护生病的亲属	根据集体协议放照护假，但应当符合法律中对时长的最低要求	有
挪威	工作年限的一半，每次不超过12周	照护短期内有生命危险的1级亲属，若有特殊情况，雇主可以拒绝	至多20天，附加的照护假至多10天	有
塞尔维亚	无	无	国家允许，具体依据部门或公司	无
西班牙	至多两年（特殊情况可以延长至三年）	无	无	国家发放的养老金
瑞士	取决于部门或公司的规定，由国家设置，通过雇主实施	无	取决于部门或公司的规定，由国家设置，通过雇主实施	无
英国	假期长度应当是合理的（例如：2天）	无	但必须有超过26周的工作经验；被照护者需是一级亲属；没有时间限制	有
美国	雇员超过50人的公司，每年可以申请至多12周的无薪照护假	配偶或子女有严重疾病	取决于公司或部门	无

资料来源：Colombo F. ,Llena – Nozal A. ,Mercier J. ,Tjadens F. ,*Help Wanted? Providing and Paying for Long – Term Care OECD*,Paris:OECD Publishing;2011,pp. 142 – 150

（四）咨询与信息服务

照护者会因照护服务而产生心理压力，甚至会出现抑郁、焦虑等不良情绪，甚至还会加重自身已有的生理疾病，例如失眠、高血压、消化不良等[1]。研究表明，由于照护服务给照护者带来了巨大的心理压力，所以照护者非常愿意接受专业的心理咨询服务[2]。另外，有些国家的咨询服务还包括提供信息、法律咨询等服务内容，咨询服务对照护者来说是非常有效的支持[3]。因此，许多国家对非正式照护服务进行支持时，也会为其提供咨询服务。

在具体的做法上，瑞典为照护者建立了论坛以供大家交流经验，另外，还创造了社会医疗部门（socio – medical sector）和照护者之间的对话机会。在荷兰，心理的支持和辅导是预防性的，在这一过程中，社会工作者发挥了积极的作用。照护者会和社会工作者建立密切的合作关系，由训练有素的社会工作者以上门或定期电话家访的方式为照护者提供服务，主要内容包括提供信息和预防心理疾病。美国的"国家家庭照护者支持计划"中也包含了小组支持、个人咨询和团体工作，这些支持常以研讨会的形式呈现，这一过程不仅是照护者单方面接受帮助的过程，同时也能帮助照护者建立起自己的社交网络，为其提供持续的心理支持。德国也会对照护者和被照护者提供咨询和信息服务，除此之外，还会出版手册、开办网络讨论会等形式，来帮助家庭照顾者和专业人士进行交流。爱尔兰的"关心照护者（Caring for Carers）"项目也为照护者搭建了自己的社交网络。

综上所述，各国咨询与信息服务对非正式照护的支持主要集中在心理层面，除了直接为照护者提供心理咨询，还鼓励照护者建立自己的社交网络，从而避免负面的心理情绪。例如荷兰政府鼓励照护者和社会工作者建立联系，由训练有素的社会工作者为照护者提供各种资源和服务。除此之外，其他国家的政府还鼓励非正式照护者建立自己的社交网络，在咨询过程中，特别是在和有相似经历的人进行交流时，照护者很容易和有相似经历的人建立联系，从而建立起属于自己的非正式支持网络，这个网络能够为照护者提供强有力的情感支持，避免照护者陷入负面的心理问题之中。

（五）技能培训

除此之外，许多国家还会为照护者提供技能培训的支持。一方面，非正式照

---

[1] Conway – Giustra F, Crowley A, Gorin S H, "Crisis in caregiving: a call to action", *Health & Social Work*, Vol. 27, No. 4, 2002.

[2] Van Exel, J., M. Koopmanschapa, T. Goedheijtb and W. Brouwera, "Respite Care – An Explorative Study of Demand and Use in Dutch Informal Caregivers", *Journal of Health Policy*, No. 78, 2006.

[3] Elisa – Marie Behrndt, Melanie Starubmeier, Hildegard Deidl, Chiara Vetter, Katharina Luttenberger, Elmar Graessel, "Brief telephone counseling is effective for caregivers who do not experience any major life events – caregiver – related outcomes of the German day – care study", *BMC Health Service Research*, 2019. Http://doi.org/10.1186/s12913 – 018 – 3853 – 8.

护中需要照护的人员多为失能老人，因此，照护者提供的照护服务不仅要包含日常生活照护，也要包含一些基础的医疗服务。因此，许多技能培训工作会包含一些基础的医疗常识。但另一方面更重要的是，培训也包含针对照护者的一些内容，在这一过程中，家庭照护者能够学会如何保护自己的心理健康、身体健康以及怎样放松等技能，这能够帮助照护者更好地保护自己，从而为被照护者提供更好的照护服务。更重要的是，培训项目往往不是一对一的，而是一对多的，在这一过程中，因照护任务而感到身心俱疲的照护者能够寻找同伴，从而建立起一个除家人之外的社交网络，这个网络中能够为照护者提供情感支持，有效避免负面的心理情绪。

上文提到的美国“国家家庭照护者支持计划”和爱尔兰的“关心照护者”项目都包含培训服务。美国的“国家家庭照护者支持计划”能够为照护者提供教育和培训项目，提高照护者的照护水平，从而提高照护者的照护能力，缓解照护者在照护过程中产生的焦虑和心理压力；爱尔兰的“关心照护者”项目为照护者提供了名为“在家照顾（Caring in the Home）”的训练课程，当中包括 13 种不同的照护服务技能。除此之外，英国、法国、荷兰、澳大利亚等国家都有类似的培训服务，但他们的培训服务多由 NGO 或照顾者团体发起，课程关注照护者如何处理自身情感和实际照护的问题。

（六）小结

综上所述，首先，按照支持对象来分，政府对非正式照护的支持可以分为两类，一是对照护者的支持，二是对被照护者的支持。在以往的认知中，被照护者通常处于更加劣势的地位。因此，对被照护者进行支持是很常见的，在社会保障、医疗保险、长期护理保险制度中，主要的支持者都是被照护者，“积极老龄化”“健康老龄化”等概念也是针对被照护者提出的。然而，梳理各国政府支持非正式照护的政策发现，在种类繁多的支持方式中，有近一半是针对被支持者提出的。这说明各国政府不仅看到了非正式照护及其家庭所面临的经济困难，看到了弱势群体生理上的弱势，更重要的是看到了照护者心理上的负担，这是更深层、更隐蔽但同样值得关注并给予支持的。

其次，按照支持方式来分，各国政府支持非正式照护的措施可以分为：经济支持和非经济支持两类，经济支持是指政府直接给予非正式照护者和被照护者一定的津贴，用于补助非正式照护过程中的开支；非经济支持包括喘息服务、咨询和信息服务、技能培训等，它们主要是在心理层面上对被照护者进行支持，希望能够减轻照护者的负担和心理压力。除此之外，立法支持是基础的支持措施。

可以看出，发达国家对非正式照护的支持不仅仅局限于解决被照护者的困境，也不局限于对有需要照护者的家庭施以经济上的援助，而是更关注照护双方的精神健康与生活质量，而且有越来越多的援助手段用以支持非正式照护的提供者，避免照护者因照护工作而陷入困境。例如直接的经济支持、心理咨询支持，以及间接的工作支持以提高收入、喘息照护以减轻压力等，这些做法已经成为各发达国家政府对支持非正式照护的共识，同时也是我国政府在继续对家庭非正式照护提供支持的过程当中应当注意的。

这同样表明了政府支持非正式照护的关注点：在满足了基本的物质需要之后，开始关注精神上的需要。按照马斯洛需求理论的说法，即在满足了照护双方生理和安全的需要之后，就需要关注非正式照护双方社交、尊重、自我实现的需要，尤其是照护的提供者。因此，培训当中的小组工作能够满足照护者的社交需要，而将非正式照护视作一种“工作”而不是义务劳动，并为这份“工作”支付薪酬也进一步满足了照护提供者的尊重和自我实现的需要，是一种对照护者提供的更高层次的支持。

表 15－7 展示了各国政府对非正式照护的具体支持措施。

表 15－7 各国政府对非正式照护者支持的措施总结

国别	照护者津贴	被照护者津贴	税收优惠	其他福利	带薪假	无薪假	灵活工作安排	培训	喘息服务	咨询
澳大利亚	√	×	×	×	√	1	×	√	√	√
奥地利	×	√	×	√	×	√	√	√	√	√
比利时	3	√	×	√	√	√	√	√	√	√
加拿大	3	×	√	√	√	√	2	√	√	√
捷克	×	√	×	√	×	×	√	√	√	√
丹麦	√	×	×	×	√	×	2	√	√	无
芬兰	√	×	×	×	√	×	√	无	无	√
法国	×	√	√	√	√	√	√	√	√	√
德国	×	√	√	√	×	√	√	×	√	无
匈牙利	√	×	×	√	×	√	√	×	×	√
爱尔兰	√	×	√	√	×	√	×	无	√	√
意大利	×	√	×	无	无	无	无	无	无	无
日本	×	×	×	×	√	×	√	√	×	×
韩国	×	×	×	×	×	×	2	√	×	×
卢森堡	×	√	√	√	×	√	2	√	×	√

续表

国别	照护者津贴	被照护者津贴	税收优惠	其他福利	带薪假	无薪假	灵活工作安排	培训	喘息服务	咨询
墨西哥	×	×	×	×	×	×	×	√	×	×
荷兰	×	√	×	×	√	√	2	√	×	√
新西兰	√	√	√	×	×	×	√	√	√	√
挪威	√	√	×	√	√	×	√	×	×	×
波兰	×	√	×	×	√	×	×	×	×	×
斯洛伐克	√	√	×	无	无	无	无	无	无	无
塞尔维亚	×	×	×	×	√	×	2	√	√	√
西班牙	×	√	×	√	√	√	×	√	√	√
瑞典	√	√	×	√	√	×	×	√	√	√
瑞士	×	×	√	×	×	×	2	√	√	√
英国	√	√	×	√	×	×	√	√	√	√
美国	×	3	√	×	×	√	√	3	3	3

注：1. 若因紧急状况而申请几天灵活工作安排是允许的；2. 没有全国性的文件规定，但存在集体协议（collective agreement）；3. 在全国范围内没有相关规定，但在省/州等地方层面有相关规定。

资料来源：OECD 2009 – 10 Questionnaire on Long – Term Care Workforce and Finance，转引自 Colombo F.，Llena – Nozal A.，Mercier J.，Tjadens F.，*Help Wanted? Providing and Paying for Long – Term Care OECD*，Paris：OECD Publishing；2011，pp. 142 – 150

四、启示和建议

（一）重视家庭非正式照护在养老服务中的供给作用

我国存在大量的失能老人。这些失能老人是照护服务应当重点关注的对象，其孤独感问题尤其突出[1]。在传统文化的视角中，东亚地区的家庭关系以亲子关系为核心，老年人更倾向于与子女一同生活[2]，由子女对老人提供照护服务和陪伴。目前我国老年人的养老形式仍然以居家养老为主，对社会养老服务的需求较低，但是对医疗护理和精神慰藉的需求较大[3]。因此，不论是从传统的心理倾向还是实际的照护需求出发，居家养老都仍然是我国目前养老事业的重

〔1〕杜鹏、孙鹃娟、张文娟等：《中国老年人的养老需求及家庭和社会养老资源现状——基于2014年中国老年社会追踪调查的分析》，载《人口研究》2016年第11卷第6期。

〔2〕Gierveld J，Dykstra PA，Schenk N. Living Arrangements，"Intergenerational Support Types and Older Adult Loneliness in Eastern and Western Europe"，*Demographic Research*，Vol. 27，No. 3，2012.

〔3〕田北海，王彩云：《城乡老年人社会养老服务需求特征及其影响因素——基于对家庭养老替代机制的分析》，载《中国农村观察》2014年第4期。

点。

然而，家庭非正式照护会给照护者带来巨大的身心负担。再加上失能老人养老的数量巨大，变老和生理衰退是每个人都会面临的危机，因此，政府部门应当对非正式照护给予支持，这样才能更好地发挥非正式照护的作用。

（二）对家庭非正式照护提供必要的经济补偿

在对家庭非正式照护提供的支持措施中，首先就是经济补偿。被照护者不仅不能创造价值，还往往患有慢性疾病或面临失能的困境，从而对家庭产生经济压力。而照护者也会因为照护而减少甚至失去收入，这对有非正式照护需求的家庭来说，无疑是雪上加霜。因此，政对家庭非正式照护的支持措施首先就是经济上的补偿。

经济补偿可以分为两类：一是对被照护者的补偿，二是对照护者的补偿。对被照护者的补偿可以是现金形式，也可以是购买券等形式，以便被照护者能够自主选择购买照护服务，或减轻其经济压力。对照护者的补偿可以是现金形式，例如瑞典，政府直接发钱给家庭照护者，这种照护津贴相当于是政府为照护服务支付的薪资，这意味着政府将照护服务看作一种工作，既减轻了照护者的经济压力，又肯定了照护者照护任务的价值。

目前我国对非正式照护，尤其是照护者的支持还远远不够。非正式照护通常被视作是家人尤其是子女的义务，同时也给照护者带来了经济上的压力，需要政府提供相应的支持。

（三）减轻家庭非正式照护者的心理压力

2018 年 10 月，广州、杭州、苏州、南京、北京等地都出现了“喘息服务”的试点工作，也取得了一定的成效。但这种小范围的试点工作发挥的作用有限，以北京市丰台区为例，其“喘息服务”试点工作包含 1500 位老人，通过政府购买服务的方式，每月为他们提供 4 天的“喘息服务”。最终仅有 903 人申请，而签订了“喘息服务”协议的老人仅有 400 位[1]，说明“喘息服务”还没有真正走进大众视野。加速推进试点工作，让“喘息服务”真正发挥价值，是下一步为支持非正式照护的努力方向之一。

除了“喘息服务”之外，“技能培训”也值得注意。“技能培训”除了培训照护者的照护技能，以期照护者能为被照护者提供更好的服务之外，也会教授给照护者一些减轻压力的技巧。更重要的是，在这一过程中，照护者能够结识同伴，

---

〔1〕 https://baijiahao.baidu.com/s?id=1622363526413088602&wfr=spider&for=pc.

建立自己的社交网络，由社会网络提供的情感支持会极大地帮助照护者保持身心健康。

（四）关注因照护工作加剧的性别不平等

根据国际劳工组织发布的报告[1]，每天有164亿个小时的无偿护理工作发生在全球64个国家，这相当于有20亿人每天工作8个小时，但他们没有任何报酬，如果以每小时最低工资为基础对这些服务进行估值，那么这些照护任务的价值是全球GDP的9%，这些无偿工作主要是家务劳动（81.8%）和个人护理（13.0%），其次是志愿者工作（5.2%），据统计，2018年，全球有6.47亿劳动力人口因家庭照护任务而无法进入劳动力市场获得收入。这些照护任务的76.2%由女性承担，是男性的3.2倍，加之女性在劳动力市场中处于不利地位，这使得女性的工作时间（有偿工作与无偿工作共同计算）更长且报酬更低。

而中国在保障照护者权益和性别平等方面，还有很大的进步空间。国际劳工组织绘制的全球照护者雇佣水平地图中，中国处于“低水平”国家，在世界经济论坛发布的《全球性别差距报告》中，中国位于第106位[2]。这意味着相比其他国家，中国的照护者尤其是女性照护者，面临着更艰难的处境。另外，由于独生子女政策和中国女性的高就业率，除了传统的因照护工作加剧的性别不平等，中国的女性还面临着工作与家庭的双重压力。

为了改善无偿照护工作给照护者带来的困境，国际劳工组织在报告中提出了“5R框架”，从照护政策、宏观经济政策、社会保护政策、劳工政策和移民政策五个方面提出了建议：认识、减轻和重新分配无偿的照护政策；为照护者提供更多、更体面的工作；为照护人员进行社会对话和集体谈判。本章中提到的照护假、喘息服务等支持手段，都是其中的代表性政策。除此之外，由于我国国情特殊，女性照护者的困境也需要更多关注，除了上述政策之外，通过实施男性陪产假制度等鼓励男性加入家庭照护工作，也是减轻女性就业歧视和照护压力的必要手段。

参考文献

中文文献

杜鹏、孙鹃娟、张文娟等：《中国老年人的养老需求及家庭和社会养老资源现状——

[1] Gevena,“Care Work and Care Jobs for the Future of Decent Work”,International Labour Organization Report,2018.

[2] 该报告中的排名是依据两性在经济地位、学习机会、政治参与和卫生福利四个领域中存在的差距进行的。

基于2014年中国老年社会追踪调查的分析》，载《人口研究》2016年第11卷第6期。

李运华、刘亚南：《城镇失能老人子女照护的影响因素分析——来自CLHLS 2014的经验证据》，载《调研世界》2019年第1期。

刘柏惠：《我国家庭中子女照护老人的机会成本——基于家庭动态调查数据的分析》，载《人口学刊》2014年第5卷第36期。

毛智慧、李魏、孙晓婷：《"喘息服务"对失能老人及其照护者生活质量和照护负担的影响》，载《护理研究》2018年第32卷第19期。

田北海、王彩云：《城乡老年人社会养老服务需求特征及其影响因素——基于对家庭养老替代机制的分析》，载《中国农村观察》2014年第4期。

王来华、[美]瑟夫·施耐德约：《论老年人家庭照顾的类型和照顾中的家庭关系——一项对老年人家庭照顾的实地调查》，载《社会学研究》2000年第4期。

王上、李珊：《国外喘息服务的发展及对我国居家养老的启示》，载《东北师大学报》（哲学社会科学版）2014年第6期。

袁乐欣、周英、林婷婷：《广州市越秀区居家失能老人主要照顾者照顾负担现况及影响因素分析》，载《广东医学》2017年38卷第10期。

张瑞利、林闽钢：《中国失能老人非正式照顾和正式照顾关系研究——基于CLHLS数据的分析》，载《社会保障研究》2018年第6期。

张盈华：《老年长期照护：制度选择与国际比较》，经济管理出版社2015年版。

庄绪荣、张丽萍：《失能老人养老状况分析》，载《人口学刊》2016年第3期。

[美]尼尔·吉尔伯特，保罗·泰瑞尔：《社会福利政策导论》，黄晨熹等译，华东理工大学出版社2003年版。

外文文献

Anderw Nocon, Maggie Pesrson, "The Roles of Friends and Neighbors in Providing Support for Older People", *Ageing & Society*, No. 3, 2000.

Colombo F., Llena – Nozal A., Mercier J., Tjadens F., *Help Wanted? Providing and Paying for Long – Term Care OECD*, Paris: OECD Publishing; 2011.

Conway – Giustra F, Crowley A, Gorin S H, "Crisis in caregiving: a call to action", *Health & Social Work*, Vol. 27, No. 4, 2002.

Courtine, Jemiai N, Mossialos E, "Mapping support policies for informal Carer's across the European Union", *Health Policy*, Vol. 118, No. 1, 2014.

Elisa – Marie Behrndt, Melanie Starubmeier, Hildegard Deidl, Chiara Vetter, Katharina Luttenberger, Elmar Graessel, "Brief telephone counseling is effective for caregivers who do not experience any major life events – caregiver – related outcomes of the German day – care study", *BMC Health Service Research*, 2019. Http://doi. org/10. 1186/s12913 – 018 – 3853 – 8.

Gautun, H., K. Hagen. "A moral squeeze? Does the supply of Public Care Services towards the Very Old Affect Labour Force Participate of their Children?" Paper represent at the 8th Congress of the European Sociological Association, Glasgow, 3 – 6 September, Research Network Session: Aging in Europe Session 5a Norms and Values in Aging.

Gevena, "Care Work and Care Jobs for the Future of Decent Work", International Labour Organization Report, 2018.

Gierveld J, Dykstra PA, Schenk N. Living Arrangements, "Intergenerational Support Types and Older Adult Loneliness in Eastern and Western Europe", *Demographic Research*, Vol. 27, No. 3, 2012.

Griffith D, "Respite Care", *The British Medical Journal*, Vol. 306, No. 6871, 1993.

Jens Lundsgaard, "Consumer Direction and Choice in Long – Term Care for Care for Older Persons, Including Payments for Informal Care: How Can it Help Improve Care Outcomes, Employment and Fiscal Sustainability", OECD Health Working Papers, No. 20, 2005.

Monika Riedel, Markus Kraus "Informal Care Provision in Europe: Regulation and Profile of Providers", ENEPRI Research Report, No. 96, 2011.

NANCY G, "The national family caregiver support program: A multivariate examination of state – level implementation", *Journal of Aging & Social Policy*, Vol. 22, No. 3, 2010.

Van Exel, J., M. Koopmanschapa, T. Goedheijtb and W. Brouwera, "Respite Care – An Explorative Study of Demand and Use in Dutch Informal Caregivers", *Journal of Health Policy*, No. 78, 2006.

第十六章　融合式养老

融合式养老的概念发源于我国，是指通过搭建平台或依托机构，将居家养老、社区养老、机构养老有机融合，充分发挥政府、社会、家庭三方作用，最终形成完整的养老生态，最终为老年人提供低成本、高效率且专业化的服务。2019 年国务院办公厅 5 号文《国务院办公厅关于推进养老服务发展的意见》首次提出融合养老发展理念，推动居家、机构及社区融合发展，政府支持养老机构运营社区养老设施及上门为居家老人提供养老服务。[1]

融合式养老理念在各发达国家均有一定的实践，比如日本的地域综合支援体系以社区为基础，包括医疗、护理、护理预防、居住以及日常生活支持等服务内容，全方位为老人提供所需服务；德国长期护理保险体系下的门诊护理，一般将疗养院与生活辅助设施设置在社区附近，与社区和家庭相融合，并提供上门服务；澳大利亚与新加坡政府主导下的综合性质的护理服务，也与融合式养老的发展理念不谋而合；美国的老年家庭护理与成人日托中心将社区和家庭融合，提供多样化的服务，不同制度形式最终目的都是为实现老年人“原地养老”的愿望。

一、主要发达国家融合式养老发展典型模式

融合式养老基于“原地养老”原则，以“位置嵌入、功能相容、服务整合”为特色，打造居家、社区和机构养老有机融合的资源平台，形成个人、家庭、社区和机构等多元服务供给的有机联合，为周边社区的失能、半失能、失智及高龄等需要长期照护的老人安置在机构内，为其提供长期照护服务，同时以机构为平台，积极整合资源，向周边社区辐射，为社区居家老人提供日间照护服务和助餐、助洁、助医、助浴、专业护理、康复、生活照护等上门服务。[2]

于我国而言，融合式养老模式要求政府发挥主导作用的同时，激发社会资本活力，并且充分发挥家庭成员之间的互助精神。并且，与传统机构养老、社区养

〔1〕 中华人民共和国中央人民政府网，http://www.gov.cn/zhengce/content/2019-04/16/content_5383270.htm。

〔2〕 寸草春晖养老照护中心打造融合式养老模式，http://m.sohu.com/a/260442399_123830。

老、居家养老模式不同，小规模、多功能、社区型的养老机构是融合式养老模式的典型特征。一方面强调地理位置上的特性，要求其建立在社区附近，这体现出不同于传统机构养老的位置特点；另一方面要求满足老年人“在地养老”的需求，同时突破传统社区养老的局限，实现社区内外多种资源与各种元素的融合和互补；同时，融合式养老模式将居家养老与社区附近机构养老相结合，强调国家、市场、家庭三者作为单一的社会福利提供方，其本身都存在一定的缺陷，而融合式养老模式是以自身提供优秀服务为基础、良性运营为保障，同时借助互联网等新兴技术手段，提升整个养老服务系统的运行效能，实现整个系统的高效运转。[1]

同时，老龄化的不断推进也成为融合式养老模式在其他国家得以发展的历史原因与现实因素，各国基于此推出了各具特色的符合融合式养老理念的发展模式。

（一）地域综合支援体系

日本在长期探索过程中逐步建立了以老年福祉法、介护保险法等为法律支撑，将居家养老和机构养老相结合的社区养老服务体系。20 世纪 70 年代广岛市第一次提出地域综合支援体系概念，其目的是本着盘活地区内有效资源，使老年人在其居住习惯的环境中尽可能凭借自己的能力安度晚年，设立的社会支持体系包括医疗、护理、护理预防、居住以及日常生活支持等服务内容，它以社区为基础，基于各地的具体情况设立，因地制宜发展，目标是将全体国民都纳入这一体系当中。目前，厚生劳动省正在促进全面的区域支持和服务提供系统的建设，以维持老年人的尊严和支持其独立生活为目标，使其在自己所熟悉的地区更好地生活。

（二）老年家庭护理与成人日托中心

美国也是最早发展社区养老的国家之一。居家服务、机构服务以及社区服务（见表 16 - 1）三种方式相比较，机构服务由于对政府财政造成较大压力，同时对普通老人收费太高且不满足老人“原地养老”（Aging in Place）[2] 的意愿，导致老年人入住机构进行养老的比率较低，1985、1995、2004 年的护理院入住率分别

---

〔1〕 王小龙：《基于福利多元化理论的融合式养老模式研究》，载《老龄科学研究》2016 年第 8 期。

〔2〕 根据美国疾病预防控制中心的定义，“在地养老”是指无论年龄、收入或能力水平如何，都能安全、独立和舒适地生活在自己的家庭和社区中的能力。CDC，https：//www. cdc. gov/healthyplaces/terminology. htm。

为5.4%、4.64%、3.48%[1]；居家养老给家庭带来较大压力，并且老人护理需求往往得不到充分满足，也不能很好满足老年人的养老需要。社区服务中的成人日托中心（Adult Day Care Center）、老年家庭护理（Senior Home Care）将社区和家庭相融合，体现融合式养老的理念，成为符合老年人需求特点的新兴养老模式。

根据2010年大都会人寿（Metlife）全国成人日托服务研究，在美国成人日托中心中，每六名参与者就有一名直接护理人员，近80%的成人日托中心有一名护士，近50%的成人日托中心有一名社工，约60%的日托中心提供病例管理服务。行业研究表明，在员工与被服务者比率越高的成人日托中心，提供的护理就越个性化、以人为本。[2] 截至2016年，美国有4600个注册的成人日托中心，每天为286300多名老年人提供护理。[3] 美国老年生活网站（SeniorLiving. org）显示，截至2016年，已有1019247个老年人登录该网站找到合适的家庭护理，其中16943个属于老年家庭护理。[4]

表16-1 美国的长期照护服务类型

美国养老模式	居家服务	会员制（Membership） 合作居住模式（Cooperative living mode） 综合护理项目（PACE，Program of All-Inclusive Care for the Elderly）
	机构服务	护理院（Nursing Home） 临终关怀机构（Hospice Care Agency） 独立生活（Independent Living） 辅助生活设施（ALF，Assisted Living Facilities） 熟练护理设施（SNF，Skilled Nursing Facilities） 持续护理退休社区（CCRCs，Continuing Care Retirement Community）
	社区服务	成人日托中心（Adult Day Care Center） 老年家庭护理（Senior Home Care）

资料来源：①Family Caregiver Alliance，https：//www. caregiver. org/home-away-home-relocating-your-parents。

②郭红艳，彭嘉琳，雷洋，王黎，谢红：《美国养老机构服务质量评价的特点及启示》中华护理杂志，2013年第7期。

---

[1] Federal Interagency Forum on Aging-Related Statistics. Old American 2008[R]. 2008.

[2] Wikipedia, https://en. wikipedia. org/wiki/Adult_daycare_center.

[3] NCHS reports: Long-Term Care Providers and Services Users in the United States, 2015-2016, Appendix III. Detailed Tables, table V pdf icon.

[4] Seniorliving, https://www. seniorliving. org/home-care/.

（三）护理保险制度下门诊护理

根据联邦统计局（Destatis）的报告，截至2017年底，德国65岁以上人口达1770万，占总人口比率的21.4%，严峻的老龄化形势对老年人护理提出挑战。2015年底需护理的人数仅为286万人，到2017底，该数字上升到341万，需护理的人数急剧增加19%。[1] 在所有需要护理的人中，只有76%的居民可以在家里得到护理。其中，176万需要护理的人通常仅由亲属护理，83万需要护理的人住在家庭中，另外24%即82万需要护理的人在疗养院接受全日制护理。截至2017年底，在需护理的人员中，有81%的年龄在65岁及以上，35%年龄在85岁以上。随着年龄的增长，依赖护理的可能性增加。在70至74岁的人群中，有70%的人需要护理，而90岁或90岁以上的人群的护理率最高：该年龄段需要护理的比例为71%，老年人护理形势严峻。[2]

目前德国的长期护理保险内容主要包括居家护理、住院护理及门诊护理三种，其中从事门诊护理业务的疗养院与生活辅助设施，一般设置在社区附近，与社区和家庭养老相融合，并能够提供上门服务，体现融合式养老的理念。

截至2017年底，德国的社区疗养院与生活辅助设施数量为1318家，其中700家为市场化运营机构，534家为公益慈善机构建立，34家为公立机构建立。目前德国市场化机构与慈善机构占据养老机构的主体。[3]

（四）家庭护理包计划

家庭护理包计划（*The Home Care Packages Program*）是澳大利亚目前主要的融合式养老性质的服务模式，其目的是帮助老人尽可能长时间地独立生活在自己的家中。澳大利亚政府向经批准的家庭护理包提供者（Home Care Package Providers）提供补贴，由其为老年人提供一揽子护理、服务和病例管理，以满足老年人的个人需求。

（五）综合家庭日托套餐计划

新加坡老年人口的数量一直在稳步增长，2000年新加坡老龄人口比例仅为7.2%，2017年，新加坡65岁及以上的老年人口达到总人口的13.0%，预计2030

---

〔1〕 其主要归因在于2017年1月1日引入了更广泛的护理需求概念，导致被归类为需护理的人数比之前要多。

〔2〕 Destatis, https://www.destatis.de/DE/Presse/Pressemitteilungen/2018/12/PD18_501_224.html.

〔3〕 Destatis, https://www.destatis.de/DE/Themen/Gesellschaft – Umwelt/Gesundheit/Pflege/Publikationen/_publikationen – innen – pflegestatistik – deutschland – ergebnisse.html? nn=206104#234064.

年以后22.1%的常住人口将达到65岁。2000年新加坡老年居民家庭[1]数量为192800家，2017年达到401800家，老年居民家庭的比例从21.1%增加到至同期的31.1%。[2]

2004年，新加坡将“原地养老”作为其基本国策，本质上是降低政府对养老机构的建设投入，缓解政府的财政压力，将养老压力转移，最终形成政府、社会、社区、家庭、个人养老的责任共担机制。新加坡社区照顾主要依赖志愿性的福利组织与私营组织，在社区内依托养老机构为老年人提供服务，并由政府提供支持，其具体实施理念与融合式养老一致。[3]

新加坡的社区养老以选区为基础，全国共分为84个选区，每个选区下最小的组织是居民委员会或邻里委员会，所有选区按行政区由5个发展理事会分别管理，发展理事会还负责提供老年服务相关的公共服务，最终5个发展理事会由人民协会进行管理，这为全国性的社区养老提供了组织基础。[4]

在政府的鼓励之下，新加坡社区养老发展出多种形式，其中综合家庭日托套餐计划（Integrated Home and Daycare Packages，IHDC）充分发挥家庭和日托中心护理两种优势，已经取代养老院，成为长期护理的主要形式，其目的是推迟老年人入住养老院的时间。通过为在家中的老年人提供支持，老年人可以继续从事自己喜欢的活动，使他们在社区中保持独立和自主。[5]

二、主要发达国家融合式养老服务发展经验做法

（一）法律保障

发达国家融合式养老模式的发展在很大程度上都离不开法律法规与相应的政策支持，比如日本的《介护保险法》，澳大利亚1997年通过的《老年护理法案》等，法律法规的完善是该制度得以发展的基础。同时，国家层面的重视及其政府部门的引导也对其发展具有重要意义。

1. 法律保障是发展的重要基础

日本政府于1997年建立支持全社会老年人护理的制度（护理保险）并颁布《介护保险法》，2000年正式开始实施，当时在法案内容中并没有提及地域综合支

---

〔1〕老年居民家庭：指至少有一名成员年龄65岁及以上的居民家庭。

〔2〕新加坡社区发展、青年及体育部。

〔3〕胡黎：《公积金制度下的新加坡养老保障问题研究》，硕士学位论文，武汉科技大学，2011年，第9页。

〔4〕姜旭：《新加坡社区养老模式对我国养老模式的启示》，载《北方经济》2014年第7期。

〔5〕AWWA，https://www.awwa.org.sg/our-services/seniors/integrated-home-and-day-care-centre/.

援体系。2005 年，这一制度以“地域综合支援事业”为名，作为《介护保险法》的第六章被正式写入，由此，《介护保险法》成为地域综合支援体系的主要政策与法律依据。

法律开篇要求为使政府能够全面地实施地域自立的日常生活支援政策，防止需要护理的被保险人生活状况的恶化，根据厚生劳动省条例规定的标准，实施地域支援事业。[1]

地域综合支援中心是这一体系之中最主要的运营管理机构，在《介护保险法》第六章第一百一十五条提到，地域综合支援中心是根据介护保险法及其他厚生劳动省令的规定，为保持地域居民的身心健康及生活安定提供必要援助（包括提高保健医疗及增进福利在内），以全面支援为目的的设施。

同时，美国融合式养老的建立和发展与法律政策的出台紧密相连，融合式养老的制度化、规范化和体系化是美国养老服务业快速发展的重要原因之一。

1959 年通过的《住房法》（Housing Act of 1959）规定向老人住房提供贷款，并向非营利组织提供资金，帮助这些组织为低收入老年人开发和经营住房，这在很大程度上推动了老年人原地养老的发展；1965 年，美国通过了《社会保障法修正案》，该法制定了一项针对 65 岁及 65 岁以上老人的基本医疗保险计划与一项辅助医疗保险计划，这也促进了社区医疗护理机构（设施）的出现和发展；同年，美国总统林登·约翰逊签署了《美国老年人法案》（Older Americans Act，OAA），该法案的目标是确保老年人有机会平等和自由地享受最佳的身心健康服务、合适的住房、恢复性和长期护理、高效的社区服务并保护其免受虐待等[2]。此外，该法建立了由联邦、州和地方机构组成的全国性网络，以计划和提供服务来为老年人和家庭护理人员提供家庭护理和成人日托，以此促进老人的独立性支持和服务发展[3]；1974 年，《社会保障修正案》第二十章授权向各州提供社会服务补助，这些计划包括防护服务、家庭主妇服务、成人日托服务以及营养援助和健康支持等；1981 年，重新批准《美国老年人法案》，强调对老年人的支持服务，以帮助老年人在社区中保持独立[4]。这些措施极大地促进了以老年家庭护理和成人日托中心为代表的融合式养老的发展。

德国门诊护理的发展同样与法律政策密切相关，德国 1995 年正式颁布《长期护理保险法》，2008 年颁布改革法案《长期护理保险结构改革法》，将重点放在居

---

〔1〕 第六章地域支援事業等，https://www.mhlw.go.jp/web/t_doc? dataId = 82998034&data Type = 0&pageNo = 4。

〔2〕 Wikipedia，https://en.wikipedia.org/wiki/Older_Americans_Act.

〔3〕 Eldercare Locator，https://eldercare.acl.gov/Public/Resources/LTCP.aspx.

〔4〕 ACL，https://acl.gov/about - acl/authorizing - statutes/older - americans - act.

家护理、社区护理与区域护理服务之上。[1]

门诊护理服务对需护理人提供不同的服务，但并非所有服务都是与护理相关的，由于护理服务的目的是支持和缓解需护理人及其亲属的压力，因此提供的福利覆盖相对广泛的领域，其中涉及以下领域：长期护理保险法（SGB XI）；医疗保险法（SGB V）；社会救助法（SGB XII）。[2] 其中，长期护理保险法对不同需护理等级人员护理津贴、日间护理与夜间护理等方面做出规定；医疗保险法对过渡性护理（临时性护理）等方面做出规定；社会救助法为员工对家属的家庭护理等方面进行了规定。

澳大利亚《1997 年老年护理法》（The Aged Care Act 1997）在家庭和社区护理方面制定了一系列的政策。一方面，针对老年人口的居家护理需求，在老年护理人员、对患有老年痴呆者家庭的暂息照顾、成本管理等方面做出了规定。另一方面，建立护理链接计划，通过建立全国的老年人护理网络以简化老年人社区养老的程序。2008 年澳大利亚对《老年护理法》进行修改，对老年人护理服务业产生重要影响。一方面，加强长期居家护理照护；另一方面，增设社区护理服务点，使得社区护理服务点的数量翻倍。在 2013 年 8 月以前，社区护理计划由社区老年护理套餐（Community Aged Care Packages，CACP），扩展的老人居家照顾计划（Extended Aged Care at Home，EACH）和扩展的痴呆症老人居家照顾计划（Extended Aged Care at Home Dementia，EACHD）组成。[3] 2013 年 8 月以后，家庭护理包计划取代了原来存在诸多问题的社区护理计划。2017 年 2 月 27 日，《增加家庭护理选择的措施》第一阶段计划开始实施。从 2017 年 2 月 27 日起，所有家庭护理套餐都直接提供给消费者个人，而非像以前那样，在分配过程中将家庭护理套餐授予已批准的供应商（再由供应商提供给消费者个人）。这种变化使消费者能够自由选择他们的供应商，并将政府补贴引向供应商。这意味着消费者可以根据自己的意愿更改提供者，并可以搬到另一个地区去居住，为老年人灵活养老提供保障。

2. 政府政策引导是发展的助力

除法律支持外，美国政府还采取了许多政策来促进融合式养老的发展。如各州的老龄管理部门，可能会为老年家庭护理和成人日托中心提供资金支持、税收

---

〔1〕 万琬婷：《长期护理保险制度的国际比较》，载《劳动保障世界》2018 年第 30 期。

〔2〕 SGB 指德国《社会法》（Sozialgesetzbuch）。

〔3〕 Davidson, B. 2015, Community aged care providers in a competitive environment: Past, present and future, in Markets, rights and power in Australian social policy, eds G. Meagher & S. Goodwin, Sydney University Press, Sydney. https://ses.library.usyd.edu.au/bitstream/2123/14783/1/Chapter%206.pdf.

优惠或相关帮助。

新加坡一直将应对老龄化问题作为重要议题。1999 年，人口老龄化部长级委员会在新加坡成立。2004 年，更名为老龄化议题委员会，主要负责老龄化相关的公共政策的制定。伴随着新加坡老龄化的加速，新加坡将“原地养老”作为其基本国策。

2016 年新加坡卫生部正式提出综合家庭日托套餐并开始运作。新加坡政府的目标是希望到 2020 年为 90% 的老年人提供离他们家 1 公里半径范围内的养老中心。[1] 同时，为提高机构服务质量，新加坡卫生部逐步提高了护理标准，引入了《养老院增强标准》（ENHS），以确保居民获得安全和良好的护理。

截至 2017 年，在新加坡，综合家庭日托服务中心已经取代养老院，成为长期护理的主要形式，家庭与日托服务中心服务老年人数量总计达到 13000 人，其具体数量与 2020 年的发展目标如表 16－2。[2]

表 16－2　新加坡家庭和日托中心现存与目标服务老年人数量

	2011	2017	2020（目标）
家庭服务	3800	8000	10000
日托中心	2100	5000	6200
总计	5900	13000	16200

资料来源：新加坡卫生部。不包括私人家庭和日托提供者为自费客户提供的服务。

（二）服务内容

1. 服务内容全面多样

（1）日本。

日本地域综合支援中心是以《介护保险法》为基础，根据因地制宜的原则设立在日本各地的养老服务管理机构，每个地方政府的地域综合支援中心各有特点，它根据老年人的需求和情况的变化，无缝地提供包括护理服务（实现“地域综合保健”）在内的各种服务，由市町村作为建设主体，配置保健师、社会福利工作者、主任介护支援专业员等团队成员，为保证居民的健康和生活安定提供必要的援助，其目的是全面提高医疗保健服务和增进老人福利（介護保険法第 115 条の46 第 1 項）。主要工作是介护预防支援及全面支援事业，包括介护预防关怀管理业务、综合咨询支援业务、权益保护业务，以及全面、持续的护理管理支援

〔1〕 新加坡卫生部新闻摘要，www. moh. gov. sg。

〔2〕 Line Fodudation，http://www. lienfoundation. org/sites/default/files/CWYA%20Presser%20Combined%20FINAL. pdf.

业务，构筑制度横断的合作网络，实现护理服务。[1]

目前，地域综合支援体系主要由四个部分组合而成，分别是“自助、共助、互助、公助”。“公助”是指财政税收支持下的公共负担，涉及一般财源的老人福利事业、生活保障、人权保护、虐待对策等；“共助”是依据《介护保险法》等法案由被保险人共同承担保险费用，即以护理保险为代表的社会保险制度和服务；“自助”除了“自我帮助”的意思之外，还包括老人自我健康管理（自我保健）、个人自主购买市场服务等；而与此相对的“互助”在相互支持的意义上和“共助”有相同点，但没有在制度层面上被正式确立，具有较强的自发性，一般涉及老人互助式养老（当事者团体による取組）、志愿者服务活动、居民组织的活动，以及政府对志愿者、居民组织活动的公共支援。[2]

地域综合支援体系下，“介护”“医疗”“预防”等专业服务和以这些服务为前提的“住所”“生活支援、福利服务”相互关联、彼此协作，共同支持着老年人的居家养老生活。首先，地域综合支援体系将确保符合本人意愿和经济能力的住所作为必要生活基础，以充分保护老年人的隐私和尊严及良好的居住环境。其次，在生活支援、福利服务方面，为使身心能力、经济因素、家族关系等发生变化导致生活出现困难的老人也能够继续有尊严地生活，进行多种形式的生活支援（如从食材配送、交流沟通、家务援助到其他生活服务的支援）。在介护、医疗、预防方面，这一体系基于介护管理，将每个人的情况与生活支援相配合，专门提供“介护、康复训练”“医疗、护理”“保健、预防”等服务。[3] 鼓励志愿者、非营利组织（Non－Profit Organization，NPO）、私人公司和社会福利公司等各种企业建立生活支持服务的多层支持系统，以支持老年人的居家生活，在全国范围内促进包括护理支持志愿者点在内当地自助和互助，支持“终身有效协调员”的安排和讨论机构的建立。[4]

（2）美国。

美国家庭护理协会（Home Care Association of America）报告称，“在没有援助的情况下，将近70%的65岁的美国人无法在某个时候照顾自己。”对某些老人来说，这种援助意味着要搬入有辅助设施的养老机构，如疗养院。对更多人而言，

---

〔1〕 地域包括支援センターについて，https://www.mhlw.go.jp/stf/seisakunitsuite/bunya/hukushi_kaigo/kaigo_koureisha/chiiki－houkatsu/.

〔2〕 地域包括ケアシステムの5つの構成要素と「自助・互助・共助・公助」，https://www.mhlw.go.jp/seisakunitsuite/bunya/hukushi_kaigo/kaigo_koureisha/chiiki－houkatsu/dl/link1－3.pdf.

〔3〕 地域包括ケアシステムの構築における，https://www.murc.jp/uploads/2013/04/koukai130423_gaiyou.pdf.

〔4〕 多様な主体による生活支援サービスの重層的な提供，https://www.mhlw.go.jp/seisakunitsuite/bunya/hukushi_kaigo/kaigo_koureisha/chiiki－houkatsu/dl/link5.pdf.

"原地养老"是一个更具吸引力的选择，这可以通过老年家庭护理来实现。[1]

老年家庭护理是指为在家中或社区中的老人提供保健或个人护理支持，包括家庭保健、非医疗护理甚至陪伴，等。家庭护理可帮助许多老年人及其家庭，人们在生病、术后或由于正常衰老但仅在日常生活活动方面需要帮助时，通常会选择家庭护理。家庭护理人员主要包括以下几类：伴侣、家庭主妇、保健助手及注册护士。根据《美国老年医学会杂志》的一项研究，与单独休养相比，住院后接受护士指导的老年家庭护理往往更健康更长寿，医疗费用总额也大约降低了35%。与搬到养老院或辅助生活中心相比，选择家庭护理的好处往往更多：更方便、生活质量更好、医疗费用更低。

老年家庭护理的类型包括：持证专业医疗护理，持证医疗专业人员包括医生、医生助理、护士等，以及一些在医生指导下工作的专业家庭健康助理；非医疗辅助专业人员护理，非医疗辅助专业人员主要包括家庭保健助手、个人护理人员、家庭主妇以及陪同人员，家庭保健助手提供日常生活护理和帮助，他们还可以帮助烹饪，购物和洗衣，家庭主妇或同伴提供诸如简单家政、交通和陪伴等服务；痴呆症家庭护理，此类护理人员通常具有相关的专业知识并接受适当的培训，这样便于根据患者病患等级提供有针对性的护理或服务。如有特殊情况或需要，老年家庭护理也可提供夜间护理。一般来说，老年家庭护理会根据参与者的情况为他们提供不同的服务类型，具体服务内容往往包括以下几个方面（见表16－3）。[2]

表16－3 老年家庭护理服务内容

服务类型	具体服务内容
家庭护理	如伤口包扎，静脉治疗，健康监测，疼痛控制和其他护理职责
联络就诊	通过视频会议或电话进行家庭医生就诊或远程医疗检查
社会服务	如咨询和确定社区支持以及其他资源
医疗服务	药物管理，物理、职业或言语治疗
基本家务	客房清洁、洗衣、做饭、饮食检测
个人服务	协助洗澡、穿衣或散步
室外服务	协助购物和其他差事

---

〔1〕 USNews, https://health.usnews.com/health－care/patient－advice/articles/2018－11－16/what－is－senior－home－care.

〔2〕 Seniorliving, https://www.seniorliving.org/home－care/.

续表

服务类型	具体服务内容
人际关系	伙伴关系和社交互动
交通服务	提供往返老年家庭护理的交通
延展服务	个人护理、情感支持以及更多专业技能，如协助文书工作或其他需求

资料来源：USNews，https：//health. usnews. com/health - care/patient - advice/articles/2018 - 11 - 16/what - is - senior - home - care. accessed 2019. 09. 28

根据老年家庭护理对家庭护理专业人员的调查显示，其参与者大致分为五种，具体类别与构成比例见图 16 - 1。

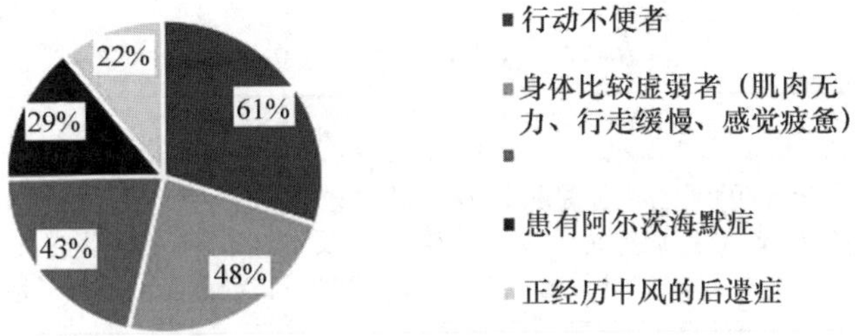

图 16 - 1　老年家庭护理参与者类型

资料来源：Seniorliving，https：//www. seniorliving. org/home - care/

成人日托中心通常是一个在家庭或社区附近的非住宅设施，中心里面配备各种护理设备和专业医护人员，从而为老人们的健康、营养、社会和日常生活需求提供支持。大多数中心提供膳食、有意义的活动和一般监督，同时还能获得所需的医疗护理服务，目的是改善参与者的健康状况。

一旦确定了特定的护理要求，家属或个人会通过电话联系成人日托中心，进行有关了解他们服务需求的初步对话，大多数家庭会对中心进行两次访问，首先是个人，然后是其亲人。届时，如果家庭各方都对中心感到满意，那么中心会为其提供一周的试用服务，而后双方再签订相关合同或协议[1]。成人日托中心通常在周一至周五的白天为老人们提供服务，但某些服务可能在晚上或周末提供。无论服务范围如何，其目的主要有两个：为老年人提供机会，使他们能够走出家门并获得精神上和社会上的愉悦，同时获得所需要的持续护理；为护理人员提供间隔的休息时间，兼顾工作与个人生活，做到劳逸结合。

大体来说，成人日间护理中心可分为三种类型：第一类为社会模式，以社会

〔1〕 Paying for senior care，https：//www. payingforseniorcare. com/longtermcare/find_adult_day_care. html# Affordable - Adult - Day - Care.

和娱乐服务为主，同时有一些与健康有关的个人护理服务；第二类为健康或医疗模式，提供社交活动以及更深入的保健和治疗服务，如由注册护士或其他卫生专业人员提供的医疗服务；第三类为专业模式，为有特殊健康状况的成年人提供专门服务，如痴呆症者或残疾人。护理人员通常会根据参与对象所需的护理来帮助其选择护理中心的类型。尽管成人日托中心提供的服务和护理水平因其设施而异，但服务内容大同小异（见表 16－4）。[1] 根据《国家长期护理提供者研究》报告，在 2016 年，在成人日间服务中心提供的服务中，40% 的服务旨在平等地满足参与者的社会和医疗需求，31% 的服务主要满足参与者的社会需求和某些医疗需求，16% 的服务仅满足社会需求，13% 的服务满足主要医疗需求和某些社会需求，1% 的服务仅满足医疗需求的服务。[2]

表 16－4　成人日托中心服务内容

服务类型	具体服务内容
社交活动	计划进行的活动往往是根据参与者的能力和健康状况而量身定制的，也可能包括诸如手工艺品、音乐娱乐、宾果游戏、伸展运动或其他运动等讨论小组（如书籍、电影或时事），节日和生日庆祝活动以及当地郊游
食物营养	日托中心为参与者提供餐点和零食，为有特殊饮食需求的人提供特殊餐点
个人护理	中心工作人员可以协助老人进行日常活动，例如帮助如厕、美容、饮食和其他日常个人活动
健康服务	从药物分配，血压监测，听力检查和视力筛查到症状管理及更深入的医疗或治疗服务
交通服务	一些成人日托中心提供往返中心的交通以及当地的郊游活动
照顾服务	一些成人日托中心可能会提供咨询、护理人员支持小组、护理计划帮助和护理教育

资料来源：HelpGuide，https：//www. helpguide. org/articles/senior－housing/adult－day－care－services. htm

（3）德国。

门诊护理服务为需要护理的人群及其家属提供家庭护理。门诊护理服务提供的服务范围涵盖各个领域。主要包括以下几个方面：身体护理，例如个人卫生、

---

〔1〕 NASDA，https：//www. nadsa. org/learn－more/about－adult－day－services/；HelpGuide，https：//www. helpguide. org/articles/senior－housing/adult－day－care－services. htm.

〔2〕 QuickStats：Percentage Distribution of Adult Day Services Centers，by Type of Service — National Study of Long－Term Care Providers，2016. MMWR Morb Mortal Wkly Rep 2018；67：904. DOI：http：//dx. doi. org/10. 15585/mmwr. mm6732a8external icon.

营养、促进行动能力；护理措施，例如日常生活或与社会联系的维持；根据相关法律进行的家庭护理；向需要护理的人员及其亲属提供护理方面的建议，协助提供辅助服务，例如提供食物或组织运输服务和救护车服务；帮助进行家庭管理，例如做饭或打扫公寓。

门诊护理使患者不必前往专门的养老机构中，能够留在熟悉的环境中，满足了老年人在家养老的需求。门诊护理提供的服务除基础服务之外还包括附加服务及特殊情况下的治疗护理。

通过需护理人员对长期护理保险的供款，每位法定被保险人在需要护理时都可以依法获得服务，长期护理保险将支付门诊护理的费用：需要护理的人员将获得护理福利（社区门诊护理服务提供服务）或护理津贴（家属照顾）。因为每个需要护理的人都需要不同的辅助工具，因此门诊服务的范围和费用不能一概而论，而只能粗略估算。

为使门诊护理更好发挥机构功能，目前德国建立了专门针对日托与夜托的特殊护理设施。在日托中，无法独居或不想整天独自待着的需照护的人，可以整日与其他老年人或需要照护的人在一起。在这种情况下，他们由经验丰富的护士照顾，定时进餐，这样在得到照护的同时还能认识新朋友。夜间护理可以通过护理服务作为门诊护理的有用补充。例如，如果家属无法在晚上照顾患者，那么需护理人员可以在夜间护理设施过夜。提供护理服务和接受护理的人都可以从长期护理保险中获得补贴。[1]

对需护理人的照护，有时不仅通过长期护理保险筹措资金。如果需要通过医疗护理措施来补充基本护理，则需护理人员的健康保险也可为其筹措资金。通过健康保险报销的前提是主治医生开具治疗护理证明。这一领域主要包括注射、导管供应或药物治疗等。并由注册护士进行治疗，注册护士也由门诊护理服务提供。[2]

（4）澳大利亚。

作为世界上最早专门设立养老服务部门的国家之一，澳大利亚养老服务目前的主管部门是联邦政府的卫生与老龄部，不过政府并不直接参与或承担具体工作，更多是通过对养老服务业的法律支持和政策引导来促进行业发展。澳大利亚养老服务方面的现行法律体系中，最基础且核心的是《养老法案 1997》（The Aged Care Act 1997），[3] 家庭护理包计划也是以其作为法律基础发展起来的。2013 年 8 月，澳大利亚的家庭护理包计划取代原来由社区老年护理套餐、扩展的

〔1〕 drweiglundpartner. de, https://drweiglundpartner. de/finanzierung - eines - pflegedienstes/.

〔2〕 drweiglundpartner. de, https://drweiglundpartner. de/finanzierung - eines - pflegedienstes/.

〔3〕 Aged Care Act 1997, https://www. legislation. gov. au/Series/C2004A05206.

老人居家照顾计划和扩展的痴呆症老人居家照顾计划组成的社区护理计划。[1]

家庭护理包计划中的基金可用于购买多种服务，主要包括以下几个方面的内容：临床护理；支持性服务，如在家里帮忙、看病和参加社会活动；个人护理，如帮助洗澡、穿衣和在家里走动；营养，如协助准备膳食，包括特殊的健康饮食，协助使用餐具和协助喂养。然而，它并不仅局限于一个基本的服务列表。如果家庭护理提供者不能提供特定的服务，他们也可以转包服务，以满足老人需要。

（5）新加坡。

由于家庭护理服务的复杂性和多样性，2016 年新加坡卫生部正式提出综合家庭日托套餐并开始运作，综合家庭日托中心提供的服务全面且个性化，可为具有多种护理需求的老年人提供支持，以尽可能长久地保持其独立性和社区生活质量。

综合家庭日托中心提供的具体服务主要可分为以下几种：疾病管理和护理协调；日托服务，包括社交活动和康复护理；家庭护理；痴呆症护理，例如认知运动和维持活动；照顾者培训和支持；非工作时间服务热线。

需要重症监护的老年人可以根据自己的需要灵活地在自己的家中与附近的日托中心两者中获得不同的护理服务组合。护理需求将得到定期审查，以确保护理能随着时间的推移适应老年人不断变化的需求。有了这种无缝、整体的护理方案，那些本来需要进入疗养院的年迈体弱的老人能够继续与亲人一起生活在家里。

2. 各级服务机构分工

地域综合支援下各级机构通力合作，共同完成既定目标。中央政府了解区域差异（例如人力和物力资源），以及在政策和法律层面上支持地方政府的养老服务体系的建设，如在全国范围内寻找并提出各种良好案例和做法。都道府通过对市町村间的数据进行比较分析，掌握相对状况等，对市町村进行后方支援，并从长远的视角上来主导护理人才的供需和培养工作（如护理人才的供求预测和中长期的护理人才战略安排）。市町村作为政府与社会全体成员相互关联的重要纽带，在地域综合支援体系的建设和运营中发挥核心作用，其首要任务是解决各种财务资源和管理方式上的具体问题；同时，发现潜在的当地资源并将其纳入综合社区护理系统中；确保长期护理保险业务计划与老年人稳定生活的计划和其他医疗计划相一致；培训具有专门知识的人员并考虑人员轮换。此外，作为综合社区护理系统重要实体的民间企业、NPO（非营利组织）等组织的重要作用也不容忽视。

---

〔1〕 Davidson, B. 2015, Community aged care providers in a competitive environment: Past, present and future, in Markets, rights and power in Australian social policy, eds G. Meagher & S. Goodwin, Sydney University Press, Sydney. https://ses.library.usyd.edu.au/bitstream/2123/14783/1/Chapter%206.pdf.

日本区域综合支援中心主要包括以下机构：市町村设立的区域综合支援中心，截至2012年在全国已经达到4328处；分支机构和子中心；二者合计有7072处。目前，这些机构大约有30%是直接管理的，大约70%是委托的，具体委托法人见表16-5。[1]

表16-5　委托法人的构成比例

法人类型	比例（%）
株式会社	2
财团法人	2
社团法人	3
医疗法人	16
社会福利协议会	19
社会福利法人	53
NPO法人	1
其他	3

资料来源：地域包括支援センターの業務，https：//www. mhlw. go. jp/seisakunitsuite/bunya/hukushi_ kaigo/kaigo_ koureisha/chiiki－houkatsu/dl/link2. pdf

由多种职业构成的提供无缝集成服务的介护企业也非常重要，国家政策需要通过企业之间的合作以保证多种养老服务的提供，护理保险机构及相关企业通过利用人力资源和专门知识来支持家庭生活的延续和扩展并提供高质量的服务。

3. 服务对象需求分级

对不同需求服务的对象进行服务分级有助于更好地为需求者提供服务，比如德国的门诊护理服务进行五等分级，澳大利亚的家庭护理包服务进行四等分级。

德国门诊护理服务基于所需护理服务人群的需护理级别为其提供服务，并从长期护理保险基金中获得资金。从长期护理基金中受益的前提条件包括以下几点：该护理机构不能商业化，并且必须无偿进行，只有护理津贴作为对护理人员的付款；需要护理的人必须为2到5级的需护理级别；必须在家庭环境中进行护理；每周必须至少护理10个小时。[2]

直到2016年底，服务的提供都基于将人群按照身体疾病或残疾原因划分为三个级别，之后分等级采取不同的护理内容。但是，三级别划分系统几乎没有考虑

---

〔1〕 地域包括支援センターの設置状況，https://www. mhlw. go. jp/seisakunitsuite/bunya/hukushi_kaigo/kaigo_koureisha/chiiki－houkatsu/dl/link2. pdf.

〔2〕 Drweiglundpartner，https://drweiglundpartner. de/finanzierung－eines－pflegedienstes/.

到精神上的原因，例如抑郁症和阿尔茨海默病，这类人群也不能从长期护理保险中获得必要的利益。2017 年 1 月 1 日引入了更广泛的护理需求概念，新的护理法采取了五级划分制，新的护理程度划分将精神受创也包括在内。[1]

护理等级评估主要是考虑对象在何种程度上仍然能够应付日常任务，同时做到无须援助。该分类评估者针对对日常能力至关重要的各种标准来授予分数。患者的能力越低，得分就越高。

《社会法》第十一章长期护理保险法规定，长期护理由健康保险（MDK）或私人保险（MEDICPROOF）的医疗服务专家评估，包括以下六个方面，具体内容见表 16－6。

表 16－6　护理等级评估项目及内容举例

项目	内容举例
行动能力	起床、上床、坐下、行走、爬楼梯
认知和沟通能力	说话能力、空间能力、决策能力
行为和精神问题	躁动、精神压力、运动异常行为
自我保健	个人卫生、穿衣和脱衣服、备餐、进食
独立处理疾病或治疗相关的负担	看医生、服用药物
日常生活和社会交往	休闲活动、与家人和朋友的联系

资料来源：drweiglundpartner. de，https：//drweiglundpartner. de/die－pflegegrade/

与德国门诊护理类似，澳大利亚家庭护理包计划为老人提供四个级别的支持：家庭护理 1 级：基本护理需求；家庭护理 2 级：低水平护理需求；家庭护理 3 级：中级护理需求；家庭护理 4 级：高级护理需求。

（三）资金来源

1. 长期护理保险偿付与自付相结合

（1）德国。

按照法律规定，社会长期护理保险最初的缴费率为总收入的 1.7%，由雇主雇员分摊。面对老龄化的加重及护理压力的逐步上升，2005 年，德国将无子女人群的缴费率提高 0.25%，最终达到 1.95%。2008 年将普通人群缴费率提高到

[1] Bundesministerium für Gesundheit，https：//www. bundesgesundheitsministerium. de/pflegedienst－und－pflegesachleistungen. html.

1.95%，无子女人群的缴费金额调整为2.2%。[1]

《长期护理保险法》第90条规定，联邦卫生部经联邦家庭事务部、老年人妇女和青年部以及联邦劳动和社会事务部的授权，通过法令设定收费标准，以支付门诊服务的家庭护理补助费。在适用费用规定的范围内，有关护理机构和看护者无权对需要照护的人或其付款人进行进一步的费用索偿。[2]

针对不同的护理级别，长期护理保险对护理机构提供不同金额的津贴补偿，若津贴水平不足以支付个人服务费用，则由个人补足，具体不同护理级别可获津贴数额见表16-7。

表16-7　不同护理级别每月可获津贴数额

护理级别	1	2	3	4	5
津贴数额（欧元）	0	316	545	728	901

资料来源：pflege.de，https://www.pflege.de/altenpflege/ambulante-pflege/

除长期护理保险基金之外，每月还有125欧元的社会救济金额也可用于接受门诊服务。然而，在2至5级的护理级别，救济金额不得用于自我保健领域的门诊服务，例如，用于协助洗漱等，他们拥有其他福利以用于此服务；一级护理级别的人群可以将救济金额用于自我保健领域的门诊服务。[3]

（2）日本。

地域综合支援体系以原有的介护保险制度构成为基础，同时增加民间企业、社会福利组织、志愿者服务、NPO、协同组织等多种预防性服务，逐步向省级区域综合支援服务方向过渡。

介护保险的财源主要由公费和保险费构成，政府负担（即公费）50%（其中中央政府25%、都道府12.5%、市町村12.5%），40—64岁国民（第二号被保险人）的负担为27%，在年金或工资中按比例扣除，65岁以上的老人（第一号被保险人）负担23%（见表16-8），在养老金中扣除。实行由服务机构采取派遣家庭援助者或受保人利用专业化护理服务设施的保险形式。

地域综合支援体系的主要资金来源是介护保险制度列支，在日本最新修订的《介护保险法》第八章详细规定，国家、都道府县以及市町村等各级政府应承担

〔1〕和红：《德国社会长期护理保险制度改革及其启示：基于福利治理视角》，载《德国研究》2016年第3期。

〔2〕www.sozialgesetzbuch-sgb.de，https://www.sozialgesetzbuch-sgb.de/sgbxi/1.html.

〔3〕Bundesministerium für Gesundheit，https://www.bundesgesundheitsministerium.de/pflegedienst-und-pflegesachleistungen.html.

的地域支援事业所需费用的比例。[1] 此外，日本地域综合支援体系中还有来自部分民间组织、志愿者、社会福利组织等提供的各种形式支持。

表 16－8 介护保险制度中的财源构成比例 （%）

国库	都道府县	市町村	国民	
			第一号被保险费	第二号被保险费
25	12.50	12.50	23	27

资料来源：介護保険の財源構成と規模 https：//www.mhlw.go.jp/stf/seisakunitsuite/bunya/hukushi_kaigo/kaigo_koureisha/gaiyo/index.html

2. 政府财政补贴与自付相结合

（1）澳大利亚。

家庭护理包计划的资金来源主要由澳大利亚政府补贴部分和个人自付（家庭护理费用）部分组成。澳大利亚政府为每一级家庭护理计划支付不同的补贴金额。各个水平的政府补贴见表 16－9。

表 16－9 澳大利亚各级家庭护理计划补贴金额

级别	老年护理服务等级	澳大利亚政府每年支付的金额（澳元）
1	基本护理	8750
2	低水平护理	15250
3	中级护理	33500
4	高级护理	50750

资料来源：How the Government contributes to the cost of your Home Care Package，https：//agedcare.health.gov.au/sites/default/files/documents/07_2019/your_guide_to_home_care_package_services_july_2019_－_booklet_for_web.pdf

个人需付金额取决于老年人自己对服务提供者和护理服务的选择，一般来说，服务提供者可以要求支付三种费用：基本每日费用、收入测试护理费用和附加费用。不同级别家庭护理包基本护理需求所需费用为单身基本养老金的一定比例，随家庭护理包级别的升高，基本每日费用占单身基本养老金的百分比同步上升，不同家庭护理包级别所需具体费用百分比见表 16－10。

〔1〕 第八章：费用，https：//www.mhlw.go.jp/web/t_doc？dataId＝82998034&dataType＝0&pageNo＝5。

表 16－10　不同级别基本每日费用占单身基本养老金的百分比

级别	占比（%）
1	15.68
2	16.58
3	17.05
4	17.50

资料来源：The basic daily fee, https://agedcare.health.gov.au/sites/default/files/documents/07_2019/your_guide_to_home_care_package_services_july_2019_－_booklet_for_web.pdf

根据养老金的变化，每年 3 月 20 日和 9 月 20 日，这一基本每日收费标准都会提高。

有些老人可能会被要求根据他们的经济状况，在基本的日常费用之外对护理费用做出进一步的支付，这就是所谓的“收入测试护理费用”，如果被要求支付收入测试护理费用，政府补贴将根据老人已被评估为有能力支付的收入测试护理费用而相应地减少。例如，如果老人的家庭护理包价值 3 万澳元，而 DHC 评估其有能力支付 1 万澳元作为收入测试护理费用，那么政府对服务提供者的补贴将为 2 万澳元（3 万澳元－1 万澳元＝ 2 万澳元）。附加费用指的是老人同意支付的任何其他金额的额外照顾和服务。

（2）新加坡。

新加坡综合家庭日托服务中心发展资金来源于卫生部预算与需求者的费用支出，2015 年家庭和日托服务中心预算资金为 2 亿新元，2016 年金额达到 2.4 亿新元，占卫生部预算总额的 2.5%。[1] 私营部门无法获得政府的补贴。

新加坡政府同时对需要家庭和中心护理的老年人提供支持，政府提供补贴以抵销他们的护理费用。但是要求补贴的综合家庭日托服务提供商必须满足其提供的服务的一系列最低服务要求，确保客户获得安全适当的护理。

卫生部对综合家庭日托中心获得服务的老年人采取家计调查方式，其后根据其家庭人均月收入给予一定的程度补贴。其对新加坡公民与在新加坡永久居住的非新加坡公民提供津贴比例不同，具体数额见表 16－11。

---

〔1〕 Line Fodudation, http://www.lienfoundation.org/sites/default/files/CWYA%20Presser%20Combined%20FINAL.pdf.

表 16－11 不同收入与人群获津贴水平

家庭人均月收入（新元）	补助率（%）	
	新加坡公民	永久定居居民
800 以下	80	55
801—1200	75	50
1201—1900	60	40
1901—2000	50	30
2001—2800	30	15
2800 以上	0	0

资料来源：新加坡卫生部新闻摘要，https：//www. moh. gov. sg/cost – financing/healthcare – schemes – subsidies/subsidies – for – government – funded – intermediate – long – term – care – services

截至 2017 年底，新加坡共有 14000 人在综合家庭日托中心享受护理的同时获得补贴，这极大地缓解了老年人及其家庭的护理与生活压力。

（3）美国。

根据 2002 年《全国成人日间服务研究》（*National Study of Adult Day Services*）报告，78% 的成人日间中心都是非营利性的[1]。2010 年《大都会人寿全国成人日间服务研究：为个人及其家庭照顾者提供支持》（*The MetLife National Study of Adult Day Services：Providing support to individuals and their family caregivers*）研究发现，73% 的成人日间中心是非营利性的，27% 为营利性，营利性的成人日托中心数量提高了 5%。对比 2002 年与 2010 年的调查的成人日托中心资金来源，可以发现成人日托中心的资金来源主要是第三方公共报销和私人支付（见图 16－2）。[2]

〔1〕 Robert Wood Johnson Foundation, https://www. rwjf. org/en/library/research/2004/01/report – – shortage – of – adult – day – services – in – most – u – s – – counties. html.

〔2〕 Dabelko – Schoeny H, Anderson K A. The MetLife National Study of Adult Day Services: Providing support to individuals and their family caregivers. Westport, CT: MetLife Mature Market Institute, 2010.

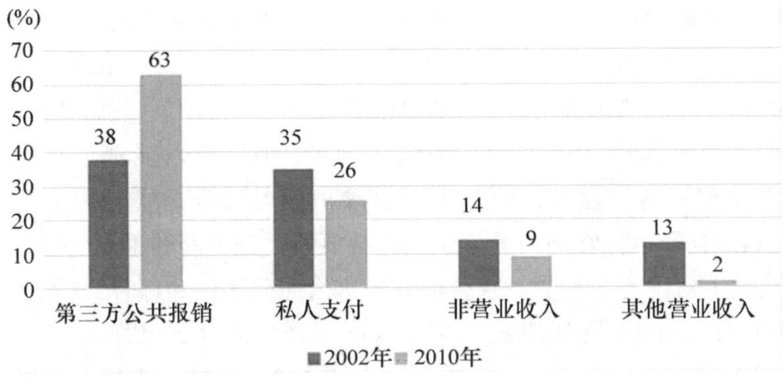

图 16－2 2002 年与 2010 年成人日托中心资金来源情况

资料来源：①Partners in Caregiving. National Study of Adult Day Services，2001－2002. 2002；②Dabelko－Schoeny H，Anderson K A. The MetLife National Study of Adult Day Services：Providing support to individuals and their family caregivers. Westport，CT：MetLife Mature Market Institute，2010

第三方公共报销通常包括：医疗救助计划（Medicaid）、州或地方项目、退伍军人健康福利计划（VHA）、美国农业部（USDA）或儿童和成人护理粮食计划署（CACFP）。私人支付主要是指参与者支付给护理人员的护理等服务的费用。常见的非营业收入包括赠款、基金资助；其他营业收入包括辅助服务以及私人保险（健康保险和长期护理保险）等。[1] 作为同样是以家庭和社区为基础的融合式养老模式，老年家庭护理的主要资金来源与成人日托中心相差无几。

（四）监管

1. 国家监管与法律监管

国家监管与法律监管是融合式养老体系得以健康发展的重要基础，不同国家在此方面均有相应的规范。

在护理机构与服务的管理上，美国卫生与公众服务部负责联邦长期护理事务管理，在各州公共服务部负责护理社区服务机构的资格审查，在州及以下设地方老龄局，在社区设立老龄服务中心，从而形成全国网络化的管理与监督。

所有成人日托中心和部分老年家庭护理必须获得国家许可或医疗认证或州政府的许可认证，并且提供某些类型的服务时受到一定程度的监管，对获得公共资金的成人日托中心和老年家庭护理尤其如此。大多数工作人员都会接受背景调

〔1〕 Wake Forest University School of Medicine，National Study of Adult Day Services，2002；Marilyn Hartle，MSW，LCSW and LaDonna Jensen，RN，Planning and Creating Successful Adult Day Services and Other Home and Community－Based Services.

查，且许多人都是经过认证的社会工作者，甚至还被要求有特定工作经验。此外，许多州还规定了护理人员与参与者的比例以及常备最低人数。在成人日托中，平均每六个参与者有一名护理员，每个州的法规有所不同，有些州的比例低至1∶4，而有的州的比例高达1∶10，在老年家庭护理中，有些州可能规定有执照的家庭护理机构需要有两名管理员，而且可能要求护理人员全天候可用。[1] 1978 年，成人日托中心的所有者/管理人员意识到有必要建立国家标准化的成人日托中心，使护理人员能够对中心为参与者提供的服务进行充分了解和评分，在 1979 年成立了全国成人日托中心服务协会（The National Adult Day Services Association，NADSA），[2] 该协会发展至今，制定了国家推荐的关于成人日托中心操作标准和指南，开展了全国范围的调查和国家认证，以及为成人日间服务经理和直接护理人员的需求开发了相关专业发展课程。[3]

德国所有的护理服务每年至少要接受一次健康保险的医疗服务进行的突击检查。检查包括护理服务与机构的护理质量，在审核过程中，还会系统地查询客户满意度。根据《居住与参与法》（Wohn – und Teilhabegesetz），护理服务现在还受到相关（地区和县级城市）负责机构的监管监督。[4] 该法的目的是确保老年人和受抚养者以及残疾人的生活，并促进所有主管当局之间的更好合作。[5]

在澳大利亚，设立老年护理价格专员（The Aged Care Pricing Commissioner，ACPC）是《1997 年老年护理法》改革的一部分，该法案在第 95B 条中为老年护理定价专员的任命和职能提供了立法基础，这些职能包括批准额外服务费；批准高于部长确定的最高限额的住宿费付款；部长或英联邦法律赋予老年护理定价专员的任何其他职能。[6] 《2014 年收费原则》（第 2 号）和《2014 年额外服务原则》等法定文书也进一步概述了专员的职能，《1997 年老年护理法》第 95B – 12 条要求专员在每个财政年度结束后，在切实可行的范围内，尽快准备并向部长提交一份有关该年度老年护理定价专员业务的报告，并提交给议会。

同时，联邦立法规定了向所有老年护理居民提供护理的监管程序，并确保提

---

〔1〕 Seniorliving，https://www.seniorliving.org/home – care/；Paying for senior care，https://www.payingforseniorcare.com/longtermcare/find_adult_day_care.html#Affordable – Adult – Day – Care.

〔2〕 NASDA，https://www.nadsa.org/code – of – ethics/.

〔3〕 NASDA，https://www.nadsa.org/about – nadsa/.

〔4〕 WDR，https://www1.wdr.de/fernsehen/aktuelle – stunde/aufloesung – pflegedienst – 100.html.

〔5〕 Recht，nrw.de. https://recht.nrw.de/lmi/owa/br_bes_detail? sg = 0&menu = 1&bes_id = 28425&anw_nr = 2&aufgehoben = N&det_id = 429016.

〔6〕 Aged Care Pricing Commissioner Information Publication Scheme entry，http://www.acpc.gov.au/internet/acpc/publishing.nsf/Content/aged – care – pricing – commissioner – information – publication – scheme – entry.

供者提供符合预期标准的适当护理，其中包括处理老年护理的流程——认证、监控、审查、调查、投诉。自2019年1月1日起成立新的澳大利亚老年人护理质量与安全委员会（The Aged Care Quality and Safety Commission）是澳大利亚护理问题的监督机构，该委员会取代了澳大利亚老年护理质量局和老年护理投诉专员，将这些职能合并为一个独立的机构，加强对消费者的关注，简化监管，以便更好地与消费者和提供者接触，促进制度透明度。它为老年人护理问题和查询提供单一联络点，其作用是保护和提高接受老年护理的人的安全、健康、福祉和生活质量。此外，这个委员会被独立授权，负责评估和监督澳大利亚政府资助的老年护理服务，解决有关护理服务的投诉，以此建立民主对老年护理的信心和信任，增强消费者的能力，支持服务提供者遵守质量标准，并促进提供最佳实践服务。[1]

2. 内部监管与社会监管

在美国，除政府部门监管之外，全国还有各种相对应的协会，如美国退休者协会（American Association of Retired Persons，AARP）、美国健康照护协会（American Health Care Association，AHCA）、美国老龄居家服务协会（American Association of Homes and Services for the Aging，AAHSA）以及美国临终关怀协会（Hospice Association of America，HAA）等为老人们提供关于养老护理与服务的信息咨询。[2]

新加坡综合家庭日托套餐服务受该国卫生部监管，但卫生部仅能监管接受政府补助的机构，对私人机构提供者缺乏相应的监管。私人机构内的医生和护士仅受机构本身监管，对机构内不当行为的处罚仅能针对个人，而不能向机构追责，并且缺乏公开数据以审核其服务质量。[3] 目前新加坡私人家庭和日托套餐计划一方面正在寻求拓宽融资选择，另一方面不断加强监管框架，特别是对私人组织的监管。[4]

在日本，地域护理会议[5]是面向老年人并丰富地域综合支援体系的实现手段之一。具体来说，地域护理会议由地域综合支援中心主办，由多种职业的专业人员合作协调解决老年人在医疗、护理等方面问题，通过对个别案例的课题分析，明确地区共同的课题，从而解决许多地域面临的共同问题，促进地域的资源开发

---

〔1〕 Aged Care Quality and Safety Commission，https://www. agedcarequality. gov. au/about - us.

〔2〕 党俊武：美国长期照护服务体系考察报告[EB/OL]. http://www. cnca. org. cn/。

〔3〕 Line Fodudation，http://www. lienfoundation. org/sites/default/files/CWYA% 20Presser % 20Combined% 20FINAL. pdf.

〔4〕 Line Fodudation，http://www. lienfoundation. org/sites/default/files/CWYA% 20Presser % 20Combined% 20FINAL. pdf.

〔5〕 地域包括ケアの実現に向けた 地域ケア会議実践事例集，https://www. mhlw. go. jp/seisakunitsuite/bunya/hukushi_kaigo/kaigo_koureisha/chiiki - houkatsu/dl/link3 - 0 - 01. pdf。

和养老建设，进而对介护保险计划等政策形成产生影响。

澳大利亚家庭护理包计划坚持消费者导向护理（Consumer Directed Care，CDC），即以老年人需求为导向，在家庭护理包计划下为他们提供灵活的护理和服务选择，这使得老人在确定他们接受的护理服务类型、如何提供、由谁提供以及何时提供时有了更多的自主控制权。从2015年7月1日起，所有家庭护理包都被要求必须在CDC的基础上提供。家庭护理包提供者必须与老年人合作，设计和提供满足他们的目标和老年护理评估团队（Aged Care Assessment Team，ACAT）确定的评估护理需求的服务。老人的护理机构（Home care package providers）需要提供他们所需的信息，以便老年人对家庭护理做出正确的选择。

护理提供者的义务主要是：向老人提供一份记录老人家庭护理包管理细节的家庭护理协议（Home Care Agreement）；向老人提供一份有18种语言的《老年人护理原则—护理接受者的权利和责任—家庭护理》（Aged Care Principles' Charter of Care Recipients' Rights and Responsibilities - Home Care），并向他们解释其内容；另外，需要提供给老人一份由ACAT制订的旨在满足老人的护理目标和评估护理需求的书面护理计划，护理计划将列出他们将得到的日常服务、提供服务方和提供服务时间等方面的内容。老人必须在签订家庭护理协议后14天内收到这份护理计划；最后，需要制订一份个人预算，概述可用的财政资源，包括政府补贴和补助以及自费部分，预算将解释这些资金会被如何使用，并提供一份月度说明，略述资金在该月内如何使用以及家庭护理计划中的剩余资金。最后，当老人同意个人预算和护理计划后，它们将成为家庭护理协议的一部分。当老人开始接受服务时，可以与提供者就需求和目标进行持续对话，与服务提供者合作更新和共同制订护理计划，从而保证了护理灵活的灵活性；老人也可以让律师帮助他们与服务提供者进行讨论，政府在全国老年护理辩护计划（National Aged Care Advocacy Programme）下资助律师服务，这一服务是免费、保密且独立的。如果依然无法解决出现的问题，还可以向老年护理投诉专员（Aged Care Complaints Commissioner）提出投诉。[1]

3. 信息化系统监管

信息化系统监管在不同的国家中已有了一定的发展，比如日本的地域综合护理"可视化"系统以及美国的综合评价工具最小数据集。

日本地域综合护理"可视化"系统是一个信息系统，由厚生劳动省运营，可全面支持都道府、市町村的护理保险事业（支援）计划的制定和执行，提供地域

---

〔1〕 Home Care Packages Program, https://agedcare. health. gov. au/programs/home - care/home - care - packages - program.

综合护理系统的构建有关的各种信息，以及与长期护理保险有关的信息，其都集中在该系统中，并采取图形这种易于阅读的形式提供。使用该系统的主要目的如下：一是通过对地区之间的比较，基于对当前状况的分析，使地方政府更容易发现问题；二是通过提及存在类似问题的地方政府举措，使地方政府更容易发现适合自己的措施和政策；另外，通过使都道府、市町村所有有关方面都可以查看集中的信息，可以在各方之间共享问题以及彼此进行监督，从而使地方政府与有关部门之间的协作变得容易。该系统于 2015 年 7 月全面投入使用，除部分功能有所限制外，任何人都可以使用该系统，这一系统对包括居民在内的当地利益相关者分享解决当地问题和解决方案十分有利，并且将进一步促进建立和完善地域综合社区护理系统。[1]

20 世纪 80 年代，美国养老服务机构的护理质量日益受到重视，于 1987 年通过了《综合预算调节法案》（*Omnibus Budget Reconciliation Act of 1987*，*OBRA - 87*），该法案要求改变联邦标准以提高护理机构的护理质量，改革还引入了综合评价工具最小数据集（MDS），这也是目前美国养老体系最为著名的评价工具。MDS 是对护理机构进行标准化评估并促进护理机构（NHs）管理的强大工具，它的评估对居民、家庭、护理服务提供者以及研究人员和决策者都有很大影响。MDS 经历了 MDS1.0（1990）、MDS2.0（1995）两个版本后，目前为 MDS3.0（2008），MDS 3.0 旨在提高 MDS 的可靠性、准确性和实用性，它将居民纳入评估过程，并使用其他设置中使用的标准协议，这对促进护理机构服务质量水平的提高有了很大推动力。[2] 2002 年，医疗保险和医疗补助服务中心（CMS）建立了“护理院比较”（Nursing Home Compare）网站和星级评定系统，“护理院比较”最初应用于护理院，而后也应用于社区或居家服务机构，“护理院比较”的信息主要来自医疗保险和医疗补助服务中心的健康检查数据库、最小数据集和医疗保险索赔数据，通过这些数据源，该网站提供全国护理机构的详细信息，包括护理机构检查结果、人员配备水平、联邦政府对护理机构的处罚以及在特定护理领域对护理机构居民的待遇如何。星级评定系统则从居民健康检查、居民护理的质量和人员配备三个部分来评定护理机构的总体星级（1 星级到 5 星级），星级越高表明护理机构的服务质量越好，这些为消费者提供了一种简便的方法来搜索能够提供他们所期望的护理质量的护理机构。[3]

---

〔1〕 地域包括ケア「見える化」システムは，http://mieruka.mhlw.go.jp/.

〔2〕 Anna N. Rahman，Robert A. Applebaum，The Nursing Home Minimum Data Set Assessment Instrument：Manifest Functions and Unintended Consequences—Past，Present，and Future，The Gerontologist，Volume 49，Issue 6，December 2009，Pages 727 - 735，https://doi.org/10.1093/geront/gnp066.

〔3〕 Medicare，https://www.medicare.gov/NursingHomeCompare/Data/About.html.

（五）发展趋势

1. 融合式养老模式服务内容、形式多样化

发达国家融合式养老模式在为老人提供养老及护理等基本的需求外，还提供其他附加服务，满足老年人多样化的服务需求。美国的老年家庭护理为老年人提供轻度家政服务、交通及其他延展服务，满足老年人多样化的需求；德国门诊护理在提供护理服务的同时协助进行辅助服务及帮助进行家庭管理；新加坡综合家庭日托套餐计划还提供照顾者的培训及支持。融合式养老模式在实现其基本任务的同时，正不断拓展更多为老年人提供服务的空间。

发达国家推动融合式养老模式发展的同时主张互助与自助，通过老年人的自助与不同人群之间的互助共同实现养老功能。日本的“自助、共助、互助、公助”的地域综合支援体系就充分考虑了自助与互助的实现：老年人是自助者，将“老年人的自我参与”视为社区的积极组成部分。同时加强生活支持服务和老年人的社会参与，鼓励老年人参加各种社会支持服务与互助式养老服务，这有利于活跃的老年人在生活支持中发挥积极作用。这样，老年人可以发挥社会作用，从而提高生活满意度和预防保健。[1] 这有利于适应少子老龄化的社会发展现状，同时缓解政府财政压力。依靠融合式养老模式推动地区自助、互助养老模式的发展，为老年人养老提供多支柱支撑。

2. 融合式养老模式向私人化、市场化、中大型化发展

纵观其他国家，融合式养老服务模式发展向私人化、市场化、中大型化发展。2017 年底德国联邦统计局的护理统计数据表明，门诊护理服务机构的数量为 14050 处，由于 2017 年引入的更广泛的护理理念导致的需护理人数的激增，导致 2018 至 2019 年间门诊病人所护理的人数增加了 19.9%，门诊服务所面对的市场需求处于上升期，与之相对应的是门诊服务超过 390000 名员工中有 40% 的年龄超过 50 岁，如果将服务人员按年龄段划分，门诊护理服务员工大约有 10% 在未来五年内退休，35% 将在未来 15 年退休，门诊护理服务员工不足压力巨大。[2] 并且德国超过三分之二的门诊服务由私人提供者提供，单个私人机构需要护理的人口往往不足 50 人，门诊服务所能提供的服务能力有限。[3]

---

〔1〕 生活支援サービスの充実と高齢者の社会参加，https://www.mhlw.go.jp/seisakunitsuite/bunya/hukushi_kaigo/kaigo_koureisha/chiiki - houkatsu/dl/link5.pdf.

〔2〕 wawrik - pflege - consulting，https://wawrik - pflege - consulting.de/chancen - risiken - perspektiven - der - ambulanten - pflege - 2019 - 2030/.

〔3〕 Aus der Schattenwelt in das Scheinwerferlicht des Pflegenotstands：Ambulante Pflegedienste，http://aktuelle - sozialpolitik.de/2019/05/01/ambulante - pflegedienste/.

门诊护理服务群体中，护理级别2级的人数达到48%，护理级别3占比例达到29%。这两类患者占治疗患者的75%以上，这意味着将来随着人口老化，3级与4级护理人口数量增加，对护理的需求更高，并且需要更多更全面的护理服务。[1] 随着护理社会化进一步发展，护理人员的需求必然会增加，应在保证专业人员供给的同时尝试重新定位看护者的概念。

德国门诊护理服务私人服务的增长速度远远超过慈善组织。2017年私营部门护理服务的增长率为14%，而非营利组织的平均水平仅为8%。另一方面，门诊服务的规模越大，其增长速度越快，小型门诊护理机构由于其管理水平较低，面临着更大的挑战，尤其是人员招募与客户获取方面。目前，德国门诊护理机构呈现向中大型化、私人化方向发展。

家庭护理包计划一直是澳大利亚改革的主题，为满足澳大利亚老年人的护理需求，澳大利亚政府努力推动该计划不断发展。澳大利亚未来老年护理系统的两个目标分别是消费拉动及以市场为导向，以期在政府责任之外充分发挥市场的作用，减轻政府压力。

3. 有效的法律法规、政策体系是融合式养老模式发展的重要保障

参照上述典型国家融合式养老模式发展模式，相关领域完善的法律法规、政策体系是融合式养老发展的重要保障，日本的《介护保险法》、德国的《长期护理保险法》、澳大利亚的《增加家庭护理选择的措施》等法案为其融合式养老发展提供了政策保障。在相关法规完善的同时，政府部门的有效调节、引导、规制和有效推动，是融合式养老模式发展的重要助力。

三、启示和建议

融合式养老具有传统养老模式不具备的优点，能够满足老年人“原地养老”需求，目前国外发达国家虽然没有专门提出融合式养老模式，但融合式养老模式的发展理念却在各国得到了充分的发展，结合各国的经验做法及我国国情，可以得到融合式养老机构发展的一些经验及启示。

第一，构建以社区为基础的综合养老服务体系。融合式养老机构发展的基础是立足社区，做到机构与社区充分衔接，避免存在“机构是机构、社区是社区”的割裂状况。结合各国的经验，融合式养老机构的建立应立足原社区，让老人生活在原生环境之中，尽量避免老人原生社会关系的割裂，避免老人因“孤独感”产生心理问题与精神问题，同时方便家人探望或老人回家居住，也为机构上门提

---

[1] wawrik - pflege - consulting, https://wawrik - pflege - consulting. de/pflegestatistik - 2017 - aussagen - entwicklungen - und - trends - in - der - ambulanten - pflege - teil - 3 - pflegebeduerftige/.

供家庭服务创造便利。融合式养老首先需满足老人“原地养老”的愿望，其次应能为老人提供多样化的服务。

第二，实现政府引导，社会参与。发挥政府在宏观政策方面的主导作用，形成国家与社会的良性互动机制，使政府、市场、家庭都能发挥其应有作用，推动机构、社区、家庭三者良性互动。融合式养老需要政府提供支持措施，同时发挥市场在资源配置中的决定作用，鼓励扶持非营利机构与私营机构发展，使公立机构、非营利组织、民营机构等组织实现良性互动与发展，促进融合式养老模式市场化、社会化。

第三，充分发挥社区功能。为社区周边居民提供护理、咨询、保健及其他照顾服务，做好社区与机构之间的协调整合。比如德国的门诊护理提供的家庭护理及家庭管理等服务，新加坡的综合家庭中心服务提供的非工作时间热线咨询及照顾者的培训与支持等服务。

第四，加大资金保障。可参考发达国家的模式，在个人付费的基础上，国家根据不同的人群或家庭不同的收入给予不同的补贴。可以直接对使用人员进行补贴或者通过长期护理保险对其进行偿付，比如德国通过长期护理保险偿付费用，新加坡根据家庭月人均收入金额进行补贴。

第五，完善立法和监管。在机构内部自我监督的同时，政府充分担负起监管责任。可参考澳大利亚老年人护理质量与安全委员会或德国的医疗服务突击检查与《居住与安全法》的相关规定，从多层次、多方面对不同类型养老机构建立全面的监督体系。

参考文献

中文文献

陈成文、孙秀兰：《社区老年服务：英、美、日三国的实践模式及其启示》，载《社会主义研究》2010 年第 1 期。

寸草春晖养老照护中心打造融合式养老模式，http：//m. sohu. com/a/260442399_123830。

党俊：美国长期照护服务体系考察报告［EB/OL］. http：//www. cnca. org. cn/。

和红：《德国社会长期护理保险制度改革及其启示：基于福利治理视角》，载《德国研究》2016 年第 3 期。

胡黎：《公积金制度下的新加坡养老保障问题研究》，武汉科技大学 2011 年硕士学位论文。

姜旭：《新加坡社区养老模式对我国养老模式的启示》，载《北方经济》2014 年第 7 期。

石英、李志民：《中、美、日社区老年人日间照护中心对比分析研究》，载《西安建筑科技大学学报》（自然科学版）2016 第 2 期。

万琬婷：《长期护理保险制度的国际比较》，载《劳动保障世界》2018 年第 30 期。

王小龙：《基于福利多元化理论的融合式养老模式研究》，载《老龄科学研究》2016 第 8 期。

外文文献

Anna N. Rahman, Robert A. Applebaum, The Nursing Home Minimum Data Set Assessment Instrument: Manifest Functions and Unintended Consequences—Past, Present, and Future, The Gerontologist, Volume 49, Issue 6, December 2009, Pages 727 – 735, https://doi.org/10.1093/geront/gnp066.

Dabelko – Schoeny H, Anderson K A. The MetLife National Study of Adult Day Services: Providing support to individuals and their family caregivers. Westport, CT: MetLife Mature Market Institute, 2010.

Davidson, B. 2015, Community aged care providers in a competitive environment: Past, present and future, in *Markets, rights and power in Australian social policy*, eds G. Meagher & S. Goodwin, Sydney University Press, Sydney. https://ses.library.usyd.edu.au/bitstream/2123/14783/1/Chapter%206.pdf.

Federal Interagency Forum on Aging – Related Statistics. Old American 2008[R]. 2008.

Line Fodudation, http://www.lienfoundation.org/sites/default/files/CWYA%20Presser%20Combined%20FINAL.pdf.

Marilyn Hartle, MSW, LCSW and LaDonna Jensen, RN, Planning and Creating Successful Adult Day Services and Other Home and Community – Based Services.

NCHS reports: Long – Term Care Providers and Services Users in the United States, 2015 – 2016, Appendix III. Detailed Tables, table V pdf icon.

QuickStats: Percentage Distribution of Adult Day Services Centers, by Type of Service — National Study of Long – Term Care Providers, 2016. MMWR Morb Mortal Wkly Rep 2018; 67: 904. DOI: http://dx.doi.org/10.15585/mmwr.mm6732a8external icon.

Recht, nrw.de. https://recht.nrw.de/lmi/owa/br_bes_detail? sg = 0&menu = 1&bes_id = 28425&anw_nr = 2&aufgehoben = N&det_id = 429016.

Robert Wood Johnson Foundation, https://www.rwjf.org/en/library/research/2004/01/report – – shortage – of – adult – day – services – in – most – u – s – – counties.html.

第十七章 “医养结合”养老服务

发达国家较早进入人口老龄化阶段，在满足老年人养老、医疗服务需求、整合养老服务和医疗护理资源方面进行了很多探索。本章选取日本、美国和英国作为发达国家代表，在介绍发达国家“医养结合”养老服务现状的基础上，总结其先进的经验做法，进而为我国“医养结合”养老服务的发展提出建议。

一、发达国家“医养结合”养老服务综述

“医养结合”是指将医疗服务和养老服务进行整合，使老年人能更为便利地获取养老服务和医疗护理服务。其中“医”是指“老年人所需要的医疗、保健、康复的服务，不仅包括一般意义上的医疗诊疗服务，还包括日常体检、健康咨询以及慢性病管理等”；“养”是指对老年人提供生活上的日常照护、文娱休闲活动以及精神慰藉等方面的服务。“医养结合”是对传统单一养老服务模式的创新。其优势在于将医疗资源和养老资源有机整合，满足老年人多层次的养老需求〔1〕。

截至2019年9月，日本65岁及以上的老年人口总数为3586万，占总人口的比重为28.4%〔2〕。日本2012年老年痴呆患者人数为462万人，占总人口数的15%，预计到2025年将会达到20%〔3〕。日本需要医疗护理服务的老年人数量持续增加、认知症应对型共同生活介护等特殊种类的医疗护理服务的需求大幅增加以及护理期呈现出长期化发展的趋势使得日本老年人总体医疗护理需求不断上涨。在此背景下，日本政府将老年医疗护理服务产业规划为新的经济增长点，提出将在2025年实现各区域内介护服务和医疗服务的资源一体化。

日本“医养结合”养老服务的发展历程大致可以划分为以下四个阶段，以1997年《介护保险法》出台为时间节点，可分为“前介护保险”阶段和“后介护保险”阶段。日本在“前介护保险”阶段就老年人福利和老年人医疗保障体系

---

〔1〕 同春芬，王珊珊：《关于医养结合的研究综述》，载《老龄科学研究》2016年第7期。

〔2〕 日本总务省统计局：《人口推計〔平成31年（2019年）4月確定値，令和元年（2019年）9月概算値〕》（http://www.stat.go.jp/data/jinsui/pdf/201909.pdf）。

〔3〕 日本厚生劳动省老健局总务课：《公的介護保険制度の現状と今後の役割》（http://www.mhlw.go.jp/file/06-Seisakujouhou-12300000-Roukenkyoku/201602kaigohokenntoha_2.pdf）。

建设等方面作出了诸多努力，但仍存在医疗成本居高不下、二者协调不足的问题，使得社会制度性住院现象、医疗护理服务反市场竞争以及中高层收入负担加重。在“后介护保险”阶段，日本集中推动介护服务和医疗服务一体化，力求满足超级老龄化社会的需求，达到收支平衡，持续有效地向老年人提供服务的目的。具体阶段划分内容详情参见表 17－1。

按照国际标准，美国自 20 世纪 40 年代正式进入老龄化社会，随着“二战”婴儿潮出生的人（出生于 1946—1964 年）逐渐步入老年，预计 2050 年美国老年人口比例将升至 22.1%[1]。同时，随着个人健康行为和医疗技术的改进、老年人预期寿命的提高使得高龄老年人对医疗服务尤其是慢性病治理方面的需求增加[2]，提供专业性医疗服务的养老机构负担加重，社区养老服务项目中融合医疗服务成为美国“医养结合”养老服务发展的重心。

表 17－1　日本“医养结合”养老服务发展历程

		年份	法案/内容发展
前介护保险阶段	第一阶段	1962	建立老年人家庭护理服务业务
		1963	《老年人保健法》家庭护理法制化
		1973	老年人免费医疗
	第二阶段	20 世纪 80—90 年代	1982 为老年人提供专门的医疗保健设施； 介护服务从医疗保险体系中抽离
后介护保险阶段	第三阶段	1997	《介护保险法》出台
		2000	介护保险制度实施
		2006	介护保险制度中增设预防介护服务； 主张介护保险、高龄老年医疗保险、看护等各种生活支援养老服务实现一体化
	第四阶段	2010 年至今	主推居家介护复合型服务； 实现地域内介护与医疗资源一体化融合

资料来源：作者根据日本厚生劳动省资料整理

美国“医养结合”养老服务的发展历程可以分为以下几个阶段：第一阶段是 20 世纪 60 年代前后。1960 年，美国联邦政府制定《医疗援助法》（Kerr－Mills acts），将联邦政府配套资金的上限取消，并引入“医疗贫困”的概念；1965 年，提出“医疗保险与医疗补助”计划，首次将养老院护理服务内容的覆盖范围延伸至医疗保健服务；第二阶段是 20 世纪 80 年代至 90 年代，美国公共养老照护体系

[1] Census Bureau：An Aging World：2015（https://census. gov/content/dam/Census/library/publications/2016/demo/p95－16－1. pdf）.

[2] Centers for Disease Control and Prevention：The State of Aging and Health in America 2013（https://www. cdc. gov/aging/pdf/state－aging－health－in－america－2013. pdf）.

进一步完善。1981 年，联邦政府建立社会服务整体拨款计划（SSBG），将 75：25 的社会服务资助公式替换为基于人口的整体补助，并制定以家庭和社区为基础进行排队分层的（Hierarchical Class - Based Queuing，HCBQ）的长期护理豁免选项；1987 年，在《综合预算和解法案》（Omnibus Budget Reconciliation Act，OBRA）中加入新的疗养院质量标准，取消设施之间的区别设定，提高了总体养老服务质量的要求。同时，颁布新的 HCBQ 豁免，允许各州获得长期医疗救助计划，各州可酌情决定将其用于向符合医疗救助计划（Medicaid）领取资格条件的人提供服务。1993 年，OBRA 将管理转移资金用于医疗补助目的的“回溯”期限增加到 3 年。第三阶段是医疗保险与医疗补助完善阶段（2000 年至今）。2001 年美国国会通过《医疗照顾计划、医疗救助计划以及国家儿童健康保险计划福利改善和保护法案》[1]，医疗保险与医疗补助的体系趋于完善。医疗照顾计划（Medicare）是全美最大的健康保险项目，1970 年老年人注册参加的比例已达到 97%[2]，2016 年覆盖人数超过 5600 万，总支出约 6787 亿美元[3]，资金来源主要是医疗保险信托基金，通过美国财政部持有的两个信托基金账户进行支付。老年人综合护理项目（Program of All Inclusive Care for the Elderly，PACE）作为美国家庭与社区基础服务（Home and Community - Based Services Survey，HCBS）计划的运行模式之一，由美国医疗保险协会（Health Insurance Association of America，HIAA）主理运行。目前，美国境内有 31 个州开展 130 个 PACE 项目，建设项目中心 260 家。

英国是高度人口老龄化的国家，也是老年人口比例最高的国家之一。根据英国国家统计局的数据，2016 年英国 65 岁及以上的老年人口有 1180 万，占总人口的 18%，预计到 2050 年，65 岁及以上的老年人口将占人口的 25%[4]。另据英国卫生部统计，截至 2017 年，有 140 万老年人无法获得所需的护理和支持[5]。传统医疗服务和社会养老服务分割供给的状态难以适应老龄化社会背景下老年人的养老、医疗保健需求。英国自 1946 年建立养老服务体系起，其“医养结合”养老服务体系经历了由“二元分割”走向“二元合并”的过程，大致可以划分为三个阶段。

第一阶段是养老服务和医疗保健服务供给“二元分割”时期（1946—1974）。

---

〔1〕 何佳馨：《美国医疗保险照顾计划及其对我国的启示》，载《现代法学》2011 年第 6 期。

〔2〕 Marilyn Moon,“Medicare Matters: Building on a Record of Accomplishments,” Health Care Financ Rev. Vol. 22, No. 1, 2000 Fall.

〔3〕 数据来源：https://www.medicare.gov/about - us/how - is - medicare - funded。

〔4〕 Randall M., *Overview of the UK population*, London, Office for National Statistics press, 2017.

〔5〕 Gov. UK, Carer's Action Plan 2018 to 2020: Supporting Carer's today (https://www.gov.uk/government/publications/Carer's - action - plan - 2018 - to - 2020).

国民健康服务体系（National Health Service，NHS）为所有英国公民和长期居住者提供免费医疗；卫生部和地方社会服务部门承担养老服务相关政策和标准的制定、监督与管理等职能；地方政府则负责老年人长期照护需求评估、社区照护安排、养老资源配置以及服务购买等具体工作。

第二阶段是“医养结合”供给“二元合并”时期（1974—1997）。这一阶段的特征是医疗资源和养老服务资源开始逐步融合。20 世纪 70 年代，英国面临经济衰退、高通货膨胀率和高失业率，传统的“高福利”水平难以为继。与此同时，全社会的养老服务需求不断增加，在此背景下英国政府开始修补二者之间的供给问题，并出台一系列举措将国家和地方的养老和医疗资源加以整合。

第三阶段是“医养结合”的规范化时期（1997 至今）。这一阶段的特征是政府不断完善相关法律保障和配套措施，形成了一整套政策支持体系。1997 年，布莱尔政府出台“新国民健康服务体系”计划，打破医疗保健与养老照护服务之间的界限，强调用“合作”和“伙伴关系”取代原有的竞争；2001 年出台了国家老年人服务架构框架（National Service Framework for Older People，NSFOP），提出老年人健康十年养护计划；2010 年卡梅伦政府颁布《公平与卓越：解放 NHS 白皮书》（Liberating the NHS white paper）提出稳步推进“NHS 与地区政府合作”的可持续，提高老年人健康保健的服务质量；2012 年颁布新一轮医改法案《医疗与社会服务法案》（Health and Social Care Act 2012），明确提出进一步整合医疗与社会服务；2018 年英国卫生部公布国家照护战略，提出在未来十年建立以家庭和社区为核心的养老照护体系[1]。

医疗资源和养老服务资源的有效整合的效果直接影响我国老龄事业的发展进程，国际上人口老龄化程度较高的国家大都先后建立了类似于“医养结合”的养老服务体系和内容，尽管其具体项目内涵有所差异，但其服务方式的选择和未来发展趋势都是相似的。因此，可以在了解发达国家相关典型项目发展历程的基础上总结其经验做法，进而得出对我国“医养结合”养老服务体系建设的启示。

二、发达国家“医养结合”养老服务的典型项目

（一）日本

日本地方政府下设的专业评估小组负责对老年人的健康状况进行评估，并将评估状况划分为六个等级，老年人可以根据自身健康状况的不同等级自主选择养老方式。居家养老、社区养老以及机构养老三种养老模式根据服务对象健康状况

---

〔1〕 Department of Health and Social Care: The national Carer's' strategy(https://www.gov.uk/government/publications/the-national-Carer's-strategy).

和需求的不同又有所细分。在养老服务供给过程中，日本强调“医养结合”“医养一体”，医疗、照护、康复以及保健等服务与养老服务连接与融合。

日本居家养老服务主要有访问介护和通所介护（日间照护机构）两种类型。其服务对象主要是“需要介护”（1 级—5 级）的老年人以及“需要支援”（1 级—2 级）的老年人，这些老年人一般具有完全或部分独立生活能力，因此服务人员提供介护的时长较短（1 小时—1 天）。其中，访问介护的服务内容主要包括：洗澡服务、康复指导、居家疗养管理、定期提供健康检查和疗养照顾及建议等；通所介护的服务内容主要是为需要维持和提高生活自理能力的亚健康老年人、患有慢性病和癌症晚期需要随时观察的中重度病人提供日间服务，如用餐、洗澡、健康检查、机能训练等。

社区养老是近年来日本政府大力推行的养老方式。政府在每 3 万人口、步行 30 分钟的范围内，鼓励开设多功能的社区服务介护机构，为规定辖区内的老年人提供多元化的介护服务，社区同时配有诊所、护理站和小型医院等医疗卫生机构，为选择社区养老方式的老年人提供充足的医疗保障。主要类型包括小规模多功能居家介护、认知症应对型共同生活介护等，具体服务对象和内容见表 17－2。

表 17－2 日本社区养老设施

机构	小规模多机能居家介护	认知症应对型共同生活介护
服务对象	“需要介护” 1 级—5 级的老年人	“需要介护”1 级—5 级的老年人； “需要支援”2 级的老年人（除了需要支援 1 级以外）
服务内容	以到社区养老服机构接受服务为主； 根据老年人的情况和要求，灵活地提供日间照护、夜宿及居家服务等三类组合服务	以 5 人—9 人作为一个集体单位，共同生活的同时接受日常生活的介护并明确规定配备一定数量的专业医师和全职护士； 备有卧室、客厅、食堂、浴室等，老年人各自分工从事家务劳动等，缓解痴呆症的发展

日本的养老机构大部分设有老年病房，病情较轻的老年人可以在养老机构的老年病房内接受专门的、长期的治疗和护理服务。常见的养老机构有特别养护老年人之家、老年人介护保健机构、疗养病床和老年痴呆症疗养病房等。其具体服务对象和内容见表 17－3。

表 17 - 3 日本机构养老设施

机构	老年人福祉设施（特别养护老年人之家）	老年人保健设施（老年人介护保健机构）	介护疗养型医疗设施（疗养病床和老年性痴呆症疗养病房）
服务对象	身体或精神上有显著障碍、日常生活需随时照护而无法在家中养老的老年人； “需要介护”3 级—5 级的老年人	病情稳定的老年人； “需要介护”1 级—5 级的老年人	病情稳定但仍需专业性长期治疗的老年人； “需要介护”1 级—5 级的老年人
服务内容	提供洗澡、排泄、用餐等介护服务、日常生活的照护、机体功能训练、健康管理及疗养照顾等服务	进行日常生活动作的康复训练； 致力于使老年人重返家中生活，如发现病情需要住院治疗时，推荐合适的医疗机构；	疗养病床提供临床治疗及疗养照顾等服务； 老年性痴呆症疗养病房向痴呆症患者提供疗养上的管理、看护、功能训练及其他的医疗服务

日本提供“医养结合”养老服务的养老机构一般都具备较高水平的硬件和软件设施，以位于日本东京的新宿榉园综合福祉设施为例，该设施可供 100 名老年人长期入住、10 名老年人短期入住，为 24 名智障老年人提供日间服务〔1〕。此外，该机构配备了护士、理学疗法师、言语疗法师、作业疗法师、介护师、药剂师、营养师、管理员、事务员等专职的工作人员，并与临近的三田医院和山王医院保持了良好的合作关系，确保了每一位入住者都能及时得到高水平的医疗保健服务。

（二）美国

1. 家庭和社区服务

美国家庭和社区基础服务（Home and community - based services，以下简称 HCBS）主要为家庭和社区中养老的老年人提供医疗和生活照护服务。根据美国《社会保障法》第 1915（c）节的规定：州政府有责任确保参与以家庭和社区为基础养老的老年人的健康和福利，并向医疗照顾和医疗救助服务中心（Centers for Medicare and Medicaid Services，CMS）提供保障。

2. 老年人综合护理项目

美国老年人综合护理项目（Programs of All - Inclusive Care for the Elderly，以

〔1〕［日］矶山优：《位于日本东京都心的养老设施案例研究_ 新宿榉园_ 医养结合的实践》，载《中国医院建筑与装备》2016 年第 5 期。

下简称 PACE）的目标是帮助老年人尽可能长时间地独立生活在社区中，提供的服务内容十分广泛。具体服务内容根据 PACE 中心、家庭或社区与其他提供者签订的合同制定和提供，一般包括成人日间照护项目、医疗、护理、社会工作服务、交通、取药和长期服务与支持等。PACE 要求强大的、跨学科的护理团队共同工作，以确保服务提供者与老年人的有效沟通和融合。

PACE 是 HCBS 中运行的主要项目，服务对象为 55 岁及以上且生活在 PACE 服务区，或被医疗救助机构及合作机构认定达到看护级别的老年人。详见表 17－4。

表 17－4 美国老年人综合护理项目信息概览

重点信息	受益人资格
PACE 成员根据个性化计划接受全面的医疗和社会服务； 超过 4 万名需要长期护理的美国老年人； 2015 年参与者的平均年龄为 83 岁； 超过 90% 的参与者符合医疗保险和医疗补助的双重资格；	55 岁或以上，能在家中安全居住； 有资格享受医疗补助； 生活在老年人全包服务项目组织机构的服务区域； 通过需要接受机构水平护理的评估

资料来源：Center for consumer engagement in health innovation，Care that works：Program of all－inclusive care for the elderly（PACE）（https：//www. healthinnovation. org/resources/publications/care－that－works－pace）

服务内容方面，PACE 中心首先以 24 小时内满足所有护理环境中参与者的需求为依据制订和实施书面计划，然后提供全面的医疗、健康和社会服务，同时整合急性护理和长期护理服务。一般情况下，每个 PACE 中心至少提供以下具体服务：初级保健服务，包括医师和护理服务；社会工作服务；康复疗法，包括物理疗法、职业疗法等；个人护理与支持服务；营养咨询；娱乐疗法；用餐等。

成人日间保健中心（Adult Day Health Care，ADHC）是 PACE 提供服务内容的核心，提供的服务包括：初级医疗照顾、护理照顾、住院治疗等。参与项目的老年人需要每月访问 ADHC，但每个地区的具体规定有所不同。

每个 PACE 中心必须建立一个跨学科团队（Interdisciplinary team，IDT），全面评估和满足每个老年人的个人需求。IDT 负责初步和定期评估老年人的身体状况、制订和监管护理计划以及 24 小时护理协调。每个成员需要提供以下服务：定期收集老年人的身体状况与心理状态信息，并告知医疗人员；对其他受益人保持关注，重视参与者与看护人的意见；在病历中记录参与者的状态变化，并与医疗主任制定相关计划。值得注意的是，IDT 是 PACE 项目成功的关键要素。IDT 由 11 个角色组成：初级保健医师；注册护士；硕士社会工作者；物理治疗师；职业治疗师；消遣治疗师或活动协调员；营养师；PACE 中心经理；家庭护理协调员；个人护理服务员或其代表；驾驶员或其代表。每个 IDT 成员必须得到合法授权

——许可、认证和注册才能执业，并需要定时参与 PACE 中心的照护流程。IDT 成员可以是受雇人员或合同工，如果 PACE 组织使用已经签约的 IDT 成员，则他们必须满足与同级别雇员的入职要求。PACE 可以申请豁免与社区基层医疗服务机构签约，医生可以在 PACE 机构证明受益人有减轻症状的情况下安排医疗服务。

PACE 中心对老年人健康状况的评估分为初步评估、半年度重新评估、年度重新评估和其他定期与不定期的健康重新评估四部分。

初步健康评估必须由 11 名 IDT 基础人员中的 8 名成员亲自开展，要求每个评估成员使用 PACE 制定或采用的特定风险评估方法。评估过后，将各自评估方法得出的健康风险评估表附在 PACE 机构规定的病例处。初步评估报告旨在：识别患者问题，并与其沟通，知悉其需求和便利条件；为持续监测其状况提供参照；记录每个参与者对治疗的反应。

半年度重新评估要求初级保健医师、注册护士、硕士级别的社会工作者以及休闲治疗师，活动协调师每 6 个月进行一次对老年人的重新评估。其他 IDT 成员或专业从业者须积极参加老年人护理计划的制定或实施，并对护理计划进行重新评估和改进。年度重新评估要求理疗师、职业治疗师、营养师和家庭护理协调员至少每年对老年人进行一次亲自重新评估，其他参与者或专业从业人员对护理计划进行年度的重新评估，并对护理计划进行修正和完善。详见表 17 -5。

表 17 -5 主要定期评估项目的周期、主要参与人和基本要求

主要定期评估项目	周期	主要参与人	基本要求
半年度重新评估	半年一次	初级保健医师、注册护士、硕士级别的社会工作者以及休闲治疗师/活动协调师	亲自参加；至少每 6 个月 1 次；如果条件允许，期间可进行多次评估；其他成员协助参与护理计划的修正与优化
年度重新评估	一年一次	理疗师、职业治疗师、营养师和家庭护理协调员	亲自参加；至少每年 1 次；如果条件允许，期间可进行多次评估；其他成员协助参与护理计划的修正与优化

资料来源：根据 cms. gov/Regulations - and - Guidance/Guidance/Manuals/Downloads/pace111c08. pdf 整理。

PACE 的收费方式为固定按月缴纳，不因老年人使用服务项目的多少变化而改变。PACE 机构既可以是营利性组织，也可以是非营利性组织。大多数情况下，PACE 机构会有一个项目发起人。常见的项目发起人有医院、社区健康中心、独立社区机构、长期护理机构等。发起人的多元化使得 PACE 参与人的付费选择更多，主要集中于自费、Medicare 和 Medicaid 三种。三种付费方式并不排斥，多数参与 PACE 项目的老年人都具有享受医疗照顾和医疗救助的双重资格，而且两种医疗保障已经足以覆盖 PACE 的月费支出。对于没有获取医疗救助，但享受医疗照顾的老年人，将会收取两部分费用：每月保费，以支付 PACE 中的长期护理费用；医疗照顾部分的药物溢价。对于有医疗救助的老年人，则无须为 PACE 每月支付保费。PACE 的收费模式为固定按月收取，避免传统按量付费方式带来的医疗机构重治轻防弊端。

PACE 的运作机制包括以下几个阶段。首先是发起阶段，PACE 发起人需要向地方医疗保险中心提出申请，医疗保险中心审核发起人是否满足 PACE 提供者资格。由州政府管理机构、发起人和医疗照顾或医疗救助中心签订合约；其次是运行阶段，设立 PACE 初期，一般会通过给社区居民讲解、相关机构推荐等方式进行项目推广。对于符合基本条件的客户，社工会进行 1—2 次家访，以便了解老年人的家庭条件、生活状况、基本健康状况等。家访后，关于该老年人的家访文档会递交给 PACE 专家小组。在专家小组同意接收的情况下该老年人会被邀请参与 2—3 次健康服务中心的活动。活动结束后，由专家小组决定该老年人是否加入 PACE。

1. 集中养老居所服务项目

集中养老居所服务计划旨在帮助低收入且自理能力较差、残疾老年人独立居住在自己公寓中。提供的服务包括进餐，客房清洁、个人护理、陪伴和案件管理等[1]。

2. 持续照护养老社区项目

持续照护养老社区（Continuing Care Retirement Community，CCRC）起源于美国教会创办的组织，至今已经有 100 多年的历史。CCRC 是一种复合式的老年社区，通过为老年人提供自理、介护、介助一体化的居住设施和服务，使老年人在健康状况和自理能力变化时，可以在熟悉的环境中继续居住，并获得与健康状况相对应的照护服务。

CCRC 的服务对象分为以下三类，且服务内容各不相同。

一是针对自理型老年人，这类老年人在社区中有独立的住所并且生活能够自理。社区为这部分老年人提供便捷的社区服务，如餐饮、清洁和洗衣、医疗保健及紧急救护等。同时，为满足老年人精神生活的需求，社区组织各种形式的活动，如老年大学、兴趣协会等，丰富自理型老年人的日常生活。

二是针对介助型老年人，即日常生活需要他人帮助照护时从自理转入介助型护理的老年人。介助型老年人分开居住，但设施在同一个区域。介助型老年人得到的服务内容除社区服务之外，还包括日常生活照护，如饮食、穿衣、洗浴、洗

---

〔1〕 资料来源：http://homeforward.org/sites/default/files/CHSPbrochure.pdf。

溅及医疗护理等，社区还会为介助型老年人提供与他们的身体状况相适应的各类活动，丰富其日常生活。

三是介护型老年人，即生活完全不能自理，需要他人照护的老年人。介护型老年人可以获得24小时社区专业护士照护的监护服务。通常介护型老年人的年龄在80岁以上，需在特殊的单元里居住。

入住CCRC所需支付的费用取决于初始护理的水平（辅助，护理等），是多种因素共同决定的结果，例如住房类型（单户住宅，公寓）；租赁或是购买；设施的规模；所需服务的类型以及合同类型等都会影响费用的高低。

（三）英国

英国政府提倡长期在医院和养老机构接收医疗护理服务的老年人回归到社区，社区照顾成为英国养老方式的主要倾向。英国的养老机构可以根据服务对象和内容的差异划分为养老院和疗养院。养老院入住的老年人大多为身体健康的老年人，只需为其提供生活照护以及心理慰藉，不提供医疗护理服务；疗养院是老年社区护理最重要的形式。疗养院在为入住的老年人提供生活照顾的同时，需要负责评估老年人的身体健康状况、提供疾病治疗和护理服务。护理人员经过培训可以识别出疾病症状和病情的变化，决定何时致电医生或其他保健专业人员，同时，疗养院通常会更好地配备专业病床和一系列用于移动和搬运人员的设备。英国老年人的长期持续护理主要由独立的养老院提供。截至2010年，政府、民间志愿组织以及私人机构建立的疗养院占比分别为17%、21%、62%，私立疗养院已经成为英国健康护理系统的主要组成部分[1]。

1. 英国“医养结合”养老服务体系

英国老年人医疗照护服务体系由NHS与地方政府社会服务体系（Social Service Department，SSD）共同构成。NHS负责提供医疗方面的相关服务，如初级医疗、专业医疗、居家护理等。SSD负责地方养老资源配置、管理和提供各类社会福利。目前NHS服务全英，所雇医生、护士及相关专业人员达170万，占总人口的2.6%，拥有1600间医院和护理中心，是全球最大规模的公立医疗系统[2]。NHS的各层医疗机构均与地方各类养老机构展开合作，提供包括远程护理、长期护

---

〔1〕 Susan H, Kerrison M, Allyson M, et al. “Absent voices compromise the effectiveness of nursing home regulation: A critique of regulatory reform in the UK nursing home industry”. *Health and Social Care in the Community*, 2008.

〔2〕 Claire Storey, Jackie Ford, Francine Cheater, et al. “Nurses Working in Primary and Community Care Settings in England: Problems and Challenges in Identifying Numbers”. *Journal of Nursing Management*, Vol. 15, 2007.

理等延伸服务，较好地满足了老年人的医疗和护理服务需求。

2013 年 5 月，英国卫生和社会照护部（Department of Health and Social Care，DHSC）发布“确保医疗保健与社会照护服务协调工作”的通知，建立了二者的整合体系——健康和社会护理体系（Health and social care service，HSC）。HSC 提供的服务体系主要可以划分为三级，一是转移医疗服务供给，即依托养老护理院提供长期护理服务、中长期护理服务以及短期公共卫生服务；二是综合性生活照护服务，即依托家庭和社区的养老服务体系；三是资金筹集，和 NHS 资金筹集方式类似，HSC 资金来源于政府补贴、社会慈善捐赠以及市场融资等。

地方社会服务委员会是英国养老服务主要组织者，负责评估老年人养老照护与医疗服务需求、对养老服务申请者进行家计调查、协调养老照护和医疗服务提供方的关系、委托护理质量委员会（Care Quality Commission，CQC）评估养老机构及相关组织。详情如下图所示。

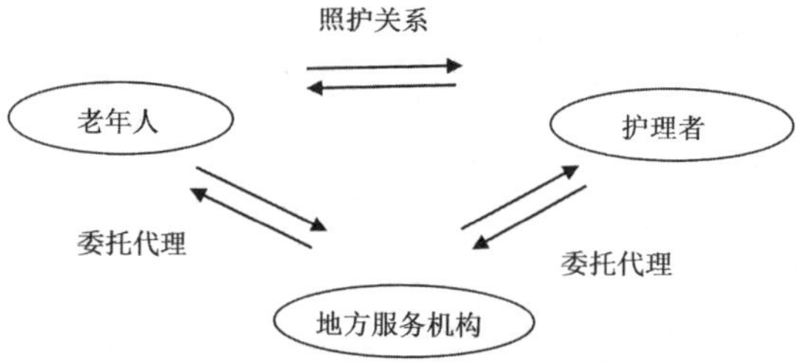

图 17－1　英国养老服务供给体系

资料来源：作者根据 www. nhs. uk 网站相关资料整理

2. 英国“医养结合”养老服务方式

英国“医养结合”养老服务的提供方式主要有以下四种。一是居家照护。一般由慈善机构提供，负责协助老年人日常生活如洗澡、穿衣、做饭、购物、服药等。二是社区内医疗服务。一般由 NHS 提供，全科医生负责在老年人病重或有特殊需要时进行住院等转诊服务。三是地方政府社区照护。英国的社区照护主要分为健康照护与社会照护两大类，前者归属于卫生部，即全民健康服务，提供免费的医疗与照护；后者由地方社会服务委员会管理。英国医疗机构充分与社区结合，社区中配备健康访问员，定期到老年人家中探视，提供治疗、康复、营养等方面的服务和建议。目前英国的养老服务基本都在社区进行，包括在社区中配备老年公寓、日间照护中心、老年活动中心以及护理机构等设施。四是机构照护，服务对象为生活自理能力较差、需要长期照护、缺乏家庭支持的老年人。

表 17－6 英国“医养结合”养老服务方式

医养设施类型	组成单位	服务对象	服务内容
居家照护	照护者	自理老年人 介助老年人	为老年人提供家务助理或家庭照顾服务
社区内医疗服务	全科医生； 家庭健康服务局	自理老年人 介助老年人	负责在老年人病重或有特殊需要时进行住院等转诊服务
地方政府社区支持服务	日间留院；日间照护中心；社工支持	自理老年人 介助老年人	提供康复和护理服务；膳食供应；家政协助；个人护理和医疗保健
机构照护	住院照护；护理院；养老院；老年人公寓	自理老年人 介助老年人	协助重病老年人住院转诊；提供家庭照护；提供专业的医疗、康复和护理服务；向非失能的老年人提供助餐、助浴、助行

资料来源：根据 https：//www. carehome. co. uk、http：//www. carehome. co. uk/care_ search. cfm 整理

3. 英国老年护理院

英国政府自 20 世纪 50 年代起开始推行社区照护养老服务方式，老年护理院成为老年社区照护的主要形式之一。65 岁及以上通过护理评估需求的老年人可入住老年护理院。医院负责帮助医疗救治结束后的老年人联系老年护理院，老年人可自行决定是否入住。在老年护理院选择过程中需要结合资产评估的结果，老年人若选择超过地方政府推荐的收费标准范围内的护理院，则需要支付差价[1]。

英国老年护理院由政府相关部门协调管理，社区医生、护士、心理治疗师、物理治疗师以及社会工作者等人员提供具体的养老照护和医疗保健服务。老年人急性病发作或出现慢病恶化时，老年护理院需要及时呼叫社区急救中心，由社区急救中心负责就近联系专业的医院。治疗结束并通过健康评估后老年人可选择返回家中恢复或重新入住养老院、疗养院等老年护理院。

英国老年护理院为老年人提供的服务可以分为两部分。第一部分是免费服务，主要包括：由 NHS 支付的中级护理；费用少于 NHS 支付的 1000 英镑的小房屋改造服务；符合 1983 年《精神健康法》且在医院接受评估或治疗要求的老年痴呆症患者，NHS 为其所有后期护理提供支持；NHS 规定的医疗护理服务；当局有义务根据其他法律提供的任何服务。

〔1〕 Office for National Statistics, *Expenditure on healthcare in the UK*, London: *Her Majesty Stationary Office*, 2011, p. 15.

第二部分是需要付费的服务，针对具体护理需求的不同，费用支付有所差异。对于储蓄或收入低于最低限额的老年人，地方当局为其入住老年护理院的部分或全部护理服务付费。对于需要自付护理费用的老年人，地方当局为其提供出勤津贴、护理费用的资助护理津贴、持续医疗基金[1]。

三、发达国家“医养结合”养老服务的经验做法

（一）法律保障

1. 日本

日本是世界上人口老龄化程度最严重的国家，1970 年进入人口老龄化阶段以来，为缓解老年人医疗费用剧增、“社会住院”、财政负担过重等现象，日本先后建立了一系列政策法规，形成了较为完善的应对人口老龄化的法律保障体系。首先，出台了《老年人福利法》《老年人保健法》以及《高龄老年人保健福利推进十年战略计划》，为日本养老服务和医疗保健的融合发展提供了基础的法律支撑。

《老年人福利法》是日本老年人老年保障体系的宪章，不仅包括老年人福利设施的监督和协助、养老院的设立派遣，而且对地方相关公共社团的责任和义务进行了规制。

1982 年日本颁布《老年人保健法》，将老年保健事业作为一项新的医疗体系，正式确立了以预防为主的老年人疾病预防保健措施。与全民医疗保险法、介护保险法一起构成了日本老年人医疗、保健和长期护理体系，使老年人在日常护理、疾病预防、疾病治疗以及康复训练等方面得到了有效保障。《老年人保健法》将医疗事业和保健事业作为两个并行部分。医疗事业主要服务对象是 65 岁及以上卧床不起的老年人，服务的内容包括医疗治理、支付特定的医疗费用、支付老年人保健设施的治疗费用等；保健事业，服务对象是 40 岁以上的公民，服务的内容主要是进行健康检查、健康教育、家庭访问指导以及健康咨询等，强调健康管理要从中年开始、老年人的疾病要重在预防等原则[2]。

日本为加强老年人保健福利领域的服务质量，提升老年人幸福感，于 1989 年颁布了《推进老年人保健福利 10 年战略》，被称为“黄金计划”[3]。1994 年日本

---

[1] Carehome. co. uk: Care Home Fees & Funding Advice UK(https://www. carehome. co. uk/advice/who – pays – what).

[2] 王莉莉，郭平：《日本老年社会保障制度》，中国社会出版社 2010 年版。

[3] Ministry of Health, Labour and Welfare:《高齢者保健福祉推進十か年戦略》(https://www. mhlw. go. jp/www1/houdou/1112/h1221 – 2_17. html).

通过“新黄金计划”[1]，把对机构服务的支持进一步扩大到对居家失智老年人甚至是独居老年人的各种照护服务，其最终目的是改善对失智老年人的照护、强化对独居失能老年人的照护服务。自日本迈入后介护保险制度时代以来，作为介护保险制度重要法律保障的《介护保险法》经过了多次修订，其中比较重要的一次是2011年的修订，其重心在于推进建立提供医疗、看护、预防、居住、生活支援服务齐全的“社区全面护理系统”，强化老年医疗和护理的合作，创立24小时定期巡回、随时支持服务和复合型服务；同时为了加快护理人才队伍建设和提高人员素质，法案彻底落实了护理工作相关的劳动法规，并要求推进高层次护理人员的培养和招收工作。

2. 美国

《社会保障法》是美国最重要的社会福利法，旨在通过一系列政府计划和福利来应对老年、贫困、残疾和失业的风险。其规定社会保障福利由美国国税局征收的工资税资助，并委托给联邦社会保障信托基金，65岁的退休人员可以享受全部福利。除残疾与退休金外，《社会保障法》制定并管理联邦医疗补助和医疗保险计划，旨在为65岁及以上的老年人提供生活保障。

1987年美国OBRA明确养老院等护理机构为每位患者提供护理，其中受益人包括加入PACE或其他老年人护理项目的美国老年人。颁布该法案的主要目的是维持养老院居民的生活质量，规定联邦州有义务维持州许可证和联邦标准，OBRA的颁布为老年人长期护理水平确定了基准线。

美国1996年出台《联邦健康保险可转移与责任说明法案》（Health Insurance Portability and Accountability Act，HIPAA）规定了对购买商业长期护理保险的个人和企业提供税收优惠。根据HIPAA规定，符合税收优惠资格的长期护理保单，其个人缴纳的长期护理保险费用可列入医疗费用进行税前抵扣，企业或雇主为雇员缴纳的长期护理保险费用以及雇主直接支付的长期护理费用给付可以进行税收抵扣，个人获得的长期护理保险给付也可给予免税待遇。该法规的出台使长期护理保险得以快速发展，成为美国健康保险市场上最为重要的产品之一。2000年的《福利改善和保护法案》（Benefits Improvement and Protection Act，BIPA）第903条允许各州修改或放弃某些监管规定，以满足PACE组织的需要。2015年发布《PACE医疗补助费率设置指南》明确费率确定的关键因素[2]。

---

[1] Ministry of Health, Labour and Welfare:《日本厚生省今後5か年間の高齢者保健福祉施策の方向》(https://www.mhlw.go.jp/www1/houdou/1112/h1221-2_17.html).

[2] Department of Health & Human Services, Centers for Medicare & Medicaid Services: PACE Medicaid Capitation Rate Setting Guide (https://www.medicaid.gov/medicaid/ltss/downloads/integrating-care/pace-medicaid-capitation-rate-setting-guide.pdf).

3. 英国

英国医疗保健和社会照护的法律制度比较完善，并随着老年人养老和医疗护理服务需求的发展而不断调整。

英国撒切尔政府于 1990 年颁布《国民健康服务与社区照护法案》（National Health Services and Community Care Act），主要针对解决“医疗照护”和“社会服务”之间分割的现状，规定将社区照护融入国家卫生服务体系，并引入国民健康服务的信托机构。法案要求社会照护部门负责慢性病患者、需长期护理的老年人在医疗治疗之后的护理照顾。在此背景下，出现了医院和社区照护部门互相推诿的现象。为解决以上部门职责划分不清、互相推诿的情形，1997 年，英国布莱尔政府提出“新国民健康服务体系”（The New NHS），提出了医疗服务和社会照护之间的“第三条道路”——中间护理，其目的在于降低老年人的医院占床率、提高出院率。具体服务内容包括初级保健、二级护理和家庭护理团队提供的初级护理等。

1999 年颁布的《卫生法》中与“医养结合”养老服务相关的内容主要有以下方面：一是将各地区医疗部门和社会服务部门之间的相关预算合并；二是选取地方政府中的某一机构承担起协调服务的责任；三是整合服务提供者，即整合各地区医疗部门和社会服务部门，进而为老年人提供统一的医疗护理服务。2012 年《健康与社会保障法案》实施，提出进行分权化改革，促进医院服务、社会保健服务、公共卫生服务以及社区卫生服务协作，提供社会照护和医疗保健一体化服务[1]。

（二）制度保障

1. 日本

（1）日本介护保险制度。

日本介护保险制度的参保者主要有两类，第一类是 65 岁及以上的老年人；第二类是 40—64 岁患有早期痴呆、脑血管病、肌肉萎缩侧索硬化症等 15 种疾病的人群。

日本介护保险制度的资金来源可分为个人和政府两部分，这两部分在资金来源中各占 50%。国家方面共有三级政府为介护保险制度提供资金支持，中央政府负责提供资金总额的 25%，都道府县一级政府（相当于中国省一级政府）提供 12.5%，市町村一级政府提供 12.5%；个人部分，第一类参保者（65 岁及以上的

---

〔1〕 Legislation. Gov. UK：The Health and Social Care Act 2012（https://assets. publishing. service. gov. uk/）.

老年人）的保费占21%—22%，这部分资金一般从财政安定基金中扣除，部分地方会从个人退休年金中扣除，第二类参保者（40—64 岁居民）的保费占 28%—29%，这部分资金从他们的国民健康保险中扣除，政府会根据第一类人群和第二类人群的人口比例决定具体的分配比例。

日本介护保险制度的运行机制是一个三方互动的过程。首先，个体通过国家统一的社会保障体系上交给社保体系自身负担的资金，加之政府税收的一部分共同形成了介护保险制度的资金来源；其次，当个体需要护理服务时，可以向政府申请护理服务，政府通过审核流程确定申请人的情况符合规定后，申请人就可以选择适合的护理服务；最后，护理服务具体由社会第三方提供，政府负责支付 90% 的费用，被服务者需以居住费、餐费等形式支付 10% 的费用。服务内容主要有：访问护理、日间护理、定期巡查或随时应对型访问、针对痴呆症的共同生活护理、提供老年保健设施、老年福利设施等[1]。详见图 17 – 2。

日本政府在介护保险制度建立后的 20 年间不断改革，先后进行了 5 次较为重大的改革。一是 2005 年以加入预防性介护为标志开始重视预防医疗护理工作，预防介护成为介护工作的重要组成部分；二是 2008 年为了规范养老护理服务经营者的行为，日本政府对护理行业的业务管理体制进行了整备。三是 2011 年与《介护保险法》的修订相对应，日本政府开始全面构筑老年护理系统，推动地区医疗和介护一体化发展；四是 2014 年为解决保险费用的公平问题，日本扩大了低收入者保险费减免额；五是 2017 年日本政府进一步推动社区介护服务机构的发展，将高收入人群的自付比例提高至 30%，将被保险人自付金额上限由每月 37200 日元（折合人民币 2227 元）调整至 44400 日元（折合人民币 2658 元）。

（2）日本“访问护理制度”。

日本访问护理服务起始于 1962 年建立的“老年人家庭服务员派遣计划”；自 20 世纪 70 年代起，在政府推行居家养老服务的政策背景下，大部分养老院和医院开设了短期入院护理服务和家庭访问护理等服务；1992 年，根据修改后的《老年人保健法》，日本政府正式建立“老年人访问护理制度”。

日本“访问护理制度”的服务对象是有病或负伤在家、卧床且经过主管医生认为有访问看护必要的老年人；提供服务的机构包括医疗机构、社会福利机构以及护理机构等，服务人员包括护士和老年保健人士。提供的护理服务有观察病情、日常生活起居照顾、身体机能协助训练、对家庭成员指导，等等。服务的费用主要由政府支付，被服务者仅支付部分费用和特殊费用，如长时间的护理服务和节

〔1〕 杨维波：《日本介护保险制度运行现状及启示》，载《合作经济与科技》2019 年第 8 期。

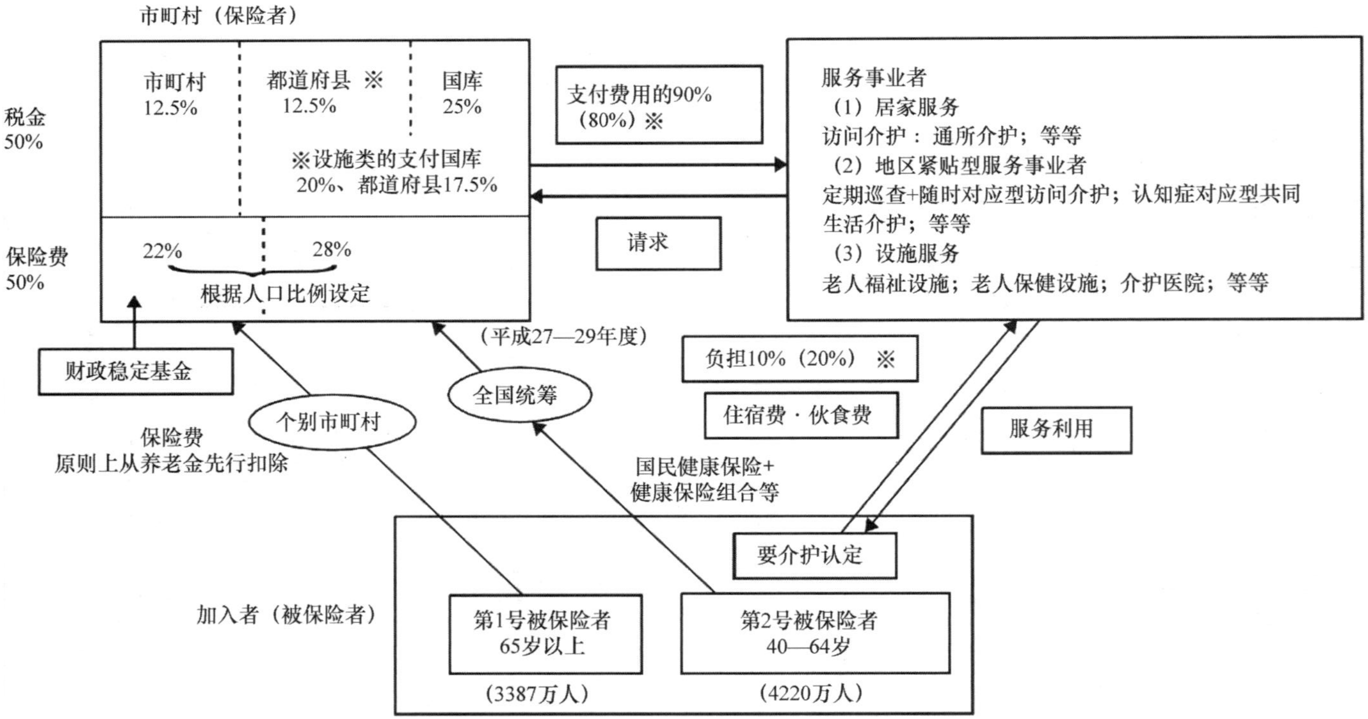

图 17－2　日本介护保险体系运作过程

资料来源：作者根据日本厚生劳动省网站资料整理

假日的护理服务[1]。

（3）日本“后期高龄老年人医疗保险制度”。

“后期高龄老年人医疗保险制度”的法律依据是2008年颁布的《高龄老年人医疗保障法》。日本“后期高龄老年人医疗保险制度”的服务对象有两类，一是75岁以上的高龄老年人；二是65—75岁残疾老年人（需要注意的是，社会救助制度囊括的高龄老年人被排除在“后期高龄老年人医疗保险制度”之外）。保费资金来源由以下部分构成：第一部分是各级财政负责50%，包括国家财政负责80%、都道府县和市町村两级政府各负责10%；第二部分是各医疗保险援助金支援40%；第三部分是保险人自己承担10%。此外，限定75岁以上的老年人若年收入超过370万日元，则需要自行承担30%的医疗费用[2]。

“后期高龄老年人医疗保险制度”由47个地区联合组织负责日常运营，市町村政府负责征收和给付保险费，国家和都道府县政府建立风险分担机制，以分担地区联合组织运营的财务风险，对该保险制度予以支撑。保险费的征收数额取决于高龄老年人的年收入，其医疗保险费用一般直接从养老金中扣除。

（4）日本“老年医院制度”。

“老年医院制度”主要是为满足老年人医疗护理需求而建立的制度，主要服务对象是患有慢性疾病需要长期医疗护理的老年人。老年医院根据是否符合医疗法特别许可划分为两类，一类是符合医疗法特别许可的老年医院，具体认定标准是65岁及以上的老年人占到患者比例的70%以上，其医生和护士的配备比例要求也与一般老年医院有所不同；另一类是虽在人员配备上不符合医疗法相关规定但老年人入住率比较高的一般老年人医院。

2. 美国

（1）美国医疗照顾计划（Medicare）。

Medicare是美国联邦政府最早出台的一项医疗保险制度，建立依据是1965年的社会保障修正案，其财政支出的金额仅次于社会保障项目开支。Medicare囊括的服务对象包括：65岁及以上的老年人；65岁以下的某些残障人士；所有年龄段的终末期肾脏疾病的人员。该计划分为以下四大部分：

Medicare A部分（住院类保险）。病人住院费用、家庭医疗保健服务费用、专业护理费用以及晚期病人收容所护理费用等。参保者只有缴费10年以上才能在年老后享有联邦医疗保险计划（住院类）支付保障，满足待遇领取条件的老年人可享受每年90天的住院治疗和100天的技术护理服务，少数情况需要个人支付一

---

〔1〕 赵立新：《德国日本社会保障法研究》，知识产权出版社2008年版，第169页。

〔2〕 厚生劳动省：後期高齢者医療制度の概要（https://www.mhlw.go.jp/shingi/2006/10/dl/s1005-4c.pdf）。

定的费用。

Medicare B 部分（补充型医疗保险）。属于自愿投保险种，公民或居住满五年的合法居民可选择性地每月按照规定缴付保费，补充性保险费中，75%的资金来自美国联邦政府的一般性财政收入，25%来自参保者缴纳的保费。补充性医疗保险部分主要负责门诊服务费用支付，弥补住院类保险无法覆盖的医疗费用。

Medicare C 部分（医保优势计划）。为参加联邦医疗保险的参保者提供参加私人健康保险的机会，该计划涵盖大多数 Medicare 计划所能提供的服务。

Medicare D 部分（处方药承保计划）。适用于所有拥有 Medicare 的参保者，但并不属于医疗保险，具体是由私营健康保险机构执行和管理，医疗保险与医疗补助服务中心（CMS）对发生在限定标准内的费用予以报销。

（2）美国医疗救助计划（Medicaid）。

Medicaid 是由联邦政府和州政府共同合作为低收入者提供医疗服务的保险计划，主要由州政府出资，联邦政府通过医疗照顾与医疗救助服务中心为其提供部分资金支持。州政府具体负责设定申请人资格、医疗服务范围、报销水平以及组织审核申请者的投保资格。根据美国《平价医疗法案》，一半以上的州政府对申请人收入审核采取医疗法的标准，允许收入在联邦贫困线的133%以下的低收入者申请 Medicaid。不同地区有不同的标准，普遍覆盖低收入家庭的老年人、孕妇儿童以及残障人士。

（3）美国商业长期护理保险。

美国商业长期护理保险主要面向不被公共长期护理保险所覆盖的中高产阶级的长期护理需求，其市场占有率较低，据统计，年龄50岁及以上的美国老年人仅有不到10%的人购买商业护理保险[1]。大致可以划分为个人长期护理保险、通过雇主购买、持续护理退休社区提供的长期护理保险、协会保险、联邦长期护理保险、人寿保险或年金保险等。美国大多数商业长期护理保险都是面向个人出售的，保险代理人根据被保险人的长期护理需求推荐合适的保险种类。雇主购买的长期护理保险在支付保费时，可以享受雇主联邦税务优惠。持续护理养老社区提供的长期护理保险与个人长期护理保险的形式与内容相似。联邦政府和州政府提供的护理保险主要面向拥有联邦和美国邮政服务年金的员工、军警部门退休人员以及员工家属。协会保险又可成为雇主团体计划，可以享受优惠政策。有些人寿保险或年金保险中有部分资金用来专门购买长期护理服务。

---

〔1〕 Congressional Research Service：Community Living Assistance Services and Supports（CLASS）：Overview and Summary of Provisions（http://www.ncsl.org/documents/statefed/health/CLASSOvrview21313.pdf）.

3. 英国

英国长期照护制度。英国的老年医疗照护服务体系由 NHS 与地方政府社会服务体系 SSD 共同组成。健康照护由 NHS 提供医疗相关服务，如初级医疗、专业医疗、居家护理等，其服务是免费的；社会照护则由地方政府承担，建立需求评价体系，根据评估结果决定老年人享受的照护服务内容。

英国长期照护制度是多方参与的照护体系，具体职责划分如下：卫生部制定有关医疗和社会服务方面总的政策和提供一定的资金支持；社区和地方政府制定筹资方式、评估个人照护需求、购买社会服务等，当老年人有养老照护需求时，地方政府鼓励服务使用者、照护者都参与到地方政府的服务设计之中，组建由职业治疗师、护士和社工组成的照护专业团队代表 SSD 对老年人进行申请评估；就业和养老金部通过地方政府的专项基金和给残障人士的残疾津贴间接为老年人提供援助；CQC 负责制定质量标准、管理、监督和提升医疗和养老服务的质量[1]。

自 20 世纪 90 年代以来，英国开始在社会服务领域引入市场机制，推行政府购买服务项目。养老照护服务体系的供给呈现出多元化和市场化的特点，政府直接提供服务的比例越来越小，老年人需要的各种养老照护服务更多的是来自民营养老服务机构和慈善组织。根据英国国家审计署的统计资料[2]：2014 年，英国养老服务体系的供给方包括：一是非正式服务，由个人和家庭提供。二是 NHS，由国家资助。三是正式服务，主要是来自民营养老机构和一些地方慈善组织提供志愿服务。

英国长期照护体系主要包括两部分服务内容：一是为老年人提供照护服务，二是对家庭照护者提供社会支持和帮助。当老年人有照护需求时，地方政府有义务为需求者进行申请评估，评估内容包括申请者的身体状况、个人财产和家庭情况等，地方政府根据得到的评估结果，反馈给当地社区，和申请者共同制定合适的照护方案。评估内容方面，包括对申请者身体健康状况的评估和对申请者财产状况的评估。根据 2014 年颁布的《照护法案》规定，老年人身体健康状况评估等级可划分为四级：轻度、中度、重度和极重度[3]，根据身体健康状况评估结果的不同，社区和地方政府为申请人提供相匹配的服务。与 NHS 免费的医疗照护服务不同，长期照护体系实行“使用者付费”原则。根据专家评估团对申请者的财产的评估结果，地方政府和当地社区对不同申请者采取不同的收费模式。

资金来源方面，根据英国国家审计署的统计资料，2014 年英国长期照护的支

---

〔1〕 National Audit Office:Adult Social Care in England:Overview(https://www.nao.org.uk/wp-content/uploads/2015/03/Adult-social-care-in-England-overviewpdf).

〔2〕 Legislation.Gov.UK:Care Act 2014(http://www.legislation.gov.uk/ukpga/2014/23/contents).

〔3〕 Legislation.Gov.UK:Care Act 2014(http://www.legislation.gov.uk/ukpga/2014/23/contents).

出可划分为两部分：一是公共支出。地方政府是组织提供照护服务的主体，地方政府提供的社会服务预算达191亿英镑，包括地方政府的支出、NHS下拨资金、个人支付以及其他来源。二是非公共支出。由个人、家庭以及志愿者组织提供的非正式服务，估计其价值在550亿—970亿英镑〔1〕。2016年，英国开始实行个人支付照护服务成本上限政策，地方政府需要提前告知当事人提供照护服务的成本，只有以此标准计算的个人支付成本达到上限时，政府才会以资金支持的方式介入。

（三）强有力的人力支撑

1. 日本

日本社会对“医养结合”养老服务的工作人员都有较高的专业要求，工作人员由专门的介护服务机构派出。介护服务机构派出的工作人员必须通过相应的国家考试取得资格证书。第一类是社会福祉士，需要获取学士学位，在一线直接与老年人接触，相当于介护顾问。第二类是介护福祉士，可分为高级介护福祉士、中级介护福祉士以及初级介护福祉士。不同岗位有不同的职责，高级介护福祉士的职责为护理兼管理，负责安排管理辖区内护理员的工作，参与对老年人的护理；中级介护福祉士负责并从事所有的护理工作；初级介护福祉士仅需从事简单的家政服务和一般性护理工作〔2〕。

至2016年9月，日本需要介护的老年人与介护人员的配比大约是3∶1，据日本厚生劳动省估算，介护人员的缺口达12.5万人，到2025年将达37.7万人〔3〕，日本政府为了缓解该状况，采取了一系列激励措施，包括放宽介护类人才的签证标准、提高介护人员的薪资、改善介护人员工作环境、加大力度从印尼、菲律宾等地引入介护人员进行培训等。

2. 美国

美国“医养结合”养老服务人员具有高学历、多层次培育体系以及严格的人员配备比例。首先，美国养老服务人员主要由直接服务人员和间接工作人员组成，对于不同类型的工作人员具有不同的任职资格要求。

其次，美国参与“医养结合”养老服务的医护人员需具有较为良好的学历背

---

〔1〕 The National Audit Office：Adult social care in England：overview（https://www.nao.org.uk/report/adult－social－care－england－overview－2/）.

〔2〕 顾亚明，王小合：《医改红利的制度创新和社会治理：日本经验的启示》，浙江大学出版社2015年版。

〔3〕 日本厚生劳动省老健局总务课：公的介護保険制度の現状と今後の役割（https://www.mhlw.go.jp/file/06－Seisakujouhou－12300000－Roukenkyoku/0000213177.pdf）.

景。例如护士体系中以职业护士为例，在上岗之前需要在技术职业学校或初级、社区学院接受为期1年的培训；美国 Medicare 或 Medicaid 可以报销的养老机构一般至少配备一名医师主任，负责监督居民的医疗护理和参与护理计划，医师主任需要完成研究生培训计划；社会工作者需要获得学士学位、硕士学位和接受相关的课程培训，且培训课程必须由社会工作教育委员会认可。

最后，提供“医养结合”养老服务的团队一般具有多元化的专业背景和严格的配备比例。例如美国 PACE 的成员构成需要包括：家庭健康管理者、身体或职业治疗医师、休养临床医学家以及社会工作者。工作人员与老年人的整体比例一般为1∶2，临床工作人员与老年人比例为1∶4左右，其中临床工作人员占所有工作人员的比例为49%，其他工作人员包括管理人员、维护人员和厨房工作人员。

3. 英国

英国“医养结合”养老服务人员队伍具有分级管理、培训标准严格以及定期监督的特点。首先，英国老年护理院护士由低到高被分为A级—H级8级管理，不同等级的护士提供的服务内容侧重点有所不同。所有护理人员在任职后的6周内必须接受国家培训组织（NTO）要求的上岗培训，培训内容包括护理原则、安全工作规范、护理角色、服务有特殊需求的用户。此外，老年护理院的管理者必须拥有 NVQ4 级水平注册管理者奖项或者护理管理的资格认证。英国政府明确规定养老院的注册管理者至少具有2年的高级管理经验，过去五年中在相关老年照护环境中进行管理，管理者必须确保有符合 NTO 中规定的员工培训目标的培训和发展计划。其次，英国政府通过制定一系列老年护理机构准入机制和养老护理服务人员任职要求，确保老年护理机构的从业人员可以胜任岗位职责要求，法律要求养老护理常规知识需要定期更新，如移动和接触老年人等护理知识的培训是法定的[1]。最后，2000年英国《护理标准法》规定，老年护理院的监管由护理质量委员会负责，并且老年护理院所提供的服务必须达到卫生部制定的最低护理标准。

（四）财政支持

1. 日本

首先，日本为应对不断增加的老年护理服务需求，针对介护保险下的财政预算逐年增加。介护保险自2000年实施以来，财政支出不断上涨，2000年为3.6兆日元，至2016年时达到10.4兆日元，相较于2000年增幅达188%[2]。

---

〔1〕 Linda N.，“*NVQs in Nursing and Residential Care Homes*”，Ox－ford：Blackwell Publishing，2006.

〔2〕 日本厚生劳动省老健局总务课：公的介護保険制度の現状と今後の役割。（http：//www. mhlw. go. jp/file/06－Seisakujouhou－12300000－Roukenkyoku/201602kaigohokenntoha_2. pdf.）.

其次，为了平衡地区间“医养结合”养老服务的发展程度，日本于2005年对于中央承担的财政支出进行了调整，将中央的支出分为20%和5%的部分，其中5%的部分为调整交付金，用于实现人口老龄化程度较严重地区与老龄化程度较轻地区之间费用的负担平衡，以及贫困地区和富裕地区之间的地方政府财政负担的平衡，财政支持更趋合理化。

最后，一方面通过提升相关人员的薪资待遇水平和改善工作环境，吸引人员从事介护行业；另一方面，日本政府在放宽介护福利士学校奖学金贷款政策的基础上，进一步加大对介护福利士学校的教育资金投入，并对技术要求较高的专业进行重点培养，以鼓励更多年轻人从事介护行业。

2. 美国

1966年美国联邦政府支出650万美元，分别用于“各州与社区老年计划赠款”和“培训研发项目与计划”；1974年开始增加财政拨款用于“老年美国人社区服务就业计划”；此外，美国长期照护方面的财政支出于2009年、2011年、2013年分别在同年GDP中的占比为0.6%〔1〕、0.6%〔2〕和0.5%〔3〕，财政支持较为稳定。

3. 英国

英国“医养结合”养老服务的资金来源是以政府财政支出为主导，使用者付费和其他私人支出为补充。一方面是财政支持。2010年至2015年加大财政支出力度以帮助地方政府加入NHS和社会护理服务〔4〕。另一方面中央和地方建立联合风险池基金。2013年英国试点建立“更好的养老服务基金”（better care fund，BCF），这项基金是卫生部和社会服务部门的联合预算池，并交由临床执业联盟（clinical commissioning groups，CCGs）和地方政府联合使用。2018年，BCF预算已增长至51亿英镑〔5〕。

NHS提供的津贴分别针对护工、老年人以及一线护理人员，这三类津贴具有福利性质。一是护理津贴，保障人群是65岁及以上生活不能自理的伤残人士，具

---

〔1〕 Organization for Economic Co－operation and Development，“*Long－term care Expenditure in health at a glance*”，Paris：Organization for Economic Co－operation and Development，2011，p. 176－177.

〔2〕 Organization for Economic Co－operation and Development，“*Long－term care Expenditure in health at a glance*”，Paris：Organization for Economic Co－operation and Development，2013，p. 186－187.

〔3〕 Organization for Economic Co－operation and Development：Long－term care Expenditure in health at a glance，2015.

〔4〕 https://www.gov.uk/government/publications/2010－to－2015－government－policy－health－and－social－care－integration/2010－to－2015－government－policy－health－and－social－care－integration.

〔5〕 https://www.kingsfund.org.uk/blog/2018/10/reviewing－better－care－fund－time－be－bold.

体补贴额度根据需要照护的时长不同有所差异；二是老年人补贴，即对通过家计调查的老年人予以补贴；三是照顾者津贴，即为日常照护老年人的亲属提供的补贴，该项津贴目前取得了较好的政策效果。据调查显示：英国有29%的老年人享受家庭非正式护理服务，有效缓解了养老机构、医院的医疗照护负担[1]。此外，NHS成立了基金信托机构，使一部分良性运营的医院以合作社或者共同基金的形式参与，从而更好地为社区照护养老服务。

（五）多方参与

1. 日本

日本政府鼓励社会资本参与医疗护理保健机构建设。日本社会资本进入市场后，投资了许多小型养老机构（如日间照护机构），与政府形成了公私合营的模式，对介护医疗工作起到了重要补充作用，为老年人提供了便捷、高效、多样的“医养结合”养老服务。以20世纪80年代出现的有偿性居民参与型住宅福利服务团体为例，该类团体原本为居民间的“互助型团体”，其担负的许多职责在介护保险引入后被移交到养老保险的公共体制内，同时与政府形成了较为稳定的供求关系，转变成了介护医疗服务的提供者、参与者[2]。

此外，医疗机构也以多种形式深度参与到了介护服务中，以国际医疗福祉大学集团为代表的医疗机构与福祉机构等联合体保持着良好的合作关系，医疗机构给予福祉机构包括人才、技术指导、设备等多方面的支持和保障。

2. 美国

政府层面，美国卫生服务部专门设置老龄化管理局（Administration on Ageing，AOA）负责建立全国范围内的老年服务网络；56个州立办事处负责资助社区养老服务具体规划。美国政府并不直接参与“医养结合”养老服务的供给，而是通过间接的方式对服务供给方进行管理和规范。

非营利性组织层面，美国老年社会组织致力于促进改善老年人医疗和养老福利，影响法案的制定和实施。例如美国退休人员协会（American Association of Retired People，AARP）一方面通过对州和国家政府层面的游说来解决有损老年人权益的政策活动，另一方面设置AARP基金会、老年人法律顾问组织、AARP金融服务公司以及AARP保险计划等为会员提供多元化服务。

3. 英国

---

〔1〕 Ann Stewart,“From family to personal responsibility:the challenges for care of the elderly in England”, *Journal of Social Welfare & Family Law*, Vol 34, No2, September 2012.

〔2〕 中村義哉:《介護保険制度下の住民参加型在宅福祉サービス——地域の「支え合い」の現状と課題》,《社会福祉学》2009年第49卷第4号。

英国政府层面为鼓励社会力量的参与，主要做法有：一是加快时间银行、时间积分等互助方式的发展以激励社区成员积极分享他们的时间、才华和技能为老年人社区照护养老服务助力，例如，以园艺修剪服务换取一个小时的熨烫服务等，创建了社区成员相互支持的养老服务网络；二是提倡社区积极参与老年健康和社会护理的相关决策；三是在开拓性领域开发新的投资方式，以投资于有助于老年人保持独立生活的养老服务形式；四是建立一个新的护理和支持住房基金，以支持老年人和残疾人专用住房的发展〔1〕。

2009 年 4 月，卫生委员会、精神卫生委员会和社会照护委员会三家监管机构进行整合，成立综合监管机构——CQC，是英格兰卫生与社会健康的独立监管者，他们的工作职责一般包括：制定政策、注册与管理护理院、监督服务质量、接受和处理投诉、公布养老服务机构信息、监察服务机构、公布监察结果、发布年报信息；确保 NHS 和地方政府为人们提供安全、有效的高质量护理以及保护弱势群体的权利，包括《精神健康法》所限制的权利。

英国成功的养老护理院极其重视社区资源，养老护理院的护理提供者在当地社区中扮演合作伙伴的角色，将养老护理院的老年人与当地社区网络联系起来。例如，社区学校与养老护理院之间保持合作伙伴关系、鼓励社区志愿者参加当地老年护理院的活动、政府支持十个主要的养老护理院提供者签署了《痴呆症护理和支持契约》，该契约承诺与社区建立良好的联系。

英国老年人整合照顾服务最大的提供商是成立于 2009 年 AGE UK 集团，由 Age Concern 和 Help the Aged 两个慈善组织联合组成。AGE UK 成立整合照顾服务部门，主要基于老年人的生理、心理、经济等要素开发老年人健康评估系统，免费提供多元化非医疗支持、社会保健和社会服务。英国生命信托基金会最早提出“智能养老”，旨在建设“没有围墙的养老院”，为老年人提供线上线下、多方位、综合性的“医养结合”养老服务。

四、启示和建议

2011 年国务院印发《中国老龄事业发展“十二五”规划（2011）》首次提出发展医养结合的理念，2013 年 9 月国务院印发《关于促进健康服务业发展的若干意见》和《关于加快发展养老服务业的若干意见》，标志着我国“医养结合”养老服务正式进入战略部署阶段。其中，《关于加快发展养老服务业的若干意见》强调，未来需要医疗卫生机构、养老服务机构、社区以及家庭相互配合共同发展

〔1〕 Department of Health and Social Care：Caring for our future：reforming care and support（https：//www.gov.uk/government/publications/caring－for－our－future－reforming－care－and－support）.

医养结合养老服务模式，可采取的形式有：鼓励有条件的养老机构或医疗机构根据自身情况完善转变为医养结合机构。国家各部委相继出台相关配套文件，涉及内容包括建立医务室基本标准、推进远程医疗、完善养老机构的设立许可办法。《关于推进医疗卫生与养老服务相结合的指导意见》提出，进一步推动养老服务与医疗护理相结合，需要建立“医养结合”养老服务机制并明确五个重点任务；《关于新增部分医疗康复项目纳入基本医疗保障支付范围的通知》要求，做好医养结合养老服务机构许可准入工作、推进养老服务市场完善的文件。各个地区根据自身情况积极展开探索和实践，主要形成了养老机构内设医疗机构、医疗机构提供养老服务、养老机构和医疗机构合作转诊以及居家社区养老中建立家庭病房等四种模式。探索和实践的结果证明，“医养结合”养老服务的发展不仅在一定程度上缓解了综合型医疗机构资源紧张的问题，而且在提升养老服务的质量、缓解人口老龄化进程中发挥了重要作用。但处于探索阶段的“医养结合”模式在多元化发展中存在许多问题值得关注和优化，主要集中于老年健康管理与养老服务结合不足、居家社区“医养结合”养老服务滞后、对服务提供方的监管机制不完善、“医养结合”养老服务人才短缺以及社会力量参与不足等问题。本章在介绍日本、美国、英国等发达国家“医养结合”养老服务典型项目以及总结其发展经验的基础上，结合我国“医养结合”养老服务探索中存在的问题，得出以下几点启示。

（一）建设健康状况评估体系

老年人健康状况评估是健康管理和多层次医疗照护体系的基石。发达国家在“医养结合”养老服务建设中重视老年人的健康教育、疾病预防、护理、医疗以及康复等多层次性的医疗照护服务，针对健康状况不同的老年人制定不同的医疗照护计划并提供侧重点不同的服务。首先，由社区层面组织专业评估小组，对社区老年人的健康状况进行评估并建立老年人健康档案，精准识别老年人日常护理、医疗服务以及康复保健的需求等级。其次，依据不同的评估结果，提供多层次的医护服务，落实急慢分治、双向转诊模式，将医疗、护理服务贯穿于老年疾病预防、慢性病防治、急性期和危重期的医疗救治、恢复期和慢性期的康复训练和护理等层次。针对可以生活自理的老年人，坚持以“养”为主、以“医”为辅的供给原则，提供医疗服务的目标在于维持其现有能力，增强慢性病的预防。具体提供的服务包括为老年人建立健康档案、定期免费体检以及科普养生知识等服务。一般由社区卫生中心和健康管理中心提供服务；针对失能、半失能以及失智老年人，提供以“医”为主的模式，主要以医院为依托，提供疾病治疗、专业护理、康复训练等医疗服务，主要供给形式包括综合医院开设老年病科、康复科，养老院内设医疗机构、家庭病床制、社区医疗服务；针对完全失能老年人，需要有专业护理机构提供长期照护服务的同时做好与医疗机构加强双向转诊保障。例如日本市町村下设的专业评估小组在老年人申请介护服务时需要对老年人的健康状况进行评估，并将评估状况划分为六个等级，老年人根据自身健康状况的评估等级选择适宜的“医养结合”养老服务提供方式。

（二）创新居家养老方式

创新居家养老方式可从两方面进行。一是建立智慧居家养老方式。智能产品研发机构通过与科研院所、医学院校等机构探索建立协同创新的机制，加强技术对接和人才交流，精准对接社会养老服务发展需求，实现养老产学研一体化融合发展，助推养老智能产品成果转化。一方面，开发并推广适宜老年人使用的智能化服务信息平台，满足老年人家中独立健康咨询、购药、订购日常生活照护服务的需求；另一方面，普及智能手环、智能血糖仪等智能产品，利用智能产品和互联网信息技术对老年人的健康状况进行监控并将其上传到亲属和个人电子健康档案，便于及时协助老年人家庭应对突发身体疾病。例如，英国为了提倡和落实“居家养老”或是尽可能地实现“如同在家养老”的养老方式，大力研发安全传感器、智能穿戴设备等智慧养老产品，使老年人发生紧急状况时工作人员可以及时监测并予以帮助。

二是建立并推广家庭访问制度，对居家养老的老年人提供健康检查、健康教育、访问指导以及健康咨询等服务，强调健康管理以及疾病预防在老年人医疗保健养老服务中的重要作用。例如日本政府在 2005 年修订介护保险法时明确规定在老年人医疗护理工作中加入预防性介护。

（三）升级社区“医养结合”养老服务

完善“医养结合”养老服务需要更好地发挥社区的作用，更好地强化自治功能，加强社区自我管理、自我服务、自我教育。根据社区自身的情况和社区内老年人的医护、养老服务需求，选择并完善适合自身“医养结合”养老服务方式。具体可从以下几个方面为主要切入点进行完善。

首先，加强社区养老和医疗基础建设。一是通过购买、租赁以及置换等方式建设新的养老服务设施、配备基本的医疗与保健设施、将现有的养老服务设施与社区的综合服务设施进行整合等方式改善社区“医养结合”的养老服务环境。此外，房地产商在开发小区之时要将未来如何开展“医养结合”养老服务作为其建设的特色。例如英国政府出台社区照顾法令，规定社区必须配备生活辅助设施、自主制定老年帮扶政策以及提供面向老年人的照护服务。二是加大对社区卫生服务和初级医疗保健服务的财政支持和建设力度，发挥社区卫生服务体系在“医养结合”养老服务中的关键作用，满足老年人健康状况评估、就医咨询、转诊、慢性病护理、保健康复的需求。可借鉴日本多功能的社区服务介护机构、英国社区整合照顾模式以及美国 PACE 的具体做法。

其次，引入“互联网 +”信息化手段以及资金能力负担范围之内的智能产品，探索建立信息化处理业务的方式。通过建立社区服务与信息网络平台，将老年人的基本信息以及健康档案等加以整合，为开展“医养结合”养老服务提供信息支持。例如，英国 NHS 研发移动医疗系统，旨在通过物联网、互联网等信息技术提高医疗、护理服务质量。

（四）完善“医养结合”养老服务提供方的监管机制

发达国家对于“医养结合”养老服务提供方在准入和运营时不仅形成了较为规范的监管机制，而且由行业协会主动承担监管职责。例如美国 CMS 要求养老机构定期公布设施和服务相关指标，并对其指标进行审核；英国制定国家最低标准来对老年护理院进行监管，具体管理部门为国家护理标准委员会。

（五）加强人才队伍建设

“医养结合”养老服务人才队伍建设是发展“医养结合”养老服务的重要保障，是提升多方面服务质量的关键。“医养结合”养老服务人才队伍的建设主要包括以下方面：一是建设“医养结合”养老服务专业团队，承担社区老年人健康状况评估、慢性病疾病预防与保健、急性病处理、营养搭配与管理、休闲活动组织等工作内容。例如美国“医养结合”养老服务对服务提供人员的专业性具有较高的要求，并对团队成员的专业技能进行严格把控。美国 PACE 项目成员一般包括八名 IDT 成员——初级保健医生、注册护士、硕士社会工作者、物理治疗师、职业治疗师、消遣治疗师或活动协调员、营养师、家庭护理协调员等，能为老年人提供全面的医疗护理和康复保健服务；培育“医养结合”养老服务专业人才可以采取定期组织技能培训与聘请专家授课的方式提升医护人员的专业素养。同时根据服务提供方的自身情况尽可能提高“医养结合”养老服务工作人员的待遇水平。

二是完善专业老年护理方向的医护人员培养体系。首先，高等院校细分培育方向，增加对老年护理领域学生招收数量并加强老年护理、保健等学科的建设；其次，政府通过采取对老年照护相关培训机构进行税收减免、对参与培训的对象进行培训补贴和费用减免等途径以吸收学生群体和再就业人员从事老年照护工作。日本、美国、英国在培育“医养结合”养老服务人员方面采取了诸多保障和激励措施。

三是打造高质量的志愿者队伍。“医养结合”养老服务的发展离不开专职医疗和护理工作者的专业化服务，同时也不能缺失志愿者队伍的补充和参与。高质量志愿者队伍的建设必须建立良好的人才支持体系。具体包括以下方面：一是建立完整的内部人事管理制度，通过招聘、培训、考核等方式对于志愿者队伍合理规划；二是加大对志愿者的培训与管理，提高志愿者的养老、医疗护理的基础知识和初级技能水平，使志愿者更好地为老年群体提供高质量的服务；三是建立科学的激励制度，调动社会相关工作人员提供医养结合养老服务的积极性，鼓励有技能的社会人员参加到志愿者队伍中。

参考文献

中文文献

顾亚明、王小合：《医改红利的制度创新和社会治理：日本经验的启示》，浙江大学出版社 2015 年版。

王莉莉、郭平：《日本老年社会保障制度》，中国社会出版社 2010 年版。

赵立新：《德国日本社会保障法研究》，知识产权出版社 2008 年版。

同春芬，王珊珊：《关于医养结合的研究综述》，载《老龄科学研究》2016 年第 7 期。

何佳馨：《美国医疗保险照顾计划及其对我国的启示》，载《现代法学》2011 年第 6 期。

杨维波：《日本介护保险制度运行现状及启示》，载《合作经济与科技》2019 年第 8 期。

中华人民共和国统计局：《中国统计年鉴》，中国统计出版社 2018 年版。

［日］矶山优：《位于日本东京都心的养老设施案例研究_ 新宿榉园_ 医养结合的实践》，载《中国医院建筑与装备》2016 年第 5 期。

外文文献

Linda N. , “*NVQs in Nursing and Residential Care Homes*”, Ox – ford: Blackwell Publishing, 2006.

Office for National Statistics, *Expenditure on healthcare in the UK*, London: *Her Majesty Stationary Office*, 2011, p. 15.

Organization for Economic Co – operation and Development, “*Long – term care Expenditure in health at a glance*”, Paris: Organization for Economic Co – operation and Development, 2011, pp. 176 – 177.

Organization for Economic Co – operation and Development, “*Long – term care Expenditure in health at a glance*”, Paris: Organization for Economic Co – operation and Development, 2013, pp. 186 – 187.

Organization for Economic Co – operation and Development: Long – term care Expenditure in health at a glance,2015.

Randall M. , *Overview of the UK population*, London, *Office for National Statistics press*, 2017.

Ann Stewart,“From family to personal responsibility:the challenges for care of the elderly in England”,*Journal of Social Welfare & Family Law*, Vol 34, No2, September 2012.

Claire Storey, Jackie Ford, Francine Cheater, et al. “Nurses Working in Primary and Community Care Settings in England: Problems and Challenges in Identifying Numbers”. *Journal of Nursing Management*, Vol. 15, 2007.

Marilyn Moon,“Medicare Matters:Building on a Record of Accomplishments,”Health Care Financ Rev. Vol22, No1, 2000 Fall.

Susan H, Kerrison M, Allyson M, et al. “Absent voices compromise the effectiveness of nursing home regulation: A critique of regulatory reform in the UK nursing home industry”. *Health and Social Care in the Community*, 2008.

中村義哉:《介護保険制度下の住民参加型在宅福祉サービス——地域の「支え合い」の現状と課題》,《社会福祉学》2009 年第 49 巻第 4 号。

Congressional Research Service: Community Living Assistance Services and Supports (CLASS): Overview and Summary of Provisions (http://www.ncsl.org/documents/statefed/health/CLASSOvrview21313.pdf).

Census Bureau: An Aging World: 2015 (https://census.gov/content/dam/Census/library/publications/2016/demo/p95 - 16 - 1.pdf).

Centers for Disease Control and Prevention: The State of Aging and Health in America 2013 (https://www.cdc.gov/aging/pdf/state - aging - health - in - america - 2013.pdf).

Department of Health and Social Care: Caring for our future: reforming care and support (https://www.gov.uk/government/publications/caring - for - our - future - reforming - care - and - support).

Department of Health and Social Care: The national Carer's' strategy (https://www.gov.uk/government/publications/the - national - Carer's - strategy).

Department of Health & Human Services, Centers for Medicare & Medicaid Services: PACE Medicaid Capitation Rate Setting Guide.

(https://www.medicaid.gov/medicaid/ltss/downloads/integrating - care/pace - medicaid - capitation - rate - setting - guide.pdf).

Gov. UK, Carer's Action Plan 2018 to 2020: Supporting Carer's today (https://www.gov.uk/government/publications/Carer's - action - plan - 2018 - to - 2020).

Legislation. Gov. UK: Care Act 2014 (http://www.legislation.gov.uk/ukpga/2014/23/contents).

Ministry of Health, Labour and Welfare:《介護予防・日常生活支援総合事業の基本的な

考え方(http://www. mhlw. go. jp/file/06 – Seisakujouhou – 12300000 – Roukenkyoku/0000074692. pdf).

Ministry of Health,Labour and Welfare:《高齢者保健福祉推進十か年戦略》(https://www. mhlw. go. jp/www1/houdou/1112/h1221 – 2_17. html).

Ministry of Health,Labour and Welfare:《日本厚生省今後5か年間の高齢者保健福祉施策の方向》(https://www. mhlw. go. jp/www1/houdou/1112/h1221 – 2_17. html).

Ministry of Health, Labour and Welfare:後期高齢者医療制度の概要(https://www. mhlw. go. jp/shingi/2006/10/dl/s1005 – 4c. pdf).

National Audit Office:Adult Social Care in England:Overview(https://www. nao. org. uk/wp – content/uploads/2015/03/Adult – social – care – in – England – overview. pdf).

日本总务省统计局:《人口推計(平成31年(2019年)4月確定値,令和元年(2019年)9月概算値)》(http://www. stat. go. jp/data/jinsui/pdf/201909. pdf).

日本厚生劳动省老健局总务课:公的介護保険制度の現状と今後の役割(https://www. mhlw. go. jp/file/06 – Seisakujouhou – 12300000 – Roukenkyoku/0000213177. pdf).

日本厚生劳动省老健局总务课:公的介護保険制度の現状と今後の役割(http://www. mhlw. go. jp/file/06 – Seisakujouhou – 12300000 – Roukenkyoku/201602kaigohokennto ha _ 2. pdf.).

The National Audit Office:Adult social care in England:overview(https://www. nao. org. uk/report/adult – social – care – england – overview – 2/).

第十八章　养老机构运营管理

机构养老是养老重要方式之一，其特点是以社会化的养老机构为主体，为老年人提供各种各样的养老服务。本章主要介绍和讨论日本、英国、美国养老机构运营管理做法。

一、养老机构分类

目前，国际上对养老机构的分类还没有统一的标准。一般可以从机构的性质、功能和举办主体进行分类。从养老机构的性质来分，可以分为营利性养老机构和非营利性养老机构。从机构的功能来分，可以分为生活护理型养老机构、医疗护理型养老机构和混合型养老机构。从运营的主体划分，可以分为公办机构、民办公助、公办民营和完全的民营机构。本文所探讨的养老机构，是一种广义上的机构照护（Residential Care），既包括高度护理型机构（Nursing Home，日本称为介护保险机构），也包括家庭护理中心（Residential Care Home），还包括老年人住宅（Retirement Home），也称为老年公寓。

（一）日本养老机构

日本构建了结构完善、种类齐全的养老机构体系。依据功能定位，可以分为福利型、保健型和医疗护理型三大类。具体分析，按照收费标准和面向人群不同，日本的养老机构分为以下五大类：收费养老院、老年人住宅、介护保险设施、地域密着型设施和轻费（低收费）养老院。[1]

1. 收费养老院

收费养老院是一种旨在使老年人更容易生活的住所，针对的人群为年满60岁（或65岁以上）且被证明需要被支持或护理的人，身体健康的老年人也可以申请入住。每月的费用一般较高，大概在15万—30万日元之间（约合人民币0.9万—1.9万人民币）。

---

〔1〕 Benesse关于养老机构的分类. https://kaigo. benesse - style - care. co. jp/nursinghome/。

2. 老年人住宅

2011 年日本政府修改了《高龄者住宅法》。根据该法案，“高价老年出租屋”、“高级别老年出租屋”和“普通老年出租屋”进行合并，出现了老年人住宅。老年人住宅主要服务群体为相对健康的老年人，申请人的年龄必须达到 50 岁以上。与普通公寓相比，老年人住宅公共空间更宽敞，提供的服务种类多样。老年人住宅一般是一次性购买，购买的价格相对较高，最低的价格大约为 99 万人民币，价格也会随着房屋面积的大小上涨，同时也提供租赁服务。

3. 介护保险设施机构

作为日本长期护理保险服务的公共设施，介护保险设施机构为参加介护保险的老年人提供服务。介护保险护理机构包括生活护理和医疗护理两个方面，具体可分为三类：介护老人福祉设施、介护老人保健设施和介护医疗机构。到 2013 年 10 月，三种机构类别比例分别为 58%、30%、12%。[1]

4. 地域密着型设施[2]

从 2006 年开始，为了让老年人在患老年痴呆症需要看护的状态下也能在熟悉的地方继续生活，作为看护服务之一，地域密着型认知症设施机构开始出现。这种机构分为两种类型，一是认知症团体之家，二是小型多功能家庭护理。该机构的基本特征，被认定为需要接受护理服务的居民，可以在地域密着型设施或者家里接受护理职员提供的护理服务。

5. 轻费（低收费）疗养院

轻费疗养院是根据《老年人福利法》设立的养老机构，目的是使低收入者在政府的帮助下也可以接受机构养老服务。这类机构主要面向的是 60 岁以上单身或没有亲戚照护的老年人，家人生活困难的老年夫妻也可以进入。因为它是由地方政府补贴的，所以收费相对较低。

（二）英国养老机构

英国的养老院一般花费都比较昂贵，所以在英国人眼中，搬进养老院是一个重大的决定。在入住之前，他们会考虑所有可能的替代选择。英国人在出现以下情况时，才会考虑搬进养老院。一是即使在朋友、家人或有偿护工的帮助下，也很难独自生活；二是进行需求评估，认为养老院是最佳选择；三是患有复杂的疾病，白天和黑夜都需要专业的照顾，养老院可以减轻照护的压力，提高老年人总

---

〔1〕日本厚生劳动省，关于设施居住类服务，https://www.mhlw.go.jp/file/05－Shingikai－12601000－Seisakutoukatsukan－Sanjikanshitsu_Shakaihoshoutantou/0000044903.pdf。

〔2〕“地域密着型设施”类似于国内的社区型设施，日本国内没有社区一说，因此称为“地域密着型设施”。

体的福祉水平。

英国的养老机构大致可以分为三类:[1]

1. 居住型养老院（Residential Care Home）

居住型养老院面向那些难以独立生活且需要其他支持但不需要护理的非失能老年人，养老院会提供多种多样的服务，主要包括助餐、助厕、洗澡、清洗衣服和穿衣服等生活服务。从本质上讲，与护理院相比，居住型养老院的生活通常更加活跃和多样化，但不提供护理服务。《英国老年人护理》市场研究报告（2018年5月）表明，2017—2018年英国每周的居住型养老院平均费用为622英镑，每年高于32300英镑。[2]

2. 护理院（Nursing Homes）

护理院面向那些无法照顾自己、需要护理的老年人。除了基本的生活照护服务之外，护理院还有专业的医疗、康复和护理服务。这些机构受到严格的监管，并被要求符合一定的标准，比如24小时都要有合格的护理人员服务等。《英国老年人护理》市场研究报告（2018年5月）显示，2017—2018年英国每周的护理院平均费用为856英镑，全年为44500英镑，[3] 比居住型养老院的费用高出三分之一。

3. 老年公寓（Sheltered Accommodation）

老年公寓专门为生活基本能够自理、对他人依赖程度不大且有人照护的老年人居住。老年人居住在分开的公寓单元房里，公寓有医疗、保卫人员，配有紧急呼叫装置等公共设施。公寓居住相对独立，有个人隐私空间，同时也有公共的服务和休息区域。

另外，英国还有很多专门针对某种特殊需求老年人的养老院或者护理院，如临终关怀机构（Hospices）、专门看护痴呆病人的养老院等（Care Home for Dementia Patients）。

（三）美国养老机构

在美国，养老机构一般指的是养老社区。本章分类的依据主要参考波士顿学院退休研究中心（Center for Retirement Research of Boston College）吴颜媛教授

---

〔1〕 马凤芝:《世界老龄化国家和地区养老机构规划的经验——以英国、日本和我国香港地区为例》,载《社会工作》2013年第5期。

〔2〕 LaingBuisson《英国老年人护理》市场研究报告,https://www. which. co. uk/later - life - care/housing - options/care - homes/residential - care - homes - a4dtp3g2bt4p。

〔3〕 LaingBuisson《英国老年人护理》市场研究报告,https://www. which. co. uk/later - life - care/housing - options/care - homes/nursing - homes - ahh5b0v0zs6k。

2014 年 5 月在第三届中国国际养老服务业博览会—老年人金融服务主题研讨会时发表的观点，她根据老年人身体失能照护需求情况和不同服务功能，把美国养老社区分为以下五类：

1. 活跃成年人退休社区（Active Adult Retirement Communities）

活跃成年人退休社区主要面向 55—70 岁的老年人，身体比较健康，无需护理服务，并且允许第三方提供家政、卫生、保健等服务。这种社区的建筑一般比较高档，以独栋或者连排的别墅为主，配套设施比较完善，入住率高达 91%。

2. 生活自理型社区（Independent Living）

生活自理型社会主要针对那些不需要日常生活协助的老年人，年龄在 65—80 岁之间，极少使用医疗护理服务，配套的设施也十分齐全，平均入住时间约为 3.16 年，入住率高达 90%。

3. 生活协助型社区（Assisted Living）

生活协助社区主要目标年龄组在 75 岁以上、至少在一项日常生活中需要帮助的老年人，同样这些老年人也需要较高等级的医疗护理服务。除了提供必要的服务内容以外，生活协助型社区还提供用药管理、制订个人生活计划和体能康复训练等。提供的居住形式为一卧一室，充分保证了老年人生活的隐私和自由。这种形式的养老社区平均入住时间较短，仅有 1.75 年。

4. 特殊护理社区（Nursing Home）

特殊护理社区主要目标人群为生活不能自理或者需要专业护理的人群，这类人群需要极高程度的医疗护理服务水平，因此提供的服务也倾向于专业的护理服务。特殊护理社区配套的设施主要是锻炼与康复中心，娱乐设施比较少。因为需要较长时间的护理与康复，老年人居住的时间也会比较长，平均约为 2.29 年。

5. 混合型持续护理退休社区（Continuing Care Retirement Communities）

混合型持续护理退休社区面对的人群比较广，从不需要日常生活协助到生活不能自理的老年人都可入住。并且为不同需求等级的老年人提供不同的护理服务，居住的形式多种多样，可依据老年人的喜好和自己的经济基础来进行选择。

综上所述，日本、美国和英国的养老机构大致可以分为两种类型：一种是带有护理功能的养老机构。如日本的介护保险设施机构、英国的护理院和美国的特殊护理社区。另外一种是不带有护理功能的养老机构。如日本的收费养老院、老年人住宅和轻费疗养院，英国的居住型养老院和老年公寓，美国的活跃成年人退休社区、生活自理型社区和生活协助型社区等。

二、养老机构运营监管主体以及法律依据

（一）三国养老机构政府监管部门

1. 日本厚生劳动省是养老机构建设主管部门

日本为了加强对养老事业的政府领导和监督，设有内阁总理担任负责人，内阁官房长官、相关行政部门部长组成的“高龄社会对策会议”，负责制定和审议高龄社会养老策略，协调各部门行动。日本厚生劳动省承担国民健康、社会保险和社会保障等职务，是养老机构建设的主管部门，管理全国的养老机构法人和协会组织，出台机构建设运营标准，为机构建设提供支援和指导。厚生劳动省还设有统计情报和政策统括官等职务，成立有“65 岁现役社会研究会”等组织，开展养老机构建设在内的相关调研。日本每年都会发布“人口老龄白皮书”“养老事业白皮书”等报告，为相关政策决议提供咨询和建议。[1]

2. 英国由国家卫生部（Department of Health &Social Care）统一管理

20 世纪 60 年代，英国就已经在推广社区照顾在养老模式中的使用，发展并完善了社会养老服务体系，主要包括建立社区养老设施机构、养老院向社区开放、发展民营养老机构以及居家养老模式，到 70 年代末，社区照顾的养老模式在英国已经广泛普及。英国的社区照顾最初在政策法令中被分为健康照护与社会照护两大类，前者即英国国家健康体系（NHS），由中央统筹，提供免费医疗护理；后者则主要受隶属于地方政府的社会服务局管辖（SSD），两大体系由英国卫生部统一管理。

3. 美国卫生服务部管理和监督养老机构运营情况

美国养老机构的监管部门为卫生和社会服务部（HHS）。HHS 规定，包括养老服务机构在内的所有服务机构都要建立和实行标准化报告制度，其相关信息和评估结果将用于检测服务质量和老年人的满意度，各州的卫生和社会服务部负责养老机构的资格审查。例如根据加州法案第 22 条，辖区内所有养老机构都要接受卫生和社会服务部的监管。[2] 除了卫生服务部以外，美国的住房与城市发展部（U. S. Department of Housing and Urban Development，HUD）负责养老机构的安全管理规范，出台养老机构防火安全实施细则。美国老龄署（U. S. Administration on Aging，AOA）、美国退休者协会（American Association of Retired Persons，AARP）和美国健康照护协会（American Health Care Association，AHCA）等机构都出台相应的政策以提高养老机构的护理质量。例如 AHCA 于 1967 年推出了

---

〔1〕 陆继锋，陈偲：《日本养老机构建设与运营经验》，载《理论导报》2018 年 9 月 28 日。

〔2〕 吴洪彪：《瑞士、美国、加拿大养老服务业考察报告》，载《中国社会报》2012 年 9 月第 5 版。

"美国养老院周"，把一些服务质量和运营良好的养老机构向全国进行推广。2007年推出了"美国护理院进步卓越奖"，目的是为了提高护理院的护理服务质量。

（二）三国养老机构运营管理规章制度及法律依据

1. 养老机构准入管理

对养老机构的准入标准，发达国家一般都有明确的法律制度规定。日本厚生劳动省于1974年颁布了《民营养老院设置和运营指导方针》（以下简称《指导方针》），并于2002年和2018年进行修订。《指导方针》对民营养老机构的属性、设置实施标准、人员配置和服务标准等都做了详细规定。其中，对于民营养老院的定义，它指出在《老年人福利法》第29条第1项中，民营养老院是指为老年人提供入住服务，并为老年人提供"洗澡、排泄或饮食看护、洗衣打扫等家务"或"健康管理"等看护服务的机构。申请者必须根据1968年颁布的《城市规划法》申请开发许可或者建筑许可，并且与当地的市、町、村以及都、道、府、县等进行充分协商。养老机构不能由个体经营，也不能由少数几个个人股东独断专行经营。另外，对于提供护理服务的付费护理院，必须确保适当地提供护理服务的管理系统，例如让具有护理知识和经验的高级管理人员参与机构管理等。

在英国，对于非营利性的养老机构，监督管理相对统一，通过慈善管理委员会对非营利组织进行综合的管理。而营利性质的养老机构，各州设立专门的机构进行监管。在苏格兰申请建设运营一家养老院，则必须向护理监察局（Care Inspectorate）提出申请。在注册过程中，护理监察局会审核以下内容：申请人和经理是否适合提供或者管理养老机构；选址是否符合养老机构的目的；养老机构提供的服务必须为使用该服务的每个老年人的健康、福利、独立、选择、隐私和尊严作出所有适当的规定。一次性需缴纳3849英镑的费用，每年还需收取157英镑的年费。在英格兰申请则无需缴纳申请费，但是必须支付年费，而且需要向护理质量委员会（CQC）提出申请，申请内容除了地址和提供的服务内容之外，还必须提供养老机构必要的质量和安全基本标准等内容。[1]

2. 养老机构运营管理

在日本，为了有助于更好地满足申请人的需求，民营养老院必须根据《老年人福利法》的规定，定期披露机构信息，包括机构提供护理服务内容、护理设施情况以及财务报表和业务平衡计划等。对于民营养老院的监察还包括现场调查、团体指导（聚集多家企业进行培训）等。[2] 日本的养老机构每年必须提交经营

[1] 苏格兰申请养老院的要求，https://www.gov.uk/residential-care-homes-scotland。

[2] 日本厚生劳动省《民营养老院设置和运营指导方针》，https://www.mhlw.go.jp/file/06-Seisakujouhou-12300000-Roukenkyoku/0000084815.pdf。

报告，接受政府监督。无论是营利性还是非营利性，只要入住人数达到一定标准规模以上（一般为50人）并且符合《指导方针》的要求，均可享受政府金融的长期低息贷款。20世纪80年代后，日本政府制定了“银色标志制度”，成立了“银色标志认证委员会”，开始对符合条件的社会养老机构、老龄产品和服务提供商进行认证并公布于众，接受公众的监督。[1] 2000年，日本颁布了《护理保险法》，该法案也对养老机构的监管作出了明确规定，规定养老机构的工作人员、服务内容等信息必须向社会公布，接受第三方的评估。

英国政府从1946年开始，就不断完善和出台相关的法律，为英国养老服务和机构的发展提供了完善的法律框架。《国民健康服务法》《国民保健法》《全民健康与社区照顾法案》《国家老年服务框架》等这些法律和标准，从养老机构的建设、养老服务的内容、对养老机构的管理与评估等方面均作了详细的规定。此外，英国政府还颁布了《国家黄金标准框架》，该法案对养老机构的服务标准和服务质量提出了详细、具体的标准规则。为英国老年人享受养老服务提供了一个很好的法律保障。英国各地方政府都有专门的负责评估、监管的机构对养老院提供的服务内容进行监督管理，英格兰的护理质量委员会（Care Quality Commission，CQC）和苏格兰的社会服务检查会（The Care In Spectate），这两个机构的作用是监督、检查和规范养老护理机构的服务，以确保达到最低质量和安全标准。为此，CQC制定了详细的法规，其中包括雇用合格的工作人员，场所必须达到严格的健康和安全标准等。为了确保护理人员达到要求标准，CQC会定期检查护理院，其检查基于五个关键服务领域：安全性、有效性、领导力、护理标准以及对居民需求的响应能力。通过检查，护理院将获得评级：出色、良好、需要改进、不足。如果护理院不符合必要的护理标准，则会采取惩罚措施，甚至取消登记资格。CQC会定期发布评级信息，以便寻求护理服务的居民可以进行比较，并根据需要选择适合自己的护理院。[2]

根据一份对Dove Court Care Home机构的检查报告，我们可以详细了解CQC具体检查的内容。CQC根据《2008年健康和社会关怀法》第60条进行了此项检查。并根据《2014年护理法》对服务进行评级。[3]

（1）队员构成：由两名社会护理检查员进行。

（2）服务类型：该机构是一个疗养院。根据合同协议，疗养院中的人们作

---

〔1〕田香兰：《养老事业与养老产业的比较研究——以日本养老事业与养老产业为例》，载《天津大学学报》2010第12卷第1期。

〔2〕在英格兰经营养老院的法律要求，https://truelegal. co. uk/care – homes – and – nursing – homes/legal – requirements – for – operating – a – care – home – in – england/。

〔3〕概述和CQC检查，https://www. cqc. org. uk/location/1 – 117320606#accordion – 1。

为一个整体获得住宿和护理服务。该疗养院为一栋改建的建筑，最多可容纳32人。检查时，有27人居住。该机构的经理已在护理质量委员会注册，这意味着他们对机构的运行方式以及所提供护理的质量和安全负有法律责任。

（3）检验通知：检查是未经通知的。

（4）检查内容：工作人员与十个老年人、六名相关人员和七名工作人员进行了交谈，并得到了一名专业医疗保健人员的反馈，以帮助做出判断。工作人员使用简短的检查观察框架（SOFI）观察了提供的护理和支持服务以及员工与老年人之间的互动。之后检查人员与注册经理、总经理、两名助理经理和五名工作人员进行了交谈。查看了四份员工档案、以前的检查报告、花名册、审计、员工培训和监督记录，健康和安全文书工作，事故和事件记录等。工作人员还查看了与房屋管理有关的记录，例如质量审核、火灾风险评估和感染控制记录。

（5）检查后，工作人员还联系了另外7位医疗保健专业人员，以征询他们对该机构提供服务的看法。

美国政府为了加强对养老机构的监管，出台了专项的《疗养院改革法案》（*Nursing Home Reform ACT*）。该法案是1987年《综合预算和协调法》的一部分，提供了规范美国护理院的指南，规定住院老年人享有的基本权利，这些基本权利是为了保护每个公民的隐私、个性、尊严和医疗需求而制定的。具体包括：隐私权、满足身体和心理需求、自由沟通、受到尊严对待、免受虐待和轻视、自由决定权、发表不满而不受报复和歧视、身体不受约束、自由参加居民团体和自由选择参加护理计划等。该法案规定居民所享受的服务包括：获得护理服务、社交和康复服务，获得饮食和药品服务，定期评估每位居民服务，为每个居民制订全面护理计划，如果该机构床位超过120张，则需聘请专职社会工作者。此外，该法案为这些服务建立了一整套标准。《疗养院改革法案》对设施认证和监管方面制定了严格的准则。州政府必须进行包括居民访谈在内的不定期突击检查，间隔不能超过15个月。检查通常集中于评估护理质量、居民权利、生活质量以及该设施为居民提供的服务。如果检查不合格，机构就将处于巨额罚金或吊销执照的风险。[1]

3. 养老机构退出管理

营利性质的养老机构从本质上来看是属于企业法人的范畴，因而其退出市场的行为与其他营利性公司企业退出具有很多相似之处。但养老机构服务的内容涉及社会公共利益，服务的对象具有广泛性和风险性，所以养老机构的退出还具有一定的特殊性。

---

〔1〕 https://nursinghomeabuseguide.com/resources/nursing-home-reform-act/.

日本在最近这些年，破产一直困扰着护理行业。数据表明，居住和非居住的护理机构正在以前所未有的速度破产。在 2016 至 2018 年，年均破产护理机构超过 100 家，几乎是 2013 年的两倍。[1] 虽然近几年日本的养老机构需求激增，但是行业的特殊性导致养老机构破产。第一点是入住率，养老机构必须拥有超过一定的入住率才能达到收支平衡；第二点在于设施太多工人太少，且工资低；第三点是长寿带来的诸多问题。日本的营利性质养老机构获利能力大多取决于一次性的高额入场费，而不是每月的“租金”。居民的寿命越长，可以容纳的新人就越少，机构的盈利能力就越低。

英国脱欧可能对于养老机构产生重大影响，因为许多养老机构严重依赖欧盟移民劳工。据估计，大约 15% 的社会护理工作人员非英国国民。如果停止从欧盟迁移非技术工人，预计到 2025 年，养老机构和家庭护理机构可能会缺少 70000 名员工。[2] 2019 年 4 月，英国一个超大型的养老机构 Four Seasons（该机构有 322 个房屋，可容纳 22000 人）面临破产，其主要原因是成本上涨和地方当局大幅度削减护理院费用的打击。该机构负责人坚称，居民将不受此举的影响，破产也标志着集团重组过程的最新阶段。此后，英国工人工会（GMB）表示，政府需要紧急介入，以确保 Four Seasons 集团的员工和居民安心。[3]

三、养老机构运营管理经验

（一）养老机构地理位置

养老机构的地理位置对于机构的持续发展至关重要，也是提升老年人生活品质的重要方面。日本是一个发达国家，城市化率比较高，所以养老机构选址一般都在比较繁华的地方，交通便利且靠近医院。美国地域宽广，人口大多集中在大城市中，因此养老社区一般处于人口密度相对较低的地区，或者毗邻州际高速公路的郊外，交通便利。从地理空间分布来看，养老机构社区空间日益集聚分布在气候宜人和风景优美的区域。这一趋势可以从美国最大的机构养老服务集团 Brookdale 养老社区地理分布格局中体现出来。Brookdale 机构养老社区主要集中分布在波士顿城市带、加州阳光带、西雅图－波特兰城市带和五大湖城市集聚区。

---

〔1〕 What happens to residents when an old age home goes bankrupt? https://japantoday.com/category/features/kuchikomi/what-happens-to-residents-when-an-old-age-home-goes-bankrupt.

〔2〕 Restructuring and care homes. https://www.pinsentmasons.com/out-law/analysis/restructuring-and-care-homes.

〔3〕 Four Seasons: Care home operator goes into administration, raising fears for elderly residents. https://www.independent.co.uk/news/business/news/four-seasons-care-home-operator-administration-residents-a8892731.html.

这些区域或地方均拥有良好的气候条件和优质的景观资源，如绵软的沙滩、金色的海岸、清澈的湖泊、优美的绿化、完备的商业服务、完善的文化设施等。美国亚利桑那州的“太阳城”，因其适宜老年人群的气候条件、先进的医疗水平和优质的养老服务，成为吸引来自全球各地老年人群的养老目的地，并因此形成了一个产业链长、科技含量高、创新性强的机构养老产业集群。[1] 英国的养老院一般选在大城市边缘或者乡村，靠近河流和海边的养老院通常会更受欢迎。

（二）养老机构规模

1. 日本养老机构规模

随着近几年日本人口老龄化的加剧，老年人对于养老机构的需求也日益增加。日本养老机构分类清晰、目标人群明确。根据表 18－1，日本的养老机构以介护设施为主，介护设施中以介护老人福祉设施为主。截至 2014 年 4 月，介护老人福祉设施数量达到了 7865 个，用户人数为 51.68 万人。各种收费养老院数量也很多，2013 年 7 月底达到了 8499 个，服务近 35 万老年人口。轻费（低收费）的养老院是针对贫困老年人口，政府给予补贴，2012 年 10 月数量也达到了 2182 个，用户人数在 9.1 万。随着人口老龄化的进一步加剧，日本养老机构的规模还会不断扩大。

2. 英国养老机构规模

在英国，养老机构的年产值约为 159 亿英镑，服务约 41 万居民。截止到 2017 年 11 月，英国约有 5500 家不同的运营商经营着 11300 家养老院，其中约 95% 的床位由私营部门提供（营利和慈善机构）。2011 年，英格兰和威尔士的 65 岁及以上的老年人中有超过四分之一（29 万）居住在养老院，占该年龄总人口的 3.2%。2010 年，英国由地方政府运营的护理院只占 17%，由私人运营的护理院比例高达 63%。[2]

---

〔1〕 林静、蔡建明、程哲：《美国机构养老社区空间人本化构建及经验借鉴》，载《地理科学进展》2017 年第 7 期。

〔2〕 英国国家统计局，https://www.ons.gov.uk。

表 18－1 日本养老机构的规模和使用人数

机构类型	介护设施（2014 年 4 月）			收费养老院（2013 年 7 月）	老年人住宅（2014 年 3 月）	认知症设施机构		轻费养老院（2012 年 10 月）
	介护老人福祉设施	介护老人保健设施	介护医疗机构			认知症团体之家（2013 年 10 月）	小型多功能家庭护理（2012 年 10 月）	
设施数（个）	7865	3994	1575	8499	4555	12124	953	2182
用户数（人）	516800	349900	70300	349975	146522（户）	176900	65113	91474

数据来源：日本厚生劳动省，https：//www. mhlw. go. jp/file/05 – Shingikai – 12601000 – Seisakutoukatsukan – Sanjikanshitsu_ Shakaihoshoutantou/0000044903. pdf

3. 美国养老机构规模

根据美国疾病控制和预防中心（CDC）的数据，2016 年全美约有 15600 家疗养院（Nursing Homes），拥有 170 万张许可床位，有 140 万老人入住。在养老社区方面（Residential Care community），全美约有 28900 个机构，拥有将近 100 万的床位数量。其中，疗养院有 69.3% 的机构是营利组织，23.5% 的机构是非营利组织，剩下的 7.2% 是政府或者其他组织。而养老社区的营利组织比例可到达 81%，非营利组织仅占 17.7%，而政府和其他组织举办的养老社区只占 1.3% 的比例，数量很少。可以看出，美国无论是长期护理保险的疗养院，还是养老机构社区，营利组织占了非常大的比重，而政府举办的机构所占份额非常少，养老机构的建设主要是以市场为导向，以营利组织为主体。[1]

（三）养老机构配套服务设施

1. 日本养老机构

日本养老机构会根据不同的用户需求，提供内容不同的服务。表 18－2 详细展示了日本五种养老机构设施的入住标准、服务内容和设施种类。可以看出，不同的养老机构有严格的入住标准且服务内容也不尽相同。收费养老院、老年人住宅和低收费养老院一般不提供护理服务，但如果需要机构可以跟第三方服务商签订合同来提供护理服务。这三类养老机构居住面积较大、设施条件较好，服务内容全面，费用也相对较高。介护保险设施机构和社区养老设施机构会提供专业的

〔1〕 美国国家卫生统计中心，《2015—2016 美国长期护理提供者和服务用户》，https：//www. cdc. gov/nchs/data/series/sr_03/sr03_43－508. pdf.

护理服务，但是居住面积较小，提供的娱乐设施较少，个人自付的费用也相对较低。

表 18－2　日本五种养老机构配套服务设施

养老机构类型	入住标准	服务内容	设施种类
收费养老院	年满 60 岁以上且被证明需要支持或护理的人，身体健康的老年人也可以申请入住	护理服务、出勤、安全确认，紧急响应等），餐饮服务，生活支持服务（打扫房间、洗衣服、购物等），健康管理服务（健康咨询、健康检查、药物管理等）。使用护理服务需要与第三方机构签合同提供	房间面积为 $13m^2$ 以上。有水槽和厕所，但浴室很少。共用设施包括餐厅、客厅、多功能室、浴室（包括机浴）、功能培训室、保健室、临时护理室、公共休息室、洗衣房、废物处理室等。有配备卡拉 OK 室，剧院室等
老年人住宅	50 岁以上能够独立生活的老年人	接待服务（接待访客、传达、公共区域预约、各种商谈等），值班服务（安全确认），应急服务（安排救护车、联系医生等）、餐饮服务、清洁、洗衣等。使用护理服务需要与第三方机构签合同提供	房间为 1 室 1 厅—3 室 1 厅。共用设施包括餐厅、公共浴室、娱乐室、剧院、健身室、图书馆、工作室、围棋/麻将室、客房等。大楼中有诊所和护理服务办公室作为租户
介护保险设施机构	参加介护保险需要护理服务经过登记评估的老年人	护理服务（膳食、洗澡、排泄援助、功能培训、出勤、安全确认、紧急响应等），餐饮服务，生活支援服务（清洁、洗涤、购物等），业余活动，健康管理服务（健康咨询、药物管理、与近邻医疗机构合作）	根据不同的评估等级和护理需求，入住房间为 4 人间或多床房，房间面积最小为 $6.4m^2$。护理服务（膳食、洗澡、排泄帮助、功能培训、就诊、安全确认等），餐饮服务，生活援助服务（客厅清洁、洗衣服、购物等）

续表

养老机构类型	入住标准	服务内容	设施种类
认知症设施机构	分为两类： (1) 认知症团体之家：针对轻度老年痴呆症老人和智力、精神障碍的成年人； (2) 小型多功能家庭护理：针对当家庭成员不在家的情况下，由熟悉的护理人员为患认知症的老家人提供护理服务	(1) 认知症团体之家：护理服务（膳食、洗澡、排泄援助、功能培训、出勤、安全确认，紧急响应等），餐饮服务，生活援助服务（清洁、洗涤、购物等），活动（业余爱好、体操等）以及与近邻医疗机构合作。 (2) 小型多功能住宅：洗澡和饮食帮助/功能训练等（日间服务）生活援助服务（家庭护理）	房间面积至少为 7.43m^2，公用设施包括饭厅、客厅、浴室、洗手间、卫生间、洗衣房、废物处理室和功能培训室等
低收费养老院	供 60 岁以上不愿独立生活且无法获得家庭帮助的人进入，分为自立型和介护型	自立型：膳食服务，生活支持服务（更衣室、洗衣服、购物等），与附近医疗机构的联盟，应急响应等。 介护型：护理服务（膳食、洗澡、排泄援助、功能培训、出勤、安全确认、紧急响应等），餐饮服务，生活支援服务（清洁、洗涤、购物等），活动（业余爱好和体操）、健康管理服务（健康咨询、药物管理、与近邻医疗机构合作）	房间的大小为 21.6m^2 或更大（双人间 31.9m^2），并设有卫生间、迷你厨房和洗手间。共用设施包括饭厅、客厅、浴室、洗衣房，也有餐厅和公共浴池

资料来源：日本厚生劳动省，https：//www. mhlw. go. jp/file/05 – Shingikai – 12601000 – Seisakutoukatsukan – Sanjikanshitsu_ Shakaihoshoutantou/0000171814. pdf

2. 美国养老机构

美国的养老社区建筑比较豪华，提供的服务也比较丰富多样，配套设施齐全，甚至还有很多高级娱乐项目，充分尊重老年人的个性需求和身体、心理的发展需要。详见表 18 – 3。

表 18－3　美国五种养老机构配套服务设施

养老机构类型	入住标准	服务详情	设施内容	平均入住时长（年）	入住率（%）
活跃成年人退休社区	年龄 55—70 岁之间，活跃健康的老年人	无医疗护理服务，允许使用第三方提供的家政、卫生、保健等服务	一般为独栋/连排别墅，提供健身房、游泳池、网球场、高尔夫球场、游戏室等	10	91
生活自理型社区	年龄 65—80 岁之间，不需要日常生活协助	餐饮，家政和洗洁服务，有班车定点接送居民去购物中心及公交站；允许使用第三方提供的家庭卫生保健服务	提供健身房、游泳池、网球场、活动游戏室、图书馆等	3.16	90
生活协助型社区	年龄 75 岁以上，至少在一项日常生活中需要帮助	三餐供应，家政、帮助洗澡、穿衣、吃饭、如厕、行走、服药提醒、用药管理、制订个人生活计划及体能复健训练等	一般为一卧一室，提供活动/游戏室，图书馆，锻炼与康复中心	1.75	89
特殊护理社区	根据需求，生活不能自理或需要专业护理	起居照顾、穿衣、进食、执行医嘱、专业复健、24 小时急诊看护等。持有护士执照的专业人士护理，医疗监测治疗	较少娱乐设施；锻炼与康复中心和理疗室	2.29	88
混合型持续护理退休社区	年龄 65 岁以上，不需要日常生活协助到生活不能自理	不同阶段老人，提供相应的服务	提供其他养老社区所提供的配套设施的结合体	6.42	89

资料来源：吴颜媛，机构养老和居家养老：管理模式及财务分析，第三届中国国际养老服务业博览会老年人金融服务主题研讨会，2014 年 5 月

3. 英国养老机构

英国养老机构大都提供日常生活辅助服务、护理服务等，房屋内部设施和公共设施比较齐全，完全可以满足老年人的生活需求。本章选取英国汉诺威锚（Anchor Hanover）机构为例，详细介绍该机构提供的服务项目。Anchor Hanover 是 Anchor Trust 公司和 Hanover Housing Association 公司合并之后成立的，成立于

2018 年 11 月，目前已经成为英国最大的专业住房和老年人护理服务非营利性护理之家提供商。Anchor Hanover 现在有 1700 多个子机构，提供了 54000 多套房屋住宅，其中包括豪华退休村以及 100 多家养老院。[1] Anchor Hanover 养老院主旨为：老年人能够充分享受生活，获得最大的独立性和内心的平静。

养老院的服务包括从支持性的居住服务到专业的痴呆症服务，丰富多样。具体提供的服务包括：

（1）护理服务。专业护理人员个性化定制护理，护理之家都配备齐全

（2）房屋设施。老年人居住的房间按照高水准进行装饰，房屋都完全配备了呼叫系统，以确保全天 24 小时服务。特别配备的浴室，轮椅通道和电梯等方便设施。舒适、设备齐全的卧室，其中大多数都带有连接浴室设施。

（3）公共设施。休息室配有电视、收音机和游戏机；提供公共会客区，老年人可以与亲人见面，与邻居相处；设有图书馆，美发沙龙，茶室和宜人的户外空间。

（四）老年人入住机构资金来源

日本的养老机构以介护保险设施机构为主，养老机构会根据参加长期护理保险老年人的身体评估结果由本人、中央政府、县政府和市政府分摊入住养老院的费用。日本企业在职人员 40 岁开始都要缴纳介护保险金，其保费和医疗保险一起缴纳。当被保险者由于身体原因需要护理服务时，首先向当地政府提出申请，政府会根据评价机制对老年人评定等级，按照 1 级至 5 级的等级规格，给每一位老年人进行补贴。介护费采用分摊机制，每月个人费用根据老年人的收入来确定。[2] 此外还特别对老年人制定养老金补助金标准规则。除介护保险机构以外，入住认知症机构和轻费养老院政府会发放相应补贴。入住收费养老院和老年人住宅，则费用完全由老年人自己支付。

美国的养老社区以营利性为主，政府举办的养老机构数量少之又少。老年人入住营利性机构的费用一般是通过退休金或者商业保险支付。美国老年人的平均月收入不到 2500 美元，除了房产，美国老年人基本上没什么财产。因此，美国成熟的金融服务体系围绕房产，提供了“以房养老”的金融支持。“以房养老”主要包括两种形式：“房屋净值贷款”和“房屋反向按揭贷款”。“房屋净值贷款”（House Equity Loan）是指借款人以所拥有住房的房屋净值（房产估值减去房贷债务余额）作为抵押或担保获得的贷款。“房屋反向按揭贷款”（Reverse Mortgage，

---

〔1〕 汉诺威锚公司简介，https://www.anchorhanover.org.uk/。

〔2〕 ［日］山田哲二：《日本基于社区的正式家庭护理，非正式家庭护理和护理家庭护理选择的行为分析》，载《日内瓦风险与保险—问题与实践》2006 年第 31 卷。

RM）是指房屋产权拥有者，把自有产权的房子抵押给银行、保险公司等金融机构，后者在综合评估借款人年龄、预期余命、房产现在价值以及预计房主去世时房产的价值等因素后，每月给房主一笔固定的钱。房主继续获得居住权，一直延续到房主去世。当房主去世后，其房产出售，所得用来偿还贷款本息，其升值部分归抵押权人所有。美国的特殊护理服务社区也接受购买长期护理保险和政府项目（Medicare/Medicaid）的老年人。

英国的老年人入住养老机构，需要经过家庭财产的调查，包括拥有的房产。老年人自有财产超过一定的数额，入住养老机构需要自己付费。而不满足条件的老年人，政府将根据申请人的居住地和所需护理类型进行补贴。英国各个地方的要求不同，英格兰和北爱尔兰资产超过23250英镑，苏格兰资产超过26500英镑，威尔士资产超过30000英镑的人需要支付全部看护费用。2016年，英国养老机构自费者的平均成本是每周846英镑（接近每年44000英镑），而地方政府部门平均每周支付621英镑。地方政府有法律义务满足“符合条件”居民的养老需求。[1]

（五）养老机构建设融资及经营模式

养老机构建设周期长，资金需求量大，投资回报周期长，同时还面临着各种各样的市场风险，因此稳定的融资渠道是发展养老机构的关键。目前，非营利性质的养老机构一般都是各国地方政府、慈善组织、基金会、宗教机构等投资建设，资金来源为财政拨款和社会各界捐款等，政府给予相应的贷款或者税收优惠，主要针对身体残疾、疾病、贫困和没有子女照护的老年人，发挥政策性兜底的作用。但需要注意的是，在英国，即使是政府投资建设的养老院，也没有税收、贷款或用地方面的优惠。公办养老机构和私营养老机构一样，都要根据市场规律来运作，各种补贴也都是直接支付给老年人，并不存在给养老院建设补贴或者运营补贴等资金方面的支持。

营利性质的养老机构会通过多种多样的融资渠道来筹集资金，目前国际上养老机构的融资运营模式主要有以下三种：

1. 全资自筹模式

这种模式一般是指一些资金实力雄厚的大型公司通过自有资金或者其他途径融资后进行养老机构的投资，也包括政府投资建设的非营利性养老机构。

2. 合作投资模式

这种模式是指投资商与其他机构共同开发建设养老机构，如寿险公司、房地

---

〔1〕 英国卫生和社会保障部，https://www.nhs.uk/conditions/social - care - and - support - guide/care - services - equipment - and - care - homes/care - homes/。

产公司、医疗护理机构等。其中比较典型的是 PPP 养老模式，这种模式很好地调动了政府和社会的资源，利用政府财政和社会资金、政府优惠政策和社会机构的人才经验和社会资源，很好地将二者的优势结合在一起。

3. REITs 模式

REITs（Real Estate Investment Trusts），中文称之为“房地产投资信托基金”，是这几年在海外市场逐渐成熟的房地产金融运作模式。投资者将资金汇集到房地产投资信托基金公司处，并得到其收益凭证作为证明，房地产投资信托基金公司利用专业投资技能进行经营，通过租赁房屋来收取房地产租金产生收入（如写字楼、商业地产、工业地产、养老社区等），同时按相关法律规定，将利润的 90% 作为分红分配给股东，从而为股东带来稳定投资收益。[1]

（1）REITs 融资模式。

目前，全球已有 30 多个国家和地区推出了 REITs 产品。其中以美国、日本和英国发展最为迅速。这种模式本质上是一种资金整合，对于中小企业来说，资本量不大也可以参与投资。从机构运营角度分析，养老机构在市场上竞争的两个核心要点，一是低成本、稳定的资金获取能力，二是养老机构自身的运营管理服务能力。REITs 融资模式恰好解决了第一个难题，为养老机构提供了低成本、长期限的资金来源。

REIT 由美国国会于 1960 年创立，其目的是允许中小投资者投资房地产。这种基金本质上是一种封闭式公司基金，拥有并管理着一系列创收性房地产或抵押产品。REITs 在刚成立时确实经历了一段比较艰难的普及期。1990 年 11 月金科公司（Kimco）首次公开发行（IPO）1.28 亿美元，一年后塔博曼公司（Taubman）发行 3.3 亿美元 IPO，在此推动下，许多大型房地产公司选择转换为 REIT 结构。在 1993 年至 1994 年 IPO 的“热潮”中，有 95 家美国私人房地产公司以 REITs 的身份上市，筹集了 165 亿美元的股本。继 REITs 在美国取得成功之后，世界各国都建立了类似的房地产结构以促进国内房地产业的发展。但直到 1997 年金融危机以后的 2000 年，几个亚洲国家才将 REIT 作为房地产行业注入大量流动性资金的新方法，其中以日本发展最为典型。[2]

过去的几十年里 REITs 在美国迅速发展，到 2008 年共有大约 159 家上市房地产投资信托基金，其中 136 个为股票房地产投资信托基金，20 个为抵押房地产投

---

〔1〕 从资本运作角度解析中国机构养老连锁化发展的最大困境，https://www.ageclub.net/all/analysis/757.html。

〔2〕 Dirk Brounen and Sjoerd de Koning, 50 Years of Real Estate Investment Trusts: An International Examination of the Rise and Performance of REITs, Journal of Real Estate Literature, Vol. 20, No. 2 (2012), pp. 197 - 224.

资信托基金，3 个为混合型房地产投资信托基金（NAREIT）。股权房地产投资信托和抵押房地产投资信托的主要区别在于，前者投资房地产，而后者投资于抵押债务或结构性产品。[1] 在美国，所有类型的 REIT 合计拥有超过 3 万亿美元总资产，在股票交易所上市的 REIT 拥有约 2 万亿美元资产，投资超过 20 万处房地产，且美国许多大型养老机构也采用 REIT 的运作模式。[2] 根据表 18－4 的数据来看，2013 年美国前 10 大养老社区中，处于第一位的 Ventas Inc 和第二位的 Health Care REIT Inc 和第四位的 HCP Inc 和第七位的 Senior Housing Properties Trust 均为 REITs 性质的，REITs 已成为最主要的运作方式。

表 18－4　2013 年美国排名前 10 名养老社区

序号	公司	性质	总部
1	Ventas Inc.	REITs	Chicago，IL
2	Health Care REIT Inc.	REITs	Toledo，OH
3	Brookdale Senior Living Inc	Owner and operator of senior living communities	Brentwood，TN
4	HCP Inc.	REITs	Long Beach，CA
5	Holiday Retirement		Lake Oswego，OR
6	Boston Capital	real estate investment and advisory firm	Boston，MA
7	Senior Housing Properties Trust	REITs	Newton，MA
8	The Evangelical Lutheran Good Samaritan Society	not – for – profit organization	Sioux Falls，SD
9	Emeritu Senior Living	a provider of independent living，assisted living etc.	Seattle，WA
10	Senior Lifestyle Corporation	Owner/operator/developer of senior living	Chicago，IL

资料来源：ASHA，长江证券研究部，https：//www. ageclub. net/all/analysis/757. html

从表 18－5 中可以看到，美国是最早发展 REITs 的国家，而且目前数量最多。日本在 2000 年也开始引入该制度，且日本和美国对 REITs 没有杠杆的限制。而英

〔1〕 Robert Edelstein，Peng（Peter）Liu，Desmod Tsang，Real Earnings Management and Dividend Payout Signals：A Study for U. S. Real Estate Investment Trusts，G0，G12，March 2，2009.

〔2〕 https：//www. reit. com/what – reit#.

国发展得比较晚，目前的数量也不是很多，而且利用利息覆盖测试机制对 REITs 进行杠杆限制。这三个国家的利润分配的比例都比较高，美国和日本是净收入的 90%，英国是免税利润的 90%。

表 18－5　三个国家的 REITs 基本概况

国家	法定名称	建立时间	REITs	杠杆限制（是/否）	利润分配
美国	US－REIT	1960	171	否	净收入 90%
英国	UK－REIT	2007	21	是，利息覆盖测试	免税利润 90%
日本	J－REIT	2000	41	否	净收入 90%

资料来源：Dirk Brounen and Sjoerd de Koning，50 Years of Real Estate Investment Trusts：An International Examination of the Rise and Performance of REITs

（2）PPP 模式。

PPP 即 Public－Private－Partnership 缩写，即政府或国家（Public）与民间或私人机构（Private）的一种合作项目关系（Partnership）。政府部门和私人机构通过契约关系达成一种长期合作的机制，基于一种共同的原则“风险共担、利益共享”，目的是为了向社会提供更好的公共物品和服务。这种模式目前主要包括 BOO（Build—Own—Operate，即建设—拥有—经营）和 BOT（Build—Own—Transfer，即建设—拥有—转让）两类。BOT 模式是指政府提供一块地块，由民营机构来新建及运营，期满之后交还给政府，合同期一般是 30 年，而 BOO 模式即公助民办养老院，指的是由民营资本出资建设并拥有养老院。项目由民营机构出资建设、运营，政府提供土地、优惠政策。BOO 由 BOT 方式演变而来，二者主要的区别是 BOO 方式下社会资本或项目公司拥有项目所有权。

近几年，由于政府公办的养老院运营效率不高，服务类型单一，难以满足多样化的养老需求。PPP 模式的介入，满足了政府对养老机构数量增长的需求，既可以减轻政府的财政压力，又可以为居民提供优质多样的养老机构。PPP 的概念起源于欧洲，之后世界银行等组织大力推广 PPP 模式。

英国是世界上第一个为公共服务项目开发公私合作伙伴关系（PPPs）概念的国家。通过与私营部门的伙伴关系，公私合作可在现代化设施内提供高效，成本效益和可衡量的公共服务，同时最大限度地降低财务风险。自英国启动首个私人融资计划（PFI）以来 20 多年来，健康公民对一个国家的经济增长所带来的好处更加明显。此外，强大的合作伙伴关系的建立将服务交付从逐个项目的方法转移到了包括战略和政策制定以取得长期成果的方法。

美国的 PPP 模式大量集中于公共交通、水利等基础设施领域。在养老机构方面，美国偏向于建设养老公寓和养老社区，一般由美国政府出资、住房部和城市建设发展部设计开发，由私人机构全面接手运营。例如，公租房或者廉租房在建设纽约的老人公寓中得到广泛运用，政府通过投资补贴或者税收优惠的政策形势，鼓励民营企业或者非营利组织参与到老年公寓的运营。[1]

日本在经济泡沫之后，开展了对 PPP 模式的调研研究。1997 年提出了设立运营收费的老人之家，此阶段的养老产业 PPP 项目主要是以政府为主。2001 年，日本全面放开民间资本和非营利组织在养老产业的权限，使更多的市场主体参与到养老产业中，特别是护理服务领域，相关企业和团体数量急剧增长。1999 年日本的 PPP 项目数量仅有 3 个，到 2015 年该数字增长为 527 个。[2]

（六）养老机构的运营及安全管理

在养老机构的运营过程中，自始至终伴随着各种潜在风险，如服务对象突发疾病或出现意外造成的伤亡是养老机构面临的主要风险；其他事故也是重大风险源，如火灾隐患、食品安全、传染疾病、工作人员护理不当等。因此，降低运营和服务风险不仅是养老机构发展的重要基础，更是提升养老服务质量的关键。

1. 加强护理人员管理和培训

养老机构的从业人员是养老服务最重要的主体，护理人员的专业技能、素质水平直接决定了养老机构的服务质量，为降低运营服务风险提供了强有力的保障。

日本厚生劳动省对于介护保险设施的医护人员比例有严格的规定。表18－6中，详细介绍了介护保险设施机构中三种不同类型养老机构介护人员的最低数量和配置比。在介护疗养院中，每百张床位介护职员的配置数量是最高的，数目为 31 人。而看护人员每百张床位只需要 3 人。三种介护机构入住者和看护、介护人员比例保持在3：1，平均每三位老人就有一位护理人员，保证了老年人在养老机构的生活，同时也提升了养老机构的服务效率和质量。在日本，护理已经成为一门独立的学科，护理员也称为介护福祉士。介护士具有福利、医疗保健等相关的背景知识，需要接受系统的职业道德、专业理论的学习和实际操作训练，并经过严格认证才能就业。其薪资标准与其专业等级和服务内容挂钩，且有一套专门的考察体制。其主要工作内容为根据被照护者的需要提供进餐、洗澡、排泄、步行等方面的协助以及咨询工作，并且要帮助被照护者保持心理健康。

---

〔1〕 黄佳：《PPP 模式建设养老机构的国际经验与对策研究》，载《改革与开放》2016 年第 19 期。

〔2〕 王寅：《境外 PPP 模式及其对我国养老机构发展的启示研究》，南京大学 2018 年硕士学位论文。

表 18－6 介护保险设施最低医护人员数量 单位：人

人员编制（每 100 张床）	介护老人福祉设施	介护老人保健设施	介护疗养院
医师（医生）	1	1	必要数
看护职员（有医疗行为）	18	10	3
介护职员（无医疗行为）	18	24	31
入住者：看护、介护职员	3:1	3:1	3:1

资料来源：日本厚生劳动省，https：//www. mhlw. go. jp/file/05 – Shingikai – 12601000 – Seisakutoukatsukan – Sanjikanshitsu_ Shakaihoshoutantou/0000044903. pdf

英国和美国比较重视养老服务人才的职业技能培训，一些大学还专门开设针对老年服务的专业和课程，以提高养老服务人员的专业知识水平和能力水平。专业工作人员都必须参加政府举办并认可的相关专业资格考试，取得合格证书的才可以从事养老照顾服务。员工的培训也是养老机构日常工作的一部分，通过对员工的定期培训，持续不断提高护理人员的专业技术和素养。同时，很多养老院建立了对员工的奖惩机制和评价机制，通过老年人对员工服务反馈和其他评价体系，综合评价每一位员工。评价不合格的员工会继续加强教育，甚至还会被扣工资、开除等惩罚。美国的《社会保障法》第 1819 条规定：合格的护理机构必须提供 24 小时持续护理服务以满足居民需求，并且雇佣专业注册护士，每周服务 7 天，每天连续 8 小时；合格的护理机构必须提供定期的绩效评估和在职员工培训，以确保护士助理人员有能力提供服务，包括对提供护理和培训的人员进行培训等。

2. 建立入住评估制度以提高养老机构运营能力

日本和美国都建立了老年人入住评估机制，以提高养老机构运营能力，从而降低运营风险和运营成本。日本通过和第三方的专业机构进行合作，对申请人的身心状况、行为能力和生活能力进行数十项评估，并辅之以医疗调查，最终确定入住资格和护理等级。而美国政府则通过“积极老龄化”（MPL）理念的推广及运用，让更多能够自理的老年人愿意入住养老社区，提高了自理老年人和养老机构之间的黏性。根据对美国最大的养老服务公司 Brookdale 分析，该公司在 46 个州拥有 1100 多家养老机构，覆盖全美 80% 的人口。其中自理客户群占社区总入住客群的比例为 33. 6%，其收入占据 Brookdale 年度总收入的 40% 左右。从美国的经验来看，养老机构自理老年人的客群占比达到 30% 以上，收入占比会更高。由于自理客户群的毛利润率相较专护、特护人群更高，是养老机构收入的重要组成部分。[1] 养老成本会随着老年人的年龄增长而增加，延长自理生活的时间，从长远来看也能降低老年人的养老成本。

3. 加强养老机构安全设施管理

英国的养老机构规模有严格限制，一般的养老机构仅有二十几张床位，规模比较大的也只有五六十张床位。2016 年 3 月，英国卫生部颁布了《老年人护理机构药品管理法》，为护理机构运营商、经营者和工作人员提供了有关管理处方药的法律框架的清晰信息，以及安全性和质量保证的要求。日本厚生劳动省颁布了《老龄介护机构抗感染病对策》和《老年人居住空间消防安全措施》等法律，对养老机构的消防安全和感染病预防进行了详细的规定。美国的《社会保障法》第 1819 条和第 1919 条详细规定了养老机构的权利和义务，以及居民的权利。例如在保护居民资金方面有如下规定：[2]

（1）不得要求居民将个人资金存入该机构。

（2）在居民的书面授权下，机构必须根据本款建立和维护的制度，持有、保护和说明此类个人资金。

（3）在获得居民书面授权后，机构必须按以下方式管理和核算存放在机构的居民的个人资金。存款应与机构的任何营业账户分开，并应计入该账户所赚取的所有利息；机构必须确保对每个居民的个人资金进行完整的单独核算，并保存涉及存放在机构中的居民个人资金的所有金融交易的书面记录，并向居民提供（或居民的法定代表人）合理访问该记录；居民死亡后，该机构必须立即将居民的个人资金（以及这些资金的最终核算）转移给管理该居民遗产的个人。

此外，参加 Medicare 和 Medicaid 计划的美国养老机构还必须遵循 CMS 颁布的《生命安全守则》和《医疗保健设施守则》。

四、启示和建议

目前我国养老机构服务还存在养老政策不足、监管机构不到位、民办养老机构融资困难、农村养老服务体系发展迟缓等问题。本章借鉴日本介护养老机构模式、美国大型私营养老社区模式和英国私营加国家补贴养老机构模式的运营管理经验，为我国养老机构发展提出以下建议。

（一）完善相关法律法规，明确监管部门职责，改善营商环境

完善的法律法规为养老机构持续健康发展提供了正确的指导和方向。日本、

---

〔1〕 陈明明：《谁是未来养老机构的主要客户群？美国 MPL 养老服务送来“三板斧”》，2017 年 2 月，https://www.cn-healthcare.com/article/20170208/content-489398.html。

〔2〕 美国《社会保障法》第 1819 条，https://www.hhs.gov/sites/default/files/board-dab-2950.pdf。

英国和美国都非常重视法律法规对于养老机构产业的指导和规范作用，制定了一系列法律法规促进养老机构的发展和规范化运营，以保持一个良好的营商环境。日本政府制定了《国民年金法》《老年人福利法》《老年保障法》《护理保险法》等，并根据经济社会的发展不断修订和完善法律。英国政府制定了《国民健康服务法》《国民保健法》和《国家老年服务框架》等，对养老机构的建设、服务内容和管理做了详细的规定。美国政府颁布了《社会保障法》《住房法》《美国老年人法案》等，推动了商业地产进入养老社区建设领域。完善养老机构运营管理的法律法规是养老机构发展的根本，也是改善营商环境的根本。我国应加快养老机构的顶层制度设计，明确养老机构的运营管理要求和服务内容，为养老机构的发展扫除制度性障碍，进一步激发市场活力。

监管是提升养老机构服务质量的根本途径。发达国家建立了严格的监管制度和养老机构的评价机制。如英国的护理质量委员会（CQC）。它的作用是监视、检查和规范养老护理机构的服务，以确保达到最低质量和安全标准。美国医疗保险和医疗补助服务中心（CMS）提出了“五星质量评估体系”，对养老机构的健康检查、人员配备和服务质量有严格的评估标准。我国政府应尽快出台养老机构评估实施规范，建设多方位、多层次的监督管理机制，完善行政和司法监督职能，对预算管理工作进行标准化评估，并与绩效挂钩。建立信息披露机制，将各级、各类政府养老预算管理信息及时公开，营造一个公平竞争的市场环境。充分发挥群众监督力量，开展受益人监督机制，确保国家政策落到位。

（二）鼓励民营资本进入养老产业，激发运营主体活力

多样的融资渠道和金融服务是养老机构持续健康发展的根本保证。英国约有5500家不同的运营商经营着11300家养老院，其中约95%的床位由私营部门提供（2017年）。美国的养老机构约68%的股份由营利性公司持有，24%由非营利组织运营，其余为政府所有。日本的养老机构绝大多数也是私营部门在运营，政府只是一个监督和管理的作用。根据民政部的统计，截止到2018年底，全国注册登记的提供住宿的各类民政服务机构共计3.1万个，其中注册登记为事业单位的1.6万个，注册登记为民办非企业单位的1.4万个。机构内床位408.1万张，年末收留抚养人员211.9万人[1]。换言之，由政府部门举办的养老机构依然占据我国养老市场的“半壁江山”，养老床位有60%由政府部门设立，远远低于英国95%的比例。我国应该继续鼓励民营资本进入养老产业，降低准入门槛，政府出台相应的税收优惠和贷款优惠等政策，做好监督和监管，做好顶层设计。养老机

〔1〕 2018年民政事业发展统计公报,http://www.mca.gov.cn/article//sj/tjgb/201908/20190800018807.shtml。

构投资规模大、周期长，还面临各种各样不确定的风险因素。因此，稳定的融资渠道是养老机构健康运行的关键。我国应该减少以银行贷款为主导的间接融资模式，逐步完善以证券为主导的直接融资体系，健全 REITs 等金融工具的相关政策和法规。缩短养老地产的回报周期，加快养老地产的资本循环，吸引更多的社会资金进入养老产业。

（三）培训护理人员系统化，提升护理服务专业化

护理人员是养老机构服务的主体，护理人员的专业素质直接决定了养老机构的服务质量和老年人的生活水平。发达国家对于养老机构的护理人员的任职有非常严格的要求。日本养老机构从业人员分为首席护理主任、护理支持专家、护理人员、护理人员初学者培训等种类，每一种护理人员都有自己清晰明确的职责，而且必须持证上岗。英国和美国非常重视养老服务人才的职业技能培训，一些大学还专门开设针对老年服务的专业和课程，以提高养老服务人员的专业知识水平和能力水平。

在我国，养老护理员劳动强度大、工资待遇差、社会认同低，很难吸引到专业的人才。因此，我国养老机构护理人员整体素质偏低，且以大龄女性员工为主，专业水平、业务能力和服务质量均无法满足老年人的需求。面对这一现状，我国首先应该大力提高护理人员的待遇，提升护理人员的社会地位和社会认同感，吸引专业化人才进入养老产业。其次，加强在职员工培训，建立员工考评机制和奖惩机制，调动护理人员的工作积极性。同时加强高校护理人才培训，出台护理员资格认证制度，严格要求护理人员持证上岗，提高护理服务专业化水平。

（四）促进产业融合，建立多元化养老机构产业

多元化发展是养老机构健康持续发展的必由之路。在日本和美国，养老机构与医疗机构紧密合作，一方面是方便为老年人提供必要的医疗服务，另一方面，在老年人发生意外情况时，可以及时采取措施。养老机构与商业保险公司合作，为入住机构的老年人购买保险，合理分担部分意外风险。在英国，养老机构与非营利组织、慈善团体、学校等合作，定期举办互动交流活动，为老年人带来欢乐，提高老年的幸福感。我国应大力推动“医养结合”和“医护结合”建设进程，提高医疗资源的利用效率，制定医养结合人才政策。充分利用互联网等高科技技术，构建互联网 + 养老机构的智慧养老模式。积极推动“融合式养老”模式，打通居家养老、社区养老和机构养老的界限，将三者有机结合，最大化满足老年人的需求。

参考文献

中文文献

马凤芝:《世界老龄化国家和地区养老机构规划的经验——以英国、日本和我国香港地区为例》，载《社会工作》2013 年第 5 期。

程承坪，吴琛:《日本养老健康产业发展的经验与启示》，载《中国人口报》，2018 年 7 月 6 日，第 3 版。

吴洪彪:《瑞士、美国、加拿大养老服务业考察报告》，载《中国社会报》，2012 年 09 月，第 5 版。

林静，蔡建明，程哲:《美国机构养老社区空间人本化构建及经验借鉴》，载《地理科学进展》2017 年第 7 期。

黄佳:《PPP 模式建设养老机构的国际经验与对策研究》，载《改革与开放》2016 年第 19 期。

王寅:《境外 PPP 模式及其对我国养老机构发展的启示研究》，南京大学 2018 年硕士学位论文。

陈明明:《谁是未来养老机构的主要客户群？美国 MPL 养老服务送来“三板斧”》，2017 年 2 月。

杨方方:《非营利组织参与社区养老服务——英国经验及启示》，载《“决策论坛—地方公共决策镜鉴学术研讨会”论文集（下）》，2016 年。

［日］山田哲二:《日本基于社区的正式家庭护理，非正式家庭护理和护理家庭护理选择的行为分析》，载《日内瓦风险与保险——问题与实践》2006 年第 31 卷。

外文文献

David C. Grabowski, Amy Elliot, et al, “Who Are the Innovators? Nursing Homes Implementing Culture Change”, The Gerontologist, Vol. 54. No. S1, S65 – S75.

Benesse 关于养老机构的分类. https://kaigo. benesse – style – care. co. jp/nursinghome/。

日本厚生劳动省，关于设施居住类服务. https://www. mhlw. go. jp/file/05 – Shingikai – 12601000 – Seisakutoukatsukan – Sanjikanshitsu_Shakaihoshoutantou/0000044903. pdf。

LaingBuisson 英国老年人护理市场研究报告. https://www. which. co. uk/later – life – care/housing – options/care – homes/nursing – homes – ahh5b0v0zs6k。

在英格兰经营养老院的法律要求，https://truelegal. co. uk/care – homes – and – nursing – homes/legal – requirements – for – operating – a – care – home – in – england/。

英国国家统计局，https://www. ons. gov. uk。

美国国家卫生统计中心，《2015—2016 美国长期护理提供者和服务用户》，https://www. cdc. gov/nchs/data/series/sr_03/sr03_43 – 508. pdf。

美国《社会保障法》第 1819 条，https://www. hhs. gov/sites/default/files/board – dab – 2950. pdf。

Robert Edelstein, Peng (Peter) Liu, Desmod Tsang, Real Earnings Management and Dividend

Payout Signals: A Study for U. S. Real Estate Investment Trusts, G0, G12, March 2, 2009.

Dirk Brounen and Sjoerd de Koning, 50 Years of Real Estate Investment Trusts: An International Examination of the Rise and Performance of REITs, *Journal of Real Estate Literature*, Vol. 20, No. 2(2012), pp. 197 – 224.

第十九章　社区养老机构监管

20 世纪 60 年代，许多西方福利国家开始由政府投资建造大型的福利性养老机构。但由于人口老龄化速度和照护成本远高于预期，这些国家的高福利和“集中式”养老往往使国家财政不堪重负，加之多数老年人倾向于在自己长期生活的环境中养老，很多国家国家逐渐扩大社区养老服务功能，广泛推行社区居家养老方式，其监管问题日益受到重视。

一、社区养老服务的主要内容

国外社区养老服务的内容主要包括上门服务、在社区中嵌入养老设施及服务网点和养老社区。在社区养老活动中通过这三类服务方式带给老人全面的照护，不仅仅是身体上的疾病护理和健康检查，还保障了老年人精神需求与心理健康。针对特殊残障孤寡老人群体，也有着特殊的照护与服务项目。

（一）上门服务

上门服务是对居住在自己家中的老年人提供的服务模式。国外社区养老服务的上门服务内容主要包括家政服务、生活照顾、医疗护理等。

1. 澳大利亚：全面覆盖衣食住行的综合服务

澳大利亚对居家老人的上门服务不仅包括生活照顾和医疗护理，还提供家居设施改造等服务，甚至为老年人出行提供便利。澳大利亚的家庭护理服务包适合于有较复杂或有特殊照护需求的老年人，可提供全方位、综合性服务。根据老年人对服务需求程度，澳大利亚的社区上门服务大致可分为家庭养老服务计划（Commonwealth Home Support Programme，CHSP）和家庭护理服务包（Home Care Package，HCP）两种类型，其中 CHSP 是为年龄在 65 岁或以上，在居家环境下需提供少量帮助而不需要较高级别医疗照护的老年人提供的服务[1]。服务

---

〔1〕 Australian Government. Commonwealth Home Support Programme〔EB /OL〕.〔2015 - 09 - 23〕. http://www.myagedcare.gov.au/aged-care-services/commonwealth-home-support-programme.

内容包括：①家政服务：帮助老年人完成日常家务，如洗熨衣服、打扫房间、修理花园等。②个人护理：为老年人提供日常生活帮助，如协助洗澡、更衣、如厕、梳妆、上下床等活动。③餐饮服务：为老年人提供膳食和其他饮食服务，如协助备餐、进食或提供上门送餐服务，使老年人保持健康、均衡饮食。④交通服务：为老年人提供接送或出租车服务，以帮助其外出购物、赴约或参与社区活动等。⑤房屋维修服务：如更换灯泡、屋顶维修等。⑥房屋改造服务：如安装警报器、沐浴扶手、门把手等，以提升老年人居家生活的安全程度。⑦喘息服务：如果老年人主要依靠近亲属提供非正式护理服务，CHSP 计划可以代替照护者为老年人提供相应服务，使照顾者能得到一段时间的休息。⑧临床医疗护理服务：包括一般护理、语言治疗、营养指导和物理治疗。其中一般护理包括更换敷料、大小便失禁护理、药物管理、健康指导等；物理治疗包括如指导老年人锻炼、行走、加强肌力和平衡训练等。语言治疗包括指导老年人交流、吞咽、进食等。营养指导包括营养评估、食物和营养建议、饮食调整等。除上述服务项目外，服务机构还会根据老年人的需求制定特殊的照护服务，如为失智症患者提供的失智及认知指导服务、为患有某些被认可的精神疾病的退伍军人提供的退伍军人附加服务，为糖尿病患者提供的健康指导等[1]。

2. 德国的“门诊服务”

德国门诊护理服务为需要护理的老年人及其家属提供家庭护理。该服务主要包括：保持个人卫生、补充营养、促进行动能力等身体护理；保持日常生活或与社会的关系维持等护理措施；根据相关法律进行的家庭护理；向需要护理的老年人及其亲属提供护理方面的相关建议；提供食物或组织运输服务和救护车服务等协助其他人员提供的辅助服务；为老年人做饭或打扫公寓等帮助进行家庭管理。门诊护理除提供基础服务外还提供附加服务以及对具有特殊情况老年人的治疗护理。德国门诊护理使患有身体或精神疾病的老年人留在熟悉的环境接受照护，而不必前往专门的养老机构中。德国对参与门诊服务的护理人员有严格的要求与规定：需要护理的人必须为 2 到 5 级的需护理级别；必须在家庭环境中进行护理；每周必须至少护理 10 个小时[2]。

3. 其他国家的代表性上门服务内容

除了普遍性项目，本书所选案例国家还提供如下上门服务：

在瑞典，国家为了降低机构养老压力，提出“最大限度地让老年人住在自己家里养老”的主张，大力倡导社区服务和定点定期上门服务。其社区养老上门服

---

〔1〕 Ryan AA, Mccann S, Mckenna H. Impact of community care in enabling older people with complex needs to remain at home〔J〕. Int J Older People Nursing, 2009; 4(1): 22 – 32.

〔2〕 Drweiglundpartner, https://drweiglundpartner.de/finanzierung – eines – pflegedienstes/.

务内容包括安装居家安全警报、陪同老年人散步、住房维修等。

韩国的上门社区服务可以提供全天候的昼夜护理及短期护理，可租赁福利用具等。

英国对于不同情况老人提供不同种类的服务，其上门服务的特征是凸显生活服务，包括家政服务（如做饭、打扫房屋、整理并清洁衣物）、理发、购物、陪同去医院就医等项目。

美国在社区中普遍设立家庭保健中心，为在自己家中居住的老年人提供日常生活照护及护理服务，服务内容丰富，涵盖病历管理、成人日间照顾、家庭健康扶助、个人照护、杂务服务等。

日本居家养老服务凸显精细化特征，由政府指定的或认证的具备资格的机构上门提供，服务内容包括配备家庭服务员、上门洗浴护理、上门帮助康复训练、日托护理、居家疗养指导、短期入住生活护理、痴呆老人生活护理以及福利用具的租借和住宅改建等服务。

瑞士广泛建立社区服务体系，涵盖了医疗服务、家政服务、生活照护、精神慰藉等方面。每个社区协会建立了专门为老年人服务的机构，设立家庭呼叫系统，由协会雇佣的护士和家庭服务人员24小时昼夜值班服务。

（二）在社区中嵌入养老服务设施及网点

部分国家在社区内设置老年人专用设施或服务网点，为老年人提供全方位的社区养老服务，主要包括：

1. 日间照护及集中照护服务

例如，英国设立老年人公寓，对社区内有生活自理能力但身边无人照顾的老年夫妇或单身老年人提供社区内的集中照护。老年公寓生活设施齐全，并设有报警系统“生命线”，一旦老年人感到不适，只要拉动“生命线”就可获得救助[1]。

瑞士社区建立日间照护中心和老人食堂，开展老年人生活照护、医疗保健、送餐和代购生活用品服务。

美国实行老年人综合护理项目（The Program of All－inclusive Care for the Elderly，PACE），由政府提供并商业运营，鼓励本应入住护理机构残障老人选择在自己居住的社区内接受养老和护理服务。

芬兰社会服务局将首都划分成四个区域，每个区域都成立了为居家养老的老年人提供周到细致家庭服务的社会福利中心。规定老年人如果身体状况较差需要

---

〔1〕 郭竞成：《居家养老模式的国际比较与借鉴》，载《社会保障研究》2010年第1期。

他人提供照顾，都能够向社会福利中心申请养老服务，包括老年人家庭生活所需的各项辅助服务，由政府对提供者给予财政补贴[1]。

日本的机构日间照护服务主要是需要照护的老人到服务机构接受日常健康检查、恢复性或预防性动作训练、午餐、洗浴等白天照顾，配备多名服务人员，服务时间一般为上午 9 点至下午 4 点，期间安排休息和各种活动。另有一般社区老人服务机构，多由社区居民经营，政府资助或购买服务，服务项目包括提供社区老年活动室，午餐、简易健康体检、健康体操及娱乐项目服务等[2]。

2. 健康、疗养、文化及社交服务

韩国注重老年人的健康和疗养，在社区中为老年人设置疗养设施，2013 年首尔市启动“社区服务投资项目”，其中老年人运动处方计划为 65 岁以上的老年人提供健康检查和水上运动服务，以帮助改善老年人和弱者的健康[3]。新加坡注重老年人的精神生活，在社区举办乐龄俱乐部和民众联络所，以丰富老人文化生活和社会活动。在美国，社区中会设置老人活动中心，除提供养老午餐外，还组织文化、娱乐、教育、旅游等活动，并为老年人提供免费教育，组织老年人志愿者服务等。瑞士整合社区资源，修建社区老年人文化体育活动场所。德国社区会为老年人提供流动图书馆、游览及娱乐文体活动等服务，以满足老年人的精神及社交需求。

3. 新加坡综合家庭日托套餐计划

新加坡综合家庭日托中心提供全面且个性化的服务，可向具有多种护理需求的老年人提供全方位的照护与服务，从而保证无法自理的老年人生活的独立性以及其在社区生活的质量。综合家庭日托中心提供的服务主要有：疾病管理和护理协调；日托服务，包括社交活动和康复护理；家庭护理；痴呆症护理，例如认知运动和维持活动；照顾者培训和支持；非工作时间服务热线。另外具有特殊情况，如需要重症监护的老年人可以根据自己的病情或者精神上的需要选择在家或附近的日托中心两者中获得护理服务。日托中心的护理服务需要得到定期审查，并且为适应老年人不同时间段身体及心理变化的不同需求而更新改变护理服务内容这样满足不同时段不同老年人群的社区护理服务方案，就能够使得老人既能够待在自己熟悉的环境疗养，又能够得到充分的专业的全方位的护理。

---

〔1〕 张园：《国外推进养老服务产业化发展的经验做法》，载《中国社会报》2019 年 5 月 13 日，第 7 版。

〔2〕 崔丹：〈养老服务的国际借鉴及对上海的启示研究》，学位论文，上海社会科学院，2015 年。

〔3〕 http://www.korea.net/Government/Briefing－Room/Press－Releases/view? articleId＝2002.

（三）养老社区

部分国家将养老服务与社区紧密融合，或是打破社区局限，设立养老服务机构同时为几个社区服务，发展新概念养老社区；或是为老人建立专门的“养老社区”，以提供机构化、专门化服务。其中，比较有代表性的模式包括：

1. 新加坡的“三合一家庭中心”

新加坡鼓励年轻人与父母同住实现对赡养父母和照顾老人，对于无暇照顾在家的老年人和孩子，新加坡成立了“谈兵尼”三合一家庭中心（The Tampines 3 – in – 1 Family Center），将托老所和托儿所有机结合在一起，既顺应了社会的发展需要、解决了年轻人的后顾之忧，又让孩子丰富了老年人的生活，满足了老年人的精神需求，增进了人际交往与沟通。

2. 日本的“社区贴紧型服务”

2006 年，日本建立了“社区贴紧型服务”，打造“30 分钟养老护理社区”，即在距离大概 30 分钟车程为半径的社区内，建设配备小型养老护理服务设施的新型服务社区，推行小规模多功能型自家养老护理和上门护理服务。服务项目包括夜间应对型上门护理、痴呆症应对型日托护理、小规模多功能型居家护理等 6 种立足于社区的服务。

3. 美国的退休社区

美国的退休社区，使退休老人即便没有收入来源，也能在社区中享受到更好的照护，属于社区养老的其中一种体现。退休社区主要包括“退休新镇”“退休村”“退休营地”“集合式老年住房公寓”和“继续照顾退休社区”等形式，这些社区设施齐全，为各类老人提供全方位服务。在其他社区，为老服务内容从吃饭、交通、日托、对有行动障碍老人的特别服务、医疗保健到心理和法律服务等，形式多样，以满足老年人的各种需要〔1〕。

4. 瑞典的社区家政服务网

瑞典按照属地化原则由 290 个市负责提供社会服务保障，在地方建立政府服务网，根据社区大小，建立起具有各种服务功能的服务点，提供短时上门服务，如家政服务、送饭喂药、清洁整理、外出陪护等，凡事和日常生活方面密切相关的服务内容，都可纳入服务范围，并提供全天候服务，解决老人居家养老难题，体现了国家“最大限度鼓励老人在家养老”的主张。并且广泛覆盖社区保健站，配备专业的医护人员和医疗设施，居住社区的老人随时可得到医疗保健站提供的良好的正规医疗服务，瑞典的社区服务人员超过 25 万人，而超过 50 万的老年人

〔1〕 陈玉光：《社区养老服务体系建设：国际经验与基本路径》，载《新视野》2013 年第 2 期。

享受社区提供的细致入微的照护服务，堪称是社区服务的典范[1]。

5. 英国的多种类养老社区和老人之家

英国政府与志愿者组织和非营利组织建立合作伙伴关系，推动社区照顾的社会化。英国的养老社区，相较于传统的老年公寓以及提供专业照护服务的养老院，是一种新型养老模式，它不同于英国的养老社区有两个方面，一方面是专门建造一个可以提供一站式多层次照护服务的养老社区，让老年人搬到社区内居住，从而提供更好的照护；另外一方面是在大型社区内，配置适宜老年人居住的住宅和基础设施并提供相应的照护服务，使老人不需要脱离原有的家庭和社会关系，在熟悉的环境中居住和养老，即全龄社区。

老人之家是英国社区养老的主要形式之一，将老人安置在专门的社区之中，由英国的养老服务机构按照老年人的健康状况，区分为健康老人之家和失能老人护理之家。突出人性化服务特色，入院时老人可根据自身需要携带一定数量的私人物品，甚至有些护理院允许老人带入宠物，尽最大可能营造家庭氛围。健康老人之家的老人没有重大疾病，能够基本实现生活自理，只需要日常生活服务及陪护服务即可。这些机构通常由政府出资兴办、多数选择在与居民生活区相隔离的环境中，规划兴建机构住房，实行集中化的管理。失能老人护理之家的服务对象是重度失能的老人，护理人员需持有注册护士资格上岗证[2]。

6. 荷兰的生命公寓

荷兰人本基金会（Humanitas Housing Foundation）首次研究发明并落实出了“去医疗化”的养老模式。该模式将废旧房屋改造为生命公寓，生命公寓的核心理念是为老年人在他们自己住所提供各方面的，包括高层次的专业护理。所有老人，包括身患重疾生活无法自理的老年人都可以自主安排，较独立地生活。[3]

二、社区养老机构监管的典型方式

社区养老机构监管方式主要有制度监管、政府监管、行业自律和机构内控、服务对象及亲友监管、对服务人员的监管五种。发达国家及地区通过这一系列监管举措既保证了社区养老服务的质量，又能顺应社会变化，满足老年人的需求，也整体上提高了从业人员的素质，促进养老服务业的发展，为社区养老提供了保障。

---

[1] 崔丹：《养老服务的国际借鉴及对上海的启示研究》，学位论文，上海社会科学院，2015 年。

[2] 崔丹：《养老服务的国际借鉴及对上海的启示研究》，学位论文，上海社会科学院，2015 年。

[3] Jones, A. , Tilse, C. , Bartlett, H. et al. , Integrated housing, support and care for people in later life. (https://www. ahuri. edu. au/__data/assets/pdf_file/0013/2731/AHURI_Positioning_Paper_No108 – Integrated – housing, – support – and – care – for – people – in – later – life. pdf), 2008, p. 57.

（一）制度监管

1. 政府组织立法

发达国家的政府依法对社区养老服务制定服务评定规范，规定养老服务原则和标准，对服务质量、质量担保及措施、机构内服务质量等进行严格管理。

（1）德国：关注外籍护理人员质量。

德国于2003年颁布实施了《老年护理职业法》，规定了老年护理职业从业人员条件与资格及认定程序、老年护理培训与考核规定等9部分内容。鉴于德国人口老龄化程度加重、老年护理从业人员日趋外籍化的现象，该法对非德籍护理人员提出了德语水平等特殊要求，同时鼓励具有工作能力的老年人加入养老服务工作。

（2）日本：标准全国统一。

日本早在20世纪60年代开始就着力推进养老服务建设工作。日本的《老人福利法》被称为"老人宪章"，第一次对社区养老服务的内容作出规定。日本倡导"由全社会支撑老年人"，形成包括《老人保健法》《介护保险法》和《高龄老人保健福利推进10年战略计划》等规章制度在内的较为完善的政策和法律支持体系。日本养老服务业标准具有极高的全国统一性，主要由厚生省老人保健福祉局制定。在养老服务业标准化建设工作方面，日本共发布了29项国家标准，涉及日常生活服务、特殊服务、其他服务、与相关业务单位的协作、设施设备与环境等5方面内容。

（3）美国：不断完善社区养老法律体系。

《社会保障法》是美国最重要的社会福利法，旨在通过一系列政府计划和福利来应对老年、贫困、残疾和失业的风险。美国的《老年人福利法》和《社区法》都对保护社会弱势群体权益做了明确的规定，严格要求工作人员保护并尊重老年人权益及尊严。1987年美国出台《综合预算和解法》（*OBRA*）明确养老院等护理机构为每位患者提供护理，其中受益人包括加入PACE或其他老年人护理项目的美国老年人。1996年美国出台《联邦健康保险可转移与说明责任法案》（*HIPAA*），规定了对购买商业长期护理保险的个人和企业提供税收优惠。2000年的《利益改善和保护法案》（*BIPA*）第903条允许各州修改或放弃某些监管规定，以满足PACE组织的需要。2015年发布《PACE医疗补助费率设置指南》明确费率确定的关键因素[1]。2016年4月，美国总统奥巴马签署了最新的老年人福利

---

〔1〕 Department of Health & Human Services, Centers for Medicare & Medicaid Services: PACE Medicaid Capitation Rate Setting Guide (https://www.medicaid.gov/medicaid/ltss/downloads/integrating-care/pace-medicaid-capitation-rate-setting-guide.pdf).

法修订案，要求不断丰富社区居家养老服务的内容，加大对养老服务的监督，让老年人享受高质量的健康生活[1]。

（4）英国：弱势群体保障纳入社区相关立法。

早在1987年，英国政府颁布《公众照顾》白皮书，认为社区照顾的目标就是关怀弱者，提出“为那些年长的、有精神疾病的、智力残障的人们提供服务与支持，使他们尽可能独立地生活在他们的家庭或家庭所在的社区”。英国撒切尔政府于1990年颁布《国民健康服务与社区照护法案》（*National Health Services and Community Care Act*）规定将社区照护融入国家卫生服务体系，法案要求社会照护部门负责慢性病患者、需长期护理的老年人在医疗治疗之后的护理照顾。社区内配有专业护理人员和社会工作者，把长期住院的老年人转移到社区进行照护，并在社区内建立专门的综合医院，负责急症、重症、手术治疗和住院护理等，并设立专科医院，提供解决特殊疑难、复杂问题的专家服务，如若不便，也可申请上门服务。在英国，残障老年人能够获得社区的重点服务，如针对痴呆症、阿兹海默症等失智老人护理的医养设施，所配医护服务则以心理疏导、认知训练等专业照护为重点，尽量使生活回归正常化。

（5）澳大利亚各州不断更新和完善对社区养老监管的法案。

联邦政府对于专业老龄照护机构的监管立法主要包括两大主要法案，即1985年的家庭与社区照护法案（Home and Community Care Act 1985）和1997年的老龄照护法案（Aged Care Act 1997）[2]。为了保护社区养老中老年人及其亲属的权利和利益，澳大利亚地方政府以州为单位制定了各自独立的立法。一般说来，各州立法都会涵盖养老社区开发和运营的不同方面，例如建立老年护理标准及评审方案，有效监督管理护理水平及新型评审协议，这一新出台的体系将取代1987年出台的监管程序标准，作为新的制度保障老年人的优质生活权益。

还有社区养老中对于房屋的租赁需遵守各州的租赁监管规定，社区养老中住宅的提供商需要在社区所在的州进行登记。

（6）瑞典：对养老服务管理制度不断完善。

瑞典的卫生与社会事务部统筹全国养老服务事务，其下属部门全国卫生与福利委员负责协调《社会服务法案》（《Social Service Act》）和《健康与医疗服务

---

〔1〕 Ncpssm. Older Americans Act[EB/OL].(http://www.ncpssm.org/Public Policy/Older Americans/Documents/Article ID/1171/Older – Americans – Act,2018 – 05 – 07).

〔2〕 Productivity Commission 2011,Caring for Older Australians,Report No. 53,Final Inquiry Report,vol. 1 (https://www.pc.gov.au/inquiries/completed/aged – care/report),pp. 15 – 16.

法案》(Health and Medical Services Act) 这两个纲领性的养老法案[1],对养老服务各方面均进行了规定,包括对管理机构设置及其权限划分[2]。

2. 及时修订立法

除了在制度建立之初建立社区养老相关的法律法规体系外,发达国家政府的立法进程也与时俱进,在制度运行之后适时调整法律以适应现实发展需要,从而延长社区养老相关法律的生命力,对社区养老的主体及相关做法有效监督和规范。例如,德国要求针对养老服务的各项具体要求需每半年组织修订一次。日本自 1997 年出台《介护保险法》后,2000 年正式实施后每三年修订一次,随着经济社会的变化和实践的检验而不断对政策做出调整,并且日本政府在介护保险制度建立后的 20 年间先后进行了 5 次较为重大的改革:一是 2005 年,开始重视预防医疗护理工作;二是 2008 年,日本政府整合护理行业管理制度,从而规范养老护理服务经营者的行为。三是 2011 年,日本政府开始建构全面老年护理系统,以推动地区医疗和介护一体化发展;四是 2014 年,日本扩大了低收入者保险费减免额,从而使保险费用更加公平公正;五是 2017 年日本政府提高高收入人群的自付比例和被保险人的自付金额上限,进一步推动社区介护服务机构的发展。

(二) 政府监管

社区养老发达的国家都建立了相关的质量监督机构,负责监管养老服务质量。

1. 政府出台规范性文件

英国政府对于养老服务质量控制和监督管理主要依照财政部等颁布的《家庭生活标准》《老年居家服务标准指南》《残疾人居家服务标准指南》和《健康技术备忘录》等规范性文件。监管内容涉及医疗护理及生活照顾服务质量、服务机构要求(包括场所、环境、设施设备)、针对养老机构的评估规范(包括评估流程、评估内容、评估人员要求)等方面。

2. 政府建立专门机构并强化服务人员监管

各个国家均建立了养老护理质量监督机构。

在美国的养老服务网络中,与卫生和公众服务部相关联邦层面的行政机构有老龄署(Administration On Aging, AOA)、医疗照顾和医疗救助服务中心(Centers for Medicare and Medicaid Services, CMS)和儿童及家庭署(Administration for Children

---

[1] The National Board of Health and Welfare. About the National Board of Health and Welfare[EB/OL]. (http://www.socialstyrelsen.se/english/aboutus,2018-05-01.).

[2] Lexadin. Legislation Sweden[EB/OL]. http://www.lexadin.nl/wlg/legis/nofr/eur/lxwezwe.htm, 2018-07-21.

and Family，ACF），这 3 个组织交叉负责养老服务相关项目[1]，并且定期对养老服务质量进行检查和监督[2]。

法国政府部门主要通过国家、省和市 3 个层级实现对养老服务的管理。其中，国家层面的养老服务管理机构是健康与社会事务部（Ministry of Health and Social Affairs，MHSA），主要负责社会化服务、初级护理和中级护理：市相关政府部门则对地方层面事务进行管理，且负责中级护理[3]，并且专门成立了医疗福利机构评估署。此外，在省和市之间存在着老人地方信息调度与协调中心，其职能主要分为两个部分：一是管理并向外界提供所管区域内所有养老服务资源的信息；二是定期组织养老服务者召开研讨会，总结居家养老服务存在的问题，制订下阶段发展规划，不断改善养老服务。法国的养老服务主要通过企业、社会组织和市政府公共服务部门 3 个主体进行提供，由相关部门人员对老年人进行等级评估之后确定是否接受服务及接受服务的类别，服务提供者会定期向老年人回访以检查自身服务是否到位[4]。

英国关于老年人健康护理的相关政策制定、管理和监督等主要由卫生部负责，经济监管部门和质量管理委员会对养老服务提供者进行授权，NHS 董事会管理地方委员会联盟[5]，并且英国对三家监管机构进行整合，成立综合监管机构保健质量委员会（Comprehensive Regulatory Agency Health Care Quality Committee，CQC）。该委员会对于英格兰卫生与社会健康具有独立监管功能，具有制定政策、接受和处理投诉、公布监察结果、公布养老服务机构信息、监督服务质量、监察服务机构、等功能从而保障政府为人们提供高质量护理服务以及保护弱势群体的权利。

在瑞典，国家层面的养老服务管理机构是卫生与社会事业部（Department of Health and Social Affairs），下设瑞典照护服务分析机构、医疗责任委员会、全国卫生与福利委员会和瑞典医疗技术评估委员会等职能机构区域层面的管理机构是 21 个郡议会，负责中级和初级护理；居家养老等社会服务由地方层面的 290 个市

---

〔1〕 O'Shaughnessy C. The Aging Services Network：Accomplishments and Challenges in Serving a Growing Elderly Population[R]National Health Policy Forum，2008. 33 – 34.

〔2〕 Ncpssm. Older Americans Act[EB/OL]. http://www. ncpssm. org/Public Policy/Older Americans/Documents/Article ID/1171/Older – Americans – Act，2018 – 05 – 07.

〔3〕 Da Roit Barbara，Le Bihan Blanche，Ōsterle August. Long – Term Care Policies in Italy，Austria and France：Variations in Cashfor – Care Schemes. Social Policy&Administration，2007，41(06)：653 – 671.

〔4〕 Grilz – Wolf M，Strumpel C，Kai L，et al. Providing Integrated Health and Social Care for Older Persons in Austria[R]. European Centre for Social Welfare Policy and Research，2003. 5 – 7.

〔5〕 GOV. UK. About the National Health Service(NHS)[EB/OL]. http://www. nhs. uk/NHSEngland/thenhs/about/Pages/overview. aspx，2018 – 04 – 13.

养老相关部门提供。瑞典设立了国家三级养老服务工作机构，指导老年人的健康和社会照护服务工作，将有能力、有经验、有爱心的人聘用到社工组织中来〔1〕，县级政府负责选拔社会工作人员并选派到需要养老服务的家庭，社工同时需要对当地政府负责。

3. 政府以项目管理的方式实现监管

英国社区养老采用政府与非营利组织合作的模式，政府与服务机构间建立委托—代理的契约关系，以项目形式完成社区养老服务。受托方（服务机构）必须按照合同约定履行职责，接受政府监督。从申报、执行、监督到年度报告，从工作人员到志愿者或义工等都有一套完整规范的工作管理和评估体系。各受托机构经过严格的政府评估才可以成功承接项目并获得政府资金。在执行过程中，服务机构内的人员培训、设施配置、服务标准、服务价格等都要接受政府的定期检查和资金提供方的不定期抽查，同时还会安排义工进行监督等〔2〕。服务机构如果违反合同约定，将会承担相应的法律责任。

英国的老年照顾由国家的健康保障部门负责，授权给地方政府主导执行。地方政府建立独立的社会服务委员会，并按照每一个项目专款管理的原则组建福利服务项目，组织社会工作专业服务组负责社区养老照护服务。地方政府负责建立老年人的需求评价体系，并对服务机构的质量展开评估。同时，还负责发布相关服务信息、配置养老资源、设定购买服务标准和流程等。

芬兰政府对养老服务业进行产业规划和指导，建立了符合老年人居家养老特征的服务模式，并规定了养老服务内容，为老年人提供家政、医疗、保健服务。政府养老服务给予财政补贴，形成了多样化的养老服务市场，为老年人居家生活提供了各类便捷服务。

4. 建立健全市场准入和退出制度

法国的预付定值通用服务券属于消费券的一种，通过家庭服务管理局认证实力较强的公司发行，企业或个人均可以购买。企业购买后，将服务券作为员工福利以较低的折扣出售或发放给员工，员工获得后，既可以自己使用，也可以送给父母。使用人凭服务券向养老服务提供商要求服务，服务券发行商最终与养老服务提供商进行结算。服务券发行商并不直接提供养老服务，但负责资金结算与对养老服务提供商的监督、整合、培训，从而建立一定的市场准入制度，使良莠不齐的服务整合成同一质量和标准，促进整个产业服务质量的提高与发展。企业购买服务券可以抵减税收，而员工或其父母可以较低的价格享受到较高价值的服

---

〔1〕 http://world.people.com.cn/n/2014/0310/c1002-24581975.html.

〔2〕 陈成文、孙秀兰：《社区老年服务：英、美、日三国的实践模式及其启示》，载《社会主义研究》2010年第1期。

务，服务需求被激发，从而实现整个行业的良性循环。此外，为鼓励雇主购买养老服务券，政府规定，在每人1830欧元/年的限度内，企业可为员工购买养老服务券而免缴任何社会保险费；给予支付养老服务券总金额25%的税收减免，减免额最高可达50万欧元[1]。

美国建立了严格的养老机构准入和监管制度，注重对服务质量的跟进监管，养老服务行业采用宽进严出的准入和退出机制，社会力量如有意进入养老服务领域，只要符合联邦政府和州政府相关条件，即可向当地政府申请注册[2]。

5. 建立数字化、信息化工具以评估政策及护理机构质量

日本建立了一个由厚生劳动省运营的信息系统对社区养老进行监管，即地域综合护理“可视化”系统，可全面支持都道府、市町村的社区养老相关计划的制订和执行，提供构建集中在地域综合护理系统的全方位信息。使用该系统的主要目的为通过对地区之间的比较并基于对当前状况的分析，为地方政府发现问题提供便利，以及通过提及存在类似问题的地方政府举措，使地方政府制定或修改出适合自己的措施和政策；另外，都道府、市町村都可以查看系统提供的集中信息，各方可以通过了解信息共享问题并且在彼此之间进行检查，从而更容易使地方政府与有关部门之间进行协作。该系统于2015年7月全面投入使用，这一系统有利于当地利益相关者分享当地问题的解决方案，并且将进一步促进建立和完善地域综合社区养老系统[3]。

美国于1987年通过了《综合预算调停法案》（OBRA－87，*Omnibus Budget Reconciliation Act of 1987*），该法案引入了美国目前养老体系中著名的综合评价工具最小数据集（Minimum Data Set，MDS）。MDS是一种对护理机构进行标准化评估并促进其管理的强大工具，它的评估对老年人及其亲属、护理人员等社区养老利益相关者产生很大影响。MDS是InterRAI照护评估系统的核心内容，InterRAI是由32个国家的临床工作者和卫生保健研究者组成的国际合作网络组织开发了一套卫生信息评估体系，通过问卷调查的形式，从不同维度收集和分析有关不同医疗和社会服务环境下患者的特征和医疗干预结果的高质量数据。最新3.0版的MDS的评估内容涵盖了意外事件、行为及情绪状态、临床处理、认知功能、排泄、感染控制、营养与进食等方面，其评估过程大多是由医疗保健专业人员操作。这套评估体系的使用始于对社区老人和残障人的个体需求评估，其收集的数

---

〔1〕 纪宁、孙东：《法国发展养老服务业　促进就业和完善社会保障的启示与借鉴》，载《中国经贸导刊》2010年第23期。

〔2〕 S. Evans, Quality of Life Measures in the Elderly and Later Life. Handbook of Disease Burdens and Quality of Life Measures. USA, 2010.

〔3〕 地域包括ケア「見える化」システムは，http://mieruka.mhlw.go.jp/.

据在微观层面用于临床服务计划和健康管理。该工具将居民纳入评估过程，显著促进了护理机构服务质量水平的提高[1]。

美国还建立了“护理院比较”（Nursing Home Compare）网站和星级评定系统，“护理院比较”主要应用于社区或居家养老服务机构。该网站通过来自医疗保险和医疗补助服务中心的健康检查数据库、最小数据集（MDS）和医疗保险索赔数据等数据源向全国护理机构提供包括对护理机构的审核结果、护理人员服务水平、联邦政府对护理机构的处罚以及护理人员在特定护理领域对老年人的待遇等详细信息。此外，还建立配套的星级评定系统，总体星级为从 1 星级到 5 星级不等，星级越高表明护理机构的服务质量越好，这些为社区养老的照护服务选择提供了一种迅速找到能够满足他们对护理质量期望的护理机构的便利方法[2]。

（三）行业自律和机构内控

养老服务产业比较发达的国家或是成立行业协会，或是成立志愿服务协会，以组织化增强服务的正规化。同时，协会也通过严格管理实现行业自律。例如，在法国，服务券发行商和养老服务提供商实现了相互制约，这种模式有效保障了行业质量，促进了老年服务产业发展。在瑞士，各社区都建立了为老服务协会。美国对于养老社区的认证机构是康复机构认证委员（Commission on Accreditation of Rehabilitation Facilities，CARF），从五年期认证、年度财务审查以及财务比率基准测试等方面对社区养老进行监管[3]。美国还依托当地社会保障和卫生部门招募大批义工和专职人员为社区老年人提供养老服务，协会雇佣的专职服务人员工资由联邦政府、州市政府纳入财政预算。政府以协会为中介，以财政为杠杆实现对服务人员的监督管理。并且美国护士协会还制定了老年护理实践标准，将其分为基础和高级两个水平，老年护理高级执业护士（Advanced Practice Nurses，APN）需要具备研究生学历和相关专业知识，经过认证可全方位综合处理老年人照护的常见问题[4]。

国外的养老服务机构实行严格的自我管理机制。例如，瑞典的社区养老服务基本由地方自治团体所主导，地方自治团体制定严谨的服务计划，并严格依据服

---

〔1〕 CARPENTER I，HIRDES J P. Using interRAI assessment systems to measure and maintain quality of long - term care//Monitoring and Improving Quality in Long - term Care OECD/European Commission. A Good Life in Older Age，2013.

〔2〕 Medicare，https://www. medicare. gov/NursingHomeCompare/Data/About. html.

〔3〕 http://www. carf. org/Programs/AS/.

〔4〕 Ronald J. Angel，Civil Society and Elder - care in Posttraditional Society. Handbook of Sociology of Aging. 2011.

务计划提供家庭入户服务，健康和社会照护监督委员会对其进行监督[1]；澳大利亚的一些行业组织（例如澳大利亚养老社区协会）也会提供资格认证计划。

（四）服务对象及近亲友的监管

为了保证社区居家养老服务的质量，许多国家采用多种方式鼓励老年人及其亲友及时反馈服务质量、表达合理诉求。

1. 理顺投诉通道便于信息畅通

澳大利亚建立多条投诉通道，如果老年人对社区照护服务不满意，可以向州政府所属的健康护理服务投诉委员会、国家保健从业者管理局等部门进行投诉，投诉的内容可以涉及健康和个人护理、沟通方式、职业操守、财务事宜等。投诉方式多种多样，可以是通过社会服务部网站在线提交，可以拨打养老服务投诉专线电话，还可以将投诉书信寄往当地州政府。通过老年人及其近亲属多途径的投诉机制，澳大利亚有效地保证了居家养老服务的质量[2]。

2. 倡导多主体监督

日本在 20 世纪 80 年代出现居民参与型住宅福利服务团体，是居民间自发形成的"互助型团体"，逐渐形成了与政府较为稳定的供求关系，代表居民向政府机关提出建议和诉求，居民团体从而转变为了介护医疗服务的提供者、参与者[3]。与此同时，日本发挥社会力量参与社区养老监管，包括政府、社会组织、志愿者组织、企业、老人及近亲属。其中，工作人员和照护者大部分都源自志愿者，他们与照护对象大多数是生活在同一社区的居民，方便邻里互助，又便于监督。

（五）强化服务人员管理

1. 对护理人员进行技能等级认证

韩国要求护理人员通过理论学习和实习获得从业认证书，认证书分为两个等级，一级认证书持有人有资格协助老人进行身体活动，持有二级认证书的护理人员可以提供日常生活照顾[4]。瑞典要求护理人员，必须学习过护理方面的专业课程入职后接受每年接受一次由市政府提供的再培训。在美国，高等教育系统就有专门的针对社区养老服务工作者的培训和教育，并实行资格证书制度，相关从

---

〔1〕 崔丹：《养老服务的国际借鉴及对上海的启示研究》，学位论文，上海社会科学院，2015 年。

〔2〕 Australian Government. Aged Care Complaints Scheme[EB/OL]. http://www.myagedcare.gov.au/how-make-complaint/aged-care-complaints-scheme.[2015-09-24][2019-09-01].

〔3〕 中村義哉：《介護保険制度下の住民参加型在宅福祉サービス——地域の「支え合い」の現状と課題》，《社会福祉学》2009 年第 49 卷第 4 号。

〔4〕 郭竞成：《居家养老模式的国际比较与借鉴》，载《社会保障研究》2010 年第 1 期。

业人员必须获得国家许可或医疗认证或州政府的许可认证[1]。在日本，专门的介护服务机构派出的护理服务人员必须通过相应的国家考试取得资格证书，持有不同等级资格的护理人员具有不同职责，级别越高专业性越强[2]。

2. 严格对护理人员的考核

美国在社区养老模式中设立绩效考核制度、信息公开制度和监察员制度，保证社区养老模式公平公开公正运行。并且护理人员提供部分类型的照护服务时受到一定程度的监管，大多数护理服务人员都会接受背景调查，并且许多护理人员都是经过认证的有着特定工作经验的社会工作者。

德国对所有的护理人员的服务每年至少要进行一次医疗评审委员会（Medizinischer Dienst der Krankenkassen，MDK）对医疗服务的突击检查。着重检查护理人员的护理质量，在审核过程中，还会系统地查询客户满意度[3]。

3. 规范护理人员人数配备

美国许多州还规定了护理人员与参与者的比例以及常备最低人数。在参与社区养老服务活动中平均每六个参与者中必须有一名护理员，每个州法规不同，规定的护理人员比例从 1∶4 到 1∶10 之间不等[4]。

三、启示和建议

目前我国对于社区养老体系的建设正处在探索阶段，因此我们需要借鉴发达国家及地区相对成熟的社区养老服务产业建设经验。通过以上内容总结以及我国社区养老建设过程中的问题，我们可总结出指导思想、监督制度，监督主体、监督方式以及监督内容五大方面对中国进行社区养老服务建设时的启示，并提出相应的建议。

（一）应坚持培养发展和监督管理并重的原则

政府作为社区养老的主导者，一方面应通过出台相关标准、严格准入退出对社区养老服务进行严格的考核、监督。另一方面，政府应通过明确护理人员的职业等级评定来规范其职业发展途径，坚持引导与监管并重。

---

〔1〕 Seniorliving，https://www.seniorliving.org/home－care/.

〔2〕 顾亚明，王小合：《医改红利的制度创新和社会治理：日本经验的启示》，浙江大学出版社 2015 年版。

〔3〕 WDR，https://www1.wdr.de/fernsehen/aktuelle－stunde/aufloesung－pflegedienst－100.html.

〔4〕 Paying for senior care，https://www.payingforseniorcare.com/longtermcare/find_adult_day_care.html#Affordable－Adult－Day－Care.

（二）成立多主体的监督评估机制

多主体评估机制实质上是一种需要全社会广泛参与的监管方式。中国社区养老服务起步较晚，没有一套科学的、专业的评估体系。中国应以社区为依托，建立社区养老服务质量评估委员会。评估主体应包括政府、社区、服务供给方、需求方代表，人员选拔保证公开、公正、公平。评估机构必须始终保持中立性、独立性，而且其评估结果需随时公开，以接受社会监督，推动社区关怀与社会公正。

在监管主体——政府部门、行业自律以及服务接收者之间应当各自承担相应的角色，相互补充配合。政府部门应当做好社区养老的引路人，通过积极的政策来引导社区养老走向正确的发展道路，与此同时对于养老服务行业的规定需要“放”与“管”相结合，既要规定严格的制度保障行业提供的服务质量，也需要给予行业开放自由的环境。在这样透明的政策环境与平等宽松的社会氛围中，将养老发展市场化、产业化和专业化。在以社区为中心的社区养老活动中，政府需要将权力下放，给予社会和社区更多的空间和权力。支持行业自身构建相互监督的体系，不仅减少了政府的工作量，从而也能使行业之间相互监督，规范行业本身的服务质量，与此同时行业自律也能够监管到法规政策没有规定到的范围，是对政府监管的补充。服务接收者则是直接通过个人感受来自下而上向政府监管部门或者第三方进行反馈，从而倒逼政策的更加完善以及行业自律更加全面。三方相互补充，相互促进能够有效推动养老服务活动高质量开展。在政府政策执行方面，民间组织与服务接收者也能够对其进行监督，保障执法活动有序正当进行，保障对养老服务的监管政策切实有效地执行。

（三）健全我国养老服务运营监管法律体系

我国对于养老机构监管的立法架构仍然不完善，我国养老服务行业市场化、产业化程度并不高，并且养老服务社会化程度较低，社区养老的观念并未普及，并且我国对于社会养老的医疗资源供给不足，这些现状都阻碍了社区养老活动的开展。根据其他发达国家和地区的发展经验，很多国家都先后出台了大量的法律、条例、标准以及各项具体规定。因此，我们需要完善我国养老机构监管的相关立法，有效缓解目前社区养老推行的阻碍，是保证监管工作有法可依的前提。

需要通过法律法规疏通各部门得沟通的渠道，保障社区养老服务顺利运营。社区养老需要民政部、卫健部、消防部、国土部、公安部等各部门相互沟通配合，民政部负责规划社区养老的具体方案以及计划，卫健部、消防部、国土部、公安部与之配合，在自己的职权范围内提供社区养老规划的医疗保障、安全、场地等相应功能的帮助，使得社区养老服务能够顺利开展。

法律法规还应规定政府“放”与“管”的边界，使得社区养老服务相关产业在保障质量的同时还能够拥有自由宽松的发展空间。政府的法律法规应当设立进入社区养老服务市场的底线，并且维持市场秩序，保障公平竞争，但是给予进入社区养老服务市场的各经营主体自由发展，和平竞争的氛围，使其在合理竞争以及质量保障的前提下能够最大限度地发挥积极作用。

（四）完善社区养老服务质量评级制度

2019 年，国家市场监督管理总局、国家标准化管理委员会批准发布《养老机构等级划分与评定》等多项国家标准，养老机构可自愿申请进行等级评定。这是中国借鉴外国经验，建立健全社区养老服务质量等级评定机制的重大利好。中国的社区养老也应尽快出台并细化服务质量等级评定标准，以此作为对服务机构考核、适时退出的重要依据。

（五）通过多种方式实现信息公开及意见及时反馈

中国的社区养老服务缺少统一的官方网站公开信息，也缺少公开渠道接受老年人的意见诉求。中国应借鉴其他国家经验，用老年人喜闻乐见的方式公开信息，如广播、老年刊物等，公开信息不仅包括服务项目，也应包括财务报表。并根据老年人特点理顺投诉渠道，可以到社区办公室直接反馈，也可以通过纸质信件、电话、互联网反馈。

（六）在社区养老服务中积极运用信息技术

我国可借鉴发达国家的数据系统，如日本的“可视化”数据处理系统以及美国的 MDS 数据处理系统，从而能够运用信息技术来监控社区中老年人的各项健康指标或者社区养老服务的质量水平，并将监控结果进行公示，让除政府以外的第三方以及服务接收者都能够对各类指标进行实时监控，从而保障社区养老服务的质量。

（七）建立健全专业化的服务团队

我国需尽快建立一支专业化的社会工作服务人才队伍，以确保我国社区养老老年人的家政服务与护理保健等需要。可以由国家工商管理部门联合卫生部门、民政部门等成立专门的工作小组，制定专业的服务标准；对提供老年服务的工作人员实行持证上岗制度，并对资格证采取分级制度，不同级别的工作人员只能做相应的工作；依据专业化标准建立全国统一的教学培训大纲，加强社会服务专业人员的理论建设；建立健全人才培养和评估体系，对非专业的服务人员进行培训、考核与继续教育，使所有的养老服务从业者掌握大纲规定的老年人照护专业技能并明确岗位的职业道德规范，改善人们对老年服务护工的恶劣印象。同时，积极发挥社会组织，尤其是公益性社会组织提供福利服务的作用，紧密联系政府与社会组织。基层社区通过培养社区居民的主人翁意识，大力支持鼓励群众主动建立具有一定专业素养的社区志愿者队伍，提高社区的自我管理养老服务活动的意识，从而推动社工队伍的建设。

参考文献

中文文献

陈成文、孙秀兰：《社区老年服务：英、美、日三国的实践模式及其启示》，载《社会主义研究》2010 年第 1 期。

陈玉光：《社区养老服务体系建设：国际经验与基本路径》，载《新视野》2013 年第 2 期。

顾亚明、王小合：《医改红利的制度创新和社会治理：日本经验的启示》，浙江大学出版社 2015 年版。

郭竞成：《居家养老模式的国际比较与借鉴》，载《社会保障研究》2010 年第 1 期。

张园：《国外推进养老服务产业化发展的经验做法》，载《中国社会报》2019 年 5 月 13 日，第 7 版。

崔丹：《养老服务的国际借鉴及对上海的启示研究》，上海社会科学院 2015 年学位论文。

赵金库、赵志国：《瑞典养老服务的做法及启示》，载《人口与计划生育》2009 年第 2 期。

邹德浩、孙秀萍、青木：《各国养老办法真不少》，载《环球时报》（生命周刊）2006 年 3 月 21 日，第 24 版。

外文文献

Australian Government, *Aged Care Complaints Scheme* (http://www. myagedcare. gov. au/how – make – complaint/aged – care – complaints – scheme).

Department of Health & Human Services, Centers for Medicare & Medicaid Services: PACE Medicaid Capitation Rate Setting Guide (https://www. medicaid. gov/medicaid/ltss/downloads/integrating – care/pace – medicaid – capitation – rate – setting – guide. pdf).

Australian Government. Commonwealth Home Support Programme〔EB /OL〕.〔2015 – 09 – 23〕. http:// www. myagedcare. gov. au/aged – care – services/commonwealth – home – support – programme.

Jones, A., Tilse, C., Bartlett, H. et al., Integrated housing, support and care for people in later life, 2008 (https://www. ahuri. edu. au/__data/assets/pdf_file/0013/2731/AHURI_Positioning_Paper_No108 – Integrated – housing, – support – and – care – for – people – in – later – life. pdf).

Productivity Commission 2011, Caring for Older Australians, Report No. 53, Final Inquiry Report, vol. 1 (https://www. pc. gov. au/inquiries/completed/aged - care/report).

Ryan AA, Mccann S, Mckenna H, "Impact of community care in enabling older people with complex needs to remain at home", *Int J Older People Nursing*, 2009; 4(1): 22 - 32.

中村義哉:《介護保険制度下の住民参加型在宅福祉サービス——地域の「支え合い」の現状と課題》,《社会福祉学》2009 年第 49 卷第 4 号。

Aenll A, Glenngard A H, Merkur S M. Sweden: Health System Review. Health Systems in Transition, 2012, 14(05): 1 - 159.

http://www. korea. net/Government/Briefing - Room/Press - Releases/view? articleId = 2002.

The National Board of Health and Welfare. About the National Board of Health and Welfare [EB/OL]. http://www. socialstyrelsen. se/english/aboutus, 2018 - 05 - 01.

Lexadin. LegislationSweden [EB/OL]. http://www. lexadin. nl/wlg/legis/nofr/eur/lxwezwe. htm, 2018 - 07 - 21.

O'Shaughnessy C. The Aging Services Network: Accomplishments and Challenges in Serving a Growing Elderly Population [R] National Health Policy Forum, 2008. 33 - 34.

Ncpssm. Older Americans Act [EB/OL]. http://www. ncpssm. org/Public Policy/Older Americans/Documents/Article ID/1171/Older - Americans - Act, 2018 - 05 - 07.

Da Roit Barbara, Le Bihan Blanche, sterle August. Long - Term Care Policies in Italy, Austria and France: Variations in Cashfor - Care Schemes. Social Policy&Administration, 2007, 41 (06): 653 - 671.

Grilz - Wolf M, Strumpel C, Kai L, et al. Providing Integrated Health and Social Care for Older Persons in Austria [R]. European Centre for Social Welfare Policy and Research, 2003. 5 - 7.

GOV. UK. About the National Health Service (NHS) [EB/OL]. http://www. nhs. uk/NHSEngland/thenhs/about/Pages/overview. aspx, 2018 - 04 - 13.

http://world. people. com. cn/n/2014/0310/c1002 - 24581975. html.

Ronald J. Angel, Civil Society and Elder - care in Posttraditional Society. Handbook of Sociology of Aging. 2011.

CARPENTER I, HIRDES J P. Using interRAI assessment systems to measure and maintain quality of long - term care//Monitoring and Improving Quality in Long - term Care OECD/European Commission. A Good Life in Older Age, 2013.

第二十章　养老服务人才队伍建设

作为养老服务资源供给的关键一环，养老服务人才供给不足、专业化程度不高以及老年护理服务行业待遇水平较低的现象严重影响养老服务发展。本章选取日本、丹麦、美国、英国以及澳大利亚作为发达国家代表，分别从其养老服务人才队伍的角色分工、建设方式、政策保障、激励保障以及监管保障等方面进行介绍。

一、发达国家养老服务人才队伍建设状况

（一）日本

日本于1970年进入人口老龄化社会，是目前世界上人口老龄化程度最高的国家之一〔1〕。截至2016年，65岁及以上人口在日本总人口中所占比重达到27.3%，预计2030年将达到31.2%〔2〕。日本养老服务根据老年人的护理服务需求评估结果实行分层级供给，市町村政府组织护理认定审查委员会对申请者进行护理等级评估，并将护理等级划分为支援护理（1—2级）和提供护理（1—5级），由不同的养服务机构提供护理预防、居家护理和机构护理服务。日本养老服务相关的职业培训十分健全，形成了从中央福祉人才中心到47个都道府县福祉人才中心的培训、职介和援助队伍。

日本根据介护职能的不同，建立了囊括家访介护员、介护福祉士、社会福祉士、介护支援专员和医疗服务人才的养老服务队伍。家访介护员和介护福祉士主要承担老年护理的基础服务工作——提供具体的介护服务、收集高龄者的数据信息并将其反馈给保健师，以便更好地为高龄者提供医疗保健服务；社会福祉士和介护支援士从事养老介护服务的咨询、评估和管理工作——对介护工作人才进行技术指导、对老年人进行养老服务、心理健康咨询和辅导、评估老年人养老服务保险额度、协调高龄者和养老服务提供机构之间的关系。

---

〔1〕　日本总务省统计局统计调查部：《国势统计报告》，历年a。

〔2〕　日本国立社会保障与人口问题研究所：《人口统计资料集》。（http://www.ipss.go.jp/syoushika/tohkei/Popular/Popular2017RE.asp? chap=0），2017年。

（二）丹麦

丹麦作为全球老年福利最完善的国家之一，建立了以“原宅养老”为核心的养老模式。老年人养老和医疗服务项目十分完善，形成了“全时”“全面”的养老医疗服务队伍。“全时”老年医疗保健服务队伍，即以社区为单位向老年人提供全天候的医疗护理和家庭护理服务，包括专科门诊、家庭护理以及普通全科门诊等。“全面”的养老服务队伍，即为老年人提供以社区为单位的医疗服务、保健康复服务以及家庭护理服务，其中家庭护理服务囊括老年人日常生活照顾、病人照护以及家务整理等。

丹麦养老服务队伍具有福利国家传统的典型特征，即联邦政府对老年人的福利负责联邦政府为每个地区和市政当局设定预算限制；各个地区则根据社区的特殊需要在这些限制内制定政策和服务，组织满足老年人需求的服务；市政当局负责管理区域医院和全科医生、家庭护理、养老院护理康复服务。例如雇用护士和医生探访在家中或住所中养老的老年人，实时了解老年人的护理保健需求，同时在一些选定的领域（如餐饮和清洁服务）尝试了私有化，市政当局负责家庭护理服务定价，并邀请私人提供商竞争提供服务，丹麦私营的家庭护理服务提供商正在占据越来越多的市场份额。

丹麦老年人可以享受三种不同级别的护理。一是每周/每天固定小时数的家庭护理。例如洗衣服、上床下床以及药物帮助；二是在家中进行“24 小时护理”，即白天多次提供护理服务，晚上提供拜访服务；三是如果老年人获取的家庭护理服务不能满足其护理需求，可以选择搬进老年护理中心，由训练有素的工作人员提供 24 小时护理。

（三）美国

据统计，健康和家庭护理相关的工作是美国 2006 至 2016 年增长最快的 30 个职业之一，超过三分之二的老年人在日常生活中需要某种形式的养老护理服务[1]。

美国养老服务项目覆盖诸多老年需求，囊括生理健康监控、送饭、安排交通、社交、娱乐、心理慰藉等，各项目会根据老年人的多元化需求以及实际情况设计各自的项目内容。目前，养老服务项目可划分为以下几种：一是针对能够独立生活的老年人提供的养老服务项目主要有养老公寓、老年日间照护服务（Adult Day Services）、家庭服务（In Home Service）；二是针对日常起居需要专业协助的老年

[1] AAHSA (American Association of Homes and Services for the Aging). Aging services: The facts (http://www.aahsa.org/aging_services/default.asp) (accessed July 9, 2007).

人提供的养老服务项目，既需要专业人员帮助但又不需要长期护理性质的服务项目。三是针对丧失日常生活能力的老年人提供的护理服务（Nursing Care），即除住房、饮食、个人看护、安全防护、监控和简单医疗服务之外，护士可以提供24小时护理的服务。美国老年人养老和医疗的基本费用可以通过联邦政府和州政府的医疗救助计划（Medicaid）或老年人医疗照顾计划（Medicare）提供保障，经济条件宽松的老年人可以选择购买商业养老保险和选择条件更好的私人养老服务机构自主购买养老护理服务。

美国养老服务人才队伍具有高学历且强调高等教育和职业培训有机结合的特征。养老护理服务的提供内容的具体依据为老年人日常生活能力（Activities of daily living，ADL）的测试结果，根据评估的结果养老服务可以分为：基本能够独立生活的老年人（Independent Living）——选择住在自己家里或者提供老年人租房服务的社区；在日常起居上有协助需求的老年人（Assisted living）——请私人看护进行居家看护服务，或者长期住在看护中心/养老院；基本没有日常生活能力需要长期护理的老年人（Long Term Care）——选择住在看护中心/养老院（rehabilitation center/nursing home）。

（四）澳大利亚

2017年，澳大利亚65岁及以上老年人口占总人口的15%，预计到2066年将增至21%—23%[1]。澳大利亚将养老服务产业依据不同年龄段人群的看护需求划分为三种类型：家庭与社区综合护理、老龄公寓、老年医疗护理机构。三类养老场所都必须满足认证标准，标准涵盖的内容包括管理、人才配置、健康及个人护理、居住环境、餐食、清洁、持续的提高、安全及安保等。澳大利亚老年护理质量机构（Australian Aged Care Quality Agency）负责对养老机构的合规性进行审核，对养老机构的建设及运营进行监管。截至2018年6月，共计有886个组织在养老机构为老年人提供2695项服务，有873个组织为老年人提供家庭护理服务，其中养老机构在2018年的平均入住率为90%，2017—2018财年有1456个组织获得政府资助以提供家庭支持服务[2]。澳大利亚是少数几个要求所有疗养院以及家庭护理提供者都需要经过正式认证的经济合作与发展组织（Organization for Economic Cooperation and Development，OECD）国家之一[3]。通过正式认证的养

---

〔1〕 Australian Bureau of Statistics: Population Projections, Australia, 2017 (base) - 2066, (https://www.abs.gov.au/ausstats/abs@.nsf/0/5A9C0859C5F50C30CA25718C0015182F? Opendocument).

〔2〕 Services and places in aged care: Gen - Aged Care Data, (https://gen - agedcaredata.gov.au/Topics/Services - and - places - in - aged - care), 2018 - 06 - 30.

〔3〕 OECD, "A Good Life in Old Age? Monitoring and Improving Quality in Long Term Care", 2013.

老服务提供者可以获得政府相关资金补贴，具体认证过程涉及对特定项目的评估。

随着澳大利亚人口老龄化形势的日趋严峻，澳大利亚自20世纪80年代开启了养老服务市场化改革，采取分等级护理方式，设立了老年照护评估小组，对老年人的医疗需求和心理需求进行评估，找到最适合老年人的养老方式，主要可以归纳为两类。一是家庭和社区养老方式；二是老年公寓（Hostel）和老年护理院（Nursing home）养老方式。家庭和社区养老方式采用家庭医生负责制，家庭医生每周到社区机构或者家中探视老年人一次，对老年人的健康状况进行评估。此外，自配人员进行家庭护理可以得到一定的现金补贴，并为其提供休假等福利[1]。老年护理院和老年公寓内配有专业的营养师、物理治疗师。营养师负责评估老年人的营养状况以及制订饮食计划；物理治疗师负责对老年人的活动能力进行评估，并制订护理和康复计划，护理员必须完全按照护理计划规定为老年人提供护理服务。具体收费标准取决于老年人对于护理的依赖程度，对护理服务低依赖的老年人需要自付护理费用，对护理服务高依赖的老年人的入住费用由政府津贴和个人自付两部分组成。

澳大利亚日常老年护理服务的具体环节如下：老年人的私人医生每周到养老机构巡诊一次，调整医嘱和护理计划；注册护士负责突发疾病管理和按医嘱给药；登记护士负责协助注册护士进行医疗方面的护理；护理员主要负责老人的生活护理——穿衣、洗浴、协助进食和日常活动等。

澳大利亚极具特色的家中护理服务套餐为老年人享用各类相关服务提供便利，从而帮助他们保持积极和独立的生活。自2015年7月1日起，所有家中护理服务套餐的提供方式将以消费者主导型护理（Consumer Directed Care，CDC）为标准。CDC是一种新兴家中护理方式，可以让老年人更灵活地选择护理方式和需要的服务内容、提供方式，提供者、提供时间等，并以公开透明的方式告知护理对象在其护理套餐下可使用的资金，以及这些资金是怎样通过个人预算使用的[2]。

二、发达国家养老服务人才队伍建设方式

（一）日本

1. 角色分工

日本养老服务人才队伍主要包括家庭访问护士、介护福祉士、社会福祉士、介护支援专家以及医疗服务人才等（见表20－1），具体情况介绍如下。

家庭访问护士的教育课程起始于日本护理协会1985年编制的“家访护士教

〔1〕 Aged Care Guide,“Respite Care”,2018.

〔2〕 Common wealth of Australia: A guide to improve aged care services for your community, (https://agedcare. health. gov. au/sites/g/files/net1426/f/documents/07_2015/final_ – _cald_guide_ – _final_20150731. pdf).

育计划”，随着老年医疗保健和福利发展趋势的不断完善，目前家庭访问护士的培训课程主要包括：日本劳动和卫生福利部颁发的“新访护理培训课程第一步”和“家访护士培训商务课程”。家庭访问护士需要定期到老年人家里，询问老年人的健康状况，帮助解决日常生活问题。此外，日本政府要求所有提供食物的公共机构必须聘请合格的营养师，以确保满足老年人的营养需求〔1〕。

介护福祉士利用专业知识和技术，对因身体或精神障碍而生活有困难的残疾人和老年人进行照顾，并对其他照护人员和被照护者进行相关专业指导。日本介护福祉士在通过资格考试之后持证上岗，主要划分为三种级别：初级介护士负责简单的护理工作和家居服务，中级介护士负责开展所有护理工作，高级介护士在承担日常护理工作的同时还需兼负管理职能。介护福祉士的资格取得方式主要有实际从业人才途径、介护士教育培训学校学习以及福祉类高中学习等〔2〕，获取日本介护福祉士职业资格需要在大学福祉类专业学习 3 年以上，或在老年人介护相关岗位工作 3 年以上并通过国家统一资格考试；达不到以上两种条件的，可以先行考取介护福祉士初任资格，进入养老机构就业，再逐步进修。

社会福祉士属于本科教育，是通过国家资格认证且高度专业化的社会服务人才，需要掌握综合性的专业咨询知识以及防范虐待、援助就职、保障权利、防止孤立、创造生存价值、维持健康等相关服务所需的基础知识；此外，还需把握所在地区的福祉需求，完善介护服务存在的不足〔3〕。

介护支援专家又称护理管理员，负责向护理服务接受者和需要支持的人提供咨询，并与市政当局、服务和设施提供商协调沟通。其业务内容包括家庭业务和设施业务，家庭业务是指制订护理计划，与家庭服务提供商进行沟通协调，并在需要时提供护理保险设施；设施业务是指了解要解决的问题后，创建设施服务计划。

---

〔1〕 整理自日本厚生劳动省网站。

〔2〕 Social Welfare Promotion and National Examination Center：資格取得ルート図：公益財団法人社会福祉振興試験センター（http://www.sssc.or.jp/kaigo/shikaku/route.html）。

〔3〕 Ministry of Health Labour and Welfare：社会福祉士養成課程における教育内容の見直しについて（http://www.mhlw.go.jp/stf/seisakunitsuite/bunya/hukushi_kaigo/seikatsuhogo/shakai-kaigo-yousei. 2017-05-03）.

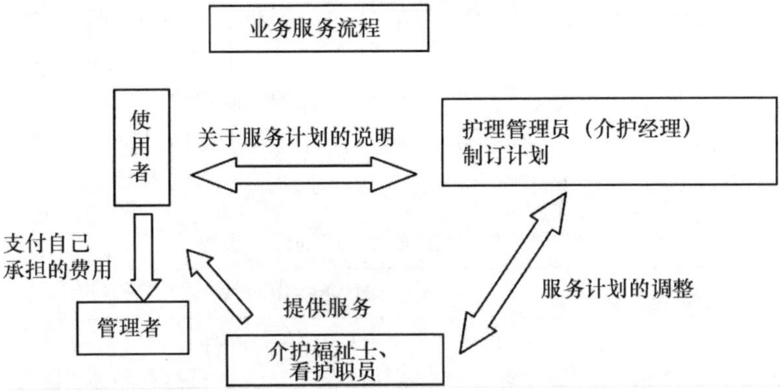

图 20－1　日本老年护理服务的业务流程

资料来源：Ministry of Health Labour and Welfare：介護職員・介護支援専門員（https：//www. mhlw. go. jp/stf/seisakunitsuite/bunya/0000054119. html）

医疗服务人员是为失能高龄者提供医疗服务的专业人才，包括精神保健福祉士、理学疗法士（Physical Therapist）、作业疗法士（Occupational Therapist）、言语听觉士（Speech－Language－Hearing Therapist）、保健师、看护师等人员。

表 20－1　日本养老服务人才队伍

基础性职位	家访护理员	具体的介护服务 收集高龄老年人的生活和医疗信息并反馈给保健师
	介护福祉士	
高级职位	社会福祉士	介护工作的技术指导 对老年人进行心理健康咨询和辅导 协调老年人和养老服务提供方的关系
	介护志愿士	

资料来源：作者根据日本厚生劳动省网站资料整理

2. 建设方式

随着日本社会高龄化程度的加深，传统的生活照顾方式已无法满足老年人疾病治疗、康复、预防以及身心健康的护理服务需求，介护福祉士（又称“护理福祉士”）这一职业应运而生。日本政府于 1987 年制定执业社会工作者制度，通过设立社会工作者的准入门槛以应对私人社会服务行业存在的弊端。1988 年开始正式实施社会福祉士和介护福祉士国家资格考试。日本厚生劳动省指定“社会福祉振兴和考试中心”（公益财团法人）为组织机构，并负责中心工作人员的任命、财政计划审核和监督。《社会福祉士及介护福祉士法》自 1989 年颁布以来日本形成了以福祉系高中、高等职业专门学校、短期大学、四年制大学为主体的福祉士培养队伍。

日本介护福祉士需要完成高中教育后到介护福祉士学校学习2年或从事相关介护工作3年以上，再参加统一的介护福祉士考试。介护福祉士的培训内容主要包括基本知识、专业知识以及实习三大板块，介护福祉士的培养与社会福祉士的培养大纲基本相同，在专业知识板块注重对医疗保健知识的培训，但相较于医院的护士，其护理专业知识并不完备（见表20-2）。

表20-2　介护福祉士培训课程设置

	基本知识	专业知识	实习
课程设置	外语 人文科学 自然科学	《社会福祉概论》《老年人福祉概论》《障碍者福祉概论》《康复论》《社会福祉援助技术》《娱乐指导法》《老年人障碍者心理》《家政学概论》《营养调理》《一般医学》《精神保健》《介护概论》	介护实习 实习指导

资料来源：［日］江草安彦：《老年介护工作人才教材》（中国语版），日本：社会福利法人旭川庄2005年版

多渠道的资格认证制度使得非介护福祉士专业出身的人员可以考取介护福祉士国家资格，进一步扩充了介护福祉士的储备数量。截至2015年8月，日本介护福祉士考试的申请条件有所放宽，具体条件如下：护理专业在读、非护士、非护理专业学生、高中毕业生均可申请；18—25周岁；达到日语等级考试N2或N3或J-TEST考试EF级400分以上；没有被拒签记录（见表20-3）。

表20-3　介护福祉士资格考试项目

项目	实际业务经验途径	培训机构途径	福利类高校途径
人类与社会学时数	40	240	280
人类与社会教育内容	人的尊严与自立（5课时） 社会理解1（5课时） 社会理解2（30课时）	人的尊严与自立 社会理解 人际关系与交流 人与社会的相关进修科目	社会福利基础（140课时） 人与社会的相关进修科目（140课时
护理学时数	190	1260	1295

续表

项目	实际业务经验途径	培训机构途径	福利类高校途径
护理教育内容	护理基础 1（10 课时） 护理基础 2（20 课时） 交流技术（20 课时） 生活支援技术 1（20 课时） 生活支援技术 2（30 课时） 护理过程 1（20 课时） 护理过程 2（25 课时） 护理过程 3（面授课程）（45 课时）	护理基础（180 课时） 交流技术（60 课时） 生活支援技术（300 课时） 护理过程（150 课时） 护理综合演习（120 课时） 护理实习（450 课时）	护理福利基础（175 课时） 交流技术（70 课时） 生活支援技术（包括医疗护理）（350 课时） 护理过程（140 课时） 护理综合演习（105 课时） 护理实习（455 课时
心理与身体结构学时数	170	300	280
心理与身体结构教育内容	发育与老化的理解 1（10 课时） 发育与老化的理解 2（20 课时） 痴呆症的理解 1（10 课时） 痴呆症的理解 2（20 课时） 障害的理解 1（10 课时） 障害的理解 2（20 课时） 心理与身体结构 1（20 课时） 心理与身体结构 2（60 课时）	发育与老化的理解（60 课时） 痴呆症的理解（60 课时） 障害的理解（60 课时） 心理与身体结构（120 课时）	心理与身体的理解（280 课时）
医疗护理	50	50	50
合计	450	1850	1855

资料来源：作者根据厚生劳动省网站资料整理

（二）丹麦

1. 角色分工

丹麦强调“原宅养老”。养老服务人才队伍主要包括家庭助理、社会工作者以及专业医护人才。家庭助理即家政服务人员，主要负责为老年人提供简单的家庭护理以及个人护理服务。丹麦养老服务人才队伍中纳入老年志愿者，强调“互助养老”。丹麦所有市政当局都组建了老年人理事会，其职责在于为市政理事会与老年人之间的对话提供平台，增强老年人对自我养老服务的贡献性和责任感〔1〕。专业医护人才包括全科医生和护理人员队伍。全科医生（普通开业医生）在丹麦被称为家庭健康的关键保障，在老年人出现不适或者有护理需求时提供上门诊视服务。全科医生可根据诊视的具体情况推荐老年人去看专科门诊或者去医院检查，同时还可为老年患者联系家庭护士及其他社区保健服务者。护理人员包括助理护士和护士，助理护士的护理内容较为基础；而护士在丹麦属于高级护理人才，不仅需要负责监督和指导助理护士和家庭助理进行工作，而且需要在遵从医嘱的情况下对老年患者进行医疗保健护理。

2. 建设方式

家庭助理需要完成14个月的技术培训，负责为老年人提供家庭护理以及个人护理服务；丹麦志愿者队伍在养老护理服务中发挥着重要作用。中央政府采取对志愿服务部门进行资助的方式予以激励和提倡，现有举措有基本赠款计划、项目赠款计划以及一系列具有特定目标的临时计划。此外，丹麦《社会服务法》第18条要求市政当局与志愿社会组织合作，并在财政上支持志愿者工作。丹麦志愿服务中心成立于1992年，旨在为志愿组织提供更广泛的服务，包括向志愿者组织和团体提供课程咨询等服务。

专业医护人才建设方面。首先，丹麦政府规定老年人可在住宅10公里内选择自己的全科医生，若对全科医生的医疗服务有不满可进行更换，这种自主选择权有助于提高全科医生的服务质量。根据全科医生对老年人个人护理需求的评估，所有老年人都有权免费享受家庭护理。其次，市政当局为老年人免费提供必要的援助和用具。家庭护士为暂时或长期患病或垂死的人提供治疗和护理。丹麦完善的家庭护理使公民能够尽可能长时间地留在家中养老，一些市政当局设立了专门机构，使那些不需要住院但无法留在自己家中的公民可以在较短时间内接受护士的强化治疗和护理。

护理人员方面。首先，助理护士可在家庭护理培训的基础上继续完成20个月的职业培训，完成培训虽然不能获取学士学位，但在课程结束时可以获得独立工作的授权。其次，护士必须具有三年制学士学位，但并不一定专门接受过老年护理的培训。据统计，丹麦住院护理工作人才中只有4.7%是经过培训的护士，基本的护士培训需要三年半的时间，由大学护理系负责培训。获取护士学士学位之后不需要参加养老护理资格认证，可以直接获得养老服务人才任职资格〔2〕。

---

〔1〕 The Ministry of Social Affairs and Integration：Social Policy In Denmark（http://www.oim.dk/media/14947/social-policy-in-denmark.pdf）.

〔2〕 郭红霞，陈红：《丹麦护理本科课程设置分析及启示》，载《华西医学》2016年第11期。

（三）美国

1. 角色分工

美国养老服务人才队伍主要由直接服务人才队伍和间接服务人才队伍组成。具体介绍如下：直接服务人才队伍包括直接护理工作者、护士、医师主任及医师助理、持牌社工、管理者等。间接服务人才队伍包括保管人才、维护人才和地勤人才。主要负责保持建筑物内外的清洁、服务秩序等。此外，其他支持人才还包括在养老机构与老年人接触的人，例如，养老机构的活动主管，负责规划社交活动，协调特殊访客和宗教服务等。

美国直接护理工作者是老年人长期护理队伍的核心[1]，主要负责护理对象的日常生活活动，如洗澡，穿衣，吃饭和上厕所等。其能力测试需要涵盖：沟通技巧，观察、报告和记录患者状况以及提供的护理或服务，阅读和记录生命体征，基本的感染控制程序，身体功能和变化的基本要素，保持清洁、安全和健康的环境，对紧急情况的认识和程序，服务患者的身体，情感和发育特征，个人卫生和美容，安全转移技术，正常的运动和定位范围，基本的营养保健知识[2]。美国直接护理工作者包括护理助理、家庭健康助手以及其他护理工作者[3]。

首先，护理助理主要在养老机构工作，为接受长期护理的老年人提供70%—80%的直接护理[4]。其任职要求根据地区环境和情况的不同具有差异，美国联邦法律要求护理助理至少参加两周左右的培训或通过认证考试，在实践中，大多数州都会增加最低时长要求。其次，联邦法律还要求护士助理每年至少接受12小时的继续教育。家庭健康助手主要被家庭健康机构雇用，负责准备食物、整理家务以及提供一定程度的临床服务（例如伤口护理），需要在注册护士（RN）的监督下工作。最后，强调家庭健康助手服务能力的正规化，规定雇主获得医疗保险或医疗补助报销的条件之一是家庭健康助手必须通过联邦政府规定的能力考试。个人和家庭护理助手在社区环境或家庭环境中工作，也可被称为个人护理服务

---

〔1〕 Paraprofessional Healthcare Institute: Who are direct - care workers? Facts 3 (http://www.directcare-clearing house.org/download/).

〔2〕 Institute of Medicine (US) Committee on the Future Health Care Workforce for Older Americans, *Retooling for an Aging America: Building the Health Care Workforce*, Washington (DC): National Academies Press (US); 2008.

〔3〕 U. S. Department of Labor, Bureau of Labor Statistics: Occupational outlook handbook (OOH) (http://www.bls.gov/oco/).

〔4〕 Harmuth, S., and S. Dyson. *Results of the* 2005 *national survey of state initiatives on the long - term care direct - care workforce*. The National Clearinghouse on the Direct Care Workforce and the Direct Care Workers Association of North Carolina, 2005.

员、私人助理或直接支持专业人员，被代理机构雇用或直接由个人雇用，主要提供ADL和工具性日常生活活动量表（IADL），如膳食准备和外出支持，帮助老年人在家中和社区中保持独立生活。

表20－4 美国直接护理人才比较

	护理助理	家庭健康助手	个人和家庭护理助手
雇主	护理和住宿护理机构；医院	家庭保健机构；社会援助机构；护理和住宿护理机构	家庭护理机构；私人家庭
服务类型	回答患者的呼叫灯、传递信息；提供膳食、铺床、帮助患者进食、穿衣、洗澡；采取生命体征；护送老年患者就医	管理口服药物；采取生命体征；协助规定的练习	帮助客户起床、洗澡、穿衣；协助管家商店购物和烹饪；陪同老年客户到就医或其他外出差事
监督方	现场护理和医务人才	管定期检查/访问	主管定期检查/访问
教育/培训类型	联邦政府要求护士助理至少参加75小时的培训；能力评估须通过国家认证	雇主要获得医疗保险/医疗补助报销，家庭健康助手必须通过能力测试（建议75小时的课堂和实践培训）	取决于州政府具体要求，有些不需要正式培训、高中毕业证书和以前的工作经验

资料来源：BLS：*Occupational outlook handbook*，2006－07 *edition*，*personal and home care aides*（http：//www.bls.gov/oco/ocos173.htm）

养老护士队伍作为直接护理工作者的有力补充，在老年护理和保健方面更具有专业性，其具体等级划分和培训队伍与整体护士队伍一致。美国将护士按其教育程度及工作经历划分为5个等级，分别是：助理护士、职业护士、注册护士、高级实践护士、护理行政管理者。

助理护士（Nursing Assistant，NA）又称为Nurse Aide，相当于我国的护工或护理员。其岗位职责是在注册护士指导下对老年人的进行起居照顾和卫生护理工作。

职业护士（licensed practical or vocational nurses，LPN），需要通过技术职业学校或初级、社区学院接受为期1年的培训。职业护士一方面需要监督助理护士，另一方面，职业护士需要每天为护理机构的老年人提供一定的护理时间。

注册护士（Registered Nurse，RN）的岗位职责是带领职业护士和助理护士执行老年护理工作，是护理人员执行护理工作的控制者。注册护士一方面需要确保临床护理的质量和制订老年人的治疗保健计划。另一方面负责监督执业护士和负责家庭部门的直接护理人员、指导老年人及其家人的自我护理。联邦法律要求护理机构的护理主任必须是注册护士，据统计，2006 年美国约有 31 万注册护士受雇于为老年人服务的长期护理机构[1]。

高级实践护士（Advanced Practice Registered Nurse，APRN）作为独立的医疗保健提供者，可以满足老年人的大多数健康护理需求，认证标准一般要求要具备硕士或博士学位，APRN 可承担临床实践者、咨询者、教育咨询者、研究者、合作者、管理者等角色职能。

护理行政管理人才（Nurse Management，NM）包括护士长、护理督导、护理部主任。护士长的岗位职责是主管某一部门的护理管理工作及护士工作分配；护理督导的岗位职责为负责对各病房或病区护理工作的监督、指导，以及该病区护理标准的评定、质量的评价、护士长的咨询和病房的管理；护理部主任的岗位职责为负责领导、管理、组织及协调整个医院的护理人才和护理工作。护理部主任资格的取得既可以通过获取学士学位，也可以通过老年护理组织联盟（Coalition Geriatric Nursing Organizations，CGNO）协会进行护理管理认证。

美国 Medicare 或 Medicaid 可以报销的养老机构至少需要一名医师主任，负责监督居民的医疗护理和参与护理计划。需要协助的养老项目和居家养老不需要医疗主任，但其医疗计划必须得到医师主任的批准。认证者必须在长期护理养老机构完成了由医学教育认证委员会（Accreditation Council for Graduate Medical Education，ACGME）或者美国骨科协会（American Academy of Orthopaedic Surgeons，AAOS）认证的研究生培训课程或者加拿大皇家学院（Royal Canadian College）医生和外科医生或家庭医生学院认可的研究生培训计划，才可在老年长期护理中进行医疗管理，老年护理机构中对于医师的任职资格要求较为规范。医师助理（PA）是美国老年养老护理人才的重要组成部分。PA 在医师主任的监督下工作，也可以与医师主任分开工作，可以为老年人医疗保健服务提供药物和开具账单服务[2]。PA 是美国服务欠缺地区特别重要的护理来源，是诊所中主要的老年护理提供者。

美国持牌社工主要负责满足老年人和家庭照护者在长期护理环境下的社会心理需求。持牌社工需要获得学士学位（BSW）或硕士学位（MSW）并接受相关的课程培训，并且这些课程必须由社会工作教育委员会认可。相关研究指出，美国老年人长期护理机构的社会工作者面临着比其他护理部门社会工作者更大的挑

---

〔1〕 U. S. Department of Labor, Bureau of Labor Statistics: Occupational outlook handbook (OOH) (http://www.bls.gov/oco/).

〔2〕 Olshansky, S. J., D. J. Passaro, R. C. Hershow, et al. "*A potential decline in life expectancy in the United States in the 21st century*". *New England Journal of Medicine*, Vol 11, 2005.

战，包括薪酬较低、工作量较多、缺乏同行网络和机构支持等现象〔1〕。美国志愿者服务对专业养老服务形成了有力补充，绝大多数医科大学在招生时明文规定——申请入学的学生必须在医院或养老机构做过一定时数义工，否则不予录取。

养老机构、协助生活和家庭健康机构的管理者负责员工的监督和管理，虽然没有统一的国家标准，但美国联邦政府要求各州自行组织养老机构管理者的资格认证，具体要求差别很大，有些只需要高中毕业并通过考试即可。

2. 建设方式

一是直接护理工作者的建设。美国劳工部（Department of Labor）负责制订长期护理区域学徒计划，提出将课堂、在职培训与护理助理和家庭护理助手的职业发展机会相结合。美国建立了一个全国性的在线信息库，负责提供有关长期护理直接护理人才的基本信息、收集政府和研究报告、其他有关职业发展、教育和培训、招聘和保留，工作环境和最佳实践等问题的信息〔2〕。

二是养老机构专业护士的建设。CGNO 在 2014 年提出养老护理机构人才配备的最低水平——注册护士需要随时在养老院，监督老年护理服务；老年人直接护理工作至少有 30% 需要持照护士完成；护理主任和护理助理主任等行政职位的参与不算作居民护理的直接护理时间〔3〕。高级实践护士的教育途径有两个：一是专科硕士学位（Master's degree）教育，比如老年开业护士硕士学位教育；二是在非专科护理硕士学位基础上再修专科证书教育（post - Master's certificate），在完成教育培训之后才有资格参加注册考试以取得行业资格〔4〕。为确保各类护士的老年护理服务能力，美国护理学院协会（the American Association of Colleges of Nursing，AACN）设定了老年护理的核心能力标准，并将其作为美国护理院校定位研究生培养目标的依据。此外，美国国家护理委员会（National Council of State Boards of Nursing，NCSBN）根据全国委员会执照考试（NCLEX）制定了老年护理指南，对老年护理的问题进行了充分的测试，并规定成为所有护士执照的必要条件。2007 年美国"护士教育扩展和发展法案"提出向护士学校提供补助金，以

---

〔1〕 Whitaker T, Weismiller T, &Clark E, *Assuring the sufficiency of a frontline workforce: a national study of licensed social workers*. National Association of Social Workers, 2006.

〔2〕 Institute of Medicine(US) Committee on the Future Health Care Workforce for Older Americans, *Retooling for an Aging America: Building the Health Care Workforce*, Washington(DC): National Academies Press(US); 2008.

〔3〕 CGNO Position Statement Endorsed by ANA(https://www. nursingworld. org/practice - policy/nursing - excellence/official - position - statements/id/nursing - staffing - requirements - to - meet - the - demands - of - todays - long - term - care - consumer/).

〔4〕 American Association of Colleges of Nursing: Nurse practitioner and clinical nurse specialist competencies for older adult care(http://www. aacn. nche. edu/Education/pdf/APN Competencies. pdf).

加强老年病学与其核心课程的整合。

三是老年专科医疗保健人才队伍的建设。据预测，美国持有证书的老年专业医生将从2007年7128人勉强增至2030年的7750人，2030年将面临缺乏36000名老年专业医生的严峻局面[1]，政策倾斜方面，美国卫生资源和服务管理局（Health Resources and Services Administration，HRSA）负责制订老年病学健康专业计划，通过研究生医学教育（GME），Medicare支持老年病学的高级培训，将老年人作为全职等效（FTE）居民进行计数，而其他专科医生仅计入全职等效的一半。因此，培训老年病学家的医院可以比培训其他类型的专科医生的医院获得更多的GME资金[2]。社区医院创新的社区大学课程在某些专业人才的初始和持续老年教育中发挥作用的潜力很大，为从事老年医疗护理的医疗保健人才的教育和培训发挥了重要作用。例如，社区学院可以为入门工作者提供职业阶梯课程，并与养老院和家庭健康机构合作制订继续教育计划。社区学院在许多新的证书课程和教育课程的开发中也是必不可少的。社区学院的优势在于既能够根据当地需求和基于州的要求定制项目，又可以使用该社区中工作者最容易接受的方法。联邦政府支持使用社区学院培训新的卫生工作者，例如，美国劳工部的就业和培训管理局提供社区就业培训补助金以提高社区学院行业培训的能力[3]。此外，美国老年护理教学在采用讲座、研讨会、小组讨论、课堂陈述等形式的同时，大多数院校还建立了网络平台供学生自主学习，并逐渐增加模拟教学和电子设备等辅助学习应用。

（四）英国

1. 角色分工

英国养老服务人才队伍可以划分为社区养老护理人才和老年护理院养老护理人才，具体角色分工如下：

社区养老服务人才主要包括健康访问护士、特定区域护士以及诊所护士。健康访问护士的服务对象主要是患有慢性病的老年人，为其提供访视和健康教育等服务；特定区域护士负责不同区域如学校、疗养院等机构的护理服务，为特定区域的老年人提供一般性护理服务；高等级的社区护士具有独立开具药方或者请全

---

〔1〕 Auerhahn C, Kennedy - Malone L, Integrating gerontological content into advanced practice nursing education, New York, Springer Publishing Company Press, 2010.

〔2〕 Medicare Payment Advisory Commission: Impact of the resident caps on the supply of geriatricians(http://67. 59. 137. 244/documents/nov2003_Gtricians. pdf).

〔3〕 DOL(Department of Labor): The president's community - based job training grants(http://www. doleta. gov/business/Community - BasedJobTrainingGrants. cfm).

科医生会诊开具药方的权限；诊所护士负责进行全天候的护理服务。

老年护理院护士的资质由低到高被分为 A 级—H 级 8 级。A、B 级是护理员，未接受过护理职业培训，主要从事喂饭、陪聊等简单工作；C、D 级是护校未注册的护校毕业生，主要从事注射、发药工作；E、F 级是主管护师；G、H 级是护士长或护理部主任。所有护理人才在任职后的 6 周内必须接受国家培训组织机构要求的上岗培训，包括护理原则、安全工作规范、护理角色、服务用户群和特殊需求的培训。

老年护理院的管理者必须拥有 NVQ4 级水平注册管理者奖项或者护理管理的资格认证。英国政府明确规定养老院的注册管理者至少具有 2 年的高级管理经验，过去五年中在相关老年照护环境中进行管理，管理者必须有符合国家培训机构要求员工培训目标的培训和发展计划，并确保护理服务提供者能够实现家庭目标并满足老年人不断变化的护理需求[1]。现实中，英国大多数养老服务的管理者都经历过基础的养老护理服务工作，通过实践和学习获得了 NVQ4 级认证成为管理者，主要职责在于管理养老机构各项事务，确保养老机构的护理质量。

2. 建设方式

英国养老服务人才的建设方式大致有 NVQ 培训、在职培训以及护士教育，同时老年护理服务的培训课程内容丰富，培训手段多元化。详情见表 20－5。

表 20－5　英国养老服务人才建设方式

	NVQ 培训	在职培训	护士教育
培训内容	对应不同等级的 NVQ 标准要求		对应护士助产士协会（NMC）标准要求
培训地点	工作场所、评估中心	护理机构	专业学校
培训要求	养老机构的护理助手需达到 NVQ2 级水平； NVQ3 级护理助手会得到护士培训，有机会成为医生助理	护理机构	3 年的持续学习 包括 50% 的理论和 50% 的实际操作

（五）澳大利亚

1. 角色分工

澳大利亚养老服务人才队伍包含养老护理护士、养老登记护士、养老注册护

〔1〕 National Minimum Standards for Care Homes for Older People: the Secretary of State under section 23 (1) of the Care Standards Act 2000, (https://www.dignityincare.org.uk/_assets/resources/dignity/csipcomment/csci_national_minimum_standards.pdf).

士、老年护理顾问以及安置顾问。养老护理护士是养老服务队伍中最低等级是养老护理助手，主要负责生活护理和简单的注射、伤口处理等；第二等级是养老登记护士，负责养老院或医院中老年人的护理工作；最高一级是养老注册护士，一般在社区或者偏远地区中独立为当地老年人提供专业护理服务；老年护理顾问主要负责帮助老年人了解老年护理服务，并帮助其找到适合自己需求的护理服务、提供专业的收费服务协助，找到最适合客户需求的护理方案；安置顾问负责组织所有必要的相关文书工作和安排，以确保将老年人安置在社区护理计划或院所老年护理设施中（见表 20 - 6）。

2. 建设方式

针对一般护理人才和护士，澳大利亚社区服务和健康行业基本委员会（Community Services and Health Industry Skills Council，CSHISC）设定资格和技术等级认证作为社区服务和健康领域的职业技能标准。老年护理护士队伍建设方面，养老护理助手需要在技术和继续教育（Technical and further education，TAFE）学校和养老院完成 6—8 周培训或者获得社区老年人护理的Ⅲ级证书，培训内容主要为生活护理方面；第二等级是养老登记护士，养老登记护士需要在技校完成 12 个月的全职或 18 个月非全职学习，可在养老院或医院做病人的护理工作；最高一级是养老注册护士，注册护士需要完成大学 3 年的学习，获得护理学士学位，其学习课程主要有心脏病、老年痴呆、高血压等常见老年病的护理。具有 2 年养老护理工作经历的注册护士可申请学习老年护理研究生课程。此外，养老院的护理人才每隔几年就需要接受一次培训，进行专业知识的更新。针对医生，澳大利亚许多大学设立了老年护理专业课程，学生在完成学业后需通过专门院校机构进行测试审核方可上岗。

表 20 - 6 养老护理人才和老年护理顾问日常工作内容

护理人才	老年护理顾问
根据花名册拜访客户	进行预定的客户拜访（例如初始客户评估或例行客户审查）
审查服务计划并确定老年客户所需服务	例行的客户审查，给客户提供帮助护理者表格和通信录
执行所需的帮助（例如，家庭支持，个人护理，准备饭菜等）	根据需要参加电话咨询

资料来源：Mirela Prgomet, Heather E. Douglas, Amina Tariq, Andrew Georgiou, Pauline Armour, Johanna I. Westbrook, The Work of Front Line Community Aged Care Staff and the Impact of a Changing Policy Landscape and Consumer - Directed Care, *The British Journal of Social Work*, Volume 47, Issue 1, January 2017, pp. 106 - 124

三、发达国家养老服务人才队伍建设的特色经验

发达国家在完善养老服务过程中十分重视养老服务人才的建设，形成了略有差异的角色分工和具体建设方式。同时，在政策保障、激励保障、监督保障等方面采取了特色举措以推进养老服务人才队伍的壮大、多元化和专业化。

（一）政策保障

1. 完善的法律保障

日本于1987年颁布《社会福祉士及介护福祉士法》，一方面对社会福祉士以及介护福祉士应具备的相关能力进行了明确规定；另一方面规定了社会福祉士和介护福祉士获取专业资格需要接受教育培训的主要内容、执业资格取得方式、工作内容、职业地位、待遇、权利义务等。通过该法的实施，日本基本建立了专业化、职业化的老年护理队伍。1992年，日本建立了《福利人才确保法》，从法律上对福利人才的培养及其应有的经济、社会地位予以保障，同年6月发布实施《关于促进确保介护师等人才的法律》，以加强对介护士的规范管理。1997年日本厚生劳动省发布《关于保障从事社会工作人才措施的基本准则》，提出改善养老服务人才的工作环境、建立职业发展机制、鼓励公民积极参与福利和护理服务领域、促进潜在合格人才的参与、促进多元化人力资源的参与。这些法律法规的保障一方面为日本养老服务人才的培养制定了规范和标准，促进了养老服务人才队伍的建设和发展；另一方面提高了日本养老服务的质量，促进了养老服务的不断升级。

2. 老年福利政策保障

丹麦的老年福利政策主要包括养老金政策、住房保障政策以及老年关怀政策等。首先，丹麦养老金是非缴费型，退休人才都可享受不带附加条件的政府养老金，包括基本津贴以及其他情况下申请的个人补贴，政府养老金全覆盖为丹麦老年人获取养老服务提供了经济支持，进而为购买养老服务提供了保障；其次，丹麦有专门的老年人住房法案，针对疗养院、养老院、老年公寓等老年住房形式制定具有差异性的养老、医疗保健服务。

3. 老年护理教育体制

美国老年护理分委会于1970年组织发表了老年护理方面的相关标准；1975年，美国开始进行老年护理培训并颁发相关资格证书，第一批培训共有74名护士通过了资格认证，同年6所大学在政府资助下开始举办老年开业护士学位教育；1976年美国护理协会提出发展老年护理学，推动了许多国家的护理学校将老年护理纳入大学护理课程设置，同时设有老年护理学硕士和博士学位。1987年的“综

合预算调节法”建立了护士助理培训和能力评估计划，该计划为护士助理的教育和培训创建了最低要求[1]；2008 年，老年临床护理专家的资格认证正式列入专科并设立了证书注册考试[2]。2010 年，《美国护理本科教育老年护理胜任力标准及课程指南》出版，列举了护理本科毕业生应具备的 19 项老年护理胜任力要求，并将老年护理学作为一门独立的课程讲授。

4. 老年护理人才标准化机制

英国政府通过制定一系列老年护理机构准入要求和养老护理服务人员任职要求以确保老年护理机构的从业人员更好地胜任岗位职责要求。法律层面要求养老护理的相关常规知识需要定期更新，如移动和接触老年人护理知识的培训是法定的[3]。英国皇家护士学院（Royal College of Nursing，RCN）的《安全护士配备水平指南》规定老年护理人员和老年人的具体配备比例，英格兰的老年护理院由护理质量委员会（CQC）监管，养老院在注册过程中需要满足 28 项监管标准要求，建议养老院配备人才的比例为 24 小时内平均有 35% 的注册护士和 65% 的护理助理在岗[4]。调查显示，英国疗养院中平均每天每名注册护士负责 18 名患者，晚上每名注册护士负责 26 名患者。北爱尔兰、苏格兰、威尔士老年人和护士的人才配备比例分别由该地区的质量改进管理局（Regulation and Quality Improvement Authority，RQIA）、护理监察局和护理和社会服务检查局（CSSIW）决定[5]。2000 年英国《护理标准法》规定，老年护理院的监管由 CQC 负责，老年护理院所提供的服务必须达到由卫生部制定的最低护理标准。

5. 监督机制

澳大利亚《护理质量原则》确立了社区护理标准，通过社区护理质量报告计划对护理标准的绩效进行监控。澳大利亚中央政府硬性要求所有社区护理提供者每三年进行一次质量审查，查看是否满足原有的认证标准。为防止养老服务人员不合格的服务行为，澳大利亚政府规定居住在养老机构的老年人有权提出投诉，并制订了老年护理投诉计划。老年护理投诉调查计划是一项免费服务，使老年人或者家庭成员能够就护理机构护理质量、住宅或社区护理环境中提供的服务提出公开，匿名或保密的投诉。澳大利亚卫生部专门设立老年护理专员办公室（Older Adult Cancer Care，OACC），负责审查决策并审查有关流程的投诉。

---

[1] OIG(Office of Inspector General, U. S. Department of Health and Human Services):Nurse aide training (https://oig. hhs. gov/).

[2] 于放:《美国老年护理发展及其对中国的启示》，载《中国护理管理》2011 年第 4 期。

[3] Linda N. , “*NVQs in Nursing and Residential Care Homes*”. *Ox – ford*:*Blackwell Publishing*, 2006.

[4] Royal College of Nursing:Guidance on safe nurse staffing levels in the UK(https://www. rcn. org. uk/about – us/policy – briefings/pol – 003860).

[5] 整理自:英国皇家护理学院官网(https://www. rcn. org. uk/get – help/rcn – advice/staffing – levels)。

此外，澳大利亚卫生与老年人事务部（Department of Health and Ageing）负责监管老年护理院和老年公寓提供的服务质量，并处理相关投诉。老年护理标准和评估公司（Aged Care Standards and Accreditation Agency Ltd）每年至少一次对老年护理院和老年公寓进行突击检查和评审，包括护理文件、老年人的饮食供给、卫生状况以及老年人和家属对服务提供的评价。评审的结果直接影响下一阶段该机构是否有资格接收老年人入住和享受政府提供的相关津贴[1]。

（二）激励保障

1. 资金支持

发达国家相关政府部门和社会组织对于养老服务人才队伍的留用十分重视，采用多种途径对其予以激励。

日本政府首先通过提供介护员补助金、提高工资和改善劳动环境等手段解决介护员待遇水平低下的问题；其次，设立高额的助学金制度，政府主动承担80%的学费开支，若学生毕业从事介护工作满5年，即不需要返还借款；最后，日本政府每月支付2万（日元）的额外奖励给介护福祉士，激励更多的学生选择介护专业以扩充现有的养老服务人才队伍，进而缓解养老服务专业人才短缺的现状。

丹麦则通过建立长期护理津贴制度和专项资金的方式对养老服务人才的留用进行间接激励。首先，丹麦长期护理津贴制度主要分为以下两种——第一种是给予提供护理的亲属的津贴以及非正规护理员的津贴，有助于缓解养老护理服务人才数量不足的现状，扩充养老护理服务队伍；第二种是政府以补贴和税收减免形式提供给正规护理机构的津贴，有助于激励养老护理机构完善对护理人员的培训和管理，提高养老服务供给的质量。其次，丹麦对老年护理研究的支持主要以项目形式进行，具体由政府根据个人申请或私人资金提供的赠款进行支付。此外，丹麦政府每年会在国家财政预算中为老年护理研究预留一定数量的资金，例如，老年痴呆问题的相关研究团队可申请这一资金支持，通过设立专项资金支持的方式激发老年专业领域医护人员的工作积极性。

美国对于养老服务人才的资金支持主要体现在国家卫生服务团计划（National Health Service Corps，NHSC）和以约翰·A. 哈特佛德基金会（John A. Hartford Foundation，JAHF）为代表的民营机构所提供的资金支持。NHSC起始于1972年，是“紧急医疗卫生人才法”的修订的一部分。NHSC除了为初级保健医生、护士从业者、牙医、心理和行为健康专业人士、医师助理、认证护士助产、牙科

---

〔1〕 Aged Care Quality and Safety Commission：Acreditation - Aged Care Standards and Accreditation Agency Ltd.（http://www.accreditation.org.au/accreditation/）.

保健员提供贷款外，还为参与家庭护士和护士助产士计划、医师助理计划的学生提供奖学金。根据贷款计划，从业人员在服务的前两年每年可获得高达25000美元的补贴。在完成至少2年的服务期限后，可以每年延长，并且前2年在美国卫生与公共服务部（Department of Health and Human Services，HHS）中延长服务期限的从业者在接下来的几年中每年可以获得高达35000美元的贷款免除额。2019年HHS通过NHSC和护士团计划向初级卫生保健临床医生投入了2.93亿美元的奖励，估计有1300万患者接受了超过12500名NHSC和护士团临床医生的护理[1]。

澳大利亚联邦政府1997年出台《老年护理法》（*Aged Care Act 1997*），旨在向经批准的家庭护理提供者提供补贴，以协调一揽子护理、服务和案件管理，满足老年人的养老服务需求。具体支持由专业评估师使用全国一致的评估框架对老年人相关状况进行评估。并将支持分为四个级别：1级，家庭护理—基本护理需求；2级，家庭护理—低级护理需求；3级，家庭护理—中级护理需求；4级，家庭护理第—高度护理需求。家庭护理套餐计划为家庭护理套餐下的可用资金总额提供补贴，每个级别的家庭护理套餐需要提供不同的补贴金额。此外，澳大利亚联邦政府向批准的服务提供者按月支付一定数量的家庭护理补贴。联邦政府对提供长期护理服务的人才补贴基于老年护理资助工具（Aged Care Funding Instrument，ACFI），该工具用于根据老年人日常生活活动、生活行为和复杂的医疗保健程度来衡量每位居民所需的护理水平，其结果作为澳大利亚政府补贴分配给住院老年护理提供者的基础。

2. 激励措施

日本是世界上较早步入人口老龄化的国家之一，养老服务人才缺口不断扩大，政府和民间团体在养老服务人才留用激励方面给予高度关注并采取了诸多措施。一是畅通晋升渠道。日本的养老护理服务是终身职业，从事该行业的工作人员拥有激励性较强的晋升渠道和差别性的工资待遇。日本政府联合养老服务行业具体制定了养老服务人才的职业发展路径，第一种是介护职员初任者研修资格—介护福祉士—社会福祉士—院长培训—养老机构院长；第二种是在基层工作的员工经过技能研修等过程最后可以成为养老服务行业的培训专家。晋升和职业发展渠道的畅通有助于激发从业人员的工作积极性和提升服务的专业性。

二是打通人才培训队伍。针对希望再次工作的潜在合格人才，日本公共就业保障办公室与相关培训组织合作进行免费就业介绍，通过再教育开展就业支持工

---

[1] 整理自：(https://www.hhs.gov/about/news/2018/10/18/hhs-awards-293-million-expand-primary-health-care-workforce.html)。

作。需要注意的是，促进潜在合格人员的进入养老服务行业是以了解潜在合格人员的就业现状、离职原因，以及在老年护理服务领域再就业的意向为基础。

三是在老年护理领域接受外国的人力资源。尽管日本的介护工作受到政府政策的大力扶持，但是受到传统文化观念的影响，年轻工作者从事这项工作的意愿仍旧不高。为了解决这个难题以迅速扩大护理人员的整体数量，日本政府不惜改变留学生接收政策和外国人才就业制度。规定凡非日本国籍者，只要能够通过日本的养老护理员国考，获得介护福祉士资格证书，即可以在日本就业定居。由于参加介护福祉士考试者需要具备 3 年以上的实际工作经验，所以对于只有一次考试机会的外国研修生，日本政府允许他们在考试达到一定分数线后，延长一年的研修期限。目前面向菲律宾、柬埔寨、尼泊尔、缅甸以及蒙古的外籍护理人才，其考试科目主要包括护理日语评估考试和护理技能评估考试。此外，日本政府为接收外国研修生的介护机构提供每人每年 23.5 万日元（折合人民币 14045 元）的补助金以及日语学习教材等支持措施。

四是规定人员配备比例。日本政府对于老年护理提供者与老年居民的比例有严格的要求，以确保护理工作人员与老年人的配备比例。一项针对日本全国范围内养老机构的研究表明：不同角色的比例分配大致为 16% 的注册护士，35% 的护理人才，4% 的物理和职业治疗师，3% 的营养师以及 42% 的非临床角色，这种组成比例与包括美国在内的其他发达国家相当[1]。

丹麦在激励养老服务人才方面，主要通过畅通不同教育形式的连接，即加强职业技术培训学校、社区学校和大学之间的连接。通过职业技术培训的“辅助护士”以及从社区学校毕业后从事养老护理的人才，若在私立大学进行更加深入的培训时，其原有培训的学分可被认可。此外，丹麦政府强制推行每年两次养老护理人才的工作环境测评，并要求养老院不断完善护工的工作环境。同时，教学机构不断向养老服务行业输送高水平人才，专业的医护服务人才弥补了丹麦医疗护理人才在养老院中的缺口，同时也使丹麦养老院的整体医护水平有了一定的提高。

澳大利亚老年护理质量和安全皇家委员会（Royal Commission to Aged Care Quality and Safety）设置老年护理“最佳实践奖计划”，旨在评选出老年护理服务的“实践典范”或“创新和卓越的领导者”，并邀请消费者、经理、老年护理员工、来访的卫生专业人员和其他相关人才分享老年护理服务经验以此促进整个老

---

〔1〕 Sandoval Garrido FA, Tamiya N, Kashiwagi M, et al. “*Relationship between structural characteristics and outcome quality indicators at health care facilities for the elderly requiring long - term care in Japan from a nationwide survey*”. *Geriatr Gerontol Int*, 2014.

年护理行业发展和服务创新[1]。

（三）监管保障

政府部门通过采取设立专门的监管部门、评价机制以及公开养老服务信息等手段对养老服务相关部门的从业行为进行有力监管，确保养老服务行业规范化发展。得当的监管保障间接促进了养老服务人才招用和建设的规范化。

在设立专门的监管部门方面，英国成立了 CQC，对机构、社区和居家照护的养老服务质量进行监管；澳大利亚在 2019 年新成立老年护理质量和安全皇家委员会一方面负责对养老服务的质量进行监管，另一方面负责制定养老服务的相关标准。

在建立评价机制方面，日本全国老年人福利机构协会于 1988 年公布《养老院的机能及服务评价》，成为养老机构运营评价具体化的标志。1993 年，日本发布《特殊养护院、老年人保健设施服务评价基准》。在长期护理保险机制建立之后日本引入了第三方评价机制，养老服务机构提供的养老服务护理的评价机制日渐完善。丹麦市政当局每年都会确定老年家政服务、老年康复和培训服务的质量标准：这些标准是公开的，适用于招标和审核。制定质量标准的目的是确保老年人在需要帮助和支持时得到专业、有尊严和合格的服务待遇，每年市政审计部门至少对养老院进行一次暗访[2]。

在公开养老服务信息方面，丹麦当前有五个地区实施“病例管理协议”，该协议强调正确诊断的重要性，并规定应如何向患者和护理人员提供支持。澳大利亚政府网站自 2013 年起开设“我的老年照护”（My Aged Care）板块，设置老年人照护服务投诉项目，政府监管部门可以第一时间获得老年人对于养老照护服务的意见和反馈，进而有效规范养老服务人员的行为。

四、启示和建议

目前，我国虽然在养老服务人才队伍建设方面出台了相关法律法规保障、制定了激励政策，并形成了培训机制，但随着人口老龄化进程的加快、养老服务业快速发展，现有养老服务人才队伍建设存在的问题逐渐显现。构建“以居家养老为主体、社区养老为依托、机构养老为支撑”的现代化社会养老服务亟需建设多

---

〔1〕 整理自：澳大利亚老年护理质量和安全委员会官网（https://www.agedcarequality.gov.au/education/better - practice - awards # benefits% 20of% 20the% 20better% 20practice% 20awards% 20program）。

〔2〕 European Commission：Denmark – ESPN Thematic Report on Challenges in long – term care（https://ec.europa.eu/social/BlobServlet?docId = 19844&langId = en）.

层次、高素质的专业化养老服务人才队伍。本章通过介绍和分析日本、丹麦、美国、英国以及澳大利亚等发达国家养老服务人才队伍建设的具体经验做法，提出我国养老服务人才队伍的建设应从以下方面加以完善。

（一）完善政策保障机制

《中华人民共和国老年人权益保障法》《关于全面放开养老服务市场提升养老服务质量的若干意见》《国务院关于加快发展养老服务业的若干意见》等纲领性文件为养老服务业的发展作出了整体规划和布局；2016年民政部、教育部、国家卫生计生委联合发布《首批全国职业院校养老服务类示范专业点名单》中提出，各职业院校需要在养老服务人才队伍建设过程中发挥带动作用；但具体到养老护理服务人才方面的法律法规保障则屈指可数。首先，现有养老服务相关的法律法规大多聚焦在人员培训和整体规模扩大方面，养老服务从业人员工作环境恶劣、工资水平低、合法权益得不到保障，以及调节保障机制缺失使得养老服务人才在工作环境中长期受到不公平待遇，进而导致养老服务人才工作积极性不足、养老服务质量较低。其次，老年人作为养老服务的需求方，其权益保障有较为明确的规定，养老服务人才作为供给方，其具体工作标准和内容缺乏规定，二者在产生纠纷时容易处于不利地位。与发达国家相比，我国养老服务人才队伍建设仍旧处于探索阶段，需要有政策法规的引导和保障。

一是养老服务人才个人权益保障方面。一方面，政府部门应从制度层面对养老服务人员从业后的权利、义务、经济等内容予以保障。具体可借鉴日本以立法的形式明确养老服务从业人员的个人权利和义务，确保福祉士、介护士的社会地位和职业发展，保障养老服务人才权益的经验做法。另一方面，民政部门应出台优惠政策，激励用人单位为养老服务人才建立完善的社会保险制度，解决养老服务从业人才的后顾之忧。

二是建立养老服务人才信息库。首先，对养老服务的提供标准和养老服务人才的培育标准给予明确规定以改善养老服务人才提供服务质量参差不齐的情形。其次，建立统一的养老服务人才信息库，及时发布养老服务人才供需信息以解决由于信息闭塞导致的人力资源闲置或紧缺的现象。

三是建立老年人身体评估机制。目前，发达国家大多建立了老年人养老护理服务评估队伍，对老年人的养老护理服务等级进行分类。评估小组主要包含社区医生、老年病房专科医生、康复师以及社会工作者等。对老年人的健康状况和护理需求进行评估，可以有效减少养老服务资源的浪费。

（二）建立多层次教育培训队伍

多层次教育培训队伍的建立首先需要建设分层明确的人才队伍，其次根据明确分层的人才队伍制定多层级的教育培训队伍。

1. 实行养老服务人才队伍分层建设

我国养老服务人才分层队伍尚未成熟，主要表现在高级养老服务人才的缺乏。目前国内开设养老服务及老年学相关专业的高等院校数量屈指可数，老年学相关专业的硕博研究生数量匮乏，研究型和管理应用型养老服务人才短缺。老年学专科医生、护士、营养师、康复师以及心理咨询师等专业人才的缺乏与当下老年人多元化养老服务需求之间的矛盾日益显现。

发达国家针对养老护理服务的现状和需求形成了低级、中级和高级三大水平的养老服务人才队伍。例如日本建立了以介护福祉士和社会福祉士为主的养老服务人才队伍；丹麦以护理能力不同为依据形成了家庭助理、助理护士以及护士队伍；美国根据教育程度高低不同划分形成了由学士、硕士、博士组成的高层次养老护理服务人才队伍；澳大利亚根据护理等级高低不同划分形成了养老护理助手、登记护士以及注册护士队伍。借鉴发达国家基础型养老服务人才的分层队伍，急需鼓励高等教育院校开设老年学和养老服务相关专业，加强高层次养老服务人才的培养，形成以初级养老服务人才为基础、高级养老服务人才为补充的整体养老服务人才分层队伍，即养老护理助理、养老护理护士以及养老护理专家的人才培养层次。

2. 完善多层次养老服务人才队伍培训

多层次养老服务人才队伍建设不仅需要有基础的职业培训、高等院校专业教育，更需要二者的相互配合和养老机构的支持。总结发达国家养老服务人才培养的途径可知，完善的养老服务人才培训途径包括专业人才的学历教育、基础护理人才的技能培训以及实践。

一是丰富专业设置。鼓励职业院校（含技工学校）设置养老服务相关专业和课程，高等院校开设养老服务管理、中医养生学等相关专业；二是建立专项基金支持高等院校老年专业师资队伍建设，在招生和培养时给予优惠政策如减免学费、增加奖助学金等；三是高等院校依据细分的养老服务功能在设置不同专业方向的同时，要保持和企业、社会组织的沟通，建立“校企合作”机制，进而达到满足社会养老服务需求和保障养老服务相关专业人才良好就业的双重目标；四是在基础护理人才技能培训方面，根据教育背景、年龄阶段以及性别等因素完善技能培训方式。对于文化水平较低、年龄较大的人员，其培训的内容应偏向于生活护理，培训方式以实操为主知识学习为辅；五是依托社区、养老机构以及养老服务相关企业来建立养老服务人才实践基地。此外，需要针对不同层级的养老服务人才指定侧重点不同的实践内容。养老护理助理的实践培训环节应以于生活照护等基础性护理工作为重点；养老护理护士则更注重于技术性护理工作以及一线护理工作的管理；护理专家在实践培训环节则应体现技术指导和科研成果。

3. 健全人才激励机制

人才激励机制的健全与完善有利于激发养老服务人才的工作积极性和主动性，减少离职率，进而更好地为老年人提供多元化服务。健全人才激励机制包括以下四个方面：一是提高养老服务人才社会地位方面。发达国家试图使用“形象运动”来吸引更多年轻人参与到养老服务行业培训和实践中。例如英国的“自豪护理”倡议，老年护理提供者可以向学校和就业中心分享他们的工作经验。政府部门和行业协会需要引导社会舆论的方向，营造尊重、认同和支持养老护理服务人才的社会环境，提升养老服务行业的行业吸引力，增强职业认同感。一方面，可借鉴澳大利亚设置的老年护理“最佳实践奖计划”，举办全国养老服务技能比赛，对获奖选手授予奖项；另一方面，加强对养老护理员先进事迹的宣传，提升养老服务从业人员的社会地位。

二是保障养老服务人才薪资待遇水平和工作环境方面。确保养老服务人才的平均薪资水平不低于平均行业水平和最低薪资水平，切实做到同值工作同等报酬。例如英国低薪委员会已将社会护理列为遵守国家最低工资标准的关注领域。在保障养老服务人才工作环境方面，丹麦政府强制实施养老护理人才工作环境测评，并要求养老机构不断改进养老护理人才的工作环境。

三是畅通职业发展路径方面，首先，借鉴发达国家养老服务行业主动推进护理人才职业发展，建立护理人才职业发展的贯通机制。例如美国规定接受过养老护理培训的护理从业人员可以参加美国护士资格认证中心（American Nurses Credentialing Center，ANCC）组织的养老护理认证考试，通过考试的护理人员可成为专科护士和开业护士；丹麦政府提倡养老护理人才进行持续的护理培训，破除了职业培训、社区学校教育以及私立大学教育之间的认证阻隔，保证更高层次学习的连续性。我国需要在完善各培训机构培训标准的基础上，建立培训机构和专科学校的沟通机制，对于在培训机构完成培训的从业人员实行免修和学分认可的办法。其次，完善养老服务行业的岗位设置，鼓励设置多层次、多类别的技能岗位，打通职业晋升渠道。

四是培训激励方面。首先，为进一步提升我国养老服务人才专业化水平和行业整体水平，对于参与培训的人员给予各类补贴和奖金可在一定程度上调动准从业人员参与理论和实践培训的积极性。补贴包括交通补贴、三餐补贴以及工资补贴；对于完成培训、达到资格认证的人员给予现金奖励。例如针对学生群体，日本政府不仅设立高额的助学金制度并主动承担 80% 的学费开支而且每月支付 2 万日元（折合人民币约 1195 元）的额外奖励给介护福祉士以此来激励更多的学生选择介护专业。其次，对老年人提供照护的亲属给予一定的津贴可以在一定程度上缓解目前我国养老服务正式照护者数量不足的问题。例如丹麦长期护理津贴制度包含非正规护理员津贴。目前我国部分省市已经采取了激励参与培训的相关措施，例如上海市人社局于2019年8月发布《关于规范本市养老护理人员职业技能补贴培训实施工作的通知》，提出在培训结束四个月后，确定通过医保部门长护险护理服务人员信息系统或民政部门养老护理员信息系统等核实为养老护理从业人员的培训对象，可按补贴标准享受80%培训费补贴。苏州市人社局2019年7月出台《苏州市养老从业队伍培训和入职奖励管理办法》，明确对养老从业人员设立入职奖励，最高奖励达6万元。北京市海淀区民政局2019年6月发布《海淀区养老护理职业发展体系改革试点工作方案》提出，在海淀区直接从事养老护理服务的一线工作人员每月可享受岗位津贴。

4. 完善社会多元参与机制

一是鼓励社会力量参与。首先，对举办职业培训的机构和教育集团，应采取政府补贴和政府购买服务的方式激励各培训主体，主要补贴的环节贯穿招生、培训和收费等。其次，鼓励提供养老服务的机构主动制定员工培训计划和队伍，并向一线护理员工和管理者提供培训课程，具体课程内容可划分为技术培训和管理两类。再次，以社区为依托组建由社区基层医生、养老护理员、社区工作者等组成的健康评估小组，定时对社区老年人进行健康等级评估和预防性家访。

二是发挥行业协会的作用。行业标准的制定、行业法规的建设以及行业运营的内部监管都离不开行业协会。发挥行业协会在养老服务人才供求数量预测、就业方向引导以及沟通平台建设等方面的作用。日本、丹麦、美国、英国、澳大利亚等国养老服务人才行业协会数量较多且在制定服务标准、畅通沟通机制以及牵头监管等方面起着不可替代的作用。

三是发展潜在社会护理人才参与。丹麦建立长期护理津贴，以较高水平的现金补贴激励老年人的亲属好友参与到养老护理服务中。对易转变职业和有条件从事兼职养老服务工作的群体，例如已经退休的低龄老年人、社会志愿者以及全职妈妈等，予以政策引导和激励，以缓解当前我国养老服务人才缺口巨大的现状。

参考文献

中文文献

郭红霞，陈红：《丹麦护理本科课程设置分析及启示》，载《华西医学》2016年第11期。

于放：《美国老年护理发展及其对中国的启示》，载《中国护理管理》2011年第4期。

外文文献

Auerhahn C, Kennedy - Malone L, *Integrating gerontological content into advanced practice nursing education*, New York: Springer Publishing Company Press, 2010.

Linda N., "*NVQs in Nursing and Residential Care Homes*". Ox – ford: Blackwell Publishing, 2006.

[日]江草安彦:《老年介护工作人才教材》(中国语版),日本:社会福利法人旭川庄2005年版。

Retooling for an Aging America: Building the Health Care Workforce, Washington (DC): National Academies Press (US), 2008.

Mirela Prgomet, Heather E. Douglas, Amina Tariq, Andrew Georgiou, Pauline Armour, Johanna I. Westbrook, "The Work of Front Line Community Aged Care Staff and the Impact of a Changing Policy Landscape and Consumer – Directed Care". *The British Journal of Social Work*, Volume 47, Issue 1, January 2017.

Olshansky, S. J., D. J. Passaro, R. C. Hershow, et al. "*A potential decline in life expectancy in the United States in the 21st century*". *New England Journal of Medicine*, Vol 11, 2005.

Sandoval Garrido FA, Tamiya N, Kashiwagi M, et al. "Relationship between structural characteristics and outcome quality indicators at health care facilities for the elderly requiring long – term care in Japan from a nationwide survey". *Geriatr Gerontol Int*, 2014.

Whitaker T, Weismiller T, &Clark E, "Assuring the sufficiency of a frontline workforce: a national study of licensed social workers". National Association of Social Workers, 2006.

AAHSA (American Association of Homes and Services for the Aging). Aging services: The facts (http://www.aahsa.org/aging_services/default.asp) (accessed July 9, 2007).

Australian Bureau of Statistics: Population Projections, Australia, 2017 (base) 2066, (https://www.abs.gov.au/ausstats/abs@.nsf/0/5A9C0859C5F50C30CA25718C
0015 182F? Opendocument).

Aged Care Quality and Safety Commission: Acreditation – Aged Care Standards and Accreditation Agency Ltd (http://www.accreditation.org.au/accreditation/).

American Association of Colleges of Nursing: Nurse practitioner and clinical nurse specialist competencies for older adult care (http://www.aacn.nche.edu/Education/pdf/APN Competencies.pdf).

Aged Care Guide: Respite Care (https://www.agedcareguide.com.au/).

BLS: Occupational outlook handbook, 2006 – 07 edition, personal and home care aides (http://www.bls.gov/oco/ocos173.htm).

Common wealth of Australia: A guide to improve aged care services for your community (https://agedcare.health.gov.au/sites/g/files/net1426/f/documents/07_2015/final_ – _cald_guide_ – _final_20150731.pdf).

DOL (Department of Labor): The president's community – based job training grants (http://www.doleta.gov/business/Community – BasedJobTrainingGrants.cfm).

European Commission:Denmark – ESPN Thematic Report on Challenges in long – term care (https://ec. europa. eu/social/BlobServlet? docId = 19844&langId = en).

Government spending on aged care:Gen Aged Care Data(https://www. gen – agedcaredata. gov. au/Topics/Government – spending – on – aged – care).

Heather Roy:*The education, training and qualifications of nursing and care assistants across Europe*, Eurodiaconia, 2016.

Institute of Medicine(US)Committee on the Future Health Care Workforce for Older Americans:CGNO Position Statement Endorsed by ANA(https://www. nursingworld. org/practice – policy/nursing – excellence/official – position – statements/id/nursing – staffing – requirements – to – meet – the – demands – of – todays – long – term – care – consumer/).

Ministry of Health Labour and Welfare:社会福祉士養成課程における教育内容の見直しについて(http://www. mhlw. go. jp/stf/seisakunitsuite/bunya/hukushi_kaigo/seikatsuhogo/shakai – kaigo – yousei. 2017 – 05 – 03).

Ministry of Health Labour and Welfare:介護職員・介護支援専門員(https://www. mhlw. go. jp/stf/seisakunitsuite/bunya/0000054119. html).

Medicare Payment Advisory Commission:Impact of the resident caps on the supply of geriatricians(http://67. 59. 137. 244/documents/nov2003_Gtricians. pdf).

National Minimum Standards for Care Homes for Older People:the Secretary of State under section 23(1)of the Care Standards Act 2000, (https://www. dignityincare. org. uk/_assets/resources/dignity/csipcomment/csci_national_minimum_standards. pdf).

OECD:A Good Life in Old Age? Monitoring and Improving Quality in LongTerm Care(https://read. oecd – ilibrary. org/social – issues – migration – health/a – good – life – in – old – age_9789264194564 – en#page3).

OIG(Office of Inspector General, U. S. Department of Health and Human Services):Nurse aide training(https://oig. hhs. gov/).

Paraprofessional Healthcare Institute:Who are direct – care workers? Facts 3(http://www. directcareclearing house. org/download/).

Royal College of Nursing:Guidance on safe nurse staffing levels in the UK(https://www. rcn. org. uk/about – us/policy – briefings/pol – 003860).

日本总务省统计局统计调查部:《国势统计报告》,历年 a。

日本国立社会保障与人口问题研究所:《人口统计资料集》(http://www. ipss. go. jp/syoushika/tohkei/Popular/Popular2017RE. asp? chap = 0),2017 年。

Services and places in aged care:*GEN AGED CARE DATA*, (https://gen – agedcaredata. gov. au/Topics/Services – and – places – in – aged – care),2018 – 06 – 30.

Social Welfare Promotion and National Examination Center:資格取得ルート図:公益財団法人社会福祉振興試験センター(http://www. sssc. or. jp/kaigo/shikaku/route. html).

The Ministry of Social Affairs and Integration: Social Policy In Denmark (http://www.oim.dk/media/14947/social-policy-in-denmark.pdf).

U. S. Department of Labor, Bureau of Labor Statistics: Occupational outlook handbook (OOH) (http://www.bls.gov/oco/).

U. S. Department of Labor, Bureau of Labor Statistics: Occupational outlook handbook (OOH) (http://www.bls.gov/oco/).

第二十一章　养老社区建设

长期以来，许多国家不同类型和层次的老年照护机构与制度安排相互分割，因此当老人的身体状况和自理能力发生变化，就需要频繁变更适合的养老场所。而持续照护养老社区（continuing care retirement communities，CCRC）除了向入住老人提供常规的生活支持与照护服务，还特别强调针对老人余生每一阶段的不同需求在社区内提供持续照护，从而使老人免于在不同养老地址间的来回搬迁。

持续照护养老社区这一模式最早起源于美国，目前在英国、荷兰、澳大利亚、新西兰以及日本等国都有推行。各国根据自身国情建立了持续照护养老模式，但使用的术语表达略有不同。如美国的持续照护养老社区或生活规划社区（Life plan community）[1]，英国的全龄社区（All age community），荷兰的生命公寓（Apartments for Life），澳大利亚的三级养老建筑群（Three – tier complex）或照护连续体（Continuum of care/Ongoing care），以及日本的持续照护养老社区等。[2] 本书着重探讨美国、英国和澳大利亚等国持续照护养老社区建设的做法。

一、发达国家持续照护养老社区的形成与定位

（一）美国持续照护养老社区的形成与定位

1. 美国持续照护养老社区的形成与发展

美国的持续照护养老社区模式距今已有100多年的历史。早期美国老年人先将个人的房屋与资产上交至相关的宗教和互助组织，之后这些组织再向老人提供

〔1〕 2015年，美国老龄住房与服务协会（American Association of Homes and Services for the Aging，现已更名为Leading Age）提出用新术语——生活规划社区（life plan community）取代持续照护社区这一传统表述。原因在于传统术语隐含老年人在社区只是被照护，而不是在社区获得新的体验与提升。自2016年，美国齐格勒投资集团（Ziegler）在发布老龄照护数据时开始采用新术语生活规划社区，但是美国行业内对于术语变化的选择还存在明显的分歧。

〔2〕 Anna L. Howe et al.，"What's in a name? Similarities and differences in international terms and meanings for older peoples' housing with services"，*Ageing & Society*，Vol. 33，2013，p. 556. Tomoo MATSUDA，"The possibility of Japan – version CCRC：an integrated business model supporting the regional vitalization"，日本不动产学会誌，Vol. 29，No. 2，2015，p. 80.

照护服务。[1] 20世纪60年代以后，持续照护养老社区进入稳定的增长期，社区的规模数量与照护服务的递送都有明显提升。不同地域（农村和城市）、不同收入水平以及不同健康状况的人口都有可能享受到持续照护服务。20世纪70年代至80年代初期，新型缴费合约类型的出现吸引了更多的潜在住户，持续照护养老社区进入迅速发展期。20世纪80年代中期，营利性组织也更多参与到社区的开发。但是非营利性组织，尤其是基于相同宗教信仰的团体和（或）亲合团体仍旧是举办者的主体。由于贷款操作失误以及开发商对于持续照护养老社区这一新兴行业缺乏经验，一系列违约现象导致有目的性修建的社区在20世纪80年代增长速度放缓。[2] 自20世纪90年代以来，持续照护养老社区行业再次获得长足发展，并呈现多元化的特点。除了宗教和互助组织，非营利性与营利性组织也参与到社区的运营，不同规模社区中照护服务的选择以及费用支付模式也各不相同。[3] 1990—2005年，由于运营商的决策判断更加成熟，并且能够从银行和机构投资者处获得更多的资金，持续照护养老社区以每年新增10—20家的速度发展壮大。截至2007年，社区的数量已经超过1800家。[4]

2008年金融危机爆发后，受到资金紧缩、住房市场挑战以及对总体经济形势的谨慎判断等因素的影响，持续照护养老社区的新建数量大幅下降。2009年7月，美国持续照护社区数量统计仅为1861家。[5] 截至2018年5月，根据投资集团 Ziegler 发布报告的数据，全美持续照护养老社区的规模达到1955家。宾夕法尼亚州拥有全美最多的持续照护养老社区，数量接近200家。社区分布密度较高的其他州分别是俄亥俄州、加利福尼亚州、佛罗里达州和伊利诺伊州。但怀俄明州比较例外，它是美国唯一没有建立持续照护养老社区的地区。[6]

2. 美国持续照护养老社区的制度定位

美国养老社区按照形成原因的不同，可分为自然形成养老社区和正式规划的养老社区两类。前一种社区多为自发形成，社区内许多青年人口成年后不断迁出，

---

〔1〕 GAO, Continuing Care Retirement Communities Can Provide Benefits, but Not Without Some Risk, (https://www.aging.senate.gov/imo/media/doc/letters/gaoccrcreport.pdf), 2010, p. 3.

〔2〕 Jane E Zarem, Today's Continuing Care Retirement Community (CCRC), (https://www.seniorshousing.org/filephotos/research/CCRC_whitepaper.pdf), 2010, p. 5.

〔3〕 GAO, Continuing Care Retirement Communities Can Provide Benefits, but Not Without Some Risk, (https://www.aging.senate.gov/imo/media/doc/letters/gaoccrcreport.pdf), 2010, p. 3.

〔4〕 Herb Kohlh, Continuing Care Retirement Communities (CCRCs): Secure Retirement or Risky Investment? (https://www.aging.senate.gov/imo/media/doc/hr224hk1.pdf/), 2010.

〔5〕 GAO, Continuing Care Retirement Communities Can Provide Benefits, but Not Without Some Risk, (https://www.aging.senate.gov/imo/media/doc/letters/gaoccrcreport.pdf), 2010, p. 3.

〔6〕 Mary Kate Nelson, Only 22% of CCRCs in the U. S. are For - Profit, (https://seniorhousingnews.com/2018/05/24/only-22-of-ccrcs-in-the-u-s-are-for-profit/), 2018.

老年人口比例逐渐上升，社区便逐渐过渡到老年型社区，未迁出的老年人口选择原居养老（aging in place）。后一种社区是为了满足老年人口的专门需要，由开发商开发，或是地方政府运用市场手段规划建设而来。按照入住老人的健康状况、照护需求和个人偏好的不同，正式规划的养老社区还可进一步细分为休闲型养老社区和持续照护养老社区。休闲型养老社区主要面向年龄较轻，能够自我照顾的老人，其特色是关注多样的休闲活动。持续照护养老社区强调涵盖不同层次的一站式照护服务，如图 21 – 1 所示。

图 21 – 1　美国养老社区的分类

资料来源：MICHAEL PACIONE，"The Retirement Village as a Residential Environment for the Third Age – The Example of Firhall，Scotland"，*Scottish Geographical Journal*，Vol. 128，No. 2，June 2012，p. 151

（二）英国持续照护养老社区的制度定位

1. 英国老年人口的养老住宅选择

总体上，英国老年人口拥有三类不同的养老住宅选择，即普通的养老公寓、养老社区以及专业照护养老院，如表 21 – 2 所示。由于老人的住房需求和偏好差别较大，老龄住房需求不能简单等同于对照护和辅助生活服务的需求。传统养老公寓无法提供老人非常需要、只有专业照护养老机构才配备照护和辅助生活服务，因而这种传统养老模式正被逐步取代。另外，由于英国劳动力市场监管、工资上浮、新的护理标准出台导致护理成本上涨，英国专业照护养老院的数量正逐渐减少。2002 年 4 月《护理标准法案》的颁布使得养老院数量进一步减少。[1] 2016 年市场分析结果表明，全英约有 71.5 万处养老住宅，仅占总体住宅存量的

〔1〕 Robin Tetlow, Continuing care retirement communities A guide to planning, (http://www.housing-care.org/downloads/kbase/2838.pdf), 2006, p. 20 – 21.

2.6%。针对老年人的养老住宅供给不足这一现象已被普遍认识。[1]

表 21-2 英国老年人口的养老住宅选择

住宅特点＼住宅类型	普通养老公寓	养老社区	专业照护养老院
住宅所有权及居住状况	待售独立住宅，共享产权或出租	待售独立住宅，共享产权或出租	公共住宅中的住户拥有独立的房间，且大多配套浴室
提供的服务	兼职管理员，紧急呼叫系统	工作人员 24 小时待命，选择性的照护服务，家政服务	24 小时照护和辅助服务（包括餐饮）
住宅布局与配套生活福利设施	起居室、洗衣设备，花园和会客室	整套生活福利设施，包括餐馆、咖啡馆、健身中心、美发店、活动室，住户自己的起居室和花园	整套生活福利和活动设施，包括花园、起居室和餐厅
住宅规模	40—60 个单元	60—250 个单元	不同机构的规模差别显著

注释：英国的养老社区涵盖范围比较广泛，既包括养老村落、自理生活社区、介助生活社区、额外照护社区，也包括能提供一站式多层次照护服务的持续照护养老社区。

资料来源：ARCO, Housing, health and care The health and wellbeing benefits of Retirement Communities, (https://www.arcouk.org/sites/default/files/ProMatura%20report%20summary.pdf), 2019, p. 3; Darton R, Theresia Bäumker, Callaghan L, et al. "The characteristics of residents in extra care housing and care homes in England", *Health and Social Care in the Community*, Vol. 20 No. 1, 2012, p. 88; Liddle J, Scharf T, Bartlam B, et al. "Exploring the age - friendliness of purpose - built retirement communities: evidence from England", *Ageing & Society* Vol. 34, No. 9, 2014, p. 1609

2. 英国持续照护养老社区的住宅和护理级别

与过去相比，当前英国老年群体的养老需求和个人经济状况发生了很大改变。他们拥有职业年金，生活独立性更强，健康状况也更好，因此应对老龄化的方式也和过去有所不同，习惯拥有更多的养老选择。传统的养老住宅选择无法满足当前数量持续增长的老年人口不断变化的需求。在英国，专业照护养老院无法给予老人生活的独立性和居住权的保障，普通养老公寓也难以应对日益增多的养老需求。而持续照护型养老社区正好可以弥补上述不足，将老龄住宅与照护结合

[1] HBF, Challenges to Development in the Retirement Housing Sector, (http://data.parliament.uk/writtenevidence/committeeevidence.svc/evidencedocument/communities - and - local - government - committee/housing - for - older - people/written/49334.pdf), 2017, p. 8.

起来，并能满足老人不断变化的养老偏好。[1]

持续照护养老社区可以成为满足英国老龄化社会需求的积极选择，其核心思想是在同一地点提供持续的照护。老人在自己住宅便可享受一定程度原本仅在专业照护养老院才能提供的照护和辅助生活服务。与此同时，社区还可以向老人提供安全的居住环境、生活的独立性以及社交的机会。[2] 根据英国卫生部的界定，持续照护养老社区可以针对住户的各种不同需求，提供全方位、综合的、可替代普通养老公寓以及专业照护养老院的照护服务。社区住户可以自己独立完成一些日常起居活动，额外的照护按照每周规定的小时数，在老人的住所中直接提供，这和需要专门护理服务时就迁入专业照护养老院的传统方式存在很大的差别。如果住户需要短期或长期的全天候照护，他们还可以迁入社区内部的护理照护中心。一站式的服务尽管不能完全阻止老人健康状况的进一步恶化，但能够一定程度上减少搬迁造成的身体伤害以及老人对未来健康的忧虑。[3] 如图 21 -2 所示。

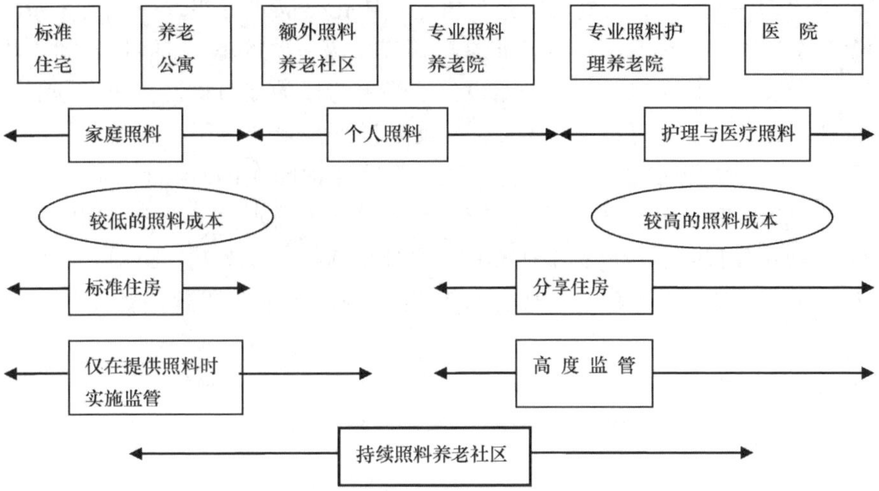

图 21 -2　英国持续照护养老社区的住宅和护理级别

资料来源：Driscoll, D. "Latest Thinking in the Planning Arena for Retirement Housing, Assisted Living and C2 Uses", *Journal of Care Services Management*, Vol. 2, No. 4, 2008, pp. 342 - 353

---

〔1〕 Rosie Rogers, Planning and Delivering Continuing Care Retirement Communities, (https://www.housinglin.org.uk/_assets/Resources/Housing/Support_materials/Other_reports_and_guidance/Planning_and_Delivering_CCRCs_publication.pdf), 2011, pp. 7 - 13.

〔2〕 Ibid, p. 10.

〔3〕 Robin Tetlow, Continuing care retirement communities A guide to planning, (http://www.housingcare.org/downloads/kbase/2838.pdf), 2006, p. 15.

（三）澳大利亚持续照护养老社区的制度定位

在澳大利亚，大多数老年人即使自身健康状况发生变化，仍倾向不搬离自己的居所，继续留在社区获取照护服务。政府根据老年群体的这种养老偏好，出台了原居养老的政策。[1] 整体来看，澳大利亚的老龄照护制度模式较为复杂，老年人口可从不同渠道获得照护与支持服务，这些照护模式安排包括非正式的照护者、政府补贴的正式社区机构老龄照护以及直接从市场购买等不同层次的照护服务。如图 19－3 所示，位于金字塔上方的制度主要针对身体状况较差的老人，提供的护理程度较高；而位于金字塔下方的制度主要面向身体状况较好的老人，提供的护理程度较低。但本质上，老龄照护制度的基石是社区老龄照护与机构老龄照护，即尽可能首先让老人留在家中接受照护服务，如果不适宜继续在家居住，再由专业机构提供高水平的护理与医疗照护。[2]

位于图 21－3 中下方的养老服务与住宅一体化是满足老年人口住宅与照护需求的第三条道路，它包括多种养老形式。[3] 其中最主要的是养老社区，即主要为老年人养老设计的住所以及相关公用设施、场地组成的建筑群。在澳大利亚，养老社区住户通常被认为可以独立生活，也就是说不需要专业照护和辅助的生活服务，因此社区住所通常被称为自理生活区或自我照护区（Independent living units，ILUs）。20 世纪 70 年代以来，养老社区是针对老年人需求发展最为迅速的住宅项目。70 年代中期以后，政府逐渐放弃补贴自理生活区，非营利性组织开始推出由老年住户个人付费的养老住宅，之后私营部门也迅速加入开发这一新兴市场。[4]

---

〔1〕 Julianne Cheek, Alison Ballantyne, Loretta Byers et al. " From retirement village to residential aged care: what older people and their families say", *Health and Social Care in the Community*, Vol. 15, No. 1. 2006, p. 8.

〔2〕 Jones, A. , Tilse, C. , Bartlett, H. et al. Integrated housing, support and care for people in later life, (https://www.ahuri.edu.au/__data/assets/pdf_file/0013/2731/AHURI_Positioning_Paper_No108 – Integrated – housing, – support – and – care – for – people – in – later – life.pdf), 2008, p. 2.

〔3〕 Jones, A. , Tilse, C. , Bartlett, H. et al. Integrated housing, support and care for people in later life, (https://www.ahuri.edu.au/__data/assets/pdf_file/0013/2731/AHURI_Positioning_Paper_No108 – Integrated – housing, – support – and – care – for – people – in – later – life.pdf), 2008, p. 5.

〔4〕 Ibid, p. 23.

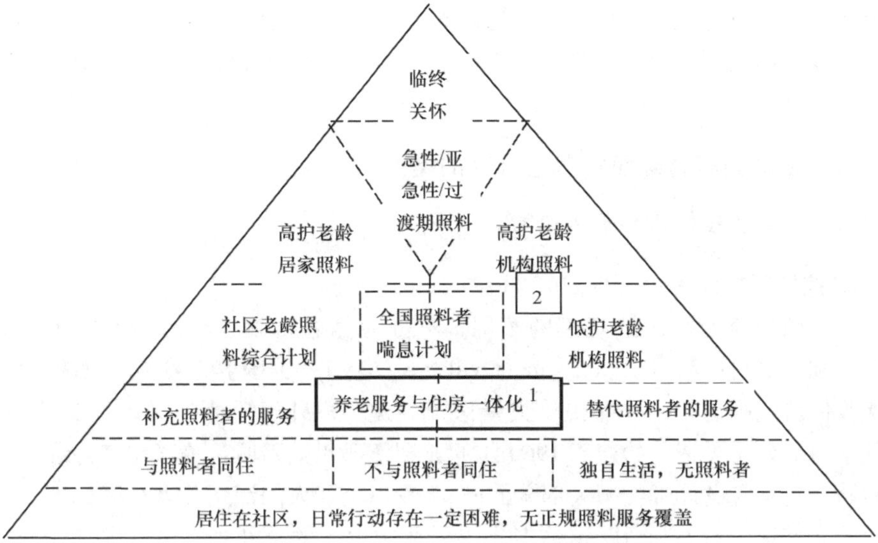

图 21－3 澳大利亚老龄照护制度模式

注释：1. 养老服务与住房一体化包括养老社区、介助公寓、群居等。2. 原居养老。

资料来源：Productivity Commission, Caring for Older Australians, Report No. 53, Final Inquiry Report, Vol. 1, (https://www.pc.gov.au/inquiries/completed/aged－care/report), 2011, p. 17

2014 年，澳大利亚 65 岁以上人口入住养老社区的比例为 5.7%。[1] 但养老社区比其他老龄住宅选择更受欢迎，预计未来养老社区的普及率将持续上升。[2] 根据澳大利亚养老社区协会的预测，到 2025 年，老年人口入住养老社区比例将增至 7.5%—8%。[3]

尽管大部分澳大利亚养老社区是针对能自理生活的老人设计，但养老社区吸引住户的特色也包括能够就地提供一定范围的服务。例如，所有的养老社区都提供就地管理和物业维修服务。大部分社区可提供不同的社交活动、娱乐设施、交通服务、24 小时紧急呼叫服务并配备医疗室。某些社区还提供餐饮服务并协助料

---

〔1〕 Property Council of Australia, Retirement Living and Grant Thornton, National Overview of the Retirement Village Sector, (http://www.retirementliving.org.au/wp－content/uploads/2015/03/National－overview－of－the－retirement－village－sector－Grant－Thornton.pdf), 2014, p. 4.

〔2〕 Productivity Commission, Housing Decisions of Older Australians－Productivity Commission Research Paper, (http://www.pc.gov.au/research/completed/housing－decisions－older－australians/housing－decisions－older－australians.pdf), 2015, p. 98.

〔3〕 Productivity Commission, Caring for Older Australians, Report No. 53, Final Inquiry Report, Vol. 1, (https://www.pc.gov.au/inquiries/completed/aged－care/report), 2011, p. 29.

理家务。[1] 自我照护、初级照护与高级照护的养老住宅相邻修建（co - location），便利就地提供专业老龄照护支持，成为澳大利亚养老住宅选择中最流行的模式。[2]

二、发达国家持续照护养老社区的类别

（一）美国持续照护养老社区的类别

1. 按社区规模大小进行划分

持续照护养老社区按规模的不同，可分为养老新镇（retirement new towns，RNT）和养老村落/社区（retirement villages，RV）。美国养老新镇规模较大，主要接收低龄健康老人，并能提供大量医疗保健、户外娱乐休闲活动及其他服务。由戴尔韦伯公司投资，始建于1960年的亚利桑那州太阳城是美国首家持续照护养老新镇。它制定设计了美国大部分面向55岁以上老人的活跃养老社区标准，提出了建造完整社区致力于活跃退休老人娱乐休闲生活的全新理念。[3] 住户的购物、休闲、医疗、餐饮、长期照护等所有需求都可以在综合性社区内部得到满足。

另外，美国养老社区一般是中等规模，主要住户是健康老人，住户可以享受大量户外娱乐休闲活动及其他服务以及一定的商业、医疗保健服务。

2. 按社区举办主体进行划分

按社区举办主体的不同进行划分，可以分为非营利性持续照护养老社区与营利性持续照护养老社区两类。非营利性组织主要是为持续照护养老社区谋取福利，同时还遵守社会责任标准。美国税收部门认为非营利性组织是以慈善为目的，因而可以享受税收减免优惠。获取利润不是非营利性组织的首要目的，但长期来看组织的收入必须超出支出，这样才能应对当前和未来的各种开支。扣除开支后的收入一般会重新投资于社区，或是留存部分资金已备未来不可见的开支需求。

营利性组织作为主体举办持续照护养老社区，主要是向私营投资者或利益相关者等负责，因此社区扣除开支后的收入会通过分红或其他方式返还给投资者。社区有效率地提供高品质的服务，更有利于社区的财务状况，这样可以吸引更多

---

〔1〕 Australian Housing and Urban Research Institute, Integrated housing, support and care for people in later life. (https://www.ahuri.edu.au/__data/assets/pdf_file/0013/2731/AHURI_Positioning_Paper_No108 – Integrated – housing, – support – and – care – for – people – in – later – life. pdf), 2008, p. 23.

〔2〕 Productivity Commission. Caring for Older Australians, Report No. 53, Final Inquiry Report, vol. 2 (https://www.pc.gov.au/inquiries/completed/aged – care/report), 2011, p. 309.

〔3〕 https://suncityaz.org/discover/history/.

的老年客户并为投资者带来更多的利润。[1]

3. 按社区开设地点的数量进行划分

以社区开设地点的多少为标准进行分类，可以分为单一地点（one - site）持续照护养老社区与多地点（multi - site）持续照护养老社区。前者是指仅在唯一的地点开设独家养老社区；后者是指由一家母公司运营多个地点的养老社区，多家社区可能在同一城市或都市圈邻近地段选址，也可能跨越一个州或不同的州，在更广的地域范围分布。

经营单一地点社区的小型组织可以做出更多符合当地情形的决定，而不是站在母公司的层面进行决策。经营多地点社区的大型组织具有大型集团分散风险的优势，可受益于规模经济，并从不同的社区运营管理活动吸取经验。但大型组织也须平衡单独某家社区的需求与公司整体需求，因为单独某家社区的大规模扩张会减少同一家母公司旗下其他社区扩张的资源。[2]

2018 年 5 月，投资集团 Ziegler 发布的数据显示，78% 的美国持续照护养老社区是由非营利性组织举办，营利性持续照护养老社区中约 80% 属于多地点持续照护养老社区。[3]

（二）英国持续照护养老社区的类别

英国持续照护养老社区按照建造地址与入住人口年龄的不同，可分为两种类型。一是靠近乡村地段选址，利用已废弃的棕色地块，开发建设专门面向老年人口的持续照护养老社区；二是对市区内原有大型住宅社区进行拆除重建，改造成混龄居住的全龄社区。

1. 单一年龄结构型持续照护养老社区

1999 年，由英国非营利性基金 Joseph Rowntree Housing Trust 投资 1800 万英镑，在约克郡附近的绿地修建了英国首家持续照护养老社区 Hartrigg Oaks。Hartrigg Oaks 社区占地 21 公顷，主要面对 60 岁及以上老人，共设三类建筑类型。第一，按照 Lifetime Homes 标准（突出灵活、方便、安全和可及性的特色）建造的 152 套独立住房，房间面积大大超出一般养老社区房间的面积，并配有小型花园

---

〔1〕 CARF International, Consumer Guide to Understanding Financial Performance and Reporting in Continuing Care Retirement Communities, (http://www. carf. org/FinancialPerformanceCCRCs/), 2016, p. 6.

〔2〕 CARF International, Consumer Guide to Understanding Financial Performance and Reporting in Continuing Care Retirement Communities, (http://www. carf. org/FinancialPerformanceCCRCs/), 2016, p. 6.

〔3〕 Mary Kate Nelson, Only 22% of CCRCs in the U. S. are For - Profit, (https://seniorhousingnews. com/2018/05/24/only - 22 - of - ccrcs - in - the - u - s - are - for - profit/), 2018.

和停车位。在独立住房内可以享受家政服务、情感支持以及护理服务。第二，社区内的公共生活福利设施建筑群 Oaks Center，包括咖啡馆、餐馆、会客室、图书馆、艺术中心、健身房、小型商店、美发沙龙以及小型通勤车。独立住房通常在这类建筑群周围布局。第三，一个拥有 42 张床位的专业照护养老院 Oaks Care Center，它可以向住户提供临时/短期/永久型的专业照护服务。

Hartrigg Oaks 属于非营利性养老社区，由 Joseph Rowntree Housing Trust 负责运营。社区没有英国政府的资助和补贴，其融资制度比较特殊。每位住户需缴纳两类费用，一类是进入社区时的入住费（Capital Fee，Residence Fee），支付方式有三种，即无息可返还型、非返还型和月度支付型。另一类是每年缴纳的年费（Annual Fee，Community Fee）。一般来说，Hartrigg Oaks 年费收费标准是固定的，并与通货膨胀相关联。即使住户需要永久性的护理，收费也不会上涨。但如果住户前期选择缴纳较少的年费，后期的护理及辅助生活服务的成本就需自行承担。

社区将所有的缴费集中统筹使用，为所有住户的照护及生活辅助服务提供资金支持。这种收费模式可持续的必要保证是平衡需要照护及生活辅助服务的住户与没有此类需求住户的人数。社区必须确保这种人数平衡，并尽量吸引能够自理生活多年的低龄老人入住社区，因此所有的潜在住户在申请入住时都将接受体检。[1]

2. 全龄社区

1992 年，英国伦敦哈克尼行政区（Borough of Hackney）启动总计 3 亿英镑的五大公共住房项目重建计划。[2] 其中，霍利街综合地产新方案（Comprehensive Estate Initiative，CEI）就是全龄社区开发的典型案例。这个大规模房屋重建项目拆除了建于 20 世纪 60 年代的老旧住宅，这些房屋中的许多租户早期与年轻的家人一同迁入，之后选择原居养老。重建新方案的目的之一就是将老龄住房和照护相结合，从而满足社区内老年住户的需求。新的霍利街社区可以向老年住户提供大量的住宅选择，例如配备门房服务、闭路电视监控和无障碍设计的公寓大楼，主要面向 50 岁及以上群体；普通养老公寓计划设有专门的资源中心为住户提供日间照护、午餐俱乐部和其他个人服务；额外照护计划则是针对身体状况更差、更虚弱的老人。全龄社区这种无缝式持续照护模式可以在社区邻里范围内提供一

[1] Karen Croucher, Nicholas Pleace and Mark Bevan, Living at Hartrigg Oaks: Residents' views of the UK's first continuing care retirement community, (https://www.jrf.org.uk/search? query = Hartrigg + Oaks), 2003, pp. 2 – 4.

[2] Manzi, T and Jacobs, K 2008, *From 'a society of fear' to a 'society of respect': the transformation of Hackney's Holly Street estate, In R. Imrie, L. Lees and M Raco (Ed), Regenerating London: governance, sustainability and community in a global city*, Routledge, London; New York, p. 273.

体化的住房与照护服务，社区住户可以选择最能反映自己当前和未来需求的服务项目。[1]

（三）澳大利亚持续照护养老社区的类别

1. 澳大利亚传统三级养老建筑群

基于持续照护的理念，大量的澳大利亚养老社区长期以来都修建在专业照护养老院（nursing home）附近。这种模式在非营利部门运营的传统养老社区中十分普遍，所遵循的原则表现为住户可以从自理生活区迁入专业照护养老院，但不必离开居住的养老建筑群。尽管能否入住专业照护养老院取决于对住户需求独立专业的评估，不能完全保证入住成功，但自理生活区、低护水平老年公寓（hostel）以及专业照护养老院位于同一地点是这类养老社区的一大亮点。[2] 为了吸引潜在的住户，澳大利亚约有 32% 的养老社区位于专业照护养老院附近，以便按照持续照护的理念向住户提供医疗照护服务。[3]

在澳大利亚，通过邻近修建不同形式的服务住宅一体化建筑提供更高水平的照护服务，这是实现持续照护的最常见方法。根据《老年人住宅法案》，非营利部门开发的自理生活区、低护水平老年公寓以及专业照护养老院三者邻近选址建造，这种三级养老建筑群是澳大利亚建立时间最长的持续照护养老模式。[4]

2. 澳大利亚持续照护养老新模式

近年来，某些澳大利亚养老社区还推出了替代低护水平老年公寓的新模式——服务型老人公寓和介助型老人公寓，这些替代模式能提供曾经在低护水平老年公寓的照护服务，也是对自理生活区照护服务的一种补充。[5] 越来越多的养老社区会和专业照护养老院或是服务型公寓、介助型老人公寓修建在一起，便利

---

〔1〕 Jones, A., Tilse, C., Bartlett, H. et al. Integrated housing, support and care for people in later life. (https://www.ahuri.edu.au/__data/assets/pdf_file/0013/2731/AHURI_Positioning_Paper_No108 – Integrated – housing, – support – and – care – for – people – in – later – life.pdf), 2008, p. 53.

〔2〕 Jones, A., Tilse, C., Bartlett, H. et al. Integrated housing, support and care for people in later life. (https://www.ahuri.edu.au/__data/assets/pdf_file/0013/2731/AHURI_Positioning_Paper_No108 – Integrated – housing, – support – and – care – for – people – in – later – life.pdf), 2008, p. 24.

〔3〕 Hu, Xin, Xia, Bo, Skitmore, Martin, et al. "Retirement villages in Australia: A literature review", *Pacific Rim Property Research Journal*, Vol. 23, No. 1, 2017, p. 8.

〔4〕 Anna L. Howe, Andrew E. Jones, Cheryl Tilse, "What's in a name? Similarities and differences in international terms and meanings for older peoples' housing with services", *Ageing & Society*, Vol. 33, 2013, pp. 569 – 570.

〔5〕 Jones, A et al. Service integrated housing for Australians in later life. (https://www.ahuri.edu.au/__data/assets/pdf_file/0005/2012/AHURI_Final_Report_No141_Service – integrated – housing – for – Australians – in – later – life.pdf), 2010, p. 71.

就地提供专业照护支持。[1]

三、发达国家持续照护养老社区的服务与特色

（一）美国持续照护养老社区的服务与特色

1. 美国持续照护养老社区的服务

（1）美国持续照护养老社区的分区设计。

美国持续照护养老社区属于复合式社区，可以为老年人主要提供自理、介助和介护等一体化的居住服务和设施。各个区域的住房形式、入住对象及功能设计各不相同。目前美国持续照护养老社区的平均规模是120个自理生活区，43个介助区以及72个介护区。[2] 具体来看，自理生活区一般入住身体相对健康、能够独立生活的老人，但有时他们的日常起居活动可能需要少量协助。房屋形式主要包括别墅、小型单户住宅以及低、中、高层建筑中的公寓等，住户的生活与在自家独立生活并无太大的差异。住户缴纳的月费包含餐饮、家政管理、洗衣、维修服务、外出交通、体育设施的使用等，但某些生活福利设施的使用还需缴纳额外的费用。

介助区（Assisted living units，ALUs）的房屋形式通常是单间公寓或是带有小型厨房的一居室公寓。介助区的住户身体较为虚弱，尽管可以保持一定的生活独立性，日常起居活动仍需要他人提供协助。此区域所需的协助介于自理生活区和介护区之间。介助区的住户通常可以在社区餐厅进餐，享有家政管理、交通出行、紧急援助服务、个人生活辅助服务（进食、穿衣、服药、淋浴等），还会被鼓励参加社区的集体进餐及其他社交休闲活动。一般来说，介助区通常与自理生活区及介护区分开布局建造。

介护区（Skilled nursing living units）房间配有齐备的家具、独立/公共浴室，区域内的照护服务是美国医疗照顾计划指定的照护类别，主要面向短期伤病康复、慢性病诊治或是健康状况进一步恶化，有更多的生理需求，生活完全不能自理的老人。介护区由护士或其他医疗人员提供24小时不间断的专业监护、协助和照护服务。提供康复照护服务的目的在于帮助住户获得最大程度的自理生活能力。当老年人的健康状况和自理能力发生变化，可以迁入或迁回相应的居住区域，

[1] Productivity Commission, Caring for Older Australians, Report No. 53, Final Inquiry Report, vol. 2 (https://www.pc.gov.au/inquiries/completed/aged-care/report), 2011, p. 309.

[2] Mary Kate Nelson, Only 22% of CCRCs in the U.S. are For-Profit, (https://seniorhousingnews.com/2018/05/24/only-22-of-ccrcs-in-the-u-s-are-for-profit/), 2018.

获得与身体状况相符的持续照护服务，但无需离开熟悉的社区环境。[1]

（2）美国持续照护养老社区的缴费合约类型。

入住合约的签订可确保住户在同一社区（不一定是同一居住单元或大楼）享有住宿、养老服务以及专业照护的权利。如表21-3所示，合约类型主要有以下四种，其中前三种合约较为普遍，第四种合约仅在部分社区提供。

2. 美国持续照护养老社区的特色

一方面，据美国老龄住房协会的预测，预计到2030年，美国65岁及以上的人口将占全国总人口的20%，人口规模预计突破7100万人。另一方面，美国人口调查局数据显示，2030年后美国65岁及以上的人口比例将趋于相对稳定，而85岁及以上的人口将在2030年达到870万人，到2050年时将进一步陡增至1900万人，这部分高龄群体更有可能迁入持续照护养老社区。在美国，随着对老龄服务需求的日益增加，持续照护养老社区这一独特的养老模式恰好能充分发挥向老年群体提供照护服务的经验优势。

表21-3　美国持续照护养老社区的缴费合约类型

合约类型	费用收取与提供的服务
A. 全方位涵盖型	最昂贵的类型，通常包括无限的辅助生活服务、医疗服务生活福利设施的使用。从自理区迁入介助区或介护区的过程中很少或不再收取额外月费。社区将依据合约向住户提供医疗和长期护理服务，所导致的成本上升风险由社区承担
B. 复合型	比类型A所需缴纳的月费更低，可提供与类型A相同的辅助生活服务与生活福利设施，但初始月费仅包含一定的医疗服务。如果住户需求超过这些规定的服务，那么将按市场费率额外收取服务费。需要更多服务所导致的高昂成本风险则由住户个人承担
C. 按需计费型	按服务付费的合同，可提供与类型A和B相同的辅助生活服务与生活福利设施，但居民要根据自身需要，按市场费率支付所有与医疗相关服务。住户在自理区的初始注册费用和月费较低，但未来更高的长期护理开支风险由住户承担
D. 租赁协议	无需入门费，但收取月费，收费标准取决于初始居住的区域与所需的照护水平。属于现收现付模式，可确保住户获得社区的各种服务以及医疗保健

资料来源：GAO, Continuing Care Retirement Communities Can Provide Benefits, but Not Without Some Risk, (https://www.aging.senate.gov/imo/media/doc/letters/gaoccrcreport.pdf), 2010, pp. 5-6

〔1〕 Jane E Zarem, Today's Continuing Care Retirement Community (CCRC), (https://www.seniorshousing.org/filephotos/research/CCRC_whitepaper.pdf), 2010, pp. 10-11.

就老年群体而言，入住持续照护养老社区一直都是，并将继续作为有吸引力的生活方式选择。无论老人身体健康状况如何，持续照护养老社区都能一站式提供不同水平的健康照护服务和实现社会参与的生活方式。对于那些想要提前规划未来长期照护需求，以及有经济基础可以选择不同生活方式的老年人口，持续照护养老社区极具特色，优势明显。第一，社区拥有私人住宅区域与多样的公共生活福利设施，入住社区价格选择的范围较大；第二，在社区内部根据实际需要提供持续服务，包括餐饮、家政管理、社交与娱乐节目，交通出行、健康照护服务等；第三，以医疗开支的形式向社区支付的某些费用，有可能享受所得税扣除；第四，在住户耗尽个人资金的情况下，使其免受丧失养老住宿和服务的风险。[1]

（二）英国持续照护养老社区的服务与特色

1. 英国持续照护养老社区的服务

（1）英国持续照护养老社区的分区设计。

英国持续照护养老社区的规模大小不一，但总体区域设计都是额外照护服务与专业照护服务相结合，并配套生活福利设施。小型社区的规模只有50间额外照护单元外加1间专业照护养老院，而大型社区则包括300间额外照护单元外加1间专业照护养老院，最为普遍的社区规模是100间左右的额外照护单元外加1间专业照护养老院。大规模社区更能从规模经济中受益，可以在社区内提供更多的服务和辅助生活设施。[2]

（2）英国持续照护养老社区的社会融入。

英国政府城市发展政策制定了明确的目标，即在所有地区建立可持续、包容、融合型社区。英国持续照护养老社区是践行政府住房开发规划原则的良好例证，养老社区充分重视老年住户的社会融入，这也被人们列为入住社区的重要原因之一。

有大量文献表明，通过有组织的俱乐部或活动这种正式渠道，或是社区公共区域自行社交的非正式渠道，英国持续照护社区能够为住户提供建立友谊和社交的机会。一方面，英国的持续照护养老社区一般比美国同类社区规模更小，社区住户自身并无疏离感，也愿意积极参与当地社区的各项活动。例如，Hartrigg Oaks 社区就与当地学校以及大型组织建立了紧密联系，确保社区的发展可以较好

---

〔1〕 Jane E Zarem, Today's Continuing Care Retirement Community (CCRC), (https://www.seniorshousing.org/filephotos/research/CCRC_whitepaper.pdf), 2010, pp. 26－28.

〔2〕 Rosie Rogers, Planning and Delivering Continuing Care Retirement Communities, (https://www.housinglin.org.uk/_assets/Resources/Housing/Support_materials/Other_reports_and_guidance/Planning_and_Delivering_CCRCs_publication.pdf), 2011, p. 10.

地融入当地社区。另一方面，英国持续照护养老社区住户的年龄跨度较大（从60岁至100岁及以上），身体健康状况和收入水平各不相同。社区住户容易结交志趣相投的朋友，来自同辈人的支持和友情多于自然形成的社区中人们可获得的支持与友情。住户之间的相互支持成就了政府旨在追寻的社区真正的归属感和社区精神。[1]

2. 英国持续照护养老社区的特色

（1）英国持续照护养老社区自身的特点。

英国持续照护养老社区有以下特点：①独立的公寓或平房，区别于部分额外照护社区和专业照护养老院。社区建筑将设计特色、设备与技术手段相融合，便于住户独立生活并为他们提供安全的居住环境。②混合式的房屋所有权。③在住户自己的居住场所提供合适的照护方案，如果住户身体需要，可以提供高水平的照护服务。④就餐场所可以满足每天供应一次或多次餐饮。⑤社区内工作人员24小时待命，并可以提供辅助生活服务。⑥拥有比普通养老公寓更多更齐全的公用设施，例如餐馆、活动室、机房、诊察室等。⑦提供家政辅助服务，包括购物、清洁和做饭。⑧提供特别设备帮助满足体弱或残疾住户的需求，例如洗衣机、辅助淋浴、水闸、残疾人升降机，电动轮椅/小型摩托的充电设施和存放场所。⑨提供社交或休闲活动场所及其他个人或共享的服务，例如：商店、美发店、足疗、按摩、替代理疗、自动取款机、邮箱。⑩提供便利活动和出行的协助，例如共用的专门车辆。

（2）英国持续照护养老社区与传统养老模式的区别。

与传统专业照护养老院相比，持续照护养老社区的优势包括：①独立的住宿（公寓或平房）。②照护提供可以和住宿提供相分离。③照护的提供基于个人需要的评估，因此可以更加贴合个人实际情况。④提供多样的照护服务，住户的依赖感更强。⑤大部分社区中凡家庭护理都可以登记，社区中的专业照护养老院也可以登记。⑥住户或者是承租人或者是所有人，住户的居住权有保障，社区提供不同形式的居住权。

而持续照护养老社区较传统养老公寓的优势则体现在：①提供更高水平的照护。②社区工作人员24小时就地待命。③社区内的设施和场所规格更高。

持续照护养老社区别于其他养老方式的最重要特点表现为养老缴费方式。专业照护养老院的住户需要缴纳高额的年费，其中包括所有护理的成本。而大部分持续照护养老社区住户需要缴纳两种费用：一是一次性支付比较高昂的入门费

---

〔1〕 Rosie Rogers, Planning and Delivering Continuing Care Retirement Communities, (https://www.housinglin.org.uk/_assets/Resources/Housing/Support_materials/Other_reports_and_guidance/Planning_and_Delivering_CCRCs_publication.pdf), 2011. pp. 16 – 18.

用，或是按周支付住宿费用；另一种是常规的年费，或是按月支付在社区长期入住的费用。常规年费缴纳标准较低，它包含了维修费、公共服务以及照护护理的成本。[1]

（三）澳大利亚持续照护养老社区的服务与特色

1. 澳大利亚持续照护养老社区的服务

（1）澳大利亚持续照护养老服务的内容。

以持续照护养老新模式为例，照护服务分为两种。一是居家与社区照护（Home & Community Care，HACC）服务，它是针对老年人口提供支持与帮助的规模最大的养老计划，能够促进老年人口继续在其住所独立生活，基本不离开所在社区。居家与社区照护服务主要是指照护程度较低的老龄支持服务，具体包括每日餐饮的准备与递送、社区交通、家务协助、房屋改造、个人照护与相关的医疗保健。服务的提供方既包括能够在较大区域递送多种服务的大型组织，也包括仅提供单一服务的当地社区团体。这类服务可以享受联邦和地方政府的双重补贴，提供方会对需要相关服务的老人进行需求评估，在预算资金范围内优先向有紧急需求的老人提供服务。

二是不同形式的社区综合照护（Community care package），包括社区老龄照护（Community Aged Care Package，CACPs）、扩展型居家老龄照护（Extended Aged Care at Home，EACH）和扩展型居家老龄痴呆照护（Extended Aged Care at Home Dementia，EACH－D）。社区综合照护面向的老人有资格获得较高层次养老照护，但他们仍倾向居住在社区。这类老人拥有家人或其他非正式照护者的帮助，因而能够安全留在社区居住。具体来看，社区老龄照护主要包括家务协助和个人照护；扩展型居家老龄照护及痴呆照护属于较高层次的照护，包括护理和医疗，需要为有复杂需求的老人单独规划与协调。社区综合照护仅享受联邦政府的补贴。[2]

（2）澳大利亚持续照护养老服务的提供方式。

照护服务的提供分为外部服务安排和内部服务安排。前者是指照护服务的递送依靠独立于养老社区经营方的外部机构，绝大多数情况下是由居家与社区照护的专门机构完成。后者是指养老社区经营方在提供照护服务方面发挥作用，可能

---

〔1〕 Robin Tetlow, Continuing care retirement communities A guide to planning (http://www.housingcare.org/downloads/kbase/2838.pdf), 2006, pp. 15－16.

〔2〕 Productivity Commission 2011, Caring for Older Australians, Report No. 53, Final Inquiry Report, vol. 1 (https://www.pc.gov.au/inquiries/completed/aged－care/report), p. 19.

是直接提供服务也可能是使照护服务的获得更加便利。[1]

（3）澳大利亚持续照护养老社区的可持续发展原则。

澳大利亚私营和非营利性养老社区都在采取措施为社区住户提供可持续的居住环境。可持续养老社区原则包含对社交友好性的强调。由于老年人仍旧希望退休之后和所在社区保持一定的联系，以此减轻和避免社会孤独感。因此，养老社区的居住环境需要为住户进行专门设计，通过提供机会组织、参与各种活动以及社区事务（例如，参与针对住户的社区服务质量调查，表达个人的意见和观点，进一步推进社区的管理和运营），从而实现积极健康的生活方式。[2]

例如，位于昆士兰州阳光海岸西北部的非营利性养老社区，其地理位置邻近医院、图书馆、游泳池、购物中心、公共交通站点、公园和电影院等，在选址方面使社区住户能够最大程度利用邻里区域的服务与生活配套设施。某些养老社区自身并无配套的生活服务设施，但住户可以充分利用当地社区已有的基础设施，参与更多年龄融合型活动。养老社区鼓励住户利用邻里范围内的服务与生活配套设施，有利于住户积极生活方式的培养。

2. 澳大利亚持续照护养老社区的运营特色

由于可以在养老社区实现享受政府补贴的居家与社区照护以及不同形式的社区综合照护，澳大利亚养老社区运营商有可能向自理生活区住户提供一定程度的持续照护，住户并不需要搬迁至低护公寓。这一模式允许更加广泛的住房与社区照护的提供方参与，并按自理生活区住户的个人需求，有针对性提供辅助支持与老龄照护，比国际通行的一般持续照护方式（在特定的居住环境下提供与之对应的照护服务）更具灵活性。[3]

四、发达国家持续照护养老社区的监管

（一）美国持续照护养老社区的监管

1. 美国持续照护养老社区的政府监管

美国持续照护养老社区主要由州政府而不是联邦政府监管。由于介护区的照

---

〔1〕 Jones, A et al. Service integrated housing for Australians in later life.（https://www. ahuri. edu. au/__data/assets/pdf_file/0005/2012/AHURI_Final_Report_No141_Service – integrated – housing – for – Australians – in – later – life. pdf）, 2010, p. 83.

〔2〕 Hu, Xin, et al. "Providing a sustainable living environment in not – for – profit retirement villages: a case study in Australia." *Facilities*, Vol. 36, 2018, pp. 272 – 290.

〔3〕 Jones, A et al. Service integrated housing for Australians in later life.（https://www. ahuri. edu. au/__data/assets/pdf_file/0005/2012/AHURI_Final_Report_No141_Service – integrated – housing – for – Australians – in – later – life. pdf）, 2010, p. 71.

护服务是由美国联邦医疗照顾计划与医疗救助计划支付费用，联邦政府的监管仅仅体现在卫生与公共服务部监督持续照护社区中的介护区，监督重点在于照护质量与住户的居住安全性。

一般来说，州政府负责持续照护养老社区运营商许可证的颁发、监督社区的财务状况，制定保护社区入住者的监管规定。某些州的监管机构集中于保险、金融服务和银行部门；某些州的监管工作则由社会服务、老龄服务或社区事务部门负责。[1] 各州对于持续照护养老社区的许可、运营批准等要求各不相同，但一般都要求披露社区的财务状况、收费与金额退还的条款规定、所能提供的照护服务以及额外收费的情况。州级监管部门通常要求社区提供年度财务状况披露信息，例如经审计的财务声明、储备金水平的核实情况等。某些州还强制规定了运营储备金的要求，要求第三方托管社区住户的缴费，并设立最低返还资金来应对合约的解除或是住户提前搬离社区等情况的发生。[2]

例如，宾夕法尼亚州持续照护养老社区主要是由宾州保险部门（Pennsylvania Insurance Department，PID）、人力资源部门（Departments of Human Services，DHS）以及卫生部门（Departments of Health，DOH）联合监管。保险部门负责核查每一社区的财务记录，确保其运营是建立在稳定健康的财务基础之上；人力资源部门颁发有关个人照护与介助住所的许可证；卫生部门颁发门有关专业护理照护的许可证。[3]

新泽西州自 1987 年开始实施对持续照护养老社区的监管，州政府出台了专门的持续照护养老社区监管与财务披露法案（Continuing Care Retirement Community Regulation and Financial Disclosure Act）及监管条例。根据法案，社区的所有者或运营商（即提供商）需要在州政府登记注册，并准备描述社区服务、财务稳定性、费用和其他合同条款的披露声明。任何考虑入住社区的潜在客户都可以从提供商处获取此类信息。如果社区提供商能够遵守法案中的所有条款，达到规定的相关标准，社区事务部门（Department of Community Affairs）则提供经营许可证。社区事务部门还将定期对获得经营许可证的养老社区进行监督检查。社区事务部门下设规范与标准司（Division of Codes and Standards）负责全面管理工作，该司下设房屋所有人保护局（Bureau of Homeowner Protection），并进一步设立持续照

---

[1] GAO, Continuing Care Retirement Communities Can Provide Benefits, but Not Without Some Risk, (https://www.aging.senate.gov/imo/media/doc/letters/gaoccrcreport.pdf), 2010, pp. 3－4, p. 14.

[2] Jane E Zarem, Today's Continuing Care Retirement Community (CCRC), (https://www.seniorshousing.org/filephotos/research/CCRC_whitepaper.pdf), 2010, p. 20.

[3] Pennsylvania Insurance Department, Continuing Care Retirement Communities (https://www.insurance.pa.gov/Coverage/Documents/Older%20Pennsylvanians/UPDATED%20CCRC_guide.pdf).

护养老社区处（Continuing Care Retirement Community Section）执行具体的监管活动。另外，持续照护养老社区中的介助和介护区的照护服务还需要得到州卫生部门的许可批准。[1]

如果经调查发现，持续照护养老社区运营违反美国联邦或新泽西州的法律法规，社区事务部将首先签发暂停营业或是永久性停业的书面正式通知，之后会在最高法院提起诉讼。针对每起违规行为所征收的民事罚金金额最低不少于250美元，最高不超过50000美元。如果违规的养老社区在征收民事罚金的行政书面命令颁发后30天内一直拒绝缴纳，社区事务部的专员将依法在最高法院提起诉讼，全额追回罚金。[2]

2. 美国持续照护养老社区行业认证

美国首个持续照护养老社区的认证制度建立于1985年，早期是由持续照护认证委员会（Continuing Care Accreditation Commission，CCAC）与美国老龄住房与服务协会共同实施认证。2003年，美国康复机构认证委员会（Commission on Accreditation of Rehabilitation Facilities，CARF）收购了持续照护认证委员会。2017年，持续照护认证委员会的认证过程完全融入了康复机构认证委员会。因此，当前美国唯一的持续照护养老社区的认证机构是康复机构认证委员，它延续了对于持续照护养老社区认证的特别之处，包括五年期认证、年度财务审查以及财务比率基准测试等。[3]

（二）澳大利亚持续照护养老社区的监管

根据澳大利亚各州/特区的立法，养老社区一直被认定为住房产品。而联邦政府关于专业老龄照护立法基于的原则是老龄照护属于必要的住宅与照护服务，因此长期以来澳大利亚持续照护养老模式中的养老社区与专业老龄照护机构存在各自不同的监管立法及政策。[4] 此外，一些行业组织（例如澳大利亚养老社区协会）还提供资格认证计划。

1. 澳大利亚养老社区的地方监管

为了保护养老社区住户的权利和利益，澳大利亚地方政府以州为地理界限制定了各自独立的立法。一般说来，各州立法都会涵盖养老社区开发和运营的不同

---

〔1〕 NJ Department of Community Affairs, CCRC A Guide Book for the New Jersey Consumer, (https://www.nj.gov/dca/divisions/codes/offices/ccrc.html), 2018, pp. 3 – 4.

〔2〕 New Jersey Administrative Code, https://www.state.nj.us/dca/divisions/codes/codreg/pdf_regs/njac_5_19.pdf), 2017, p. 74.

〔3〕 http://www.carf.org/Programs/AS/.

〔4〕 Brittany Smeed, "Retirement Villages in Australia: The Case for Commonwealth Intervention", *Elder Law Review*, Vol. 11, 2018, p. 3.

方面，例如信息披露、争端解决等。养老社区租赁需遵守各州的房屋租赁监管规定，养老社区住宅的提供商需要在社区运营所在的州进行登记。截至2017年，澳大利亚各州/特区的养老社区相关法案、条例以及争端解决主体如表21－4所示。事实上，各州具有差异性的法律框架仍然处于不断更新完善的过程中。

表21－4　澳大利亚各州/特区的养老社区立法

州/区域名	法 案	条 例	争端解决主体
南澳（SA）	养老社区法案2016	养老社区监管条例2017；养老社区（费用）监管条例2017	南澳民事与行政特别法庭
首都特区（ACT）	养老社区法案2012	养老社区监管条例2017	首都特区民事与行政特别法庭
北领地（NT）	养老社区法案1995	养老社区监管条例2016	地方法院
新南威尔士（NSW）	养老社区法案1999	养老社区监管条例2017	新南威尔士民事与行政特别法庭
维多利亚（VIC）	养老社区法案1986	养老社区（记录与通知）监管条例2015；养老社区（合同约定）监管条例2017；地产经纪人（养老社区）监管条例2016	维多利亚民事与行政特别法庭
昆士兰（QLD）	养老社区法案1999	养老社区监管条例2010	昆士兰民事与行政特别法庭
西澳（WA）	养老社区法1992；公平交易法案2010	养老社区监管条例1992；公平交易（养老社区准则）监管条例2015	州行政特别法庭；消费者保护委员会
塔斯马尼亚（TAS）	养老社区法案2004	养老社区监管条例2015	消费者与公平交易机构负责人；最高法院

资料来源：Hu, Xin, Xia, Bo, Skitmore, Martin, et al. "Retirement villages in Australia: A literature review", *Pacific Rim Property Research Journal*, Vol. 23, No. 1, 2010, p. 47; Brittany Smeed, "Retirement Villages in Australia: The Case for Commonwealth Intervention", *Elder Law Review*, Vol. 11, 2018, pp. 7－8

2. 澳大利亚专业照护养老机构的联邦监管

联邦政府对于专业老龄照护机构的监管立法主要包括两大法案，即1985年的家庭与社区照护法案（Home and Community Care Act 1985）和1997年的老龄照护法案（Aged Care Act 1997）。[1] 联邦政府的监管范围广且监管程度较深，监管活动包括限制照护机构床位许可证的数量，规定照护服务提供方的支付水平以及照护服务接受者的缴费水平。此外，联邦政府监管还表现在照护服务质量保证和消费者保护措施方面。例如，成立独立的老龄照护标准与认证机构（Aged Care Standards and Accreditation Agency，ACSAA）；对入住照护机构的法律协约实施谨慎监管；设立照护机构合格证书的要求；建立投诉调查计划（Complaints Investigation Scheme，CIS）以及任命老龄照护委员会委员（Aged Care Commissioner）。卫生与老龄化部下设老龄照护质量与合规办公室（Office of Aged Care Quality and Compliance，OACQC），专门负责上述监管政策的实施。[2]

以澳大利亚养老社区住户从社区迁入专业照护养老院为例，老人入住专业照护养老院是基于需求进行分配，需要根据联邦政府立法，通过"我的老年照护"网站（My Aged Care）进行评估。老年照护评估小组（Aged Care Assessment Teams，ACAT）按照政府老年照护评估计划（Aged Care Assessment Program，ACAP）的规定及相关立法展开评估，如果申请获批，才能获得政府出资的老年照护服务。根据老年照护法案，政府出资的老年照护服务包括专业养老照护、家庭照护以及过渡期照护。[3]

截至 2016 年 6 月底，澳大利亚共有 80 支由医疗专业人士构成老年照护评估小组在医院或是当地社区开展工作。老年申请者接受评估没有年龄限制，评估小组首先对申请者所处的环境和照护需求进行综合评估。评估涉及老人生理、医疗、心理以及社会需求，并将确认老人在完成指定的十项活动（自我照护、身体部位活动、四处走动、沟通交流、健康保健任务、交通出行、社会/社区参与、家务活动、餐食准备、家庭维修）时是否存在行动困难。绝大多数完成的评估都认定老人存在多项的行动困难，只有约 1955 项评估结果（占比 1.1%）显示申请者不存在任何行动困难。

评估结束之后，评估小组将为老人提供未来需求与生活支持服务的建议，包括针对某些行动困难的协助，特定政府老龄照护计划与支持以及最适合的长期照护居住环境。2014—2015 年，67% 的评估结论是批准转入永久性专业养老照护机构。同期澳大利亚完成的老年照护评估共计 18.2 万次，约有 44% 的评估是在收

---

〔1〕 Productivity Commission 2011, Caring for Older Australians, Report No. 53, Final Inquiry Report, vol. 1 (https://www.pc.gov.au/inquiries/completed/aged-care/report), pp. 15-16.

〔2〕 Productivity Commission 2011, Caring for Older Australians, Report No. 53, Final Inquiry Report, vol. 1 (https://www.pc.gov.au/inquiries/completed/aged-care/report), pp. 32-33.

〔3〕 Australian Institute of Health and Welfare. Older Australia at a glance, (https://www.aihw.gov.au/reports/older-people/older-australia-at-a-glance), 2018, pp. 67-68.

到申请后一周内完成。平均来看，收到申请后到评估完成的时间约需 18 天。具体的评估流程和步骤详见图 21 －4。

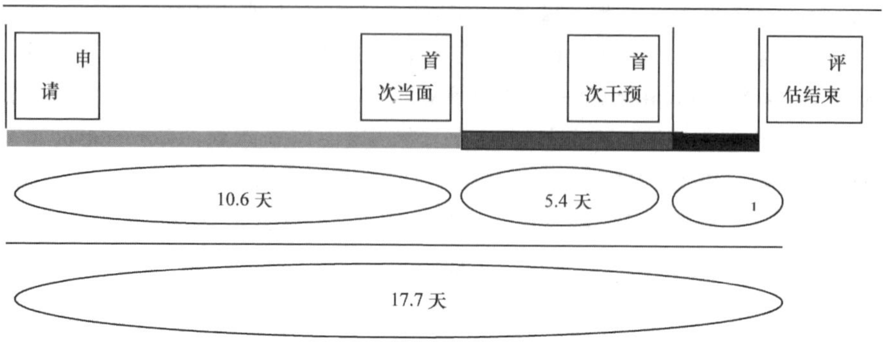

图 21 －4　澳大利亚老年照护评估流程与时间安排

资料来源：Australian Institute of Health and Welfare 2018. Older Australia at a glance，（https：//www. aihw. gov. au/reports/older － people/older － australia － at － a － glance），2018，p. 68

五、启示和建议

尽管我国的持续照护养老社区市场被众多独立机构预测具有较大的增长潜力，但目前的发展还处于起步阶段，与其他发达国家相比仍然滞后。[1] 在我国探索持续照护养老社区可行模式的过程中，可充分借鉴发达国家的成熟模式，吸取其失败教训。

（一）鼓励开发非营利性持续照护养老社区

在发达国家，非营利性持续照护社区是十分普遍的社区类型。例如，美国非营利性持续照护养老社区长期以来占持续照护养老社区的主导地位。目前，美国全国非营利性社区的占比约为 80％。在弗吉尼亚和得克萨斯州，非营利性社区的市场份额更高，完全占绝对优势。根据美国投资集团 Ziegler 的调查数据显示，上述两个州的非营利性社区占比分别高达 90％ 和 97％。[2] 另外，1998 年，英国诞

---

〔1〕 Hu, Xin, Xia, Bo, Hu, Yi, et al. " What hinders the development of Chinese continuing care retirement community sector? A news coverage analysis", *International Journal of Strategic Property Management*, Vol. 23, No. 2, 2019, pp. 109 － 110.

〔2〕 My LifeSite and Ziegler, A Profile of Virginia Entry － Fee Continuing Care Retirement Communities, (https://www. mylifesite. net/ccrc － benchmarking － reports/), 2016, p10. My LifeSite and Ziegler, A Profile of Texas Entry － Fee Continuing Care Retirement Communities, (https://www. mylifesite. net/ccrc － benchmarking － reports/), 2017, p10.

生的首家持续照护养老社区 Hartrigg Oak 属于非营利性社区，其投资主体是非营利性基金。荷兰持续照护养老新模式——生命公寓的开发方是也非营利性基金会。截至 2017 年 6 月，澳大利亚非营利性组织举办的养老社区比例达到 40%。[1]

我国当前持续照护养老社区项目投资方主要是不动产公司、老龄照护机构、保险公司、大型企业集团、信托公司及投资基金。而非营利性持续照护养老社区要求投资方不能从运营中提取任何分红作为利润，因此，现阶段我国非营利性持续照护养老社区并不多见。未来政府应该鼓励社会力量更多投资非营利性持续照护养老机构，进一步完善我国养老服务体系。

（二）协调融合多个政府部门的监管制度

如前文所述，澳大利亚州级养老社区立法与联邦级老龄照护立法层次不同、立法内容不一致，导致从养老社区迁入专业老龄照护机构过程变得复杂，也意味着养老社区住户有需求时无法确保迁入邻近专业老龄照护机构。面对人口老龄化挑战，如何实现持续照护养老模式中专业老龄照护机构与养老社区的较好融合，这是澳大利亚各级政府亟待解决的问题之一。

在我国，医疗服务和老龄照护分别对应两套不同的监管制度。卫生健康委员会监管医疗服务，民政部监管老龄照护。另外，老龄照护费用的报销则由人力资源和社会保障部门负责处理。持续照护养老社区的准入、运营监管涉及多个不同政府部门，主管机关职能交叉、责任不明确将不利于持续照护养老模式的推进和发展。因此，我国政府应该尽量避免澳大利亚模式暴露出的不足，以社区老年住户的利益为重，更加注重不同监管部门和不同监管制度之间的协调。

（三）建立可依赖的老龄照护支付制度

美国持续照护养老社区中的介护照护服务是由美国联邦政府承担费用支出。澳大利亚的新型持续照护养老模式中，居家与社区照护服务可以享受联邦和地方政府的双重补贴，社区综合照护也可享受联邦政府补贴。

而我国医疗机构如申请加入医疗保险报销制度，就必须满足要求医疗基础设施和医护人员的硬件标准。持续照护养老社区医疗辅助机构很难满足这些标准，因此大部分持续照护养老社区提供的医疗支持服务难以纳入医保覆盖范围。建议未来能够加大我国医保支付方式的改革力度，将持续照护养老社区中的照护服务纳入医保支付范畴，这一方面可以方便社区老年住户，另一方面还可以释放优质

---

〔1〕 Brittany Smeed,"Retirement Villages in Australia: The Case for Commonwealth Intervention", *Elder Law Review*, Vol. 11, 2018, p. 6.

住院资源。

（四）增强持续照护养老社区的包容性

英国持续照护养老社区入住者的年龄包括60岁到100岁及以上，这种大的年龄跨度给社区带来了生机和活力。一方面，持续照护养老社区比其他养老选择更方便老年住户的家人前来探望。另一方面，英国全龄社区中老人与其他各年龄段年轻人共同生活在同一大型社区，老人与社区所在区域的联系更加紧密。美国圣约翰持续照护养老社区早在2018年就尝试与地方和全国范围内的医疗保健机构、社区组织、政府机构、宗教团体、研究机构以及高校等展开合作，建立专门的应对老龄化协会，为居住在养老社区之外的当地约6万名老年人口提供服务。[1] 荷兰生命公寓倡导开放式的泛家庭文化。日本持续照护养老社区强调以东京圈为首的大城市老人在迁居地方城市后，应积极融入当地的社会生活，实现多世代互动共生的和谐局面。

我国的持续照护养老社区在发展过程中，不能过于偏重传统封闭式养老院的模式。应准许不同年龄段、不同健康状况的老人入住养老社区，注重社区的包容性。同时可尝试开发更多的全龄社区，确保养老社区的发展能更好地融入所在地区域。

（五）合理设计持续照护养老社区的收费模式

美国持续照护养老社区最为普遍的缴费合约类型是全方位涵盖型。住户只需支付入门费和固定的月费，便可享受从自理生活区到介护区无限的照护服务。这种收取费用的方式无疑能够吸引潜在的住户，在住户享受持续照护的过程中，是由社区承担相关的照护成本。随着住户入住区域的照护水平不断提高，社区承担的照护成本也相应攀升。如果社区错误推断住户搬入更高层次照护单元的发生时间，就将产生一系列的问题。尽管居住于自理生活区的住户可以为社区带来较高的利润率，但入住介护区的患病住户也可能导致社区陷入巨额赤字的局面。许多持续照护养老社区的住户签订入住合约的初期可以独立生活，不需要特别的照护服务，但是这类住户有可能较短时间内就需要转入介护区。[2] 美国持续照护养老社区入住人口高龄化的事实表明，他们比年轻住户在更短的时间内需要更多的照

[1] Mary Kate Nelson, CCRC Commits $500,000 to Launch Institute on Aging, (https://seniorhousingnews.com/2018/07/01/ccrc-commits-500000-launch-institute-aging/), 2018.

[2] 根据全球著名的咨询和保险精算公司明德的统计数据，目前美国持续照护养老社区的新住户的平均年龄在80至83岁之间，这比20多年前的入住年龄有显著增加。

护服务，而提供不断升级的照护服务可能使社区面临巨大的财务风险。[1]

目前，我国的持续照护养老社区主要是从针对高净值人群推出不动产金融产品方面盈利，而商业性老龄照护产品的利润空间非常有限。[2] 持续照护养老社区项目开发前期需要大额投资，项目开发和运营周期较长，投资回报率较低。[3] 在这种情况下，设计缴费合约类型时，更应充分考虑未来入住者的年龄与身体健康状况，合理预判住户提升照护层次的间隔时间。社区的收费标准，应尽量与个人未来所需的照护服务相挂钩，避免设立固定不变的缴费水平。可以根据社区住户实际居住需求，相应收取照护服务的费用，从而使社区避免陷入可能出现的财务危机。

参考文献

Anna L. Howe, Andrew E. Jones, Cheryl Tilse, "What's in a name? Similarities and differences in international terms and meanings for older peoples' housing with services", *Ageing & Society*, Vol. 33, 2013.

ARCO, Housing, health and care The health and wellbeing benefits of Retirement Communities, (https://www.arcouk.org/sites/default/files/ProMatura%20report%20summary.pdf), 2019.

Australian Housing and Urban Research Institute, Integrated housing, support and care for people in later life. (https://www.ahuri.edu.au/__data/assets/pdf_file/0013/2731/AHURI_Positioning_Paper_No108 – Integrated – housing, – support – and – care – for – people – in – later – life.pdf), 2008.

Australian Institute of Health and Welfare 2018. Older Australia at a glance, (https://www.aihw.gov.au/reports/older – people/older – australia – at – a – glance), 2018.

Brittany Smeed, "Retirement Villages in Australia: The Case for Commonwealth Intervention", *Elder Law Review*, Vol. 11, 2018.

CARF International, Consumer Guide to Understanding Financial Performance and Reporting in Continuing Care Retirement Communities, (http://www.carf.org/FinancialPerformanceCCRCs/), 2016.

Catherine Bridge, Laura Davy, Bruce Judd, et al. Age – specific housing and care for low to mod-

---

[1] Tim Regan, How 'Life Care' Pricing Jeopardizes CCRCs (https://seniorhousingnews.com/2017/06/29/life – care – pricing – jeopardizes – ccrcs/), 2017.

[2] Yvonne Wu, Zheng Qun, Trends in integrated elderly care and medical services in China, (https://www2.deloitte.com/cn/en/pages/life – sciences – and – healthcare/articles/the – last – mile – of – senior – care.html), 2018. p. 8.

[3] Hu, Xin, Xia, Bo, Hu, Yi, et al. " What hinders the development of Chinese continuing care retirement community sector? A news coverage analysis", *International Journal of Strategic Property Management*, Vol. 23, No. 2, 2019. p. 113.

erate income older people,(https://www.researchgate.net/publication/287290214),2011.

Darton R,Theresia Bäumker,Callaghan L,et al. "The characteristics of residents in extra care housing and care homes in England", *Health and Social Care in the Community*, Vol. 20 No. 1,2012.

Driscoll,D. "Latest Thinking in the Planning Arena for Retirement Housing,Assisted Living and C2 Uses", *Journal of Care Services Management*,Vol. 2,No. 4,2008.

GAO,Continuing Care Retirement Communities Can Provide Benefits, but Not Without Some Risk(https://www.aging.senate.gov/imo/media/doc/letters/gaoccrcreport.pdf),2010.

HBF,Challenges to Development in the Retirement Housing Sector, (http://data.parliament.uk/writtenevidence/committeeevidence.svc/evidencedocument/communities - and - local - government - committee/housing - for - older - people/written/49334.pdf),2017.

Herb Kohlh,Continuing Care Retirement Communities(CCRCs):Secure Retirement or Risky Investment? (https://www.aging.senate.gov/imo/media/doc/hr224hk1.pdf/),2010.

Hu,Xin,Xia,Bo,Skitmore,Martin,et al. "Retirement villages in Australia: A literature review",*Pacific Rim Property Research Journal*,Vol. 23,No. 1,2017.

Hu,Xin,Xia,Bo,Hu,Yi,et al. " What hinders the development of Chinese continuing care retirement community sector? A news coverage analysis", *International Journal of Strategic Property Management*,Vol. 23,No. 2,2019.

Hu,Xin,et al. "Providing a sustainable living environment in not - for - profit retirement villages:a case study in Australia." Facilities,Vol. 36,2018.

Jane E Zarem,Today's Continuing Care Retirement Community(CCRC)(https://www.seniorshousing.org/filephotos/research/CCRC_whitepaper.pdf),2010.

Jones,A et al. Service integrated housing for Australians in later life. (https://www.ahuri.edu.au/__data/assets/pdf_file/0005/2012/AHURI_Final_Report_No141_Service - integrated - housing - for - Australians - in - later - life.pdf),2010.

Jones,A.,Tilse,C.,Bartlett,H. et al. Integrated housing,support and care for people in later life. (https://www.ahuri.edu.au/__data/assets/pdf_file/0013/2731/AHURI_Positioning_Paper_No108 - Integrated - housing, - support - and - care - for - people - in - later - life.pdf),2008.

Julianne Cheek,Alison Ballantyne,Loretta Byers et al. " From retirement village to residential aged care:what older people and their families say", *Health and Social Care in the Community*,Vol. 15,No. 1. 2006.

Karen Croucher, Nicholas Pleace and Mark Bevan, Living at Hartrigg Oaks: Residents' views of the UK's first continuing care retirement community(https://www.jrf.org.uk/search?query=Hartrigg+Oaks),2003.

Liddle J,Scharf T,Bartlam B,et al. "Exploring the age - friendliness of purpose - built retirement communities: evidence from England", *Ageing & Society* Vol. 34, No. 9, 2014.

Manzi, T and Jacobs, K 2008, *From 'a society of fear' to a 'society of respect': the transformation of Hackney's Holly Street estate, In R. Imrie, L. Lees and M Raco (Ed), Regenerating London: governance, sustainability and community in a global city*, Routledge, London; New York.

Mary Kate Nelson, Only 22% of CCRCs in the U. S. are For-Profit, (https://seniorhousingnews.com/2018/05/24/only-22-of-ccrcs-in-the-u-s-are-for-profit/), 2018.

Mary Kate Nelson, CCRC Commits $500,000 to Launch Institute on Aging, (https://seniorhousingnews.com/2018/07/01/ccrc-commits-500000-launch-institute-aging/), 2018.

My LifeSite and Ziegler, A Profile of Virginia Entry-Fee Continuing Care Retirement Communities, (https://www.mylifesite.net/ccrc-benchmarking-reports/), 2016.

My LifeSite and Ziegler, A Profile of Texas Entry-Fee Continuing Care Retirement Communities, (https://www.mylifesite.net/ccrc-benchmarking-reports/), 2017.

Productivity Commission, Caring for Older Australians, Report No. 53, Final Inquiry Report, Vol. 1, (https://www.pc.gov.au/inquiries/completed/aged-care/report), 2011.

Productivity Commission, Housing Decisions of Older Australians - Productivity Commission Research Paper, (http://www.pc.gov.au/research/completed/housing-decisions-older-australians/housing-decisions-older-australians.pdf), 2015.

Property Council of Australia, Retirement Living and Grant Thornton, National Overview of the Retirement Village Sector, (http://www.retirementliving.org.au/wp-content/uploads/2015/03/National-overview-of-the-retirement-village-sector-Grant-Thornton.pdf), 2014.

Robin Tetlow, Continuing care retirement communities A guide to planning, (http://www.housingcare.org/downloads/kbase/2838.pdf), 2006.

Rosie Rogers, Planning and Delivering Continuing Care Retirement Communities, (https://www.housinglin.org.uk/_assets/Resources/Housing/Support_materials/Other_reports_and_guidance/Planning_and_Delivering_CCRCs_publication.pdf), 2011.

Tim Regan, How 'Life Care' Pricing Jeopardizes CCRCs (https://seniorhousingnews.com/2017/06/29/life-care-pricing-jeopardizes-ccrcs/), 2017.

Tomoo MATSUDA, "The possibility of Japan-version CCRC: an integrated business model supporting the regional vitalization", 日本不动产学会誌, Vol. 29, No. 2, 2015.

Yvonne Wu, Zheng Qun, Trends in integrated elderly care and medical services in China, (https://www2.deloitte.com/cn/en/pages/life-sciences-and-healthcare/articles/the-last-mile-of-senior-care.html), 2018.